DIÁRIOS DE BERLIM
1940-1945

Marie Vassiltchikov

DIÁRIOS DE BERLIM
1940-1945

Tradução, apresentação e notas
Flávio Aguiar

Copyright © Marie Vassiltchikov, 1985
Copyright da tradução © Boitempo Editorial, 2015
Traduzido do original em inglês *The Berlin Diaries, 1940-1945* (Londres, Pimlico, 1999)

Direção editorial
Ivana Jinkings

Edição
Bibiana Leme

Coordenação de produção
Livia Campos

Assistência editorial
Thaisa Burani

Tradução e notas
Flávio Aguiar

Preparação
Mariana Echalar

Revisão
Daniela Uemura

Capa
Natasha Weissenborn

Diagramação, tratamento de imagens e mapa
Antonio Kehl

Equipe de apoio: Ana Yumi Kajiki / Artur Renzo / Elaine Ramos / Fernanda Fantinel /
Francisco dos Santos / Isabella Marcatti / Kim Doria / Marlene Baptista / Maurício dos Santos /
Nanda Coelho / Renato Soares

CIP-BRASIL. CATALOGAÇÃO-NA-FONTE
SINDICATO NACIONAL DOS EDITORES DE LIVROS, RJ

V469d

Vassiltchikov, Marie, 1917-1978
Diários de Berlim : 1940-1945 / Marie Vassiltchikov ; tradução
Flávio Aguiar. - 1.ed. - São Paulo : Boitempo, 2015.
il.

Tradução de: Berlin diaries, 1940-1945
Inclui índice
ISBN 978-85-7559-411-7

1. Vassiltchikov, Marie, 1917-1978 - Diários. 2. Guerra Mundial,
1939-1945 -Narrativas pessoais. I. Título.

15-18969   CDD: 940.5314
                     CDU: 94(100)'1939/1945'

É vedada a reprodução de qualquer
parte deste livro sem a expressa autorização da editora.

1ª edição: janeiro de 2015; 1ª reimpressão: julho de 2016

BOITEMPO EDITORIAL
Jinkings Editores Associados Ltda.
Rua Pereira Leite, 373
05442-000 São Paulo SP
Tel./fax: (11) 3875-7250 / 3872-6869
editor@boitempoeditorial.com.br | www.boitempoeditorial.com.br
www.blogdaboitempo.com.br | www.facebook.com/boitempo
www.twitter.com/editoraboitempo | www.youtube.com/tvboitempo

SUMÁRIO

APRESENTAÇÃO À EDIÇÃO BRASILEIRA 9
  Flávio Aguiar

PREFÁCIO 17
  George Vassiltchikov

DE JANEIRO A DEZEMBRO DE 1940 25

DE JANEIRO A JUNHO DE 1941 85

INTERLÚDIO: DE JULHO DE 1941 A JULHO DE 1943 111

DE JULHO A DEZEMBRO DE 1943 143

DE JANEIRO A 18 DE JULHO DE 1944 207

DE 19 DE JULHO A SETEMBRO DE 1944 301

DE JANEIRO A SETEMBRO DE 1945 371

EPÍLOGO 445

POSFÁCIO – PERSCRUTANDO OS *DIÁRIOS DE BERLIM* 453
  George Vassiltchikov

ÍNDICE ONOMÁSTICO 465

CRÉDITO DAS IMAGENS 477

Nota da edição

As intervenções do tradutor estão grafadas em tipo normal, tanto em notas de rodapé como entre colchetes. As intervenções do irmão da autora e organizador dos diários – George Vassiltchikov –, tanto entre colchetes como em parágrafos em destaque no corpo do texto, estão em *itálico*.

Ela tem algo de um nobre animal saído de uma lenda...
Algo de liberdade que lhe permite pairar muito acima de tudo e de todos.
Isso, claro, é um pouco trágico, até mesmo quase inquietante...[1]
Adam von Trott zu Solz, escrevendo sobre a autora à sua esposa Clarita

Há momentos em que a demência rege,
Então se enforcam as melhores cabeças...
Albrecht Haushofer, em *Sonetos de Moabit*[2]

---

[1] Essa epígrafe não se encontra na tradução alemã do livro.

[2] *"Es gibt wohl Zeiten, die der Irrsinn lenkt./ Dann sind's die besten Köpfe, die man henkt."* Na edição original dos *Diários*: *"There are times when lunacy takes over/ And then it is the best heads that are axed".* Albrecht Haushofer (7/1/1903-23/4/1945) era geógrafo, diplomata e escritor. Estudou na Universidade de Munique, onde foi colega de Rudolf Hess, que desembarcou de paraquedas na Escócia durante a guerra, numa missão até hoje não de todo esclarecida. Haushofer ascendeu na administração pública com o nazismo. Suspeita-se que tenha encorajado a viagem de Hess. Desiludido com o regime, manteve ligações com o chamado Círculo de Kreisau, formado sobretudo por aristocratas progressivamente anti-hitleristas, entre eles Adam von Trott zu Solz, e também com a "Orquestra Vermelha", um grupo clandestino de comunistas que repassava informações para a União Soviética pelo rádio, em toda a Europa, inclusive na Alemanha. Envolveu-se com o complô para assassinar Hitler e, com seu fracassso, conseguiu se esconder até dezembro de 1944, quando foi preso, ficando na prisão de Moabit, em Berlim. Na prisão escreveu oitenta sonetos, publicados postumamente com o nome de *Sonetos de Moabit*. Em 23 de abril de 1945, quando os soviéticos já lutavam na periferia da capital alemã, foi assassinado com outros detentos por um grupo dos SS.

APRESENTAÇÃO
À EDIÇÃO BRASILEIRA

Voltei para Johannisberg por Bad Schwalbach, através dos belos bosques do Taunus. Lá o silêncio é total, e uma sensação de quietude e paz nos invade...

Com essas palavras a autora deste diário, Marie Vassiltchikov (Harnden), o encerra. A Segunda Guerra Mundial, iniciada seis anos antes, havia terminado na Europa há exatos quatro meses e nove dias; no Pacífico, havia 39 dias.

O Taunus é um conjunto de colinas e montanhas entre o rio Reno e a cidade de Frankfurt. Brancas no inverno, são verdejantes no verão – momento em que o diário termina. Espaço de estações de águas muito procuradas pela aristocracia do continente pelo menos desde o século XVIII, é um cenário extremamente simbólico como referência final da autora. Durante a guerra ela viu o mundo aristocrata em que nascera e crescera ruir – tendo sido uma testemunha "privilegiada" de um dos capítulos mais dramáticos deste *finale* digno de uma ópera de Wagner: a trágica conspiração para matar Hitler, que levou à fracassada tentativa de 20 de julho de 1944 e à repressão que se seguiu, dizimando parte significativa da alta oficialidade das Forças Armadas alemãs e dos diplomatas do país. Seu diário é considerado até hoje o único depoimento extenso contemporâneo desses acontecimentos, com notas tomadas no calor da hora.

Mas não foi somente a aristocracia que viu seu mundo destruído. A Europa inteira – junto com ela Berlim e Viena, cidades onde a autora passara a maior parte do conflito – era um amontoado de escombros, tanto do ponto de vista material quanto do espiritual. Uma espécie de "sentimento de ruína" marcava tanto os vitoriosos quanto os derrotados, mas era mais acentuado entre os que atravessaram a guerra na Alemanha ou que a ela se aliaram, tomados primeiro pela fúria nazista avassaladora e depois por sua hecatombe não menos catastrófica. Entre as ruínas armava-se novo conflito – a Guerra Fria, de cujos pródromos a autora também dá testemunho, através do vaivém dos norte-americanos e russos, além dos guerrilheiros de países como a Hungria e a "nova" Tchecoslováquia (hoje desaparecida) – nos territórios ocupados, onde antes desfilava a sobranceria arrogante dos SS e outros nazistas.

A autora registra, inclusive, o verdadeiro pânico que se apossa dos aristocratas e outros que, de uma maneira ou de outra, tinham se acomodado dentro da ocupação nazista, diante do ameaçador avanço do Exército Vermelho soviético e dos guerrilheiros dos movimentos de resistência, sobretudo na Hungria, Tchecoslováquia e Áustria. Para ela mesma, refugiada russa tornada apátrida depois de sua família fugir da Revolução de 1917 e, já na Segunda Guerra, da Lituânia ocupada pelos soviéticos devido ao Pacto Molotov-Ribbentrop, o avanço soviético representava um perigo substancial. Entretanto, ela demonstra o tempo inteiro um sangue-frio notável, o mesmo que demonstrou durante a perseguição aos implicados no atentado de 20 de julho, em que se envolveram muitos de seus amigos e conhecidos.

O irmão mais novo da autora, George ("Georgie") Vassiltchikov, tomou a si o encargo de fazer a preparação final do diário para publicação, depois que ela morreu, em 1978, de leucemia. Em seu prefácio ele esclarece o modo como foi redigido e revisto o diário, bem como as circunstâncias difíceis de sua, digamos, "sobrevivência". Dividido, com pedaços guardados em diferentes locais, escrito em parte num código taquigráfico pessoal, só pôde ser reunido pela autora depois do final da guerra. E ela levou 31 anos para decidir-se pela publicação, completando a versão definitiva (iniciada em 1976) algumas semanas antes de sua morte. Na formatação final do livro, George Vassiltchikov complementou o diário com comentários próprios (registrados sempre em itálico), com contribuições da correspondência da autora ou de outras pessoas ligadas aos acontecimentos, além de elaborar um epílogo dando conta do destino de muitas das personalidades citadas por ela. Mais tarde redigiu também um posfácio, comentando o destino do diário depois de publicado. Partes do diário se perderam e até hoje não foram encontradas. Por razões desconhecidas a própria autora (quem afirma isto é o irmão) destruiu algumas de suas páginas.

O diário em si é uma obra-prima de minúcia e estilo. Nas condições difíceis em que se via a autora, comprimida entre a sua repulsa ao nazismo e ao próprio Hitler, sua condição de exilada apátrida e a censura reinante, ela acabou criando um compromisso entre a anotação detalhada dos acontecimentos, das reações dos personagens (e de si mesma), e uma necessária concisão de escrita, que redundaram num estilo notável pelo uso preciso e contido das palavras, sem jamais cair no rebuscamento ou na obscuridade. Na tradução, feita a partir do original em inglês, procurou-se manter a fidelidade a esse estilo, respeitando-se também o momento histórico da escrita, isto é, sem recorrer a expressões que entraram em nosso léxico corrente num período posterior.

A leitura levará leitoras e leitores ao encontro de algo que se pode chamar de uma "composição sinfônica", com algumas linhas temáticas organizando-se como os movimentos de uma grande peça musical. Entretanto, a organização do diário faz com que esses movimentos se desdobrem simultaneamente perante o olhar de quem lê, entrelaçando-se e interpenetrando-se sem cessar na criação de uma atmosfera narrativa extremamente complexa, viva e mutante, apesar da constância de certos traços do estilo e da autora, como o já mencionado sangue-frio diante da dramaticidade dos acontecimentos, aliado a uma percepção extremamente perspicaz do seu contexto e dos personagens que a rodeiam, que não raro enureda por uma ironia fina e até, vez ou outra, por algo mordaz.

Aqueles "movimentos sinfônicos", em número de 5, seguidos de uma *coda*, poderiam ser descritos da seguinte forma:

1. Há um *allegro vivace* que jamais desaparece, embora seja mais vibrante no começo e depois, diante das vicissitudes da guerra, da repressão nazista e da hecatombe final, vá se esmaecendo até desbotar quase por completo. Seu tema é o da jovem (quando o diário começa, a autora está para completar 23 anos) que, apesar das circunstâncias adversas, quer aproveitar a vida, desabrochar, divertir-se, ir a festas, piqueniques, encontrar companhias agradáveis, enfim, desfrutar de tudo o que a "maturidade juvenil" poderia lhe oferecer. Nesse movimento vemos uma sucessão de festas, jantares, recepções que se oferecem na Berlim do começo e mesmo do meio da guerra, sobretudo nos círculos aristocráticos e diplomáticos que ela frequenta. Tal ritmo contrasta – sem jamais ser abafado por isso – com a necessidade de encontrar trabalho, remuneração e também alimentação adequada. Esta era particularmente

difícil num clima de racionamento de gêneros de primeira necessidade, em que, paradoxalmente, escasseiam, por exemplo, cerveja, carne e batatas, mas abundam caviar, ostras e champanhe – iguarias vindas dos territórios ocupados a leste e a oeste.

2. Ao lado desse movimento desenvolvem-se o *minueto* e o *rondó* do mundo aristocrático, cujo ápice se dá com o casamento do Príncipe Konstantin da Baviera com a Princesa Maria Adelgunde de Hohenzollern, em 31 de agosto de 1942, no Castelo de Sigmaringen. A festa durou vários dias e foi descrita como o maior evento social da aristocracia europeia durante a guerra – e o último. A autora não abandona seu olhar sempre perspicaz sobre esse mundo cujos alicerces estão terminando de ruir. Toda a pompa (e circunstância) de tal acontecimento é descrita de modo finamente irônico, ao mesmo tempo participativo e distanciado, registrando o decoro de um mundo que se desvanece em meio a bombardeios, invasões e atrocidades da guerra que ruge ao redor.

3. O terceiro movimento pode ser compreendido como uma verdadeira *satira musicale* e é composto pelo mundo do trabalho da autora, que a atrai e repugna ao mesmo tempo. Ele a atrai porque, sobretudo no Ministério de Relações Exteriores, ela se vê num dos poucos "aquários" dentro do universo nazista onde a informação circula sem censura prévia (embora dali para fora tudo seja censurado) devido às necessidades próprias da guerra. Também a atrai porque é nele que ela descobre o verdadeiro "ninho" da Resistência aristocrática antinazista e alguns dos personagens que ocuparão o primeiro plano em sua narrativa, de um ponto de vista factual ou ético. Mas ao mesmo tempo é um mundo que lhe provoca repugnância, pela mistura de obtusidade, subserviência, oportunismo e arrogância que a prática e a prédica nazistas impõem, sobretudo através dos chefes envolvidos com a SS, que progressivamente vão tomando conta da atmosfera. Também se torna satírica a observação dos próprios trabalhos que ela se vê na circunstância de fazer, como montar um arquivo fotográfico que é destruído pelo fogo por duas vezes, cuja organização sempre recomeça, como um verdadeiro trabalho de Sísifo. Por outro lado, chega a ser cômica a obstinação de alguns de seus chefes, como um deles que, já em meio ao desmoronamento final do regime nazista, ainda desencava um patético projeto de uma nova revista de propaganda a ser lançada no futuro, quando não há mais futuro. Ou então, já em Viena, a obsessão de outros nazistas com frases bombásticas de dedicação e até vitória num momento

em que o dilúvio das bombas dos Aliados e a verdadeira torrente do Exército Vermelho desmancham suas ilusórias arcas de salvação.

4. O quarto movimento, um típico *andante* com tonalidades a um tempo épicas e trágicas, é o andamento da guerra. Inscrevem-se nesse movimento algumas das páginas mais belas, contundentes e terríveis deste diário. A descrição dos bombardeios, sobretudo sobre Berlim, mas também em Viena e outras cidades, toma vulto perante o olhar que lê o diário, trazendo-lhe o impacto de destruição e desolação que toda guerra carrega invariavelmente consigo. Alternam-se os bombardeios com os incêndios subsequentes, enquanto a *urbs* e a própria ideia de urbanidade vão sendo pulverizadas no plano concreto e também no plano espiritual dos que passam a viver entre os escombros – às vezes das próprias casas em que antes habitavam com maior ou menor conforto, mas pelo menos *algum* conforto. É um cenário ao mesmo tempo macabro e majestoso, medonho e pungente, em que o estilo da autora, sem dúvida, extrai e dá o melhor de si.

5. O quinto movimento pode ser descrito como o de um *adagio tragico*, embora por vezes apresente momentos de altíssima e frenética tensão. Ele é introduzido pelo meio do diário e aos poucos vai ocupando o primeiro plano, a ponto de se tornar o motivo central da composição. É tudo o que gira em torno da conspiração que levou ao atentado de 20 de julho de 1944, seu fracasso e a brutal e vingativa repressão que se seguiu. Para a leitura atenta das entrelinhas, ficará evidente que, apesar das negativas, a autora do diário se envolveu nesse episódio mais do que quer admitir. O motivo desse "recuo" fica obscuro; as conjeturas cabem, de novo, às possíveis leituras que o diário permite. Através da conspiração toma-se contato com aqueles que talvez sejam o núcleo central de personagens do diário, além de sua autora: o operoso Gottfried von Bismarck, militante obstinado no convencimento de outros; a irrequieta e temerária Loremarie Schönburg, ou Princesa Eleanore-Marie Schönburg-Hartenstein; e aquele que é, decididamente, o grande personagem trágico do livro, Adam von Trott zu Solz, um intelectual e diplomata brilhante, patriota, que tenta por todos os meios fazer uma conexão com os Aliados do Ocidente e, no último momento, até com os russos. Gottfried, neto do Chanceler de Ferro, será o homem que armazenará as quatro bombas destinadas ao atentado de 20 de julho; duas delas serão levadas pelo Coronel Claus von Stauffenberg, que, devido à perda de uma mão em ferimento anterior,

poderá usar apenas uma delas, um dos motivos que ajudarão Hitler a escapar ileso da explosão que vitimou quatro outras pessoas em seu *bunker* na Polônia. Loremarie, como grande parte da aristocracia germânica, tem manifesta aversão por Hitler. Mas, ao contrário da maioria, não esconde sua aversão, tornando-se um perigo para os demais conspiradores. Aliás, fica evidente tal aversão de classe por parte dos aristocratas a Hitler, menos por seus aspectos autoritários e mais por aquilo que eles – massa dominante no alto oficialato do Exército germânico – consideravam o "populismo", a "vulgaridade" e o caráter de *parvenus* (recém-chegados) de Hitler e seus asseclas (membros do governo, os SS e também os SA) no cenário do governo alemão. Já Adam von Trott guarda seu ideal de uma Alemanha altiva mas livre do pesadelo nazista – coisa que se prova incompatível com o momento então presente e o arrasta implacavelmente à destruição, cujo capítulo final será executado com crueldade pelos carrascos da prisão de Plötzensee. Todo o tempo fica evidente o laço de fervorosa admiração e acentuada afetividade – sem dúvida mútuas – que une esse personagem e a autora do diário.

6. Por fim, para além dos cinco grandes movimentos da sinfonia, a *coda* registra uma espécie de *andantino*, a aventurosa busca do caminho até a casa de seus parentes, depois do fim da guerra. A viagem, algo pitoresca e cheia de peripécias, embora entre ruínas, tem algo de apaziguador e até de comicidade, envolvendo intempestivas propostas de casamento, além do oferecimento de uma prosaica água num capacete norte-americano para que a autora lave seu rosto enegrecido pela fuligem de um trem. Esse apaziguamento se revela em sua plenitude naquela frase final, evocando as montanhas e florestas do Taunus.

Para concluir, seguem descritas algumas considerações sobre a metodologia da tradução. Almejou-se a fidelidade ao estilo, mais do que à literalidade das expressões usadas pela autora. Ela vem acompanhada por inúmeras notas de rodapé, esclarecendo, para além dos valiosos comentários e inserções do irmão da autora, quem são os personagens citados e as circunstâncias de lugar e momento histórico referidas ao longo do diário. O motivo de tal profusão de notas é a distância temporal que separa os eventos narrados do público brasileiro atual; também a necessidade de situar a identidade e o papel de vários daqueles personagens. Sua presença ajuda a delinear o universo das relações pessoais e o contexto da vida da autora na Alemanha e, depois, na Áustria, durante a guerra e seu desenlace.

Nem sempre foi possível esclarecer a identidade dos citados. Um dos motivos, por exemplo, é a excessiva coincidência de nomes e títulos dentro das famílias aristocratas da Europa, que dificulta a identificação precisa da pessoa citada. Por vezes a autora se refere apenas às iniciais do nome ou dá apenas o primeiro nome de alguém. Evitou-se fazer notas sobre personagens obviamente notórios, como Hitler, Roosevelt, Stalin, Churchill ou outros de igual renome, a menos que fosse para esclarecer algum detalhe significativo sobre sua presença no diário. As notas da tradução estão sempre em tipo normal. Já as do irmão da autora vêm em *itálico*.

A maior parte das informações das notas de rodapé foi obtida na internet. Sua verificação é fácil, bastando pesquisar nomes e referências no universo virtual. Assim mesmo, sempre que possível procurou-se a confirmação das informações através do cruzamento das diferentes fontes. Quando a fonte for outra, como um livro ou artigo de revista ou jornal, a referência acompanhará a nota.

De propósito, escreveu-se sempre com maiúscula o título de nobreza dos personagens ou o escalão militar a que pertencem. O motivo dessa opção é a norma alemã de que tais títulos, como "Príncipe" ou "Duque", postos militares, como "Capitão" ou "Coronel", passam obrigatoriamente a integrar o nome próprio da pessoa. O mesmo acontece com os títulos universitários, como "Doutor" ou "Professor Doutor" etc. Quanto aos nomes próprios, a opção do tradutor foi não nacionalizá-los, porque a autora e seu irmão, que editou o texto em primeira mão, preferiram manter o que entendiam ser a grafia na língua de origem.

O diário de Marie Vassiltchikov foi publicado na Inglaterra e nos Estados Unidos, na língua inglesa em que foi originalmente escrito. Há traduções para o alemão, o russo, o francês, o italiano e o espanhol, pelo menos, e agora para o português do Brasil. Na capa da edição norte-americana em que se baseou a presente tradução, consta uma observação do conhecido romancista John Le Carré, especializado em narrativas sobre a Guerra Fria: "Um dos diários de guerra mais extraordinários já escritos. A um só tempo inocente e astuto, retrata a morte da Velha Europa pelos olhos de uma bela e jovem aristocrata cujo próprio mundo está desaparecendo com os acontecimentos que descreve".

Nada mais justo como observação sobre este livro.

Flávio Aguiar
Berlim, agosto de 2014

Capas de edições dos *Diários de Berlim* publicadas em diversos países.

PREFÁCIO

A autora deste diário, Marie ("Missie") Vassiltchikov[1], nasceu em São Petersburgo, na Rússia, em 11 de janeiro de 1917. Morreu de leucemia, em Londres, em 12 de agosto de 1978.

Era a quarta criança (terceira filha) numa família de cinco. Seus pais, o Príncipe Illarion e a Princesa Lydia Vassiltchikov, deixaram a Rússia na primavera de 1919, e Missie cresceu, como refugiada, na Alemanha, na França, onde foi à escola, e na Lituânia (que entre 1918 e 1940 foi uma república independente), onde a família de seu pai tivera uma propriedade antes da revolução e onde, ao final da década de 1930, ela trabalhou como secretária da Legação Britânica.

O começo da Segunda Guerra Mundial, em setembro de 1939, encontrou-a na Alemanha, onde, com sua segunda irmã, Tatiana (agora Princesa Metternich), passava o verão com uma amiga de infância de sua mãe, a Condessa Olga Pückler, na casa de campo desta, o Palácio Friedland, na Silésia. O resto da família achava-se espalhado: os pais e o irmão mais novo, George ("Georgie"), viviam na Lituânia; a irmã mais velha, Irena, em Roma. O irmão mais velho, Alexander, de 27 anos, morrera de tuberculose na Suíça, um pouco antes, naquele mesmo ano.

Depois da depressão econômica do começo dos anos 1930, era praticamente impossível para um estrangeiro conseguir autorização para trabalhar em

---

[1] Em inglês escreve-se o nome de família usualmente como "Vassiltchikov". Missie, no entanto, preferia usar o germânico "Wassiltchikoff".

qualquer uma das democracias do Ocidente. Apenas na Itália fascista e (mais ainda) na Alemanha nazista, o desemprego fora grandemente superado graças a programas públicos de trabalho e, é claro, pelo rearmamento. Possuindo as qualificações necessárias, apenas nesses países seria possível para pessoas apátridas (como as garotas Vassiltchikov) ganharem a vida. Em janeiro de 1940 as duas irmãs mudaram-se para Berlim, à procura de trabalho. O diário de Missie começa com a chegada de ambas à capital alemã, onde, durante o primeiro inverno da guerra, à parte os *blackouts* e o severo racionamento de comida, a vida ainda era surpreendentemente "normal". Apenas com a invasão alemã da Dinamarca e da Noruega, em abril daquele ano, a guerra e seus esperados horrores, e logo seus desafios éticos, foram ascendendo ao primeiro plano, até dominarem tudo mais.

Embora não fosse cidadã alemã, graças à falta de linguistas qualificados, Missie logo achou trabalho: primeiro, no Serviço de Rádio, depois no Departamento de Informações do Ministério do Exterior. Neste, ela trabalhou de perto com um dos núcleos duros dos resistentes antinazistas que viriam a se envolver ativamente no que passou para a história como "Conspiração de 20 de Julho". A sua descrição dia a dia, às vezes hora a hora, da fracassada tentativa do Conde von Stauffenberg[2] para matar Hitler e do reinado do terror que se seguiu (no qual muitos de seus amigos mais próximos ou conhecidos pereceriam) é o único diário conhecido que dá um testemunho ocular do que aconteceu. Tendo escapado afinal das ruínas da Berlim bombardeada, ela viria a passar os últimos meses da guerra trabalhando como enfermeira num hospital de Viena – de novo sob o bombardeio dos Aliados.

Missie escrevia seu diário de modo compulsivo. Diariamente ela datilografava um sumário dos acontecimentos do dia. Apenas as narrativas mais longas, como a dos bombardeios de Berlim em novembro de 1943, foram escritas *ex post facto*, embora imediatamente depois dos eventos. O diário foi escrito em inglês, língua com que tinha familiaridade desde criança. As páginas datilografadas eram guardadas num arquivo em seu escritório, escondidas entre

---

[2] O nome completo desse importante personagem que vai aparecer várias vezes no diário, sobretudo no final, era Claus Phillipp Maria Schenk Graf von Stauffenberg (1907-1944), cuja última parte significa "Conde de Stauffenberg". É o integrante mais conhecido da conspiração para matar Hitler. Como no diário e nos comentários do irmão da autora haverá muitas referências a ele, deixaremos para comentá-las ou acrescê-las mais adiante.

relatórios oficiais. Quando o material se tornava volumoso demais, ela o levava para casa e o escondia por lá ou, às vezes, em casas de campo que estivesse visitando. No começo isso era feito tão ostensivamente que mais de uma vez algum de seus superiores disse: "Vamos lá, Missie, ponha seu diário de lado e trabalhe um pouco". Ela tomou precauções mais sérias apenas quando começou a anotar o plano do 20 de Julho. A narrativa desse período era escrita numa taquigrafia pessoal que ela transcreveu somente depois da guerra.

Embora ela tivesse de abandonar várias casas por causa dos bombardeios, e, mais para o fim da guerra, de fugir da Viena sitiada para salvar a vida, muito do diário sobreviveu, incluindo as passagens historicamente mais essenciais. Faltam apenas partes de 1941 e 1942, e do começo de 1943. Estas foram deliberadamente destruídas ou se perderam; ou ainda se encontram fora de alcance no presente.

Pouco depois do fim da guerra Missie datilografou as partes em taquigrafia e redatilografou todo o restante. Essa segunda versão ficou intocada por mais de um quarto de século, até 1976, quando, depois de muita reflexão e muita insistência por parte de familiares e amigos, ela afinal se decidiu a tornar público seu diário. Mas assim mesmo ela fez questão de cortar muito pouco do conteúdo e nada mudar de substancial. Todas as modificações se referiram à linguagem, ou ao trabalho comum de edição, ou ainda à troca de iniciais por nomes completos. Ela acreditava firmemente que qualquer valor que seu diário tivesse se deveria ao fato de ser completamente espontâneo, honesto e escrito sem reservas, uma vez que originalmente não se destinava à publicação. Seus testemunhos oculares, suas reações e emoções no calor da hora falavam por si mesmos: essa era sua impressão. Tudo perderia muito de seu interesse se algo fosse adulterado por um juízo posterior aos eventos, sem falar na possibilidade de (auto)censura para preservá-la de constrangimentos ou poupar os sentimentos de outras pessoas.

Essa versão do diário – a terceira e definitiva – ficou pronta apenas algumas semanas antes de sua morte.

O[3] leitor poderá ficar estupefato diante da atitude algo ambígua de Missie com relação à guerra em geral, os contendores, os alemães, os Aliados, a Rús-

---

[3] Este trecho não consta da primeira edição dos *Diários de Berlim*. O irmão da autora o acrescentou numa edição posterior, dez anos mais tarde.

sia, a União Soviética e seus compatriotas russo-soviéticos (que, a propósito, ela sempre considerou como tais). Mas sendo, como todos nós, uma sincera patriota russa, ela nunca sucumbiu à tentação de identificar a Rússia e os russos com a URSS e o regime bolchevique-soviético e seus representantes oficiais. Ela rejeitava enfaticamente o nazismo e também o comunismo, e pelas mesmas razões.

Assim, por exemplo, quando se refere aos sofrimentos do povo russo ou a seu heroísmo, ela usa instintivamente o termo "russo". Da mesma forma como escreve insitintivamente o termo "soviético" ao se referir às ações mais iníquas da URSS. E sua rejeição de ambos os sistemas, o nazista e o comunista, tinha raízes mais arraigadas do que apenas políticas. Era profundamente moral e ética. Porque, se aquilo que os alemães estavam fazendo na Rússia provocava-lhe indignação – como a qualquer patriota russo –, o mesmo acontecia em relação à perseguição dos judeus praticada pelos próprios nazistas na Alemanha e por seus cúmplices nos territórios ocupados. E o mesmo acontecia diante dos atos de violência praticados pelo Exército Vermelho e o NKVD na Europa Oriental e nas zonas alemãs ocupadas pelos soviéticos.

O seu chefe no Ministério de Relações Exteriores, Adam von Trott (que seria enforcado pelos nazistas), escreveu numa carta à esposa o seguinte sobre Missie: "há nela algo [...] que lhe permite pairar muito acima de tudo e de todos. Isso, claro, é um pouco trágico, até mesmo quase inquietante". Trott identificava de modo correto o dilema de Missie na última guerra; apesar de sua sensibilidade em relação a tudo que fosse russo, para ela, que já vivera em vários países e tinha amigos de muitas nacionalidades, não valiam conceitos como "alemão", "russo" ou "aliado". Havia apenas "seres humanos", "indivíduos". Estes, ela os dividia em dois tipos: os "decentes", que mereciam respeito, e os "não decentes", que não o mereciam. Ela confiava e se tornava amiga apenas dos primeiros, e reciprocamente. Isso explica por que, embora não fosse uma alemã, ela mereceu a confiança daqueles que planejavam o ultrassecreto atentado contra Hitler de 20 de julho de 1944. Também explica o contínuo sucesso que seu livro encontrou entre os leitores dos países onde foi publicado, bem como o fascínio incontornável por sua personalidade, até hoje, meio século depois dos eventos que ela descreve[4].

---

[4] Fim do trecho acrescentado à nova edição.

Uma das recompensas mais afetuosas que recebi, enquanto preparava o original de minha irmã para publicação, foi a pronta resposta e a assistência em tudo (além de, ocasionalmente, a hospitalidade) de todos que procurei, atrás de informações pessoais ou de fundo que se acrescentassem a ele. Isso se referiu ainda a esclarecimentos, fontes ou material fotográfico e tanto por parte de quem tinha conhecido Missie pessoalmente quanto por parte daqueles que não a conheceram. Em alguns dos casos, isso implicava avivar lembranças que as pessoas tinham tentado arrancar da mente, não importa quão admiráveis fossem suas atitudes políticas ou seus comportamentos pessoais naqueles dias de trevas; sua generosidade é digna do maior apreço.

Minha gratidão dirige-se primeiro à Condessa Elisabeth ("Sisi"[5]) Andrassy (nascida Condessa Wilczek), cuja descrição das últimas semanas da guerra, que ela e Missie passaram juntas, preencheram uma lacuna crucial das reminiscências de minha irmã; à Dra.[6] Clarita von Trott zu Solz, que foi uma das únicas pessoas a quem ela decidiu mostrar o original completo, algumas semanas antes de sua morte, e que continuou a me prestar total ajuda, inclusive no uso de excertos de cartas de seu finado marido; e ao Dr. Hasso von Etzdorf, cujo encorajamento e recurso a lembranças pessoais me ajudaram muito, sem falar na apresentação a outras pessoas.

O Conde Hans Heinrich Coudenhove passou um verdadeiro pente-fino no manuscrito; foram valiosíssimos sua experiência em edição, seu conhecimento de história contemporânea e sua familiaridade com muitas das *dramatis personae*; o mesmo se deve dizer do conhecimento sobre a política alemã e dos Aliados durante o período em questão, e especificamente sobre a história da Resistência antinazista alemã, do Dr. Rainer Blasius, em Bonn, que também examinou a fundo minhas anotações históricas.

Cabe um agradecimento especial a Gordon Brook-Shepherd e aos editores do *Sunday Telegraph*, que foram os primeiros a levar ao conhecimento do público de língua inglesa tanto Missie como seu diário.

A filha de Missie, Alexandra Harnden, fez a árdua tarefa de preparar o índice onomástico de base.

---

[5] Pronuncia-se "Sissi".

[6] Neste contexto "Dra." e "Dr." referem-se a títulos universitários, não necessariamente médicos. E na tradição alemã o título universitário, assim como um título de nobreza ou um posto militar, é incorporado ao nome próprio de seu detentor, inclusive em documentos oficiais.

As Sras. Marie Ellis e Carol Cain tiveram competência e paciência para datilografar o que eventualmente era um manuscrito de difícil leitura.

As equipes do Instituto Goethe em Londres e da Biblioteca das Nações Unidas em Genebra (onde fiz a maior parte de minha pesquisa) foram incansáveis e prestativas, tanto quanto as da Biblioteca Wiener, em Londres, do Escritório de Imprensa e Informação do Ministério de Relações Exteriores da República Federal da Alemanha, em Bonn[7], do Bundesarchiv, em Koblenz, e do Centro de Documentação Norte-Americano, em Berlim.

Devo ainda agradecer, por diferentes razões, às seguintes pessoas: o Hon. David Astor[8]; o Sr. Antoni Balinski; o Conde Andreas von Bismark-Schönhausen; o Sr. Herbert Blankenhorn; a finada Sra. Barbara Brooks (nascida Condessa de Bismark-Schönhausen); o Barão e a Baronesa Axel von dem Bussche-Streithorst; o Sr. P. Dixon; o Conde Johannes ("Dicky") e a Condessa Sybilla von und zu Eltz; a Baronesa Hermine von Essen; a Princesa Petronella Farman-Fermayan; a Condessa Rosemarie von Fugger-Babenhausen; a Sra. Inga Haag; o Professor[9] Peter Hoffman (da Universidade McGill, em Montreal); a Sra. Linda Kelly; o Dr. E. Klausa; a Sra. Sigrid Kurrer (nascida Condessa Schlitz von Görtz); a Sra. Caroline de Lacerna (nascida Princesa Schönburg-Hartenstein); o Dr. I. Miller; a Sra. M. von Moltke; o Sr. W. I. Nichols; o Sr. C. C. von Pfuel; *Sir* Ronald Preston, Bart.[10]; a Sra. B. Richter von Prodt; a Sra. E. Rhomberg; o Marquês de Santa Cruz; o Barão Anton Saurma von der Jeltsch; a Condessa Dorothea von

---

[7] Esta apresentação é de 1986, três anos antes da queda do Muro de Berlim e quatro anos antes da reunificação da Alemanha. Então a capital da República Federal da Alemanha ficava em Bonn.

[8] O autor refere-se a Francis David Langhorne Astor (1912-2001), notável jornalista inglês que foi amigo de Adam von Trott zu Solz, importante personagem deste diário, colega da autora no Ministério de Relações Exteriores e que tomou parte na conspiração para matar Adolf Hitler em 1944. Astor conheceu-o em 1931, enquanto cursava o famoso Balliol College, em Oxford. Já nessa época Adam von Trott zu Solz manifestava um empenho antinazista. "Honorable" é um título honorífico que pode significar várias coisas: uma condecoração, uma distinção pública, um título nobiliárquico, um cargo público importante, como o de um membro da Câmara de Deputados ou dos Lordes, na Inglaterra.

[9] Neste contexto, "professor" é um título exclusivamente universitário. Os demais professores, no nosso sentido brasileiro, são "*teachers*", em inglês, ou "*Lehrer*", em alemão.

[10] "Bart." é a abreviação (hoje mais comum "Bt.") para "*baronet*" ("baronete", em português), um título da nobreza britânica superior ao de "cavaleiro", mas inferior ao de "barão".

Schönborn-Wiesentheid (nascida Condessa von Pappenheim); a Princesa Carmen zu Solms-Braunfels (nascida Princesa von Wrede); a Sra. Christina Sutherland; o Barão Philippe de Vendeuvre; o Barão e a Baronesa von Watsdorff e a Sra. Lore Wolf.

Por último, mas não menos importante, desejo agradecer a Pat Kavanagh, da A. D. Peters Ltd., cuja experiência profissional, acrescida de sábios conselhos e de dedicação, foram extremamente valiosos desde o primeiro dia em que ela aceitou representar Missie[11]; a Elizabeth Grossman (Literistic Ltd.), que cuidou dos direitos autorais nos Estados Unidos; a Jeremy Lewis, da Chatto & Windus, cujos entusiasmo, habilidade e compreensão sensível dos desafios éticos e psicilógicos frequentemente complexos enfrentados por Missie e seus amigos se combinaram para deixar nossas animadas sessões de edição tão produtivas quanto agradáveis.

George Vassiltchikov
Londres, novembro de 1986

---

[11] Do ponto de vista legal.

Berlim 1940-1945

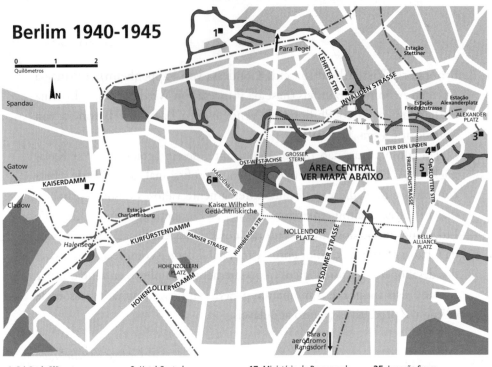

1. Prisão de Plötzensee
2. Prisão de Lehrterstrasse
3. QG da Polícia
4. QG da Guarnição [Militar]
5. Telégrafo
6. Casa de Missie (1941-1942)
7. Estação de rádio
8. Reichstag (Parlamento)
9. Hotel Central
10. Embaixada da França
11. Portão de Brandemburgo
12. Hotel Adlon
13. Embaixada da Grã-Bretanha
14. Hotel Bristol
15. Ministério de Relações Exteriores
16. Chancelaria do Reich
17. Ministério da Propaganda
18. Hotel Kaiserhof
19. QG da Gestapo
20. Hotel Esplanade
21. Embaixada da Itália
22. Igreja de São Mateus
23. Embaixada da Espanha
24. Embaixada dos Estados Unidos
25. Legação Sueca
26. Legação Tcheca
27. Ministério da Guerra/QG do Exército
28. Ministério da Marinha
29. Casa de Missie (1943-1944)
30. Escritório de Missie (antiga Embaixada da Polônia)
31. Hotel Eden

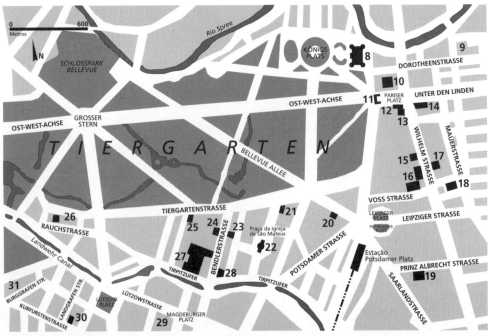

DE JANEIRO A DEZEMBRO DE 1940

PALÁCIO FRIEDLAND *Segunda-feira, 1ª de janeiro.* Olga Pückler, Tatiana e eu passamos a noite de ano-novo tranquilamente no Palácio Friedland[1]. Acendemos as velas da árvore de Natal e tentamos ler a sorte pingando cera derretida e chumbo numa bacia com água. Esperamos ver mamãe e Georgie chegarem a qualquer momento da Lituânia. Eles anunciaram sua vinda várias vezes. À meia-noite todos os sinos da aldeia começaram a tocar. Ficamos ouvindo nas janelas – o primeiro ano-novo desta nova Guerra Mundial.

Quando a Segunda Guerra Mundial começou, em 1ª de setembro de 1939, a Lituânia (onde os pais de Missie e seu irmão George viviam) ainda era uma república independente. Porém, segundo um protocolo secreto do Tratado da Fronteira e da Amizade Teuto-Soviética de 29 de setembro (que complementava o Pacto de Não Agressão Molotov-Ribbentrop de 23 de agosto), ela foi incluída na esfera de influência da União Soviética, e depois de 10 de outubro um certo número de cidades e aeroportos estrategicamente localizados foram ocupados pelo Exército Vermelho. Desde então a família de Missie começara a preparar a fuga para o Ocidente.

BERLIM *Quarta-feira, 3 de janeiro.* Partimos para Berlim com onze malas, incluindo um gramofone. Partimos às cinco da manhã. Ainda estava escuro como breu. O administrador da propriedade levou-nos de carro até

---

[1] Friedland era o nome do local quando pertencia à Alemanha, na região da Silésia. Hoje pertence à Polônia e chama-se Korfantów.

Oppeln. Olga Pückler nos emprestou dinheiro suficiente para vivermos por três semanas; ao fim desse período deveremos ter achado trabalho. Tatiana escreveu para Jake Beam, um dos rapazes da Embaixada Norte-Americana que ela encontrara na última primavera; nosso trabalho na Legação Britânica em Kaunas pode nos ajudar nisso.

Washington manteria uma embaixada em Berlim até 11 de dezembro de 1941, quando, depois do ataque japonês em Pearl Harbor, Hitler declarou guerra aos EUA.

O trem estava lotado e ficamos de pé no corredor. Por sorte, dois soldados nos ajudaram com a bagagem, pois de outro modo nós nunca poderíamos tê-la posto para dentro. Chegamos a Berlim com três horas de atraso. Tão logo chegamos ao apartamento que os Pückler gentilmente nos emprestaram para que ficássemos temporariamente, Tatiana começou a telefonar para amigos, o que fez com que nos sentíssemos menos perdidas. O apartamento, na Lietzenburgerstrasse, uma rua paralela à Kurfürstendamm[2], é muito grande, mas Olga nos pediu para que ali ficássemos sem ajuda externa por causa dos objetos muito valiosos que ali estão; por isso, estamos usando apenas um quarto de dormir, um banheiro e a cozinha. O resto está coberto por capas e lençóis.

Quinta-feira, 4 de janeiro. Passamos a maior parte do dia cobrindo as janelas, porque ninguém esteve aqui desde o começo da guerra, em setembro[3].

Sábado, 6 de janeiro. Depois de nos vestir, nos aventuramos a sair na escuridão e por sorte achamos um táxi na Kurfürstendamm, que nos levou a um baile na Embaixada do Chile, perto do Tiergarten[4]. Nosso anfitrião, Morla, era o embaixador chileno em Madri quando rebentou a Guerra Civil. Embora o

---

[2] Até hoje uma das principais avenidas de Berlim, cheia de lojas e restaurantes. Quando a cidade era dividida em duas, ali era o centro de Berlim Ocidental.

[3] Cobrindo as janelas com papel ou tecido escuro, para seguir a precaução e a ordem de blecaute por causa dos ataques aéreos.

[4] Enorme área verde hoje no meio da cidade. Antigamente um campo de caça para a aristocracia e príncipes de Brandemburgo; desde o fim do século XVII foi transformado paulatinamente em parque público. Ao fim da guerra estava completamente desflorestado, pois suas árvores serviram de lenha para a população.

seu próprio governo favorecesse os republicanos, eles deram abrigo a mais de 3 mil pessoas que de outro modo seriam fuziladas, e que ali ficaram durante três anos, dormindo no chão, nas escadas, onde houvesse algum espaço; e, apesar da grande pressão do Governo Republicano, os Morla não entregaram uma única pessoa. Isso é digno de admiração, considerando que o irmão do Duque de Alba, descendente dos Stuarts, que se refugiara na Embaixada Britânica, foi cortesmente posto porta fora, e depois preso e fuzilado[5].

O baile esteve ótimo, quase como nos dias anteriores à guerra. No começo temi não encontrar quase ninguém conhecido, mas logo em seguida me dei conta de que conhecera algumas pessoas no último inverno. (*Missie visitou Tatiana em Berlim durante o inverno de 1938-1939.*) Entre os que encontramos pela primeira vez estavam as jovens Welczeck, ambas muito bonitas e incrivelmente bem-vestidas. Seu pai fora o último embaixador alemão em Paris. Seu irmão Hansi e a querida noiva dele, Sigi von Laffert, também estavam lá, e muitos outros amigos, inclusive Ronnie Clary, um rapaz muito bonito, recém-formado na Universidade de Louvain, que fala um inglês perfeito – o que foi um alívio muito grande, porque meu alemão ainda não está bem no ponto. A maioria dos jovens presentes fica em Krampnitz, uma escola de treinamento de oficiais para a artilharia blindada nas cercanias de Berlim. Mais tarde, Rosita Serrano (*uma cantora chilena muito popular*)[6] cantou, dirigindo-se ao jovem Eddie Wrede, de dezenove anos, como "Bel Ami", coisa que o encantou demais. Fazia séculos que não dançávamos, e voltamos para

---

[5] A autora se refere ao Duque de Peñaranda de Duero, Hernán Fitz-James Stuart Portocarrero y Osorio, membro da equipe nacional de polo e medalha de prata nas Olimpíadas de 1920, morto em novembro de 1936 nas chamadas "Matanzas de Paracuellos de Jarama", controvertido episódio da Guerra Civil Espanhola em que prisioneiros dos republicanos, em Madri, foram retirados do cárcere e mortos naquela outra localidade. Em que pese haver diferentes cifras e atribuições de responsabilidades por diferentes fontes e historiadores, é certo que houve um grande número de assassinatos nessa ocasião, assim como é certo que houve atrocidades de parte a parte.

[6] Rosita Serrano (1914-1997) foi uma cantora chilena muito popular na Alemanha, depois que seus pais, o diplomata Hector Aldunate e a cantora de ópera Sofia del Campo, se mudaram para a Europa, nos anos 1930. Chegou a gravar peças para o Exército alemão no esforço de propaganda dirigido por Joseph Goebbels, o ministro de Propaganda do regime. Entretanto, a partir de 1943, quando estava na Suécia, caiu em desgraça com os nazistas, acusada de espionagem e suspeita de alguma ascendência judaica. Retornou para o Chile, e só voltou à Alemanha depois do fim da guerra, mas não conseguiu reeditar seu sucesso anterior. Morreu em extrema pobreza em Santiago.

casa às cinco da manhã, todos espremidos no carro de Cartier, um diplomata belga e amigo dos Welczecks.

Domingo, 7 de janeiro. Ainda lutamos com a dificuldade de encontrar emprego. Decidimos não pedir ajuda a amigos, e sim nos voltar diretamente a conhecidos no mundo empresarial.

Segunda-feira, 8 de janeiro. Esta tarde tínhamos uma entrevista com o cônsul da Embaixada dos Estados Unidos. Ele foi muito simpático e, de imediato, nos deu um teste para fazer, o que nos enervou, porque não estávamos mentalmente preparadas para isso. Duas máquinas de escrever entraram em cena, bem como blocos de taquigrafia, e ele ditou algo com tanta velocidade e com um sotaque tão forte que não conseguíamos entender tudo o que dizia; o pior foi que nossas versões da carta que ele ditou não coincidiam. Ele nos disse que ligaria assim que houvesse vagas. Entretanto, não podemos esperar muito tempo e, se algo mais aparecer nesse meio tempo, teremos de aceitar. Infelizmente, como a maior parte dos negócios internacionais estão em compasso de espera, não há firmas aqui com necessidade de secretárias com fluência no francês ou no inglês.

Quinta-feira, 11 de janeiro. Meu vigésimo terceiro aniversário. Sigi Laffert, a noiva de Hansi Wilczek, veio tomar chá. Ela é extremamente bonita; muitos a descrevem como "o protótipo da beleza germânica". Já de noite Reinhard Spitzy nos levou ao cinema e depois para um *night club*, onde tomamos champanhe e ouvimos música; não há mais como dançar em lugares públicos.

Sábado, 13 de janeiro. Mamãe e Georgie chegaram com o romper da aurora. Eu não via Georgie há mais de um ano. Ele não mudou nada, cheio de charme e bastante cuidadoso com mamãe, que parece muito doente e exausta. Na Lituânia, que está sendo "sovietizada" passo a passo, eles passaram por experiências extenuantes. Já era tempo de a família sair de lá. Entretanto papai ficou, porque ele tem algum grande negócio pendente.

Domingo, 14 de janeiro. Instalamos mamãe e Georgie no apartamento dos Pückler, para não terem de gastar dinheiro com hotel. Por ora, juntos, eles têm somente quarenta dólares. Como ainda não temos trabalho, a situação financeira é catastrófica. Eles estão pensando em ficar por aqui. Seria um erro: faz muito frio, há pouco o que comer e a situação política é altamente instável. Estamos tentando convencê-los a ir para Roma, onde mamãe tem muitos amigos e onde há uma grande colônia de russos brancos[7] emigrados. Aqui ela se sentiria só, pois fora do pessoal das embaixadas estrangeiras, cujo número vai minguando à medida que a guerra vai se espalhando como uma mancha de óleo, há pouca vida familiar. Hoje em dia Berlim é uma cidade de solteiros, cheia de gente da nossa idade, que ou estão nas Forças Armadas ou trabalham o dia inteiro em escritórios e depois se encontram em *night clubs*. Em Roma, Irena já se instalou muito bem; a vida seria mais fácil, nem que fosse pelo clima, e assim que começarmos a trabalhar poderíamos enviar-lhes dinheiro regularmente.

Segunda-feira, 15 de janeiro. Um novo decreto do governo: nada de banhos, exceto nos sábados e domingos. Isso é um golpe duro, porque a gente fica incrivelmente suja numa cidade grande e o banho era uma das poucas maneiras de se sentir aquecida.

Quarta-feira, 17 de janeiro. Ficamos muito tempo em casa – para conviver mais com a família. Os nervos de mamãe estão realmente em mau estado; tudo aquilo que ela passou desde a morte de Alexander[8] está cobrando seu preço.

---

[7] A expressão "russos brancos" designava inicialmente os membros do movimento e do exército monarquista que combateu a Revolução Comunista e o Exército Vermelho de 1917 a 1922, com apoio militar das potências ocidentais. Depois da derrota, passou a designar também os que fugiram da União Soviética para outros países, num número estimado entre 900 mil e 2 milhões. Englobava também não russos e mencheviques exilados. A expressão deriva do fardamento da antiga guarda do czar, de cor branca, e do cognome do Czar Ivan III (1440-1505), "Albus Rex", o Monarca Branco.

[8] Menção ao Príncipe Alexander Vassiltchikov, irmão de Marie, morto em 1938, aos 27 anos de idade. Na família havia ainda outros três irmãos: Irena (1910-1992), Tatiana (1915-2006) e Georges (1919-2008), autor das notas e preparador da edição dos *Diários de Berlim*. A família Vassiltchikov descendia de uma alta linhagem da aristocracia russa, com cargos administrativos e militares, próxima dos czares. O pai de Marie, o Príncipe Illarion, foi membro da Duma e próximo de Piotr Arkadievitch Stolypine (1862-1911), primeiro-ministro do Czar Nicolau II, que lançou um programa de reforma agrária para melhorar a condição de vida dos camponeses,

30 MARIE VASSILTCHIKOV

Quinta-feira, 18 de janeiro. Georgie tem um apetite enorme e os nossos suprimentos de comida – trouxemos manteiga e salsichas de Friedland – estão minguando rapidamente. Esse é um outro argumento a favor de eles seguirem para Roma. Aqui, ele ficaria rapidamente subnutrido, enquanto a Itália, graças aos céus, ainda está fora da guerra e não tem racionamento de comida[9].

Sexta-feira, 19 de janeiro. Katia Kleinmichel[10] está trabalhando para o Departamento de Inglês do DD. Talvez ela possa conseguir um trabalho por lá para mim também. Estamos ficando muito desesperadas, porque não tivemos notícias da Embaixada dos Estados Unidos e não podemos pressioná-los. Estamos sem recursos e com a chegada da família o nosso dinheiro se foi. Fomos ver um homem na IG Farben[11], mas eles precisam de gente que possa taquigrafar perfeitamente em alemão e esse não é o nosso ponto forte.

O DD (Drahtloser Dienst, Agência de Transmissão Sem Fio) era a agência de notícias do Reichs-Rundfunk Gesellschaft, ou RRG, que, grosso modo, era o equivalente alemão da BBC. A certa altura um dos superiores de Missie foi o futuro chanceler da Alemanha Ocidental, Dr. K. G. Kiesinger[12].

---

criando uma classe de pequenos proprietários que poderiam aderir a uma economia de mercado e também ajudar a conter os movimentos revolucionários.

[9] A Itália só entrou no conflito a partir de 10 de junho de 1940, declarando guerra à França e à Grã-Bretanha.

[10] A família Kleinmichel, ou Kleinmikhel, pertencia à aristocracia russa emigrada depois da Revolução de 1917. A matriarca era a Condessa Marie Kleinmichel (1846-1931), considerada uma das grandes damas da sociedade de São Petersburgo, antes de 17. Katia, pela proximidade com a autora, deveria ser neta ou sobrinha-neta da condessa.

[11] A IG Farben era um grande conglomerado de empresas (entre elas a Bayer, a Basf, a AGFA e a Hoechst) fundado em 1925, como produtora de tintas. Durante o nazismo teve praticamente o monopólio da indústria química. Era a detentora da patente do gás Zyklon B, usado nas câmaras de extermínio dos campos de concentração e fabricado por uma das empresas do grupo, a Degesch. Instalou uma fábrica de óleo sintético e borracha em Auschwitz. Em 1944 usava 83 mil trabalhadores escravizados. Vinte e quatro de seus diretores foram julgados em Nuremberg e treze foram condenados à prisão, de dezoito meses a oito anos. Depois da guerra o conglomerado foi dissolvido, mas algumas das quatro empresas acima nomeadas sobreviveram.

[12] Kurt Georg Kiesinger (1904-1988) era formado em direito. Entrou para o Partido Nazista em fevereiro de 1933, pouco depois de Hitler chegar ao poder. Começou a trabalhar na DD em 1940, chegando a chefiá-la e a ser o principal elemento de ligação com o Ministério da Propaganda, de Joseph Goebbels. Segundo a revista *Der Spiegel* (1966), em 1944 foi denunciado a

Segunda-feira, 22 de janeiro. Hoje fui ao escritório de Katia Kleinmichel na Friedrichstrasse e passei a manhã datilografando documentos ditados em inglês; esse foi meu primeiro teste, e não poderia ter sido mais fácil. Era um teste de rapidez e disseram-me que eu seria chamada depois. O lugar parece uma casa de doidos, com tudo feito às pressas por causa dos horários das transmissões. Entre alguns possíveis colegas, dei de cara com Roderich Menzel, o ex-campeão internacional de tênis de origem tcheca.

Sábado, 27 de janeiro. Na casa das gêmeas Wrede, Tatiana encontrou um homem que lhe sugeriu trabalhar no escritório dele, que é parte do Ministério de Relações Exteriores da Alemanha. Eles precisam de gente com um bom francês. A maioria dos nossos amigos nos aconselhou a não trabalhar na Embaixada Norte-Americana porque, como estrangeiras, nós já estamos provavelmente sob a vigilância dos olhos da Gestapo. Já chega nós sermos russas brancas, o que é mau diante da atual aliança da Alemanha com a União Soviética. Além disso, nós trabalhamos para a Legação Britânica. De todo modo, estamos tão quebradas que devemos aceitar a primeira oferta de trabalho, seja lá qual for. A Embaixada Norte-Americana permanece em silêncio.

Outro dia, na casa de amigos, fui apresentada a Frau von Dirksen, que é uma das anfitriãs oficiais mais importantes daqui. Ela passou a mão pelos meus cabelos – do que não gostei – e perguntou se nós éramos russas brancas ou vermelhas, pois, nesse último caso, "seriam nossas inimigas". Uma observação algo surpreendente, considerando quão amigáveis são as relações entre a Alemanha e a Rússia soviética nos dias de hoje!

Segunda-feira, 29 de janeiro. Hoje nós duas começamos a trabalhar: eu no DD e Tatiana no Ministério de Relações Exteriores, mais conhecido como AA [*Auswärtiges Amt*]. No meu escritório ninguém parece saber quem é o chefe de fato, todo mundo dá ordens ao mesmo tempo, embora digam que quem tem a última palavra é o ministro de Propaganda do Reich, o Dr. Jo-

---

Heinrich Himmler, o chefe da SS, por "derrotismo" e por "obstruir ações antijudaicas". Depois da guerra foi preso e passou mais de um ano num campo de concentração norte-americano. Foi solto sem processo formado. Entrou para a União Democrata-Cristã, elegeu-se deputado e foi chanceler de 1966 a 1969, antecedendo Willy Brandt.

seph Goebbels. Nós ganhamos 300 marcos cada uma: depois de deduzidos 110 para impostos, ficamos com 190 para tocar a vida. Temos de tentar administrar essa situação.

Terça-feira, 30 de janeiro. Minha primeira tarefa foi anotar uma longa história sobre Ronnie Cross[13], que é o ministro de Economia de Guerra britânico, e com quem Tatiana esteve quando visitou a Inglaterra antes da guerra. Meu chefe imediato, Herr E., tem um bigode enorme de morsa; parece que ele viveu a maior parte da vida na Inglaterra. A sua esposa trabalha na mesma sala conosco. Ambos são de meia-idade e evidentemente logo vão se tornar uma praga. Todos os dias ele dita artigos sem fim, no mais das vezes com vitupérios e com um envolvimento tão grande que eles muitas vezes se tornam incompreensíveis. Quando falam uma outra língua bem demais, os alemães muitas vezes gostam disso. Eu datilografo das sete da manhã às cinco da tarde. Assim que o papel sai da máquina de escrever, Frau E. cai em cima dele para corrigir possíveis erros. Esse trabalho prossegue por turnos noite e dia, sem parar.

Em poucos casos Missie se restringia a usar as iniciais dos nomes – para poupar os sentimentos de sobreviventes ou de suas famílias, mas apenas no caso de pessoas que eram politicamente inofensivas.

Hoje a Embaixada Norte-Americana telefonou nos oferecendo emprego – ambos muito mais bem pagos do que os nossos atuais. Mas agora é tarde.

Terça-feira, 13 de fevereiro. Mamãe e Georgie partiram esta manhã para visitar Olga Pückler na Silésia. Esperamos que eles fiquem por lá o tempo suficiente para se recuperarem um pouco antes de prosseguir para Roma.

Quarta-feira, 14 de fevereiro. Não tenho visto muito Tatiana por esses dias, pois levanto às cinco e meia da manhã e volto pelas seis horas da tarde. A viagem pela cidade parece não ter fim. Tatiana trabalha das dez da manhã às oito da noite e muitas vezes até mais tarde.

---

[13] A autora usa o apelido coloquial de *Sir* Ronald Cross (1896-1968), político do Partido Conservador e diplomata. Cross exerceu o cargo em 1939 e 1940, tendo sido também ministro da Marinha e governador-geral da Austrália e da Tasmânia, hoje parte daquela.

Terça-feira, 22 de fevereiro. Hoje recebi pelo correio uma ordem de pagamento pelos dois dias de teste. Ainda bem, porque não recebemos qualquer adiantamento de salário.

Sábado, 2 de março. Uma grande festa com coquetel esta noite, na residência do embaixador brasileiro[14]. O embaixador vive um pouco fora da cidade. Não gostei de ver um belo ícone russo pendurado no gramofone. Essa fixação que os estrangeiros têm por ícones e o modo como os penduram em qualquer lugar é chocante para nós, ortodoxos. Saí cedo e me perdi no caminho para casa.

Aschwin zur Lippe-Biesterfeld[15] apareceu de repente, vindo da Linha Siegfried [*nome dado pelos Aliados à Muralha Ocidental, construída entre 1938 e 1940, a linha de fortificações alemãs que era em grande parte paralela à famosa Linha Maginot francesa. A Linha Siegfried tornou-se popular na Inglaterra graças a uma canção de music-hall, "We're going to hang our washing on the Siegfried line"* – "Nós vamos pendurar nossa roupa lavada na Linha Siegfried"].

Domingo, 3 de março. Nesta manhã os hinos na igreja russa estiveram muito bonitos. Usualmente eu também trabalho aos domingos. Depois fiquei em casa e, cercada pelos móveis-cobertos-por-lençóis-como-fantasmas de Olga Pückler, toquei piano.

Segunda-feira, 4 de março. Peguei um resfriado muito forte e ficarei em casa pelas próximas noites. Tatiana sai todas as noites e está mantendo uma vasta correspondência com vários rapazes na Frente Ocidental.

---

[14] O embaixador brasileiro era o diplomata Cyro de Freitas Valle (1896-1969), que ficou no cargo de 1939 a 1942, ano em que o Brasil declarou guerra à Alemanha.

[15] Menção a Ernst Aschwin Georg Carl Heinrich Ignatz, Príncipe de Lippe-Biesterfeld (1914-1988), que lutou no Exército nazista. Curiosamente, seu irmão, Bernhard, também Príncipe de Lippe-Biesterfeld (1911-2004), casado com a então Princesa e depois Rainha Juliana da Holanda, lutou na Royal Air Force britânica, contra os nazistas, depois da ocupação da Holanda, e foi condecorado como herói de guerra. Adolf Hitler, como chefe de Estado alemão, assistiu ao seu casamento, em 1937. O Príncipe Bernhard é o pai da atual Rainha Beatrix da Holanda, de quem, portanto, o Príncipe Aschwin foi tio. Ver, mais adiante, nota 43.

Terça-feira, 12 de março. Mamãe (que está a caminho de Roma, tendo saído da Silésia) telefonou de Viena para dizer que Georgie tinha desaparecido. Quando o trem parou em alguma pequena estação no meio do caminho, ele foi verificar as bagagens. Sem que ele se desse conta, o vagão das bagagens foi desligado do comboio principal e atrelado a um outro. Agora ele está indo para Varsóvia. Ele está com ambas as passagens, nenhum passaporte e apenas cinco marcos no bolso. Mamãe vai esperá-lo em Viena, torcendo para que ele consiga chegar lá.

Quarta-feira, 13 de março. Uma festa na casa dos Wredes. As gêmeas Edda ("Dickie") e Carmen ("Sita") estavam sozinhas quando eu cheguei e bateram papo comigo no banheiro enquanto eu recompunha meu penteado. Mostraram orgulhosamente cartas dos generais Yagüe e Moscardó, que datavam do tempo em que elas foram enfermeiras da Legião Condor na Espanha, durante a Guerra Civil. Elas conhecem todas as celebridades desse mundo, inclusive o papa, e fazem disso um tipo de *hobby*.

A Legião Condor era uma unidade da Luftwaffe, mais algumas tropas terrestres, organizadas em 1936 para ajudar os nacionalistas na Guerra Civil Espanhola. Incluía pessoal médico.[16]

---

[16] "Luftwaffe" era o nome da Força Aérea Alemã. A Legião Condor começou suas operações em julho de 1936, logo depois do início da Guerra Civil, concluindo-as apenas em março de 1939, com o fim do conflito. As primeiras operações restringiram-se ao transporte de armas e tropas franquistas, sobretudo da África para a Espanha, mas gradualmente foi se envolvendo em combates. Além de aviões e tropas terrestres, também forças navais, incluindo submarinos, tomaram parte nas operações. No auge de seu envolvimento, havia 7 mil soldados e oficiais alemães na Espanha. Na frente aérea, a Legião Condor levou a cabo vários bombardeios de alvos civis, entre eles o da cidade basca de Guernica, em 26 de abril de 1937, motivo do famoso quadro de Pablo Picasso, hoje no Museu Reina Sofía, em Madri. Já os generais citados são: 1) o Gal. Juan Yagüe y Blanco (1891-1952), um dos mais importantes oficiais falangistas, responsável pelo chamado "massacre de Badajoz", em agosto de 1936, em que milhares de prisioneiros civis, inclusive mulheres e crianças, foram assassinados depois da rendição da cidade; 2) o Gal. José Moscardó Ituarte, comandante da resistência dos franquistas no Alcázar de Toledo, cercado pelos republicanos de julho a setembro de 1936, durante setenta dias. Seu filho Luís foi feito prisioneiro pelos republicanos, que ameaçaram fuzilá-lo se o general não se rendesse. Em contato telefônico com ele, o general disse-lhe que morresse dando vivas a Cristo e à pátria. Efetivamente, o menino acabou fuzilado, mas um mês depois, em represália

Quinta-feira, 14 de março. Nesta tarde, depois do trabalho, fui com Ella Pückler para a casa de Elena Bennazzo. Ela é russa de nascimento, mas não fala uma única palavra dessa língua, embora seus pais – ambos estavam presentes – pareçam 100% russos. Seu marido, Agostino, está aqui com a Embaixada Italiana. Mais tarde, chegaram muitas senhoras italianas. Elas estão, aparentemente, tricotando roupinhas para o bebê de Göring[17]. Parece um pouco exagerado.

Sábado, 16 de março. Helen Biron veio tomar chá e também Carl-Friedrich Pückler – nosso anfitrião em Friedland e aqui. Como sempre, ele está otimista e pensa que a guerra acabará até o dia de Pentecostes. Embora tenha sido gentil conosco, e seja muito inteligente, eu nunca me sinto propriamente à vontade com ele[18].

Mais tarde nós nos reunimos na casa de nossa vizinha, Aga von Fürstenberg, onde abundaram taças de champanhe.

Segunda-feira, 18 de março. Meu dia livre. Fui buscar Tatiana no escritório para o almoço. Caminhamos pelo Tiergarten, que ainda tem um ar muito invernal. Depois, ainda de tarde, houve uma grande festa na casa dos Witts, residência do embaixador holandês.

---

a um bombardeio aéreo, segundo algumas fontes. Moscardó tornou-se o treinador do time olímpico de futebol da Espanha nos jogos de 1948 e 1952.

[17] O "bebê de Göring" era Edda Göring, nascida em 1938, e que vive até hoje (novembro de 2014), usando o nome de família do pai, na Baviera. Era filha da segunda esposa de Hermann Göring, a atriz Emmy Göring (1893-1973). Compreende-se o afã das "senhoras italianas": a filha de Göring, que era afilhada de Hitler, foi nomeada em homenagem a Edda Mussolini (1910-1995), filha mais velha do ditador italiano.

[18] Trata-se de Karl-Friedrich, Conde de Pücker-Burghauss e Barão de Groditz, nascido em Friedland/Korfantów (ver nota 1), oficial dos esquadrões da SS. Foi um dos protagonistas da Batalha de Slivice, na hoje República Tcheca, depois do término oficial da Segunda Guerra. Alguns regimentos das SS sob seu comando, incluindo blindados, recusaram a rendição mesmo depois da capitulação oficial de 8 de maio em Berlim, tentando fugir dos soviéticos e guerrilheiros tchecos para chegar a um setor dominado pelos norte-americanos que, no entanto, se recusavam a receber os alemães por temerem represálias. Essas tropas lutaram até o dia 12, quando se renderam. Karl-Friedrich suicidou-se pouco depois. Quanto à previsão otimista do fim da guerra, em 1940, a festa de Pentecostes, sete semanas depois da Páscoa, ocorreu em 12 de maio.

Quarta-feira, 20 de março. Esta noite ambas fomos para a cama cedo. Na França, Daladier renunciou[19].

Três vezes primeiro-ministro da França, por último de 1938 a 1940 (uma função acumulada com a de ministro da Guerra, Édouard Daladier teve um papel-chave nos acordos de Munique. Foi sucedido pelo seu ministro das Finanças e rival político, Paul Reynaud (1878-1966).

Sexta-feira, 22 de março. Hoje é Sexta-Feira Santa, mas tive de trabalhar feito uma louca assim mesmo. Datilografei durante nove horas sem parar. Quando me vê à beira de um colapso, meu chefe, o Sr. E., me oferece *Schnaps*, um tipo de aguardente[20]; isso me anima um pouco, mas tem um gosto horrível. Ele e a esposa discutem o tempo todo. Vendo e ouvindo os dois, fiquei ferrenhamente contrária a que marido e mulher trabalhem juntos. Eu tenho uma cordial antipatia por ele, e fico tentada a lhe dar um empurrãozinho quando ele se inclina bem para fora da janela, a fim de tomar um pouco de ar depois de uma das suas discussões. Katia Kleinmichel também sente o mesmo. Eu a vejo muito agora, ela trabalha no nosso turno e, frequentemente, quando o casal pega demais no meu pé, nós nos revezamos na máquina de escrever. Mudamo-nos para um outro prédio na Charlottenstrasse. Isso torna nossos chefes mais independentes das constantes interferências de Goebbels. Antes, quando os escritórios estavam mais próximos um do outro, o Sr. Ministro os convocava a toda hora. Agora, ele consegue ficar impaciente apenas pelo telefone...

Cheguei em casa morta de cansaço.

---

[19] Édouard Daladier (1884-1970) era o primeiro-ministro francês quando a Alemanha invadiu a Polônia, em setembro de 1939. Depois de sua controvertida atuação ao lado de Neville Chamberlain (1869-1940), primeiro-ministro britânico, numa política de contemporização com Hitler, Daladier foi um dos principais responsáveis pela França ter declarado guerra à Alemanha. Acabou renunciando pelo insucesso parcial de sua política de defesa, embora permanecesse no ministério, primeiro no da Guerra e a seguir no de Relações Exteriores. Depois da queda da França refugiou-se no Marrocos, mas acabou preso e julgado pelo governo colaboracionista de Vichy, do Marechal Philippe Pétain (1856-1951). Condenado como "traidor", foi entregue aos alemães, que o mantiveram preso até o fim da guerra.

[20] No original, *"produces schnapps, a kind of brandy"*. Na verdade, *Schnaps* (essa é a grafia correta) pode designar vários tipos de aguardente ou referir-se a um aperitivo forte qualquer.

Segunda-feira, 25 de março. Livre o dia todo. Tatiana e eu fomos a Potsdam. O tempo estava maravilhoso. Eu nunca tinha estado lá – uma pequena cidade e praça-forte deliciosa, cheia do encanto que hoje faz falta completamente em Berlim. Voltamos para Berlim a tempo de assistir a um concerto dos cossacos – russos brancos – do "Mar Negro". Um grande sucesso. Os alemães adoram esse tipo de coisa.

Terça-feira, 26 de março. Almocei com Katia Kleinmichel. Ela pode ser muito divertida e é ótimo tê-la no escritório. Nas ruas e nos restaurantes, usualmente falamos em inglês, mas nunca ninguém reclamou por causa disso.

Quinta-feira, 28 de março. Carta de Roma: mamãe e Georgie chegaram bem, apenas sem algumas coisas que foram roubadas em Veneza. Essas coisas incluíam vários *objets d'art* que mamãe guardava desde os tempos da Rússia, autênticas molduras Fabergé[21] etc., e a mala de Georgie, com suas poucas roupas, trocada por outra inteiramente vazia. As aventuras deles parecem não ter fim.

Sexta-feira, 29 de março. Jantar na casa dos Schaumburg-Lippes, em Cladow. Havia apenas poucas pessoas. Mais tarde, na frente da lareira, o Príncipe August-Wilhelm da Prússia, o quarto filho do ex-*Kaiser*, um homem na casa dos sessenta anos – contou histórias muito agradáveis sobre os tempos antigos[22].

---

[21] No original, *"Fabergé enamel frames"*. Eram pequenas pinturas ou fotografias esmaltadas ou em porcelana, algumas com fundo cor de salmão, emolduradas por fios ou finas correntes de prata, criadas sobretudo entre 1899 e 1908, pelo joalheiro russo Peter Carl Fabergé (1846-1920), fornecedor do czar. Depois da Revolução Soviética, a Casa Fabergé foi ocupada pelos trabalhadores e nacionalizada. Fabergé e a família fugiram por caminhos diferentes e reuniram-se na Alemanha e depois na Suíça.

[22] Cladow é uma pequena cidade a 18 km de Berlim, hoje parte da área metropolitana. O jantar a que a autora se refere aconteceu na casa do Príncipe Christian von Schaumburg-Lippe (1898-1974) e de sua esposa, a Princesa Feodora da Dinamarca (1910-1975). Quanto ao príncipe prussiano, August Wilhelm Heinrich Günther Viktor da Prússia (1887-1949), quarto filho do *Kaiser* Wilhelm II com sua primeira esposa, Augusta Viktoria, ele tinha na ocasião, na verdade, 53 anos. Dentre a família do ex-imperador, foi dos que aderiu entusiasticamente ao nacional-socialismo, tendo feito campanha política para Hitler várias vezes. Porém, depois caiu em desgraça, por ter feito parte das SA, de Ernest Rohm, assassinado por ordem daquele. Foi

Domingo, 31 de março. Almoço no Roma, com amigos. Restaurantes italianos são muito populares agora, graças ao valor nutritivos das suas massas, para as quais você não precisa de cartões de racionamento.

Segunda-feira, 1º de abril. Meu dia livre. Fui às compras. "Ir às compras", nestes dias, quer dizer essencialmente ir atrás de comida. Tudo está racionado e toma tempo, porque a maioria das lojas tem enormes filas. De noite, jantar com Tatiana na casa de Hans von Flotow. Como proprietário de uma fábrica que trabalha para a defesa, Hans é ainda um civil[23].

Terça-feira, 2 de abril. Ao cinema com Mario Gasperi, o adido militar do setor aéreo na Embaixada Italiana, e então ao Roma. Ele tem agora um carro Fiat, do tamanho de uma cabine telegráfica, chamado Topolino. De todo modo, é estranho estar de novo num carro[24].

Quarta-feira, 3 de abril. Fui para o escritório apenas às dez. A jornada de trabalho vem ficando um pouco menos pesada, porque trocamos de turno mais vezes. Hoje recebi minha primeira tradução para fazer inteiramente por minha conta, provavelmente porque meu chefe está afastado, de férias. O assunto era economia. O turno matutino é ocupado por mim, Katia Kleinmichel e um moço do AA. Ele é boa gente, mas não fala inglês muito bem, por isso nós o temos à nossa mercê. Ele sabe disso, nos trata bem, e assim vivemos em harmonia. Ele me ajuda a perceber a carga que é trabalhar com o casal E. Ouvi dizer que o Sr. E. quer que eu seja sua secretária particular, quando ele retornar e for nomeado *Chef-Redakteur* [*editor-chefe do noticiário*]. Prefiro me demitir!

Quinta-feira, 4 de abril. Todas as manhãs recebemos a transcrição monitorada de todas as notícias da BBC e de outras emissoras estrangeiras.

---

preso pelos norte-americanos depois da guerra e condenado a poucos anos de prisão; viveu o fim da vida em liberdade por seu já grave estado de saúde.

[23] Hans von Flotow (1881-1947) pertenceu a importante família do setor de produção de armamentos, tendo sido jurista e empresário.

[24] O Topolino foi um modelo pequeno lançado pela Fiat em 1937 e produzido até 1955. Fez parte do esforço da época para produzir um carro popular, como o Volkswagen.

Classificadas como *streng geheim* [*ultrassecretas*], a cor do papel depende do grau do "secreto", sendo o rosa o mais secreto de todos. É interessante ler esse material. Ninguém na Alemanha deve saber o que vai pelo mundo, exceto aquilo que aparece nos jornais diários, e isso não é muito. O nosso DD não é exceção. Nesta tarde o nosso colega do Ministério de Relações Exteriores veio, depois do almoço, com um aspecto horrível – ele esquecera um dos volumes num restaurante. Isso é uma falta muito grave e visões da pena de morte – pelo machado (a última invenção dos nossos governantes) – começaram a paralisar a sua mente. Ele correu para o seu Ministério a fim de "confessar".

O método comum de execução na Alemanha nazista era a decapitação numa miniguilhotina. Mas em alguns casos (como o de alta traição) Hitler ordenou a reintrodução do machado medieval.

Terça-feira, 9 de abril. Hoje as tropas alemãs ocuparam a Dinamarca e invadiram a Noruega. Por causa disso, nós trabalhamos como condenadas, porque ao fim e ao cabo todos esses vários *coups* devem ser justificados aos olhos do mundo, e trocam-se vários memorandos sobre como fazer isso da melhor maneira. Vim para casa com febre. Mario Gasperi telefonou. Ele acabara de voltar da Linha Siegfried, que fora inspecionar com outros adidos militares.

A conquista da Dinamarca e da Noruega, e até mesmo uma guerra geral no Ocidente, não eram parte dos planos originais de Hitler. Mas a Alemanha dependia vitalmente dos carregamentos de minério de ferro da Suécia, que vinham pelo porto de Narvik, no norte da Noruega; mais ainda, quando os Aliados entraram no conflito, o controle sobre os dois países abriria o Atlântico para a Marinha alemã, ao mesmo tempo impedindo um bloqueio econômico aliado como o que sufocara a Alemanha na Primeira Guerra Mundial. Por essas mesmas razões, houver conversações abertas no campo dos Aliados sobre um ataque preventivo naquela região, supostamente para ajudar a Finlândia, que estava sob ataque da URSS. De fato, uma força-tarefa aliada estava a caminho da Noruega quando a Alemanha atacou.

A Dinamarca caiu em um dia, tornando-se um protetorado alemão até o fim da guerra. A Noruega resistiu até junho, e durante esse tempo os Aliados fizeram várias tentativas – todas sem sucesso – para manter alguma posição no norte da Noruega. Mas com a ofensiva alemã no Ocidente, as forças Aliadas bateram em retirada, os noruegueses capitularam e o Rei Haakon VII escapou para a Inglaterra, estabelecendo ali um governo no exílio.

Hitler ganhara sua segunda grande vitória, depois da Polônia; a rota do minério sueco estava garantida (e assim ficou praticamente até o fim da guerra); o mar Báltico era para todos os fins e em todos os aspectos um lago alemão; e as Forças Armadas alemãs estavam posicionadas para mais conquistas desde o Cabo Norte até os Alpes[25].

Quarta-feira, 10 de abril. Hoje de manhã tive uma febre de 39,5 °C.

Quinta-feira, 11 de abril. Agora é Tatiana que está derrubada pela febre. Ela voltou do escritório pelo meio-dia, depois de uma longa entrevista com a Gestapo – eles estavam curiosos sobre a nossa correspondência com Roma – e foi direto para a cama. Os nossos respectivos escritórios ficam nos telefonando – preocupados, nervosos, irritados.

Sexta-feira, 12 de abril. O nosso resfriado continua. Nós duas nos sentimos muito fracas.

Sábado, 13 de abril. O doutor não quer que eu trabalhe por mais cinco dias. Que alívio! Parece que, quando uma pessoa está subnutrida como nós, um resfriado desses é ruim para o coração.

---

[25] Embora situado numa ilha, o Cabo Norte (Nordkapp) é frequentemente citado como o segundo ponto mais setentrional da Europa, junto com o primeiro, na mesma ilha, a Ponta de Knivskjellodden, algumas centenas de metros mais ao norte. O Rei Haakon VII tinha por nome de batismo Christian Frederick Carl Georg Valdemar Axel (1872-1957) e fora Príncipe da Dinamarca até 1905, quando a união entre a Suécia e a Noruega se desfez. Houve um plebiscito então, e a manutenção de um regime monárquico venceu por larga margem (90% dos votos). Graças à intrincada rede das famílias reais da região, envolvendo a Dinamarca, a Noruega, a Suécia e até a Grã-Bretanha, o Príncipe Christian era um forte e sério candidato ao trono, e o Parlamento norueguês o elegeu para tanto. Extremamente liberal, atuou com governos trabalhistas, dizendo: "Eu também sou o rei dos comunistas". Por ocasião da invasão alemã foi fundamental para a resistência norueguesa, opondo-se até mesmo aos políticos de seu país que queriam colaborar ou se submeter aos invasores. Depois do fim do conflito, em 1945, retornou ao seu país, sendo aclamado como herói de guerra.

Domingo, 14 de abril. Tropas britânicas desembarcaram na Noruega.

Terça-feira, 16 de abril. Jantar na casa de Lutz Hartdegen. Como acontece muitas vezes agora, há mais rapazes do que moças. Vetti Schaffgotsch apareceu de surpresa. Ele estava a caminho dos Estados Unidos através da Rússia, mas a Gestapo se opôs a sua indicação para o serviço diplomático e ele foi chamado de volta de Moscou. Agora está se alistando.

Quarta-feira, 17 de abril. Fui às compras de Páscoa[26] e levei uma gravata faiscante para Georgie. Não houve necessidade de cupons.

Encontrei um homem chamado Hasso von Etzdorf, considerado muito brilhante e confiável. Ele me pareceu bastante cerimonioso, mas os prussianos precisam de tempo para ficar à vontade. No momento ele é quem faz a ligação do Ministério de Relações Exteriores com o OKH – Alto-Comando das Forças de Terra].

Veterano ferido gravemente na Primeira Guerra Mundial, o Dr. Hasso von Etzdorf entrou para o serviço diplomático em 1928, designado sucessivamente para Tóquio e Roma. Quando Missie o encontrou, ele era conselheiro diplomático e oficial de ligação entre o AA e o chefe do alto-comando do Exército, Coronel-General Franz Halder (ele próprio hostil aos planos agressivos de Hitler). Tendo contato próximo com vários generais de quatro estrelas que compartilhavam das dissensões de Halder, Etzdorf tentou incentivá-los à ação; mas as políticas de contemporização postas em prática pelas potências ocidentais antes do começo da guerra, e os repetidos sucessos de Hitler logo que ela começou, de fato fizeram todos os seus oponentes ficarem sem base de apoio[27].

---

[26] A Páscoa da Igreja Ortodoxa não coincide com a Católica ou Evangélica, devido à diferença entre os calendários gregoriano e juliano.

[27] Apesar de sua oposição a Hitler, Hasso von Etzdorf (1900-1989), importante diplomata alemão, não participou diretamente do complô de 20 de julho de 1944. Já o General Franz Halder (1884-1972) opôs-se várias vezes aos planos militares de Hitler por considerá-los estrategicamente fadados ao fracasso. Assim mesmo, desempenhou funções relevantes tanto na Frente Ocidental quanto na oriental, até ser dispensado de suas funções, em 1942. Apesar de não ter se envolvido no complô de 20 de julho, foi preso logo em seguida pela Gestapo e enviado para o campo de concentração de Dachau. Depois de ser condenado em Nuremberg

Sábado de Ramos, 20 de abril. Nesta manhã fiz uma visita semioficial a Kira, esposa do Príncipe Louis-Ferdinand da Prússia. Ele é o segundo filho do príncipe herdeiro e ela é filha do Grão-Duque Kiril Vladimirovitch[28], um dos poucos sobreviventes, e no momento o chefe, da família Romanov. Ela tem dois bebês.

Segunda-feira, 22 de abril. Mamãe está de cama com uma trombose na perna. Isso é muito preocupante.

Estamos jejuando severamente. Nossa Igreja nos permite que não o façamos em tempo de guerra, por causa da desnutrição generalizada, mas temos tão pouco para comer que desejamos poupar alguns cupons para a Páscoa.

Terça-feira, 23 de abril. Igreja.

Quarta-feira, 24 de abril. Igreja.

Quinta-feira, 25 de abril. Na igreja, à noite, houve a tradicional leitura dos Doze Evangelhos[29].

Sexta-feira, 26 de abril. Temos jejuado tão conscienciosamente que agora estamos literalmente meio mortas de fome.

---

e de cumprir pena, trabalhou como historiador para o Exército norte-americano e colaborou com a reorganização do Exército alemão.

[28] O Príncipe Ludwig Ferdinand (em alemão) (1907-1994), naquele momento, era considerado o herdeiro do trono prussiano e do Império alemão, devido à sucessão de mortes ou renúncias dos outros presuntivos herdeiros. Nunca se interessou por atividades militares. Viveu por algum tempo nos Estados Unidos, onde se tornou amigo do industrial Henry Ford e conheceu Franklin Roosevelt. Talvez por todas essas razões Hitler nunca permitiu que ele tivesse qualquer papel no regime nazista; de resto, era dos que se opunham a ele. Sua esposa, Kira Kirillovna (1909-1967) foi presa com ele em Dachau depois do 20 de Julho de 1944, embora ambos não tivessem parte, pelo menos direta, no complô. Quanto a seu pai, o grão-duque, há aqui alguma confusão. De fato, ele foi considerado o sucessor do Czar Nicolau II depois do assassinato deste e de vários de seus familiares. Entretanto, nascido em 1876, morreu em 1938, dois anos antes desse encontro da autora com sua filha Kira. Naquele momento, o presuntivo herdeiro do czariato era seu filho Vladimir (1917-1992), cuja pretensão já era contestada por outros membros da família Romanov.

[29] No rito da Igreja Ortodoxa, na noite da Quinta-feira Santa leem-se doze trechos dos Evangelhos, rememorando os acontecimentos da Paixão de Cristo.

Sábado, 27 de abril. Nossos respectivos escritórios nos deram folga para a Confissão e a Comunhão. A missa da manhã durou até as duas da tarde. A da meia-noite, na Catedral Russa, estava tão cheia de gente que fomos empurradas para a rua. Mais tarde, nos juntamos a um grupo de amigos na casa de Dicky Eltz e ficamos até as cinco da manhã. Fazia muito tempo que não saíamos. Os irmãos Eltz são austríacos com propriedades na Iugoslávia. Dicky é o único que ainda não foi recrutado.

Domingo, 28 de abril. Páscoa russa. Fomos a Potsdam e encontramos o Príncipe Oscar, pai de Burchard da Prússia, um outro filho do ex-*Kaiser*[30] – um velho cavalheiro num magnífico uniforme vermelho e dourado.

Conseguimos fazer uma *paskha*[31], o que nos encheu de orgulho, dada a escassez de ingredientes. Estava deliciosa.

O desaparecimento de vários itens de primeira necessidade desde o começo da guerra teve uma consequência cômica no meu escritório: desde algum tempo nossos chefes estavam reclamando do inexplicável alto consumo de papel higiênico. No princípio eles concluíram que o pessoal devia estar sofrendo de algum novo tipo de diarreia coletiva, mas à medida que as semanas foram passando, e sem que a quantidade diminuísse, afinal eles se deram conta de que todo mundo simplesmente rasgava dez vezes mais do que o necessário e contrabandeava papel para casa. Agora há uma nova regra: todos os funcionários devem comparecer a um Ponto Central de Distribuição, onde recebem solenemente a quantidade julgada suficiente para suas necessidades diárias!

Quinta-feira, 2 de maio. Chamberlain anunciou que os britânicos estão abandonando a Noruega. As pessoas aqui estão meio estupefatas com essa retirada precipitada. Muitos alemães ainda têm uma admiração oculta pelos ingleses.

---

[30] A autora se refere: 1) ao Príncipe Oskar Karl Gustav Adolf da Prússia (1888-1958); 2) a seu filho Burchard Friedrich Max Werner Goerg, também Príncipe da Prússia (1917-1988). Ambos foram militares do Exército alemão. O Príncipe Oskar era o quinto filho do *Kaiser* Wilhelm II.

[31] A *paskha* é um prato tradicional da Páscoa ortodoxa, feito de *tvorog*, uma massa de queijos brancos temperada com ervas e moldada em forma de pirâmide (para imitar o que se imagina como o túmulo de Cristo); leva ainda ovos, manteiga e outros condimentos, e depois é assada no forno.

Sábado, 4 de maio. Fui a uma grande recepção diplomática. O pessoal do Ministério do Exterior deve usar agora um uniforme inconveniente, azul-escuro com um largo cinto branco. Havia um bufê muito grande, mas ninguém ousou se achegar muito avidamente.

Temos um homem muito estranho trabalhando conosco no DD. Seu nome é Illion. Ele anda em andrajos, usa óculos de lentes grossas, tem um passaporte norte-americano, nasceu na Finlândia e passou a maior parte da vida no Tibete, vivendo com o séquito do Dalai Lama e, assim se gaba, nunca tomando banho. Embora seu salário seja razoável, tampouco toma banho agora, o que não é nada agradável para nós. Aqui e ali ele ensina a mim e a Katia Kleinmichel algumas frases curtas em tibetano.

Terça-feira, 7 de maio. Acabei de tomar conhecimento de uma notícia secreta – Molotov pediu ao governo alemão que não dê apoio à Igreja russa em Berlim, porque seus líderes são hostis aos soviéticos!

Consegui jantar uma comida bizarra, com biscoitos, iogurte, chá requentado e geleia. O iogurte continua não racionado e, quando estamos em casa, ele é nosso prato principal, ocasionalmente acompanhado por um mingau de carne e cereal cozido em água. Nós temos direito a um vidro de geleia por mês por pessoa e, sendo a manteiga muito escassa, ele não dura muito. Tatiana sugere que penduremos um cartaz na mesa da cozinha: "café da manhã", "almoço" e "jantar", conforme o momento do dia, porque o cardápio permanece quase sempre o mesmo. Consegui fazer amizade com um leiteiro holandês que de vez em quando me passava uma garrafa de leite que sobrava do estoque reservado para as gestantes. Infelizmente ele vai voltar para a Holanda. Às vezes fico desesperada por ter de pegar fila depois do escritório, para conseguir um pedaço de queijo do tamanho de um dedo. Mas as pessoas nas lojas continuam simpáticas e parecem suportar isso ainda sorrindo.

Quinta-feira, 9 de maio. Trabalhei até tarde e depois encontrei um certo Senhor von Pfuel[32] (também conhecido como C. C.) na casa de Aga Fürs-

---

[32] Trata-se provavelmente de Curt-Christoph von Pfuel (1907-2000), membro de importante casa da nobreza prussiana, que durante a guerra trabalhava no setor diplomático alemão.

tenberg. Eles estão oferecendo uma festa para a linda Nini de Witt, a esposa do embaixador holandês.

Sexta-feira, 10 de maio. A Alemanha invadiu a Bélgica e a Holanda. Entretanto, Nini de Witt, na festa de ontem, parecia nada saber! Telefonei para Tatiana, do escritório, e decidimos nos encontrar para o almoço e tratar do assunto. Isso representa um choque, porque significa o fim da "Phony War"[33]. A Antuérpia foi bombardeada pelos alemães e Freiburg-im-Breisgau pelos Aliados. Há muitos mortos em ambos os lugares. Paris está sendo evacuada, Chamberlain renunciou e Churchill agora é o primeiro-ministro. Isso, provavelmente, mata qualquer esperança de paz com os Aliados agora. À noite, uma recepção de despedida na residência dos Attolicos (o embaixador italiano de partida)[34]. Estão todos com uma expressão desolada.

Depois da guerra soube-se que Freiburg-im-Breisgau[35] foi bombardeada, na verdade, não pelos Aliados, mas pela Luftwaffe, que a confundiu com uma cidade francesa na outra margem do Reno.

Hitler nunca acreditou que a França e, especialmente, a Inglaterra fossem à guerra por causa da Polônia. Os meses da "Phony War" (nome que os Aliados deram ao primeiro inverno, relativamente sem acontecimentos importantes na Frente Ocidental), a falta de uma afirmação clara de objetivos de guerra por

---

[33] *"Phony"* ou *"Phoney War"* era uma expressão usada na época para o período entre setembro de 1939 e maio de 1940, em que não houve um maior engajamento em combates na Frente Ocidental. Seu significado denota algo "que não é de verdade, ou para valer". Em português, poderíamos dizer uma "guerra de faz de conta". Em alemão havia o termo *"Sitzkrieg"* ("guerra de assento"), uma paródia de *"Blitzkrieg"* ("guerra relâmpago"), e, em francês, *"une drôle de guerre"* ("uma guerra bizarra"). Também se usava a expressão *"Bore War"*, uma paródia da expressão "Boer War" (da África do Sul), mas conotando *"Boring War"* ("guerra chata").

[34] O embaixador em questão era Bernardo Attolico (1880-1942), cuja família receberia do Rei Vittorio Emanuele III o direito ao uso hereditário do título de conde. Attolico foi, entre outras coisas, embaixador italiano na União Soviética e, de 1927 a 1935, no Brasil. Nesse ano foi deslocado para Berlim, onde ficou até 1940, sendo então designado embaixador italiano junto à Santa Sé.

[35] George Vassiltchikov escreve Freiburg-im-Bresgau, o que pode ser um erro tipográfico ou um eco de Friburg-im-Brisgau, nome da cidade no dialeto local, o *alemânico*, do qual veio o nome "Alemanha". Nesse bombardeio morreram 57 pessoas. Ao fim da guerra, a cidade seria novamente bombardeada, dessa vez, sim, pelos ingleses, tendo seu centro destruído. Foi ocupada pelo Exército francês em 1945, que de lá só se retirou em 1991, depois da queda do Muro de Berlim.

parte dos Aliados (o que se devia às diferenças entre franceses e ingleses sobre o que fazer a seguir) e um "pensamento otimista" presente em vastos setores da população alemã (que na verdade nunca desejara uma guerra) contribuíram para a ilusão dentro da Alemanha – uma ilusão a que Missie faz eco – de que, enquanto não houvesse um grande derramamento de sangue, uma paz negociada ainda era possível. De fato, ao longo do inverno de 1939-1940, vários balões de ensaio foram lançados por círculos influentes de ambos os lados para encontrar uma maneira mutuamente aceitável para por fim ao conflito.

A ofensiva alemã começara na noite de 9 para 10 de maio com um maciço ataque de paraquedistas sobre a Holanda e a Bélgica neutras. Em 15 de maio o grosso das divisões blindadas alemãs tinha irrompido através da floresta das Ardenas, invadindo o sul da Bélgica. Rompendo as linhas francesas, essas divisões dirigiram-se para oeste até o mar, dividindo as forças aliadas em duas, forçando os exércitos ao norte (inclusive a Força Expedicionária Britânica) a sair da Bélgica, recuando até o Canal da Mancha. O Exército holandês se rendeu em 15 de maio; o belga, em 27 do mesmo mês. No dia 3 de junho o último navio inglês deixaria Dunquerque. Paris cairia em 14 de junho e no dia 25 a França assinaria um armistício que entregava dois terços do país ao controle alemão, ficando o restante sob o governo do Marechal Philippe Pétain, constituindo aquilo que se conhece usualmente como a "França de Vichy".

Sábado, 11 de maio. Antoinette e Loulou von Croy vieram nos ver. Ambas são extremamente bonitas. A mãe delas é dano-americana e o pai, o duque, franco-belga-alemão. Nada fácil em tempos como esses[36].

Segunda-feira, 13 de maio. Não tive um único dia de folga durante semanas, e estou guardando todos que posso para visitar os Clarys em Teplitz, na Boêmia. Não os vejo desde Veneza, e gostaria que Tatiana também os encontrasse.

Burchard da Prússia escreveu de Colônia; está a caminho do *front*.

Quinta-feira, 16 de maio. Como ontem, há uma grande ofensiva em curso. É o suficiente para dar insônia.

---

[36] A família von Croy, ou von Croÿ, era natural da Picardia, na França, mas tinha ramificações em vários países europeus, como muitas da aristocracia do continente: Alemanha, Áustria, Bélgica e até Espanha.

Sexta-feira, 17 de maio. Fico lembrando meu chefe temporário que pretendo viajar a Teplitz. Como a água que pinga sobre a cabeça do chinês, espero que a ideia penetre na dele.

Domingo, 19 de maio. Um jantar-piquenique de espaguete na cozinha das gêmeas Wrede. Tino Soldati, o novo adido suíço, corre o tempo todo para o telefone. Diz que os suíços também esperam uma invasão a qualquer momento.

Segunda-feira, 20 de maio. Meu chefe, o Sr. E., voltou hoje, queimado de sol, mas soltando fumaça pelas ventas. Ele fica andando em círculos, gritando: "Schweinerei! Saubande!"[37] – provavelmente se referindo a nós. É que durante sua ausência nós levamos a cabo uma espécie de revolução palaciana. Fui até chamada por um chefe superior, Herr von Witzleben, que me perguntou se era verdade que eu estava "lançando ultimatos" a respeito. Ainda bem que E. não é nada popular e "nós" ganhamos o dia.

Tatiana teve um aumento de salário. Estou irritada porque o meu parece congelado.

Quarta-feira, 22 de maio. O novo embaixador italiano, Alfieri[38], ofereceu uma recepção. Max Schaumburg-Lippe apareceu de repente – recém-chegado de Namur, com o primeiro relato pessoal do que estava acontecendo no *front*. Parece que Friedrich von Stumm foi morto. Sua mãe estava na recepção italiana, mas ninguém ousou contar-lhe.

---

[37] Literalmente: "Porcaria! Bando de porcas!" – mas um insulto muito pesado em alemão.

[38] Edoardo Alfieri (1886-1966), apelidado Dino, foi um ativo político fascista em vários sentidos. Era embaixador na Santa Sé, trocando de posto com Attolico em 1940. Tinha fama de conquistador, e envolveu-se num escândalo amoroso em Berlim. Segundo o noticiário da época (*New York Times*, 29/1/1943, e *The Gazette*, de Montreal, 30/1/1943), foi apanhado em flagrante com a mulher de um oficial alemão ferido na frente africana, que retornava para casa. Foi espancado e expulso seminu da casa do oficial. O caso quase terminou em duelo, e só não ocorreu essa "solução" extrema por causa da situação de guerra. Posteriormente, em 1943, envolveu-se no golpe intrafascista que afastou Mussolini do poder. Com a formação de um novo governo fascista no norte da Itália, foi condenado à morte por um tribunal descrito como "canguru", isto é, "fajuto", na gíria da época. Escapou à sentença e publicou depois suas memórias sobre os dois ditadores, Hitler e Mussolini.

Sábado, 25 de maio. Tatiana e eu partimos às sete da manhã para Teplitz[39], o castelo dos Clarys na Boêmia. No táxi uma dúvida fugaz passou pela minha mente – se eu teria deixado ligado o ferro elétrico na cozinha ou não, mas logo me esqueci disso. Fomos recebidas por Alfy Clary (um primo distante de mamãe) e sua irmã, Elisalex de Baillet-Latour, casada com o presidente belga do Comitê Olímpico Internacional. Ela agora passa a maior parte do tempo aqui. Fomos visitar a mãe de Alfy, Thérèse, uma senhora de idade, muito bonita, nascida Condessa Kinsky[40], que certa vez teve seu retrato pintado por Sargent. O quadro estava pendurado na parede, sobre sua cabeça.

TEPLITZ *Domingo, 26 de maio.* Corpus Christi. Nós todos fomos à igreja, Alfy Clary liderou a procissão, caminhando logo atrás do padre. Nós assistimos [à cerimônia] atrás de uma janela. Até agora eles não têm notícia dos rapazes mais velhos, que estão ambos lutando na França. Apenas o mais moço, Charlie, com dezesseis anos, está em casa. Ele é muito parecido com Harold Lloyd e, tendo enrolado o tapete, sapateou habilidosamente.

Mais tarde durante a guerra chegou a vez de Charlie Clary ser recrutado; ele pereceria em 1944, lutando contra os guerrilheiros iugoslavos.

Segunda-feira, 27 de maio. Lidi Clary nunca fala dos rapazes, embora ontem, na igreja, ela tenha chorado. Alfy está mortalmente preocupado. Hoje nós jogamos *bridge* e à tardinha Tatiana partiu. Eu vou ficar um pouco mais. Visitamos a cidade. Pedro, o Grande, veio certa vez para cá, para uma estação de cura. Teplitz é um conhecido *spa* – e há muitas recordações de sua visita.

---

[39] Teplitz (Teplice em tcheco) é uma cidade/região da Boêmia, na hoje República Tcheca, depois do desmembramento da Tchecoslováquia. Fica na fronteira do Estado da Saxônia, na Alemanha. Na época da guerra, essa região estava anexada à Alemanha. Os Clarys eram membros de uma antiga família de origem germânica que vivia na região. Depois da guerra, o governo comunista expropriou as propriedades de alemães nessa região, expulsando-os dali.

[40] Thérèse von Clary-Aldringen era casada com o príncipe dessa casa, reconhecido diplomata austro-húngaro. De impressionante beleza, teve seu retrato pintado por John Singer Sargent (1856-1925), um dos mais famosos retratistas da época, em 1896. Sargent nasceu na Toscana, na Itália, filho de pais norte-americanos, e morreu em Londres.

O filho mais velho do príncipe herdeiro, Príncipe Wilhelm da Prússia, morreu hoje num hospital de Bruxelas, depois de ser ferido nos pulmões e no estômago, no dia 13[41].

Quinta-feira, 28 de maio. O Rei Leopoldo da Bélgica rendeu-se. Elisalex Baillet-Latour está feliz, porque espera que isso poupe muitas vidas belgas.

Chegaram cartas de ambos os rapazes Clarys. O regimento de Ronnie fez prisioneiro seu primo francês. Alfy está pensando de que forma comunicar a família. Ele pensa como um patriota idealista do século XIX e parece não se dar conta da realidade atual.

Hoje nós vimos um jornal cinematográfico sobre o bombardeio de Rotterdam. Absolutamente horroroso. Faz temer por Paris.

O bombardeio de Rotterdam, executado pela Luftwaffe enquanto se faziam negociações para a capitulação, viria a ser um dos erros mais crassos dos alemães na guerra, de grande custo psicológico. Os aviadores não viram os sinais luminosos enviados pelas forças alemãs em terra pedindo que suspendessem a operação. A maior parte da cidade foi completamente arrasada, mas as mortes (estimadas pela propaganda dos Aliados entre 25 mil e 30 mil) foram, na verdade, 814. Apesar disso, o bombardeio de Rotterdam entrou para a história como um exemplo da brutalidade sem limites dos nazistas e, junto com o posterior bombardeio de cidades inglesas, contribuiu muito para mudar a opinião pública britânica em favor do bombardeio indiscriminado de cidades alemãs, com um número muito maior de vítimas»[42].

---

[41] O Príncipe Wilhelm Friedrich Franz Joseph Christian Olaf da Prússia (1906-1940) era um herdeiro presuntivo da Coroa Imperial dos Hohenzollern. Enamorou-se de uma colega de universidade, Dorothea von Salviati (1907-1972), o que desagradou a seu pai, que tinha a esperança de restaurar o Império e proibiu seu casamento, já que ela era de uma casa de "nobreza menor". Porém o príncipe casou-se assim mesmo, abrindo mão dos direitos sucessórios. Na verdade o príncipe foi ferido em 23 de maio, na cidade francesa de Valenciennes, e morreu no dia 26, num hospital de campo em Nivelles, na Bélgica. Ele foi enterrado no mausoléu da família em Potsdam, no Palácio de Sans-Souci, numa cerimônia a que compareceram 50 mil pessoas. Esse fato melindrou Hitler, que a partir daí baixou um decreto proibindo que pessoas da família imperial tivessem cargos ou funções militares.

[42] Hitler ordenara pessoalmente o ataque a Rotterdam porque o Exército holandês apresentara uma inesperada capacidade de resistência, bloqueando o avanço alemão. O ataque foi executado em 14 de maio. E, de fato, todas as descrições atuais do bombardeio situam o número de mortos em menos de mil. Porém, foi arrasador e destruiu milhares de casas na cidade, deixando

BERLIM *Quarta-feira, 29 de maio*. Tatiana voltou e me encontrou já deitada na cama. Ela estava furiosa comigo, porque achou o ferro de passar ainda ligado na tomada quando voltou de Teplitz. Ele queimara a prateleira onde descansava sobre um apoio de metal e caíra, graças a Deus, em cima do fogão. Mas uma chama estava subindo pela parede quando Tatiana entrou na cozinha, três dias depois. Estou arrasada. Não sei o que faria se o apartamento dos Pückler tivesse pegado fogo.

Hoje aconteceu o funeral do Príncipe Wilhelm, em Potsdam. Corre o comentário que os monarquistas fizeram uma grande manifestação.

Quinta-feira, 30 de maio. Tive um jantar ótimo e tranquilo na casa dos Bennazzos. Agostino é violentamente antifascista e, ao contrário de muitos de seus colegas, não esconde o que pensa. Ele prevê um destino lúgubre para toda a Europa.

Domingo, 2 de junho. Ontem, como era dia de pagamento, fomos às compras. Parece que a cada fim de mês nunca temos um único centavo sobrando, o que não é nada surpreendente, considerando nossos salários. Nós duas juntas ganhamos agora 450 marcos, dos quais 100 vão para a família em Roma, outros 100 para pagar as dívidas e ainda 200 para comida, transporte etc. Isso nos deixa 50 marcos para as despesas pessoais, roupas, correio etc. Mas desta vez eu tinha poupado dinheiro e pude comprar um vestido que me chamara a atenção meses atrás. Eu também poupara vários cupons para a compra de roupas, mas a loja não os pediu!

Nesta noite, um banho. Agora que os banhos também são racionados, isso é um acontecimento.

Segunda-feira, 3 de junho. Hoje Paris foi bombardeada pela primeira vez. Os alemães anunciaram oficialmente suas baixas na Frente Ocidental até o

---

85 mil desabrigados. A partir de então o governo holandês inclinou-se pela rendição, para evitar a destruição de mais cidades. E a partir de 15 de maio, dia seguinte ao do bombardeio, a RAF britânica decidiu também bombardear áreas civis e industriais. Pode-se dizer que esses acontecimentos deflagraram o começo do bombardeio de objetivos civis com a intenção de aterrorizar a população.

momento: 10 mil mortos, 8 mil desaparecidos – provavelmente também mortos. Até o momento há 1,2 milhão de prisioneiros Aliados.

Terça-feira, 6 de junho. Gofi, o irmão de Aga Fürstenberg, ganhou uma licença especial por ato de bravura. Foi enviado para uma escola de treinamento de oficiais. Aparentemente, embora nunca tivesse feito serviço militar, ele se comportou como um autêntico herói, tendo recebido a Cruz de Ferro e a Insígnia da Divisão Blindada de Assalto. Entretanto ele odeia a guerra, e antes dela viveu a maior parte do tempo em Paris.

Domingo, 9 de junho. P. G. Wodehouse caiu prisioneiro perto de Abbeville, enquanto jogava golfe. O alto-comando alemão quer que ele edite um jornal dirigido aos prisioneiros de guerra britânicos e o trouxe para Berlim.

No começo da guerra, Wodehouse (cidadão britânico, mas residente nos Estados Unidos havia muito tempo) vivia com sua esposa em Le Touquet, onde os alemães os detiveram quando já se preparavam para fugir para o Ocidente. Aprisionado como um estrangeiro inimigo, ele foi depois libertado a pedido dos Estados Unidos (que ainda não tinham entrado na guerra). Em Berlim, o representante do American Broadcasting System persuadiu-o a fazer cinco emissões para o público norte-americano, descrevendo suas experiências. Essas emissões, espirituosas, ridicularizando levemente os alemães, eram completamente apolíticas. Mas, como ele se valeu das instalações alemãs para fazê-las, tecnicamente era culpado de colaboração com o inimigo. Isso provocou uma reação furiosa na Inglaterra, e ele foi aconselhado a nunca mais pôr os pés em sua terra natal[43].

---

[43] *Sir* Pelham Grenville Wodehouse (1881-1975), mais conhecido como P. G. Wodehouse, foi um escritor britânico muito prolífico, conhecido e popular até hoje. Dono de um estilo cômico, criou um personagem característico – Reginald Jeeves – cujo sobrenome ficou quase como um sinônimo de criado ou mordomo em inglês, algo parecido com o nome "Jarbas", em português do Brasil, associado, por exemplo, a chofer particular. Alguns de seus livros, entre eles os da série "Jeeves", foram traduzidos no Brasil e em Portugal. Depois da guerra, Wodehouse foi inocentado de todas as acusações de traição ou colaboração com os nazistas por uma investigação do Serviço Secreto britânico. Mas mudou-se definitivamente para os Estados Unidos, nunca mais retornando a seu país natal.

Esta tarde, depois do trabalho, alguns amigos húngaros me apanharam e fomos de carro para a casa de Helga-Lee Schaumburg, onde ficamos tomando sol. Gofi Fürstenberg se juntou a nós, parecendo muito fatigado. Ele parecia completamente exausto e mal podia participar da conversa. Aschwin Lippe foi *fristlos entlassen* – despedido sem aviso prévio – porque seu irmão mais velho, Bernhard, o Príncipe Consorte da Holanda, se juntou à Rainha Guilhermina na Inglaterra. Provavelmente isso salvará a vida de Aschwin, mas ele está muito agastado: ele amava seus homens e lutou com eles durante as campanhas na Polônia e na França, e agora se sente como um proscrito. Para piorar, a propriedade da sua família está no nome do irmão e agora será certamente confiscada[44].

Segunda-feira, 10 de junho. Burchard da Prússia[45] está furioso porque, depois da morte de seu primo Wilhelm, todos os príncipes da Casa Real germânica foram dispensados de suas funções na frente de batalha e ainda são "tolerados" em serviços administrativos. Adolf não quer que eles se distingam e assim adquiram uma "popularidade prejudicial", porque todos eles se revelaram bons soldados.

Ontem Narvik foi abandonada pelos Aliados e a Noruega se rendeu. Esta tarde Mussolini anunciou a entrada da Itália na guerra. Além de ser algo estúpido, também não é muito elegante marchar "triunfalmente" pelo sul da França adentro na vigésima quinta hora da campanha no país[46].

---

[44] A família aqui referida já foi objeto de nota anterior. Helga-Lee Schaumburg-Lippe (1911--2005) foi casada com um conhecido piloto de automóveis. Aschwin Lippe-Biestersfeld (1914-1988) foi oficial da Wehrmacht; e seu irmão Bernhard (1911-2004) tornou-se piloto da RAF britânica. Este se casou com a então Princesa e depois Rainha Juliana da Holanda (1909-2004), sendo pai da atual Rainha Beatrix (1938-). Já a Rainha Guilhermina, ou Wilhelmina (1880-1962), reinou até 1948, quando abdicou em favor de Juliana, que, por sua vez, abdicou em 1980. Ver, anteriormente, nota 14.

[45] Referência ao Príncipe Burchard Friedrich Max Werner Georg (1917-1988), por sua vez filho do Príncipe Oskar Karl Gustav Adolf (1888-1958), quinto filho do *Kaiser* Wilhelm II. Os funerais de seu irmão Wilhelm transformaram-se numa manifestação vista como pró-monárquica por parte do governo nazista. Ver nota 40.

[46] Narvik é uma cidade norueguesa já dentro do Círculo Polar Ártico. Foi o último bastião da resistência dos Aliados e do Exército norueguês antes da retirada daqueles e da rendição deste. Quanto à entrada da Itália na guerra, foi uma decisão de Mussolini após alguma hesitação. O ditador fascista baseou-se na avaliação de que o conflito terminaria logo. Nessa ocasião teria dito ao seu chefe do Estado-Maior, Marechal Badoglio: "Eu só preciso de uns poucos milhares de mortos para sentar na conferência de paz como alguém que lutou".

Quarta-feira, 12 de junho. Correm rumores de que Paris será defendida. Espero que não; isso não mudaria nada.

Quinta-feira 13 de junho. Fui com C. C. Pfuel ao teatro para ver *Fiesco*, com Gustaf Gründgens[47]. Isso foi um regalo, já que hoje em dia é muito raro conseguir entradas, que são vendidas ou reservadas para militares de licença. Depois comemos algo leve num pequeno restaurante e falamos sobre a guerra. C. C. Pfuel, que é brilhante, não pensa que ela terminará logo e é, de um modo geral, pessimista.

Sexta-feira, 14 de junho. Paris se rendeu hoje. Aqui paira uma reação estranhamente morna. Não se percebe nem sombra de algum entusiasmo.

Sábado, 15 de junho. Rumores de uma capitulação francesa.

Passamos a noite com Sigi Laffert e amigos em Grunewald[48], passeando de barco e sentados no jardim. De repente Agostino Bennazzo apareceu, nos chamou de lado e sussurrou: "Os russos anexaram a Lituânia!". E papai ainda está por lá! Voltamos imediatamente para casa e passamos a noite tentando entrar em contato com o pessoal do AA que poderia providenciar alguma

---

[47] *Fiesco* é uma peça de teatro (na verdade, *A conspiração de Fiesco em Gênova*), de Friedrich Schiller, estreada em 1783. O ator Gustaf Gründgens (1899-1963) é considerado um dos mais influentes no teatro alemão do século XX. Já famoso quando da ascensão dos nazistas, continuou a fazer carreira – inclusive com postos oficiais – sob o regime hitlerista, apesar de sua notória homossexualidade. Chegou a integrar a lista conhecida como "Gottbegnadeten", preparada por Hitler e Goebbels, com nomes de artistas, arquitetos e intelectuais considerados "indispensáveis" pelo regime e desobrigados até do serviço militar. Depois da guerra foi preso pelos soviéticos, mas foi liberado por influência de artistas russos a quem teria ajudado para que não fossem mortos. Prosseguiu sua carreira de ator e diretor de estabelecimentos teatrais até 1963, quando morreu em Manila devido a uma dose excessiva de barbitúricos, o que sugeriu a hipótese de suicídio, nunca confirmada. Sua vida foi tema de um romance, de autoria de seu cunhado (ele se casara, aparentemente para manter as aparências) Klaus Mann, morto em 1949, sob o nome de *Mephisto*, papel da peça de Goethe (*Fausto*) que o fez famoso. O romance foi adaptado para o cinema em 1981, pelo diretor István Szabó, ganhando naquele ano o Oscar de Melhor Filme Estrangeiro.

[48] Bairro elegante e florestado do oeste de Berlim, urbanizado desde o final do século XIX. Hoje em dia é considerado o metro quadrado mais caro da cidade. Seu bosque, destruído durante a Segunda Guerra, foi recuperado e é muito procurado nos fins de semana para passeios a pé ou de bicicleta. É considerado um lugar romântico.

ajuda. Eles são evasivos demais, com medo de arruinar a sua *entente* com a União Soviética.

Domingo, 16 de junho. Enquanto Tatiana fazia mais uma tentativa no AA, Burchard da Prússia foi comigo à igreja. Também ele está tentando achar alguma maneira de ajudar papai enquanto ainda é tempo.

Segunda-feira, 17 de junho. Quase não tenho dormido nestas últimas noites. Há rumores de que o Presidente Smetona, da Lituânia, e a maioria dos seus ministros conseguiram escapar através da fronteira alemã.

O Presidente Antanas Smetona, que governava a Lituânia como um ditador benévolo desde 1926, conseguiu fugir para os Estados Unidos, onde morreu em 1944. As autoridades soviéticas fizeram imediatamente um expurgo no país: 5 mil pessoas foram fuziladas e entre 20 mil e 40 mil foram deportadas. Destas, a maioria morreu no exílio.

Embora o protocolo secreto de 29 de setembro de 1939 estabelecesse que a Lituânia deveria se tornar parte da "esfera de influência soviética", Hitler não concordou com a sua direta anexação à URSS. Com a subsequente tomada da Bessarábia e da Bukovina do Norte, territórios romenos (o que deixou os campos petrolíferos de Ploesti, principal fonte de óleo da Alemanha, ao alcance da aviação soviética), essa anexação foi vista por Hitler como uma quebra de confiança para a qual só poderia haver uma resposta: a tão sonhada conquista da União Soviética.

Albert Eltz[49] acabou de nos telefonar dizendo que o Marechal Pétain capitulou em nome da França. O gabinete francês parece ter se dispersado em todas as direções. Parece inacreditável, depois de dois meses de luta apenas.

Terça-feira, 18 de junho. A França está sendo ocupada rapidamente. C. C. Pfuel e Burchard da Prússia começaram investigações sobre papai, com a ajuda de um certo Coronel Oster da Abwehr [*Serviço Militar de Inteligência*]. Ainda não há notícias.

---

[49] Trata-se provavelmente de Albert Moritz Johann Nepomuk Karl Maria, Conde de Eltz, austríaco, nascido em 20/1/1915.

Oficial enérgico e elegante, de uma habilidade fora do comum, ardente anti-nazista nascido na Alsácia, o Coronel (depois Major-General) Hans Oster (1888-1945) conseguiu, com seu papel de chefe de gabinete do Almirante Canaris, fazer da Abwehr um verdadeiro refúgio para oponentes do regime. Possivelmente com o conhecimento do Almirante Canaris, ele vazou os planos de invasão de Hitler para os serviços de inteligência da Dinamarca, da Noruega, da Holanda e da Bélgica. Mas em 1943 muitos de seus protegidos já estavam presos, e ele acabou sendo demitido, com a resistência militar se reagrupando em torno do General Olbricht e do Coronel von Stauffenberg. Preso na sequência do infrutífero atentado de 20 de julho, Oster pereceu devido a essa mania germânica de guardar registros. Depois que seu chofer delatou onde estavam escondidos, a Gestapo não perdeu tempo com ele e o enforcou, com Canaris, em 9 de abril de 1945, no campo de concentração de Flossenburg[50].

---

[50] Embora George Vassiltchikov afirme que o Coronel Oster nasceu em 1888 na Alsácia, informações mais recentes o dão como nascido em 1887 em Dresden, na Baixa Saxônia, filho de pai alsaciano. O General Hans Paul Oster (1887-1945) foi figura-chave em várias tentativas de afastar Hitler do poder ou eliminá-lo, desde antes da guerra. Seu posto como vice-comandante do Serviço Secreto das Forças Armadas era fundamental para forjar documentos e encobrir ações. Ele e Canaris chegaram a se envolver na facilitação da fuga de um grupo de judeus para a Suíça, disfarçados como agentes da Abwehr. Oster chegou a contatar o Serviço Secreto Britânico sugerindo, sem sucesso, que não aceitassem as imposições de Hitler antes do conflito. Wilhelm Canaris (1887-1945) é reconhecido hoje como informante dos britânicos e demais Aliados. Teve papel importante para impedir que o Generalíssimo Francisco Franco, ditador da Espanha, se aliasse a Hitler, passando-lhe informações sobre a expectativa de que os Estados Unidos entrariam na guerra, e sua crença de que a Alemanha acabaria derrotada. Registrou detalhes da conspiração que redundou no atentado de 20 de julho de 1944, inclusive sobre sua participação, num diário que foi descoberto em 4 de abril de 1945. Nessa altura ele e Oster já estavam aprisionados no campo de Flossenburg. Furioso, Hitler ordenou a execução dos prisioneiros, o que ocorreu, com requintes de crueldade e humilhação, em 9 de abril. Catorze dias mais tarde, em 23 de abril, o Exército norte-americano libertou o campo. Flossenburg era um campo destinado a prisioneiros políticos e de guerra. De 1938 a 1945 abrigou 96 mil prisioneiros, dos quais 30 mil morreram, na maior parte executados pelos SS. O juiz que depois da ordem de Hitler "julgou" os prisioneiros chamava-se Otto Thorbeck (1912-1976). Depois da guerra, continuou sua carreira como juiz. Em 1955 foi condenado pelas execuções que patrocinou, mas sua sentença foi extinta em 1956, sob a alegação de que os tribunais nazistas podiam condenar "traidores". Entretanto, essa decisão de 1956 foi anulada pela sentença de um tribunal superior em 1996 – vinte anos depois da morte de Thorbeck. O General Friedrich Olbricht (1888-1944), um dos principais conspiradores contra Hitler, foi fuzilado na própria noite de 20 para 21 de julho de 1944 no QG do Exército alemão em Berlim, junto com Stauffenberg.

Quarta-feira, 19 de junho. A família Tillmann chegou da Lituânia. De ascendência russo-germânica, eles eram importantes industriais lá. Duas horas antes da chegada dos soviéticos, o ministro alemão, Dr. Zechlin, e o meu ex-chefe, o ministro britânico, Sr. Thomas Preston, os alertaram para que deixassem o país. O filho ficou, esperando, com seu passaporte alemão, poder salvar algumas de suas propriedades.

Quinta-feira, 20 de junho. Voltando para casa à noite encontrei um telegrama de papai. Enviado de Tilsit, na Prússia Oriental, dizia *"Glücklich angekommen"* [*"Cheguei bem"*] e pedia dinheiro para juntar-se a nós.

Sexta-feira, 21 de junho. Uma festa regada a camarões na casa de C. C. Pfuel, com Luisa Welczeck e Burchard da Prússia; este nos trouxe para casa de carro, o que é estritamente ilegal. Estávamos indo para a cama quando soaram as sirenes avisando de um ataque aéreo. Sentamo-nos no andar de baixo, sobre os degraus da escada, e ficamos conversando com o porteiro, que também trabalha como comissário de bordo numa companhia aérea. Mais tarde ficamos sabendo que bombas caíram perto de Potsdam, mas nenhuma em Berlim.

Sábado, 22 de junho. Passei a noite na casa de Tino Soldati. Foi anunciado o armistício na Frente Ocidental, e o *"Wir treten zum Beten"* [*"Vamos nos juntar para orar"*] foi entoado no telégrafo sem fio. Todos os presentes falaram com desprezo sobre os italianos, que atacaram a França somente depois que estava tudo decidido...

Segunda-feira, 24 de junho. Jantar em Gatow, junto do lago, com um grupo de amigos italianos. Fui para casa cedo, enquanto os outros partiram para uma festa dada pela esposa de um dos diplomatas italianos, nascida nos Estados Unidos. Fico espantada, pois acho algo indecente toda essa alegria, levando-se em conta o que está acontecendo na França.

Terça-feira, 25 de junho. Voltando para casa, encontrei papai, incrivelmente vivaz diante de tudo por que acabou de passar. Suas únicas posses neste mundo são agora os instrumentos para fazer a barba, um par de lenços sujos e uma camisa. Ao chegar em solo alemão, ele foi aparentemente bem tratado pela polícia de fronteira – graças à intervenção do Coronel Oster. Até ofereceram dinheiro para que pudesse se juntar a nós. Mas, antes disso, ele passou por dificuldades assustadoras, escondendo-se na floresta de sua antiga propriedade e atravessando a fronteira na calada da noite com a ajuda de um ex-caçador clandestino em suas terras. Foi difícil, levando-se em conta que no auge do verão as macegas estavam muito secas e estalavam sob os pés.

Quando as tropas soviéticas tomaram a Lituânia, o pai de Missie estava visitando Vilnius, a antiga capital, que fora devolvida pelos soviéticos no outono precedente depois do desmembramento da Polônia. Tomando o primeiro trem de volta para Kaunas – onde vivia –, ele passou a noite na casa de amigos. Depois disso, sem voltar para casa, tomou um vapor descendo o rio Nieman até Jurbarkas, onde ficavam as terras dos Vassiltchikovs. A família ainda desfrutava de popularidade entre os habitantes locais e no devido tempo encontraram-se guias que se ofereceram voluntariamente para "contrabandeá-lo" através da fronteira, para a Alemanha. Estes eram invasores clandestinos que "trabalhavam" em suas florestas, e quando, ao chegarem à Alemanha, ele quis pagá-los, eles recusaram, dizendo: "Nós já tivemos nossa recompensa muitas e muitas vezes – quando o senhor ainda vivia por aqui!".

Segunda-feira, 1º de julho. Depois do trabalho, retribuí uma visita a Luisa Welczeck e Tatiana, no escritório delas, na antiga Legação da Tchecoslováquia na Rauchstrasse. O chefe de Luisa é um diplomata muito gentil, Josias von Rantzau[51], que antes trabalhou na Dinamarca e nos Estados Unidos. Ele tem um senso de humor bastante aguçado, o que lhe faz bem, porque Luisa escreve uns versinhos[52] excelentes satirizando o pessoal do escritório, divertindo-se também às custas dele. Foi-nos oferecido um drinque muito forte e tudo se passou, de um modo geral, numa atmosfera bastante descontraída.

---

[51] Josias von Rantzau, nascido em 1903 e membro de uma ilustre família de diplomatas alemães. Morreu em 1950, num campo de concentração soviético.

[52] No original, *"limericks"*, segundo o dicionário Michaelis, "espécie de poema leve ou humorístico de cinco versos anapésticos com três pés no primeiro, segundo e quinto versos, dois pés no terceiro e quarto versos, e esquema de rima 'aabba'".

Terça-feira, 2 de julho. Jantar com Otto von Bismarck, os Bennazzos, Helen Biron e um jovem sueco, von Helgow, da Legação daquele país aqui. Passamos o resto da noite no apartamento dele, perto do Tiergarten, que está tomado por bricabraques Wedgwood[53]. Coisa perigosa em tempos como estes.

Neto mais velho do Chanceler de Ferro, o Príncipe Otto von Bismarck (1897-1975) começara como um membro direitista do Reichstag [Parlamento] *(onde seu irmão mais moço, Gottfried, tomaria assento como membro do Partido Nazista). Nessa altura ele já tinha se voltado para a diplomacia, exercendo cargos em Estocolmo e Londres. O auge de sua carreira se deu entre 1940 e 1943, como ministro conselheiro da Embaixada Alemã em Roma. Depois da guerra, voltou à política, tendo sido membro do Bundestag em Bonn[54].*

Sábado, 7 de julho. Tatiana, Luisa Welczeck e eu fomos convidadas para a residência do Embaixador da Itália, a fim de desfrutar de uma "mergulho tranquilo". Na verdade era um encontro em homenagem ao ministro de Relações Exteriores, Sr. Ciano, que veio para uma cerimônia fúnebre em memória do Marechal Italo Balbo, morto há pouco tempo numa queda de avião na Líbia.

Para a ocasião, a embaixada pareceu convidar todas as garotas mais belas de Berlim, mas nenhum dos homens que conhecemos. A comitiva de Ciano revelou-se pouco atraente, com exceção de Blasco d'Ayeta, seu *chef de cabinet*. A coisa toda pareceu muito suspeita. Fomos dar voltas no lago Wannsee em numerosos barcos a motor, em meio a uma chuva torrencial. Ao voltar, decidimos ir embora para casa assim que achássemos um carro disponível. Mas, quando fomos agradecer e dizer adeus ao nosso anfitrião, nós o achamos com Ciano, numa sala à meia-luz, dançando de rosto colado com duas das moças mais levianas que Berlim pode oferecer. E isso num dia de luto oficial! Saímos desgostosas, e Luisa chegou a se queixar para seu pai[55].

---

[53] Wedgwood é um tipo de porcelana inglesa, muito apreciada na Alemanha até hoje.

[54] Capital *de facto* da Alemanha Ocidental de 1949 a 1990, e sede do governo da Alemanha Reunificada até 1999.

[55] Nessa passagem estão reunidas algumas das personalidades mais proeminentes do fascismo italiano. Ciano – Gian Galeazzo Ciano, Conde de Cortellazzo e Buccari – é uma das figuras mais trágicas dessa história. Nascido em 1903, Ciano exerceu o cargo de ministro de Relações

Quinta-feira, 11 de julho. Meu jovem colega do AA planeja dar uma festa e me convidou, junto com Katia Kleinmichel. Katia acha que ele também chamou Baillie-Stewart[56]. Este último é um oficial britânico que revelou alguns planos para a Alemanha muitos anos atrás, tendo passado por isso algum tempo na prisão, na Torre, e agora está aqui. Pedi a Katia que dissesse ao nosso colega que eu preferia não ir, porque não quero encontrar aquele tipo. Nosso amigo ficou muito ofendido, dizendo que Baillie-Stewart era "o inglês mais decente que ele já encontrara". Não pude deixar de responder que ele não devia ter encontrado muitos e que, se ele estivesse certo, então que Deus salve o rei! Ele ameaçou cancelar completamente a festa – "tudo por causa da minha estupidez". Então eu acabei concordando em ir e passei a maior parte da noite vendo os outros jogarem pôquer. A não ser por coisas como essa, nós trabalhamos em paz.

Nosso chefe, o Sr. E., tem se fechado em seu escritório como numa toca de onde ele nunca sai.

Sexta-feira, 12 de julho. Nesta noite os Bielenbergs deram uma pequena festa em Dahlem. Peter Bielenberg é um advogado de Hamburgo. Com sete

---

Exteriores de 1936 a 1943, quando caiu em desgraça. Tentou evitar que a Itália se envolvesse com Hitler, por considerar isso um perigo para o país. Em 1943 foi considerado traidor por ter declarado apoio a uma paz em separado com os Aliados. Fugiu para a Alemanha, com a ideia de chegar à Espanha, mas foi preso e deportado de volta à Itália. Condenado à morte por traição, foi executado pelos próprios fascistas em Verona, em 11 de janeiro de 1944. Italo Balbo (1896-1940) foi dos mais afamados líderes dos Camisas Negras do Movimento Fascista. Governador-geral da Líbia e chefe das Forças Armadas italianas no Norte da África, teve seu avião abatido por fogo amigo ao tentar pousar no aeroporto de Tobruk. Chegou-se a cogitar uma execução por ordem de Mussolini, porém recentemente deu-se mais crédito a uma versão de erro por parte dos navios italianos próximos, cujos comandantes teriam confundido seu avião com uma aeronave britânica. Finalmente Blasco Lanza D'Ayeta ou D'Ajeta (1907-1969), também diplomata, chegou a estar envolvido em tentativas de aproximação com os Aliados, tendo sido encarregado de uma confusa missão nesse sentido em Lisboa, mas sem resultado.

[56] Norman Baillie-Stewart (1909-1966) foi um oficial britânico condenado a mais de uma centena de anos de prisão em 1933 por "vender segredos militares a uma potência estrangeira", no caso, a Alemanha. Era simpatizante nazista. Solto apenas cinco anos depois, acabou se refugiando na Alemanha, onde teve uma carreira medíocre lendo em inglês panfletos de propaganda no rádio durante algum tempo. Depois da guerra, voltou a ser condenado, mas o promotor não pediu a pena de morte. Solto novamente algum tempo depois, foi para a Irlanda, onde se casou, teve filhos e morreu de um ataque cardíaco em plena rua. Foi o último prisioneiro a ser encarcerado na famosa Torre de Londres.

pés de altura, extremamente simpático e a compleição de um rajá indiano, ele é casado com uma encantadora jovem inglesa, Christabel, sobrinha de Lorde Northcliffe, eu acho. Eles têm dois garotos. O mais velho, de sete anos, foi expulso da escola por ter protestado quando o professor chamou os ingleses de *Schweine*[57]. Os pais desejam evitar outros incidentes e ela vai levá-los para o Tirol, para passarem a guerra por lá. Eles formam um par muito atraente. Um velho amigo de Peter, desde os tempos da universidade, Adam von Trott zu Solz, também estava lá. Eu já o vi uma vez no escritório de Josias Rantzau. Ele tem olhos notáveis.

Filho de um ex-ministro da Educação da Prússia[58], Adam von Trott zu Solz (1909-1944) tinha uma avó norte-americana que, por sua vez, era bisneta de John Jay, o primeiro presidente da Suprema Corte dos Estados Unidos. Depois de estudar nas universidades de Munique, Göttingen e Berlim, ele ganhou uma bolsa da Fundação Rhodes para o Balliol College, em Oxford. Depois de um estágio de formação prática na Alemanha, passou um tempo nos Estados Unidos, durante 1937 e 1938, e também fez uma extensa viagem pela China. Em 1939 ele estava de volta à Inglaterra, onde, apoiado pela família Astor e por Lorde Lothian[59], conseguiu ser recebido pelo primeiro-ministro Neville Chamberlain e pelo ministro de Relações Exteriores, Lorde Halifax[60]. Em setembro de 1939 (a guerra já começara) ele estava de volta aos Estados Unidos, a convite do Institute of Pacific Relations. Por onde então passasse, e com quantos políticos encontrasse, ele apresentava uma mensagem de duplo sentido, que alguns pensavam ser ambígua: resistam a Hitler e estimulem a oposição antinazista, mas respeitem os interesses

---

[57] "Porcos", um insulto muito forte em alemão.

[58] August von Trott zu Solz (1855-1938).

[59] A família Astor tinha origem germânica e se tornou proeminente na diplomacia, na política e nos negócios nos Estados Unidos e na Grã-Bretanha durante os séculos XIX e XX. Lorde Lothian (Philip Henry Kerr, Marquês de Lothian, 1882-1940) foi um importante diplomata britânico, sendo nomeado embaixador nos Estados Unidos em 1939, onde morreu.

[60] Lorde Halifax, ou Edward Frederick Lindley Wood, Conde de Halifax (1881-1959), foi um político conservador britânico e um dos principais responsáveis pela política de conciliação com Hitler e Mussolini antes da Segunda Guerra. Quando o gabinete de Chamberlain caiu, ele era um dos favoritos para substituí-lo como primeiro-ministro, mas cedeu o posto para Churchill, que o manteve por algum tempo no cargo de encarregado das relações exteriores. Posteriormente foi nomeado embaixador nos Estados Unidos.

nacionais da Alemanha. Naquele momento, qualquer expressão de patriotismo germânico (e Trott, como todos os resistentes antinazistas, era acima de tudo um fervoroso patriota) era vista com suspeição, e o próprio Adam veio a ser encarado com desconfiança por alguns círculos dos Aliados. Ele voltou à Alemanha em 1940, viajando através da Sibéria. Filiando-se ao Partido Nazista para dar cobertura a suas ações, foi trabalhar no AA, onde um grupo antinazista estava se formando ao redor de dois altos funcionários, os irmãos Erich e Theodor Kordt[61]. Seu colega Hans-Bernd von Haeften levou-o para o "Círculo de Kreisau", liderado pelo Conde Helmuth von Moltke[62], o mais importante "think tank" da Resistência, que planejava como seria o futuro da Alemanha depois do nazismo. Deve-se assinalar em seu favor que Adam aproveitava todas as suas viagens ao exterior – ele viajava muito – para manter contato com seus amigos no campo dos Aliados.

Christabel Bielenberg registrou sua própria experiência no best-seller The Past is Myself [O passado sou eu mesma] *(Londres, Chatto & Windus, 1968)[63].*

---

[61] Os irmãos Erich Kordt (1903-1969) e Theodor Kordt (1893-1962) foram diplomatas alemães envolvidos na Resistência alemã, inclusive em atividades de espionagem para os Aliados – Erich também para os soviéticos, quando esteve no Japão, durante a guerra. Depois do conflito tornou-se professor de direito internacional na Universidade de Colônia. Foram dos poucos sobreviventes da Resistência.

[62] Hans-Bernd von Haeften (1905-1944) envolveu-se com a Resistência contra o nazismo e era um dos cotados, com Adam von Trott, para assumir o Ministério de Relações Exteriores caso o complô de 20 de julho tivesse sucesso. Por razões religiosas, sempre hesitou diante da perspectiva de assassinar Hitler, ao contrário de seu irmão, Werner von Haeften (1908-1944), que acompanhou von Stauffenberg quando este foi colocar a bomba no *bunker* de Hitler na Polônia. Werner foi morto com Stauffenberg na madrugada seguinte ao atentado, em Berlim. Hans-Bernd, apesar de sua hesitação, também foi executado algum tempo depois. Já Helmuth James, Conde de Moltke (1907-1945), foi um proeminente jurista alemão, líder do Kreisauer Kreis (Círculo de Kreisau), um grupo de aristocratas, burgueses e intelectuais alemães que, embora não se envolvessem no atentado contra Hitler, reuniam-se na cidade de Kreisau e dedicaram-se a pensar como seria a Alemanha depois do nazismo. Moltke foi preso em janeiro de 1944, quando o grupo se dissolveu, não tendo, portanto, participação no complô de 20 de julho. Apesar disso, foi executado em janeiro de 1945, com outros membros do círculo.

[63] Peter Bielenberg (1911-2000) e Christabel Bielenberg (1909-2003) planejavam deixar a Alemanha nazista. Quem os convenceu a ficar foi Adam von Trott zu Solz, que também atraiu Peter para a conspiração contra Hitler. Quando Adam foi preso logo após o atentado contra Hitler, Peter chegou a urdir um plano para libertá-lo, mas também foi preso antes que pudesse fazer qualquer coisa. Graças ao empenho de sua esposa, que conseguiu convencer a Gestapo de que ele não participara diretamente da conspiração, ele não foi condenado à morte, mas ficou na prisão. Ao ser transferido para uma unidade de trabalhos forçados, conseguiu escapar, ocultando-se em florestas até a chegada dos Aliados. Ao fim da guerra ele e a esposa se transferiram para a Irlanda.

Sábado, 13 de julho. Acompanhei Tatiana até a Gestapo, onde fomos recebidas por um tipo particularmente repulsivo. Nossa situação legal está se complicando. No que toca aos alemães, os nossos passaportes lituanos não valem mais desde que os soviéticos anexaram os países bálticos e passaram a exigir que todos os antigos cidadãos de lá peçam a cidadania soviética. É claro que não faremos isso.

Domingo, 14 de julho. À noite um amigo de papai, um certo Barão Klodt, antigo herói naval russo (dos dias da guerra russo-japonesa de 1904-1905), e Misha Boutenev apareceram em casa. Este último é um jovem russo muito inteligente que passou todo um inverno vivendo com os irmãos e irmãs num porão em Varsóvia, depois de fugir da Polônia Oriental, ocupada pela Rússia. Seu pai foi deportado para a União Soviética. Que ironia! Isso aconteceu vinte anos depois de sua primeira fuga da Rússia, durante a Revolução. Misha está com suas irmãs, duas gêmeas de sete anos. Elas vêm sendo bem tratadas, tendo nascido nos Estados Unidos.

Terça-feira, 16 de julho. Paul Mertz acaba de ser morto, quando voava sobre a Bélgica. Jovem oficial da Luftwaffe que encontramos na Silésia, durante o último verão, ele deixou conosco o seu cão, "Sherry", quando partiu para a guerra. Como não pudemos trazer Sherry para Berlim, achamos um outro lugar para ele no campo.

Hoje, no escritório, recebi por engano uma folha em branco com uma faixa amarela cruzada. Esse tipo de folha é reservado para notícias de importância especial. Como não tinha coisa melhor para fazer, datilografei nela um suposto boato sobre um distúrbio em Londres, com o rei sendo enforcado nos portões do Palácio de Buckingham, e passei-a para uma garota idiota que logo a traduziu, incluindo-a num despacho a ser transmitido para a África do Sul. O patrão, que tem poder de veto sobre qualquer notícia que saia dali, reconheceu aquela como de minha autoria, graças a alguns erros de gramática do meu alemão. Como estava jovial hoje, ele levou aquilo numa boa.

Quarta-feira, 17 de julho. Hoje à noite tive uma longa conversa sobre a França, na casa de Tino Soldati, com Hasso von Etzdorf. Ele desfruta da reputação de ser um homem muito bom, mas me assusta muito o seu *m'en fichisme* em lugar de uma crítica franca, o que mesmo alguns dos melhores alemães ensaiam em público como um tipo de autoproteção, ao mesmo tempo que se dissociam dos atuais governantes e de suas ações. Se eles não defendem aquilo em que acreditam, onde tudo isso vai terminar?

Somente depois do fracasso do atentado de 20 de julho é que Missie tomou conhecimento do papel fundamental de Hasso von Etzdorf na Resistência antinazista, e de que a sua anterior indiferença era apenas um elementar e cauteloso disfarce.

Segunda-feira, 22 de julho. Ouvi no rádio, em casa, um belo concerto da Filarmônica de Berlim.

Daroussia Gortchakov nos mandou da Suíça uma lista de jovens russos brancos emigrados que lutavam no Exército francês, dados como desaparecidos desde o fim da campanha naquele país; entre outros, a lista inclui nosso primo-irmão Jim Viazemsky, Misha Cantacuzene e Aliosha Tatishchev. Ainda não foi possível localizá-los.

Terça-feira, 23 de julho. Misha Cantacuzene foi encontrado, mas estamos preocupados com Jim Viazemsky, que foi visto pela última vez em Flandres. Sem notícias também de nossas primas, as garotas Shcherbatov, em Paris.

Quinta-feira, 25 de julho. Jantar na casa dos Horstmann para comemorar o aniversário de Freddie. Pela primeira vez, desde o baile dado pelos chilenos, nós usamos vestidos longos. A conversa convergiu para máscaras de gás. Não temos nenhuma, o que causou uma certa surpresa, pois há rumores de que bombas de gás foram encontradas nos destroços de um avião britânico abatido recentemente.

Colecionador apaixonado, com uma riqueza pessoal que facilitava sua paixão, "Freddie" Horstmann era um dos tipos mais cheios de vida na Berlim dos tempos da guerra. Um antigo diplomata de distinção, foi forçado a deixar a carreira quando Hitler chegou ao poder, por causa da ascendência judaica de sua mulher, Lally. No tempo em que Missie escrevia seu diário, o pequeno mas requintado apartamento na Steinplatz era uma ilha de civilização num mar encapelado de barbárie. Ali, em meio à sua coleção de arte, um grupo cuidadosamente seleto de amigos (que incluía, invariavelmente, algumas das senhoras mais lindas da Europa) se reunia periodicamente numa atmosfera refinada, repousante e animadora. Embora falar de política fosse tabu, a mera existência do salão dos Horstmann, com seu compartilhamento de interesses – e aversões –, era um desafio sutil a tudo o que o nazismo representava [64].

Sexta-feira, 26 de julho. Albert Eltz apareceu hoje à noite. Trouxe-nos um bolo e uma pasta de dentes Kolynos, algo valioso que só se pode encontrar na Siemensstadt. Ele maneja uma metralhadora antiaérea no telhado daquela fábrica e esteve preso recentemente por ter sido pego lendo um romance inglês, ao invés de estar escrutinando os céus atrás de aviões ingleses.

Segunda-feira, 29 de julho. Ultimamente faço questão de ficar em casa às segundas-feiras para ouvir os concertos da Filarmônica que são irradiados semanalmente. Tatiana ganhou um novo aumento; eu estou ficando tristemente para trás.

Quinta-feira, 1º de agosto. Estou começando a conhecer um pouco melhor o chefe de Tatiana, Josias Rantzau, e gosto muito dele. Parece um cão de caça preguiçoso com um bom senso de humor.

Sábado, 3 de agosto. Finalmente conseguimos ter notícias de Mara Shcherbatov, através de um país neutro. Todos os primos estão de volta a Paris, mas sem trabalho. André Ignatiev, um velho amigo deles, perdeu uma perna lutando com o Exército francês.

Domingo, 4 de agosto. Depois de irmos à igreja, nos juntamos a um grupo de amigos no Hotel Eden, onde Luisa Welczeck estava almoçando com um

---

[64] Alfred "Freddie" Horstmann (1879-1947) foi um importante diplomata alemão até a ascensão de Hitler. Ao fim da guerra foi feito prisioneiro num campo de concentração soviético perto de Berlim, onde veio a falecer. Sua esposa, Leonie ("Lally" ou "Lali") Horstmann, nascida em 1898, tornou-se autora de vários livros, sendo o mais conhecido *Nothing for tears* (literalmente, "Nada para lágrimas"), publicado originalmente em inglês. Depois da morte do marido ela emigrou, vindo a morar e morrer em São Paulo, em 1954.

rapaz chamado Paul Metternich, bisneto do famoso chanceler, que é meio espanhol. Depois do almoço fomos todos convidados a ir à casa dos Schaumburgs, em Cladow. Fomos em vários carros, com Paul Metternich sentado com Tatiana, Nagy e eu no *rumble-seat*[65] de um deles. Ele praticamente não tem cabelo na cabeça, o pobre, somente uma barba rala, pois é um simples soldado em algum lugar. Devido à sua intrusão inesperada, o pobre Burchard da Prússia teve de tomar o trem. É óbvio que Paul está caído por Tatiana[66].

Quinta-feira, 8 de agosto. Café com Luisa Welczeck e Josias Rantzau no escritório dela. Mais tarde se juntou a nós Adam Trott, cuja expressão me fascina. Talvez por sua intensidade, que por alguma razão é impressionante. Jantei com Tatiana, Burchard da Prússia e Rantzau na residência de Luisa, no Hotel am Steinplatz. Luisa dançou o flamenco, depois de vestir as roupas apropriadas. Ela é de fato boa nisso.

Terça-feira, 13 de agosto. Nesta noite C. C. Pfuel, dois outros convidados e eu conseguimos consumir 120 lagostins. Às onze da noite Tatiana ligou, dizendo que papai tinha escorregado no escuro e feito um corte feio na cabeça, ao bater na calçada. Como ele sangrava muito e não tínhamos ataduras em casa, saímos para encontrar uma farmácia aberta. Mal ele foi atendido, começou um ataque aéreo. Foi preciso muita persuasão para que ele se deixasse levar ao porão (nosso apartamento fica no quarto piso), porque tinha medo de os vizinhos pensarem que seu ferimento fosse devido a uma briga. Houve muito tiroteio, e a sirene de que tudo acabara só soou às três

---

[65] O *rumble-seat* é um assento externo, no lugar do porta-malas traseiro, comum em carros esportivos produzidos antes da Segunda Guerra Mundial. Para quem lembrar, antigamente o personagem Pato Donald das histórias em quadrinhos tinha um carro desses, onde invariavelmente iam os seus sobrinhos.

[66] Paul Alfons von Metternich-Winneburg, aliás, Paul Alfons Maria Clemens Lothar Philippus Neri Felix Nicomedes Prinz von Metternich-Winneburg (1917-1992), bisneto do famoso estadista austríaco, Príncipe de Metternich, de fato casou-se com a irmã da autora, a Princesa Tatiana Vassiltchikov (1914-2006), depois também Princesa von Metternich-Winneburg, no ano seguinte, em 1941. Depois da guerra ele tornou-se piloto de corridas e presidiu o Automóvel Clube Alemão. Ela tornou-se pintora e escritora, tendo escrito, entre outros, o relato autobiográfico *Five Passports in a Shifting Europe* (Cinco passaportes numa Europa em mutação). Ambos viveram no Castelo de Johannisberg e o dirigiram, tornando-se produtores de vinhos, dentre eles um dos *rieslings* mais famosos da Alemanha.

da madrugada. Há ataques pesados contra a Inglaterra por estes dias, e este aqui provavelmente era uma retaliação.

Depois da queda da França, Hitler, esperançoso de que a Inglaterra pediria a paz, determinou uma pausa, e no dia 19 de julho, numa fala triunfal perante o seu Reichstag apatetado, ele fez uma oferta formal nessa direção. A resposta de Winston Churchill foi pedir que a Alemanha se retirasse para suas fronteiras de 1938. A partir daí Hitler pôs em movimento o primeiro estágio da "Operação Leão-Marinho", o codinome para a conquista da Grã-Bretanha: no dia 15 de agosto a Luftwaffe lançou uma ofensiva em grande escala para se assenhorar dos céus britânicos. Isso ficou conhecido como a "Batalha da Inglaterra".

Sexta-feira, 16 de agosto. Josias Rantzau nos apresentou quatro garotas com uma variedade de bons perfumes da França, com nomes exóticos e sugestivos: Mitsouko, Ma Griffe, Je Reviens etc., de que eu nunca ouvira falar.

Terça-feira, 20 de agosto. Tatiana e eu tivemos uma conversa com alguns membros da Legação Suíça, para ver se conseguíamos entrar em contato com nosso primo, Jim Viazemsky. Nós sabemos que ele está num campo de prisioneiros de guerra na Alemanha, e que não está ferido.

Domingo, 25 de agosto. Durante a noite houve outro ataque aéreo. Tatiana saíra. Primeiro eu fiquei na cama, mas o bombardeio e os tiros de canhão eram tão fortes que por vezes o quarto ficava todo iluminado. Acabei no porão, obrigando papai a vir comigo.

Embora cidades como Varsóvia e Rotterdam fossem bombardeadas pelos alemães logo no começo da guerra, tanto eles quanto os britânicos relutaram muito em atacar maciçamente objetivos civis uns dos outros. Até mesmo a Batalha da Inglaterra foi, no começo, muito mais uma luta entre caças pela supremacia no ar. Mas na noite de 24 de agosto aviões alemães jogaram algumas bombas sobre Londres, por engano. Na noite seguinte – esta que Missie descreve – a RAF retaliou com um ataque a Berlim, executado por oitenta bombardeiros. Enfurecido, Hitler deu ordens para que a Luftwaffe deixasse de bombardear as instalações terrestres da RAF e se concentrasse em Londres. Essa decisão cus-

tou-lhe a Batalha da Inglaterra, pois no momento em que a RAF estava mais enfraquecida e a vitória alemã estava ao alcance da vista, a RAF teve condições de recuperar o fôlego e reconstruir sua força. Mas a partir daí acendeu-se a luz verde para o bombardeio indiscriminado das populações civis em toda parte.

Segunda-feira, 26 de agosto. Mais um ataque aéreo. Ficamos na cama, embora os porteiros de todos os edifícios tenham agora ordens para conduzir – mesmo à força – todos para o porão. O nosso também veio, batendo numa panela para nos acordar. Mas desta vez a função durou apenas meia hora.

Terça-feira, 27 de agosto. Fui ver Tatiana no escritório depois do trabalho. Dava para ouvir muita água chapinhando no quarto ao lado, um banheiro. O seu chefe estava evidentemente se aproveitando do fato de que ainda existe água quente gratuita em prédios do governo.

Jantar com amigos, inclusive com os dois irmãos Kieckbusch. Ambos foram gravemente feridos na França. Mäxchen ficou paralisado por três meses. O tanque de Claus pegou fogo e ele foi lançado para fora, com queimaduras graves no rosto, mas se recuperou bem e quase nem dá para notar nada. Que sorte, porque ele se orgulha de sua aparência. Dois outros membros da sua tripulação morreram, no entanto.

Quarta-feira, 28 de agosto. Hoje eu passava de ônibus pela *Kaiser* Wilhelm Gedächtniskirche quando soaram as sirenes. O ônibus parou e todos foram levados para o porão da loja KDW[67]. O sol brilhava, e nada mais aconteceu.

---

[67] A Gedächtniskirche, como é conhecida hoje, foi planejada em 1890 e construída entre 1890 e 1895, quando foi consagrada. Foi uma homenagem do Imperador (*Kaiser*) Guilherme (Wilhelm) II a seu avô, Guilherme I. Bombardeada em 1943, suas ruínas foram transformadas em um memorial. Fica na rua comercial mais famosa da região, a Kurfürstendamm. Na continuação desta para oeste, na Tautzienstrasse, junto da Wittenbergplatz, fica a loja de departamentos KaDeWe (Kaufhaus des Westens). Fundada em 1905 e inaugurada em 1907 por um comerciante judeu, Adolf Jandorf, a KaDeWe, depois adquirida por um outro grupo comercial também predominantemente de judeus, teve seu funcionamento bloqueado pelos nazistas. Em 1943 um avião norte-americano abatido caiu sobre a loja, destruindo-a quase totalmente. Reconstruída depois da guerra, tornou-se um ícone de Berlim Ocidental e da sociedade capitalista em confronto com a comunista durante a Guerra Fria. Até hoje é uma referência de consumo para visitantes do mundo inteiro.

Mas à noite, enquanto jantávamos em Grunewald, houve muita ação. Nós ficamos no jardim, observando a quantidade de "árvores de Natal" rubras e verdes que caíam sobre a cidade. Logo tivemos de buscar refúgio dentro de casa, por causa dos estilhaços incandescentes. Desta vez parece ter havido numerosas vítimas. Chegamos em casa depois das quatro da manhã.

Segunda-feira, 2 de setembro. Embora esperássemos um ataque, ficamos em casa, querendo dormir um pouco. Nosso porão está bem arrumado. Crianças pequenas ficam deitadas em suas caminhas de lona, chupando o dedo. Tatiana e eu costumamos jogar xadrez. Em geral ela ganha de mim.

Terça-feira, 3 de setembro. Ataque aéreo à meia-noite, mas, como Tatiana estava com um pouco de febre, ficamos no apartamento. Nossas camas ficam em cantos diferentes do quarto, e Tatiana tem medo de que, caso o prédio seja atingido, eu possa ser jogada para o espaço e ela fique suspensa no ar; por isso eu me deitei em sua cama e ficamos abraçadas por duas horas inteiras. O barulho era agastante. Os lampejos de luz do lado de fora iluminavam constantemente o interior do quarto. Os aviões voavam tão baixo que se podia ouvi-los distintamente. Às vezes pareciam estar diretamente acima de nossa cabeça. Uma sensação muito desagradável. Mesmo papai estava algo perturbado e veio até nós para uma conversa.

Sexta-feira, 6 de setembro. Esses ataques noturnos estão nos deixando exaustas, pois conseguimos dormir apenas por três ou quatro horas. Na próxima semana vamos para a Rhineland, na casa dos Hatzfeldts. Algumas pessoas caçoam de nós por escolhermos logo a região do Reno, com tantos outros lugares possíveis, "para fugir das bombas", mas a região rural alemã ainda está relativamente em paz e o Ruhr – um alvo preferencial para os Aliados – fica muito distante[68].

---

[68] A "Rhineland" (*"Rheinland"* em alemão) designa uma região muito vasta que acompanha o famoso rio desde o médio Reno, bem ao sul da cidade de Colônia, até a fronteira com a Holanda, ao norte. A autora se refere a essa região mais do sul, distante do vale do rio Ruhr, em torno do qual há uma das maiores conurbações da Europa (hoje com mais de 5 milhões de habitantes), numa zona altamente industrializada e portanto um alvo preferencial para os ataques aéreos.

Sábado, 7 de setembro. Hoje nos mudamos do apartamento dos Pückler para o *pied-à-terre* de Ditti Mandelsloh. Ele está na frente de batalha e não quer que seu apartamento fique desocupado, porque então poderia ser requisitado por algum camarada do partido. Fica na Hardenbergstrasse, perto da estação do Zoo[69], um lugar ruim no caso de um ataque aéreo, mas é mínimo e, portanto, prático. Ele nem sequer tem um *hall* de entrada, e só possui uma pequena sala de estar, um quarto de dormir, um ótimo banheiro (embora a água quente seja rara), uma minicozinha e um corredor ao longo de toda a parte de trás. Estamos transformando uma ponta deste num quarto para papai. O apartamento dá para um pátio escuro e é parte de um edifício de escritórios que fica desabitado à noite, com exceção de uma faxineira que o limpará algumas vezes para nós.

Domingo, 8 de setembro. Visitei Lally Horstmann, que mora logo dobrando a esquina, e conversamos sobre o que pode ter acontecido com nossos amigos franceses e ingleses. Os ataques aéreos à Inglaterra recomeçaram e há boatos sobre terríveis incêndios devastando Londres.

Segunda-feira, 9 de setembro. Outro ataque. Dormi durante todo ele, sem ouvir nem a sirene, nem as bombas, nem o anúncio do seu término. Isso mostra como estou exausta.

Terça-feira, 10 de setembro. Fui cedo para a cama. À meia-noite, outro alarme. Desta vez o hospital Hedwig foi atingido, com uma das bombas caindo e incendiando o quarto de Antoinette Croy[70] (ela tinha acabado de ser operada). Por sorte ela foi levada bem a tempo para o porão. O Reichstag também pegou fogo, e várias bombas caíram no jardim da Embaixada dos Estados Unidos.

Quarta-feira, 11 de setembro. Ataque aéreo. Um amigo norte-americano, Dick Metz, me levou para ver Antoinette Croy, que está muito jovial e mos-

---

[69] A estação do Zoo, inaugurada em 1882, é na verdade um complexo de estações, integrado pelos metrôs do sistema U (subterrâneo) e do sistema S (de superfície), além de uma estação de trens regionais e de longa distância. Durante a Guerra Fria foi a principal estação de Berlim Ocidental. Seu nome deriva da proximidade com o jardim zoológico.

[70] Tudo o que consegui levantar é que a família Croy era uma das mais ilustres da aristocracia europeia, com ramificações na França, Holanda, Bélgica e Alemanha. É possível que se trate de Marie-Claire Emma Engelberte Antoinette de Croy (1907-2000).

tra com bastante orgulho o estrago em seu quarto. Ele está informalmente comprometido com a irmã dela, Loulou. Amanhã saímos para passar dez dias na casa dos Hatzfeldts.

Quinta-feira, 12 de setembro. Tomamos o noturno para Colônia. O trem foi a toda velocidade e fiquei esperando pelo acidente. Em muitos lugares por onde passamos o céu estava vermelho e uma das cidades estava em fogo. Em Colônia tomamos café da manhã com Bally Hatzfeldt, cuja presença no trem, por alguma razão, deixamos de notar. Visitamos então a catedral. Muitos de seus famosos vitrais foram removidos por razões de segurança. Como queríamos comprar alguma coisa – qualquer coisa – optamos por lenços. Ao meio-dia tomamos um trem incrivelmente vagaroso para Wissen, onde o carro dos Hatzfeldts nos apanhou.

CROTTORF *Sábado, 14 de setembro*. O Castelo Crottorf é um lugar muito agradável. Como muitos Goering da Vestfália, é cercado por dois fossos cheios d'água, e de fora parece um lugar nada convidativo, mas por dentro é muito confortável, repleto de ótimas pinturas, bons móveis e muitos e muitos livros. É cercado por morros florestados e atualmente é habitado por Lalla, a filha mais velha do casal, e por seus pais. O único filho, Bübchen, de dezenove anos, está no Exército.

Quinta-feira, 19 de setembro. A gente afunda no nada. Levantamos às dez da manhã, tomamos café com as garotas, escrevemos cartas até a hora do almoço, depois sentamos com a princesa e das três às cinco da tarde nos retiramos para ler e sestear nos nossos respectivos quartos. Às cinco horas – chá. Chove o tempo todo, mas à tardinha o céu usualmente limpa e nós saímos para longas caminhadas à procura de cogumelos. A Bally que conhecíamos em Berlim – uma jovem cheia de *glamour* – não existe mais. Aqui ela pisa firme com sapatos pesados e galochas de motorista, mas ainda assim tem os mais longos e retorcidos cílios que eu já vi. Às vezes jogamos *racing-demon*[71], mas apenas quando nos sentimos com energia para tanto. Às sete da noite

---

[71] O *racing-demon* é um jogo de cartas complicado, que envolve atenção e velocidade. Cada jogador tem um baralho completo, do qual vai se livrando ao passar as cartas em ordem numérica, começando pelo ás e indo até o rei, e por naipe, para o meio da mesa. Aquele que primeiro

tomamos banho e vestimos nossos longos. Depois todo mundo se reúne ao redor do fogo até as dez horas, quando vamos "exaustas" para a cama. O príncipe[72] desperta depois do jantar e pode ser espirituoso, ainda que de idade muito avançada. A comida é sempre deliciosa e nos lembramos de nossa ração berlinense com desânimo.

Sexta-feira, 20 de setembro. Jim Viazemsky nos escreveu do campo de prisioneiros onde está. Pede comida, tabaco e roupas. Ele disse ter deixado todas as suas coisas no carro defronte à prefeitura de Beauvais. Parece ter esperança de que ainda encontremos tudo lá. Alguns de seus amigos estão no mesmo campo, e ele tem permissão para realizar longas caminhadas.

Segunda-feira, 23 de setembro. Tatiana se sente adoentada e nós tememos que seja apendicite. Em geral ela é muito frágil.

Terça-feira, 24 de setembro. Tatiana foi ao médico em Wissen; seu diagnóstico: apendicite e um começo de infecção no sangue. Ele deseja operá-la imediatamente! Marcamos para quinta-feira, pois eu devo viajar na sexta e gostaria de acompanhá-la neste momento.

Quinta-feira, 26 de setembro. A operação correu bem. O doutor está satisfeito, mas Tatiana sente pena de si mesma. Ela deve ficar dez dias no hospital, e depois voltar a Crottorf para se recuperar. Passei o dia com ela, e tomei o trem noturno de Colônia para Berlim.

BERLIM *Sexta-feira, 27 de setembro.* Cheguei e encontrei papai tomando café da manhã. Aparentemente os ataques aéreos noturnos tornaram-se comuns.

---

depositar um rei ganha a mão e dez pontos, e a seguir os seus outros pontos e os dos demais são contados conforme as cartas que depositaram.

[72] O Castelo Crottorf data do século XIII e foi reformado no século XVII. Era uma das tantas propriedades da poderosa e antiga família Hatzfeldt, uma das principais da aristocracia regional e da Alemanha. Vários dos membros dessa família prestaram serviços diplomáticos aos principados, ducados e reinos que depois formariam a Alemanha e continuaram com tais serviços depois da proclamação do Império em 1871. É difícil saber com precisão a qual dos príncipes a autora se refere.

O Pacto das Três Potências, entre a Alemanha, a Itália e o Japão, foi anunciado hoje.

Embora em novembro de 1936 o Japão aderisse, junto com a Alemanha e a Itália, ao Pacto Anti-Comintern, por muito tempo o país manteve certa distância em relação aos demais. O sucesso de Hitler na campanha do Ocidente trouxe a tentação de renegar qualquer cautela e juntar seu destino ao dos agressores europeus. De acordo com esse pacto – mais conhecido como o "Pacto Tripartite" –, o Japão reconhecia a liderança da Alemanha e da Itália quanto ao estabelecimento de uma "Nova Ordem" na Europa, enquanto estas reconheciam aquele quanto a uma "Grande Ásia Oriental". As partes também concordavam em se socorrerem mutuamente no caso de serem atacadas por uma terceira potência (os EUA).

Domingo, 29 de setembro. Ataque aéreo. Como moramos no andar térreo, não precisamos mais ir para o porão, e fiquei na cama. Mas as pessoas estão começando a não confiar em porões. Alguns dias atrás, durante a noite, uma bomba caiu sobre uma casa próxima daqui, atingindo-a na lateral. Embora a casa tenha resistido, no porão o encanamento estourou e todos que lá estavam morreram afogados.

Segunda-feira, 30 de setembro. Gusti Biron não voltou de uma incursão aérea na Inglaterra. Sua irmã Helen está fora de si.

O ataque desta noite durou das onze da noite às quatro da manhã. Durante a maior parte do tempo fiquei na cama lendo, e adormeci antes do toque de fim.

Terça-feira, 1º de outubro. Jantei com amigos em Dahlem[73] e fui surpreendida pelas sirenes na estação do Zoo. Escapei em tempo e corri sem parar para casa. Odeio a ideia de me ver acuada durante um ataque num porão anônimo. Mas algo assim vai acontecer mais cedo ou mais tarde, porque quando soam as sirenes é proibido ficar nas ruas.

---

[73] Dahlem é um bairro considerado até hoje elegante e nobre em Berlim. Nele fica a Universidade Livre de Berlim. Durante a Guerra Fria foi sede do Comando Militar Norte-Americano.

Quarta-feira, 2 de outubro. Quando ficamos em casa, papai cozinha. Ele é bom nisso, mas põe muita pimenta em tudo. Está começando a dar aulas de russo.

Houve apenas um alarme de curta duração.

Domingo, 6 de outubro. Almoço com Konstantin da Baviera[74] e Bübchen Hatzfeldt. Este último levou um sermão de um coronel que sentava na mesa vizinha porque não prestara continência. Tudo desnecessário e constrangedor para todos.

Terça-feira, 8 de outubro. O ataque desta noite foi o mais longo até agora; durou cinco horas, com muita metralha, umas poucas bombas e os incêndios a seguir. Ficamos na cama.

Quinta-feira, 10 de outubro. Em Londres, tia Katia Galitzine foi morta por uma bomba que atingiu o ônibus em que ela viajava. Houve um serviço fúnebre por ela em Berlim hoje.

Estou lendo as profecias de Vladimir Soloviov, que não são nem um pouco encorajadoras.

Vladimir Soloviov (1853-1900) foi um amigo e seguidor de Dostoiévski, além de um dos principais poetas, filósofos e místicos russos. Missie se refere à sua História do Anticristo, *uma visão apocalíptica do futuro imediato – com tudo o que ele julgava iminente – em que se preveem os horrores dos totalitarismos modernos, sejam de esquerda ou de direita, com assustadora precisão.*

De noite eu estava numa festa quando o alarme soou. Os tiros eram muito altos, e o pobre Mäxchen Kieckbusch, cujos nervos ficaram em frangalhos depois de ser ferido na espinha, na França, rolava no chão gemendo sem parar: *"Ich kann das nicht mehr hören"* [*"Eu não posso mais escutar isto"*]. Depois que eu saí, os outros continuaram e um suíço bêbado disparou um tiro que por pouco não atingiu Mäxchen.

---

[74] Konstantin, Príncipe da Baviera (1920-1969), foi preso depois do atentado de 20 de julho de 1944, mas solto pelos norte-americanos. Depois da guerra foi deputado do Bundestag pela CSU (União Social-Cristã, partido conservador da Baviera) até sua morte, num acidente de avião.

Sexta-feira, 18 de outubro. Tatiana voltou, pálida e fraca.

Domingo, 20 de outubro. Ronnie Clary veio passar o dia. Decididamente ele é um dos mais atraentes e talentosos jovens da nossa geração. Acabou de noivar.

À noite, na casa de Wolly Saldern, em Grünewald. Ele está de licença e mora com a família. A casa está repleta de ótimos livros e boa música. Mal saíramos para casa no carro de Zichy quando soou o alarme. Como só diplomatas podem estar na rua depois do alarme, Zichy voltou para a casa de Wolly. Ouvimos discos até as duas da manhã. A essa hora fui para casa acompanhada por Konstantin da Baviera – uma caminhada de três milhas. Depois de atravessarmos a ponte de Halensee, as sirenes recomeçaram. Como ninguém nos parou, continuamos, mas logo a metralha ficou ameaçadora e na Kurfürstendamm um policial nos meteu num abrigo. Sentamos no chão, tremendo de frio, por três horas. Eu não levara sobretudo, e nos encolhemos debaixo da gabardine de Konstantin. Durante algum tempo nós cochilamos ou escutamos a conversa dos outros. O espírito dos berlinenses atinge o ápice em tempos de crise, e eles podem ser muito engraçados. Às seis da madrugada soou o fim do alarme. Não havia transporte nem táxis, é claro, e corremos pela Kurfürstendamm para nos aquecer; finalmente encontramos um táxi que nos trouxe para casa. Tivemos de fazer um desvio perto da minha casa: duas ambulâncias colidiram depois de terem desenterrado algumas pessoas da casa vizinha, que ficou reduzida a pó, e três sobreviventes do bombardeio morreram no acidente.

Chegando em casa, encontrei Tatiana muito preocupada comigo, porque aquela bomba por pouco não atingiu a nossa casa. Vesti um suéter, me deitei por meia hora e tive de sair para o escritório. Não consegui trabalhar, de tão cansada que estava. Graças a uma sugestão de Katia Kleinmichel, eu me estiquei numa cama de campanha (que fica lá para emergências) e acordei três horas depois sob o olhar desaprovador do meu chefe. Durante todo o dia muita gente nos chamou para saber se ainda estávamos vivos, porque a nossa vizinhança foi bastante atingida, com várias bombas tendo caído entre a nossa casa e o hotel de Luisa Welczeck, dobrando a esquina.

Sábado, 26 de outubro. Depois do trabalho fui dirigindo o carro de Tino Soldati, com Tatiana, até a casa de C. C. Pfuel. Sentamos ao redor da lareira, tomamos banho, dormimos e tentamos nos esquecer dos ataques aéreos.

Segunda-feira, 28 de outubro. Hoje os italianos atacaram a Grécia. Hitler vai encontrar Mussolini. Muita atividade no rádio.

Embora já envolvido na Abissínia e na Líbia, Mussolini não podia deixar a Hitler o monopólio de redesenhar o mapa da Europa. Animado pelo fácil sucesso na França, que garantira Nice e a Córsega para a Itália, ele voltou seu olhar para leste – para os Bálcãs, onde em abril de 1939 a Itália já anexara a Albânia. Agora, em 28 de outubro, as forças italianas atravessaram a fronteira da Grécia.

Hitler não só fora previamente informado sobre essa iniciativa, como tinha explicitamente desencorajado Mussolini a tomá-la, por não ter qualquer ilusão quanto ao Exército italiano. Além do mais, ele [Hitler] estava com a atenção inteiramente voltada para a sua maior empresa dentre todas – a conquista da Rússia. A última coisa que desejava era uma intervenção britânica no flanco mais ao sul do Exército alemão, que estava concentrando forças maciças a leste. Inevitavelmente a Grécia pediria ajuda aos britânicos. Além disso, o ditador grego naquele momento, o General Metaxas[75], era pró-germânico. Portanto, a invasão italiana foi preparada secretamente, sem o conhecimento dos Aliados alemães; quando Hitler encontrou Mussolini em Florença, em 28 de outubro – segundo relatos, o mais tempestuoso de todos os seus encontros –, ele só pôde registrar um fait accompli.

Terça-feira, 29 de outubro. Os britânicos chegaram a Creta.

---

[75] Até hoje Ioannis Metaxas (1871-1941) é uma figura controversa na história grega. Conservador, anticomunista ferrenho, monarquista, Metaxas foi levado pelo Rei Geórgios II (1890-1947) ao cargo de primeiro-ministro em abril de 1936, em meio a uma intensa agitação social no país. Quatro meses mais tarde, em 4 de agosto, arrogou-se poderes excepcionais, fechou o Parlamento, baixou estado de sítio, reprimiu partidos (inclusive os conservadores) e sindicatos, proibiu greves e, autonomeando-se ministro da Educação, impôs a reescritura dos livros de história para adequá-los ao novo regime de inspiração fascista. Apesar da proximidade ideológica com Mussolini, este lhe fez exigências territoriais em 1941, não aceitas. Seguiu-se a invasão, mas o Exército italiano foi derrotado, conseguindo a Grécia ocupar regiões da Albânia, antes de posse da Itália. Entretanto, nesse mesmo ano Metaxas morreu de causas naturais, poucos dias depois da invasão e da tomada de seu país pelos alemães, em abril de 1941. Gravemente doente, já fora sucedido no cargo de primeiro-ministro por Alexandros Koiyzis (1885-1941), que se suicidou logo depois da invasão pelas tropas de Hitler, as quais derrotaram os gregos e os britânicos no continente. O Rei Geórgios II se refugiou primeiro em Creta, depois no Egito, e finalmente foi para a Inglaterra, onde ficou até o fim do conflito.

Sexta-feira, 1º de novembro. Nesta noite tivemos dois ataques. O primeiro durou das nove e meia da noite à uma da madrugada. O segundo, das duas e meia às seis horas. Nosso apartamento no andar térreo é uma bênção.

Domingo, 3 de novembro. Tropas britânicas chegaram à Grécia continental.

Segunda-feira, 4 de novembro. Como padeço pela falta de exercícios, comecei aulas de ginástica e já me sinto melhor, embora ainda algo dura. A professora parece pensar que vai fazer de mim uma atleta, só porque sou alta e esguia.

Quarta-feira, 6 de novembro. Paul Metternich passou os últimos seis dias aqui, e Tatiana tem saído com ele na maior parte do tempo.

Sexta-feira, 8 de novembro. Paul Metternich partiu hoje e só assim Tatiana ficou em casa.

Domingo, 10 de novembro. Fui de carro com Luisa Welczeck, Tatiana e Josias Rantzau para a casa de Adam Trott em Dahlem. Recentemente ele se casou com Clarita Tiefenbach[76]. Ele é um ex-aluno de Rhodes e há algo muito especial a seu respeito. O secretário particular de Hitler e homem de ligação com o AA, *Gesandter* Walther Hewel[77], estava lá. Este último certa vez apertou Cartier, o belga, perguntando-lhe qual era a atitude de

---

[76] Clarita Tiefenbach, depois von Trott zu Solz (1917-2013) teve duas filhas, Clarita (1943) e Verena (1944), de seu casamento com Adam. Depois do atentado de 20 de julho de 1944 foi presa e separada das meninas, mas conseguiu se reunir com elas depois do fim da guerra. Tornou-se psicanalista e codirigiu a Fundação Adam von Trott. Escreveu um livro sobre o marido: *Adam von Trott zu Solz: eine Lebensbeschreibung* (Adam von Trott zu Solz: a descrição de uma vida), publicado em 2009.

[77] *Gesandter* Walther Hewel (1904-1945), foi um dos poucos amigos pessoais de Hitler. Próximo deste desde os tempos da fundação do Partido Nacional Socialista e da tentativa de golpe em Munique (1923), chegou a atuar como uma espécie de *valet de chambre* de Hitler durante a permanência deste na prisão. Depois da libertação de ambos, entrou para a diplomacia. Com a ascensão do Partido Nazista ao poder, permaneceu muito próximo a Hitler, embora chegasse a executar missões no exterior. No *bunker* de Hitler, em Berlim, atuava como um "mordomo-chefe", administrando a vida doméstica e social de seu líder, segundo a expressão de Traudl Junge (1920-2002), esta sim a secretária particular do *Führer*. Depois da morte de Hitler entrou

Luisa e dos amigos dela em relação ao regime. Ele é um tanto grosseiro, mas dizem que é relativamente inofensivo, e um dos únicos membros do *establishment* mais restrito que ocasionalmente aparece em outros círculos. Algumas pessoas pensam que podem conseguir alguma influência positiva por seu intermédio.

Segunda-feira, 11 de novembro. Sideravicius, o antigo chefe da polícia lituana, e que é nosso vizinho ao lado, contou que, enquanto estava na fila do lado de fora do açougue onde costuma comprar carne, viu um burro morto sendo carregado para dentro pela porta dos fundos; ele notou pelos cascos e pelas orelhas, que ficaram de fora da lona que o cobria. Então é daí que os nossos *schnitzels*[78] semanais podem estar vindo!

Quinta-feira, 14 de novembro. Paul Metternich está de volta. Tatiana o vê constantemente.

Quarta-feira, 27 de novembro. Jantei com Tatiana, Paul Metternich e Dicky Eltz no restaurante Savarin. Comi lagosta e outras iguarias plutocráticas não racionadas. Quando Tatiana volta para casa depois de passar a noite toda com Paul, ele costuma ligar no meio da noite e eles conversam e conversam. Por sorte o telefone tem um fio muito longo e assim eu posso expulsá-la para a sala de estar, caso contrário não poderia dormir nem por um piscar de olhos.

Como algumas outras coisas da vida cotidiana na Europa ocupada, o sistema de distribuição de alimentos tinha peculiaridades surpreendentes. Assim, enquanto frutos do mar estavam fora de alcance ou eram racionados, uma vez que os navios de pesca em águas profundas haviam desaparecido devido às minas ou à Batalha do Atlântico, crustáceos, inclusive as temporariamente "iguarias plutocráticas", como lagostas e ostras, permaneceram disponíveis em grandes quantidades até a invasão dos Aliados em 1944. Do mesmo modo, embora uma cerveja decente fosse

---

em depressão e terminou por também se suicidar, em 2 de maio de 1945, enquanto tentava fugir do Exército Vermelho.

[78] *Schnitzel* é um escalope ou fatia muito fina de carne de porco, de rês ou mesmo outra, servida à milanesa ou não, muito comum na Alemanha, Áustria e Suíça. O *Wienerschnitzel*, escalope ou bife à vienense, com carne de vitela, é um dos preferidos.

difícil de encontrar mesmo na Alemanha, champanhe e vinho franceses, ainda que racionados na própria França, logo inundaram o Reich.

Domingo, 1º de dezembro. Konstantin da Baviera me acompanhou à igreja russa na qual está tão interessado. Fomos ao Zoo e ao Aquário, há muitas serpentes aquáticas repulsivas nadando ali, entre outros répteis. Parece surpreendente que os mantenham, com os ataques aéreos piorando mais e mais.

Segunda-feira, 2 de dezembro. Começam a aparecer fofocas indiscretas sobre Paul Metternich e Tatiana. É constrangedor ter de negar constantemente o noivado deles, mas eles não querem anunciá-lo agora, porque planejam se casar somente no fim do próximo verão.

Os gregos estão varrendo os italianos da Albânia. Estes ainda mantêm Durazzo e Valona. Uma piada corrente em Berlim: os franceses puseram um cartaz na Riviera: "Gregos, parem! Daqui para a frente, é a França!".

Terça-feira, 3 de dezembro. O ex-chefe de polícia de Paris, Chiappe, foi derrubado no Oriente Próximo, em voo para a Síria. Não faz muito, aconteceu o mesmo com dois ministros do gabinete egípcio. A propaganda germânica aproveita isso para atacar a "pérfida Albion" que elimina governantes estrangeiros que se tornaram um problema.

Jean Chiappe (1878-1940), político de direita e antigo chefe de polícia de Paris, fora designado pelo Marechal Pétain Alto-Comissário para a Síria, que estava para ser invadida por uma força conjunta britânica e gaullista.

Quinta-feira, 5 de dezembro. Faz algum tempo estamos sem notícias de Roma. O Marechal Badoglio renunciou; ele era o comandante supremo das Forças Armadas italianas. Também o Almirante Cavagnari[79], que chefiava a

---

[79] O Almirante Domenico Cavagnari (1876-1966) perdeu o posto depois de alguns insucessos na luta contra os britânicos no Mediterrâneo, como na Batalha de Punta Stilo, em 9 de julho de 1940, contra navios ingleses e australianos. Já o Marechal Pietro Badoglio foi uma figura proeminente na Primeira Guerra Mundial, no fascismo italiano e também no pós-fascismo. Ostentava os títulos faustosos de Duque de Addis Abeba (a capital da Etiópia), Marquês de Sabotino (um monte na fronteira da Itália com a Eslovênia) e foi o primeiro vice-rei (!) da

Marinha italiana. Os italianos parecem não ter se preparado devidamente para a campanha na Grécia; suas perdas são horrendas.

A invasão italiana da Grécia logo se revelou um desastre. Liderados de modo hábil pelo General Alexander Papagos, os gregos opuseram uma resistência tenaz e em algumas semanas não só tinham repelido o inimigo, mas tinham também invadido a Albânia. Enquanto isso, como Hitler temia, tropas e material da Grã-Bretanha tinham invadido as ilhas próximas da costa continental.

Sábado, 7 de dezembro. Vésperas[80]. Tatiana e Paul Metternich, que iam ao teatro, deixaram-me na nossa igreja. Mais tarde fui à ópera, assistir Karajan[81]. Ele está na moda, e muita gente pensa que é melhor do que Furtwängler[82], o que não faz sentido. Certamente ele é genial e tem ardor, mas não sem alguma vaidade.

África Oriental Italiana, formada em 1936 por territórios etíopes, eritreus e somalis, e que submergiu durante os confrontos da Segunda Guerra Mundial. Quando Mussolini caiu, em 1943, Badoglio foi escolhido primeiro-ministro, cargo que ocupou até 1944, tendo assinado o armistício com os Aliados. Quando os alemães socorreram e libertaram Mussolini, Badoglio, o rei italiano e outros políticos do governo pós-fascista se refugiaram junto àqueles. Depois da guerra, Badoglio, visto como um anticomunista notório, foi poupado pelos Aliados, não tendo sido julgado por crimes de guerra.

[80] Em inglês, *"Evening vespers"*. A expressão se refere às orações do anoitecer no rito ortodoxo, segundo a Liturgia das Horas, praticada em várias religiões cristãs.

[81] O conhecido maestro Herbert von Karajan (1908-1989), nascido em Salzburg, na Áustria, tornou-se talvez o mais famoso condutor da Orquestra Filarmônica de Berlim, função que exerceu por 35 anos. Tendo feito carreira antes e depois, mas também durante o nazismo, foi alvo de suspeitas variadas. Entretanto, jamais houve qualquer acusação formal ou condenação contra ele, apesar de ter sido membro filiado ao Partido Nazista, coisa que era praticamente obrigatória na época para quem quisesse fazer algum tipo de carreira pública ou mesmo no mundo artístico germânico.

[82] Gustav Heinrich Ernst Martin Wilhelm Furtwängler (1886-1954) foi um dos maestros alemães mais famosos do século XX, além de ser um compositor de reconhecido valor. Teve mais prestígio do que o próprio Karajan, embora o deste fosse depois impulsionado pela indústria fonográfica. As especialidades de Furtwängler compreendiam música sinfônica e a ópera, e seu estilo inflamado, privilegiando a inspiração em lugar de múltiplos ensaios, foi dos mais influentes no século XX, e vários críticos o consideram o maior regente dessa época. A relação de Furtwängler com o regime nazista foi complexa, mas jamais de adesão. Reconhecidamente defendeu e mesmo protegeu músicos judeus, inclusive em cartas dirigidas a Goebbels, o encarregado das artes e propaganda no regime nazista. Seu imenso prestígio sem dúvida ajudou-o a ser poupado. Próximo de Claus von Stauffenberg, ele tomou conhecimento do complô para matar Hitler, mas não participou da organização do atentado de 20 de julho. Entretanto, sua

Domingo, 8 de dezembro. Almoço no Hotel Adlon com Tatiana, Paul Metternich e os Oyarzabals (que estão aqui com a Embaixada da Espanha). Esperávamos ter uma boa refeição, mas acabamos com um *Eintopftag*, prato do dia, um ensopado sem gosto que todos os restaurantes são obrigados a servir uma vez por semana. Com muito desgosto fomos de carro depois para a casa de C. C. Pfuel.

Quarta-feira, 11 de dezembro. Agora os italianos estão sendo batidos também na África. Os britânicos começaram uma ofensiva por lá. Já foi morto um general italiano.

No Norte da África os italianos atacaram no dia 12 de setembro e em uma semana tomaram Sollum e Sidi Barrani, mas aí a ofensiva parou. Em 9 de dezembro os britânicos contra-atacaram, expulsando os italianos do Deserto Ocidental, tomando Tobruk e varrendo a maior parte da Cirenaica. Cento e vinte mil italianos caíram prisioneiros. No começo de fevereiro de 1941 o General Archibald Wavell chegaria à linha El Agheila. Seis semanas mais tarde o General Erwin Rommel lançaria a sua contraofensiva épica, que levaria as forças do Eixo às portas de Alexandria[83].

---

proximidade com a Resistência alemã foi suficiente para, primeiro, eliminar seu nome da *Gottbegnadetenlist* – a "Lista dos dotados por Deus"–, feita pelos nazistas com os nomes dos que eram considerados personalidades de alto valor; e, segundo, para pô-lo na mira da Gestapo. Entretanto, quando já se esperava a sua prisão, ele conseguiu fugir para a Suíça depois de um concerto com a Filarmônica de Viena em 28 de janeiro de 1945. Uma curiosidade: existe uma gravação desse concerto, em que a orquestra tocou a Segunda Sinfonia de Brahms, e ela é considerada uma das melhores da carreira de Furtwängler. Houve algumas acusações de colaboração musical com os nazistas, e ele chegou a ser investigado depois da guerra nos processos de "desnazificação", mas foi inocentado, inclusive com testemunhos em seu favor por parte de músicos judeus.

[83] Essas observações se referem à campanha no Norte da África durante a Segunda Guerra, uma das mais surpreendentes pela série de reviravoltas espetaculares. Sollum e Sidi Berrani são cidades costeiras do Egito (no Mediterrâneo). Já "Cirenaica" era como se denominava a costa leste da vizinha Líbia sob a ocupação italiana. El Agheila também é uma cidade costeira, mas na Líbia, onde se deu uma batalha decisiva entre britânicos e italianos, com vitória daqueles, em fevereiro de 1941. Tobruk, também na Líbia, foi palco de uma das maiores e mais renhidas batalhas da Segunda Guerra, que durou 241 dias, terminando com a vitória dos britânicos e australianos, que resistiram ao cerco dos alemães e italianos. Quanto aos personagens: o General Archibald Wavell (1883-1950) foi o comandante da contraofensiva britânica, chamada de "Operação

Quinta-feira, 12 de dezembro. Os britânicos anunciaram a tomada de Sidi Barrani. Os italianos continuam a ser dramaticamente expulsos da Albânia. Não é possível deixar de condoer-se por tanta gente ótima – orgulhosos patriotas italianos, apesar de tudo.

Segunda-feira, 16 de dezembro. Na noite passada caíram bombas sobre a Tauentzienstrasse, uma das principais artérias comerciais de Berlim, destruindo a maior parte das vitrines. A rua está toda tomada por estilhaços de vidro.

Terça-feira, 17 de dezembro. Ontem jantei no San Martinos. A maioria dos italianos presentes rodopiava em danças algo malucas. Os reveses militares não parecem perturbá-los muito.

Quarta-feira, 18 de dezembro. Adam Trott sugeriu a Tatiana que eu passasse a trabalhar como sua secretária particular no AA. Ele possui uma inteligência brilhante e eu teria de corresponder a suas altas expectativas. Mas a atmosfera no AA tem muito mais a ver comigo do que a do nosso DD. A maioria de seus colegas viveu parte da vida no estrangeiro e, portanto, viu mais do que apenas *das Dritte Reich*. Além disso, meu presente trabalho está se tornando tedioso e tomado pela rotina. Contudo, meu contrato vai até março. Preciso encontrar uma desculpa válida para deixá-lo. Em tempos de guerra é difícil trocar de emprego.

Outro dia fiz uma lista da comida que nos servem na cantina do escritório. Era curta, e de pouca imaginação:

– Segunda: repolho-roxo com molho de carne.

– Terça: dia sem carne. Bacalhau com molho de mostarda.

Compasso", que levou os italianos de roldão, mas foi detida por sua derrota para o General Erwin Johannes Eugen Rommel (1891-1944) em abril de 1941. Rommel, conhecido pela alcunha de "Raposa do Deserto", é considerado um dos generais mais brilhantes da Segunda Guerra. Destacava-se também por seu comportamento original dentro do Exército alemão, respeitando prisioneiros, inclusive os de origem judaica. Foi talvez o único alto oficial a desobedecer ordens do *Führer*. Envolvido no complô contra Hitler, era contrário a seu assassinato, preferindo a ideia de destituí-lo e julgá-lo. Este lhe deu a "opção" de se matar, em troca da preservação da vida de sua família, coisa que ele fez em 14 de outubro de 1944. Oficialmente sua morte foi declarada como sendo consequência de ferimentos recebidos, e ele foi enterrado com honras militares.

– Quarta: tortinhas de peixe-pedra (que têm o gosto que o nome sugere)[84].

– Quinta: vegetais variados (repolho-roxo, repolho-branco, batatas, repolho-roxo, repolho-branco...).

– Sexta: mexilhões ao molho de vinho (este é um "prato especial" que desaparece em questão de minutos, de modo que logo devem voltar os bolinhos de batata com algum molho).

– Sábado: algum dos anteriores.

– Domingo: outro dos anteriores.

– Sobremesa durante toda a semana: pudim de baunilha com molho de framboesa.

Segunda-feira, 23 de dezembro. Depois do trabalho tive uma conversa com Adam Trott. O trabalho parece interessante, embora difícil de definir. É evidente que ele gostaria de me transformar em uma espécie de *factotum* confidencial. Ele está fazendo várias coisas ao mesmo tempo, tudo sob a cobertura oficial "Índia Livre".

Logo depois do começo da Segunda Guerra o movimento nacionalista indiano se dividiu: uma ala mais extremista sob Subhas Chandra Bose (1897-1945) defendendo a derrubada do poder britânico pela força, enquanto Gandhi e Nehru permaneciam fiéis à não violência. Bose pensava que a Alemanha nazista era uma aliada natural e em janeiro de 1941 fugiu para Berlim, onde ficou sob a proteção do Sonderreferat Indien (Departamento Especial para a Índia), no AA. Formalmente dirigido por um charlatão nazista, o subsecretário de Estado Wilhelm Keppler[85], o escritório era de fato chefiado por dois ferrenhos antinazistas, Adam von Trott zu Solz e o Dr. Alexander Werth[86].

---

[84] Em inglês, *stonefish*. Trata-se de um peixe tropical, espinhento por dentro e por fora, extremamente venenoso, mas comestível depois de cozido.

[85] Wilhelm Karl Keppler (1882-1960) foi um empresário, membro e financiador do Partido Nazista, que acabou desempenhando uma série de funções no Terceiro Reich, algumas delas de caráter diplomático, administrando bens confiscados nos países sob administração nazista. Muitas pessoas – não apenas a autora – consideravam-no "fraco" e "lento". Acabou no Ministério de Relações Exteriores, com *status* de secretário de Estado, mas apenas *pro forma*. Depois da guerra foi condenado em 1949 a dez anos de prisão, mas foi solto em 1951.

[86] Alexander Werth-Regendanz (1908-1973) formou-se em Direito, estudou na Inglaterra, foi colega e amigo de Adam Trott e trabalhou com este na Resistência antinazista centrada no

Com o passar do tempo, Bose obteve a permissão para criar um "Centro da Índia Livre", com status *diplomático, e para fazer transmissões radiofônicas com propaganda antibritânica nas várias línguas indianas. Ele chegou até a declarar guerra à Inglaterra "em nome da Índia Livre". Mas a sua planejada "Legião Indiana", a ser composta por prisioneiros indianos no Norte da África, não chegou a se concretizar, por falta de voluntários. Ironicamente, o maior obstáculo aos planos de Bose foi o próprio Hitler, com sua aversão natural pelas "raças de cor" e a secreta admiração pelo papel imperial da Inglaterra.*

Em fevereiro de 1943, ao largo da costa de Madagascar, um U-Boot alemão transferiu Bose para um submarino japonês. Com a ajuda do Japão, uma Legião Indiana lutou contra os britânicos em Burma até a derrota japonesa em agosto de 1945. Bose estava a caminho da Manchúria, pensando obter apoio soviético, quando em 18 de agosto seu avião caiu no mar da China[87].

Quarta-feira, 25 de dezembro. Missa da Meia-Noite com Paul Metternich. Quando chegamos à igreja, depois de nos arrastar pela neve, ficamos sabendo que a missa fora transferida para a manhã seguinte por causa de possíveis ataques noturnos.

Segunda-feira, 30 de dezembro. Paul Metternich viajou pela manhã para se juntar ao seu regimento.

Terça-feira, 31 de dezembro. Jantei num *reservado* no Horcher, com Tino Soldati e outros amigos. Depois fomos para a casa dele, onde muita gente se juntou para brindar ao ano-novo. Havia um conjunto musical muito bom, que, para consternação geral, atacou o "Deutschland über Alles"[88] à meia-

---

Ministério de Relações Exteriores. Teve sob sua responsabilidade a organização da volta de Subhas Bose à Ásia. Depois da guerra aderiu à CDU alemã, tendo exercido cargos políticos.

[87] Quanto à Subhas Bose, até hoje há controvérsias sobre sua morte. A versão oficial é a de que ele morreu em consequência da queda do avião superlotado em que viajava, em Taiwan, e que suas cinzas estão enterradas em Tóquio. Mas há versões e teorias variadas, entre elas a de que ele teria sobrevivido ao desastre e conseguido chegar à União Soviética, tendo morrido anos depois na Sibéria. Há vários livros publicados sobre o tema. O próprio Werth escreveu uma biografia sobre ele.

[88] *"Deutschland über Alles"* ("A Alemanha acima de tudo") é o verso mais popularmente conhecido como identificação do hino da Alemanha. Composto pelo compositor austríaco Joseph

-noite. Por sorte, Tino tinha acabado de dar uma saída para cumprimentar seu chefe na Legação Suíça.

Haydn, em 1797, em homenagem ao Imperador Francisco II, da casa dos Habsburgos, teve a letra escrita pelo poeta alemão Heinrich Hoffmann, em 1841, quando passou a ser cantado como um hino revolucionário, inclusive nas jornadas de 1848, de acordo com os sentimentos nacionalistas libertários de então. Foi adotado como hino alemão em 1922, pela República de Weimar. A letra original tem três estrofes: a primeira fala do sentimento de se glorificar a Alemanha acima de tudo; a segunda menciona as excelências do vinho e das mulheres alemãs, entre outras referências; a terceira centra-se nos temas da unidade, da justiça e da liberdade. Os nazistas cantavam apenas a primeira estrofe. Em 1952 a República Federal da Alemanha (Ocidental) voltou a adotar a canção como hino, permanecendo assim depois da reunificação, mas apenas com a terceira estrofe. Seu nome oficial é *Deutschlandlied* – a "Canção da Alemanha" – ou ainda *Das Lied der Deutschen* – "A canção dos alemães". Um trocadilho anedótico que corre ainda hoje diz que os nazistas transformaram a expressão *"Deutschland über Alles"* em *"Deutschland über Alle"* – "A Alemanha por cima de todos".

DE JANEIRO A JUNHO DE 1941

Quinta-feira, 2 de janeiro. Hoje de manhã entreguei meu pedido de demissão ao DD. Eles concordaram em me liberar se eu encontrar alguém que me substitua. Isso pode ser difícil.

Domingo, 5 de janeiro. Freddie Horstmann levou Tatiana e eu ao concerto de Karajan. Está terrivelmente frio. Estou doente pela terceira vez neste inverno.

Terça-feira, 7 de janeiro. Natal russo. Fomos ao serviço religioso noturno. Adorável.

Sexta-feira, 17 de janeiro. Passei a maior parte da manhã me despedindo dos colegas no escritório, pois consegui afinal ser dispensada. Estou muito contente por sair do DD; a vizinhança é tão tristonha e desanimada. Tatiana está de cama, com um resfriado.

Sábado, 18 de janeiro. Noite tediosa na casa dos Horstmann. Algumas vezes me pergunto porque saímos tanto à noite. Deve ser alguma forma de inquietação.

Segunda-feira, 20 de janeiro. Jantar com Bally e Bübchen Hatzfeldt. Eles compartilham um enorme apartamento perto do Tiergarten. Fui até o quarto de Bübchen para pentear o cabelo, vi um armário aberto e fiquei espantada pela quantidade de trajes nos cabides e pelo igual número de pares de sapato. Não pude conter o pensamento sobre tudo o que Georgie e Alexander dariam para ter apenas um par deles. A nossa vida de emigrados sem dinheiro chegou ao auge justo quando eles completaram dezoito anos, quando trajes passam a ser tão importantes para os rapazes quanto o são para as garotas.

Quarta-feira, 22 de janeiro. Meu primeiro dia de trabalho no novo emprego, no Departamento de Informações do Ministério de Relações Exteriores. Sinto-me deprimida porque tudo me é estranho. Adam Trott me instalou provisoriamente num tipo de instituto de pesquisa junto ao seu escritório da Índia, porque seus chefes poderiam ficar em estado de alerta no caso de nós não termos apenas posições políticas comuns, mas também trabalharmos juntos. Minha chefe imediata é uma jornalista idosa especialista em Índia. Adam parece ter esperança de que, à medida que eu conheça melhor o trabalho, possa influenciá-la de algum modo útil para ele; mas acho que ele sobrestima minhas capacidades. Quando chefiam grandes escritórios, as mulheres alemãs podem se tornar muito complicadas, pois de algum modo sua feminilidade passa para segundo plano.

Os australianos tomaram Tobruk. As perdas italianas são pesadas.

Sexta-feira, 24 de janeiro. Almocei com Adam Trott, que me fascina. Ele tem muitos planos e ideias construtivas, enquanto eu me sinto totalmente desanimada. Mas não quero que ele perceba.

Sábado, 25 de janeiro. Ganhamos um faisão; e papai, dois ternos.

Domingo, 26 de janeiro. Fui à igreja e depois fiz uma longa caminhada com Tatiana. Examinamos as novas embaixadas no Tiergarten; são construídas no estilo pretencioso e monumental que caracteriza a nova Berlim nazista. Tudo com mármore e colunas, o que as torna excessivamente grandes, muito além da escala humana. Eles até começaram a construir uma nova Embaixada Britânica, já que a antiga, perto do Portão de Brandemburgo, era considerada muito pequena. Será que eles *realmente* acreditam que a Inglaterra possa vir a capitular?

Sexta-feira, 31 de janeiro. Meu novo escritório parece satisfeito comigo.

Sábado, 1º de fevereiro. Almoço na casa dos Rocamora (ele é o novo adido militar espanhol aqui)[1]. Eles vivem bem em frente ao meu novo escritório. Estou me acostumando com este; se ao menos o lugar não fosse tão frio! A luz também é muito pouca, e contamos com eletricidade para trabalhar; a maior parte das nossas leituras está impressa em letra miúda, o que força os olhos. Adam Trott veio com um amigo, o Dr. Alex Werth. Tiveram uma pequena conferência, e me fizeram assisti-la. Sentei-me, e fiquei escutando seus elevados pensamentos.

Um amigo muito próximo de Adam von Trott desde os tempos de estudantes na Universidade de Göttingen, o Dr. Alexander Werth passou algum tempo em um campo de concentração nazista em 1934. Depois trabalhou como advogado nos tribunais superiores em Londres, voltando à Alemanha às vésperas da guerra. Após um breve serviço no Exército, foi designado para o AA.

Domingo, 2 de fevereiro. Nesta tarde Marcus Clary[2] apareceu. Ele é o segundo filho de Alfy e muito parecido de rosto com o pai. Está morrendo de vontade de se divertir de qualquer jeito, pois esteve até agora no *front* e, além disso, foi ferido gravemente num braço. Está numa escola de treinamento para oficiais perto de Berlim. Nós o levamos para uma festa.

---

[1] Não consegui muitos dados sobre Juan Luis Rocamora, o adido militar espanhol a que a autora se refere. Mas foram suficientes para saber que, apesar de ser representante do governo falangista, ele esteve envolvido com o Almirante Canaris, chefe do Serviço de Inteligência Militar Alemão (*Abwehr*) e dissidente do regime nazista, pelo menos para salvar refugiados políticos poloneses, junto também, esporadicamente, com o Príncipe Paul Metternich, nessa altura o futuro marido de Tatiana Vassiltchikov. Canaris, além de repassar continuamente informações para os ingleses, fato reconhecido por Churchill depois da guerra, e favorecer a fuga de judeus e dissidentes para a Suíça, Espanha e Portugal, foi fundamental para impedir que Franco se aliasse a Hitler e sequer permitisse o uso do território ou do espaço aéreo espanhol para que este atacasse Gibraltar. Ver Richard Bassett, *Hitler's Spy Chief: The Wilhelm Canaris Mystery* (Nova York, Pegasus Book, 2012).

[2] Provavelmente, trata-se do Príncipe Marcus de Clary e Aldringen (1919-2007), da casa do mesmo nome, nascido na Boêmia, hoje República Tcheca, cuja família desempenhou importantes funções jurídicas e na administração pública da Áustria.

Loulou Croy está fugindo para Portugal a fim de se casar com seu namorado norte-americano, Dick Metz, contra a vontade do pai.

Terça-feira, 11 de fevereiro. Chá na casa dos Horstmann para encontrar "Loulou" de Vilmorin[3], atualmente casada com um magnata húngaro, o Conde "Tommy" Esterházy. Embora não seja mais jovem, permanece muito atraente e elegante.

Segunda-feira, 17 de fevereiro. Desde a semana passada Adam Trott levou-me para a sua seção. Estou muito contente, porque a atmosfera ali tem muito mais a ver comigo. Adam fica num escritório; a seguir há um para mim e duas secretárias; depois, um maior para Alex Werth e um homem chamado Hans Richter, que todo mundo chama de "Judgie"; então há um pequeno nicho na parede com um certo Herr Wolf (conhecido por todos como "Wölfchen" ["Lobinho"]) e Lore Wolf, sua secretária. Wölfchen muitas vezes aparece um pouco bêbado, mas é inteligente e boa pessoa. Tatiana trabalha no andar de baixo com Josias Rantzau e Louisette Quadt. Luisa Welczeck partiu de vez, porque sua família, preocupada com os ataques aéreos, decidiu mudar-se para Viena. Sentimos muito a sua falta. De momento Adam me afoga em traduções e resenhas de livros. Tenho uma para fazer agora e só disponho de dois dias para tanto. Algumas vezes tenho de substituir alguém para anotar algo ditado em alemão. Os colegas ficam horrorizados com meus erros de gramática.

Quinta-feira, 18 de fevereiro. Todos esses novos escritórios e seções do AA ficam nas dependências das várias missões estrangeiras que deixaram Berlim; portanto, estão completamente equipadas com banheiros, cozinhas etc. Adoro a atmosfera daqui e me sinto muito mais feliz. Os horários de trabalho, no entanto, são muito irregulares. Deveríamos começar depois das

---

[3] Trata-se de Louise Levêque de Vilmorin (1902-1969), apelidada "Loulou", escritora famosa e reconhecida pela crítica francesa. Na juventude "Loulou" foi noiva do escritor Antoine de Saint-Exupéry, mas rompeu o compromisso por pressões da família e devido à paixão deste pela aviação. Depois de dois casamentos que mais ou menos rapidamente terminaram em divórcio, tornou-se amante do conde húngaro Paul Esterházy de Galanta (1901-1964), que deixaria a esposa por ela em 1942, embora nunca se casasse com "Loulou". Depois de algumas outras ligações amorosas, no fim da vida juntou-se com o escritor André Malraux (1901-1976), com quem viveu até o fim de sua vida. Deixou copiosa correspondência, em parte publicada.

nove da manhã e trabalhar até umas seis da tarde. Mas na hora do almoço os chefes evaporam; nós também, embora isso não seja oficialmente permitido. Os cavalheiros quase nunca voltam antes das quatro, ou até mesmo mais tarde; temos de recuperar o tempo depois e às vezes vamos até as dez da noite. O chefe máximo, *Gesandter* [*ministro plenipotenciário*] Altenburg[4], que era uma boa pessoa e respeitado por todos, acaba de ser substituído por um sujeito muito diferente, um jovem e agressivo *Brigadeführer* [*brigadeiro*] da SS chamado Stahlecker, que vai para lá e para cá com suas botas de cano alto, balançando um chicote e com um pastor alemão ao lado. Todo mundo ficou preocupado com essa troca.

Junto com o infame Adolf Eichmann, o SS-Brigadeführer *Franz Stahlecker[5] esteve envolvido nos primeiros planos nazistas para a "solução" da questão judaica, que, num primeiro momento, tencionavam apenas a deportação para o Leste, ainda não o extermínio físico. Apesar de adversário de Reinhard Heydrich[6], o todo-poderoso chefe do RSHA (a principal agência de segurança do Reich), ele*

---

[4] Günther Altenburg (1894-1984), membro do Partido Nazista, era diplomata de carreira. Foi designado em abril de 1941 como ministro plenipotenciário para a Grécia, onde se envolveu com a deportação de judeus de Tessalônica para campos de concentração. Apesar disso, compareceu ao Tribunal de Nuremberg apenas na qualidade de testemunha. Depois, trabalhou na seção alemã da Câmara Internacional de Comércio.

[5] Complementando as informações do livro: Franz Walter Stahlecker (1900-1942) foi nomeado para o AA devido a suas divergências com Reinhard Heydrich. Sua força-tarefa, o *Einsatzgruppe A*, foi considerada a mais mortífera no gênero durante a Segunda Guerra. Num relatório do inverno de 1941-1942, Stahlecker gabava-se de ter matado 249.200 judeus. Porém, encontrei informações de que na realidade ele teria sido morto na cidade de Krasnogvardeysk, hoje Gatchina, por guerrilheiros russos, ao sul de São Petersburgo.

[6] Reinhard Heydrich (1904-1942), a quem Hitler chamava de "o homem de coração de ferro", foi o principal chefe de segurança do Terceiro Reich até ser nomeado "protetor" de territórios a leste – que hoje compreendem a República Tcheca –, onde encontrou a morte. Foi um dos principais responsáveis por muitas das famosas operações dos nazistas, desde a dita "Noite dos Cristais", contra os judeus na Alemanha, até o assassinato de muitos dos "SA", vistos como adversários dos SS e do próprio Hitler depois de algum tempo. Articulou também a "Solução Final" para os judeus, antes de partir para Praga. Morreu em consequência dos ferimentos que sofreu durante um atentado contra ele, em junho de 1942, executado por dois guerrilheiros tchecoslovacos enviados pelo governo no exílio em Londres. Foi o mais alto oficial e funcionário do Reich a ser morto em atentado. Em represália por sua morte os nazistas arrasaram duas cidades tchecas, Lídice e Lezaky, entre outras atrocidades. Os guerrilheiros envolvidos no atentado morreram numa catedral de Praga, depois de dias de tenaz resistência contra o cerco dos nazistas.

deveria vir a comandar o Einsatzgruppe "A", que operou no Báltico, no começo da guerra contra a Rússia. Essas "forças-tarefa", formadas por oficiais da SS, da Gestapo e membros das forças policiais germânicas e locais, contando com quinhentos a mil agentes cada uma, tinham a função de liquidar todos os judeus, comunistas e suspeitos de atividades de resistência (os partisans*) na retaguarda do avanço das tropas regulares alemãs. Stahlecker viria a se vangloriar de que, nos primeiros quatro meses da campanha, a sua unidade tinha liquidado 135 mil pessoas. Em março de 1942 ele morreria numa emboscada feita por guerrilheiros na Estônia.*

Quinta-feira, 20 de fevereiro. Tatiana está com febre alta. Jantei com os Horstmann, que estão comemorando o noivado de C. C. Pfuel com Blanche Geyr von Schweppenburg; ela é filha de um conhecido general de blindados e uma garota muito bonita.

Os Rocamora acabaram de voltar de Roma com um maço de cartas da família, que está muito animada com a notícia do noivado de Tatiana com Paul Metternich, que ela acabou de contar a eles e os pegou de surpresa.

Sábado, 22 de fevereiro. Casamento de C. C. Pfuel. Ele me pediu para ser uma das damas de honra da noiva. A função toda foi muito luxuosa, com uma recepção no Hotel Kaiserhof. Muito cansativo para nós, porque tivemos de apresentar todo mundo para os pais de ambos os noivos, que tinham acabado de chegar do campo e não conheciam ninguém. C. C. parecia atormentado. Fiquei tão cansada que terminei trocando um aperto de mão com o chofer de táxi que me trouxe para casa. Em retribuição ele beijou a minha mão.

Terça-feira, 25 de fevereiro. Jantei com Josias Rantzau e conversei com ele sobre o noivado de Tatiana, que ele aprova. Ele é uma espécie de anjo da guarda e mentor para todos nós.

Quarta-feira, 26 de fevereiro. Tatiana e eu almoçamos com o Conde Adelman, um amigo de papai. Ele acaba de voltar da Lituânia, onde era ministro conselheiro na Legação Alemã. Ajudou muitos não alemães a escapar dos soviéticos simplesmente fornecendo-lhes passaportes alemães.

Sob um segundo protocolo secreto a respeito da Fronteira Soviético-Alemã e do Tratado de Amizade de 29 de setembro de 1939 (que consagrou a partilha da Polônia e trouxe a Lituânia para a esfera de influência da URSS), alemães residindo em território soviético deveriam ser repatriados para a Alemanha. Embora em teoria apenas genuínos Volksdeutsche *(isto é, pessoas com sangue alemão) fossem qualificados para tanto, e toda a operação fosse dirigida pela SS, que depois forçou muitos dos repatriados a entrar para suas fileiras, os diplomatas alemães* in loco *aplicavam critérios bastante generosos. Cerca de 750 mil pessoas, inclusive milhares de não alemães, escapariam da morte na URSS graças a tal estratagema.*

Correm boatos de que o Rei Alfonso da Espanha morreu. Ele é padrinho de Paul Metternich; se for verdade, será um duro golpe para ele e sua mãe. Depois de sua abdicação em 1931 ele passou muito tempo em Königswart, nas terras dos Metternich na Tchecoslováquia.

Depois da esmagadora vitória dos republicanos nas eleições de 1931, na Espanha, o Rei Alfonso XIII deixou o país e passou a viver no exílio.

Quinta-feira, 27 de fevereiro. Paul Metternich, Josias Rantzau, Tatiana e eu almoçamos no restaurante Horcher[7] e simplesmente nos fartamos. Como o melhor restaurante na cidade, eles desprezam qualquer coisa que diga respeito a cupons de racionamento.

Quarta-feira, 5 de março. Pan Medeksha, um polonês proprietário de terras na Lituânia e velho amigo da família, veio para o jantar. Ele escapou há pouco, deixando tudo para trás. Sua grande mansão de madeira era um típico "ninho de cavalheiros e damas" – uma hospitalidade pródiga, quantidades de comida, um enorme jardim desgrenhado, um açude recoberto

---

[7] Fundado em 1904 por Gustav Horcher, o restaurante desse nome na Lutherstrasse (hoje Martin Luther-strasse), 21, era de fato o mais famoso e reputado de Berlim. Caído nos favores do Terceiro Reich, era frequentado por Albert Speer, Göring, Goebbels e outros próceres do regime. O fundador morrera em 1931 e fora sucedido por seu filho, Otto. Graças ao apoio dos nazistas, abriram uma série de filiais, inclusive com outros nomes, em várias cidades, como Viena e Paris. Mas em agosto de 1944, talvez pressentindo o fim do regime, Otto Horcher fechou o restaurante em Berlim e abriu outro, com o mesmo nome, em Madri, na rua Alfonso XII, 6, onde existe até hoje. Sua especialidade era o prato com medalhões de filé, ou o de faisão.

pela vegetação, uma galeria de retratos... Pobre coitado, deve ser duro ter de recomeçar a vida depois dos sessenta.

O Exército alemão entrou na Bulgária.

A invasão da Grécia pela Itália e a intervenção britânica que veio a seguir colocaram os campos petrolíferos romenos de Ploesti ao alcance da RAF. Ploesti era a principal fonte de combustível fóssil para a Alemanha. Hitler ordenou então a conquista da Grécia, para o que ele tinha de assegurar o direito de passagem de suas tropas através da Hungria, da Romênia e da Bulgária. Para tanto, trouxe esses países para o Pacto dos Três Poderes. A Hungria e a Romênia aderiram ao pacto em 23 de novembro de 1940. O Czar Bóris III da Bulgária se mostrou mais relutante. Mas desde que a Romênia fora forçada a ceder a Bessarábia e a Bukovina do Norte para a URSS, a Bulgária também manifestara interesse em ter uma parte do espólio romeno. A Alemanha ofereceu a sua "mediação" e em agosto de 1940 a Romênia cedeu a Dobrudja do Sul à Bulgária. Desde então a pressão alemã – além da influência – sobre a Bulgária cresceu, até que em 1º de março de 1941 esta aderiu ao pacto. No dia seguinte o Marechal de Campo Siegmund List[8], comandando o XII Exército, a quem fora confiada a tarefa de submeter a Grécia, invadiu a Bulgária.

Quinta-feira, 6 de março. Finalmente temos um pouco de dinheiro disponível e planejamos tirar uma folga para ir à Itália. Seria muito bom ver de novo a família. Paul Metternich foi para Kitzbühel esquiar. Muitas pessoas estão fora para esquiar e a vida em Berlim está mais calma.

Parece que uma crise na Sérvia está surgindo no horizonte.

Domingo, 9 de março. À noite, Albert Eltz, Aga Fürstenberg e Claus Ahlefeldt chegaram com Burchard da Prússia. Papai ficou chocado com a

---

[8] Siegmund Wilhelm Walther List (1880-1971) foi um oficial de carreira alemão, dos mais ativos na primeira fase da guerra. Comandou a invasão da Polônia (1939), atuou na invasão da França (1940), comandou a invasão da Bulgária, da Grécia e da Iugoslávia (1941) e foi para a frente russa em 1942, na chamada Operação Barbarossa. Com o insucesso desta, caiu em desgraça e foi dispensado, ficando o resto da guerra em casa. Em 1948 foi condenado à prisão perpétua pelos Aliados, por crimes de guerra, notadamente a execução de prisioneiros e reféns. Entretanto, foi solto em 1952, sob alegação de razões de saúde. Ainda assim, viveria mais dezenove anos...

DIÁRIOS DE BERLIM   93

atitude de Claus, sentando-se com o braço sobre os ombros de Aga. "No meu tempo...".

Em 11 de março os Estados Unidos aprovaram o Lend-Lease Act, por meio do qual, mesmo antes de serem provocados à beligerância ativa, eles se tornaram o "Arsenal da Democracia". Até o final da guerra foi repassado aos diversos aliados o equivalente a 50 bilhões de dólares em armas e equipamentos.

Sábado, 15 de março. Nestes últimos dias passamos muito tempo em casa, levando uma vida muito tranquila. Tatiana, sobretudo, está esgotada, e ficamos ansiando por nossa próxima viagem a Roma.

Segunda-feira, 24 de março. Toda a nossa equipe foi convocada para um trabalho especial e muito urgente relacionado a uma exposição japonesa. Adam Trott é o único poupado; ele está encantado e zomba de nós, que nos exaurimos dedilhando nossas máquinas de escrever até tarde da noite. Wölfchen é o nosso salvador, pois mantém relações mais ou menos civilizadas com nosso odioso novo patrão, Stahlecker, tanto quanto isso é possível. Há algo de sinistro a respeito dele.

O padre Shakhovskoy jantou conosco em casa.

Um dos mais distintos clérigos da "Igreja Emigrada", o padre (Príncipe) John Shakhovskoy se tornaria, depois da guerra, o arcebispo da Igreja Ortodoxa de São Francisco [nos Estados Unidos].

Quinta-feira, 27 de março. Há muita agitação porque os ministros iugoslavos, que tinham assinado um pacto com a Alemanha em Viena, foram presos por militares pró-Aliados em Belgrado quando de seu retorno. Foi empossado um novo governo provisório e o regente, Príncipe Paulo, fugiu para a Grécia. Isso pode significar uma guerra também com a Iugoslávia. Que confusão!

A Iugoslávia estava sob pressão germânica havia muito tempo, mas o sucesso da Grécia contra a invasão italiana e a chegada dos britânicos ao cenário dos Bálcãs, junto com o sucesso destes no Norte da África, encorajaram a Resistência. Apenas em 25 de março de 1941 ela aderiu ao Pacto dos Três Poderes. Dois dias depois um golpe militar depôs o Príncipe Regente Paulo e proclamou rei o Príncipe Herdeiro Pedro, de dezessete anos, configurando um governo pró-Aliados.

Os planos da Alemanha para a invasão da Grécia estavam muito adiantados; diante do surgimento no seu flanco sul de um bloco grego-iugoslavo apoiado pelos britânicos, Hitler deu ordem para que a Iugoslávia fosse esmagada "com brutalidade impiedosa".

Sábado, 29 de março. Fui com Paul Metternich, que comprou um novo terno sob medida e ainda está um pouco constrangido por isso, à casa de Espinosa[9] – um diplomata espanhol – e ouvi os últimos discos, muito bons, que ele tem de música russa. Decididamente o guarda-roupa de Paul precisa de uma renovação. Ele usa dia após dia uma gravata tricotada de lã grossa, um surrado paletó de *tweed* verde e calças de flanela. Além do seu uniforme, eu nunca o vi com outra roupa – e o uniforme está ficando surrado também. Desde os dezoito anos ele só viu guerras, a começar pela Guerra Civil Espanhola, em que foi voluntário ao lado dos nacionalistas.

Dicky Eltz me levou a Potsdam para encontrar Gottfried Bismarck, irmão de Otto, que é *Regierungspräsident [governador civil distrital]* por lá. Gostei muito dele. É casado com Melanie Hoyos, que é meio austríaca, meio francesa. Uma sobrinha austríaca dele, Loremarie Schönburg, também estava lá. Todos voltamos para Berlim muito tarde.

Neto mais moço do "Chanceler de Ferro", o Conde Gottfried von Bismarck--Schönhausen (1901-1949) a princípio tinha simpatizado com o movimento

---

[9] Eugenio Espinosa de los Monteros y Bermejillo (1880-1953) foi embaixador espanhol em Berlim de 27 de julho de 1940 a 17 de julho de 1941. Falangista de vanguarda, foi o primeiro governador de Madri depois da vitória de Francisco Franco. Acompanhou Franco em seu encontro com Hitler em outubro de 1940, na cidade francesa de Hendaye, na fronteira com a Espanha, quando este tentou convencer aquele, sem resultado, a entrar na guerra ao lado do Eixo. A pressão não deu certo porque Franco exigiu, entre outras coisas, que fossem passadas à Espanha algumas possessões francesas, e Hitler não queria se indispor a esse ponto com Pétain. Além disso, Franco não concordou com a ocupação e incorporação de Gibraltar pela Alemanha. Há comentários de que Hitler teria dito preferir que lhe "arrancassem alguns dentes" a ter de voltar a conversar com Franco. Nos bastidores da reunião foi fundamental a convicção do Almirante Canaris, passada a Franco (por Espinosa?), de que a Alemanha não ganharia a guerra e de que, se os britânicos resistiam tanto, era porque esperavam a adesão dos Estados Unidos.

nazista que, ele acreditava, iria assegurar o "renascimento nacional" da Alemanha. Teve até o posto honorário de SS-Standartenführer (coronel) e foi durante muitos anos um membro nacional-socialista do Reichstag fantoche de Hitler, função que combinava com a de Regierungspräsident *de Potsdam. Mas em 1941 ele se tornaria um convicto antinazista e, desde o início, foi um dos membros civis mais ativos do que viria a ser a Conspiração de 20 de Julho[10].*

Quinta-feira, 3 de abril. Jantei com Josias Rantzau na casa dos Trotts em Dahlem. Estava lá o Professor Preetorius, historiador da arte, cenografista de teatro e grande autoridade sobre a China[11]. Adam Trott tem um interesse apaixonado pela China, onde esteve por algum tempo e se tornou um amigo muito próximo de Peter Fleming[12]. A conversa se concentrou sobretudo no Oriente.

Há rumores de que o Conde Teleki, primeiro-ministro húngaro, cometeu suicídio.

Como primeiro-ministro desde 1939, o Conde Paul Teleki tentou, sem sucesso, impedir a dominação da Hungria pela Alemanha. Ele já recusara um pedido da Alemanha para que seu país entregasse soldados e civis poloneses nele refugiados.

---

[10] Complementando a informação do texto: consta que foi na casa de Gottfried von Bismarck que as bombas que deveriam matar Hitler foram armadas (apenas uma delas seria colocada, porque o Conde von Stauffenberg tivera uma das mãos quase arrancada num ferimento no campo de batalha). Preso, talvez devido ao prestígio de seu ilustre avô, acabou sendo poupado. Nem sequer foi torturado, sendo absolvido de todas as acusações. Entretanto, assim mesmo foi enviado para um campo de concentração nazista, onde ficou até o fim da guerra. Morreu com a esposa, Melanie (1916-1949), num acidente de carro.

[11] O Professor Emil Preetorius (1883-1973) foi um dos principais artistas gráficos da Alemanha antes e depois da guerra, além de ser também um erudito em matéria de direito e ciências. Em 1942 foi acusado de "protetor de judeus" perante a Gestapo, mas seu imenso prestígio ajudou-o, e ele não foi perseguido.

[12] Peter Fleming (1907-1971) hoje é mais conhecido por ser o irmão mais velho de Ian Fleming, o autor dos livros da série James Bond. Mas é um escritor de méritos próprios. Correspondente do *Times*, viajou pela selva brasileira numa expedição nos anos 1930 para encontrar traços do legendário Coronel Percy Fawcett (que muitos dizem ter inspirado o personagem de Indiana Jones), desaparecido em 1925 quando buscava encontrar uma misteriosa cidade "Z", que, segundo ele, seria o El Dorado. A expedição de Fleming está contada num livro chamado *Brazilian Adventure*, publicado em 1933 e disponível até hoje no Reino Unido [ed. bras.: *Uma aventura no Brasil*, São Paulo, Marco Zero, 1996]. Fleming viajou pela Ásia também, onde conheceu Adam von Trott.

O golpe pró-Aliados na Iugoslávia fez aumentar a pressão alemã. Ao invés de ceder, Teleki matou-se com um tiro[13].

Sexta-feira, 4 de abril. Jantar com os Hako Czernins. Havia apenas austríacos presentes, inclusive Dicky Eltz e Josef Schwarzenberg. Eles falaram muito e nostalgicamente sobre "os bons velhos tempos" em Viena e Salzburg, contando histórias espantosas sobre a vida da *jeunesse dorée* nos anos vinte.

Domingo, 6 de abril. Nesta manhã o Exército alemão invadiu a Grécia e a Iugoslávia.

Sexta-feira, 11 de abril. Ontem, depois do trabalho, corri para a estação Stettiner, onde Dicky Eltz me esperava a fim de irmos para Reinfeld, a casa de Gottfried Bismarck na Pomerânia, para o longo fim de semana de Páscoa. Viajamos sete horas, em vez das três usuais. Da estação fomos levados para Reinfeld em charretes e sob a luz do luar. Chegamos às três da madrugada, e Gottfried Bismarck nos aguardava com um jantar leve e muito, muito leite fresco. Maravilha!

Cedo, um café da manhã de verdade, e depois um banho quente. Reinfeld é uma conjugação de pequena fazenda com casa de campo, toda caiada, com móveis confortáveis e muitos livros. Caminhamos pela mata e Dick Eltz caçou um gaio. À tarde fomos andar a cavalo. Foi a minha primeira vez, mas misericordiosamente meus músculos não ficaram doloridos depois, provavelmente graças à ginástica.

REINFELD *Sábado, 12 de abril.* Fui andar a cavalo de novo com Gottfried Bismark e depois fomos espreitar veados.

Belgrado caiu hoje e a Croácia declarou-se independente.

---

[13] Complementando as informações do texto: o Conde Pal Teleki (1879-1941) é até hoje uma figura contraditória na Hungria, reverenciado por uns como alguém que se sacrificou pela pátria, acusado por outros de antissemitismo. Como primeiro-ministro, ele de fato tentou preservar a autonomia húngara perante as pressões cada vez maiores da Alemanha. Quando esta pôs suas tropas para atravessar o território húngaro a fim de atacar a Iugoslávia, com o consentimento do comando do Exército da Hungria, à revelia do governo, Teleki suicidou-se em seu apartamento, deixando uma nota em que manifestava sentimentos de culpa, mas afirmava que seu país se tornara cúmplice de "patifes".

Domingo de Páscoa (estilo ocidental), 13 de abril. Depois do chá praticamos tiro ao alvo com rifles através da janela da sala de estar. O alvo estava preso numa árvore. Eu nunca tinha atirado antes e comecei fechando o olho errado. Mas ainda assim meus tiros foram os melhores – sorte de principiante. Quando tentamos com pistolas, porém, fui um completo fracasso. O revólver era pesado demais e o seu coice era muito forte. Escondemos ovos de Páscoa para as crianças, mas elas eram jovens demais para entender. Estão muito bem alimentadas, e até mesmo um pouco roliças; Andreas, embora tenha apenas um ano de idade recém-completado, é cheio de personalidade, com seu cabelo ruivo e olhos azuis arregalados, como o bisavô, o Chanceler de Ferro.

Segunda-feira, 14 de abril. O tempo ficou ruim; está quente, mas nublado. Dicky Eltz foi para Berlim. Ele trabalha para o banco Ritter, e até agora seu trabalho preservou-o do recrutamento. Fiquei por mais um dia. Esta tarde fomos andar a cavalo de novo. Chovia a cântaros. Quando voltávamos para casa, Gottfried Bismarck viu algumas crianças que roubavam palha do alto de um celeiro. Ele galopou atrás delas, e meu cavalo foi atrás, e lá estava eu, agarrada à crina, completamente desesperada.

BERLIM *Quinta-feira, 17 de abril.* Leitura dos Doze Evangelhos[14] esta noite na igreja russa. Esta é a *nossa* Semana da Páscoa, e meus pés estão começando a doer por eu ficar de pé muito tempo durante os serviços religiosos. Tatiana planeja viajar para Roma no dia 6 de maio. Eu não posso acompanhá-la, pois estou ainda há pouco tempo em meu novo trabalho.

A Iugoslávia capitulou.

Sábado, 19 de abril. Duas horas no escritório e depois na igreja, com comunhão. Paul Metternich está aqui, a caminho da Espanha e depois Roma. A viagem toda – algum tipo de missão oficial – está sendo preparada por Wölfchen, que demonstra certa simpatia por ele e Tatiana. Nossa Missa da Meia-Noite foi rezada às sete horas por causa dos ataques aéreos. Ocorreu numa igreja luterana, porque a nossa é muito pequena para a

---

[14] Referência aos doze trechos dos Evangelhos que são lidos no serviço da Quinta-feira Santa, na Igreja Ortodoxa Russa.

multidão que sempre comparece. Levamos Paul Metternich e Loremarie Schönburg conosco.

Domingo, 20 de abril. Páscoa russa. Papai insistiu que o acompanhássemos em sua visita tradicional a toda colônia russa aqui.

Acabamos de ouvir que, quando do golpe de Estado em Belgrado, o pobre Rei Pedro da Iugoslávia foi arrancado da cama, de noite, para presenciar a execução do seu tutor, um general.

Comprovou-se depois que isso era um boato falso.

Terça-feira, 22 de abril. Continuo dando duro com minhas traduções. Adam Trott quer que eu me encarregue de todo o seu trabalho rotineiro, para que ele possa se retirar para alturas mais olímpicas sem ser perturbado por ninharias burocráticas. Comecei tentando arrumar sua mesa de trabalho enquanto ele estava fora para o almoço. Sentei-me no chão passando em revista gaveta após gaveta e quase chorei diante de tamanha confusão. A sua pequena secretária, que é devotada a ele, veio e me consolou: "*Herr von Trott ist ein Genie und von einem Genie kann man so etwas wie Ordnung gar nicht verlangen*" ("O Sr. von Trott é um gênio e não se pode esperar que um gênio tenha suas coisas em ordem"). Quando ele voltou, contei-lhe isso, e ele ficou visivelmente sensibilizado. Passou muitos anos na Inglaterra, estudando em Rhodes, e também na China e nos Estados Unidos, e costumamos falar em inglês entre nós. Sinto-me mais à vontade assim. Quando ele fala alemão, ele se dá um ar tão intelectual que eu não consigo acompanhá-lo sempre, ou melhor, não posso acompanhá-lo quando ele me dita algo. Ele joga no ar o começo de uma frase, faz uma pequena pausa, e então o resto vem atrás aos trambolhões. Depois, quando me vejo frente a frente com meus hieróglifos, penso muitas vezes que perdi metade de tudo. O meu alemão simplesmente ainda não é o bastante. Judgie Richter e Alex Werth também costumam falar em inglês comigo – Judgie passou muito tempo na Austrália. Às vezes dizem que nós somos "a Câmara dos Lordes".

Quarta-feira, 23 de abril. Inès Welczeck está trabalhando como *Landjahr--Mädchen* [*trabalho compulsório no campo para jovens mulheres*] na casa de

Hanna von Bredow em Potsdam. Hanna é irmã de Bismarck e tem oito filhos. Inès agora cuida dos três mais novos. Ela lhes dá banho, veste e leva para a escola. De modo geral, ela tem bastante tempo livre, porque poderia muito bem estar trabalhando no campo ou ordenhando vacas. Comemoramos seu aniversário no "Atelier", hoje. Paul Metternich sentou-se num outro canto com o embaixador espanhol e ficou piscando para nós.

Sexta-feira, 25 de abril. Jantei com Tatiana na casa dos Hoyos. Nosso anfitrião, Jean-Georges[15], é irmão de Melanie Bismarck. Gottfried Bismarck, Helen Biron e os Czernins estavam lá. Aos poucos estamos desistindo das grandes festas e vemos apenas a mesma dúzia de pessoas, mais ou menos, em suas casas em geral apertadas.

Nesta noite houve mais um ataque. Nosso apartamento fica perto do *bunker*[16] do Zoo, construído em concreto armado. Ele é muito alto e saliente, com suas baterias antiaéreas, e é considerado o melhor abrigo antiaéreo desta parte da cidade. Quando a artilharia começa a disparar, a terra treme, e mesmo em nosso apartamento o barulho é de arrebentar os tímpanos.

Sábado, 26 de abril. Ontem caíram apenas duas bombas, mas cada uma pesava quinhentos quilos. Descobrimos uma porta que dá para um jardim nos fundos. Pode servir como saída de emergência no caso de ficarmos isolados num incêndio. Mas é claro que o jardim é completamente murado. Minhas aulas de ginástica podem provar sua utilidade, caso eu tenha de pular esses muros.

Fui assistir à companhia italiana de ópera, de Roma, que está em Berlim: *Romeu e Julieta*, de Zandonai[17]. Nunca tinha ouvido falar dela antes. Os cantores eram bons.

---

[15] Trata-se de Jean-Georges, Graf (Conde) von Hoyos (1914-1998), austríaco de nascimento, cunhado de Gottfried von Bismarck.

[16] *Bunker*: abrigo antiaéreo extremamente fortificado. Preferi manter o termo original alemão. Praticamente indestrutíveis, ainda há vários deles em Berlim e outras cidades alemãs. Hoje alguns são museus ou centros culturais. Há um que visitei em 1996, quando ainda estava abandonado. Depois virou residência particular, e seu proprietário, que mora na parte superior, transformou os andares inferiores em ateliê para exposições de arte.

[17] Riccardo Zandonai (1883-1944), compositor e maestro italiano. A ópera em questão é de 1922, *Giulietta e Romeo*, em italiano.

100 Marie Vassiltchikov

Domingo, 27 de abril. Depois de ir à igreja almocei com Steenson, o *chargé d'affaires* dinamarquês, um homem mais velho, com cinco crianças pequenas e uma esposa encantadora.

A guerra na Grécia está quase no fim.

A conquista dos Bálcãs por Hitler seria a sua última grande vitória. Marcou-a mais uma atrocidade deliberada: a destruição de Belgrado pela Luftwaffe, com 17 mil mortos. Depois da capitulação do Exército da Iugoslávia, em 17 de abril, o país deixou de existir. A Croácia tornou-se independente; a Dalmácia foi anexada pela Itália e o que restava da Sérvia ficou sendo administrado por um fantoche alemão. A resistência prosseguiu apenas nas montanhas centrais, até o final da guerra – primeiro pelos "chetniks" monarquistas do General Draza Mihajlovic[18], depois pelos guerrilheiros comunistas de Josip Tito. A Grécia resistiu até 29 de abril, quando o que restava de suas forças e dos expedicionários britânicos recuaram para a ilha de Creta. Embora de curta duração, a heroica resistência da Grécia e da Iugoslávia teria consequências fatais para Hitler; pela primeira vez em dezoito meses de guerra ele sofreu um malogro; numa Europa que já aceitara tacitamente a sua "Nova Ordem", dois pequenos países tinham ousado desafiá-lo; mais importante ainda, a campanha dos Bálcãs forçou-o a lançar seus blindados contra a Rússia seis semanas depois do planejado.

Quinta-feira, 1º de maio. Feriado nacional desde que Hitler chegou ao poder – para se apropriar desse bate-bumbo dos comunistas. Sentei-me no Tiergarten lendo cartas da família.

---

[18] Dragoljub Draza Mihajlovic (1893-1946) liderou a primeira resistência contra os nazistas, mas acabou se enredando em ligações secretas e confusas com eles, com o governo colaboracionista, com os britânicos, e manteve sempre uma relação tensa e por vezes conflitos armados com os guerrilheiros de Tito. Sua motivação era mais a de um nacionalismo sérvio exacerbado, além de monarquista. Ainda assim, tinha a preferência da ajuda britânica até 1943, quando caiu em desgraça com Churchill e os ingleses passaram a apoiar Tito. A aproximação do Exército Vermelho fez a sorte pender de vez para as forças de Tito, embora este, como se comprovou mais tarde, mantivesse sempre uma distância em relação à União Soviética. Quando a guerra terminou, Mihajlovic tentou ensaiar uma nova resistência contra Tito, mas foi capturado, julgado por alta traição durante a guerra e executado em Belgrado.

Domingo, 4 de maio. Fui à pequena igreja russa na Fasanenstrasse. O coro canta muito bem, animado por um baixo que pertencia à ópera soviética.

Segunda-feira, 5 de maio. Depois de preparativos febris, Tatiana partiu hoje para Roma. Helen Biron me telefonara dizendo que deixaria com o porteiro de seu prédio uma carta para Tatiana levar pessoalmente para Roma. Quando fui pegá-la, contaram-me que um cavalheiro acabara de requisitá-la em meu nome, e que o porteiro a entregara a ele. Fiquei muito preocupada, pois sei que ela continha informações importantes sobre o paradeiro de poloneses prisioneiros de guerra. Helen as conseguira ilegalmente através do escritório da Cruz Vermelha em que trabalha. Esquecemos demasiadamente que mesmo os nossos telefones de escritório podem ser grampeados, e agora estou me preparando mentalmente para ser chamada para comparecer à Gestapo.

Está caindo um aguaceiro.

Quinta-feira, 8 de maio. Ataque aéreo. Eles estão me atacando os nervos. Agora meu coração dispara cada vez que começam as sirenes. Josias Rantzau implica comigo por causa disso.

Sexta-feira, 9 de maio. Albert Eltz, o irmão mais novo de Dicky, passou no escritório para me ver. Ele não foi aprovado nos exames para o oficialato e está bastante deprimido.

Segunda-feira, 12 de maio. Esta tarde fui experimentar chapéus. Agora que as roupas são racionadas e os chapéus não, eles sobressaíram. Ir à chapelaria virou um passatempo, e aos poucos vamos acumulando chapéus. Pelo menos eles mudam um pouco a aparência.

Durante um pequeno jantar festivo esta noite, a BBC anunciou que Rudolf Hess aterrissou na Inglaterra. Muita especulação sobre por que ele fez isso, cada um dando uma interpretação diferente.

Um nazista de primeira hora, Rudolf Hess era um dos confidentes da maior confiança de Hitler, seu vice na liderança do partido e seu segundo sucessor (depois de Göring) como chanceler do Reich. Os preparativos para a invasão da União Soviética estavam quase prontos quando, em 10 de maio de 1941, Hess alçou voo sozinho num Messerschmitt 110 e fez uma aterrissagem acidentada na propriedade do Duque de Hamilton na Escócia. Eles tinham se encontrado nos Jogos Olímpicos de 1936 [em Berlim]. *Com a ajuda do duque, Hess planejava contatar políticos britânicos influentes, conhecidos por sua oposição a Churchill e seu anticomunismo, e convencê-los de que seria melhor para o país fazer a paz com a Alemanha e dar a esta carta branca em relação ao Leste da Europa. Caso contrário, ele disse, a Grã-Bretanha perderia seu império e uma parte da Europa seria dominada pelos soviéticos pelo menos por um século. Para sua surpresa, ele foi tratado como um prisioneiro de guerra comum, detido num campo de concentração até o fim da guerra e levado a julgamento em Nuremberg. Condenado à prisão perpétua, foi encarcerado na prisão de Spandau, em Berlim, onde permanece até hoje* [novembro de 1986]. *O modo como esse episódio bizarro foi tratado na Alemanha, mas também na Grã-Bretanha – onde muitos documentos permanecem ainda em segredo –, imediatamente levantou a suspeita, compartilhada na época por Roosevelt e Stalin, de que havia movimentos objetivando a paz de ambos os lados*[19].

---

[19] Até hoje esse episódio é motivo de controvérsias e polêmicas. Rudolf Walter Richard Hess (1894-1987) teve uma ascensão meteórica entre os nazistas, e de fato tornou-se alguém da absoluta confiança de Hitler, chegando a ser seu secretário, mas foi aos poucos suplantado por outro proeminente nazista, Martin Bormann (1900-1945). Apesar das suspeitas, na época, de que houvesse um complô por parte de Hitler, ou mesmo conjuntamente por parte dos britânicos, a maioria das fontes afirmam que Hess agiu inteiramente por conta própria em seu voo para a Grã-Bretanha. Por seu lado, o Duque de Hamilton, Douglas Douglas-Hamilton (1903-1973), sempre negou ter encontrado previamente Hess, embora tenha de fato comparecido aos Jogos Olímpicos de 1936 e estivesse pelo menos numa recepção oficial em que conheceu pessoalmente Hitler, e à qual Hess também estivera presente. Hess teria escolhido Hamilton como interlocutor dentro de uma lista de personalidades sugeridas por seu amigo Albrecht Georg Haushofer (1903-1945), que seria assassinado por comandos da SS na noite de 22 para 23 de abril de 1945, depois de seu envolvimento com grupos da Resistência alemã e com o atentado contra Hitler de 20 de julho de 1944. O voo de Hess foi cheio de peripécias e zigue-zagues para evitar a aviação e os radares britânicos. Já próximo de seu objetivo, ele, que vinha voando a quinze metros de altura, subiu a grande altitude e pulou de paraquedas. O avião se espatifou no solo. Hess, ferido na queda, foi imediatamente levado à custódia da polícia. De fato, encontrou-se com Hamilton, que, segundo fontes, manteve sempre uma postura correta, entrando em contato com Churchill de imediato. Hess suicidou-se por enforcamento na prisão de Spandau (hoje demolida) em 1987. Seu destino deu lugar a teses mirabolantes, entre elas a de que ele foi assassinado na prisão e a de que o verdadeiro Hess teria sido assassinado em 1941 e o voo, feito por um impostor. Já Bormann acompanhou Hitler até seus últimos momentos e depois tentou furar o cerco dos soviéticos. Durante anos foi dado como desaparecido, mas seus restos mortais foram encontrados e positivamente identificados já quase no final do século XX,

Terça-feira, 13 de maio. Na casa dos Lanzas, da Embaixada Italiana, sentei-me num canto com Hasso Etzdorf discutindo Hess e futuros desenvolvimentos. Todo mundo acha o episódio meio esquisito.

Quarta-feira, 14 de maio. Almocei com Paul Metternich no "Atelier". Ele acabou de voltar de Roma e fez uma descrição muito vívida de seu encontro com "a família". Fez isso de modo muito engraçado, mas deve ter sido uma verdadeira provação.

Depois do almoço tentamos comprar um cartão-postal com o retrato de Hess, mas eles parecem ter sido confiscados da noite para o dia, não podem ser encontrados de jeito nenhum. Numa loja uma mulher chegou a vociferar: "*Wozu brauchen Sie ihn denn? Er ist ja wahnsinnig geworden!*" ["*Para que você quer isso? É claro que ele ficou maluco!*"] – que é a versão oficial. Para acalmá-la, fingimos estar interessados no jardim zoológico inteiro, e compramos um retrato de Goebbels e outro de Göring cada um.

Na ausência de Tatiana, Paul se comporta como uma assombração. Ele detesta Berlim e não tem grandes amigos aqui. Como no DD, todos os dias recebemos maços de papel cor-de-rosa marcados *streng geheim* [altamente secreto] com as últimas notícias internacionais e excertos de jornais estrangeiros. Ninguém – a não ser um pequeno círculo de privilegiados – deveria lê-los, mas um mensageiro os entrega sem que estejam lacrados. Paul, ávido por informações, os devora, já que nos dias que correm os jornais alemães literalmente não dizem nada. Se alguém nos surpreendesse seria um inferno, mas como o escritório de Tatiana, onde estou trabalhando temporariamente, fica numa garagem, nós usualmente nos comunicamos com o restante do departamento por telefone. As únicas exceções são Rantzau e Louisette, e eles não dão bola para isso.

Depois do almoço encontrei Edgar von Üxküll, um idoso barão do Báltico que antes de 1914 estava no serviço diplomático russo[20]. Ele falou

---

em Berlim. Aparentemente, ele cometera suicídio com uma cápsula de cianureto para evitar a prisão pelos soviéticos. Curiosamente, a previsão de Hess estava certa: a Grã-Bretanha saiu da Segunda Guerra com seu império desfeito e a União Soviética manteve grande parte da Europa sob sua órbita de influência até o fim de 1991, quando entrou em dissolução definitiva.

[20] A família von Üxküll, de que o referido barão era membro, fazia parte de um grupo de famílias de ascendência alemã que vivia nos chamados "países do Báltico": Letônia, Lituânia e Estônia.

de modo muito agradável de papai, dizendo que era um dos russos mais proeminentes e que com o tempo teria se tornado primeiro-ministro. Pobre papai!

Há rumores de que Stalin concordou em ceder a Ucrânia à Alemanha por 99 anos. Estou bastante indignada!

Esse foi outro boato falso, espalhado provavelmente devido a um desejo esperançoso por parte da população alemã de que o tão temido confronto com a União Soviética pudesse ser evitado por um "acordo" de última hora.

Domingo, 18 de maio. Os berlinenses, famosos por seu espírito jocoso, já aprontaram algumas piadas sobre a fuga de Hess. Exemplos:

– *"Augsburg* [a cidade de onde ele decolou], *Stadt des deutschen Aufstiegs"* ["Augsburg, a cidade de onde a Alemanha levanta voo"].

– BBC: *"Weitere Einflüge von deutschen Staatsminstern fanden in der Nacht zu Sonntag nicht mehr statt"* ["Na noite de domingo nenhum outro ministro do gabinete alemão chegou de avião"].

– *"OKW Bericht: Göring und Goebbels sind noch fest in deutscher Hand"* ["Comunicado do alto-comando alemão: Göring e Goebbels ainda estão firmemente em mãos alemãs"].

– *"Das 1,000-jährige Reich ist nun ein hundertjähriges geworden; ein Null ist weg"* ["O Reich de mil anos se tornou o Reich de cem anos: um zero se foi"].

– *"Det unsere Regierung verrückt ist, det wissen win schon lange, aber det sie ist zugibt, det is neu"* – com sotaque marcadamente local ["Que o nosso governo é maluco a gente já sabia faz muito tempo, mas eles admitirem que são malucos, *isso* é algo novo"].

– *"Churchill fragt Hess: 'Sie sind also der Verrückte?'. 'Nein, nur der Stellvertretter.'"* ["Churchill pergunta a Hess: 'Então o senhor é o maluco?'. 'Não, apenas o vice dele.'"].

A tudo isso Aga Fürstenberg, conhecida por seu espírito esnobe e mordaz, acrescenta: *"Wenn es so weiter geht, sind wir bald wieder unter uns"* ["Se as coisas continuarem assim, logo nos sentiremos de novo em casa"].

Sábado, 24 de maio. Paul Metternich foi chamado de volta a Berlim, onde trabalhará para o OKW [*Alto-Comando das Forças Armadas*]. Isso é um alívio muito grande. Bastante gente está falando mais e mais sobre grandes concentrações de tropas junto da fronteira russa. Quase todos os homens que conhecemos estão sendo transferidos do Oeste para o Leste. Isso só pode significar uma coisa.

Na verdade a conquista e a colonização do Leste Europeu e da URSS fizeram parte das cantilenas preferidas de Hitler desde o Mein Kampf [*Minha Luta*, livro de sua autoria]*; todos os seus outros movimentos políticos foram apenas passos nessa direção. A campanha no Oeste mal e mal acabara quando, em 21 de julho de 1940 – um dia depois de Stalin ter anexado os Estados bálticos –, Hitler informou seus generais de sua intenção de destruir a União Soviética, "e o quanto antes melhor". Nenhum deles levantou qualquer objeção. Naquele verão as primeiras divisões alemãs foram transferidas de volta para o Leste. Em 18 de dezembro de 1940 Hitler aprovou o plano definitivo da campanha. Com o codinome de "Barbarossa", a operação deveria ser lançada em maio de 1941 e durar apenas quatro ou cinco semanas. Ela se arrastaria por quatro anos e terminaria com a total destruição da Alemanha nazista.*

Houve uma enorme batalha naval entre o *Hood* e o *Bismarck*. O *Hood* foi afundado graças a uma única salva de tiros que atingiu o depósito de munições e quase toda a tripulação pereceu. Que horror! O *Bismarck* agora está em fuga, mas em dificuldades, porque está sendo caçado por toda a frota britânica[21].

Segunda-feira, 26 de maio. Jantei na casa dos Hoyos para encontrar um casal norte-americano, os George Kennans[22], que estiveram durante muitos

---

[21] Nessa batalha, conhecida como Batalha do Estreito da Dinamarca, dos 1.418 tripulantes do *Hood* salvaram-se apenas três, recolhidos depois por um navio britânico.

[22] Trata-se do casal George Kennan (1904-2005) e Annelise Sorensen Kennan (1910-2008). Escritor, historiador, cientista social, George Kennan foi um dos diplomatas de carreira mais importantes de toda a história dos Estados Unidos, embora no mais das vezes ficasse num discreto segundo plano. Kennan trabalhou na Embaixada Norte-Americana na URSS durante o regime de Stalin. Depois da Segunda Guerra chegou a ser nomeado embaixador em Moscou e também na Iugoslávia. É considerado o "pai fundador" da "doutrina da contenção", cujo principal objetivo era a ideia de que o regime comunista soviético era inerentemente expansionista e que o maior esforço dos Estados Unidos deveria ser o de "conter essa expansão". Curiosamente, quando o governo norte-americano foi progressivamente tomado pelos chamados "falcões", a

anos na Embaixada dos Estados Unidos na Rússia. Agora estão designados para a Embaixada Norte-Americana aqui. Ele tem olhos muito inteligentes, mas não pode falar livremente, afinal a situação é ambígua, pois a Alemanha ainda é uma aliada da União Soviética. Portanto, ao invés de uma conversação séria, tivemos uma demonstração dos encantos das línguas húngara e dinamarquesa, por Claus Ahlefeldt e Vinzi Windisch-Graetz. Nós ficamos todos do lado da língua húngara, mas nenhuma delas soava propriamente como música aos ouvidos.

Terça-feira, 27 de maio. O *Bismarck* foi afundado hoje. O almirante alemão Lütjens afundou com ele[23].

Lançado ao mar em 1941, o Bismarck, *de 42 mil toneladas, era um dos maiores, mais rápidos, mais poderosos e mais bem construídos navios de toda a Segunda Guerra. No dia 18 de maio, pôs-se a caminho com o cruzador* Prinz Eugen *para atacar navios britânicos no Atlântico. Aviões de reconhecimento britânicos logo os detectaram e o almirantado enviou uma potente força-tarefa para interceptá-los. O primeiro encontro teve lugar ao largo da costa da Islândia e em questão de minutos o cruzador* Hood, *nau capitânia comandada pelo Vice-Almirante Lancelot Holland[24], orgulho da Marinha britânica, explodiu e afundou com todos os seus 1.400 tripulantes[25], com exceção de três deles. Mas o*

---

partir da presidência de Dwight Eisenhower, Kennan tornou-se um dos críticos das políticas cada vez mais agressivas desencadeadas a partir de sua doutrina. Kennan fez parte de um grupo – todos amigos – que ficou conhecido como "os homens sábios", a partir do livro *The Wise Men: Six Friends and the World They Made* [Os homens sábios: seis amigos e o mundo que eles construíram], de Walter Isaacson e Evan Thomas (Nova York, Simon & Schuster, 1986). São eles, além de Kennan, Dean Acheson, Charles E. Bohlen, W. Averell Harriman, Robert A. Lovett e John J. McCloy. Junto com a "política da contenção", esse grupo é apontado como o responsável pela criação do Plano Marshall, da Otan e do Banco Mundial.

[23] Johann Günther Lütjens (1889-1941) era um dos mais prestigiados oficiais da Marinha alemã. A princípio foi contra a ideia de que o *Bismarck* travasse batalha com o *Hood*, pois não tinha ordens para isso, mas oficiais sob seu comando o convenceram de que o confronto era inevitável.

[24] Lancelot Ernst Holland (1889-1941) morreu na batalha. Diz a lenda em torno dela que ele foi visto a bordo do navio que afundava, sem fazer qualquer esforço para abandoná-lo.

[25] No original, 400. Trata-se evidentemente de um erro de impressão. Era impossível que um navio das dimensões do *Hood* contasse com uma tripulação tão diminuta. Além disso, os relatos oficiais mencionam 1.418 tripulantes.

Bismarck *também foi atingido. A partir daí os navios germânicos se separaram. Enquanto o* Prinz Eugen *voltava para Brest, o claudicante* Bismarck *conseguiu evadir-se por 31 horas. O almirantado em Londres deu ordens para que todo navio de guerra disponível entre a Terra Nova* [no Canadá] *e o estreito de Gibraltar participasse da "caça ao* Bismarck". *Depois de uma caçada épica por parte de quase toda a Marinha britânica sediada na Atlântico Norte ele foi afinal localizado na baía de Biscaia e definitivamente avariado por aviões torpedeiros do porta-aviões* Ark Royal. *No dia seguinte, depois de uma batalha heroicamente travada em absoluta desigualdade de condições, o* Bismarck *afundou com toda a sua tripulação, com exceção de um único homem*[26].

Sexta-feira, 30 de maio. Fiquei em casa para lavar roupas, passá-las, remendá-las etc. Isso nos ocupa bastante, pois nada pode ser feito fora de casa. Não há sabão de verdade, e a gente tem de usar substitutos pequenos e de odor muito forte, e que também são racionados.

Terça-feira, 3 de junho. Adam me deu muitos livros para que eu os leia antes dele. Se valerem a pena, eu os passo para ele; caso contrário, eles ficam jogados em algum arquivo e nunca mais são vistos. Ele consegue a maioria dos livros que são publicados neste momento na Inglaterra e nos Estados Unidos. Alguns proporcionam uma leitura leve, como *Flying Visit*, de Peter Fleming, que vai passando de mão em mão e nos faz morrer de rir. Há uma grande disputa para ver quem pega primeiro um livro, mas em geral me saio muito bem nisso.

---

[26] Aqui há uma imprecisão no texto original. Diferentes relatos dão conta de que, dos mais de 2.200 homens a bordo do *Bismarck*, salvaram-se 114 ou 115. Pelo menos 110 foram recolhidos e aprisionados pelos navios britânicos que participaram da batalha. Os restantes foram salvos mais tarde por um navio e um submarino alemães. A discrepância de números talvez se deva ao fato de que logo depois de recolhido um dos tripulantes alemães morreu, devido aos seus ferimentos, a bordo do navio britânico que o recolhera. Quanto à batalha em si, o *Bismarck*, já avariado, teve seu leme atingido por um torpedo e tornou-se praticamente ingovernável. No final, ele ficou navegando em círculos e nessa condição foi cercado pelos navios britânicos. Ele resistiu até que todas as suas baterias foram atingidas e silenciadas. Então o que restava do comando (pelos relatos, o Almirante Lütjens já perecera nessa altura) deu a ordem de que o navio fosse afundado, o que foi cumprido.

108 Marie Vassiltchikov

Quinta-feira, 5 de junho. O ex-*Kaiser*, Wilhelm II, morreu [ontem] em Doorn, na Holanda, onde se exilara em 1918. A notícia está circulando com uma surpreendente reserva[27].

Domingo, 8 de junho. Festa de Pentecostes na liturgia ortodoxa russa. Paul Metternich e eu fomos à estação esperar Tatiana com um carro que os espanhóis nos emprestaram. Ela chegou com um monte de coisas novas e parecia radiante, bem descansada depois dessa mudança de cenário. Foi um prazer revê-la. Jantamos juntos.

Segunda-feira, 9 de junho. Afinal Paul Metternich e Tatiana decidiram anunciar oficialmente o noivado. Não será surpresa para ninguém. Papai deseja que Paul lhe faça uma visita oficial para pedir a mão de Tatiana. Nós provocamos Paul e o lembramos de que ele deve usar um par de luvas brancas, como fazem os jovens rapazes, nessa ocasião. Tatiana está muito mais nervosa do que ele a propósito dessa visita.

Terça-feira, 10 de junho. Jantar com Josias Rantzau, Louisette Quadt e Herr Ulrich von Hassell, que foi embaixador alemão em Roma durante dez anos. Um homem encantador e erudito.

Mais tarde passamos pela casa de Aga Fürstenberg, que dava uma festa de despedida para Albert Eltz, por causa de sua partida para a Grécia.

A maior parte do Exército alemão parece estar se concentrando na fronteira russa.

Diplomata veterano, Ulrich von Hassell (1881-1944) fora gravemente ferido na Frente Ocidental durante a Primeira Guerra Mundial. Voltando para o Ministério de Relações Exteriores em 1919, atingiu o ápice de sua carreira

---

[27] Guilherme II (1859-1941), imperador da Alemanha e rei da Prússia, renunciou ao trono no fim de 1918, durante as revoltas de civis e militares que levaram à proclamação da República. Estabeleceu-se na Holanda a partir daí e na propriedade que comprou em Doorn a partir de 1920. Hitler sempre teve uma relação contraditória com ele. Por um lado, temia a concorrência que a dinastia dos Hohenzollern, que governara a Prússia por mais de quatrocentos anos, poderia lhe fazer. Por outro lado, queria apresentar-se como o seu "sucessor" no Reich alemão. Chegou a projetar um enterro oficial do ex-*Kaiser* na Alemanha, mas a vontade manifesta deste de não voltar à Alemanha foi respeitada, e seu corpo acabou sendo enterrado na Holanda.

como embaixador em Roma de 1932 a 1938. Um conservador liberal da velha estirpe, era um ardente antinazista e um dos civis mais ativos na conspiração para derrubar Hitler. Quando Missie o conheceu, ele tinha um cargo acadêmico que lhe permitia, apesar do tempo de guerra, viajar para o exterior, sendo cada uma dessas viagens um disfarce para os múltiplos contatos que fazia com círculos influentes dos Aliados ou de posição neutra[28].

Quinta-feira, 11 de junho. Albert e Dicky Eltz vieram de visita. Mais tarde, voltando para casa, toparam com o corpo de um homem morto na rua. Deve ter sido atropelado por um ônibus e, devido ao *blackout*, ninguém notou. Isso poderia ter acontecido ao Albert ou a qualquer um.

Sábado, 14 de junho. Loremarie Schönburg veio tomar emprestadas algumas roupas para ir a uma festa. Ela está estudando artes cênicas. Deveria estrear em alguma peça de Shakespeare, mas o ator principal caiu de uma escada durante o ensaio e tudo foi cancelado. Quem sabe? Quem sabe uma carreira podada ainda em botão!

Sexta-feira, 20 de junho. Adam Trott telefonou. Ele é um dos poucos homens que conheço que gosta de conversar ao telefone. Ele tem algum trabalho em vista para mim, "para distrair a minha mente de outras coisas", referindo-se à iminente guerra com a Rússia.

Domingo, 22 de junho. O Exército alemão está na ofensiva em toda a fronteira oriental. Hako Czernin acordou-me ao alvorecer para me dar a notícia ainda fresca. Começa uma nova fase da guerra. Sabíamos que ela viria. Ainda assim estamos atordoados.

Nota de Missie (setembro de 1945). A partir deste dia cerca de dois anos do meu diário estão faltando, apesar de eu ter continuado a escrever quase diariamente. Eu mesma destruí algumas das páginas. Guardei outras na casa de um amigo num local que agora pertence à Europa do Leste, e onde

---

[28] Preso pela Gestapo em 29 de junho de 1944, foi condenado à morte pelo juiz Roland Freisler em 8 de setembro e executado no mesmo dia.

talvez permaneçam até hoje; se foram encontradas, é possível que tenham sido removidas para algum arquivo local, ou podem ter sido simplesmente queimadas como lixo, o que seria mais provável ainda.

Mas, na confusão dos anos frenéticos que se seguiram, parece um milagre que tanto do meu diário tenha conseguido sobreviver.

INTERLÚDIO: DE JULHO DE 1941 A JULHO DE 1943

Nota de Missie (escrita na primavera de 1978, ano de sua morte). Como eu continuei a escrever meu diário quase todos os dias, é impossível lembrar as minúcias de tudo o que vivi entre 22 de junho de 1941 e 20 de julho de 1943. Mas tentarei fazer um breve relato daqueles acontecimentos que tiveram um impacto duradouro em nossa vida, e do que aconteceu comigo, com a família e alguns dos meus amigos durante aquele período, para que o leitor tenha menos dificuldade com o diário quando ele for retomado.

Naquela altura, Missie estava perdendo as forças tão rapidamente que conseguiu escrever apenas dois relatos, o do casamento de sua irmã Tatiana e um outro sobre as atividades de sua mãe assistindo os prisioneiros de guerra soviéticos.

Afortunadamente os Vassiltchikovs foram sempre escritores compulsivos de cartas. Muitas dessas cartas da correspondência ativa e passiva de Missie sobreviveram à guerra. Com elas e alguns fragmentos variados de seu diário achados depois de sua morte foi possível reconstituir até certo ponto a sua vida no período entre junho de 1941 e julho de 1943, para o qual os registros originais de seu diário não estão disponíveis.

Quanto ao resto, este comentador limitou-se a um breve sumário dos principais acontecimentos da vida de Missie e da sua família durante esse período, bem como do pano de fundo histórico em que ocorreram.

Missie de Berlim para seu irmão George em Roma, 1º de julho de 1941. Burchard da Prússia acabou de passar por aqui, depois de ter sido enviado de volta da frente russa porque "pertence à realeza". Ele disse que tudo é muito feroz. Quase não se fazem prisioneiros de ambos os lados. Os russos lutam e torturam como criminosos, em vez de soldados, pois levantam os braços e quando os alemães chegam perto eles os fuzilam *à bout portant* [à queima-roupa]; chegam a atirar pelas costas nos atendentes médicos que tentam ajudar seus feridos. Contudo, são muito corajosos e a luta é árdua por todos os lados. Todos os três rapazes Clary estão lá, o que deve ser horrível para seus pobres pais.

Encontrei as jovens Wrede, que acabam de saber que seu irmão Eddie foi morto. Ele tinha apenas vinte anos e estava sempre explodindo por qualquer ninharia. Em geral, as perdas de agora são incomparavelmente maiores do que nas campanhas anteriores. Apesar disso, o avanço alemão continua firme, como era de se esperar...

Provavelmente a invasão da URSS por Hitler foi o maior ataque militar da história: 153 divisões alemãs, cerca de três quartos da força da Wehrmacht, com o oportuno apoio de dezoito divisões finlandesas, dezesseis romenas, três italianas, duas eslovacas e uma espanhola, três brigadas húngaras, algumas croatas e, mais tarde, numerosos recrutas da SS-Waffen vindos de toda a Europa ocupada – no total cerca de 3 milhões de homens. No começo da campanha, contra eles havia 178 divisões soviéticas, com cerca de 4,7 milhões de homens. Porém, enquanto as reservas alemãs logo chegaram ao seu limite, a URSS poderia mobilizar ainda mais 12 milhões de homens. Tudo dependia, portanto, de mais uma vitória alemã ao estilo "blitzkrieg" ["ataques-relâmpago"]. Mas Hitler demonstrava total confiança: "Nós precisamos apenas arrombar a porta e todo o edifício apodrecido vai desabar". E essa era a previsão de muitos especialistas de prestígio no Ocidente. De fato, no começo até Stalin entrou em pânico.

A "Operação Barbarossa" previa um ataque simultâneo em três frentes, contra Moscou, Leningrado [hoje novamente São Petersburgo] *e Kiev; os exércitos soviéticos deveriam ser destruídos logo no começo da campanha, através do usual método germânico de começar pela penetração profunda e em pinça de divisões blindadas; o objetivo final – a ser alcançado antes de o inverno começar – era uma linha que se estenderia de Arkhangelsk ao Astrakhan. Depois de um desfile vitorioso na Praça Vermelha, Moscou seria arrasada, varrida para sempre da vista dos "povos civilizados". A campanha, anunciada solenemente como uma "cruzada antibolchevique", tinha na verdade o objetivo de simplesmente conquistar terras russas, saquear seus recursos naturais, exterminar maciçamente seus habitantes, com os sobreviventes forçados a se retirar além dos montes Urais ou então reduzidos à condição de escravos dos colonos alemães que tomariam seu lugar.*

Porém, como Hitler declarou francamente a seus generais nas vésperas da campanha, essa não seria uma guerra como as outras; sendo os russos, por definição, sub-humanos, não haveria qualquer cavalheirismo militar para com eles; nem mesmo os atos mais criminosos que os alemães cometessem na Rússia deveriam ser objeto de processo judicial, muito menos de condenação. Para começar, todos os comissários e membros do Partido Comunista, em geral, deveriam ser sumariamente executados! Em outras palavras, não só tudo era permitido, como o pior era recomendado. Embora alguns generais tivessem privadamente alguma repulsa por tais ordens, nenhum deles sequer piscou perante elas na ocasião. Em sua honra, deve-se mencionar que alguns poucos militares alemães ignoraram tais ordens criminosas quando confrontados com o campo de batalha. Dentre eles saíram muitos dos conspiradores do atentado de 20 de julho de 1944.

De início, tudo aconteceu conforme planejado. Apesar dos enormes preparativos alemães, dos muitos meses e das sinalizações recebidas por Stalin a partir de muitas fontes, os soviéticos foram tomados quase totalmente de surpresa, com suas forças dispersas e fragilizadas ao longo da frente ocidental, com muitos de seus equipamentos em estado obsoleto e o conjunto de seus oficiais superiores dizimado pelos recentes expurgos promovidos pelo chefe supremo. No decurso de poucas semanas as forças terrestres alemãs tinham penetrado profundamente o território soviético e numa série de manobras e batalhas gigantescas de cerco tinham posto fora de ação ou capturado a maior parte dos exércitos da linha de frente inimiga. Mas repetidamente (apesar de um grande número de deserções no começo) o progresso foi retardado pela extraordinária capacidade de resistência do soldado russo. Se frequentemente era isolado pelas manobras adversárias, ele jamais deixava de lutar, rendendo-se (poucas vezes) depois de uma luta sem quartel. Excessivamente confiantes depois de vitórias com relativamente pouco derramamento de sangue na Polônia, no Ocidente e nos Bálcãs, a reação inicial dos alemães foi de surpresa e, logo, de indignação; em breve ela se transformaria numa reluctante admiração seguida de medo.

Das reminiscências de Missie em 1978. Tatiana casou-se com Paul Metternich em 6 de setembro de 1941. Foi um evento cheio de alegria, assistido por todos os nossos amigos, exceto, é claro, aqueles que estavam no *front* ou já tinham sido mortos ou gravemente feridos. Até mamãe, Irena e Georgie conseguiram vir de Roma para a ocasião. A recepção ocorreu na casa dos Rocamora, e a comida foi a que Paul e sua mãe conseguiram poupar durante meses em Königswart.

Naquela noite Berlim sofreu um de seus piores ataques aéreos. Felizmente a maior parte das bombas caiu nos subúrbios.

Tatiana e Paul já tinham viajado para Viena, de onde foram para a Espanha, onde ficaram até a primavera seguinte. Irena voltou para Roma de imediato, mas mamãe e Georgie decidiram ficar um par de meses. Isso se revelou uma decisão fatal, pois, com o agravamento da situação na frente leste, as autoridades proibiram viagens de estrangeiros para fora e para dentro do país – a família ainda tinha passaportes lituanos – e assim eles ficaram presos na Alemanha: mamãe até o fim da guerra, Georgie até o outono seguinte, quando conseguiu escapulir para Paris.

Senti muitíssimo a falta de Tatiana, pois fomos muito próximas desde a infância e estivemos juntas durante os tempos mais difíceis de nossa vida. Felizmente, Georgie mudou-se para o apartamento na Hardenbergstrasse e ficou ali comigo até a primavera seguinte... [*Missie parou aqui*].

Em novembro de 1941 Missie conseguiu tirar umas poucas semanas de férias na Itália. Desse período, sobreviveram três cartas que ela escreveu para a mãe durante a viagem.

Missie de Roma para sua mãe em Berlim, 10 de novembro de 1941. A comida aqui é muito satisfatória, bem mais variada do que em Berlim. As folhas verdes nas árvores, depois do cinzento das nossas ruas em Berlim, também são bastante animadoras.

A Via Veneto, cheia de homens jovens passeando pela cidade, foi um choque para mim, em comparação com a Alemanha de hoje em dia.

Vou às compras amanhã, mas não estou muito esperançosa, pois o que não requer cupons (e há muito poucos) só pode ser comprado apresentando uma carteira de identidade. Mesmo Irena, depois de três anos na Itália, não conseguiu uma; você pode imaginar que chances eu tenho. Assim eu ando por aí com olhos famintos, mas incapaz de gastar um único centavo...

Missie de Roma para a sua mãe em Berlim, 13 de novembro de 1941. A colônia russa daqui está profundamente agitada. No mês passado um jornal local publicou um artigo, assinado com um pseudônimo, cujo autor manifestava surpresa e indignação por muitos russos brancos não demonstrarem qualquer entusiasmo pela campanha da Rússia; assim sendo, eles deveriam ser convidados a transferir seu domicílio para outra freguesia. Imediatamente surgiram rumores de que o artigo fora inspirado a partir "de cima", o que provocou ainda maior comoção entre nossos compatriotas; alguns se reuniram para redigir uma resposta contundente, enquanto outros se propuseram a descobrir quem era o autor.

Dois dias atrás Lony Arrivabene convidou a mim e a Irena para jantar no Circolo della Caccia, junto com um de seus primos, que se revelou um jornalista, e com o devido tempo a conversa abordou o famoso artigo. Nesse ponto o dito primo admitiu que *ele* era o autor e que ninguém "de cima" o inspirara, mas que fora apenas o resultado de um *cri du coeur* em consequência de uma discussão que tivera com um dos nossos amigos russos aqui. Desnecessário dizer que o jornalista ouviu poucas e boas de mim – mas com a pobre da Lony angustiada por ter de passar por tudo isso...

Missie de Capri para a sua mãe em Berlim, 20 de novembro de 1941. Segunda-feira jantei em Roma com Hugo Windisch-Graetz e um amigo dele, um tal de Príncipe Serignano, que, ouvindo falar de minha intenção de vir para cá, sugeriu que eu ficasse na casa dele, já que ele não voltaria durante algumas semanas e ela ficaria vazia. Assim, aqui estou.

A casa é um pequeno bangalô, completamente branco, de cujo terraço se pode ver toda a ilha e o mar. Ela fica bastante isolada em relação a outras *villas*, numa encosta do outro lado do morro onde estas, maiores, estão. Tem dois quartos; um banheiro muito elegante, com azulejos verdes, mas para o qual é preciso bombear água durante horas; e uma cozinha. Ao redor, há vinhedos e ciprestes. Estaria completamente só, não fosse por uma criada italiana, Bettina, que vem da vila todas as manhãs para preparar meu banho e o café. Pretendo ler um bocado, dormir um bocado, caminhar e nadar, se houver sol, e não ver ninguém. Otto Bismarck (que é ministro na Embaixada Alemã aqui) me emprestou um monte de livros. Hoje irei às compras, farei provisões e aí começarei meu retiro.

O Vesúvio está mais ativo do que nunca em relação ao passado recente e dizem que, se não fosse pela guerra, as pessoas começariam a se preocupar. À noite pode-se ver a lava rubra sendo cuspida do topo e escorrendo pelos lados. É incrível! Dá para ver também os ataques aéreos sobre Nápoles, mas para nós, aqui, eles não são ameaçadores. Contudo, em Capri, há blecaute durante as noites; na primeira vez em que isso aconteceu eu me vi em maus lençóis, porque não havia tido tempo de comprar velas e os ataques começaram cedo...

Nessa altura a ofensiva alemã na Frente Oriental, depois dos sucessos iniciais espetaculares, começava a encontrar dificuldades. Quanto mais fundo os exércitos invasores penetravam na Rússia, mais tinham de espalhar-se e mais extensa ficava a frente de batalha, além de mais longas as linhas de suprimento – que ficavam também mais vulneráveis, dado que começavam os ataques de guerrilheiros. Além disso, para cada divisão russa que eles destruíam ou capturavam, novas pareciam surgir do nada – mais bem treinadas e equipadas. Pouco a pouco os alemães se viram sugados pela vastidão da Rússia, com seu principal objetivo, a destruição do poder do Exército soviético, cada vez mais distante, e perdas muito maiores do que em qualquer outra campanha. No círculo próximo de Missie, com exceção de Eddie Wrede (cuja morte ela menciona num dos últimos apontamentos de 1941), três outros amigos, Ronnie Clary, Bübchen Hatzfeldt e Gofi Fürstenberg, foram mortos nas primeiras semanas da campanha.

Ainda assim Hitler permanecia confiante e em 25 de outubro, depois de uma série de cercos espetaculares no campo de batalha, ele proclamou que "a Rússia estava derrotada". Era verdade que naquela altura a União Soviética perdera um terço de sua produção industrial e metade de suas terras aráveis. Mas muitas fábricas tinham sido evacuadas para o leste dos Urais (e logo estavam produzindo de novo) e a implacável política de terra devastada conforme os russos se retiravam também começava a prejudicar os alemães. E mais uma vez, como tantas outras no passado, o "General Inverno" veio em ajuda da Rússia. No dia 4 de dezembro, já avistando o Kremlin, em Moscou, os tanques alemães tiveram de parar, em meio a tempestades de neve, num verdadeiro mar de lama. No dia seguinte, divisões russas recém-chegadas da Sibéria lançaram, pela primeira vez, um contra-ataque generalizado, durante o qual elas recuperaram muito terreno. Na primavera de 1942 as perdas germânicas chegariam a 1 milhão de homens. Embora as perdas russas fossem muito maiores (5 milhões de mortos e

4,5 milhões de prisioneiros), vários dos generais alemães já consideravam perdida a guerra na Frente Oriental.

No dia 7 de dezembro [de 1941] *os japoneses atacaram Pearl Harbor e os Estados Unidos entraram na guerra; e, embora naquele inverno os Aliados sofressem derrotas espetaculares no Pacífico e a maior parte do Sudeste Asiático caísse nas mãos dos japoneses, a partir desse momento o "arsenal da democracia" norte--americano forneceria aos Aliados uma superioridade material cada vez maior.*

Na primavera de 1942 os Metternich estavam de volta à Alemanha: Paul numa escola de treinamento de oficiais, com a tarefa de fazer a ligação com a Divisão Azul da Espanha na frente de Leningrado, enquanto Tatiana ficava a maior parte do tempo em Königswart, sua propriedade no norte da Boêmia, onde a família eventualmente ia visitá-la.

Desse período restaram duas cartas de Missie para sua mãe, bem como um extenso excerto de seu diário.

Missie de Berlim para sua mãe no Palácio Königswart, 17 de julho de 1942. Ontem eu e Georgie fomos convidados para um jantar na Embaixada do Chile. Entre os convidados, a atriz Jenny Jugo[1] e Viktor de Kowa (que é também um conhecido ator e produtor) e sua esposa japonesa. A festa durou até bem tarde, com muita dança.

Nessa altura todos os bailes em locais públicos estavam proibidos, e os infratores eram severamente punidos, com a única exceção do mundo diplomático.

Tive uma longa conversa com Viktor de Kowa (por quem eu costumava suspirar quando era garota na Lituânia!). Agora ele usa um enorme par de óculos, porque é míope. Ele se tornou um homem muito tímido, mas bastante espirituoso. Quando me queixei de que hoje em dia é quase impossível conseguir entradas para o teatro, ele me disse que eu precisava apenas telefonar para ele e teria uma caixa cheia a meu dispor, mas que, se me entediasse,

---

[1] Jenny Jugo, de nascimento Eugenie Jenny Walter (1904-2001), foi uma famosa atriz do cinema alemão desde os anos 1920 até o final da guerra. Pertenceu ao círculo de amigos da família Goebbels. Depois da guerra atuou apenas em três filmes, mas ainda assim recebeu homenagens por sua carreira. No final da vida ficou confinada a uma cadeira de rodas, aparentemente devido a um erro médico.

teria de ficar sentada até o fim do espetáculo, uma vez que ele estaria de olho em mim. Embora ele se recusasse peremptoriamente a dançar, alegando não saber, eu o puxei para a pista de dança, para onde ele se deixou levar de arrasto com uma cara de mártir. Mais tarde, ele e Jenny Jugo entraram numa violenta altercação com as gêmeas Wrede, que de novo tinham me atacado pela minha suposta "falta de entusiasmo" você pode adivinhar pelo quê [*a campanha da Rússia*].

Por estes dias Georgie está circulando com uma cabeleira tão comprida que várias pessoas insistem comigo para fazê-lo cortar. Ele ganhou a reputação de ser o melhor dançarino de Berlim – para tristeza de Hans Flotow[2]...

Embora Missie não soubesse naquela altura, Viktor de Kowa (1904-1973) não só era um dos atores de teatro e cinema mais populares na Alemanha, mas era também desde 1940 um membro muito ativo da Resistência. Depois da guerra ele se tornou conhecido também internacionalmente como diretor e professor, combinando seu trabalho profissional com a promoção de várias causas éticas, como a do Rearmamento Moral[3].

Missie de Berlim para sua mãe no Palácio Königswart, 30 de julho de 1942.
Tenho saído todas as noites nas últimas três semanas e estou em estado de exaustão. Mas essa é a única maneira de conseguir pelo menos uma refeição decente por dia, já que a comida na cantina do escritório ficou horrível.

Antoinette Croy perdeu o emprego em Paris, recebendo o aviso apenas dois dias antes, e foi enviada de volta para a Alemanha, tudo isso só por causa de seu título e suas conexões internacionais. O Embaixador Abetz[4] (que

---

[2] Deve tratar-se de Hans von Flotow (1881-1947), empresário e jurista alemão.

[3] Viktor de Kowa (Victor Paul Karl Kowarzik) chegou a ser membro do Partido Nazista e dirigiu um filme de propaganda em 1941, *Kopf hoch, Johannes* (De cabeça erguida, Johannes), que, no entanto, não foi do agrado de Goebbels. Porém, como artista do meio de espetáculos, ele permaneceu na "Lista dos abençoados", um rol oficial de intelectuais que não deveriam ser hostilizados pelos nazistas. Quanto ao Rearmamento Moral, foi um movimento fundado na Inglaterra antes da guerra e que depois desta tornou-se internacional, com sede na Suíça, propugnando a reaproximação dos povos antes beligerantes. Hoje chama-se *Initiatives of Change*.

[4] Otto Abetz (1903-1958) foi representante do governo nazista na França ocupada e não ocupada de 1940 a 1944, embora não fosse formalmente nomeado embaixador. Como tal, foi encarregado do confisco de obras de arte francesas, em especial aquelas pertencentes a judeus.

representa a Alemanha na zona ocupada) concedeu-lhe o especial obséquio de deixá-la ficar por mais uma semana, para ver sua mãe.

No domingo eu e ela fomos à casa do Embaixador Alfieri (da Itália), onde tomamos um excelente chá e ficamos à toa no terraço, que tem vista para o lago. Ontem ele me convidou de novo, mas eu recusei. Ele então me convidou para jantar esta noite. Eu aceitei, porque os Emos também vão.

Fragmentos do diário de Missie, encontrados depois da sua morte:

Terça-feira, 11 de agosto de 1942. O idiota do encarregado de pessoal recusou meu pedido de licença por quatro semanas e me deu apenas dezesseis dias. Vou solicitar ao médico do AA que me dê quatro semanas neste inverno e aí irei para as montanhas. Tomei o trem para Potsdam com Georgie, para jantar com Gottfried von Bismarck.

KÖNIGSWART *Quarta-feira, 12 de agosto.* Tomei o trem noturno para Eger, onde cheguei à uma da madrugada. Thanhofer, secretário de Paul Metternich, me esperava e me levou de carro para Königswart. A casa dormia. Somente Tatiana estava acordada, mas caindo de sono, com um prato frio me esperando a seu lado. Após um banho rápido e uma longa conversa, fui dormir somente às três horas.

Quinta-feira, 13 de agosto. Hoje pela manhã mamãe ouviu rumores na cidade de que há pesados bombardeios na região do Reno. Mainz foi praticamente varrida do mapa, 80% da cidade está em ruínas. Mais tarde chegou um telegrama de Paul Metternich dizendo que ia cuidar da mãe. O que significa isso? O Castelo de Johannisberg, onde ela está morando, fica bem longe de Mainz.

Domingo, 16 de agosto. Depois da igreja, Tatiana recebeu uma ligação de Berlim. A conversa durou uma hora. Enquanto isso, fiquei sentada no

---

Em 1949 um tribunal francês condenou-o a vinte anos de prisão, por participar das deportações de judeus para campos de concentração, mas ele foi solto em 1954. Morreu em 1958, num acidente de automóvel. Durante algum tempo especulou-se sobre a possibilidade de um atentado, sem que nada fosse comprovado.

jardim, remendando meias. Quando ela voltou, estava mortalmente pálida: "Johannisberg não existe mais!", disse ela, com um nó na garganta.

Parece que, na quinta à noite, Isabel, a mãe de Paul Metternich, acordou com uma enorme explosão: uma bomba havia caído no castelo. Ela, sua prima Marisia Borkowska e uma criada vestiram roupões e chinelos e correram para baixo, atravessaram o pátio e se refugiaram num porão. Bombas caíam por toda parte: sobre a casa, a igreja e outros prédios. Ao todo, cerca de trezentas foram lançadas, de todos os tipos: os chamados "torpedos aéreos", bombas explosivas, incendiárias etc. Um desses torpedos atingiu a igreja, que pegou fogo imediatamente. Um jovem correu para dentro, pegou o ostensório e o trouxe para fora, queimando as mãos gravemente. Cinquenta aviões tomaram parte no ataque, que durou duas horas. Um aviador, abatido em Mainz, trazia um mapa com três alvos claramente assinalados: a própria Mainz e os castelos de Johannisberg e de Assmanshausen. Todos os três alvos foram completamente destruídos. Quando os bombeiros chegaram, nada mais havia a fazer. Os trabalhadores da propriedade, incluindo o gerente, Herr Labonte, se comportaram maravilhosamente, correndo para dentro e para fora da casa, tentando salvar pinturas, porcelanas, peças da prataria, roupa de cama etc. Os Mumms, que são vizinhos, viram as chamas e acorreram em socorro. Olili Mumm, com um capacete na cabeça num ângulo bizarro de 45 graus, pulou em cima de cadeiras e cortou algumas das pinturas com uma tesoura para tirá-las das molduras. Eles conseguiram salvar muita coisa no térreo, mas tudo que estava no andar de cima foi destruído, inclusive roupas, peles e objetos pessoais de Isabel. Querendo facilitar as coisas para Tatiana, ela insistira delicadamente em mudar seus pertences de Königswart para Johannisberg, que seria seu novo lar. As duas últimas caixas deixaram Königswart há duas semanas, e ainda temos esperança de que estejam a caminho. Afortunadamente ela deixara um par de sapatos na vila para consertar, e são os que está usando agora. Paul, que veio de Rüdesheim a pé, subindo o morro, no dia seguinte, achou fragmentos de peles jogados nos vinhedos, espalhados pelos campos depois da pressão das explosões. A não ser por um dos pavilhões ao lado da entrada para o castelo, das outras construções só restaram as paredes externas, com o desabamento de todos os telhados e pisos superiores. Muitas das vacas e cavalos se espalharam pelos campos, mas doze animais pereceram nesse holocausto. Portas corta-fogo tinham sido instaladas há cinco anos, mas é claro que elas não eram uma proteção eficaz contra um ataque aéreo.

Terça-feira, 18 de agosto. Fui de carro com Thanhofer até Marienbad atrás de um cosmético que não se encontra em nenhum outro lugar.

Mamãe às vezes está cheia de vida, às vezes cai em completa depressão.

BERLIM *Quarta-feira, 19 de agosto.* Esta manhã vim com Tatiana para Berlim. Thanhofer e o motorista nos trouxeram até Eger e nos ofereceram um bota-fora algo pomposo. É muito agradável ser uma plutocrata por instantes, ter gente que prepara e até carrega a sua bagagem!

Em Berlim esperamos horas por um táxi, pois George veio nos encontrar sem um. Jantei com ele no restaurante Schlichter, e ele me falou de sua atual namorada que, ele se queixa, o importuna com declarações amorosas. Outro dia, voltando para casa, achei um telegrama que abri por engano: "Ainda zangado? Beijos...".

Amanhã vou para o Castelo de Dülmen, na Vestfália, para ficar com Antoinette Croy. De lá talvez eu vá até Sigmaringen, para o casamento de Konstantin da Baviera com uma jovem Hohenzollern.

DÜLMEN *Quinta-feira, 20 de agosto.* Encontrei Antoinette Croy na estação do Zoo. Como de costume, o trem estava lotado, e viajamos de pé no corredor até Osnabrück, depois de tirarmos as meias, tal o calor que fazia. Atravessamos Osnabrück num passo de tartaruga, porque os recentes bombardeios tinham danificado muito os trilhos. A vista da cidade era horrível, com muitos prédios pulverizados e outros parecendo carcaças com as entranhas à mostra. Em Dülmen esperava-nos uma carruagem com cavalos recém-domados (esse é um dos hobbies do Duque de Croy) que nos levaram numa velocidade ameaçadora até o castelo. O duque nos esperava com um bufê frio e depois disso caímos desmaiadas na cama.

Sexta-feira, 21 de agosto. Dormi até as onze da manhã; tomei o café da manhã no quarto de Antoinette, ainda de roupão, e desci para o almoço em cima da hora. O duque é reservado a ponto de se tornar rude, e seus filhos têm muito medo dele. Mas é visivelmente dedicado a eles, embora os controle com mão de ferro. Ele parece um *grand seigneur* francês da velha estirpe.

Depois de um almoço delicioso, ficamos conversando na biblioteca e então fomos andar de bicicleta, voltando a tempo de um chá suntuoso no terraço. O duque nos levou para um passeio no campo, onde, além de seus famosos cavalos selvagens, ele cria vários tipos de veados e uma espécie muito rara de ovelhas negras. Daí, um banho. Daí, um jantar delicioso. Daí, uma nova conversa na biblioteca e, daí, cama! Cedo.

Sábado, 22 de agosto. A vida de repouso continua. Hoje visitamos o pomar, onde nos empanturramos com maravilhosas uvas, damascos, pêssegos, ameixas e frutinhas de todo tipo.

Domingo, 23 de agosto. Às onze da manhã fomos para a igreja, onde o duque, a duquesa, Antoinette e eu nos sentamos solenemente no reservado da família. Depois do chá, fomos visitar a criação de preás[5], que fica num campo pantanoso especial para esse fim.

Segunda-feira, 24 de agosto. Visitamos a garagem, onde encontramos cerca de 25 veículos de toda sorte, sendo que mais da metade pertence à família.

NORDKIRCHEN *Quarta-feira, 26 de agosto.* Depois do almoço o duque nos levou de carro até "Nordkirchen", a casa dos Arenberg – primos dos Croy –, onde vamos ficar por alguns dias.

"Nordkirchen" é mais um palácio do que um castelo de campo, cercado por lindas *pièces d'eau* e jardins no estilo francês. No momento a família ocupa apenas uma ala do castelo, encantadoramente equipada com uma *volière*[6], uma piscina interna, um jardim também interno, que permite o banho de sol, e todo o tipo de luxo. A comida é até melhor do que em Dülmen. Na hora do chá tomei galões de leite e depois nos sentamos conversando com a anfitriã, Valerie, enquanto o duque e o príncipe foram praticar tiro ao alvo. Tenho um quarto encantador e divido o banheiro com Antoinette Croy.

---

[5] No original, *nutria*, uma espécie de ratão-do-banhado cuja pele é usada como produto artesanal ou industrial.

[6] Uma gaiola tão grande a ponto de permitir o voo dos pássaros.

Quinta-feira, 27 de agosto. Levantei-me às nove da manhã e, após um excelente desjejum, Enkar e Valerie Arenberg[7] nos levaram para uma longa caminhada pela propriedade. Depois do almoço, vestimos shorts e ficamos tomando banho de sol no jardim, de vez em quando caindo na piscina para nos refrescar.

À noite, depois do jantar, estava deitada na cama quando ouvi o ruído de muitos aviões sobre nós, o *flak*[8] na cidade próxima abriu fogo e os portões do inferno se escancararam. Uma lua cheia iluminava os fossos enquanto os holofotes varriam o céu, e por um breve momento a beleza assustadora daquilo me tomou de assalto. Então, me lembrando do que acontecera em Johannisberg, fui para o corredor, onde esbarrei em toda a família, que estava indo me buscar. Corremos para o pátio e ficamos sentados nos degraus de um porão comendo pêssegos e tomando leite, enquanto Enkar corria ao redor da casa abrindo todas as janelas (para impedir que as vidraças se estilhaçassem com a pressão do ar provocada pelo explodir das bombas). Cerca de uma hora depois o barulho se acalmou e nós voltamos para os quartos. Eu e Antoinette conversávamos junto da janela quando houve uma explosão terrível e fomos jogadas para dentro do quarto, como se alguém tivesse batido uma porta na nossa cara. Mais tarde soubemos que aquele impacto fora de uma bomba que caíra a vinte quilômetros, mas ainda assim o deslocamento de ar foi tão forte que praticamente nos arrancou do chão. Uma sensação inusitada! Um castelo vizinho foi destruído durante o ataque.

Sexta-feira, 28 de agosto. Eu ainda não decidira se iria ou não ao casamento, quando Konstantin da Baviera me ligou de Sigmaringen para dizer que eu simplesmente *tinha* de ir, que haveria uma terrível confusão se eu não fosse, que haveria uma cerimônia solene, que tudo já fora previsto, como os convidados se sentariam à mesa, como e em que ordem eles se dirigiriam à igreja e voltariam ao castelo, que meus passos nos vários momentos já tinham sido traçados etc. Desse modo, passei o resto da noite com Enkar Arenberg

---

[7] Enkar era o apelido de Engelbert-Charles Marie, Duque de Arenberg, nascido na Bélgica em 1901, morto em Mônaco em 1974. Sua esposa, Valerie, nasceu em 1900 e suicidou-se em 1953, em Nice.

[8] *Flak* era o nome de uma bateria antiaérea fabricada pela empresa Krupp. Designava também uma divisão delas.

124 Marie Vassiltchikov

estudando horários de trens. Devido aos recentes ataques aéreos, muitas linhas ferroviárias estão danificadas, ou cortadas; frequentemente os trens andam devagar ou mesmo se arrastam vagarosamente, isso quando conseguem andar, e eu preciso, enfim, estar lá o mais tardar no domingo.

SIGMARINGEN *Sábado, 29 de agosto*. Deixei minhas bagagens em Dülmen, então precisamos primeiro chamar o duque e pedir que ele mandasse alguém com algumas delas até a estação. Os Arenbergs me encheram de livros, provisões, vinhos, mais o relógio-despertador-lanterna de Enkar (eu havia perdido o meu relógio) e, ainda, um florão em forma de roseta, com um solitário (que eu achei depois na minha maleta de mão)[9]. Com todo esse equipamento, cheguei à estação de Dülmen, saltei, peguei minha bagagem, com ela minha correspondência, e me preparei para a longa viagem para o sul.

Havia uma carta de Loremarie Schönburg, que dizia de modo um tanto displicente que Hugo Windisch-Graetz morrera numa queda de avião (ele era oficial da Força Aérea Italiana). Nós nos conhecíamos desde a infância e eu me encontrara muitas vezes com ele antes da guerra, em Veneza. Fiquei arrasada durante toda a viagem, pensando em Lotti, a sua mãe, e em seu irmão gêmeo, Mucki, de quem ele era inseparável. Loremarie dava conta de outras mortes – Vetti Schaffgotsch e Fritz Dörnberg. Faz pouco tempo o Duque de Kent[10] morreu num desastre aéreo na Escócia; sua esposa Marina acabara de ter um bebê. O filho do regente húngaro, o Almirante Horthy[11],

---

[9] Trata-se de um ornato (broche) em forma de flor com um diamante ao centro.

[10] Príncipe George Edward Alexander Edmund, Duque de Kent (1902-1942), irmão dos reis Edward VIII (1894-1972) e George VI (1895-1952). O Duque de Kent viveu durante um período conturbado da família real britânica (qual não foi?). Seu irmão Edward VIII foi rei durante menos de um ano, abdicando em favor de George VI para casar-se com a *socialite* norte-americana Wallis Simpson (1896-1986), tornando-se o Duque de Windsor. George VI foi retratado no filme *O discurso do rei*, de 2010, vencedor do Oscar de melhor filme, com o ator que fez seu papel, Colin Firth, ganhando o de melhor ator. Kent casou-se com Marina (1906-1968), Princesa da Grécia e da Dinamarca, que era tetraneta do Czar Alexandre II da Rússia. É citado como tendo uma intensa vida bissexual de relações extraconjugais, até sua morte, na queda de um avião militar britânico que seguia para a Islândia. A queda ocorreu ainda na Escócia, e com o duque morreram outros catorze tripulantes.

[11] Miklós Horthy de Nagybánya (1868-1957), almirante da Marinha do Império Austro-Húngaro que exerceu o cargo de regente da Coroa mesmo contra a Família Real, desde o final da Primeira Guerra até 1944. Figura controversa, embora reconhecidamente um anticomunista

morreu da mesma maneira. Dá para pensar que essa série de desastres aéreos se deve à precariedade da fabricação dos aviões em tempos de guerra. Mas também fica a ideia de que pode ser uma maldição, punindo a humanidade por inventar essas coisas abomináveis, não é mesmo?

A viagem foi tranquila no começo, com o vagão surpreendentemente quase vazio. Passamos pela região do Ruhr, que é o coração industrial da Alemanha, e onde agora muitas cidades, milha após milha, não passam de ruínas. Em Colônia apenas a catedral estava de pé. Prosseguimos pelo vale do Reno, passando pelos bem conhecidos castelos medievais, cujas ruínas agora parecem quase belas se comparadas com a horrorosa devastação que o ser humano está provocando hoje em dia. Alguém me mostrou o Castelo de Johannisberg (nunca estive lá); de longe, ele parecia intacto, mas era possível ver que o teto se fora. Na verdade, é claro, não restou nada dele. Passamos então por Mainz, que dizem ter sido 80% destruída. Em Frankfurt troquei de trem mais uma vez. A viagem seguiu – com menos conforto do que antes –, e fiquei espremida com três outras jovens num WC da primeira classe, enquanto dois estudantes italianos nos assediavam com ameixas, amendoins e cigarros ingleses. Depois de duas outras baldeações finalmente cheguei a Sigmaringen, às 8h30 desta manhã.

Domingo, 30 de agosto. Telefonei a Konstantin da Baviera e eles mandaram alguém à estação para me ajudar com as bagagens. Fomos a pé para o castelo, que fica no topo de um rochedo exatamente no meio da cidadezinha, com todos os seus telhados, coruchéus e torreões como aqueles dos castelos que parecem de gengibre e massapão tão típicos das histórias de fadas germânicas. Entramos num elevador no pé do rochedo e subimos cerca de dez andares. Uma governanta me conduziu até meu quarto e me trouxe ovos cozidos e uma pera. Tomei um banho apressado e pulei na cama, com a esperança de dormir

---

ferrenho, até hoje se discute seu papel na aliança que acabou fazendo com Hitler. Atribui-se a ele, e à frouxidão com que aplicou as leis antissemitas, a possibilidade de sobrevivência de muitos judeus em Budapeste, até sua libertação pelo Exército Vermelho. Tentou fazer a paz com os soviéticos, quando a derrota da Alemanha era inevitável. Por isso foi deposto pelos nazistas e conduzido a uma prisão na Baviera, onde foi feito prisioneiro pelos norte-americanos. Foi levado ao Tribunal de Nuremberg apenas na condição de testemunha. Liberado, viveu ainda alguns anos na Alemanha e depois fixou-se definitivamente em Portugal, até sua morte. Seu filho István Horthy (1904-1942) morreu numa queda de avião na Frente Russa.

um pouco enquanto a família assistia à missa na capela do castelo. Mas o órgão tocava tão alto que eu não pude conciliar o sono; em lugar disso, fiquei lendo a lista de convidados, que parece incluir milhões de Hohenzollerns e Wittelsbachs, a maioria já de idade avançada.

Ao meio-dia levantei-me, vesti-me e ao abrir a porta vi Konstantin arrumando a gravata: seu quarto fica em frente ao meu. Tivemos uma conversa muito acolhedora, depois do que ele me conduziu através de corredores sem fim, subindo e descendo escadas sem parar, até chegarmos à assim chamada "ala das crianças", para me apresentar à sua noiva (a quem ainda não conheço). Jovens parecendo pequenos arquiduques num livro de gravuras – muito delgados, formosos e de boas maneiras – pipocavam de todos os lados para serem apresentados: irmãos e primos da noiva. Assim escoltados, chegamos à sua sala de estar. Dali seguimos para um dos salões de recepção, onde as duas famílias se encontravam. No caminho deparamos com a mãe da noiva, minha anfitriã, que pareceu estar ao mesmo tempo surpresa e aliviada por eu ter, no fim das contas, chegado a tempo. Os convidados da casa incluem Louis-Ferdinand da Prússia e sua esposa Kira, a ex-Casa Real da Saxônia *au complet*, Didi Tolstoy (que é nosso primo distante) e seus meios-irmãos, Georgie e Lella Mecklenburg, os Hassell, os Schnitzler, o ministro romeno Bossy[12] e os Max Fürstenbergs.

Acomodamo-nos para o almoço em mesinhas no assim chamado Salão dos Ancestrais. Sentei-me ao lado de Bobby Hohenzollern, que é o filho mais velho do irmão gêmeo do nosso anfitrião. Um jovem soldado de 21 anos, com um cabelo formoso, olhos azuis, de temperamento efusivo e respeitoso, ele não saiu mais do meu lado. A nossa mesa incluía o irmão de Konstantin,

---

[12] É praticamente impossível dar conta de todo esse universo da aristocracia europeia remanescente que se encontrava no Castelo de Sigmaringen por ocasião desse casamento. Por isso, limitamo--nos a algumas observações fragmentárias: o ministro em questão é Raoul Bossy (1895-1975), um diplomata romeno que serviu em vários países. George, Duque de Mecklenburg (1899--1963), serviu no Exército, mas foi liberado pelo chamado Prinzenerlass, decreto de Hitler que liberava os remanescentes das casas reais alemãs do serviço militar (na verdade proibia sua participação). Chegou a ser preso pela Gestapo em agosto de 1944 por seu suposto envolvimento com a "Operação Valquíria", mas acabou solto. Depois da guerra tornou-se jornalista e aderiu à União Social-Cristã da Baviera (CSU), partido conservador pelo qual chegou a se eleger deputado estadual. O casamento assistido pela autora foi descrito na época como "o acontecimento social mais importante ocorrido durante a Segunda Guerra".

Sasha, muito tímido e "decoroso", que parece a imagem escarrada do Imperador Franz-Josef da Áustria na juventude (o que não surpreende, pois ele é seu tetraneto).

O Príncipe Albrecht de Hohenzollern, que é o oficial de ligação com o Exército romeno, falou-me durante o almoço sobre a Crimeia, onde ele esteve. Ele visitou Alupka, Gaspra e muitas outras antigas casas da família e achou-as em perfeitas condições. Ele se mostrou cheio de admiração pelos russos, especialmente pelas mulheres russas, que, disse ele, têm mostrado uma coragem, uma dignidade e uma firmeza extraordinárias.

Depois do almoço, passeamos pelos terraços superiores e então Bobby me levou para fazer um *tour* pelo castelo, que parece ter tantos sótãos e porões quanto quartos. Com gente pipocando de todas as portas, o lugar parece um hotel, administrado por uma multidão de criados em *librés* cobertos por adereços decorativos, além de estar enxameado por convidados, que aos poucos vou conhecendo. Uma atmosfera bem fora do comum, dado o momento que estamos vivendo!... Nosso anfitrião, o Príncipe Hohenzollern-Sigmaringen e seu irmão gêmeo Franz-Josef têm três filhos cada um, dos quais quatro são mais ou menos crescidos; os outros dois, encantadores com seus colarinhos do tipo Eton[13], deverão segurar a cauda do vestido da noiva. Eles ficam todo o tempo me conduzindo na ida e na volta para o meu quarto. "A senhorita só precisa dar um toque para a ala das crianças e nos chamar, que desceremos num instante para lhe atender". Faço isso com alguma frequência, pois fico me perdendo.

Então nós fomos dar uma olhada nos presentes de casamento. Depois do chá, nós, a geração jovem, pegamos nossas roupas de banho e nos apressamos através da cidade e de vários campos até as margens do Danúbio, que, nesta altura, ainda é tranquilo e bastante estreito, com a água mal e mal chegando até os ombros. O Duque Luitpold *na* Baviera (diferente da Casa Real *da* Baviera)[14] – um esportista já idoso, que é "o último da estirpe" –

---

[13] O "colarinho Eton" era um colarinho grande, usado sobre a lapela dos paletós, característico da escola de Eton, na Inglaterra. Tornou-se moda para o traje de jovens, mesmo que não estudassem naquela escola.

[14] A autora se refere aqui a delicadas questões políticas do reino da Baviera. O duque em questão, Albrecht Luitpold Ferdinand Michael (1905-1996) era neto do Rei Ludwig III da Baviera, deposto em 1918. Entretanto, era o último filho sobrevivente da família e carregava o nome

já estava lá: ficamos recostadas na grama conversando com ele até a hora de corrermos de volta a tempo de nos trocar para o jantar.

Nessa altura aconteceu uma luta desarvorada pelo toalete (há apenas um no nosso andar). Enquanto nos vestíamos, os homens pipocavam constantemente entre nós para que os ajudássemos com as gravatas ou para empoar seus cavanhaques recém-barbeados – tudo parecendo muito familiar e *gemütlich* [à vontade]. Finalmente veio Konstantin, já a caminho, e assim pudemos terminar nossos próprios preparativos. Encontramos os da geração mais velha já reunidos em um dos salões, as senhoras cobertas por suas joias e a maioria dos homens de uniforme – alguns deles de uma safra não usual, anterior à Primeira Guerra Mundial, e todos cintilantes com as condecorações ao peito. O irmão do nosso anfitrião usava um uniforme de almirante; Louis-Ferdinand da Prússia, um de oficial da Luftwaffe com a fita amarela da Ordem da Águia Negra[15]. A aparência de todos era muito impressionante!

A um sinal nos emparelhamos com nossos acompanhantes já designados e nos encaminhamos solenemente para o salão onde o jantar seria servido: o casal de noivos, seus familiares mais próximos, e os "notáveis" assentando-se numa grande mesa no Salão dos Ancestrais; o restante – nós – em pequenas mesas no vizinho Salão do Rei. Sentei-me entre Meinrad, o irmão de Bobby, e o Embaixador von Hassell. No meio do jantar Louis-Ferdinand levantou-se e fez um discurso elogiando seu pai, o príncipe coroado. Falou dos laços íntimos que tinham sempre unido as duas casas dos Hohenzollern, os do norte e os do sul – e, virando-se para os mais moços no nosso salão, ele se referiu a "todos estes ardentes jovens" como um sinal de que o ramo sul continuaria a prosperar como o do norte o fizera.

Depois do jantar nos reunimos num outro salão para ouvir o coro da igreja local fazendo uma serenata para os noivos. Durante a cantoria a maior parte dos convidados se esgueirou para fora. Eu fiquei, porque eles cantavam muito bem e achei tudo muito tocante. Konstantin fez um breve discurso de agradecimento e nós, então, os mais moços, nos dirigimos a um outro salão

---

do Príncipe Luitpold, que fora regente da Baviera entre 1886 e 1912, pai de Ludwig III. O Duque Albrecht se opôs ao nazismo e foi levado a um campo de concentração ao final da guerra, tendo sido libertado pelo Exército norte-americano.

[15] Uma condecoração reservada à família dos Hohenzollern ou a quem os reis da Prússia a concedessem.

para dançar (embora os anfitriões o tivessem proibido devido à guerra). Mas nos recolhemos cedo, porque amanhã, o Grande Dia, será longo e cansativo.

Segunda-feira, 31 de agosto. Konstantin da Baviera me acordou às sete da manhã e saiu para confessar-se e comungar. Depois de um desjejum apressado, corremos de volta para cima a fim de colocar nossos chapéus. Usávamos saia simples – eu com a minha verde e um chapéu muito bonito. Os homens estavam de traje de cerimônia[16] ou de uniforme, com todas as suas condecorações e fitas. Às dez em ponto saímos, de novo aos pares, eu de braço dado com Didi Tolstoy. Solene e vagarosamente o cortejo rodeou o castelo, depois os inúmeros pátios, desceu a larga rampa, atravessou a cidade e entrou na igreja: primeiro iam os convidados, depois os noivos, seus acompanhantes e familiares. Toda a vizinhança parecia estar nas ruas para ver o desfile, bem como um grande número de fotógrafos e câmeras de cinejornais. A cerimônia durou quase duas horas, graças a um sermão sem fim por parte do bispo oficiante, dedicado sobretudo à exaltação das virtudes cristãs das gerações antecedentes das duas famílias. Seguiu-se a leitura de um telegrama enviado pelo Papa Pio XII e logo depois o coro (muito bom) cantou uma Missa Solene e ouviu-se a *Toccata*, de Bach. Quando tudo terminou, fomos de volta para o castelo, na ordem inversa: primeiro os noivos, acompanhantes e familiares, depois os convidados. E as fotos e as filmagens recomeçaram com determinação. Eu mesma saí das fileiras e tirei alguns instantâneos.

Quando chegamos ao castelo, deparamos com as principais salas de recepção tomadas por uma multidão reunida para congratular os recém-casados; cada salão fora designado para um determinado agrupamento de acordo com sua posição, ou seja, num estavam as autoridades locais, noutro os criados, os convidados de fora num terceiro e noutro ainda nós, os hóspedes do castelo. O almoço – um verdadeiro banquete – foi servido no assim chamado Salão Português (devido às tapeçarias magníficas que cobrem suas paredes). A comida estava deliciosa, começando por um coquetel de caranguejos e *vol-au-vents* recheados com caviar, além de vinhos do outro mundo. Sentei-me entre Franzi Seefried (um primo de Konstantin) e Bossy, este último vestindo

---

[16] No original *"white tie"*, expressão que indica o uso de casaca preta (curta na frente e com duas pontas em tesoura atrás), gravata borboleta e colete brancos, eventualmente também com luvas brancas.

seu traje diplomático, com galões de ouro, e, debaixo da cadeira, seu chapéu emplumado. O pai da noiva fez um discurso, respondido pelo pai de Konstantin, o Príncipe Adalberto da Baviera[17] (um homem com uma voz muito simpática e de maneiras muito simples), seguido pelo filho mais velho da Casa, de dezoito anos, que se levantou e disse: "Nós, os mais jovens, sempre iremos te (referindo-se à irmã) amparar, embora não sejas mais uma de nós". A seguir, ele leu as dúzias de telegramas recebidos. Começou a assinatura dos menus individuais e naturalmente o meu empacou no caminho (eu o recuperei, completando-o mais tarde). Está todo coberto por nomes como "Bobby", "Fritzi", "Sasha", "Willy", "tio Alberto" etc. E então aparece, numa letra muito infantil, um solitário e enorme "Hohenzollern", a assinatura do irmão caçula da noiva, de nove anos!

Depois do almoço saímos direto para nadar. O jantar foi servido de novo em mesas pequenas, mas desta vez de novo com trajes simples e sem a presença dos recém-casados, que já tinham partido para uma breve lua de mel no lago de Wörthersee. Retirei-me cedo, morta de cansaço.

Mal tinha acabado de cair na cama quando ouvi uma batida à porta e o assim chamado "Princípe Hereditário da Saxônia" e o segundo filho do anfitrião se esgueiraram para dentro, puxaram cadeiras para sentar e perguntaram se poderiam ficar para conversar um pouco: "*so gemütlich!*" ["tão à vontade"]. O primeiro, um jovem de dezesseis anos, chamado Maria-Emmanuel, implorou que eu o ajudasse a achar uma noiva, pois ele sente que sua obrigação dinástica (a família foi destronada em 1918!) o impele a formar logo uma família. Eu sugeri que a maioria de suas prováveis noivas ainda estava fazendo tortinhas de barro; ele concordou com tristeza e depois disso eles partiram[18].

---

[17] O Príncipe Adalberto (em alemão Adalbert Alfons Maria Ascension Antonius Hubertus Joseph omnes sancti Prinz von Bayern) (1886-1970) também fora afastado das Forças Armadas (embora tivesse participado da invasão da França) pelo decreto de Hitler que impedia a participação nelas de qualquer membro das casas reais germânicas. Depois da guerra foi nomeado embaixador na Espanha pelo governo democrata-cristão de Konrad Adenauer.

[18] Maria-Emmanuel von Meissen (1926-2012), que mais tarde também receberia o título de *Markgraf* (aproximadamente igual ao de marquês), apesar de sua pouca idade foi detido pela Gestapo como suspeito de envolvimento com a Conspiração de 20 de Julho, mas foi solto ao final de abril de 1945, com a derrocada do regime nazista. Deve-se registrar, no entanto, que seus temores tinham fundamento: ele nunca se casou nem teve filhos. Por isso, nos anos 1990, perfilhou um sobrinho para que a dinastia tivesse continuidade direta.

BERLIM *Terça-feira, 1º de setembro*. Como nesta altura a maior parte dos hóspedes já partiu, almoçamos na grande mesa. Sentei-me ao lado de Louis--Ferdinand da Prússia, que tem simpatia por tudo que diz respeito à Rússia e falou muito bem da nossa terra. Eu tive uma longa conversa com sua esposa Kira na véspera; ela é uma Romanov, seu pai, o Grão-Duque Kiril, cresceu com a família de papai.

Depois do chá houve uma última rodada de fotografias, depois do que a família nos levou a pé até a estação, onde Didi Tolstoy, Georgie Mecklenburg, Franzi Seefried e eu tomamos o noturno de volta para Berlim.

Como essa boda pode muito bem ser o último evento desse tipo até o fim da guerra (e só Deus sabe como ficará a Europa depois dela!), eu guardei o programa. Transcrevo:

Celebração do casamento de
Sua Majestade a Princesa Maria Adelgunde de Hohenzollern com
Sua Alteza Real o Príncipe Konstantin da Baviera

Castelo de Sigmaringen, 31 de agosto de 1942

Domingo, 30 de agosto de 1942
Aniversário de Sua Alteza Real o Príncipe e Sua Majestade o Príncipe Franz--Joseph de Hohenzollern

8h15: Santa comunhão na Capela do Castelo.
8h30: Cumprimentos no Salão Real; logo a seguir, desjejum no Salão dos Ancestrais.
9h30: Missa Solene na igreja da cidade, seguida de cumprimentos da Corte e autoridades da cidade, no Salão de Recepção de Sua Alteza Real; e da criadagem, no Salão das Aquarelas.
13h00: Almoço no Salão dos Ancestrais e no Salão Real.
16h00: Casamento Civil no Salão Vermelho de Recepção.
16h30: Chá no Salão Alto-Germânico.
20h00: Jantar no Saguão dos Ancestrais e no Salão Real. Convidados reúnem--se nos Salões Verde e Negro de Recepção.

Traje: cavalheiros com traje de cerimônia ou uniforme completo, condecorações, ornamentos e fitas; damas com ornamentos, sem fitas nem tiaras.
21h00: Festa noturna.
21h30: Serenata do coro da igreja no Salão Francês.

Segunda-feira, 31 de agosto – DIA DO CASAMENTO

8h15: Santa comunhão na Capela do Castelo.
8h30: Desjejum no Salão dos Ancestrais e no Salão Real.
10h00: Convidados reúnem-se nos Salões Verde e Negro de Recepção.
10h15: Cortejo em direção à igreja da cidade.
10h30: Cerimônia de casamento e Missa Solene na igreja.
Depois da cerimônia: cumprimentos
Criadagem – Salão Real
Autoridades – Salão dos Ancestrais
Convidados – Salão Francês de Recepção
Familiares e hóspedes – Salões Verde e Negro de Recepção
13h30: Almoço de casamento na Galeria Portuguesa. Convidados reúnem-se nos Salões Verde e Negro de Recepção.
Traje: cavalheiros com traje de cerimônia ou uniforme completo, condecorações, ornamentos e fitas; damas com vestido curto e chapéu, com ornamentos, sem fitas.
16h30: Chá no Salão Alto-Germânico.
17h30: Os recém-casados partem de carro.

Sigmaringen ganhou breve notoriedade nos últimos dias da guerra como "Sede Provisória do Governo Francês". Ali, depois da liberação da França, o Marechal Pétain e um grupo mambembe de colaboracionistas desacreditados se alojaram durante os últimos meses do conflito[19].

---

[19] A cidade de Sigmaringen, no extremo sudoeste da Alemanha, perto do lago Constança e da fronteira francesa, tornou-se o refúgio do governo de Vichy (dos colaboracionistas franceses) quando os Aliados já estavam retomando quase toda a França, ao fim de 1944. Os membros de Vichy requisitaram o castelo. Nessa condição, a cidade chegou a abrigar três embaixadas, a da Alemanha, do Japão e da Itália fascista, até a chegada das tropas francesas, em 22 de abril de 1945. A partir de 1942 o governo do Marechal Philippe Pétain (1856-1951), que já era uma concessão

DIÁRIOS DE BERLIM   133

Quarta-feira, 2 de setembro. Depois de um desjejum apressado com Tatiana, fui ao escritório; estava pouco à vontade, pois excedera minha licença em três dias. Mas hoje em dia, com os bombardeios sobre as estradas de ferro, a gente pode se desculpar facilmente.

Sexta-feira, 4 de setembro. Depois do almoço – na cantina do escritório –, fui com Tatiana assistir ao filme *G.P.U.*[20] Muito bem realizado. Mas também exibiram um longo noticiário sobre a tentativa britânica de um desembarque em Dieppe e a visão daquilo nos encheu de náuseas; horas e horas de *closes* de corpos destroçados e moídos. Quando eu encontrar algum dos responsáveis por esses noticiários, ele vai ouvir poucas e boas. Quando em todos os países quase todo mundo já perdeu um irmão, um filho, um pai, um ser amado, continuar mostrando esse tipo de horror para promover o moral da Alemanha é não só totalmente idiota, mas tende a ser contraprodutivo. E, se isso for mostrado no exterior, o efeito será pior ainda. E com boas razões!

Para testar as defesas germânicas na Linha do Atlântico, e também suas próprias táticas de desembarque, os Aliados ensaiaram em 19 de agosto de 1942 um ataque anfíbio à cidade de Dieppe. Levado a cabo por cerca de 6 mil homens, a operação foi um desastre completo.

Quase nenhum dos objetivos em terra foi alcançado, e três quartos das forças atacantes foram mortos, feridos ou capturados. Apesar de o fato ter sido usado como propaganda para os germânicos, como um triunfo, as terríveis lições de

---

dos nazistas, tornou-se mais claramente um fantoche, graças à ocupação do sul da França pelo Exército alemão, devido às atividades de guerra no Norte da África. Quando o governo de Vichy deslocou-se para Sigmaringen, o Marechal Pétain praticamente se desligou dele e quem assumiu seu comando foi Ferdinand de Brinon, um ardoroso partidário do fascismo. Pétain foi para a Alemanha, de onde conseguiu passar à Suíça e daí retornou à França, para enfrentar seu julgamento. Foi condenado à morte, mas teve sua pena reduzida à prisão perpétua pelo General Charles De Gaulle. Brinon, capturado, foi condenado à morte e executado em 1947.

[20] O filme *G.P.U.* foi realizado de dezembro de 1941 a maio de 1942. Dirigido por Karl Ritter (1888-1977), é um filme ficcional, de propaganda antissoviética, no qual o serviço secreto comunista desempenha o papel de vilão, e o Exército nazista, o de herói salvador. Ritter foi diretor de dezenas de filmes de propaganda para o nazismo. Depois da guerra emigrou para a Argentina. Tentou recomeçar sua carreira no cinema alemão, sem sucesso.

Dieppe foram levadas em conta quando do desembarque na Normandia em junho de 1944.

Depois ficamos com muita fome e fomos até o Hotel Eden, onde encontramos Burchard da Prússia, Georg-Wilhelm de Hannover e os Welczecks, e assim jantamos com eles e seguimos para a casa das gêmeas Wrede para um café.

O avanço alemão no sul da Rússia está progredindo rapidamente. Parece que eles estão tentando isolar o Cáucaso.

Os exércitos alemães levaram seis meses para se recuperar de seus reveses no inverno anterior. Mas em junho de 1942 eles tinham retomado a ofensiva com renovada energia. Seu objetivo: os campos de petróleo do norte do Cáucaso e o Volga. Em meados de setembro eles tinham alcançado o Cáucaso (mas não os campos de petróleo, defendidos desesperadamente) e o VI Exército do General Paulus tinha cercado Stalingrado. Esse foi o apogeu do poderio nazista.

A resistência dos russos se fortalecia a cada mês. Não apenas lutavam tão bem quanto antes, mas também tinham aprendido a se retirar. Não haveria mais espetaculares rupturas das linhas inimigas pelos alemães nem batalhas com cercos gigantescos e milhões de prisioneiros; em seu lugar, cada vez mais sucessos táticos de natureza defensiva contra um inimigo ainda mais forte, confiante e bem conduzido. Enquanto guerrilheiros acossavam a retaguarda alemã, o próprio número de prisioneiros caía. As mortes em massa devido à fome e aos maus-tratos nos campos de prisioneiros mantidos pelos alemães (em março de 1942 a cifra já chegava a 2,5 milhões!), as políticas brutais dos invasores nos territórios ocupados, com os assassinatos indiscriminados e maciços de civis, diante da política de Stalin, que defendia uma reconciliação nacional em defesa da "Mãe Rússia", em conjunto com a punição implacável dos desertores e infratores do Exército Vermelho — tudo isso contribuía para reunir o povo russo em torno de seus líderes, independentemente de como se sentissem em relação ao regime comunista. Também havia uma mudança de ânimo entre muitos russos brancos refugiados, inclusive a mãe de Missie.

Sábado, 5 de setembro. Mamãe leu uma carta que ela acabara de receber de Irena, de Roma, com uma terrível descrição da morte de Hugo Windisch-

-Graetz. Aparentemente ele testava um novo aeroplano que de repente se desintegrou, lançando-o no espaço. Encontraram seu corpo totalmente mutilado, sem uma perna. Sua mãe, Lotti, chegou em cima da hora para o funeral. Afortunadamente Carlo Robilant estava lá para ajudar seu irmão gêmeo Mucki, que está arrasado; eles eram os amigos mais chegados de coração e tenho medo de que agora, que Hugo se foi, Mucki possa atentar contra a própria vida. No funeral, Irena escreve, ele ficou ajoelhado junto do caixão, soluçando e dirigindo-se a Hugo. É de magoar o coração. Chorei pelo resto do dia e voltei para casa completamente exaurida.

À noite fomos jantar na casa dos Schaumburg – uma noite muito agradável, íntima, com todos os nossos melhores amigos. Mas meu coração não estava mais ali. Hoje em dia a gente tem tão pouca jovialidade preservada dentro de nós. Quase todos os dias se tem a notícia de que este ou aquele amigo foi morto. A lista não para de crescer...

No fim de setembro, Georgie, o irmão de Missie, partiu para Paris. Em outubro de 1942 Missie conseguiu ir para lá, oficialmente para fazer pesquisas nos arquivos germânicos de fotografias, mas na verdade para ver como Georgie estava se saindo e fazer contato com os primos. Em duas cartas à mãe ela resumiu suas impressões da viagem e o que encontrou ao regressar a Berlim.

Missie de Berlim para sua mãe no Castelo Königswart, 30 de outubro de 1942. Paris estava encantadora, muito mais quente nas ruas do que aqui. Mas não há calefação em parte nenhuma; por isso me vi às voltas com uma tosse incômoda, que ainda me dá trabalho, e Georgie teve quarenta graus de febre um dia depois de eu ter conseguido que ele viesse para o meu hotel (só assim pudemos nos ver).

A cidade está bonita como sempre, com as folhas enrubescendo neste começo de outono. Fiz tudo o que tinha para fazer a pé, para trazer comigo tanto quanto possível daquele cenário. A vida ainda é muito agradável – desde que se possa pagar por isso. Não quero dizer que as coisas sejam especialmente caras; mas para saborear uma refeição decente (digamos, com ostras, vinho, queijo e alguma fruta, dando mais uma gorjeta), a gente deve dispor de pelo menos cem francos por pessoa; o que significa, no fim das contas, apenas cinco marcos... Há muitas peças boas em cartaz, e eu e Georgie fomos várias vezes ao teatro; em geral, a cidade tem muito mais "energia" e é muito mais alegre, brilhante e otimista do que Berlim.

Georgie conseguiu um ótimo quarto numa pensão perto da Rue de l'Université, que será aquecido no inverno – um privilégio raro. Ele parece estar bem acomodado.

Outro dia eu e ele fomos até St. Germain-en-Laye para ver o que acontecera com os baús que a senhora tinha deixado com os Boyds antes da guerra, e que continham, entre outras coisas, parte dos livros do século XVIII da nossa biblioteca na Lituânia. A casa agora é o anexo de um hospital militar alemão, e fomos recebidos por um certo Dr. Sonntag, um bávaro encantador, chefe do serviço médico na França ocupada. Ele revelou-se um colecionador amador. Foi muito simpático e prestativo, nos emprestou luvas e aventais para que não nos sujássemos enquanto reacondicionávamos as coisas e designou um ajudante para nos auxiliar. Quando terminamos, ele nos ofereceu um chá delicioso ao pé da lareira, e nos levou para ver a casa (que está impecável), de modo que Georgie pode agora tranquilizar o Sr. Boyd, que no momento está numa casa de saúde perto daqui.

O Dr. Sonntag prometeu colocar o sótão, onde os baús estão, "sob a proteção do Exército alemão", depois que Georgie os atou com cordas e os lacrou com o selo da família; tão logo Georgie ache um lugar para guardá-los em Paris, ele os levará num caminhão do Exército alemão.

A propósito, Georgie nos pede que consigamos urgentemente um certificado das autoridades berlinenses de que ele não recebeu cupons de alimentação antes de partir; até que ele apresente isso, não lhe darão tais cupons em Paris. Enquanto dura essa situação, ele tem de comprar tudo no mercado negro – o que custa, é claro, dez vezes mais caro.

Missie e Georgie não se veriam mais até o final da guerra.

Missie de Berlim para sua mãe no Castelo Königswart, 3 de novembro de 1942. Tive uma surpresa muito desagradável: meu salário sofreu uma redução, de tal modo que agora eu recebo, depois de vários descontos, apenas 310 marcos. Como aconteceu o mesmo com todo mundo, não posso protestar, na verdade. Mas, uma vez que o novo apartamento custa 100 marcos, mais 100 para pagar pelos móveis, e ainda o custo da calefação, do telefone, da eletricidade, da lavanderia, da comida etc., vou precisar encontrar alguém com quem possa reparti-lo...

Duas semanas depois do último registro de Missie em 1942, dia 19 de novembro, os russos que defendiam Stalingrado contra-atacaram e cinco dias depois conseguiram fechar o cerco das vinte divisões do VI Exército do General Paulus. Em 2 de fevereiro de 1943, depois de uma das mais ferozes batalhas da história militar moderna, o que restava do exército de Paulus – cerca de 91 mil homens – se rendeu. Destes, apenas 6 mil veriam de novo a terra natal. A vitória de Stalingrado viria a ser o turning point *da guerra na Europa. Dali por diante, liderados por uma constelação, na maioria, de novos generais jovens e talentosos, os exércitos russos manteriam a iniciativa, quase sem interrupção, até a Alemanha capitular, em maio de 1945.*

Mas também no Oriente e na Frente Ocidental a maré mudava. No dia 4 de junho de 1942, perto das ilhas Midway, a armada japonesa sofreu sua primeira grande derrota, perdendo o controle do Pacífico. No Norte da África, a batalha de El Alamein (outubro-novembro de 1942) tinha destroçado o famoso "Afrika Korps" do Marechal de Campo Rommel; seus remanescentes se renderiam na Tunísia no mês de maio seguinte. No dia 8 de novembro os Aliados desembarcaram nas possessões francesas na África do Norte, com os alemães reagindo através da ocupação da França de Vichy. Em julho de 1943 os Aliados desembarcariam na Sicília, começando a liberação da Europa Ocidental que culminaria com a invasão de junho de 1944[21].

Durante os dois primeiros anos da guerra, a RAF não dispusera de força numérica nem de capacidade técnica para penetrações profundas, em grande escala, nos céus do inimigo. Além disso, o bombardeio diurno de objetivos militares sem uma escolta de caças – e caças com capacidade de voo de longo alcance só apareceriam bem mais tarde na guerra – tornara-se tão custoso em baixas que foi suspenso a partir de novembro de 1941, sendo substituído por expedições noturnas, muitas

---

[21] Lembrando: em 2 de julho de 1944 embarcariam para a Itália os primeiros contingentes da Força Expedicionária Brasileira (FEB), que somaria mais de 25 mil homens no total, entrando em combate a partir de setembro, inclusive com participação de unidades aéreas. A FEB teve 454 baixas fatais, 5 pilotos mortos em combate, mais 3 em acidentes, 12 mil feridos, muitos dos quais mutilados; destes, 2 mil viriam a morrer em consequência dos ferimentos. O Brasil foi o único país independente da América Latina a enviar uma força militar para a Europa.

delas fatais para a população civil. Mas em fevereiro de 1942 o Marechal do Ar Arthur Harris fora nomeado para chefiar o Comando de Bombardeios da RAF, com uma diretiva do Gabinete [modo de se referir à chefia de governo] *para começar uma ofensiva sistemática contra as cidades alemãs, "com principal foco no moral da população civil e em particular nos trabalhadores industriais". Harris*[22] *acreditava (como ficou demonstrado, erroneamente) que concentrando noite após noite, por semanas sem fim, centenas de aeroplanos jogando as novas bombas de alta capacidade, de 4 mil até 8 mil libras*[23]*, numa única cidade, o inimigo poderia ser posto definitivamente de joelhos. Nos dois anos que se seguiram, todas as cidades de maior porte na Alemanha e na Áustria e algumas no restante da Europa ocupada seriam reduzidas a cinzas. O custo em vidas civis: 600 mil (comparadas com as vidas britânicas perdidas: 62 mil!). Os esperados horrores logo começaram a ocupar mais e mais espaço nos diários de Missie, até se tornarem um de seus principais temas.*

Essa mudança da maré provocou uma série de medidas na própria Alemanha; em consequência delas os últimos vestígios de decência sucumbiram à força bruta. Já em setembro de 1941 um decreto ordenava que todos os judeus usassem uma estrela de Davi amarela na roupa. Em 20 de janeiro de 1942 uma reunião secreta de alto nível em Wannsee [com o comparecimento de autoridades nazistas de primeiro escalão provindas de vários países ocupados] *tinha elaborado as modalidades da assim chamada "solução final para o problema judeu", após o assassinato a esmo de judeus e depois ciganos e outros declarados "sub-humanos" se tornar metódico, constante, científico, com muito do talento organizativo alemão e dos recursos existentes sendo desviados do esforço de ganhar a guerra para a matança de pessoas inocentes. Em 26 de agosto de 1942 o Reichstag fantoche tinha votado uma lei conferindo a Hitler poderes discricionários quanto à administração da justiça. O preâmbulo da*

---

[22] *Sir* Arthur Travers Harris (1892-1984) tornou-se um dos mais controversos comandantes do lado dos Aliados. Ganhou os apelidos nada lisonjeiros de "Bomber Harris" e "Butcher Harris" – "Harris, o Bombardeador" e "Harris, o Açougueiro". Levando a cabo as diretivas que recebera, Harris delineou uma ofensiva dirigida contra bairros operários – os mais populosos – nos grandes centros industriais alemães. Substituiu a tática de bombardear alvos precisos pela de bombardeios indiscriminados em vastas áreas. Sua primeira grande vitória seria a destruição de Hamburgo. Berlim mostrou-se um alvo muito mais difícil, pelo tamanho da cidade e pela resistência mais encarniçada. O bombardeio mais controverso foi o de Dresden, em fevereiro de 1945, quando a guerra já estava ganha, provocando a destruição de todo o centro da cidade e a morte de dezenas de milhares de civis, sem objetivo militar ou industrial evidente.

[23] Aproximadamente de duas a quatro toneladas.

lei dizia: "no presente, na Alemanha, não há mais direitos, somente deveres...".
Alguns dias mais tarde, em seu semanário Das Reich, *Goebbels deixava claro o que vinha pela frente: "A era burguesa, com sua falsa e enganosa noção de compaixão humana, acabou...". As portas da barbárie tinham sido escancaradas.*

Nessa altura a vida cotidiana em Berlim tinha mudado radicalmente. A entrada dos Estados Unidos na guerra foi seguida por um êxodo em massa das missões diplomáticas latino-americanas – até ali o último bastião da vida social na capital. E as pesadas perdas na Frente Oriental, que começavam a afetar todas as famílias na Alemanha, por si só desencorajavam qualquer forma de frivolidade. Desse momento em diante os esforços diários da autora e de seus amigos – ou melhor, daqueles que não estavam lutando no front *– teriam seu foco voltado para a sobrevivência física e também ética – contra a fome, os bombardeios aliados, além da perseguição e da tirania política que iam piorando a cada dia.*

De modo quase incongruente (considerando o que se passava), uma das cartas para a sua mãe em Königswart, escrita de Kitzbühel[24], descrevia um pequeno período de férias que ela tirara, na companhia de Tatiana, no começo de 1943:

8 de fevereiro. Tatiana e eu estamos aqui há uma semana e nos sentimos bem descansadas. Levamos uma vida saudável – vamos para a cama às nove da noite e nos levantamos às oito e meia da manhã. Dispomos de um quarto muito agradável, com água quente e fria, mas sem banheira. Temos de conseguir nossas próprias provisões para o café da manhã e costumamos fazer as refeições num simpático e pequeno restaurante chamado Chizzo. A comida é bastante variada (*schnitzels*, queijos deliciosos, muitas tortas de frutas etc.) e muito bem servida. A cidade é, na verdade, uma aldeia de grandes proporções, com casas coloridas e telhados inclinados, com coruchéus, dispostas numa única rua principal, com ótimas calçadas, cafés e lojas.

A altitude é de apenas oitocentos metros, mas o tempo está ótimo; tomamos um teleférico e subimos outros novecentos metros. Lá nos deitamos ao sol num terraço bem espaçoso, do qual as pessoas descem até o vale esquiando (nós não). Elas se acidentam com muita frequência, em geral espetando os bastões de esquiar no rosto uns dos outros. Comecei a tomar lições de esqui e estou me saindo muito bem. Caio o tempo todo, mas sem me machucar muito.

---

[24] Uma estação de esqui no norte do Tirol, em território austríaco.

140 Marie Vassiltchikov

Não sabemos quase nada sobre a situação política, pois apenas alguns poucos exemplares de jornais chegam aqui e são logo vendidos. Se não fosse pelas gêmeas Wrede, que nos mandam *clippings* de imprensa, não saberíamos o que está se passando...

Dois meses mais tarde os alemães anunciaram a descoberta na floresta de Katyn (no oeste da URSS) de uma cova coletiva contendo os corpos decompostos de cerca de 4.400 oficiais poloneses capturados pelos soviéticos durante a curta campanha de outubro de 1939. Todos tinham sido mortos com tiros na nuca. O diário de Missie, posteriormente, lançará uma nova luz sobre esse episódio.

Mas também houve outros acontecimentos na Alemanha que afetariam dramaticamente sua vida e de alguns de seus amigos mais próximos: o movimento de Resistência antinazista estava voltando a ganhar força.

Desde que Hitler deixara clara sua intenção de ir à guerra, círculos influentes dentro das Forças Armadas, mas também fora delas, tinham começado a delinear o que desejavam ser um fim ao que viam tanto como um crime quanto como uma loucura, mesmo que fosse necessário derrubá-lo ou até assassiná-lo. Mas, como a Alemanha marchara de vitória em vitória, as fileiras dos conspiradores encolheram, através de deserções, remoções, prisões e até execuções. Hitler parecia ter algum encantamento mágico que o protegia, pois todo atentado contra ele falhava. Tampouco ajudava os conspiradores a exigência dos Aliados, a partir da Conferência de Casablanca em janeiro de 1943, de que a Alemanha se rendesse incondicionalmente[25].

---

[25] De 14 a 24 de janeiro de 1943 reuniram-se em Casablanca Franklin Delano Roosevelt, Winston Churchill e, pelo Exército francês no exílio, os generais Charles De Gaulle (1890-1970) e Henri Giraud (1879-1949). Giraud fora capturado pelos alemães em 1940, e mantido numa prisão perto da cidade de Dresden. Conseguiu escapar espetacularmente, disfarçado de alemão, com um chapéu tirolês, em 1942, indo para a Suíça e daí para a França de Vichy, onde se deu a conhecer. O governo de Pétain se recusou a entregá-lo de volta para a Alemanha. Conforme os alemães ocuparam o sul da França, Giraud conseguiu escapar novamente, sendo recolhido por um submarino britânico na costa francesa. Teve disputas e um relacionamento difícil com De Gaulle e com os demais líderes aliados. Na conferência de Casablanca, a proposta de "rendição incondicional" foi adotada por insistência de Roosevelt. Churchill não desejava adotar essa consigna, pois contava ainda de alguma forma se valer do Exército alemão para se contrapor à influência soviética sobre a Europa continental. Ademais, a conferência decidiu reforçar a luta no Norte da África e pospor a ideia de uma invasão na Frente Ocidental, por achá-la prematura.

Seria necessária a débâcle *na Frente Oriental e o subsequente desembarque bem-sucedido dos Aliados na Frente Ocidental, conjugados com o poder sempre crescente dos SS e a brutalidade cada vez pior das políticas dos nazistas e seus métodos de guerra (que contrariavam a natureza dos melhores elementos nas Forças Armadas alemãs), para dar corpo e urgência aos planos de um novo grupo de conspiradores, com alguns dos quais Missie estaria em contato quase diariamente.*

A partir deste momento, retomamos seu diário.

Bateria antiaérea na estação do Zoo, em Berlim, abril de 1942.

DE JULHO A DEZEMBRO DE 1943

BERLIM *Terça-feira, 20 de julho*. Acabei de encontrar as gêmeas Wrede, que decidiram se mudar para Bayreuth. Não são as únicas pessoas que querem deixar a capital. Além disso, desde que seu irmão Eddie foi morto no começo da campanha russa, elas estão sem descanso. Ambas são enfermeiras da Cruz Vermelha e podem conseguir facilmente uma transferência.

Um "Comitê Alemanha Livre" começou a fazer emissões de rádio de Moscou. A reação de alguns amigos aqui: "Isto é o que deveríamos ter feito na Rússia desde o começo".

Em 12 de julho de 1943 fundou-se um "Comitê Nacional por uma Alemanha Livre" no campo para prisioneiros de guerra de Krasnogorsk. Seu primeiro manifesto, lançado uma semana depois, conclamava o povo e o Exército alemão a se revoltarem contra Hitler. Além de vários comunistas veteranos (como Wilhelm Pieck e Walter Ulbricht)[1], o comitê incluía alguns poucos generais que tinham

---

[1] Wilhelm Pieck (1876-1960) participara do levante comunista de 1918-1919 com Rosa Luxemburgo e Karl Liebknecht, mas ao contrário destes, que foram assassinados, conseguiu escapar. O mandante do assassinato de Rosa e Karl, Waldemar Pabst, declarou numa entrevista de 1962 ao semanário *Der Spiegel* que Pieck traiu seus companheiros e por isso pôde fugir. Entretanto, até o momento nenhuma outra fonte confirmou a afirmação. Quando os nazistas chegaram ao poder, em 1933, Pieck entrou para a clandestinidade. Depois fugiu para Paris e de lá para Moscou. Depois da guerra tornou-se presidente da RDA até sua morte, em 1960. Walter Ulbricht (1893-1973) também se exilou primeiro em Paris, em 1933, depois em Praga e em Moscou a partir de 1938. Após a guerra, exerceu várias funções na RDA, entre elas a de

sido capturados em Stalingrado, como o Marechal de Campo Paulus e o General von Seydlitz-Kurzbach[2]. Mas, devido ao medo da captura pelos soviéticos entre os soldados alemães, seu sucesso foi limitado e, embora alguns de seus membros estivessem entre os fundadores da futura República Democrática da Alemanha, o comitê não teve qualquer papel na organização da zona soviética de ocupação do país no pós-guerra.

Quinta-feira, 22 de julho. Almocei com Burchard da Prússia, que está um tanto quanto à toa no momento, porque, como príncipe da Casa Real, foi posto para fora do Exército. Ele espera conseguir algum trabalho na indústria, mas não será fácil. Ele é um típico representante da "velha guarda" decente do corpo de oficiais alemães e, de fato, teve treinamento apenas para a carreira militar.

Depois da morte, em 1940, do Príncipe Wilhelm da Prússia, o primogênito entre os presumíveis herdeiros da Coroa, na Frente Ocidental, todos os membros das antigas casas dirigentes na Alemanha foram dispensados do serviço no front. *Mais tarde eles foram todos dispensados do Exército. Essas medidas, tomadas pelos nazistas para evitar o retorno de um apoio à monarquia graças a essas "mortes glamorosas", foram de fato contraproducentes: elas salvaram a vida de elementos que estavam entre os que mais odiavam.*

---

primeiro-ministro e presidente do Parlamento. É considerado um dos responsáveis diretos pela construção do Muro de Berlim.

[2] O General Friedrich Wilhelm Ernst Paulus (1890-1957), que não cumpriu a determinação de Hitler para que se matasse em vez de se entregar, relutou em aderir ao comitê antinazista, mas terminou concordando depois do atentado de 20 de julho. Com o fim da guerra, atuou como testemunha de acusação no Julgamento de Nuremberg. Passou a viver na Alemanha Oriental, em Dresden, onde atuou como pesquisador de história militar. O General Walther von Seydlitz-Kurzbach (1888-1976) não só aderiu à propaganda antinazista como também chegou a formular planos – nunca executados – de formar um batalhão alemão para lutar contra os nazistas depois de serem lançados de paraquedas na Alemanha. Os nazistas o condenaram à morte. Isso não o impediu de ser julgado pelos soviéticos depois da guerra e condenado à morte pelo assassinato de prisioneiros de guerra antes da rendição de Stalingrado. A pena foi comutada para 25 anos de prisão, mas ele acabou solto em 1955. Em 1956 sua condenação à morte pelo Terceiro Reich foi anulada, e em 1996, postumamente, também sua condenação na Rússia foi anulada.

Domingo, 25 de julho. Hoje no caminho para Potsdam encontrei Henri ("Doudou") de Vendeuvre, um dos muitos rapazes franceses que agora trabalham na Alemanha. Seu irmão Philippe veio à força para cá sob o regime do STO [Serviço de Trabalho Obrigatório] de Vichy, e Doudou o seguiu para manter-se em contato. Aqui eles repartem o tempo entre limpar os corredores da Deutscher Verlag (uma importante editora alemã) e "pesquisar" genericamente sobre as condições de vida na Alemanha. Ambos têm uma inteligência brilhante e consideram tudo isso algo completamente sem sentido.

Em setembro de 1942 o governo de Vichy instituiu o chamado STO. Este obrigava a assim proceder todo cidadão francês em idade de serviço militar, muitos dos quais, sob o sistema da "relève" ["substituição"], tinham até então se apresentado voluntariamente para trabalhar na Alemanha, propiciando assim que prisioneiros de guerra mais velhos pudessem retornar ao país. Essa medida, contra a qual naturalmente milhares se revoltaram, contribuiu mais do que tudo para a proliferação dos maquis *– centros de resistência situados em regiões remotas do país.*

Passei a noite no Hotel Eden com Tatiana, que está aqui por alguns dias. Mamãe telefonou para contar que Mussolini foi deposto e preso. Badoglio assumiu o governo.

No dia 10 de julho os Aliados desembarcaram na Sicília. Duas semanas mais tarde, nos dias 24 e 25 de julho, o Grande Conselho Fascista convidou o Rei Vittorio Emanuele III a reassumir completamente o poder. Mussolini renunciou e foi logo detido por ordem do rei e enviado para uma prisão nas montanhas dos Abruzos. O Marechal Badoglio, ex-chefe do Estado-Maior e vice-rei da Etiópia, foi designado para formar um novo governo.

Terça-feira, 27 de julho. Tatiana vai para Dresden para tratamento de saúde, junto com Maria Pilar Oyarzabal. Ao sair para almoçar, fomos seguidas por um homem que ficou atrás de nós num bonde e depois num ônibus, o que nos deixou seriamente preocupadas. Tentamos nos livrar dele entrando numa casa, mas ele nos esperou do lado de fora e, depois que saímos, veio até mim e me fez entender que não gostava de que estivéssemos falando francês.

Coisas assim não costumavam acontecer, mas os bombardeios estão deixando as pessoas mais amargas.

Quarta-feira, 28 de julho. Hamburgo está sendo bombardeada diariamente. Há muitas vítimas e o estrago é tanto que praticamente toda a cidade está sendo evacuada. Há narrativas sobre crianças pequenas vagando pelas ruas chamando por seus pais. Acredita-se que as mães estejam mortas e os pais no *front*, e ninguém pode identificá-las. O NSV[3] parece estar assumindo o controle, mas as dificuldades são enormes.

Durante os ataques de 24, 25, 26, 27 e 29 de julho e 2 de agosto, cerca de 9 mil toneladas de bombas foram jogadas sobre Hamburgo, deixando mais de 1 milhão de pessoas sem teto e matando entre 25 e 50 mil pessoas (a blitz *germânica sobre Coventry matou 554). Os ataques a Hamburgo inauguraram várias coisas: foi a primeira aplicação da tática do "bombardeio sobre áreas" e durante as 24 horas do dia, com os norte-americanos atacando durante o dia e os britânicos à noite; também pela primeira vez usaram-se bombas de fósforo em tal quantidade que elas criaram "tempestades de fogo" – verdadeiros furacões de vento e fogo que começavam horas depois dos ataques e destruíam e matavam mais dos que os próprios bombardeios. Também pela primeira vez os Aliados usaram "janelas", tiras de metal jogadas em feixes para confundir os radares e as baterias antiaéreas do inimigo.*

Quinta-feira, 29 de julho. Estou tentando persuadir mamãe a se juntar a Tatiana em Königswart, mas ela se recusa a ir, dizendo que posso precisar dela aqui. Eu ficaria muito mais feliz sabendo que meus pais estão bem, não tendo de me preocupar com eles, sobretudo com mamãe, que realmente corre perigo aqui.

Das anotações de Missie em 1978. No outono de 1942 mamãe passou algum tempo na Silésia com Olga Pückler, onde o marido desta, Carl-Friedrich[4],

---

[3] Sigla do *Nationalsozialistische Volkswohlfahrt*, organização do Partido Nacional Socialista criada em 1932 para dar assistência a famílias em necessidade.

[4] Carl-Friedrich, Graf (Conde) von Pückler-Burghaus e Barão de Groditz (1886-1945), era oficial do Exército e membro da SS. Escritor e político, chegou a ser membro do Parlamento durante

estava de passagem, gozando uma licença. Os Aliados tinham acabado de desembarcar no Norte da África e mamãe, como sempre, falou demais sobre o que aconteceria à Alemanha se suas atuais políticas na Rússia prosseguissem.

Duas semanas mais tarde Josias Rantzau entrou no meu escritório e, em silêncio, me mostrou uma carta assinada pelo Conde Pückler, dirigida à Gestapo. Dizia mais ou menos o seguinte: "A Princesa Vassiltchikov – uma amiga de infância de minha esposa – se opõe vigorosamente à nossa política na Rússia e critica nosso tratamento para com os prisioneiros de guerra. Ela tem muitas ligações influentes entre os Aliados e as informações que pode passar a eles seriam perigosas para a Alemanha. Ela não deve ter permissão para deixar o país". A Gestapo repassou a carta para o AA com ordens de negar um visto para mamãe, caso ela o pedisse.

Na Alemanha durante a guerra, uma denúncia dessas em geral levava a vítima diretamente para um campo de concentração. Josias me disse que mamãe não deveria tentar sair do país sob hipótese nenhuma; o melhor para ela seria mesmo desaparecer de vista por algum tempo, por exemplo indo passar uma temporada com Tatiana em Königswart, sobretudo porque ela estava começando a chamar a atenção com seus esforços para organizar a ajuda aos prisioneiros de guerra soviéticos.

Mamãe sempre foi uma anticomunista feroz, coisa nada surpreendente dado que dois de seus irmãos morreram no começo da Revolução. Ela manteve essa atitude inabalável durante vinte anos, chegando ao ponto de ver Hitler sob uma óptica favorável, à luz do princípio de que "os inimigos de meus inimigos são meus amigos". Quando ela chegou a Berlim em setembro de 1941 para o casamento de Tatiana, ainda acreditava que a invasão da Rússia pelos alemães provocaria um levante popular em massa contra o sistema comunista, depois do que os alemães teriam de lidar com uma Rússia nacional ressurreta. Não tendo vivido na Alemanha durante o período nazista, não era fácil convencê-la de que Hitler era tão inimigo quanto Stalin. Eu e Tatiana, que vivemos na

---

a República de Weimar. Ao final da guerra, comandava tropas estacionadas na hoje República Tcheca. Mesmo depois da rendição de 8 de maio continuou a lutar, recusando entregar-se às tropas soviéticas e à resistência tcheca. Seu objetivo era chegar ao setor das tropas norte-americanas, na Áustria, e então se render. Vendo seu caminho bloqueado, rendeu-se na noite de 11 para 12 de maio, e então se suicidou. Sua esposa, Olga, sobrinha-neta do Imperador Wilhelm I da Alemanha, nascida em 1886, viveu até 1955.

Alemanha por algum tempo, testemunhamos a aliança perversa entre Hitler e Stalin para destruir a Polônia e tínhamos relatos em primeira mão das atrocidades cometidas pelos alemães por lá, não nutríamos tais ilusões.

Mas à medida que a estupidez brutal dos alemães nos territórios ocupados vinha à luz, e a quantidade de vítimas crescia por lá e nos campos de prisioneiros russos, o amor de mamãe por seu país, acrescido por uma germanofobia latente, cuja origem remontava aos anos passados como enfermeira no *front* durante a Primeira Guerra Mundial, suplantou seus sentimentos antissoviéticos e ela decidiu assumir sua parte no alívio do sofrimento de seu povo e, em primeiro lugar, dos prisioneiros de guerra russos.

Através de alguns amigos, entrou em contato com oficiais responsáveis do alto-comando alemão; também contatou a Cruz Vermelha em Genebra através de seu representante em Berlim, Dr. Marti. Ao contrário da Rússia de antes da Revolução, o governo soviético tinha recusado a ajuda da Cruz Vermelha. Isso implicava que os prisioneiros russos, vistos por seu próprio governo como traidores, ficavam abandonados à própria sorte, na maior parte dos casos morrendo de fome – a menos que alguma assistência conseguisse chegar até eles através de uma outra fonte.

Mamãe então entrou em contato com sua tia, minha madrinha, a Condessa Sophie Panin, que trabalhava para a Fundação Tolstoy em Nova York. Ela também envolveu dois famosos construtores norte-americanos de aviões, de origem russa, Sikorsky e Seversky, bem como as igrejas ortodoxas da América do Norte e da América do Sul. No devido tempo foi possível criar uma organização especial de ajuda, enviando de navio alimentos, cobertores, roupas, medicamentos etc. Nessa altura, os Estados Unidos tinham entrado na guerra, então tudo isso tinha de ser comprado na Argentina, que permanecia neutra. Os navios precisavam atravessar o Atlântico infestado de submarinos, mas então a operação toda quase entrou em colapso: os doadores tinham estabelecido a condição de que a ajuda fosse distribuída nos campos sob a supervisão da Cruz Vermelha Internacional. Os militares alemães estavam de acordo. Só faltava uma coisa: a permissão pessoal de Hitler. Quando mamãe voltou a ver seu contato, um coronel do alto-comando do Exército, ele a levou ao parque vizinho, o Tiergarten, e lá, longe de ouvidos indiscretos, disse: "Estou envergonhado por admitir, mas o *Führer* disse: 'Não! Nunca!'". "Muito bem", mamãe retrucou, "vou escrever ao Marechal Mannerheim. Ele nunca dirá: 'Não!'". Ela o fez imediatamente. O Barão Mannerheim, que liberara a Finlândia dos vermelhos em 1918 e agora comandava o Exército finlandês, era um antigo oficial da Guarda da Cavalaria Russa e conhecia bem a nossa família. Graças à sua influência, as forças finlandesas, ao contrário das alemãs, sempre lutaram decentemente contra os soviéticos; os prisioneiros captura-dos recebiam um tratamento estritamente de acordo com a convenção de Genebra e, por causa disso, a maioria sobreviveu. Mamãe recebeu logo uma resposta entusiástica de Mannerheim, e no devido tempo os suprimentos de socorro chegaram à Suécia, de onde, com a supervisão da Cruz Vermelha, foram distribuídos nos campos de prisioneiros da Finlândia[5].

Domingo, 1º de agosto. O destino de Hamburgo provoca muita ansiedade aqui, pois na noite passada aviões aliados jogaram panfletos sobre a cidade de Berlim conclamando mulheres e crianças a deixá-la imediatamente, como aconteceu em Hamburgo antes de os ataques começarem. Isso soa como um mau agouro. Berlim pode muito bem ser a próxima.

Ontem me coube o plantão noturno. Depois de passear em Potsdam por toda a tarde, cheguei ao escritório às onze da noite. Os colegas que partiam vieram se despedir de mim solenemente, pois tinham ouvido dizer que um

---

[5] O Marechal Barão Carl Gustaf Emil Mannerheim (1867-1951) nasceu na Finlândia quando esse país hoje independente era um grão-ducado da Rússia, condição em que ficara de 1809 a 1917. Depois da Revolução Soviética, a Finlândia proclamou sua independência. Seguiu-se uma guerra civil entre as facções dos "brancos" e dos "vermelhos", estes pró-soviéticos. Com o comando do então General Mannerheim, os brancos venceram, e a Finlândia manteve a independência. Por ocasião da Segunda Guerra, Mannerheim foi nomeado comandante em chefe do Exército finlandês, que combateu contra os soviéticos. Entretanto Mannerheim teve habilidade para fazer uma espécie de zigue-zague com os alemães, recusando, por exemplo, a dar combate aos soviéticos quando do cerco de Leningrado (hoje São Petersburgo). Esquivou-se de fazer um pacto assinado com os alemães, embora Hitler visitasse a Finlândia. Quem acabou fazendo a maior parte das tratativas com os alemães foi o presidente, Risto Ryti (1889-1956). Em 1944, quando a derrota da Alemanha já era dada como certa, Ryti renunciou e Mannerheim foi eleito presidente. Denunciou o pacto com a Alemanha e negociou a paz com os soviéticos e com a Inglaterra (a Finlândia não estava em guerra oficialmente com os outros países aliados), atacando até as forças alemãs que permaneciam em território finlandês, de onde acabaram sendo expulsas. Por pressão dos soviéticos e dos ingleses, Ryti foi levado a um tribunal por crimes de guerra, com outros membros de seu governo. Condenados, foram soltos mais tarde. Apesar de ainda ter quatro anos de mandato, Mannerheim, já quase octogenário, renunciou em 1946 por razões de saúde. Hoje é considerado o principal herói nacional do país.

ataque era iminente. Dormi num sofá até as nove da manhã, sem ser perturbada uma única vez, e fui para casa tomar um banho e o desjejum. Mas amanhã devo me mudar para a casa dos Bismarck em Potsdam, para ficar fora de Berlim durante a noite.

Segunda-feira, 2 de agosto. Foram pregadas notificações em todas as casas, ordenando a imediata evacuação de todas as crianças e mulheres que não estejam envolvidas em funções de defesa. Há uma enorme corrida às estações e uma grande confusão, pois muitos dos evacuados de Hamburgo passam por Berlim a caminho de outros destinos. Há rumores de que todos os escritórios do governo serão removidos para fora da cidade *in corpore* e nós recebemos ordens de empacotar tudo, mas não estou levando nada disso muito a sério. Mamãe agora passa as noites no campo, na casa de Wanda Blücher[6], e finalmente concordou em se juntar a Tatiana em breve.

Almocei com o Embaixador von Hassell. Ele me contou histórias interessantes sobre Mussolini, a quem conhece bem. Ele está aposentado, e escreve artigos sobre economia, que fica me enviando. Confesso que não entendo muita coisa.

Mais tarde arrastei uma valise para Potsdam e fui para a cama cedo, pois estava muito cansada. Infelizmente tive de postergar o sono, graças à chegada de Gottfried Bismarck, Loremarie Schönburg e do Conde Helldorf, que é *Polizeipräsident* [*chefe de polícia*] de Berlim. Ele vem com frequência a Potsdam e todos ficam conversando até tarde da noite. São conversas muito confidenciais e cheias de sussurros, mas Loremarie, que também se mudou para Potsdam, me mantém informada sobre o que eu chamo de "a Conspiração". Ela está muito agitada, tentando reunir vários elementos da oposição, e age de um modo muito obstinado e imprudente. Já Gottfried não deixa escapar uma única palavra a respeito.

Essa é a primeira alusão de Missie ao que se tornaria conhecido pelo nome de "a Conspiração de 20 de Julho".

Helldorf não pensa que haverá ataques pesados contra Berlim no curto prazo.

---

[6] Há duas Wandas possíveis: a Princesa Wanda Blücher-Wahlstatt (1898-1945) e a Condessa Wanda Blücher von Wahlstatt (1877-1966).

Ao contrário de muitos de seus companheiros de conspiração, o Conde Wolf--Heinrich von Helldorf (1896-1944) fora desde a juventude um nazista precoce, convicto e ativo. Depois da Primeira Guerra Mundial (em que, na qualidade de subalterno, lutou com distinção), ele se juntou aos conspícuos Rossbach Freikorps – uma unidade paramilitar organizada por veteranos para reprimir levantes de esquerda no começo da República de Weimar. Depois do "golpe Kapp" de 1923 ele se exilou. Voltando à Alemanha, inscreveu-se no Partido Nazista, logo galgando altos cargos nas SA. Tornou-se deputado no Reichstag e a partir de 1935 exerceu o cargo de chefe de polícia de Berlim. Com todo esse background, *Helldorf parece ter tido muitas reservas quanto a certas políticas dos nazistas como, o antissemitismo e sobretudo a* Kristallnacht *(Noite dos Cristais, o* pogrom *antijudaico) de 1938, o que começou a afastá-lo de seus camaradas de partido e aos poucos levou-o ao centro da conspiração contra Hitler.*

Terça-feira, 3 de agosto. Hoje Welfy e Georg-Wilhelm de Hannover vieram até Potsdam para o jantar. A mãe deles é a única filha do finado imperador[7]. Gottfried Bismarck insiste em que convidemos nossos amigos – suspeito que, em parte, para "aliciá-los", mas também porque não quer que fiquemos até tarde em Berlim. Como estava muito quente, molhamos os pés na água do chafariz.

KÖNIGSWART *Segunda-feira, 9 de agosto.* Tive um dia duro. Quero passar um tempo com Tatiana em Königswart, onde, graças a Deus, mamãe está para ficar. Mas, como ninguém tem autorização para deixar a capital sem um passe especial, tive primeiro de tomar um trem comum até a pequena estação de Neustadt [nos arredores da capital] e lá comprar minha passagem para Marienbad. Loremarie Schönburg me ajudou com uma enorme valise contendo coisas que eu queria tirar da cidade – sobretudo álbuns de fotos. O trem estava repleto de moradores de Hamburgo que, ainda com as roupas transformadas em molambos queimados, voltavam para casa, já que preferem enfrentar a situação lá, entre ruínas, do que entre habitantes de outras cidades, que não são nem um pouco gentis com ele. Eles pareciam um bando meio selvagem, de gente ousada e falando alto. Nos trens as pessoas falam muito sobre o que pensam do regime hoje em dia. Em Neustadt, mal tive tempo

---

[7] Princesa Viktorie da Prússia (1892-1980).

de comprar a passagem e pular num outro trem que voltava para Berlim, onde novamente tive de mudar de estação e trem. Mais uma vez a maioria dos passageiros era de Hamburgo. Uma garotinha tinha uma queimadura grave num dos braços e ficava o tempo todo rindo histericamente. Cheguei a Königswart às duas da manhã.

Terça-feira, 10 de agosto. Passamos quase todo o tempo passeando de carro pelos lindos bosques, discutindo o que faríamos "se e quando".

Sábado, 14 de agosto. O tempo está péssimo, só chove e chove. Tatiana foi para Dresden, retomar seu tratamento. Enquanto mamãe sai para longas caminhadas, eu descanso. Quando se vive no campo, é surpreendente como se ignora muito do que está se passando.

DRESDEN *Domingo, 15 de agosto.* Depois do almoço eu também fui para Dresden, a fim de ver Tatiana e visitar meu primo Jim Viazemsky, que está num campo para prisioneiros de guerra nas proximidades. Levei um pouco de vinho para me animar durante a tediosa jornada, que durou dez horas. Tatiana prometera mandar um carro à estação, mas quando cheguei, depois da meia-noite, não encontrei ninguém e tive de caminhar por toda a cidade, até a clínica. Houvera um alarme de ataque aéreo e brilhava uma lua cheia, o que fazia tudo parecer muito sinistro. Eu nunca estivera em Dresden antes e temia ficar encerrada num porão desconhecido, mas cheguei à clínica sã e salva. Encontrei Tatiana muito abatida, na companhia de uma enfermeira noturna. Para dormir, ofereceram-me um sofá caindo aos pedaços, prolongado por duas cadeiras que ficavam se afastando todo o tempo, mas eu estava tão cansada que não tardei a dormir.

Segunda-feira, 16 de agosto. Parti ao amanhecer para o campo de Jim Viazemsky. Tive problemas para subir num ônibus, o que exigia documentos especiais, mas ao fim e ao cabo as coisas acabaram se ajeitando. Sempre que necessário eu apresento um *laissez-passer* emitido pelo nosso amigo, General von Hase, o comandante militar de Berlim[8]. Na verdade ele não tem qualquer

---

[8] Paul von Hase (1885-1944) era o comandante militar da capital desde 1940. Como tal, era peça-chave na Operação Valquíria, que deveria ser desencadeada depois da esperada morte

autoridade nos campos de prisioneiros, mas até agora tem funcionado para toda a família, já que nos revezamos para visitar Jim.

Chegando a uma aldeia, tive de caminhar uma meia hora pelos campos. O campo de Jim é cercado por arame farpado. Na entrada principal, apresentei meu documento. Nenhum problema. Mas infelizmente o comandante do campo ficou conversando comigo durante uma hora antes de chamar Jim. Como eu queria que ele mantivesse o bom humor, nada pude fazer a respeito. Mas ele parecia ter um bom caráter, e mais tarde Jim confirmou que ele tratava os prisioneiros de modo decente. Na verdade ele é médico militar e o campo é um tipo de hospital de campanha, onde prisioneiros de várias nacionalidades passam algum tempo antes de serem transferidos para campos permanentes.

Enquanto o ordenança preparava um piquenique para almoçarmos, Jim e eu ficamos conversando no escritório do comandante, que ele gentilmente nos cedeu pelo tempo da minha visita. Acabamos saindo do campo a pé, para fazer nosso piquenique. Passavam por nós carros com militares alemães, mas ninguém parecia notar ou se preocupar com uma mulher passeando pelo bosque acompanhada por um oficial francês de uniforme. Isso nos pareceu muito estranho.

Jim está bastante envolvido com seu trabalho como tradutor de inglês, russo, alemão, francês, polonês e sérvio. O sentimento de que precisam muito dele no campo o impede de ficar pensando numa fuga. Toda a sua vida ele teve orelhas de abano e, agora, aproveitando o ócio forçado, decidiu enfrentar uma cirurgia e corrigi-las. Ele parece estar em boa forma e animado. Eles têm um rádio escondido e assim permanecem bem informados. Aparentemente os comunicados dos Aliados são lidos todas as noites nos dormitórios!

Nosso almoço contou com carne enlatada, sardinhas, ervilhas, manteiga e café, tudo o que nós, civis, não vemos há muito tempo. Eu tinha comigo uma galinha grelhada com champanhe, que Tatiana me dera, e recebi de Jim chá e um disco da *Sinfonia Manfredo* de Tchaikovsky. Na estação rodoviária ele me deu um beijo de despedida, o que levou um passageiro a me perguntar se eu era a *Braut* [*noiva*] do oficial francês.

---

de Hitler no atentado de 20 de julho. Foi preso logo em seguida, julgado sumariamente e executado na prisão de Plötzensee, por enforcamento, em 8 de agosto.

Passei mais uma noite na clínica com Tatiana. Ela está melhorando satisfatoriamente, mas, toda a vez que digo algo para animá-la, ela irrompe em lágrimas de dor. Durante a noite, aparentemente eu gritei tão alto que a enfermeira teve de me dar um calmante. Ela diz que a causa disso são os ataques aéreos.

BERLIM *Terça-feira, 17 de agosto.* Na volta para Berlim e Potsdam o trem estava tão lotado que viajei de pé o tempo todo.

Quarta-feira, 18 de agosto. Na casa dos Bismarck, hoje à noite, conversei com Heinrich Sayn-Wittgenstein, que foi chamado de volta da frente russa para defender Berlim. Ele já derrubou 63 bombardeiros inimigos e é o segundo ás da Alemanha entre os pilotos de voos noturnos. Mas, como é um príncipe e não comparte a ideologia deles (ele descende de um famoso marechal de campo russo dos tempos das guerras napoleônicas), ele é tratado com frieza pelo regime e seus feitos são minimizados. Raramente encontrei um rapaz tão simpático e sensível. Eu o conheci há dois anos e ele se tornou um de meus melhores amigos. Tendo crescido na Suíça, ele fala pouco alemão, e eu o levava para passear e todos os meus amigos o adoravam[9].

Sexta-feira, 20 de agosto. Faz um calor terrível, e depois do trabalho fomos ao Clube de Golfe, onde eu, Loremarie Schönburg e Heinrich Wittgenstein nos sentamos num gramado e conversamos sobre planos para o futuro. Falamos sobre o que faríamos quando tudo desmoronasse e as autoridades começassem a se livrar dos não simpatizantes; por exemplo, poderíamos pegar o avião de Heinrich e voar para a Colômbia ou para algum outro lugar. A pergunta sobre se teríamos combustível suficiente para atravessar o Atlân-

---

[9] Heinrich, Príncipe de Sayn-Wittgenstein (1916-1944) acabou se tornando o principal ás da aviação noturna alemã, abatendo quase uma centena de aviões inimigos em várias frentes. É possível que suas visitas a Gottfried von Bismarck fizessem parte de sua convivência com "a Conspiração". Em seu livro de memórias, a irmã de Missie, Tatiana (*Five Passports in a shifting Europe*) afirma que ele chegou a cogitar matar Hitler depois de uma das várias cerimônias em que recebeu condecorações pelos seus feitos. Morreu em janeiro de 1944, quando seu avião foi abatido na Dinamarca. Sua tripulação se salvou saltando de paraquedas, mas o dele não se abriu. A *causa mortis* foi dada como fratura do crânio, mas não se sabe se ela foi consequência da queda ou se ele bateu a cabeça na fuselagem ao saltar, perdendo a consciência. Seu antepassado referido no texto é o Marechal de Campo Príncipe Peter Khristianovich zu Sayn-Wittgenstein Berleburg (1769-1843).

tico ficou sem resposta. Loremarie tem um primo em Bogotá, com quem ela conjetura vagamente se casar um dia, quem sabe. Assim ela mataria dois coelhos com uma só cajadada.

Segunda-feira, 23 de agosto. Em vez de ir para o trabalho, Loremarie Schönburg alegou que padecia de queimaduras de sol e, como eu também me sentia entediada, aproveitamos a oportunidade e fomos de bicicleta até Werder, para ver se encontrávamos algumas frutas para comprar. Levamos uma mochila. É um caminho muito comprido, e ao chegarmos lá se juntou a nós um homem com um balaio, dizendo que também queria comprar frutas. Finalmente encontramos um chacareiro que queria nos vender quinze libras[10] de maçãs. Enquanto eu reclamava que quinze *pfennigs*[11] a libra me parecera um pouco caro demais, nosso companheiro me ajudou a pendurar a mochila na bicicleta. Para nossa surpresa, quando saímos do pomar e passávamos por uma plantação de tomates, ele nos apresentou um documento mostrando que trabalhava para o Conselho do Controle de Preços e declarou que fôramos enganadas, que ele faria um relatório e que teríamos de testemunhar contra o chacareiro no tribunal. Perguntou então qual era nosso nome, mas nós nos recusamos a dizer-lhe, pedindo que deixasse em paz o pobre homem. Ele insistiu, nós nos recusamos de novo, e então Loremarie, com a maior cara de pau, deu o nome de Hans Flotow e o seu endereço. Não pude evitar um sorriso, e o homem suspeitou, mas como não tínhamos documentos de identidade conosco ele não podia conferir coisa nenhuma. Daí ele chegou ao ponto de sugerir que no futuro atuássemos como iscas para a polícia; eles nos levariam de carro a várias chácaras... Dissemos que iríamos pensar no assunto.

Loremarie vive tendo problemas com a polícia. Em Potsdam ela insultou um policial e agora está sendo chamada para prestar contas.

Terça-feira, 24 de agosto. Ontem houve um ataque pesado. Gottfried tinha saído. Seu cunhado, Jean-Georges Hoyos, dormiu todo o tempo. Eu desconfiei de algo e, apesar dos seus protestos em alto e bom som, acordei-o e a Loremarie Schönburg. Havia um halo vermelho sobre Berlim, e hoje

---

[10] Cerca de sete quilos.
[11] Centavos do antigo marco alemão.

Jean-Georges me telefonou para dizer que levara três horas (ao invés dos vinte minutos usuais) para chegar à cidade, pois muitas ruas estavam completamente arrasadas e bloqueadas.

Às seis da tarde nós mesmas fomos à cidade para ver como estava Gottfried e também para ver se algo acontecera com nossos próprios apartamentos. Martha, a cozinheira dos Gersdorff, caiu nos meus braços, soluçando. Ela ficou apavorada, mas o prédio estava bem. O mesmo não aconteceu com o de Loremarie, que tinha um enorme buraco no forro, em cima da cama dela. Ela está muito impressionada, e diz que evidentemente está predestinada a grandes e melhores acontecimentos. Fomos até Aga Fürstenberg, que está muito abalada: todos os andares superiores das casas ao longo e ao redor da Kurfürstendamm, perto de onde ela vive, inclusive o apartamento dos Pückler na Lietzenburgerstrasse, onde ela morou logo que nos mudamos para Berlim três anos atrás, tinham sido destruídos pelo fogo. Depois do ataque Goebbels percorreu alguns dos bairros mais atingidos, mas nos contaram que, quando ele pediu trinta voluntários para ajudar no combate ao fogo, encontrou uma recepção bem fria.

Depois de terem passado por alguns apartamentos – dos quais foram expulsos pelos constantes bombardeios – Missie e seu pai estavam nessa altura morando como hóspedes pagantes na villa *de amigos, o Barão e a Baronesa von Gersdorff. Uma pessoa muito charmosa, afetuosa, de inteligência refinada e bastante íntegra, a baronesa tinha transformado sua casa na Woyrschstrasse[12] no que, nas circunstâncias de uma cidade bombardeada, se assemelhava a um salão político e intelectual, onde pessoas de mentalidade semelhante podiam se reunir, desfrutando de uma atmosfera de total tolerância e mútua compreensão. Graças às ligações de seu marido com a poderosa dinastia Siemens, inclusive por parentesco, e aos seus deveres militares em tempos de guerra no quartel-general de Berlim, o salão exibia todos os setores da alta sociedade alemã – da aristocracia rural (origem da própria Maria) à indústria e aos negócios, e ainda os mundos acadêmico, militar e diplomático[13].*

---

[12] A rua Woyrschstrasse ganhou esse nome, dado pelo regime nazista, em homenagem a um general alemão que lutou na Primeira Guerra, Remus von Woyrsch (1847-1920). Em 1947 ela recuperou seu antigo nome, Genthinerstrasse. Mas o perfil da rua e do bairro hoje é muito diferente daquele de antes e durante a Segunda Guerra.

[13] Trata-se de Heinz Friedrich Eduard Georg von Gersdorff (1892-1955) e de sua esposa Marie von Stralenheim Gersdorff (1896-1945). Não confundir com o Barão Rudolf-Christoph Freiherr

Quarta-feira, 25 de agosto. Hoje à noite houve outro ataque, mas com poucos danos, e os trens para Potsdam trafegam normalmente.

Quinta-feira, 26 de agosto. Tatiana ligou de Königswart, dizendo que a linha férrea entre Berlim e Leipzig foi bombardeada e as viagens de trem entre as duas cidades estão suspensas.

Jantei com Loremarie Schönburg e seu amigo de Hamburgo, Hanni Jenisch, que no momento está fora da frente, porque seus dois irmãos mais velhos foram mortos. Ele circula num elegante Mercedes não licenciado, mas a polícia, não acreditando no que vê, não o perturba.

Sexta-feira, 27 de agosto. Alex Werth e outro colega do escritório, o Professor X., perderam suas casas no bombardeio de ontem e agora fazem parte dos sem-teto. O professor perdeu a visão depois de socorrer uma mulher, retirando-a de uma casa em chamas. Felizmente a cura de seus ferimentos é apenas uma questão de tempo. Ele vem de Baden, abomina o regime e fica repetindo que as responsáveis por tudo isso são as mulheres alemãs, que votaram a favor de Hitler. Ele diz que todos os brinquedos de guerra deveriam ser banidos, como cornetas, soldadinhos de chumbo e espadas.

Sábado, 28 de agosto. Encontrei Michiko, a esposa japonesa de Viktor de Kowa. Ele não apenas é um dos atores mais talentosos e atraentes da cena alemã, mas também dirige. Fomos a um ensaio de uma peça com sua direção que está em cartaz.

Domingo, 29 de agosto. Eu, Gottfried Bismarck e Loremarie Schönburg fomos de carro para o campo, a fim de passar o dia com a mãe dele, uma senhora encantadora, já idosa, meio inglesa, que se lembra muito bem de seu sogro, o grande Bismarck. No caminho de volta Loremarie insistiu em tomar o volante, embora chovesse a cântaros. Ficamos muito nervosos, porque ela não tem nenhuma experiência.

---

von Gersdorff (1905-1980), um dos envolvidos em pelo menos duas das conspirações para matar Hitler, que será citado mais adiante.

158 MARIE VASSILTCHIKOV

Quarta-feira, 1º de setembro. Quatro anos atrás, a guerra começou. Não dá para acreditar. Ontem à noite os Aliados fizeram uma verdadeira "comemoração" e provocaram muitos danos no bairro comercial de Berlim.

Hoje à noite fui à estreia de *Philine*, a nova peça de Viktor de Kowa[14]. Depois fomos para sua casa, onde conversei longamente com Theo Mackeben, o compositor, que é um grande admirador da Rússia[15].

Sexta-feira, 3 de setembro. Os Aliados chegaram à Itália continental.

Em 17 de agosto os Aliados tinham completado a libertação da Sicília e estavam prontos para invadir o continente. Com o afastamento e a prisão de Mussolini em 23 de julho, a Itália se aprestava rapidamente a passar para o campo dos Aliados. Em 19 de agosto o Marechal Badoglio começou negociações secretas com esse objetivo. O desembarque dos Aliados na Itália continental, a partir de 2 de setembro, aceleraria o abandono da causa do Eixo.

Sábado, 4 de setembro. Hoje à noite jantei com Nagy, da Embaixada da Hungria, e com o casal de Kowa. Kowa está muito nervoso. Com lágrimas nos olhos ele confessou que não aguenta mais. Toda a sua vizinhança (ele mora não muito distante do aeroporto de Tempelhof) foi varrida do mapa na noite passada. O ataque de ontem foi muito pesado. Mesmo em Potsdam nós nos reunimos no piso inferior da casa. Desde Hamburgo Melanie Bismarck[16] ficou obcecada pelo fósforo, pois lá andares inteiros se transformaram em verdadeiros caudais de fogo. Agora, quando começa um ataque, ela enrola a cabeça numa toalha molhada.

Segunda-feira, 6 de setembro. Correm rumores de que algo aconteceu com os Horstmann. Eles se mudaram para o campo visando maior segurança.

---

[14] Kowa era o diretor da peça. *Philine, uma peça para pessoas apaixonadas*, é uma comédia de Jo Hanns Rösler (1899-1966). Olga Limburg, amiga da autora, atuava nela.

[15] Theo Mackeben (1897-1953) era conhecido compositor, maestro e pianista. Compunha música para filmes, chegando a participar nessa condição, durante a guerra, de alguns filmes de propaganda nazista.

[16] Melanie Bismarck (1916-1949) era prima e esposa de Gottfried. Ambos morreriam num acidente de carro em 1949.

Tino Soldati, que vive com eles, devia comparecer ontem à noite a um jantar oficial e simplesmente não apareceu, nem deu qualquer sinal de vida, o que, em se tratando de um diplomata jovem e correto, surpreendeu os anfitriões.

Terça-feira, 7 de setembro. Hoje pela manhã eu e Loremarie Schönburg fomos pela primeira vez com nossas bicicletas para a cidade. Na verdade, elas pertencem aos Bismarck. Tivemos dificuldades, logo no começo, para sair do caminho dos bondes e dos ônibus. Num certo momento Loremarie literalmente voou sobre o guidom. Que cena!

Tínhamos hora marcada com o chefe de polícia de Berlim, o Conde Helldorf – Loremarie para seus próprios fins misteriosos, eu para fazer um pedido. Solicitaram-me no AA que eu fizesse um arquivo fotográfico e, como todas as fotos que mostram os danos provocados pelos bombardeios são censuradas, pedi a Helldorf que liberasse algumas para divulgação. Ele prometeu fazê-lo.

Como temíamos, Kerzendorf, a residência de campo dos Horstmann, foi severamente danificada duas noites atrás. Sentei-me na casa dos Gersdorff e ouvi, com Gottfried von Cramm, o relato que Fia Henschel fez da catástrofe; ela estava lá naquele momento. Afortunadamente ninguém foi morto, mas Freddie, que tinha acabado de acomodar todas as inestimáveis peças antigas que levara de Berlim para lá, simplesmente perdeu tudo. Parece bizarro pensar em Tino Soldati, um diplomata suíço, correndo só de pijama pelo gramado da casa, às duas da manhã, debaixo de uma chuva de bombas.

Um dos maiores tenistas da história, o Barão Gottfried von Cramm ficou marcado pela má sorte: embora disputasse várias vezes a final do Torneio de Wimbledon, a copa sempre lhe escapou das mãos. Ele caiu em desgraça com os nazistas logo que estes ascenderam e chegou a passar algum tempo num campo de concentração. Viveu a maior parte do tempo no exterior, até o começo da guerra[17].

---

[17] Gottfried von Cramm (1909-1976) é considerado até hoje uma verdadeira legenda do mundo do tênis. Embora tivesse azar em Wimbledon, ganhou por duas vezes o Campeonato Aberto Francês na década de 1930, foi considerado o melhor tenista do mundo em 1937, e venceu por duas vezes o Campeonato Alemão, em 1948 e 1949, já sendo um veterano de quarenta anos. Várias fontes consideram que sua carreira desportiva foi prejudicada pelo nazismo. Alto, loiro, de olhos azuis e elegante, Cramm seria o modelo ideal para fazer propaganda do perfeito "homem ariano". No entanto ele sempre recusou esse papel. Apesar de sua enorme popularidade, ele foi preso em 1938, acusado de homossexualismo e, pior, de ter tido relações com

Passei a maior parte da tarde no escritório de Adam Trott. Nosso chefe de pessoal, Hans-Bernd von Haeften, apareceu para conversar. Ele é um amigo muito próximo de Adam. Com sua palidez mortal, sua face inescrutável, ele me lembra uma lápide medieval.

Militante antinazista de primeira hora, que já em 1933 denunciara a "mentalidade de chefe de ladrões" de Hitler, o Dr. Hans-Bernd von Haeften (1905--1944) estudara na Inglaterra, como Adam von Trott. Em 1933, entrou para o serviço diplomático e, quando Missie o conheceu, era conselheiro da Legação. Ao contrário de alguns de seus camaradas de conspiração, nunca foi um nazista, por causa de sua ética cristã. Membro de primeira hora do "Círculo de Kreisau", do Conde von Moltke, ele recrutou vários outros membros proeminentes da Resistência, entre eles o próprio Adam von Trott.

Discutimos a situação geral e também as últimas medidas de mobilização. As autoridades parecem estar deliberadamente chamando os últimos membros de oposição que têm alguma função com o Serviço Exterior para substituí-los por seus próprios homens, na maioria SS, como o nosso Stahlecker. E ninguém pode demitir-se por vontade própria, a não ser para ir ao *front* como voluntário. Aparentemente isso atrapalha enormemente as atividades clandestinas que, ao que tudo indica, estão em curso. Diz-se que o ministro de Relações Exteriores, von Ribbentrop[18], nunca sai de sua toca em

---

um judeu, além de ter lhe enviado dinheiro quando este – que era um ator galego – mudou-se para a Palestina em 1936. Condenado a um ano de prisão, foi solto depois de seis meses, por "bom comportamento", mas também, inegavelmente, por seu prestígio. Por diversas vezes o regime nazista impediu-o de participar de torneios no exterior, na França e na Itália. Durante a guerra foi enviado para a Frente Oriental, onde ganhou a Cruz de Ferro, mas acabou sendo dispensado em 1942 devido à sua condenação anterior, o que possivelmente lhe salvou a vida.

[18] Ulrich Friedrich Wilhelm Joachim von Ribbentrop (1893-1946), mais conhecido por seus dois últimos nomes, era dos poucos nazistas que de fato tinham experiência internacional, inclusive como empresário. Amigo de Hitler, chegou a montar um "Ministério do Exterior Alternativo" enquanto os nazistas não estavam no poder. Em 1936 foi apontado embaixador na Grã-Bretanha e em 1938, ministro de Relações Exteriores. Von Ribbentrop ligou seu nome a todas as principais iniciativas diplomáticas da Alemanha nazista: a política de contemporização com os ingleses, a ocupação da Tchecoslováquia e outros países do Leste Europeu e o pacto com a Rússia, que leva seu nome (Molotov-Ribbentrop). Conforme a atividade diplomática alemã diminuía, por causa da guerra, seu prestígio foi diminuindo. Para recuperá-lo, ligou-se às atividades de

Fuschl, perto de Salzburg[19]. Alguma querela interna irrompeu entre ele e o subsecretário de Estado Luther[20] – um outro mastim, se é que antes houvera apenas um. Nada disso, é claro, é discutido abertamente na minha presença, mas posso adivinhar muito do que está acontecendo. De todo modo, como resultado dessa situação, atualmente o AA está sem uma chefia efetiva. Se as pessoas soubessem quão ineficiente é a operação de toda essa maquinaria, sob a aparência de uma burocracia bem lubrificada, elas ficariam boquiabertas. Mas a própria existência desse nosso pequeno grupo de conspiradores é uma prova de tal ineficiência.

À noite jantei na casa de Hans Flotow. Quatro de nós fomos então até a estação de Potsdam em duas bicicletas sem faróis – um verdadeiro *tour de force* [proeza].

A anotação de Hans-Georg von Studnitz sobre esse dia registra: "Hans Flotow ofereceu um pequeno jantar, em que estavam Missie Wassiltschikoff, Loremarie Schönburg, Aga Fürstenberg e Bernd Mumm, entre outros. Conversamos somente sobre ataques aéreos. A situação toda me lembrou um encontro de cristãos perseguidos nas catacumbas romanas! (While Berlin Burns: Diaries 1943-1945 [Enquanto Berlim arde: diários 1943-1945], *Londres, Weidenfeld & Nicolson, 1963).*

---

organização do Holocausto. Mas o golpe final em seu prestígio foi dado pelo fato de que boa parte dos conspiradores do atentado de 20 de julho de 1944 estava de alguma forma ligada ao seu Ministério. Sua ignorância foi vista como uma negligência, e o *Führer* progressivamente afastou-se dele. Com o fim da guerra, von Ribbentrop foi preso e julgado em Nuremberg. Condenado à morte, foi o primeiro réu a ser executado, em 16 de outubro de 1946.

[19] Fuschl é uma estância turística nos Alpes, à margem de um lago do mesmo nome, perto da cidade austríaca de Salzburg, terra natal de Mozart.

[20] Martin Franz Julius Luther (1895-1945) era funcionário do Ministério comandado por Ribbentrop. A aproximação entre os dois começou quando Ribbentrop contratou a empresa de mudança dirigida por Luther para levar seus móveis para Berlim. Luther tornou-se uma espécie de *factotum* de Ribbentrop no Ministério e em outras atividades. Aparentemente essa foi uma das razões da ruptura entre os dois, pois Luther queixava-se de que a mulher do ministro o tratava como um criado pessoal. Luther tentou derrubar e substituir Ribbentrop, o que lhe valeu a prisão e a ida para um campo de concentração, depois libertado pelo Exército Vermelho. Luther morreria poucos dias depois, vítima de um infarto do coração. Luther compareceu à Conferência de Wannsee, de 20 de janeiro de 1942, na qual foi concertada a "solução final" para "o problema" judaico, como representante de Ribbentrop. Suas notas sobre a reunião são o único documento escrito que resta dela. Descobertas pelos Aliados em 1946, foram a primeira pista sobre a existência daquela reunião.

Quarta-feira, 8 de setembro. De novo fomos de bicicleta até Berlim, onde apanhei um chapéu Rose Valois, um autêntico *sombrero* com fitas negras, que alguém mandara de Paris para Tatiana. Depois do trabalho, Gottfried Bismarck deixou a mim e Loremarie Schönburg na casa de Scapini. Enquanto jantávamos, uma secretária irrompeu com a notícia de que a Itália capitulara. Desculpamo-nos e nos apressamos a ir prevenir Otto Bismarck, irmão mais velho de Gottfried, que acabara de chegar de Roma (ele foi durante muito tempo ministro conselheiro da Embaixada da Alemanha lá). Ele estava jantando com Helldorf e Gottfried, e ninguém parecia ter a menor ideia do que estava acontecendo. Eles estavam num reservado quando eu e Loremarie irrompemos com a notícia e ficaram completamente atônitos. Scapini também ficara perplexo. Ele está aqui como embaixador interino da França para negociar o retorno de prisioneiros de guerra franceses em troca de trabalhadores "voluntários". É uma figura patética: tendo perdido a visão na Primeira Guerra, conta com um criado árabe permanente, que age como se fosse seus olhos e descreve tudo o que acontece ao redor[21].

Quinta-feira, 9 de setembro. No caminho da cidade comprei um jornal e me diverti com a expressão de um homem que, sentado à minha frente, via [nas manchetes] pela primeira vez as notícias sobre a capitulação da Itália. Com todos os seus sacrifícios, os italianos conseguem fazer um papel muito infeliz!

Sexta-feira, 10 de setembro. Albert Eltz e Aga Fürstenberg apareceram no escritório um pouco antes do fim do expediente e nós corremos para a Embaixada da Itália, na esperança de encontrar alguém que fosse viajar logo e pudesse levar uma carta para Irena, antes que as nossas comunicações sejam cortadas de vez até o final da guerra. A pobrezinha vai ficar tão preocupada!

---

[21] Georges Scapini (1893-1976) perdeu um olho e ficou cego do outro durante a Primeira Guerra. Defendia a colaboração com os nazistas desde antes da Segunda Guerra. Nomeado embaixador de Vichy em Berlim, procurava desencorajar as fugas de prisioneiros franceses dos campos de prisioneiros, mas é apontado como de fato tomando providências em sua defesa. Depois da guerra refugiou-se na Suíça, tendo sido condenado à revelia a cinco anos de trabalhos forçados. Retornou à França em 1952 e foi absolvido em novo julgamento. Publicou um livro de memórias, *Mission sans gloire*, ainda hoje disponível em edição recente.

Encontramos toda a colônia italiana sentada sobre suas malas ao redor do prédio, com muitos carros e ambulâncias esperando. Albert observou que lhes ofereceriam algum esconderijo antes de seguirem para a estação. Finalmente vi Orlando Collalto, que prometeu levar mensagens verbais para Irena, mas recusou qualquer coisa escrita.

Dali fui para Potsdam, levando um tapete valioso e Albert, que, embora na Luftwaffe, tem muito respeito pelo poderio aéreo dos Aliados e prefere passar as noites fora da cidade. À noite, Adolf fez uma longa diatribe sobre essa "facada nas costas" dada pelos italianos.

Sábado, 11 de setembro. Os alemães ocuparam Roma. Esperemos que isso não signifique que a cidade venha a ser bombardeada pelos Aliados.

Esta noite Loremarie Schönburg convidou Helldorf para jantar – a fim de conversar sobre política. Albert Eltz também estava interessado em ouvir suas opiniões. Como a sua reputação não é das melhores (ele é um veterano do Partido Nazista e um *Obergruppenführer* dos SA), as atuais atividades conspiratórias de Helldorf levantam suspeitas entre os mais intransigentes antinazistas. Loremarie e Albert estavam tomando banho cada um em seu banheiro quando Aga Fürstenberg chegou de surpresa. Como ela é uma co-nhecida tagarela, nós nos escondemos, fazendo de conta que tínhamos saído. Quando ela foi embora, fui ao encontro dos outros e deparei com os dois no porão enrolados apenas em toalhas. Infelizmente, todos esses cuidados foram em vão, pois Helldorf foi monossilábico. Albert tentou fisgá-lo, mas ele estava claramente na defensiva. Adormeci.

Domingo, 12 de setembro. Hoje à noite o rádio irrompeu repentinamente com o hino fascista italiano, *Giovinezza*, anunciando que Mussolini fora resgatado por paraquedistas alemães em Gran Sasso d'Italia, nos Abruzos, onde ficava sua prisão, e estava a caminho daqui. Ficamos apatetados.

Numa expedição ousada, um comando alemão de paraquedistas liderados pelo Tenente-Coronel Otto Skorzeny desembarcou no topo do Gran Sasso, libertou Mussolini e o trouxe para a Alemanha[22]. Mais tarde ele organizaria um governo

---

[22] Otto Skorzeny (1908-1975) teve uma vida rocambolesca antes de sucumbir a um câncer no pulmão em Madri, na Espanha, onde terminaria fixando residência depois da guerra. Foi ativo

neofascista com o que lhe restava de adeptos – a República Social Italiana – no norte do país, tendo Salò como capital.

Quarta-feira, 15 de setembro. Jantei a sós com Otto e Gottfried Bismarck. Otto contou-nos muita coisa sobre a vida em Roma. Aparentemente Anfuso[23] se declarou favorável a Mussolini (ele era o antigo *chef de cabinet* de Ciano), mas muitos dos outros figurões fascistas se voltaram contra ele, agora que está do lado perdedor.

Quinta-feira, 16 de setembro. Georgie nos escreveu de Paris e colocou no envelope uma borla branca – tudo o que restou do pano que cobria uma de suas janelas, depois que uma bomba explodiu ali perto.

O ataque dos Aliados a Paris, em 3 de setembro, matou cerca de 110 pessoas.

Mais tarde fui de bicicleta até Wannsee para ver o Dr. Marti, o representante suíço da Cruz Vermelha com quem mamãe tem trabalhado em favor dos prisioneiros de guerra soviéticos. Cheguei bem a tempo, pois ele partiria no dia seguinte para a Suíça.

Mussolini falou longamente no rádio. Entendi quase tudo.

---

em várias campanhas alemãs, tanto na Frente Ocidental quanto na Oriental. Foi incumbido pessoalmente por Hitler da libertação de Mussolini, detido no Hotel Campo Imperatore, no maciço do Gran Sasso, quase a 3 mil metros de altitude, no centro da Itália. Skorzeny desembarcou lá com cerca de noventa homens, entre paraquedistas e SS, levando a cabo a missão sem perder nenhum deles. Estava em Berlim quando do atentado de 20 de julho, e tomou parte ativa na repressão aos conspiradores. Depois da guerra foi preso pelos norte-americanos, mas conseguiu fugir em 1948, vivendo na clandestinidade por algum tempo. Juntou-se à chamada "Organização Gehlen", fundada pelo Major-General Reinhard Gehlen (1902-1979) com mais trezentos ex-SS como um serviço de inteligência para os norte-americanos, para espionar os soviéticos, e que viria a ser a base de uma das agências do serviço secreto da República Federal da Alemanha, o *Bundesnachrichtendienst*, existente até hoje.

[23] Filippo Anfuso (1901-1963), diplomata italiano, fascista de primeira hora. Juntou-se ao governo de Salò, tornando-se seu embaixador em Berlim. Depois da guerra esteve preso na França, mas, solto em 1948, chegou a atuar na política italiana em movimentos de extrema direita. O Conde Galeazzo Ciano, como já se disse em nota, foi executado em 1944, como traidor, pelos próprios fascistas.

Domingo, 19 de setembro. De Moscou, uma "União de Oficiais Alemães" fez um apelo via rádio. Foi assinado por vários generais alemães capturados em Stalingrado.

KÖNIGSWART *Terça-feira, 28 de setembro.* Tirei umas férias rápidas para visitar os parentes e Tatiana. Ela parece estar um pouco melhor. Fiz longas caminhadas com mamãe, que insiste para que eu largue o trabalho e me junte a elas no campo. Ela não entende que isso é impossível e que eu aterrissaria automaticamente numa fábrica de munições. Dormi as duas noites com Tatiana para que tivéssemos a oportunidade de conversar.

BERLIM *Segunda-feira, 4 de outubro.* Almocei com Josias Rantzau, o Embaixador von Hassell e seu filho. Ao voltarmos para o escritório, Josias recebeu uma mensagem vinda "de cima" de que nossos encontros fora do expediente eram vistos com desconfiança.

Terça-feira, 5 de outubro. Fui a um concerto húngaro com Philippe de Vendeuvre e um outro rapaz francês, Hubert Noël, que, embora deportado para trabalhar na Alemanha, conseguiu um atestado médico dizendo ser meio surdo; ele vai voltar para a França.

Quinta-feira, 7 de outubro. Almocei no Clube de Golfe com amigos, mas corri de volta, porque tinha um encontro com Philippe de Vendreuve para acompanhá-lo à sede do SD[24], do qual a Gestapo é somente uma parte. Ele acabara de ouvir dizer que um de seus melhores amigos, filho de um banqueiro francês, cujo nome é Jean Gaillard, fora preso perto de Perpignan, tentando seguir para a Espanha. Ele foi transferido para um campo [de concentração] em Compiègne ainda com a camisa e o short de jogar tênis que vestia quando foi preso. Ele conseguiu avisar sua noiva sobre o que acontecera. Mas não houve mais notícias dele, exceto que fora encerrado num carro blindado rumo

---

[24] *Sicherheitsdienst des Reichsführers-SS*, organização criada pelos nazistas enquanto ainda não estavam no poder. Em 1933 sua sede transferiu-se de Munique para Berlim. Era o braço nazista especializado em espionagem política, embora também tivesse atuado em outras frentes, como a perseguição aos judeus no Leste Europeu. Seu primeiro chefe foi Reinhard Heydrich, o futuro "carrasco de Praga".

a Oranienburg, um temido campo de concentração perto de Berlim. Nossa estratégia era nos fingir de parvos, fazendo perguntas ingênuas e tratando os oficiais do SD como se fossem funcionários de uma instituição normal. Eu daria o AA – que ironia! – como referência. Planejávamos até pedir permissão para mandar roupas e víveres para Gaillard. Prevendo a possibilidade de que eu não voltasse, avisei Loremarie Schönburg aonde estava indo.

Depois de entrarmos no prédio, um vasto conjunto um pouco fora da cidade, cercado por arame farpado, e depois de terem me tomado a câmera que eu – por algum impulso aberrante da mente – trouxera comigo, passamos por uma sucessão de oficiais, que nos mandavam de um para o outro como se fôssemos bolas de tênis. A cada vez tínhamos de dar longas explicações sobre nós mesmos e o que fazíamos ali. Quando me perguntaram por que eu estava interessada no caso, disse que eu e Philippe éramos primos. Ficamos lá por três horas, mas não chegamos a lugar nenhum. Eles até condescenderam em verificar as listas de recém-chegados a Oranienburg; Gaillard não constava nelas. Finalmente, sugeriram que Philippe fosse diretamente a Oranienburg para perguntar *in loco*. Mais tarde eu implorei que não fosse, pois poderia muito bem ficar ele mesmo preso por lá. Eles ainda estavam tomando nota de toda a sorte de detalhes sobre nós dois quando, de repente, chamaram--me ao telefone – era Loremarie: *"Lebst du noch?"* [*"Ainda está viva?"*]. Disse que sim e rapidamente desliguei. Fomos embora, desencorajados, mal e mal erguendo os olhos; por toda a parte, uniformes pretos, armas e rostos severos. Foi um alívio quando saímos para as ruas bombardeadas.

Finalmente Philippe de Vendeuvre ficou sabendo que seu amigo fora detido em Buchenwald, em vez de em Oranienburg. Desconsiderando o pedido de Missie, ele foi até lá, mas sem qualquer resultado. Em 1945 o jovem Gaillard foi liberado pelas tropas norte-americanas, mas, como estas não dispunham de meios extras de transporte, os sobreviventes foram enviados a pé para a retaguarda dos exércitos que avançavam. Muitos deles, inclusive Gaillard, pereceram no caminho. Seu corpo nunca foi encontrado.

Domingo, 10 de outubro. Passei a maior parte do dia esperando uma cha-mada do tio Valerian Bibikoff, um parente mais velho que está vivendo em Paris e que no começo da campanha da Rússia se apresentou como voluntário na Marinha alemã, como intérprete. Mal imaginava onde estava se metendo! Agora ele está de novo a caminho de Paris, de licença. Eu planejava lhe dar cartas para que levasse, uma para Georgie e outra de Philippe de Vendeuvre. Philippe insistiu que eu lesse a dele, com o que não concordei a princípio. Mas, depois que ele se foi, eu li. Que consternação! Era um relato detalhado para o arcebispo de Moulins, feito por um padre da Resistência que trabalhava num campo de concentração alemão. Fiquei com um enorme problema de consciência, não querendo desapontar Philippe, mas sabendo muito bem no que eu poderia estar envolvendo o pobre Valerian. Finalmente pus tudo num envelope fechado e endereçado a Georgie, pedindo a *ele* que mandasse a carta para Moulins de Paris, e dei a Valerian esse pequeno "presente de despedida". Antes que ele se fosse, afogamos nossas mágoas em vodka. Estou rezando para que tudo dê certo.

A carta chegou em segurança a Georgie, que no devido tempo a enviou ao destinatário. O seu autor, o Abade Girardet, pereceu[25].

Segunda-feira, 11 de outubro. Passei a noite com Sigrid Görtz. A Gestapo prendeu a mãe dela, que é judia, e calmamente lhe anunciou que ela vai ser mandada para o gueto de Theresienstadt, na Tchecoslováquia. O pai de Sigrid (que não era judeu) morreu na Primeira Guerra e ela é uma bonita moça, alta e loira. Por ora, ela conseguiu adiar o cumprimento da ordem, e agora está enviando pedidos de socorro para todos os lados, mas as chances são diminutas. No quartel-general da SD lhe disseram: *"Schade, dass Ihr Vater nicht mehr lebt. Dann wäre es nicht nötig. Sie haben halt Pech!"* [*"Que pena que seu pai já morreu, pois se ele fosse vivo nada disso seria necessário. Que azar o seu!"*].

---

[25] Sobre as pessoas aqui citadas não foi possível levantar muitos dados. Philippe de Vendeuvre tornou-se pesquisador e escritor, tendo publicado um ensaio sobre os manuscritos do Mar Morto. O bispo de Moulins em questão era Georges Clément Joseph Édouard Jacquin, que ocupou o bispado de 1942 a 1956. De Jean Gaillard e do *abbé* Girardet não foi possível encontrar informações. Quanto a Buchenwald, foi um dos primeiros campos de concentração alemães que, como Dachau e Oranienburg, ficava no país. Acomodou mais de 240 mil prisioneiros. Mais de 8 mil foram executados e dezenas de milhares morreram de desnutrição e doenças devidas às torturas. Teve uma liberação dramática. Quando souberam da aproximação da 89ª Divisão do Exército norte-americano, os prisioneiros remanescentes, depois de estabelecer contato com ela pelo rádio, rebelaram-se, matando os guardas que ainda lá se encontravam.

Terça-feira, 12 de outubro. Loremarie Schönburg e eu estamos oferecendo um coquetel no apartamento dela e arrumando as coisas para torná-lo habitável. Nós dispomos de duas garrafas de vinho e meia de vermute, mas somos otimistas, achando que os convidados trarão alguma coisa.

Quarta-feira, 13 de outubro. A festa foi um sucesso, embora Gretl Rohan, tia de Loremarie, tenha esvaziado uma garrafa de vinho enquanto eu comprava coisas para fazer sanduíches. Foi um choque, mas os convidados trouxeram gelo e champanhe, e nós misturamos tudo: o resultado ficou meio esquisito, mas foi tomado sem maiores queixas. Estou tentando levar os rapazes Vendeuvre para a casa de Tatiana durante um fim de semana, mas até o momento os franceses não têm permissão para sair do lugar em que estão de serviço. Discutimos como poderíamos contornar a proibição, enquanto fritávamos batatas, depois que a maioria dos convidados já tinha partido.

O novo governo italiano, de Badoglio, declarou guerra à Alemanha.

Em sua proclamação anunciando o armistício, Badoglio ordenou às Forças Armadas italianas que suspendessem todas as hostilidades contra "as forças inimigas", mas que resistissem a qualquer outro ataque, "viesse de onde viesse" (numa alusão aos alemães). Embora a aliança com a Alemanha nunca tivesse tido popularidade na Itália, e muito menos a guerra, essa virada de casaca, traindo recentes companheiros de armas, provocou certa angústia nas FFAA italianas, envolvendo até mesmo recusas em obedecê-la.

Quinta-feira, 14 de outubro. Fui visitar o Conde von der Schulenburg. Último embaixador alemão em Moscou, é um ancião encantador, simpático a tudo o que diz respeito à Rússia e muito falante. Estou tentando conseguir um novo emprego para Katia Kleinmichel, ela está agora num beco sem saída.

Um diplomata da velha guarda, apoiador da linha tradicional de Bismarck que favorecia a política de amizade entre a Alemanha e a Rússia, o Conde Werner von der Schulenburg (1875-1944) fora, como embaixador em Moscou desde 1934, um trabalhador incansável em prol da manutenção de um modus vivendi entre os dois ditadores. O ataque de Hitler à Rússia, em junho de 1941, foi para ele um

DIÁRIOS DE BERLIM 169

*sinal de alarme de um desastre nacional (ele não tinha dúvidas de que a Alemanha
seria derrotada), o que só o afastou mais de um regime que sempre detestara*[26].

Segunda-feira, 18 de outubro. Hoje fiquei de plantão à noite. Cheguei às
sete horas. As duas moças que deveriam manter a posição comigo estavam
num concerto. Escrevi umas poucas cartas e estava para sair de novo a fim de
encontrar Dickie Wrede ao lado, quando o porteiro me avisou que escutara
rumores de que haveria um ataque aéreo. Eu disse que voltaria num instante.

Mal chegara à porta de Dickie quando houve três estrondos. Toquei a
campainha várias vezes, mas não parecia haver ninguém em casa. Corri de
volta para o escritório e fiquei sabendo que três bombas tinham caído nas
vizinhanças. Embora pudéssemos ouvir os aviões sobre nossa cabeça, o alarme
soou apenas alguns minutos depois. Depois do toque de fim de ataque, voltei
a procurar por Dickie, que já voltara para casa, e tomamos um café. A noite
no escritório foi muito incômoda. Dormi enrolada num tapete, numa cama
dura como uma mesa.

Domingo, 24 de outubro. Aniversário de Maria Gersdorff. Foi difícil encontrar
um presente. Trouxe-lhe um perfume. Ela estava recebendo vários convidados,
inclusive Adam Trott, que veio mais tarde com papai para o apartamento de
Loremarie Schönburg. Oferecemos pão, vinho, batatas fritas e café.

Tenho uma nova tarefa: a tradução de legendas para um grande número
de fotografias dos restos de cerca de 4 mil oficiais poloneses, assassinados
pelos soviéticos e encontrados na floresta de Katyn, perto de Smolensk. A
mente fica paralisada.

Isto é tudo sussurrado em segredo. Vi o relatório confidencial enviado
por von Papen, o embaixador alemão em Ancara. Ele autorizou um membro do seu *staff* a se aproximar de um diplomata polonês na Turquia que,
por sua vez, é amigo de Steve Early[27], o representante especial do Presidente
Roosevelt lá. Roosevelt manifestou o desejo de receber um relato completo,

---

[26] Complementando: Werner von der Schulenburg envolveu-se no complô de 20 de julho com
seu irmão, o também Conde Fritz-Dietlof (1902-1944), oficial do Exército alemão. Ambos
foram condenados à morte pelo juiz Roland Freisler e executados no mesmo dia da sentença.

[27] Aparentemente trata-se de Stephen ("Steve") Early (1889-1951), secretário de Imprensa de
Roosevelt e também de Harry Truman.

sem adulterações – algo que, parece, é impossível conseguir nos EUA porque seu *entourage* (Morgenthau?)[28] intercepta e suprime qualquer informação desfavorável à União Soviética.

Depois de uma breve temporada em 1932 como chanceler alemão, Franz von Papen (1879-1969) foi nomeado vice-chanceler de Hitler em 1933, aparentemente para acalmar as opiniões conservadoras. De 1934 a 1938, como embaixador em Viena, ele fez sua parte para ajudar a Anschluss, *e de 1939 a 1944, como embaixador na Turquia, teve bastante sucesso em garantir a neutralidade daquele país. Foi levado a julgamento em Nuremberg por crimes de guerra, em 1946, e absolvido de todas as acusações. Mas em 1947 um tribunal alemão o condenou a oito anos de prisão num campo de trabalhos forçados, bem como ao confisco de suas propriedades. Solto dois anos depois, viveu o resto de seus dias na obscuridade.*

A tradução deve ficar pronta em dois dias. Sinto-me muito estranha ao pensar que a minha escrita vai aterrissar na mesa de Roosevelt em menos de uma semana. Que responsabilidade! É também um trabalho árduo. Mas sobretudo as evidências detalhadas que vieram à luz são assustadoras.

Em 13 de abril de 1943 o rádio alemão anunciara que os corpos de milhares de poloneses, na maioria oficiais [militares], *foram descobertos numa cova coletiva na floresta de Katyn, perto de Smolensk, na Rússia ocupada. Todos tinham sido executados com tiros na nuca, um método tradicional entre os soviéticos. Os alemães imediatamente acusaram os soviéticos e designaram uma comissão de inquérito formada por médicos de doze nações – neutras ou ocupadas. Uma segunda comissão, da Polônia ocupada pelos alemães, incluía membros da Resistência. No dia 17 de abril, sem consultar o governo britânico, o governo polonês no exílio em Londres (que há tempos suspeitava da verdade) anunciou que pedira à Cruz Vermelha uma investigação. Esta declarou que não poderia atuar sem permissão do governo soviético, que, é claro, não seria dada. Ao contrário, Moscou*

---

[28] Menção a Henry Morgenthau Jr. (1891-1967), secretário do Tesouro de Roosevelt durante o New Deal. Tomou parte ativa no "redesenho" da Alemanha depois da guerra, embora seu plano, conhecido por seu nome, não fosse seguido à risca por impor perdas considedaras demasiadas ao país, cujo lado ocidental era visto como um aliado valioso com a eclosão da Guerra Fria.

rompeu relações com o governo polonês em Londres, acusando-o de conivência com o inimigo; elas jamais seriam restabelecidas.

Ambas as comissões chegaram à conclusão unânime de que os 4.400 corpos eram de parte dos 230 mil militares aprisionados pelos soviéticos depois da invasão da Polônia no outono de 1939. Destes, 148 mil – incluindo de 12 mil a 15 mil oficiais – tinham desaparecido sem deixar rastro; até a descoberta de Katyn, todas as inquirições do governo polonês no exílio tinham tido como resposta, até mesmo por parte do próprio Stalin, que "todos os prisioneiros foram soltos" ou "tinham escapado". Apenas Beria, o chefe de polícia de Stalin, deixou escapar certa vez: "Lá nos cometemos um grande erro...". Todas as evidências materiais indicavam que as vítimas tinham sido assassinadas na primavera de 1940, ou seja, um ano antes de os alemães ocuparem o lugar. Todas elas provinham do mesmo campo de prisioneiros soviético para poloneses, o antigo monastério ortodoxo de Optina Poustyn, perto de Kozel'sk; toda a correspondência com parentes foi repentinamente interrompida em abril de 1940. O destino dos internos de outros dois campos para oficiais, Ostashkov e Starobiel'sk, não foi descoberto até hoje; seus corpos jazem, pode-se presumir, em outras covas coletivas, "conhecidas tão somente por Deus".

Depois de reocupar a área, Moscou nomeou sua própria comissão de inquérito, que jogou a culpa sobre os alemães, e essa acusação foi incluída pelos Aliados entre as dirigidas aos principais criminosos de guerra nazistas no julgamento de Nuremberg. Mas o veredito final silenciou sobre ela, não deixando dúvidas sobre quem, no fim das contas, eram os culpados.

A descoberta de Katyn foi altamente embaraçosa para os Aliados. A URSS ainda carregava sobre os ombros o fardo da luta na Europa continental, e sua participação continuava sendo essencial. Além disso, havia uma grande corrente de simpatia pelos "galantes aliados soviéticos", o que tornava difícil o reconhecimento de que eles pudessem ser capazes de tal iniquidade. E assim um pacto de silêncio, com a complacência dos Aliados, bloqueou qualquer outra menção ao assunto até o final da guerra.

Segundo fontes do Leste Europeu, ouvidas depois da guerra, na sequência da denúncia dos crimes de Stalin no XX Congresso do Partido Comunista Soviético em 1956, Nikita Kruschev pressionou seu colega polonês Wladyslaw Gomulka a divulgar a verdade. Gomulka se recusou, temendo que a revelação prejudicasse o relacionamento entre os dois países. Desde então, evidências adicionais vieram à luz, confirmando a responsabilidade da URSS no massacre e revelando até mesmo a identidade de muitos dos que executaram os prisioneiros.

Como entre as vítimas de Katyn havia 21 professores universitários, mais de 300 médicos, 200 advogados e 300 engenheiros, além de centenas de professores de escola, jornalistas, escritores e industriais, na Polônia o massacre é visto como uma tentativa de eliminar todos os não comunistas que poderiam liderar o país após sua libertação[29].

Loremarie está subitamente com muito medo dos ataques aéreos. Ela dormiu a noite passada na minha casa e, durante o sono, me deu um soco no olho.

A maioria dos diplomatas sul-americanos está de partida.

Quinta-feira, 28 de outubro. Há ataques aéreos agora todas as noites, mas parecem não oferecer maior perigo. Em geral eles me pegam dentro da banheira.

KÖNIGSWART *Sábado, 30 de outubro.* Aga Fürstenberg e eu viemos passar o fim de semana em Königswart. Os Vendeuvre não tiveram permissão para viajar. A jornada foi extenuante; tivemos de fazer metade dela em pé, pois os vagões estavam lotados com refugiados, na maioria grupos de *Mutter und Kind* [mães e filhos]. Havia também muitos feridos. Durante o resto da viagem nos sentamos sobre nossas malas, no corredor. Aqui tenho feito longos passeios com mamãe e tento me recuperar da vida na cidade.

Domingo, 31 de outubro. Ontem ainda estávamos na cama quando ouvimos um enorme estrondo. Um avião caiu na floresta, no nosso terreno. O piloto, que voava para Nuremberg, quis acenar para a sua família, que mora numa aldeia próxima; aparentemente algo deu errado e a aeronave caiu feito uma pedra. O piloto morreu na hora, mas seu acompanhante

---

[29] Até o governo de Mikhail Gorbachev, a URSS sempre negou a responsabilidade pelo massacre. Em 1989-1990 Gorbachev reconheceu essa responsabilidade, e revelou a localização de duas outras covas coletivas, em Mednoye e Piatykhatky. O número total de mortos nessas execuções é estimado em mais de 20 mil. A matéria segue sendo investigada por tribunais na Rússia e na Polônia.

ainda sobreviveu por várias horas. Todos os homens da vizinhança foram chamados para apagar o fogo, que se espalhou rapidamente, pois o mato está muito seco.

BERLIM *Segunda-feira, 1º de novembro.* A viagem de volta foi ainda pior. Eu e Aga nos separamos; ela escorregou e caiu. Eu podia ouvir seus gritos e gemidos no fundo do vagão enquanto as pessoas tropeçavam nela ou passavam por cima enquanto ela estava caída. Embora Tatiana nos desse sanduíches e vinho para nos animar durante a jornada, chegamos completamente exaustas.

Sábado, 6 de novembro. Os russos retomaram Kiev.

Quarta-feira, 10 de novembro. A casa dos Bismarck em Potsdam está lotada. Eu e Loremarie Schönburg vamos voltar para a cidade; já aproveitamos a hospitalidade do casal por muito tempo, até demais, na verdade. Agora, com a chegada do outono, parece que os ataques não serão tão pesados. Ainda assim, estou levando comigo apenas o indispensável, pois parece razoável viajar sem muito peso.

Quinta-feira, 11 de novembro. Jantar com os Gersdorff, seguido por outro ataque inofensivo. Dormi por treze horas.

Sábado, 13 de novembro. Café com as gêmeas Wrede, mais Sigi Welczeck, o piloto de corridas Manfred von Brauchitsch e a atriz Jenny Jugo.

Todos nós estamos horrorizados com a execução de um jovem e conhecido ator, por causa de seus comentários "subversivos": ele previu a provável derrota da Alemanha. Manfred von Brauchitsch (que é sobrinho do ex-comandante em chefe das Forças Armadas)[30] também está em apuros, denunciado por algo muito parecido.

---

[30] Manfred von Brauchitsch (1905-2003) foi um célebre piloto de corridas alemão, pertencente a um grupo conhecido como "Silver Arrow" ("Flecha de Prata"). Apesar de algumas vitórias importantes, ele tornou-se notório por seu azar, perdendo vários *Grand Prix* quando estava perto da vitória, o que lhe valeu o apelido de *Pechvogel* ("Pé-Frio", literalmente "Pássaro de Breu"). Depois da guerra esteve na Argentina, voltou à Alemanha, presidiu o Automóvel Clube Alemão, mas foi preso, acusado de espionagem em favor dos comunistas. Solto em liberdade

Fui a um concerto regido por Furtwängler; depois vim para casa e toquei piano. Martha, a cozinheira, com veia musical, insistiu em cantar as cançonetas favoritas dos "Felizes Anos Noventa"[31]. Maria Gersdorff e papai tinham saído. Houve outro ataque. Eu cheguei a preparar uma pequena valise, mas as coisas se acalmaram, e fiquei onde estava.

Terça-feira, 16 de novembro. Plantão noturno. A gente sempre se sente mal na manhã seguinte – uma espécie de ressaca muscular. Fui para casa por meia hora depois de tomar um banho no escritório – o único lugar em que, parece, há ocasionalmente água quente disponível. É pena, mas eu e meu arquivo fotográfico fomos removidos para o prédio da antiga Legação Tcheca, na Rauchstrasse.

Todo mundo está alvoroçado pela notícia de que o chefe de lá foi despedido. A Gestapo pegou uma carta dele para sua ex-esposa no Ruhr[32], advertindo-a sobre a possibilidade de ataques aéreos iminentes. O segundo marido da mulher denunciou-o. Que gangue!

Jantei esta noite na casa de Gottfried Bismarck em Potsdam, com Adam Trott, os Hassells e Furtwängler. Este último, que está aterrorizado pela possibilidade da chegada dos russos, me desapontou. De um gênio musical eu esperaria mais "classe".

Comentando esse jantar numa carta para sua esposa, Adam Trott acrescentou: "Voltei de carro com Missie, e de novo fiquei muito admirado e impressionado com ela... Ela tem algo de um nobre animal saído de uma lenda. Algo de liberdade

---

condicional, conseguiu fugir para a Alemanha Oriental, onde também se ligou ao mundo dos esportes automobilísticos. Seu tio era o Marechal Walther von Brauchitsch (1881-1948), que chegou a cogitar, com outros oficiais, depor Hitler em 1939, por acreditarem que a guerra seria desastrosa para a Alemanha, mas terminaram desistindo da ideia. Com o fim do conflito, o marechal foi acusado por crimes de guerra, mas morreu antes de ser julgado.

[31] Em inglês *Naughty Nineties Ditties*, termo que se refere a canções, poemas e peças ligeiras de teatro da década de 1890, vista como "anos dourados" em relação ao que viria depois.

[32] O Ruhrgebiet, a "Região do Ruhr", nome de um rio, era a mais industrializada da Alemanha, e até hoje é a maior conurbação urbana do país, embora não haja uma "cidade-centro". É uma das quatro maiores da Europa, ao lado de Londres, Moscou e Paris, e a única que não tem uma capital nacional como centro. Era praticamente um crime difundir informações sobre operações de guerra, mesmo as do inimigo.

que lhe permite pairar muito acima de tudo e de todos. Isso, claro, é um pouco trágico, até mesmo quase inquietante...".

Quarta-feira, 17 de novembro. Fomos convocados *in corpore* para conhecer nosso novo chefe temporário no escritório da Rauchstrasse, um jovem chamado Büttner. Ele vem direto "da guerra", manca e tem uma cicatriz na fronte. Fez um sermão sobre a heroica vida dos soldados na frente de batalha e sobre o que se esperava das pessoas na retaguarda.

À noite levei Adam Trott para a casa dos Horstmann. Eles se mudaram de volta para a cidade, para um pequeno apartamento de literalmente três cômodos, mas sempre arrumados com esmero, e eles continuam tão hospitaleiros como sempre.

Passei a noite na casa de Loremarie Schönburg porque houve um novo ataque e minha nova casa, na Woyrschstrasse fica muito longe. Ela está em apuros, porque esqueceu um livro norte-americano ultrassecreto, *Hitler's Girls, Guns and Gangsters*[33], no lavabo do Hotel Eden, onde estava almoçando com um amigo. Ela deveria lê-lo e resenhá-lo no escritório. Para piorar, ele tem o selo oficial do AA. Ela não quer admitir e tenta desesperadamente encontrá-lo, além de alertar amigos influentes para a possibilidade de desaparecer de repente. Ela chegou ao ponto de telefonar para um homem que encontrou apenas duas vezes e que trabalha no esconderijo de von Ribbentrop em Fuschl. Quando a chamada afinal se completou, ela não estava no escritório e eu tive de fingir que não sabia de nada.

Quinta-feira, 18 de novembro. Aos poucos me acostumo a não almoçar. Nossa cantina é horrorosa, embora fique com muitos de nossos cupons de racionamento pelo grude que eles chamam de *Mittagessen* [almoço].

Gottfried me levou para caminhar sem rumo pela cidade. Ele se sente um pouco embaraçado: nossas famílias – a minha e a de Loremarie Schönburg – ficam escrevendo para ele agradecendo por ter nos acolhido em Potsdam;

---

[33] Livro de Felix Gross, publicado em 1941. Trata-se de uma sátira meio documental, meio ficcional sobre a vida amorosa do *Führer*. Foi impossível conseguir informações biográficas sobre o autor, que escreveu vários livros e comentários sobre personalidades famosas, como Richard Wagner, o filósofo Kant e outras. Ver: <http://trove.nla.gov.au/ndp/del/article/75131238>; acesso em 9 dez. 2014.

com exceção de papai, que mora comigo na casa dos Gersdorff, ninguém mais sabe que nós nos mudamos de volta para Berlim.

Passei a maior parte da tarde lendo jornais e revistas estrangeiros. Ficam no arquivo do meu antigo escritório na Charlottenstrasse, e vou para lá alegando vários pretextos capciosos.

No meio do jantar com Maria e Heinz Gersdorff irrompeu um enorme e violento tiroteio. Como não há porão na casa, nós nos refugiamos na cozinha, que em parte é subterrânea, com janelinhas que dão para um pequeno jardim, e lá ficamos sentados por duas horas. Houve vários incêndios nas vizinhanças e tudo ficou muito barulhento. Mais tarde soubemos que algumas centenas de aviões chegaram aos arredores de Berlim, mas apenas cinquenta conseguiram passar pelo fogo das baterias antiaéreas.

A tentativa do Marechal do Ar Harris de "pôr a Alemanha de joelhos" consistiu numa série de batalhas aéreas que tinham o nome de seu principal objetivo. A primeira, na primavera de 1943, foi a "Batalha do Ruhr", que varreu do mapa o cerne da indústria alemã, junto com cidades como Colônia, Mainz e Frankfurt. Seguiu-se a "Batalha de Hamburgo", em julho e agosto. No outono de 1943 os bombardeiros de Harris deveriam engajar-se com o alvo principal – a capital do Reich. Sem suspeitar de nada, Missie acaba de descrever o primeiro embate da que viria a ser conhecida como a "Batalha de Berlim" [34].

Sexta-feira, 19 de novembro. Jantei com Rudger von Essen, da Legação Sueca, e sua esposa Hermine[35]. Eles acabaram de decorar um apartamento encantador perto da nossa casa, cheio de porcelana e espelhos da Dinamarca, o que me

---

[34] O texto se refere à Batalha (Aérea) de Berlim, conduzida sobretudo pela RAF britânica entre meados de novembro de 1943 e março de 1944. Embora conhecida por esse nome, o confronto atingiu também outras cidades, como Frankfurt e Nuremberg. Nela, a RAF perdeu 1.047 aviões, além de 7 mil tripulantes, tendo 1.682 aeroplanos avariados. Em Berlim os bombardeios causaram 4 mil mortes, deixando 10 mil feridos e 480 mil pessoas sem teto. Apesar da devastação de grandes áreas da cidade, a batalha é hoje descrita como um fracasso do ponto de vista militar, pois nem conseguiu seu objetivo de arrasar moralmente a população atingida nem conseguiu parar a produção de guerra na região. A expressão "Batalha de Berlim" também é usada para referir-se à sua tomada pelo Exército Vermelho em 1945, que pôs fim à guerra.

[35] Rutger Fredrik von Essen (1914-1977). Sobre Hermine não consegui informação, exceto seu nome de solteira: Hermine Hildur Vilhelmina Tersmeden.

parece um tanto imprudente. Voltei tarde para casa, porque os bondes estavam circulando apenas esporadicamente. Comemos ostras – um regalo e tanto!

Segunda-feira, 21 de novembro. Fui à missa com papai na grande catedral russa perto [do aeroporto] de Tempelhof. Os hinos foram cantados de modo excelente. Loremarie e um jovem oficial gravemente ferido, seu amigo Tony Saurma, nos acompanharam e ficaram muito impressionados, embora Tony se distraísse vendo tantas mulheres soviéticas, muitas delas amamentando seus bebês na igreja. Elas vêm das áreas ocupadas pelos alemães na Rússia e seu número cresce constantemente. Algumas trabalham na agricultura, outras em fábricas de munição. Aos domingos a igreja é seu ponto de encontro favorito, eu suspeito que mais por lhes dar uma sensação de "estarem em casa" do que por um zelo religioso. Loremarie percebeu a presença de um pianista russo que ela conhecera em Viena, Ogouze, e o convidou a vir a Potsdam. Saímos de lá em dois carros, pois Tony, como oficial ferido, também tem direito a um. Depois de muitos copos de *brandy*, Ogouze tocou – principalmente música russa. Ele é um bom pianista, mas uma pessoa algo desagradável.

Por volta da meia-noite consegui convencer Tony e Loremarie que era hora de voltar para casa. O tempo estava péssimo. Tony se perdeu e não percebeu a saída de Wannsee para o Avus[36]. Depois de dirigir por algum tempo na direção errada, ele se deu conta, fez meia-volta, mas logo um pneu furou. Nessa altura também o combustível tinha acabado. Enquanto ele trocava o pneu, Loremarie e eu fomos em busca de ajuda. Depois de um bom tempo apareceu um grande automóvel no sentido oposto. Acenamos, e ele parou. Saiu um cavalheiro em trajes civis e um motorista com o fardamento dos SS. Concordaram em nos dar um pouco de gasolina e, enquanto ela era transferida para o nosso tanque, entramos no carro deles e nos fingimos de desligadas. O que vestia trajes civis nos perguntou se éramos atrizes e de que país vínhamos. Astutamente perguntamos a quem deveríamos devolver a gasolina emprestada. Ele respondeu que isso não seria necessário; disse que vinham do *Führerhauptquartier* [*quartel-general do* Führer], mas que não revelaria a sua identidade.

---

[36] "Avus", abreviação de *Automobil-Verkehrs-und-Übungsstrasse*, era o nome de uma pista de corrida construída a partir de 1907 no sudoeste de Berlim, como um prolongamento de autoestrada, ligando os distritos de Grunewald e Charlottenburg. Ficou ativa até 1999.

Nessa altura, para compensar as pesadas perdas da Frente Oriental e dispo-nibilizar mais alemães para o front, *milhões de homens e mulheres de toda a Europa ocupada estavam sendo atraídos ou deportados para a Alemanha. Vinham trabalhar na agricultura, na mineração, na indústria, na reconstrução de fábricas ou linhas ferroviárias bombardeadas, na construção de fortificações na costa etc. Em 1944 seu número chegaria a 7,6 milhões, um quarto do total da força de trabalho. Pelo menos um terço deles vinha da União Soviética: prisioneiros de guerra (que de outro modo morreriam de fome nos campos de prisioneiros) ou civis dos territórios ocupados, os assim chamados "Osts"*[37].

Segunda-feira, 22 de novembro. Estou tão cansada depois da aventura da última noite que hoje quero ir para cama às sete. Não almocei e estou até tarde no escritório por causa de uma conferência entediante. Chove a cântaros.

Hoje é aniversário de Georgie.

Terça-feira, 23 de novembro. Ontem à noite a maior parte do centro de Berlim foi arrasada.

Durante a tarde choveu muito. Fui enviada em busca de um documento ne-cessário para a conferência. Nosso novo chefe, Büttner, tem mania de promover tais conferências; elas acontecem quase diariamente. Provavelmente ele gosta de "passar as tropas em revista". Acho uma completa perda de tempo. Fiquei encharcada no caminho e cheguei atrasada ao encontro, que se prolongou até as sete da noite. Estava já correndo escada abaixo para ir para casa quando o porteiro me interceptou com as palavras *"Luftgefahr 15"* [*"Perigo de ataque aéreo, grau 15"*]. Isso significava que grandes formações de aviões inimigos estavam a caminho. Voltei para cima saltando de dois em dois os degraus da escada a fim de advertir meus colegas que moram longe para que não saíssem, caso contrário poderiam ser apanhados sem proteção. As sirenes já estavam soando quando deixei o prédio. Ainda chovia forte e, como logo os ônibus deixariam de circular, decidi ir a pé para casa. No caminho depositei na caixa de correio da esquina uma longa carta que acabara de escrever para Tatiana.

As ruas estavam cheias de gente. Muitos só ficavam à toa, pois a visibilidade era tão ruim devido à chuva que ninguém esperava que o ataque durasse muito

---

[37] De "Ost", leste.

ou causasse grande dano. Em casa, encontrei Maria Gersdorff, que me disse que o marido acabara de telefonar do seu escritório no *Stadt Kommandantur* [*quartel-general da guarnição de Berlim*], advertindo-a de que a formação inimiga era maior do que o usual, que o ataque poderia ser muito sério e que ele passaria a noite lá. Eu não tinha almoçado e estava faminta. Maria pediu que a velha Martha esquentasse uma sopa, enquanto fui ao andar de cima vestir *slacks* e um pulôver. Como agora é comum, preparei uma pequena valise com algumas coisas. Papai estava em seu quarto, dando aula de língua para dois jovens, e me disse que não queria ser perturbado.

Eu estava acabando de aprontar a valise quando as baterias abriram fogo. Logo de início foi tudo muito violento. Papai saiu do quarto com seus pupilos e todos nós corremos para o meio-piso abaixo da cozinha, onde costumamos ficar quando há ataques. Mal havíamos chegado lá e ouvimos a aproximação dos primeiros aviões. Eles voavam muito baixo, e logo o troar das baterias antiaéreas foi abafado por um som diferente – o das bombas que explodiam, primeiro bem longe, depois cada vez mais perto, e perto, até parecer que caíam direto sobre nós. A cada explosão a casa estremecia. Pela primeira vez entendi o que a expressão *Bombenteppich* [*tapete de bombas*] quer dizer – os Aliados chamam isso de "bombardeio de saturação". A certa altura houve uma chuva de vidros quebrados e todas as três portas do porão voaram para dentro, com as dobradiças arrebentadas. Colocamos as portas de volta nos batentes e as pressionamos, para que ficassem fechadas. Eu deixara meu casaco do lado de fora, mas não ousei sair para buscá-lo. Um estilhaço inflamável caiu sibilando na nossa entrada, e os homens saíram para apagá-lo. De repente nos demos conta de que não tínhamos água para apagar um incêndio caso necessário e nos apressamos a abrir as torneiras da cozinha. Isso abafou o barulho por algum tempo, mas não muito... Os aviões não vieram em vagas sucessivas, como de costume, mas ficaram roncando sobre nós sem cessar durante uma hora.

No meio disso tudo a cozinheira trouxe a minha sopa. Pensei que, se comesse, eu vomitaria. Para mim era impossível até mesmo ficar sentada quieta e me punha de pé a cada impacto. Papai, imperturbável como sempre, permaneceu sentado numa poltrona de vime. Num certo momento, quando pulei depois de uma explosão particularmente ensurdecedora, ele disse calmamente: "Sente-se! Assim, se o teto desabar, você estará mais longe dele...". Mas os impactos se seguiam uns aos outros e eram tão ensurdecedores que nos piores momentos eu me pus por detrás dele, segurando seus ombros como para me proteger. Parecíamos uma enorme *bouillabaisse* familiar! Seus alunos agachados num canto, enquanto Maria se apoiava feito uma estaca contra uma das paredes, rezando pelo marido e parecendo desesperada. Ela ficava me alertando para permanecer longe da mobília, que poderia estilhaçar. As bombas continuavam a chover sobre nossa cabeça. Quando uma casa vizinha desabou, papai murmurou em russo: "*Volia Bozhia!*" ["*Seja feita a vontade de Deus!*"]. Parecia mesmo que nada poderia nos salvar. Mais ou menos uma hora depois as coisas se acalmaram; papai pegou uma garrafa de *Schnaps* e nós tomamos grandes goles. Porém tudo recomeçou... Apenas lá pelas nove e meia da noite o ronco dos aviões cessou. Devia haver centenas deles.

Nesse exato momento – maravilha das maravilhas! – o telefone da cozinha tocou. Era Gottfried Bismarck, de Potsdam, perguntando se estávamos bem. Eles tinham ouvido centenas de aviões passando em voo baixo, mas por causa da péssima visibilidade não podiam avaliar a dimensão dos danos. Quando eu disse: "Foi horrível!", ele se ofereceu para vir me buscar, mas eu lhe disse que não valia a pena, que o pior parecia já ter passado. Ele prometeu descobrir onde Loremarie Schönburg estava e chamá-la de volta.

A sirene anunciando o fim do alarme soou apenas meia hora depois de os últimos aviões partirem, mas muito antes disso um oficial de Marinha nos chamou do lado de fora. Ele nos disse que o vento, que até então estivera parado, começara a soprar de repente, o que espalhava o fogo dos incêndios. Saímos para ver nosso pequeno quarteirão e posso afirmar que para três lados o céu parecia ensanguentado de tão rubro. Isso, explicou o oficial, era apenas o começo; o perigo maior sobreviria dentro de algumas horas, quando a fúria do fogo realmente atingisse o auge. Antes de sairmos de casa, Maria deu a cada um de nós uma toalha molhada para cobrirmos o rosto – uma sábia precaução, porque nosso quarteirão já estava tomado pela fumaça e mal podíamos respirar.

Voltamos para casa, e os alunos de papai subiram no telhado para dar uma olhada nos incêndios ao redor. Então o encarregado de negócios dinamarquês, que é nosso vizinho, apareceu, com uma garrafa de *brandy* nas mãos. Enquanto estávamos na sala de visitas, conversando e tomando um gole de vez em quando, o telefone tocou de novo. Era Gottfried, e ele parecia desesperado.

Ele telefonara para o apartamento de Bernd Mumm[38], onde Loremarie jantara com Aga Fürstenberg, e lhe falaram que Loremarie desaparecera logo depois do fim do alarme e ninguém sabia dela. Gottfried achava que ela poderia estar tentando me encontrar, mas como estávamos no centro de um anel de fogo eu duvidava que ela conseguisse passar.

Estranhamente, logo depois que ele desligou, nosso telefone deixou de funcionar, quer dizer, podiam nos chamar de fora, mas nós não podíamos fazer ligações. Também não havia eletricidade, nem gás, nem água, e tínhamos de tatear o caminho à luz de lanternas e velas. Por sorte tivéramos tempo de encher de água a pia da cozinha, todas as banheiras, bacias e baldes da casa. O vento soprava selvagemente, de modo ameaçador, parecendo um tufão no mar. Quando olhamos pela janela, vimos uma chuva constante de fagulhas caindo sobre nossa casa e as vizinhas, enquanto o ar ficava cada vez mais denso e quente e a fumaça entrava pelas frestas das janelas e dos batentes. Passamos em revista a casa e constatamos, para nosso alívio que, com exceção das vidraças quebradas e das portas fora dos gonzos, não houvera outros danos de monta.

No momento em que devorávamos alguns sanduíches, as sirenes de alarme recomeçaram. Ficamos olhando pelas janelas durante uma meia hora, em silêncio. Estávamos convencidos de que tudo recomeçaria. Mas então soou o toque de fim de alarme. Aparentemente se tratava apenas de alguns aviões de reconhecimento do inimigo que vieram observar os danos. Maria, que até então parecia quieta como uma pedra, irrompeu em lágrimas, pois seu marido ainda não havia dado qualquer sinal de vida. Embora eu estivesse caindo de sono, decidi fazer uma vigília junto do telefone. Coloquei-o no chão perto de mim e, enrolada num cobertor, deitei num sofá. Por volta da uma da manhã Gottfried e Loremarie ligaram de Potsdam. A ligação caiu e o telefone emudeceu logo em seguida, mas pelo menos ficamos livres de qualquer ansiedade por causa dela.

---

[38] Bernd Mumm von Schwarzenstein (1901-1981) foi um diplomata alemão, expulso do Ministério de Relações Exteriores quando os nazistas chegaram ao poder. Mais adiante na guerra, foi aprisionado pelos nazistas e chegou a enfrentar um processo com acusações passíveis de condenação à morte. Entretanto foi libertado por tropas canadenses. Reintegrou-se ao serviço diplomático a partir de 1952. Seu irmão Herbert (1898-1945) não teve essa sorte. Capturado pela Gestapo, foi fuzilado em 20 de abril de 1945, dezoito dias antes do final da guerra, acusado de alta traição, por seu envolvimento com a Resistência.

Por volta das duas da manhã decidi dormir um pouco. Papai manteve a lanterna sobre mim enquanto eu tirava os sapatos e tentava me lavar. Lá pelas três horas Maria também se deitou. Logo depois ouvi o telefone tocar e o grito dela, "Amor!", o que significava que Heinz também estava são e salvo. Aqui e lá um prédio desabando ou a explosão de uma bomba de retardo nos despertavam bruscamente, e eu me sentava com o coração aos pulos. Os incêndios estavam no auge, soando do lado de fora como um trem dentro de um túnel.

Quarta-feira, 24 de novembro. De manhã bem cedo surpreendi Maria Gersdorff falando ansiosamente com papai. Uma casa perto daqui pegara fogo. Mas eu estava tão cansada que desmaiei de novo e abri os olhos somente lá pelas oito horas.

Os alunos de papai já tinham ido para casa, depois de passarem a noite no nosso telhado. Maria saiu para comprar pão, mas logo voltou, de braço dado com uma anciã enrolada num xale branco. Ela tropeçara nela na esquina e, ao olhar seu rosto angustiado, reconheceu a própria mãe, de oitenta anos, que estivera tentando encontrá-la, caminhando pela cidade em chamas durante toda a noite. Seu apartamento fora completamente destruído pelo fogo; os bombeiros chegaram tarde e se concentraram na tentativa de salvar um hospital próximo (o que, graças a Deus, conseguiram). Mas todas as outras casas da rua foram destruídas. Logo o próprio Heinz Gersdorff apareceu. Disse que viera direto para casa, só pôde ter uma visão muito rápida dos efeitos do ataque, mas, tanto quanto era possível avaliar, a área da Unter den Linden (onde fica seu escritório) tivera danos tão sérios quanto os da nossa vizinhança: a Embaixada Britânica e a Francesa, o Hotel Bristol, o Arsenal, a Wilhelmstrasse e a Friedrichstrasse sofreram estragos enormes.

Lá pelas onze da manhã eu decidi sair e tentar ir até o meu escritório, com a esperança – que se comprovou uma loucura – de tomar um banho quente assim que chegasse lá. Vestindo *slacks*, comum lenço na cabeça e usando um par de óculos militares de Heinz, forrados com peles, lá me fui. No momento em que saí de casa, me vi envolta pela fumaça e uma chuva de cinzas começou a cair. Eu só conseguia respirar com um lenço cobrindo a boca e abençoei Heinz por me emprestar aqueles óculos.

À primeira vista a nossa Woyrschstrasse não parecia em tão mau estado, mas, um quarteirão mais adiante, na Lützowstrasse, todas as casas estavam completamente queimadas. Conforme continuei pela Lützowstrasse, a devastação piorou: muitos prédios ainda ardiam, e eu tinha de me manter no meio da rua, o que era difícil, devido ao grande número de bondes destroçados. Havia muita gente na rua, a maioria cobrindo a face com lenços e tossindo, enquanto abria caminho por entre os montes de estuque que desabara das fachadas. No fim da Lützowstrasse, cerca de quatro quarteirões antes do escritório, as casas dos dois lados da rua tinham desabado, e precisei escalar ruínas fumegantes, canos de água jorrando e outros escombros para chegar ao outro lado. Até então eu vira poucos bombeiros por ali, mas nesse ponto encontrei alguns ocupados tentando retirar pessoas aprisionadas em porões. Na Lützowplatz todas as casas tinham sido destruídas pelo fogo. A ponte sobre o rio Spree estava intacta, mas do outro lado todos prédios tinham sido destruídos, apenas as paredes externas permaneceram de pé. Muitos carros tentavam costurar cuidadosamente por entre as ruínas, buzinando sem parar. Uma mulher pegou meu braço e disse que uma das paredes estava oscilando, então nos pusemos a correr. Consegui ver a caixa de correio em que, na noite anterior, eu pusera minha longa carta para Tatiana: ela estava de pé, mas completamente amassada. Então vi a minha loja de mantimentos, a Krause, ou melhor, o que sobrara dela. Maria tinha pedido que eu comprasse algumas provisões quando voltasse para casa, porque aquela em que seus cupons estavam registrados fora destruída. Mas a pobre Krause não nos ajudaria agora.

O sistema alemão de cupons de racionamento exigia que as pessoas registrassem os seus numa determinada loja e retirassem provisões apenas ali.

Por alguma razão eu ainda não conseguira imaginar que o nosso escritório estivesse destruído, mas ao chegar à esquina vi a cabine da portaria e a entrada de mármore fino ardendo alegremente. Em frente estava Strempel (um alto funcionário do AA e o conselheiro romeno Valeanu, cercado por um pequeno grupo de compatriotas. Valeanu jogou-se nos meus braços e disse: "*Tout a péri, aussi l'appartement des jumelles! J'emmène mon petit tropeau à la campagne, à Buckow*" ["Está tudo destruído, até mesmo o apartamento das gêmeas. Eu agora levo meu pequeno rebanho para o campo, para Buckow"]. Agora todas as missões estrangeiras têm instalações de emergência fora da cidade. E, de fato, a missão romena, mais adiante, junto com a finlandesa, formavam um amontoado de ruínas. Perguntei a Strempel o que deveríamos fazer. Ele rosnou: "Vocês não receberam ordens a respeito?". "Claro", eu respondi educadamente, "nos disseram – abro aspas – para não entrarmos em pânico e nos dirigirmos para a Siegessäule [*a Coluna da Vitória, a meio caminho do eixo Leste-Oeste*], onde conduções nos apanhariam e nos levariam para fora da cidade – fecho aspas". Ele sacudiu os ombros furiosamente e me deu as costas. Decidi voltar para casa.

Nessa altura aquela visão das fileiras de prédios queimados ou ainda queimando tinha me exaurido, e comecei a entrar em pânico. O bairro inteiro, com muitas de suas casas que me eram tão familiares, tinha sido arrasado numa única noite! Comecei a correr e assim continuei até me ver de volta na Lützowstrasse, onde um prédio desabou assim que passei por ele. Um bombeiro gritou algo ininteligível para mim e para algumas outras pessoas próximas: nós nos atiramos no chão, pus os braços em volta da cabeça e, quando cessaram o estrondo e o fragor de mais uma parede que desabava, e todos estávamos cobertos de estuque e poeira, eu vi, logo depois de uma poça lamacenta, a face japonesa e coberta de fuligem do Conde C.-K. Embora eu e Tatiana o evitássemos cuidadosamente nos últimos quatro anos (ele tem uma queda por garotas bonitas e nem sempre sabe se comportar), eu disse a mim mesma que em momentos como esse todos os seres humanos são irmãos e, ensaiando um sorriso amigável, exclamei em inglês: "Olá!". Ele me encarou friamente e perguntou: "*Kennen wir uns?*" [*"Fomos apresentados?"*][39]. Eu decidi que aquele não era o momento para apresentações formais e, assim que consegui ficar de pé, segui o meu caminho.

Chegando em casa, encontrei um pouco de sopa quente me esperando. Papai pegou os meus óculos de proteção e saiu para ver as coisas por si mesmo. Gottfried Bismarck telefonou e disse que me pegaria às três da tarde. Disse-lhe que ruas ele deveria tomar para poder vir até nós. A irmã de Maria, a Condessa Schulenburg (que está casada com um primo do embaixador[40]),

---

[39] Literalmente: "Nós nos conhecemos?".

[40] Dado o alto número de condessas von Schulenburg naquela época, foi impossível precisar a identidade desta. Quanto ao embaixador a que a observação se refere, é Friedrich Werner Graf von Schulenburg (1875-1944), diplomata acusado pela Conspiração de 20 de Julho, condenado e enforcado em novembro de 1944. A sua maior incriminação foi a de constar em algumas listas dos conspiradores como um provável alto funcionário do Ministério de Relações Exteriores do novo governo a ser formado depois do assassinato do *Führer*, talvez até com o cargo de ministro.

apareceu de bicicleta. Ela mora do outro lado da cidade, área que, aparentemente, não foi tão danificada. Naquela mesma manhã três homens tinham aparecido em sua casa para trocar as vidraças das janelas que foram quebradas num ataque de agosto e, embora todo o centro de Berlim tivesse perdido as janelas ontem à noite, eles consertaram as dela.

A única perda material que tive até o momento foi minha ração de queijo Harz; eu o comprara ontem e, como seu cheiro e aspecto fossem repulsivos, guardara-o no peitoril da janela. Pela manhã vi que desaparecera, provavelmente jogado em algum telhado vizinho pelas rajadas de vento provocadas pelas explosões.

Quando papai voltou, peguei os óculos de proteção e caminhei até o nosso outro escritório, na Kurfürtenstrasse. O antigo Consulado Polonês, na esquina, onde Tatiana, Luisa Welczeck e eu trabalhamos juntas por tanto tempo, estava em chamas, mas o prédio da embaixada, ao lado, parecia intacto. Passei voando pela frente do Consulado e mergulhei na entrada da embaixada, onde se ajuntara um grupo desolado de pessoas. Sentados nos degraus da escada estavam Adam Trott e Leipoldt, ambos com o rosto coberto de fuligem. Eles passaram toda a noite lá, porque o ataque os surpreendeu ainda no trabalho. Como aparentemente nada estava acontecendo, combinamos de nos encontrar por lá na manhã seguinte, às onze horas.

Às três da tarde em ponto Gottfried apareceu com seu carro. Empilhamos a minha bagagem atrás, com alguns cobertores e um travesseiro. Como sua residência em Potsdam estava cheia de outros amigos expulsos de casa pelo bombardeio, ele explicou, teríamos de "acampar". Além de Loremarie Schönburg estão lá os Essen, que apareceram no meio da noite, molhados, com a roupa suja e exaustos.

Rudger Essen estava no seu escritório, um pouco adiante do nosso, na mesma rua, quando o ataque começou. Hermine estava em casa (ela vai dar à luz em breve). Ele telefonou para ela, dizendo que se apressasse a vir para a Legação, sob a qual alguns trabalhadores suecos tinham acabado de construir um *bunker* de concreto, com sólidas paredes de dois metros e meio de espessura. Até a noite passada nenhum dos prédios e residências das missões diplomáticas tinha sofrido qualquer dano, e eles achavam que a a imunidade incluía os bombardeios! Hermine chegou sã e salva ao *bunker* e, depois do fim do alarme, quando eles saíram de lá, encontraram a Legação ardendo como uma tocha. Passaram várias horas salvando os arquivos mais preciosos e então entraram no carro e foram para casa. Por esta, nada mais havia a fazer, e eles então se dirigiram através da cidade em chamas para a casa dos Bismarck, em Potsdam.

Depois de apanharmos Rudger, seguimos para a Legação Sueca, que ainda fumegava, a fim de salvar alguns de seus pertences. Quando Rudger entrou, eu e Gottfried saímos do carro para rearrumar as bagagens na parte de trás. Nesse momento, veio em direção a nós, tremendo e cambaleando, envolta num casaco de pele caríssimo, uma famosa *belle* berlinense, Ursula Hohenlohe. Seu cabelo estava desgrenhado, e a maquiagem, desfeita, escorria pelo seu rosto. Ela parou na nossa frente, soluçando: "Eu perdi tudo. *Tudo!*". Ela estava tentando encontrar um amigo espanhol que prometera levá-la de carro para o campo. Contamos a ela que a Embaixada da Espanha também fora destruída. Ela se voltou sem dizer palavra e seguiu, ainda cambaleante, em direção ao Tiergarten, que também fumegava. Um pedaço enorme de seu casaco de pele, na parte de trás, estava rasgado.

Logo Rudger voltou e seguimos caminho pela Budapesterstrasse entre filas de gente empurrando carrinhos de bebê, arrastando colchões, pedaços bizarros de móveis etc. A Brandl, a loja de antiguidades favorita de Tatiana, ainda ardia; as chamas lambiam as cortinas e se enroscavam nos candelabros de cristal lá dentro. Como a maior parte do que havia na loja era seda ou brocado, aquele brilho rubro e purpurino parecia até um festim, tinha algo de suntuoso. Toda a Budapesterstrasse estava eviscerada, com exceção do Hotel Eden, então nós o escolhemos como ponto de encontro na cidade no dia seguinte. Dali seguimos de carro para o corredor Leste-Oeste. Mal podíamos acreditar nos nossos olhos: de ambos os lados nenhuma casa sobrevivera.

Quando chegamos a Potsdam, o contato com o ar subitamente fresco, frio, me deixou tonta. No "Regierung"[41], a casa oficial dos Bismarck, Melanie, a esposa de Gottfried, arrumava as camas apressadamente. Hermine Essen estava sentada na sua, com o cabelo recém-lavado e escorrido como o de uma menininha. Também tomei um banho, com Loremarie me esfregando: a água ficou preta! Melanie está muito desgostosa com a fuligem e a sujeira que cada recém-chegado traz para a sua casa, até então imaculada.

---

[41] Governo, em alemão. Gottfried era uma espécie de intendente municipal em Potsdam.

Mal termináramos de jantar quando a chamada que pedíramos para Tatiana, em Königswart, se completou, e pudemos tranquilizá-la e a mamãe; elas tinham tentado entrar em contato conosco durante todo o dia, sem sucesso. Logo em seguida Gottfried foi informado de que grandes formações de aviões inimigos se dirigiam mais uma vez a Berlim. Eu telefonei para os Gersdorff e papai para alertá-los. Senti-me muito mal por dar-lhes uma tal má notícia quando eu estava em segurança, mas pelo menos isso lhes dava tempo de se vestirem adequadamente. E dito e feito, pouco tempo depois soaram as sirenes de alarme. Os outros ficaram na sala de estar, mas Loremarie e eu, ainda perturbadas pelos acontecimentos da noite anterior, fomos para o quarto de Jean-George, onde ficamos de vigília. Os aviões passaram sobre Potsdam, em vagas contínuas, mas desta vez foram mais para oeste, em direção a Spandau, o que nos deixou menos preocupadas. O ataque durou cerca de uma hora, depois do que nós desmaiamos na cama.

Quinta-feira, 25 de novembro. Hoje pela manhã eu e Loremarie Schönburg nos levantamos cedo. Os Essen iam para o aeroporto, onde Hermine pegaria um voo para Estocolmo, e nos deram carona em seu carro amassado. Como as portas não abriam, tivemos de entrar pela janela. As vidraças das janelas também estavam quebradas, e muitos estilhaços ainda estavam grudados nos cantos; conforme o carro andava, alguns deles voavam e batiam no nosso rosto, do que nos defendíamos como podíamos. Nós deveríamos chegar ao escritório às onze, mas como Rudger queria trocar seu carro por outro em melhores condições, em alguma garagem perto de Halensee, fizemos um desvio por lá.

Logo nos demos conta de que o ataque da noite anterior causara mais estragos na cidade. Embora a ponte de Halensee ainda estivesse no lugar, nenhuma das casas ao seu redor existia mais. A garagem de Rudger estava danificada e deserta. Prosseguimos pela Pariserstrasse. Essa parte da cidade tinha um aspecto um pouco melhor, embora decaído.

Mas, quando chegamos ao Hotel Eden, descobrimos com espanto que ele mudara muito nas últimas 24 horas. As paredes ainda estavam lá, mas todas as vidraças tinham desaparecido, e as aberturas tinham sido cobertas com colchões, pedaços de móveis quebrados e outros destroços. Ouvimos depois que três minas tinham atravessado o telhado, destruindo tudo, menos as paredes externas. Felizmente o bar, que funcionava também como um abrigo antiaéreo, fora poupado, pois naquele momento estava cheio de gente. O jardim zoológico, em frente, sofrera danos pesados. Uma mina caíra no Aquário, matando todos os peixes e serpentes. Hoje de manhã cedo os animais selvagens foram mortos a tiros, pois as suas jaulas tinham sido danificadas e temia-se que eles pudessem escapar. Os crocodilos tentaram pular no rio Spree; também foram caçados e mortos a bala em cima da hora. Que espetáculo *isso* deve ter sido! Saindo do Eden, decidimos nos encontrar de novo às cinco da tarde, em frente à Legação Sueca, para voltarmos juntos a Potsdam.

Descemos do carro na Lützowplatz e, cobrindo o rosto com grandes toalhas molhadas (muitos prédios ainda ardiam e o ar estava irrespirável), fomos até o escritório. Lá encontramos o mesmo caos de antes; ninguém sabia o que nos aconteceria a seguir; alguns diziam que deixaríamos logo a cidade para o nosso *Ausweichquartier* [*alojamento de emergência*] no campo. Dizia-se que o ministro de Relações Exteriores von Ribbentrop estava na cidade; até mesmo visitara algumas das missões diplomáticas enquanto ainda ardiam. Havia rumores de que ele estaria tomando parte pessoalmente nas deliberações sobre o "daqui para onde", no que restara do conjunto do Ministério das Relações Exteriores na Wilhelmstrasse. Depois de conversar um pouco com vários colegas, que continuavam a chegar vestindo as roupas mais esquisitas, pois muitos deles tinham perdido tudo o que possuíam, eu literalmente cacei o chefe da nossa divisão técnica, que viera à nossa última conferência, no dia do primeiro ataque. Ele me disse ter salvo minha bicicleta, que achara no pátio, mas que ficaria com ela por ora, porque não dispunha de nenhum outro meio para vir à cidade. Isso me pareceu justo, pois eu a dera por perdida, mas me pergunto o que dirá Gottfried, já que, na verdade, a bicicleta é *dele*! Ao fim e ao cabo nos disseram que voltássemos no dia seguinte, às onze horas, quando as coisas poderiam estar mais bem definidas.

Quando já estávamos saindo, chegou papai. Ele tinha um aspecto medonho, o cabelo desgrenhado e o rosto coberto de cinza. Ele parecia contrariado porque eu não fora primeiro à casa dos Gersdorff. Eu não pensara que a nossa vizinhança fora de novo bombardeada, e planejara fazer-lhes apenas uma visita de passagem. Aparentemente, na noite passada, uma mina caiu atrás da casa; todas as portas e janelas estão arrebentadas, o teto e algumas paredes desmoronaram. Eles ficaram desde então tentando combater o fogo, mas sem muito sucesso desta vez; além disso, uma casa em frente, do outro lado da pequena praça, fora completamente destruída pelas chamas.

Então papai, Loremarie e eu voltamos à Woyrschstrasse. A vista era de fato horripilante. Como quase todas as padarias de Berlim tinham sido destruídas ou fechadas, eu comprara vários pães brancos em Potsdam, e tomamos apressadamente um pouco de sopa. Depois Loremarie saiu à procura de alguns amigos que tinham desaparecido, e eu passei boa parte da tarde pregando papelões e tapetes nas janelas para impedir a entrada do frio e da fumaça. A mãe de Maria, com seus oitenta anos e sua vontade inquebrantável de sempre, insistiu em me ajudar, alcançando-me os pregos enquanto eu estava no alto da escada. Uma senhora inglesa também me ajudou, proprietária da casa em frente, que fora destruída. Ela não conseguira salvar absolutamente nada, e estava de partida para o campo.

Desde ontem, muita gente continua aparecendo, vindo de outras partes da cidade, em geral fazendo o percurso a pé, para nos perguntar como estamos. Quase todos estão de acordo que a nossa vizinhança, o setor diplomático no Tiergarten e a região em torno da Unter den Linden foram as regiões mais atingidas. A certa altura o Tenente-Coronel von Gersdorff (um parente de Heinz) apareceu com seu ordenança num veículo militar e nos ajudou a montar um teto provisório, pregando placas de madeira nos buracos abertos.

O Tenente-Coronel Barão von Gersdorff foi um dos primeiros membros da conspiração para derrubar o nazismo (embora na época, é claro, Missie não soubesse disso). Em março de 1943, numa cerimônia no Arsenal de Berlim, ele mesmo chegou muito perto de assassinar Hitler. Foi dos poucos conspiradores que sobreviveram[42].

---

[42] Ler aqui o relato do próprio barão sobre o atentado de março de 1943, e também sobre o de 20 de julho de 1944: <http://www.allworldwars.com/Attempt-on-Hitler-life-20-July-1944-by-von-Gersdorff.html>; acesso em 9 dez. 2014. Rudolf-Christoph Freiherr von Gersdorff (1905-1980), oficial do Exército alemão, chegou logo à conclusão de que a única maneira de se livrar de Hitler seria matá-lo. Houve alguns ensaios nesse sentido em 1942, mas que sempre abortavam diante das medidas de segurança tomadas por Hitler. A que chegou mais perto de seu objetivo foi protagonizada por ele mesmo, durante a abertura de uma exposição no prédio do Arsenal, perto do já mencionado Hotel Eden. Num atentado suicida, Gersdorff carregaria duas bombas em seus próprios bolsos, e durante a visita de Hitler, que estaria acompanhado por Göring, Himmler e mais oficiais do alto-comando, ele se postaria no meio do grupo, quando as bombas deveriam explodir. Segundo o relato de Gersdorff, o atentado se deu em 15 de março.

Mais tarde fui atrás de Dickie Wrede. Quando passamos pela Rauchstrasse ontem, seu prédio tinha sido completamente queimado, e quando cheguei lá hoje não havia vivalma à vista. Assim mesmo entrei na ruína. Seu apartamento ficava no térreo, e pensei que ainda poderia resgatar alguma coisa. Mas, quando eu estava no *hall* de entrada olhando para uma escada em pedaços, houve um estalo e uma viga chamuscada caiu com grande estrondo. Dei um salto para trás – quase voei – e aterrissei na calçada novamente. Então atravessei a rua e fui até a casa dos Albert, que ainda estava de pé.

A Sra. Albert é uma norte-americana casada com um industrial alemão, dono de indústrias químicas na região do Reno[43]. Quando estourou a guerra, o filho deles veio dos Estados Unidos para se juntar ao Exército alemão, deixando a esposa norte-americana e as crianças na Califórnia. Eles têm também uma filha, Irene, ótima cantora e violonista, que é nossa amiga há muito tempo.

Encontrei mãe e filha de pé, na porta de entrada. Abraçando-me apertado, elas me disseram que esperavam conseguir viajar para Marienbad, o famoso *spa* na região dos Sudetos (que, por sinal, fica muito perto de Königswart, dos Metternich), e achavam que papai deveria ir junto. Elas tinham um carro, mas lhes faltava um motorista. Contudo, como a sua casa tinha sido tomada pelos suecos, que agora estavam sem teto, elas esperavam que eles, em troca, lhes arranjassem um chofer. Elas insistiram que eu também fosse, mas não acho que o escritório permitiria minha partida.

Por uma ironia do destino, elas tinham chegado ontem da região do Reno, e durante o ataque ficaram sentadas no porão.

Voltei a pé para a Woyrschstrasse a fim de contar a papai sobre esse novo plano, mas ele se recusa a partir sem mim e, como ele não tem outra razão para ficar em Berlim, decidi pedir ao escritório alguns dias de licença. Então levei papai até a Legação Sueca, de onde todos fomos de carro para Potsdam, com Rudger Essen. Papai não dormia havia duas noites e estava completamente

---

Entretanto algumas fontes citam a data de 21 de março. O atentado falhou, porque Hitler percorreu a exposição muito rapidamente, e os detonadores que Gersdorff conseguira eram de efeito muito retardado para a ocasião. Ele chegou a ligar os detonadores, mas quando viu que Hitler foi embora antes do momento necessário, foi até um banheiro e conseguiu desativá-los a tempo.

[43] Em alemão, Rheinland (em inglês, Rhineland), uma região que hoje está dividida entre duas províncias, Rheinland-Pfalz e o sul de Nordrhein-Westfalen, e inclui cidades como Colônia, Bonn, Koblenz e Mainz.

exausto. Os Bismarck o receberam muito gentilmente; arranjamos uma cama para ele, e ele literalmente desmaiou num banho quente.

Mal termináramos de jantar quando as sirenes soaram novamente. Mas afinal tratava-se apenas de aviões de reconhecimento, para avaliar os danos provocados.

Sexta-feira, 26 de novembro. Às oito da manhã de hoje, papai, Loremarie Schönburg e eu voltamos para Berlim. Como pensávamos que talvez viajássemos com os Albert para Marienbad, levávamos conosco algumas coisas. Eu tentei levar o mínimo, guardando o resto em duas grandes valises no porão dos Bismarck. O carro de Rudger Essen estava lotado com os suecos, o que nos fez tomar o S-Bahn. Fizemos baldeação em Wannsee e fomos até a Potsdamer Platz. O trem estava lotado, com as pessoas se empurrando nas estações para conseguir um lugar, pois parece que essa era a única linha ainda em funcionamento. A estação da Potsdamer Platz é subterrânea, e ainda estava imaculadamente limpa, com os azulejos branquíssimos etc. Quando saímos para a rua, o contraste era chocante: toda a vizinhança era um amontoado fumegante de ruínas; todos os grandes prédios ao redor da praça tinham queimado, com exceção do Hotel Esplanade, que parecia arrasado, mas ainda assim, em comparação com os outros, relativamente intacto, apesar de não ter mais uma única vidraça, é claro.

Fomos para a casa dos Albert, arrastando as nossas malas através da lama e das cinzas do Tiergarten. Por todos os lados as casas estavam enegrecidas e ainda fumegavam. O parque lembrava um campo de batalha da Guerra de 1914-1918 na França, com as árvores parecendo esqueletos enrijecidos, e galhos quebrados caídos por toda parte, os quais tínhamos de contornar ou passar por cima. Eu me perguntei o que acontecera com os famosos rododendros e como seria ali a próxima primavera. Transporte não havia; tivemos de percorrer tudo a pé.

Na verdade nos últimos dois dias os carros particulares reapareceram aos montes, depois de um tempo escondidos, sem dúvida prevendo o presente estado de emergência. A maioria deles não tem placa, mas ninguém os para. Ao contrário, há ordens de que qualquer veículo deve dar carona para quem puder; por isso, apesar da destruição, o tráfego de Berlim está com uma aparência dos tempos antes da guerra. Infelizmente não tivemos sorte: todos os carros que passavam já estavam completamente tomados. À certa altura fomos parados por um soldado de aparência absolutamente bizarra que provavelmente fora recrutado há pouco – um cruzamento de esteta decadente com artista cômico de cabaré. Com gestos elegantes, ele nos aconselhou a não prosseguir, porque cinco bombas de disparo retardado tinham caído na frente da Legação Sueca. Desse modo, fizemos a volta pela Bendlerstrasse, onde estão os escritórios do quartel-general do Exército. Ou melhor, *estavam*, porque eles também tinham sido destruídos, e dezenas de oficiais e soldados, em uniformes cinzentos e verdes, moviam-se entre os destroços, tentando recuperar algo dos arquivos. Ao chegarmos ao Ministério da Marinha, mais adiante, deparamos com o mesmo quadro, com os oficiais e marujos fazendo as mesmas acrobacias e malabarismos entre as ruínas; a única diferença era que os uniformes eram azuis. De modo muito irônico, as únicas embaixadas que os bombardeios Aliados não danificaram foram as de seus inimigos: as do Japão e da Itália! Entretanto, construídas recentemente e de proporções gigantescas, seriam um alvo perfeito.

Como parte de seu projeto de transformar Berlim numa capital digna do seu "Reich de mil anos", Hitler escolhera o Tiergarten, que já fora o parque de caça dos reis da Prússia, para ser o bairro diplomático. Os trabalhos começaram em 1938 com a construção de um conjunto de novas embaixadas, todas elas no estilo impessoal e monumental, conforme a preferência do próprio Hitler e de seu arquiteto Albert Speer. A Embaixada Italiana e a Japonesa eram as maiores de todas, como era adequado para os dois principais países aliados da Alemanha. Concluídas em 1942, ambas seriam bastante danificadas – pelas bombas dos Aliados e pelos combates corpo a corpo nas últimas semanas da guerra[44].

Depois de uma hora de caminhada chegamos à casa dos Albert, onde soubemos que ocorrera um problema de última hora: os suecos tinham, sim, encontrado um motorista, mas ele estava há quatro dias sem comer. Daí, tentaram animá-lo dando-lhe um pouco de *brandy* e de comida, e ele

---

[44] Ambas as embaixadas permanecem hoje no mesmo local. O prédio da Embaixada do Japão foi refeito, embora tenha as mesmas dimensões do anterior. O da Embaixada da Itália foi restaurado dentro do possível. A rua em frente à Embaixada do Japão chama-se hoje Hiroshimastrasse. Albert Speer (1905-1981) foi o principal arquiteto do nazismo, sendo o responsável pela criação de vários prédios, de campos de concentração a estádios desportivos. Em Nuremberg foi condenado a vinte anos de prisão, sendo solto em 1966.

agora estava desmaiado, completamente bêbado, e incapaz. Dissemos que voltaríamos à tarde, já que eu obtivera uma permissão de me ausentar.

Loremarie e eu fomos então pela Landgrafenstrasse, pois ouvíramos dizer que a casa de Kicker Stumm fora atingida. Embora seu único irmão tivesse sido morto na França, ele está na Rússia. Na rua, nenhuma das casas sobrevivera e, conforme nos aproximamos da sua, começamos a temer o pior, pois só as paredes externas estavam de pé. Perguntamos aos bombeiros se os moradores estavam bem. Eles responderam que achavam que sim, mas que os vizinhos ainda estavam trancados no porão. "Quanto àquela lá", e eles indicaram um grande prédio de seis andares do outro lado da rua, "eles estão todos mortos, trezentas pessoas!", pois o porão recebera um impacto direto. Atravessamos para a Kurfürstenstrasse, onde tínhamos amigos em quase todas as casas: a maioria fora atingida também. O enorme prédio de granito, onde fica o apartamento dos Oyarzabal, virara um amontoado de pedras derruídas. A esquina da Nettelbeckstrasse, inclusive o nosso restaurante favorito, A Taverna, fora literalmente pulverizada, restando apenas pequenos montículos de entulho. Para onde quer que olhássemos, bombeiros e prisioneiros de guerra, na maioria os chamados "italianos de Badoglio"[45], estavam bombeando ar para dentro das ruínas, o que significava que ainda havia gente viva nos porões dos prédios desabados.

Depois da capitulação da Itália em setembro de 1943, todos os funcionários italianos nos territórios ocupados pelos alemães tiveram a escolha de servir à república remanescente de Mussolini em Salò ou serem detidos para a execução de trabalhos forçados. Os que optaram por esta última alternativa eram conhecidos como os "italianos de Badoglio".

Em frente a um outro prédio desabado, uma multidão observava uma jovem garota de cerca de dezesseis anos. Ela estava de pé em cima de um monte de entulho, pegando tijolos um por um, limpando-os cuidadosamente da poeira e os jogando de volta ao monturo. Aparentemente toda a sua família perecera, soterrada debaixo do monturo, e ela enlouquecera. Essa parte da

---

[45] Referência a italianos partidários do governo de Badoglio, que sucedeu ao de Mussolini em Roma quando este foi deposto e que eram, portanto, considerados inimigos e prisioneiros de guerra.

cidade parecia realmente um horror. Em alguns lugares não se podia mais dizer nem mesmo onde estava o traçado das ruas, e a gente ficava sem saber onde estava. Mas, depois de algum tempo, conseguimos chegar à Rauchstrasse e ao nosso escritório.

Milagrosamente, ele sobrevivera. No andar de baixo, deparei com um dos nossos funcionários mais graduados. Contei-lhe que eu tinha um pai idoso e havia surgido a oportunidade de levá-lo para o campo. De início ele se mostrou recalcitrante, mas ao ouvir que nós éramos *Bombengeschädigte* [*vítimas dos bombardeios*] – uma palavra que nestes tempos de agora equivale a um salvo-conduto! – ele concordou. Assegurei-lhe que retornaria assim que precisassem de mim novamente e, dando-lhe o endereço e o telefone de Tatiana, saí antes que ele mudasse de ideia.

Depois de um pouco de sopa quente, na casa dos Gersdorff, logo dobrando a esquina, Loremarie e eu continuamos a nossa volta, esquadrinhando a cidade, rua por rua, procurando amigos desaparecidos.

Nestes últimos dias apareceram inúmeros recados escritos a giz nas paredes enegrecidas de casas bombardeadas: "*Liebste Frau B. wo sind Sie? Ich suche Sie überall. Kommen Sie zu mir. Ich habe Platz für Sie*" ["*Querida Sra. B., onde está a senhora? Tenho lhe procurado por toda parte. Venha ficar comigo. Tenho onde acomodá-la*"]. Ou: "*Alle aus diesem Keller gerettet!*" ["*Todos que estavam neste porão conseguiram se salvar!*"]. Ainda: "*Meine Engelein, wo bleibst Du? Ich bin in grosser Sorge. Dein Fritz*" ["*Meu anjinho, onde você está? Estou muito preocupado. Teu Fritz*"]. E assim por diante. Gradualmente começam a aparecer algumas respostas, escritas embaixo. Graças a isso descobrimos o paradeiro de vários dos nossos amigos. Ao chegarmos ao nosso próprio escritório, pegamos um pedaço de giz nos monturos e escrevemos em grandes letras de imprensa na coluna próxima da entrada: "*Missie und Loremarie gesund, befinden sich in Potsdam bei B.*" ["*Missie e Loremarie estão bem, em Potsdam com os B(ismarck)*"]. Nosso chefe principal certamente teria desaprovado, mas estávamos pensando sobretudo em nossos vários galanteadores, que têm o hábito de nos telefonar a qualquer hora do dia e que poderiam ir até o escritório, à nossa procura.

De repente apareceu Moyano, da Embaixada da Espanha, em seu carro. Ele me contou que o embaixador e muitos outros espanhóis estavam jantando no Hotel Eden na primeira noite de bombardeio e que, por sorte, Maria Pilar

Oyarzabal e o marido não tiveram tempo de voltar para casa, pois, quando esta desabou, todos os que estavam no porão, inclusive os criados, morreram. Federico Diez (outro diplomata espanhol) estava em casa quando a sua e as outras da vizinhança começaram a arder e as ruas se encheram de gente; ele conseguiu pegar um pouco da reserva familiar de conhaque e começou a distribuir drinques.

Lá pelas quatro da tarde retornei à casa dos Albert, para ver o que iria acontecer. A casa deles parecia um congelador, pois a claraboia e as vidraças das janelas tinham virado cacos e todas as portas tinham sido arrancadas de seus gonzos. Sentamo-nos na cozinha, congelando, enquanto um amigo dos Albert, o Príncipe Andronikov, da Geórgia, que iria para Marienbad conosco, sentou-se na sala de visitas enrolado em cachecóis e com um chapéu enterrado até os olhos e começou a tocar piano – muito bem! – durante o resto da tarde. Na ocasião do primeiro ataque o coitado conseguira fugir do seu hotel em chamas e encontrar abrigo num quarto do Eden. Mas este queimara na noite seguinte, e ele agora só tinha a roupa do corpo. Lamentava, sobretudo, a perda de quatro pares de sapatos novíssimos.

Enquanto esperávamos, Aga Fürstenberg irrompeu na cozinha e caiu nos meus braços soluçando: "*Missie, ich dachte Du bist tot!*". [*"Missie, pensei que você estivesse morta!"*]. Ela voltara para casa depois do primeiro ataque, onde morava com Dickie Wrede, para encontrar apenas um monte de ruínas. Até o dia seguinte ela pensara ter perdido tudo, mas depois encontrara Jean--Georges Hoyos, que lhe disse que algumas coisas tinham sido recuperadas, o que a deixou bem mais animada.

Mal Aga saíra, chegou de carro a atriz de cinema Jenny Jugo. Ela me beijou e me disse que Dickie Wrede se mudara para sua casa em Cladow, e que ela viera atrás de algumas coisas *suas*. Assim, aos poucos, a gente vai tomando conhecimento do paradeiro de alguns dos nossos amigos, mas isso se dá muito devagar; e as notícias, por vezes, são horríveis.

Depois do primeiro ataque papai procurou por alguns amigos russos, os Derfeldens. A casa deles tinha desabado. O marido tinha sido resgatado com vida do porão, mas a o corpo da esposa foi desenterrado horas depois, decapitado. A pobre mulher ficava sempre aterrorizada com os ataques e insistia em levar uma enorme Bíblia com ela para o porão. Embora eu esteja sentindo cada vez mais medo, de algum modo acho que não vou ter esse fim.

Depois do que pareceram horas de espera, os suecos anunciaram que a nossa partida fora de novo postergada por 24 horas.

Papai retornou a Potsdam para passar a noite; enquanto isso, fui à casa dos Gersdorff para um chá. Encontrei o campeão de tênis Gottfried von Cramm por lá. Ele acabara de chegar da Suécia e literalmente se desmanchou em lágrimas, disse, ao ver o aspecto da cidade. O velho Barão Üxküll chegou num carro militar, usando o sobretudo do porteiro de seu prédio. Ele lutara contra o fogo no telhado até o amanhecer, mas então perdera toda a esperança. Seu apartamento ficava no andar mais alto; ele tinha uma notável coleção de livros, mas não conseguiu salvar nenhum, nem nada mais. Uma moradora do prédio morrera queimada. Perdi contato com Rudger Essen e tive de voltar para Potsdam de trem. Afortunadamente Üxküll me deixou na estação de Charlottenburg. No caminho, imperturbável, ele me ofereceu entradas para o concerto de Karajan no próximo domingo. Os Bismarck não ficaram surpresos por me ver.

Durante a noite houve mais um alerta, mas nada de sério aconteceu.

Sábado, 27 de novembro. Pela manhã, Loremarie Schönburg, papai, Gottfried Cramm (que se juntara a nós em Potsdam) e eu nos amontoamos de novo no carro de Rudger Essen. Este último estava viajando de volta para a Suécia.

Por toda a cidade ainda há grandes focos de incêndio nos pátios e, aparentemente, não é possível apagá-los. São os suprimentos de carvão para o inverno que haviam sido entregues recentemente! Muitas vezes paramos na frente deles para aquecer as mãos, pois nos dias de hoje faz mais frio dentro de casa do que fora.

Por volta do meio-dia, armada com a minha habitual provisão de pão branco que costumo trazer de Potsdam, cheguei à casa dos Gersdorff. Lá encontrei Gottfried Bismarck, e tomamos a sopa de costume. A casa dos Gersdorff é a única onde, na verdade, a gente pode relaxar um pouco, apesar do frio e da falta de água.

No meio desse "almoço" Loremarie e Tony Saurma chegaram. O pobre homem está muito abalado. No dia anterior ele tinha levado o pessoal do seu escritório de carro até a pequena aldeia para onde foram evacuados. Durante o ataque noturno (aquele que eu descrevi como "nada de sério") o seu motorista foi morto e ele próprio ficou soterrado no porão da sua casa, que tinha desmoronado. Ele só conseguiu se arrastar para fora pela manhã. Ele anunciou – e isso é tão típico nestes dias de hoje! – que tinha acabado de comprar cem ostras, o que nos fez imediatamente saltar no seu carro e ir até o seu apartamento para buscá-las.

Passamos pela Wittenbergplatz, que eu não via desde que os ataques pesados começaram. A enorme praça estava tomada pelas carcaças queimadas de bondes e ônibus – ali é um cruzamento importante. As bombas caíram por todos os lados, inclusive na estação do metrô. Mesmo o KDW – uma grande loja de departamentos – parecia agora apenas um grande esqueleto. No caminho encontramos Sigrid Görtz de bicicleta. Parabenizei-a, pois a sua casa é agora uma das poucas que ainda está de pé, mas ela contou que um petardo de fósforo caíra no teto sobre seu quarto de dormir e, por causa disso, perdera todas as suas roupas. Ela agora se mudou para a casa de amigos em Grunewald. Lembrei-me de alguns dos seus lindos casacos de pele! Um pouco mais tarde um bombeiro nos parou e pediu que levássemos uma mulher cheia de trouxas até a estação de Charlottenburg. Assim fizemos, e por isso levamos um bocado de tempo para chegar até a casa de Tony. Comemos imediatamente algumas das ostras, lavando-as com *brandy*. Levamos o resto de volta, com algumas garrafas de vinho, para a casa de Maria, onde se seguiu uma verdadeira festa, com gente chegando a toda hora para participar. Fiquei até tarde, com os polegares muito machucados, pois ninguém mais parecia saber abrir ostras.

Na manhã seguinte ao primeiro ataque eu marcara uma hora para experimentar um chapéu numa pequena loja da vizinhança. Todas as casas ao redor estavam em chamas, mas eu queria muito aquele chapéu, de modo que fui até lá, toquei a campainha e – maravilha das maravilhas! – atendeu-me uma sorridente vendedora: *“Durchlaucht können probieren!”* [*“Vossa Alteza pode prová-lo!”*]. Assim fiz, mas como estava usando *slacks* enlameados ficou difícil avaliar o efeito. Tony e Loremarie me deixaram depois na casa dos Albert, onde, após uma longa espera, lá pelas quatro da tarde apareceu uma caminhonete diante da porta. Ela vinha carregada com muitos móveis e malas da colônia sueca, levando tudo para o campo, e o ministro permitira que nós fôssemos com ela. Ela nos deixaria na primeira estação de trem fora da cidade, onde teríamos de procurar algum caminho ao redor de Berlim que nos levasse à principal linha de trem para o sul. Enquanto a Sra. Albert subiu na frente, ao lado dos dois motoristas suecos com capacetes militares, os demais – papai, o Príncipe Andronikov, Irene Albert e eu – subimos atrás. Sentamos sobre as valises, cercados por outras malas e cestas, com meu chapéu novo dentro de uma enorme caixa de papelão; só nos faltava o proverbial canário! Um terceiro sueco se juntou a nós; a lona de cobertura foi fechada, nos deixando na completa escuridão, e lá fomos nós!

Como não enxergávamos nada, não sabíamos para onde estávamos indo, mas, depois de uma hora numa estrada bastante esburacada, chegamos a uma aldeia chamada Teupitz, a 63 km de Berlim, onde fomos convidados a descer.

Como nós todos usávamos crachás com a palavra *Bombengeschädigte* e, graças aos nossos motoristas, fomos tomados por suecos, a *Gasthaus* [hospedaria] local, pequena e limpa, concordou em nos hospedar pela noite. Cercados pelas nossas bagagens, nos reunimos no bar. Enquanto preparavam nossos quartos, nos serviram chá; comemos os sanduíches de atum que sabiamente tínhamos preparado antes de partir e molhamos a garganta com um garrafão de champanhe. No meio desse "jantar" soou o alarme de ataque aéreo – uma trombeta assoprada no quintal pelo filho do encarregado da hospedaria. Já estávamos dispostos a ir para a cama, mas os moradores locais, que, pelo visto, levam muito a sério os alarmes, nos olharam com um tal ar de reprovação que decidimos ficar onde estávamos. Na verdade, eles provavelmente tinham razão, pois ainda estávamos muito perto de Berlim, e o caso de Tony Saurma mostra que nem mesmo aldeias remotas estão a salvo. Logo o tiroteio começou e ouvimos o ronco já familiar dos aviões sobre nossa cabeça. Eles jogaram algumas bombas nas proximidades, o que nos fez rumar apressadamente para o porão, um lugar meio estranho, cheio de canos e reservatórios de água quente. A Sra. Albert escolheu um momento em que os bombardeios e os tiros estavam particularmente violentos para clamar com um bom sotaque norte-americano: "Podemos nos orgulhar de uma coisa... Nós acabamos de testemunhar um dos grandes desastres da história moderna!". Ninguém pareceu se ofender com essa observação.

Confesso que estas últimas noites me deixaram sobressaltada, e mesmo desta distância deu para perceber que o ataque foi de novo pesado. Depois ficamos sabendo que uma mina caiu na casa em arco sobre a entrada da nossa pequena praça. Maria e Heinz Gersdorff estavam sentados no porão dessa casa, que parecia mais seguro do que o da casa deles. Tudo desabou, no entanto, soterrando-os debaixo do entulho. Afortunadamente eles foram tirados de lá pela manhã, sem ferimentos.

Depois do toque de fim de alarme, fomos levados aos nossos quartos – um para nós, as três mulheres; outro para papai e Andronikov. As camas estavam úmidas, mas eram confortáveis, com pesados edredons, e a Sra. Albert roncou alto durante toda a noite. Na verdade, isso nos parecia o céu, pois tínhamos nos conformado em dormir no chão até chegar a Königswart.

Segunda-feira, 28 de novembro. Levantamos cedo para tomar um ônibus que nos levasse até a estação de trem mais próxima. Estava tão cheio que tivemos de nos espremer para entrar. Mas conseguimos pegar o trem e, duas horas depois, estávamos em Cottbus (uma importante conexão ferroviária ao sul de Berlim). O trem para Leipzig saiu debaixo do nosso nariz, porque não pudemos atravessar os trilhos a tempo por causa da bagagem pesada. Felizmente alguns rapazes da Juventude Hitlerista foram muito prestativos. Carregando tudo, eles nos levaram a uma sala de espera especial, reservada para os *Bombengeschädigte*, onde ficamos por várias horas esperando o trem seguinte, e nos ofereceram maravilhosos sanduíches com muita manteiga e salsichas, além de uma sopa bem grossa, tudo grátis. Isso é trabalho da NSV[46], que tem demonstrado muita eficiência nessas situações de emergência. Em Berlim, a mesma NSV organizou, no dia do primeiro bombardeio, cozinhas de campanha em todas as ruas atingidas, onde os passantes podiam desfrutar de uma bela sopa a qualquer hora do dia, além de um café forte e cigarros, sendo que nada disso é encontrado nas lojas.

Finalmente, lá pela uma da tarde, conseguimos nos empilhar num trem vagaroso para Leipzig. De pé a maior parte do tempo, chegamos às seis. Nessa altura fazia 24 horas que estávamos viajando (ao invés das duas de costume!). Durante todo o percurso tivemos muitos problemas com os Albert, que não paravam de falar alto em inglês, gritando: *"Honey! – Yes, lovely! Are you all right?"* ["Querido! – Oi, amor! Você está bem?"] da frente para os fundos do vagão. Papai suava frio, mas os outros passageiros pareciam não se incomodar, e não houve incidentes.

---

[46] *Nationalsozialistische Volkswohlfahrt*, associação beneficente fundada pelo Partido Nazista.

Em Leipzig fomos diretamente para o restaurante da estação, onde pudemos nos limpar um pouco e desfrutar de um jantar decente, de *Wienerschnitzel* regado a vinho. Havia até uma orquestra tocando Schubert! Quando o expresso de Berlim chegou com meia hora de atraso, ele estava – nem preciso dizer – completamente lotado, e tivemos de usar os cotovelos para entrar. Uma mulher foi jogada sobre os trilhos na minha frente e puxada de volta pelos cabelos em cima da hora. Foi um pouco irritante saber que muitos passageiros tinham entrado calmamente no trem, em Berlim, umas duas horas antes. Mas é verdade que Goebbels deu uma ordem recentemente dizendo que todas as pessoas jovens deveriam permanecer em Berlim, e Irene e eu tivemos medo de ser barradas na estação.

Tínhamos a esperança de encontrar Eger com o carro dos Metternich, mas ele não estava lá. Precisamos esperar mais duas horas por um trem local, que nos deixou em Königswart apenas às cinco da manhã. Encontramos um jantar frio nos esperando. Depois eu dormi na cama de Tatiana, e nós conversamos até o amanhecer.

KÖNIGSWART *Segunda-feira, 29 de novembro.* Passei o dia todo descrevendo nossas aventuras. É muito difícil explicar o atual aspecto de Berlim para quem não a viu recentemente. Depois do jantar fomos imediatamente para a cama.

É difícil se acostumar com o silêncio total daqui.

Nota de Missie (escrita naquele momento). Aproveitei esta pausa para escrever sobre os acontecimentos dos últimos dias. Mas fui tola o suficiente para, ao ser chamada para o jantar, deixar as folhas de papel da única cópia sobre uma pilha de lenha perto da mesa onde eu escrevia. Ao voltar, elas tinham desaparecido, ajudando a alimentar o fogão ladrilhado, graças a uma criada zelosa demais. Datilografei de novo toda a saga, sabendo muito bem que não vou querer fazer isso de novo.

Entre o primeiro ataque maciço, em 18 de novembro de 1943, e o fim do massacre principal, em março de 1944 (embora a cidade continuasse a ser bombardeada intermitentemente até sua captura pelos russos em abril de 1945), Berlim foi bombardeada 24 vezes. Nessa altura cada ataque envolvia cerca de mil aeronaves e o despejo de mil a 2 mil toneladas de bombas. Embora a maior parte dos prédios fosse reduzida a entulho e dezenas de milhares de habitantes fossem mortos ou feridos, e cerca de 1,5 milhão ficasse desabrigado (essas cifras não incluem os milhares de prisioneiros de guerra e os trabalhadores estrangeiros, sobre os quais nunca se fez estatística alguma), as defesas aéreas alemãs – uma combinação sofisticada de baterias antiaéreas e uma ronda noturna de caças guiados por radar – provaram-se tão eficazes que a maior parte das indústrias continuou a produzir material de guerra em quantidades que não diminuíram significativamente. Segundo o historiador britânico Max Hastings: "No sentido operacional a Batalha de Berlim foi mais do que um fracasso. Foi uma derrota... Berlim venceu; era uma noz dura demais para quebrar" (Bomber Command, Londres, Michael Joseph, 1979).

Na verdade os "bombardeios extensos" (nome oficial dos Aliados para esses ataques)[47] do Marechal do Ar Harris, ou os "bombardeios do terror" (como a propaganda nazista logo os alcunhou – e não sem razão) nunca atingiram seu objetivo. Apesar de toda a destruição material, inclusive incontáveis tesouros da civilização mundial (o que deu origem a um outro termo cruel da propaganda de guerra – "o bombardeio dos roteiros de turismo")[48], apesar de todas as vítimas civis (na maior parte crianças e idosos e, portanto, não engajados na indústria de guerra), muitos alvos primários, como as fábricas de armamento (naquela altura dispersas ou subterrâneas), ou as linhas ferroviárias (reparadas em questão de horas) funcionaram praticamente até o fim. Quanto ao moral da população, embora estivesse exausta pelo luto, pelo cansaço físico ou pela desnutrição, ele jamais arrefeceu. Seria necessária a guerra tradicional, com a ocupação física do território pelas forças convergentes dos exércitos aliados e dos russos, para pôr a Alemanha de joelhos.

Terça-feira, 30 de novembro. Um telegrama do meu escritório: *"Erwarten sofortige Rückkehr"* ("Esperamos retorno imediato"). Consternação! Enquanto isso, eu e papai pegamos uma tosse braba. O médico acha que é algum tipo de bronquite, resultado das correntes de ar de Berlim combinadas com

---

[47] *"Area bombing"*, em inglês.

[48] Em inglês, *"Baedecker bombing"*, uma alusão a *"Baedeker"*, nome popularmente atribuído, na época, aos guias de turismo, assim chamados numa alusão a Karl Baedeker (1801-1859), editor alemão dos primeiros e famosos guias do gênero.

toda a fumaça que inalamos involuntariamente. Em Marienbad, os Albert também estão de cama.

Quarta-feira, 1º de dezembro. Estou de cama, como medida de precaução depois da pleurisia do último verão. O médico me deu um atestado.

2 a 7 de dezembro. Estive todos estes dias de cama, levando uma vida muito mimada e repousante.

Quarta-feira, 8 de dezembro. O Príncipe Andronikov partiu para Munique. Ele é um típico cidadão da Geórgia, com um ar muito oriental. Estávamos conversando sobre alguém que se casara com a viúva do seu irmão, morto na guerra, e ele observou: "Essas coisas podem acontecer apenas na Europa – *pravda dikari* [*eles são verdadeiros selvagens*]".

Na semana passada houve outro ataque em Berlim, o quarto consecutivo. Na sexta-feira, 3 de dezembro, acordei no meio da noite – do lado de fora uma trompa de caça esquisita soava de modo pesaroso, de tempos em tempos. Tatiana disse que esse era o seu alarme aéreo. Dava para ouvir o ruído pesado e distante das bombas e da artilharia. Mais tarde soubemos que era um ataque a Leipzig, que praticamente obliterou a cidade.

De tarde Paul Metternich telefonou de Potsdam, onde ele está com os Bismarck, para anunciar sua chegada com seu coronel. Tatiana está no sétimo céu, sabendo que ele está distante do *front* por algum tempo.

Sexta-feira, 10 de dezembro. Paul Metternich está muito abalado pela impressão que teve de Berlim. Chegaram cartas de Irena, de Roma; ela está muito deprimida por ficar sem contato conosco. Continuam as discussões familiares sobre o que deveríamos fazer. Papai e mamãe não chegam a um acordo sobre esse assunto; mamãe quer que ela fique na Itália; papai sugere que ela venha se juntar a nós, para enfrentar o último colapso *en famille*.

Segunda-feira, 13 de dezembro. Fazemos longas caminhadas na neve. O coronel de Paul Metternich parece ser um bom camarada, e seus comentários elogiosos sobre a Rússia e os russos agradam aos meus pais.

Terça-feira, 14 de dezembro. Paul Metternich e o coronel partiram. Embora esta viagem não conte como licença, Paul não acha que poderá voltar para passar o Natal. Mas ele talvez possa ficar aqui alguns dias quando retornar ao *front*.

Quinta-feira, 16 de dezembro. Um telegrama de Loremarie Schönburg (que no momento está em Viena) sugere que eu assuma o trabalho de secretária do Conde Helldorf (isso deve ser uma proposta dela, pois ele mal me conhece). Mas eu sei um pouco de suas atividades conspiratórias, e provavelmente ele precisa de alguém de confiança. Preciso consultar Adam Trott e não vou responder antes de fazê-lo.

Passei a tarde com Tatiana em Marienbad, onde visitamos os Albert, que querem retornar a Berlim!

Segunda-feira, 20 de dezembro. Fomos de novo a Marienbad, onde Tatiana fez um permanente nos cabelos e eu algo mais simples, mais conveniente para ataques aéreos.

Terça-feira, 21 de dezembro. Na última sexta-feira houve mais um pesado ataque aéreo a Berlim. Tentamos telefonar para Maria Gersdorff, mas não foi possível. Mandamos um telegrama então. Hoje chegou a resposta: *"Alle unversehrt. Schreckliche Nacht. Brief folgt"* [*"Todos bem. Noite horrível. Segue carta"*].

Pedi permissão para ficar aqui até depois dos feriados de Natal.

Quarta-feira, 22 de dezembro. Jogamos pingue-pongue todo o tempo. Estou lendo muita porcaria, o que desagrada a meus pais. Eu não consigo me concentrar em mais nada, embora mamãe fique me exortando a ler memórias sobre o Congresso de Viena e as Guerras Napoleônicas. Mas *esta* guerra já me parece suficiente, me fazendo esquecer todo o resto por ora.

Innsbruck foi bombardeada seguidamente, de tal modo que a esperança dos austríacos de que Viena venha a ser poupada parece bastante ingênua. O avanço dos Aliados na Itália não está sendo muito rápido. Parece que esses ataques horrendos têm a intenção de auxiliar a marcha, quebrando o moral dos alemães, mas não acho que tenham muito sucesso nisso. Muito pelo contrário, têm efeito oposto, pois, em meio a tanto sofrimento e dificuldades, considerações políticas se tornam secundárias e todo mundo parece se preocupar apenas em consertar telhados, pôr paredes de pé, cozinhar ou fritar batatas até num ferro elétrico virado para cima (eu mesma fritei um ovo para mim desse modo!) ou ainda derreter neve para poder se lavar. Além disso, nestes momentos o lado heroico da natureza humana aflora e as pessoas se tornam extraordinariamente simpáticas para se ajudarem umas às outras – *compagnons de malheur* [companheiros de infortúnio].

Por muito tempo os Aliados de fato pouparam a Áustria – a primeira vítima da tentativa de Hitler de dominar a Europa. Em verdade a fama de "refúgio antiaéreo do Reich" aumentou tanto que muitas indústrias de guerra essenciais mudaram-se para lá. Isso selou o seu destino. Já em 13 de agosto de 1943 um primeiro ataque às fábricas de aeronaves em Wiener-Neustadt marcou o fim da imunidade austríaca. No tempo devido, grande parte de suas maiores cidades também se viu reduzida a escombros.

Sexta-feira, 24 de dezembro. Véspera de Natal. Está nevando de novo e muito frio. Tatiana e eu ficamos o dia todo fazendo enfeites de papel para a árvore, pois não temos nada mais. Gretl Rohan, tia de Loremarie Schönburg, nos mandou dois pacotes de enfeites da Boêmia, mas eles chegaram em cacos. Fizemos muitas estrelas e temos também alguns fios dourados, de modo que a árvore ficou bem bonita. Lisette, a governanta, conseguiu achar duas velas na aldeia. À noite agora temos jogado *bridge*. Fui à Missa do Galo na capela, fazia bastante frio, mas tudo estava muito bonito. Depois tomamos champanhe e comemos biscoitos.

Domingo, 26 de dezembro. Recebi muitas cartas do escritório, uma delas sem assinatura, informando que estamos sendo evacuados para as montanhas (nenhuma novidade, já que todos os prédios estão destruídos). Elas comentam que isso também será bom para a minha saúde, e assim apostam no meu breve retorno. Decidi nada dizer à família, pois quero protelar minha decisão até voltar a Berlim, uma vez que posso talvez querer ficar onde as coisas acontecem, e isso significa, naturalmente, *Berlim*.

Carta de Maria Gersdorff. Aparentemente houve outro ataque na noite de Natal, a nossa vizinhança foi atingida muitas vezes e sofreu horrores.

Acho isto algo infame: mesmo na Primeira Guerra Mundial (que já foi ruim o suficiente), ambos os lados suspenderam as hostilidades na noite de Natal. Os Gersdorff vivem agora no piso inferior, tendo arrumado um quarto de dormir ao lado da cozinha, com a famosa cama de casal onde todos nós nos revezávamos para dormir.

Sexta-feira, 31 de dezembro. Paul Metternich telefonou para dizer que chega hoje às duas da madrugada. Estou contente por poder vê-lo antes de partir amanhã para Berlim.

O Palácio Königswart, no norte da Boêmia, propriedade dos Metternich, para onde Tatiana se mudou após se casar com Paul, em foto de 2009, após sua reconstrução.

DE JANEIRO A 18 DE JULHO DE 1944

KÖNIGSWART *Sábado, 1º de janeiro de 1944.* Paul Metternich chegou apenas ao amanhecer. A árvore [de Natal] foi acesa no quarto de Tatiana. Celebramos o ano-novo que chegava e o aniversário dela com champanhe e rolinhos de massa folhada recheados com geleia[1], queimamos desejos em pedacinhos de papel e demos alguns bocadinhos para o *terrier* escocês[2], com resultados desastrosos.

Agora estou fazendo as malas para pegar o trem da meia-noite até Berlim.

BERLIM *Domingo, 2 de janeiro.* Mamãe me acompanhou de carro até a estação em Marienbad. Como de costume, o trem estava atrasado. Ficamos sentadas por uma hora na estação gelada. Quando ele estava chegando, soaram as sirenes. Eu tive a esperança de que, tomando um trem tarde da noite, evitaria os ataques, que agora são quase diários, e chegaria a Berlim de manhã cedo. As luzes se apagaram e subi no vagão errado; estava cheio de soldados adormecidos que voltavam dos Bálcãs, muitos deles em trajes desleixados, ou até sumários, com a barba de várias semanas por fazer. Imediatamente eles começaram a se pentear e a recompor a roupa. Mais tarde a fiscal me disse para trocar de vagão, mas como os aviões ainda estavam passando sobre nossa cabeça eu decidi ficar sob a proteção daqueles a quem a mamãe,

---

[1] Em inglês, *jam-puffs.*

[2] *Scottish Terrier*, em inglês. Para quem lembrar, é o Joca do desenho animado *A dama e o vagabundo*, de Walt Disney.

nas suas cartas, chama de "os bravos rapazes de azul" (ela provavelmente encontrou essa expressão em algum romance brega). Fiquei preocupada por ela ter de dirigir de volta até Königswart durante um ataque. Também fiquei preocupada conosco, pois com toda aquela neve no chão nosso trem seria muito mais visível. Mas os aviões aliados estavam aparentemente se dirigindo para um local mais importante, e conseguimos alcançar Leipzig a tempo de pegar a conexão.

Quando chegamos aos arredores de Berlim, ficamos parados por mais quatro horas e meia. Muitos trilhos estavam arrebentados e os trens tinham de esperar pela sua vez. Alguns dos passageiros ficaram histéricos, pularam pelas janelas e seguiram a pé. Eu fiquei no trem, saltei às três da manhã no Anhalter Bahnhof e consegui pegar um ônibus que ainda estava circulando e ia para a Woyrschstrasse.

Tanto quanto pude ver, Berlim não mudou muito desde a minha partida, cinco semanas atrás. Mas as coisas estão um pouco mais limpas e as ruas estão livres de entulho. A nossa vizinhança parece pior do que outros lugares por onde passei: duas minas caíram no outro lado da Lützowstrasse, uma terceira caiu na entrada da nossa pracinha e todas as casas ao redor da nossa se foram. Andei pela casa com a velha Martha, a cozinheira. É uma visão assustadora: as janelas não passam de buracos vazios, a chuva cai sobre o piano... Pus na cozinha o peru e o vinho que trouxe de Königswart, me recuperei levemente com um pouco de sopa e fui tomar o trem para Potsdam.

Lá tudo estava em paz. Ganhei um café (Rudger tinha deixado algum como presente para a criadagem no Natal). Embora a governanta tenha certa vez se queixado para Loremarie Schönburg de que, quando nós duas estamos na casa *"es ging ja zu wie im wilden Westen"* [*"isso aqui fica parecido com um faroeste selvagem"*], ela pareceu gostar de me ver.

Depois do jantar desfiz um pouco das malas, já que espero não ficar muito tempo, e fui para a cama. Às duas da manhã as sirenes começaram a tocar. Houve muita troca de tiros e bombas em Potsdam e ao redor. Como eu estava só com as criadas, fomos para o porão por precaução. Meus nervos não estão melhores, e eu fiquei muito amedrontada quando uma bomba caiu sibilando na vizinhança. Ficar acordada todas as noites, às vezes por muitas horas, também deixa a gente exausta.

Segunda-feira, 3 de janeiro. Pontualmente às nove eu estava no escritório. A antiga Embaixada da Polônia é tudo que resta do nosso outrora enorme Departamento de Informação, e o trabalho está quase num estado de suspensão, com todo mundo saindo às quatro da tarde para estar em casa ao anoitecer, quando começam os ataques. Algumas pessoas viajam durante horas para chegar à cidade; uma das secretárias leva sete horas para voltar para casa, de modo que ela fica no trabalho apenas uma hora. No seu lugar eu desistiria de vir.

Somos oito trabalhando numa sala, que é a antiga sala de vestir do embaixador da Polônia, Lipski[3]. Com seus armários e espelhos luxuosos e um tapete muito bonito, não parece um local adequado para virar escritório. Todos estão com os nervos à flor da pele; outro dia duas secretárias se puseram a brigar a socos e tapas no andar de baixo. Na verdade eu acho o rosto abatido das pessoas mais deprimente do que a paisagem desoladora da cidade. Deve ser essa constante insônia da qual nunca há tempo para se recuperar, mesmo que brevemente.

Judgie Richter está frenético, pois durante os dois últimos ataques algumas bombas também caíram na aldeia de Werder, onde sua família – a esposa e duas crianças de um e dois anos de idade – vive numa casa que não tem porão. Como ele vai se juntar ao Embaixador Rahn na Itália durante seis semanas, eu sugeri que ele as levasse para ficar com Tatiana. Ela está aceitando refugiados de muitas cidades bombardeadas por estes dias, e certamente ficaria feliz em recebê-las.

Meu chefe imediato, Büttner, é muito metido e impaciente, talvez por causa de seu ferimento na cabeça; mas ele chamou Loremarie Schönburg e Usch von der Groeben para a nossa seção, o que fez as coisas melhorarem para mim. Estou contente porque, ele à parte, todas as pessoas mais simpáticas do departamento ainda estão em Berlim, embora haja rumores de que estamos prestes a nos mudar para Krummhübel, uma aldeia no Riesengebirge, perto da fronteira com a Silésia e a Tchecoslováquia[4], para onde todo o AA está sendo removido, e onde

---

3   Josef Lipski (1894-1958) foi embaixador da Polônia em Berlim de 1933 a 1939. Com o começo da guerra, refugiou-se na França, seguindo depois para Londres, onde foi secretário-geral do Ministério de Relações Exteriores do governo polonês no exílio, até 1945. Em 1947 emigrou para os Estados Unidos, onde morreu.

4   O Riesengebirge é uma cadeia montanhosa na região fronteiriça da Polônia, Alemanha e a hoje República Tcheca. A Silésia é a região que pertenceu em diferentes momentos a esses diferentes

se espera que eu refaça o arquivo de fotografias (o que tínhamos foi destruído no bombardeio de novembro). Isso é uma tarefa inteiramente nova, e nada fácil de executar, levando-se em conta a escassez do material.

Passei a manhã conversando com colegas. Depois Loremarie, Adam Trott e eu demos um pulo até a casa de Maria Gersdorff para um pequeno lanche. Como sempre, encontramos muita gente por lá.

Terça-feira, 4 de janeiro. Outro dia Büttner pediu a Loremarie Schönburg que fizesse uma lista de todos os que *não* voltaram ao trabalho na segunda-feira. Ela apresentou-lhe uma lista com todos os nomes do nosso departamento, sem exceção. Sua reação foi uma explosão perfeitamente compreensível.

Por sorte há um novo jovem, que faz o papel de ajudante para Hans-Bernd von Haeften, nosso chefe de pessoal (uma das melhores pessoas no AA). Ele é bastante gentil, compreensivo e resolve muitas das dificuldades. Isso é o que precisamos.

Em outra oportunidade Haeften pediu a Loremarie para arranjar-lhe imediatamente alguns selos de vinte *pfennig*. Ela não conseguiu encontrar nenhum e voltou arrastando uma verdadeira tripa de selos de um *pfennig* atrás de si. Foi recebida com um leve ar de troça.

Quarta-feira, 5 de janeiro. Encontrei sem querer o Dr. Six, nosso novo chefe, recém-indicado, no Departamento de Informação; ele quer me receber amanhã à uma da tarde. Além de nós o evitarmos ao máximo, já que ele é um alto oficial da SS e uma pessoa nojenta, esse encontro é muito inconveniente, pois eu quero ir à igreja, já que é o dia de Natal na nossa fé Ortodoxa Russa.

Um verdadeiro "intelectual nazista", o Professor Doutor Franz Six (1906-) fora diretor da Faculdade de Economia Estrangeira na Universidade de Berlim, uma função que ele combinava sucessivamente com a de chefe de departamento de "Pesquisa Científica" e de "Pesquisa e Análise Ideológicas" no RSHA[5], o principal escritório de segurança do Estado. Em 1940 foi designado para a

---

países e hoje está repartida entre eles. Krummhübel é o nome alemão da cidade de Karpacz, uma estação turística hoje em território polonês.

[5] *Reichssicherheitshauptamt.*

equipe do SD[6] que, numa Inglaterra ocupada pela Alemanha, teria presumivelmente "limpado" o país. Quando o plano dessa invasão foi abandonado, e Hitler se voltou contra a URSS, Six foi designado para a equipe que, na Moscou capturada, tomaria conta dos arquivos de Estado dos soviéticos. Mas Moscou também ficou distante, e Six e seus homens foram enviados para Smolensk, para caçar judeus, comissários e guerrilheiros. Sempre um homem prudente, ele logo conseguiu ser transferido para Berlim, para o AA, que os SS estavam ocupados em infiltrar; primeiro ficou no Departamento de Assuntos Culturais e depois no de Informação, em que Missie trabalhava[7].

Katia Kleinmichel veio até aqui pedir sapatos emprestados, já que um ataque acabou com os seus. Felizmente ela usa o meu número.

Quinta-feira, 6 de janeiro. Corri para a igreja com Loremarie Schönburg. A missa foi muito bonita, mas havia pouca gente. Mal conseguimos voltar para o escritório a tempo da minha confrontação com o Dr. Six. Ele se mostrou bastante solícito em relação à minha saúde e disse que eu deveria "tomar as pílulas que salvaram Churchill" (que pegou uma pneumonia no ano passado, em Casablanca)[8]. Daí, abordando assuntos mais sérios, ele passou a insistir na necessidade do total esforço de guerra que é exigido de todo mundo agora, e a ameaçar "todos os trânsfugas" com transferências para fábricas de munição, como motorneiros etc. Terminou ordenando que eu fosse para Krummhübel o mais cedo possível. Oh, que homem horroroso ele é!

Não consigo me decidir se isso me satisfaz ou não. De algum modo tenho sentido ultimamente que qualquer decisão que eu tome pode ter consequências funestas, e que nadar contra a corrente não é uma boa ideia. Por outro lado, me sinto tentada a ficar onde meus amigos estão.

---

[6] *Sicherheitsdienst*, seção da SS diretamente sob o comando de Reinhard Heydrich, que tinha Six como um de seus oficiais favoritos.

[7] Complementando o texto: Franz Six (1909-1975) foi julgado em Nuremberg e condenado a vinte anos de prisão. Teve a pena comutada para dez anos e foi solto em 1952. Em 1961 atuou como testemunha de defesa no julgamento de Adolf Eichmann em Israel, embora seu depoimento tenha sido tomado na Alemanha, já que temia ser preso se fosse pessoalmente ao tribunal.

[8] Há uma versão não confirmada de que Churchill, ao ser acometido de pneumonia em Casablanca, teria sido salvo tomando penicilina, então uma descoberta relativamente recente. Esta deve ser a referência da observação do Dr. Six.

Sexta-feira, 7 de janeiro. Aquela parte de Berlim onde a maioria de nós costumava viver ficou muito deprimente para ser descrita em palavras. À noite não há uma única luz à vista, apenas casas queimadas, rua após rua. Tatiana conta que em Madri, depois da Guerra Civil, malfeitores se escondiam nas ruínas e atacavam as pessoas durante a noite. Isso parece não acontecer por aqui, mas o vazio silencioso é muito lúgubre.

Hoje à tarde Claus Kieckbusch e Clemens Kageneck apareceram no escritório, este último com sua Ritterkreuz – a Cruz de Cavaleiro da Ordem da Cruz de Ferro – balançando, pendurada na gola de pele de seu casaco. Ele está voltando para a Rússia. Vendo-os tão vistosos e sorridentes, fiquei com receio de que o nosso chefe, Dr. Six, viesse nos atormentar, mas eles se recusaram a sair; então os acomodei num banco de madeira perto da escada, onde Clemens sacou uma garrafa de *brandy* que ficamos bebendo um de cada vez. Judgie Richter apareceu e, como ele conhece Claus, veio se juntar ao grupo[9].

Mais tarde eu fui à casa de Hans Flotow, que estava recebendo amigos para um drinque. O apartamento sobreviveu miraculosamente. Claus me levou então até a estação num Mercedes emprestado e me deu de presente uma garrafa de vermute, já que em breve é meu aniversário. Dentro de dois dias ele vai para Paris, e depois vai esquiar durante um mês, ostensivamente para ensinar novos recrutas. Como ele faz isso é um mistério para todos, mas de algum modo consegue. Desde que seu tanque explodiu na França, deixando-o com graves queimaduras, e desde que seu irmão Mäxchen foi morto na Rússia, ele considera tudo isso como seu dever.

Jantei com os Albert, que estão de volta a Berlim e ficam quase sempre em casa. O irmão de Irene estava lá, de licença de Guernsey; ele me contou que Charlie Blücher foi morto em serviço, lutando pelo Exército britânico na Tunísia. Tatiana vai ficar muito triste: ele ficou na casa deles antes da guerra.

Descendendo pelo lado paterno do famoso marechal de campo prussiano dos tempos das Guerras Napoleônicas e pelo lado materno – uma prima distante da mãe de Missie – dos Radziwill da Polônia, os irmãos Blücher tinham sido educa-

---

[9] O Major Clemens-Heinrich, Conde de Kageneck (1913-2005), foi um dos comandantes (1943--1944) do famoso 503º Batalhão de Blindados do Exército alemão, que lutou várias vezes tanto na Frente Oriental quanto na Ocidental, e terminou cercado pelo Exército Vermelho em Budapeste, onde foi praticamente aniquilado. Sobre Claus Kieckbusch não foi possível obter informações.

dos na Inglaterra, tornaram-se cidadãos britânicos e, quando a guerra começou, alistaram-se no Exército britânico[10].

Sábado, 8 de janeiro. Nesta noite, em Potsdam, eu estava sozinha com Gottfried Bismarck, quando Heinrich Wittgenstein apareceu para jantar. Ele está pálido e parece cansado. De repente os jornais estão repletos de seus feitos. Numa das noites passadas ele derrubou seis bombardeiros em uma hora. Embora tenha apenas 27 anos, agora é major e recebeu o comando de um grupo de caças de combate noturno. Ele parece tão frágil! Eu insisti que deveria tirar uma licença, mas ele quer fazer isso apenas no fim do mês. Ele passou a noite aqui. Felizmente não soou nenhum alarme.

Terça-feira, 11 de janeiro. Meu aniversário[11]. Passei a manhã com uma outra garota do escritório na estação de metrô da Friedrichstrasse. Fomos pegas de surpresa por um ataque aéreo quando nos dirigíamos para o arquivo fotográfico que pertence à editora Scherl, em Tegel. O túnel estava lotado, porque era hora de almoço. Alguém observou que tudo ficaria bem, desde que nenhum bebê resolvesse nascer de repente, naquele momento. Escolhemos o que pensamos ser o lugar mais seguro no túnel, debaixo de umas vigas de ferro que, esperávamos, poderiam suportar a pressão. Depois do toque de fim de alarme, a que se seguiu um pesado tiroteio – isso tem acontecido ultimamente –, continuamos nosso caminho, apenas para logo nos darmos conta de que era inútil, pois precisaríamos de mais quatro horas para chegar ao nosso destino. Voltamos ao escritório de mãos vazias, para encontrar um chefe desgostoso com o insucesso. Dr. Six quer resultados, e não se importa com o quanto eles custem.

---

[10] O marechal de campo referido é Gebhard Leberecht von Blücher (1742-1819), oficial prussiano que participou, entre outras batalhas, da de Waterloo. Um detalhe interessante e trágico: primos distantes desses "Blücher boys" que lutaram do lado inglês, três outros descendentes do mesmo marechal, conhecidos na Alemanha como "Die Brüder Blücher" ("os irmãos Blücher"), foram paraquedistas da Luftwaffe e morreram todos no mesmo dia, 21 de maio de 1941, na Batalha de Creta contra o Exército britânico. Um quarto irmão do trio, também militar, morreria em 1944, mas vitimado por um acidente de caça. Já "Radziwill" era o nome de uma antiga família aristocrata, com ramificações na Lituânia, na Polônia, na Rússia e na antiga Prússia.

[11] De 27 anos.

Cheguei a Potsdam às sete da noite, para descobrir que Melanie Bismarck tinha preparado carinhosamente um belo jantar de aniversário, com Chesterfields[12] de Rudger Essen, muita champanhe e um bolo de verdade, com velinhas.

Quarta-feira, 12 de janeiro. Hoje fui de novo ao *Polizeipräsidium* para apanhar mais algumas fotos dos danos provocados pelos bombardeios. Como as fotos de corpos mutilados são consideradas muito deprimentes, não estão disponíveis para o público em geral.

Troquei algumas palavras ásperas com o ajudante do Conde Helldorf, um jovem lindo mas muito insolente que não me deixou olhá-las, alegando que precisava de uma autorização do chefe. Eu lhe disse animadamente que iria encontrar o seu chefe no dia seguinte pela manhã e discutiria o assunto pessoalmente com ele. Os olhos do ajudante se arregalaram, eu lhe dei as costas e saí pisando firme.

Quinta-feira, 13 de janeiro. O Conde Helldorf ficou adiando a hora do nosso encontro. Finalmente ele apareceu e me conduziu à sua sala particular. Jogamos conversa fora[13] por algum tempo; também falamos da sua proposta de algum tempo atrás, de eu me tornar sua secretária. Suspeito que ele desconfia de seu próprio pessoal e deseja engajar alguém confiável. Só Deus sabe o quanto ele precisa disso! Eu pedi mais algum tempo para pensar. Tenho de consultar Adam Trott, porque a ideia me assusta. Muita gente não confia nele por causa de seu passado de nazista de alto escalão, mas ainda assim Gottfried Bismarck gosta dele e o respeita; de fato, eles parecem estar muito próximos um do outro. Eu lhe perguntei muitas coisas sobre o que ele chama de meu *Speisezettel* [*cardápio*]. Deu-me bons conselhos, especialmente com respeito

---

[12] Nome de sofás, poltronas e cadeiras de procedência inglesa, com revestimento de couro e considerados muito refinados.

[13] No original: "*We talked at length of cabbages and kings*", uma alusão ao capítulo 4 do livro *Alice através do espelho,* em que ela encontra os gêmeos Tweedledum e Tweedledee e eles lhe recitam o poema sobre a Morsa e o Carpinteiro, que seduzem e enganam ostras que desejam comer dizendo-lhes abobrinhas como: "'*The time has come', the Walrus said,/ 'To talk of many things:/ Of shoes – and ships – and sealing wax –/ Of cabbages – and kings –/ And why the sea is boiling hot –/ And whether pigs have wings*'" ("Chegou a hora, a Morsa disse,/ de sobre muitas coisas falar:/ de sapatos, navios – de cera vedante/ de repolhos – e reis – mencionar/ e de por que o mar ferve quente/ e se porcos têm asas para voar", tradução de Flávio Aguiar).

à denúncia de mamãe à Gestapo feita pelo Conde Pückler. Ele não pareceu surpreso. São pessoas calejadas, todos eles, e não se sobressaltam com facilidade. Sinto que ele sempre poderá me ajudar numa emergência, mas penso que não devo mudar de barco[14], por assim dizer, no meio da correnteza, ou melhor, no meio da torrente. Quando ele me levou até a porta, encontramos aquele seu ajudante, que ficou apalermado.

Sexta-feira, 14 de janeiro. Passei toda a manhã na editora Scherl, em Tegel – desta vez eu e minha colega conseguimos chegar lá – procurando por fotografias. Descobri algumas fotos antigas da Revolução Russa que estou adicionando à minha coleção particular. Também achei alguns bons retratos do último imperador da Rússia e de sua família, que eu não conhecia, e me permiti fazer também a sua "requisição"; os poucos sobreviventes da família dos Romanov talvez venham a gostar de ter cópias. O prédio não tinha calefação, e estávamos duras de frio. Para voltar pedimos carona a carros particulares e também, por uma parte do trajeto, a uma caminhonete vermelho-brilhante do Correio.

Paul Metternich chegou hoje a Berlim. Almoçamos juntos na casa dos Gersdorff. Ele foi para Potsdam. Parece muito bem e repousado. É tão horrível pensar que ele agora terá de voltar para a Rússia por vários meses.

Estava caminhando para casa da estação de Potsdam quando, de repente, várias bombas explodiram perto. Corri tanto quanto pude por mais de um quilômetro e, conforme estava chegando ao prédio do *Regierung*, as sirenes começaram a soar – um tanto atrasadas. Loremarie Schönburg e eu estávamos nervosas como de hábito, mas os homens se recusaram a descer para o porão; assim, em vez disso, sentamos para jantar. Dessa vez o ataque foi rápido e devo dizer que nos sentimos menos desamparadas com a presença de Gottfried e Paul.

Sábado, 15 de janeiro. Levantei-me às seis a fim de fazer alguns sanduíches para Paul Metternich. Para minha surpresa, quando cheguei à casa dos Gersdorff para o almoço, lá estava ele; seu avião teve um problema no motor e precisou voltar. Adam Trott também estava lá.

Estou armando uma luta no escritório para ficar aqui mais alguns dias. Francamente, esse mergulho num ambiente completamente novo me assusta.

---

[14] No original: "*change horses*".

Até o momento o meu chefe Büttner está inflexível e até mesmo batalhando com nossos outros superiores a respeito.

De volta para casa pude fazer meu cabelo num dos únicos cabeleireiros que ainda estão funcionando. Também peguei todos os cosméticos que havia por lá, porque provavelmente não acharei nada em Krummhübel.

Depois Loremarie Schönburg, Paul, Tony Saurma e eu nos enfiamos no carro deste último e percorremos os restaurantes sobreviventes à procura de ostras – um dentre os poucos produtos que ainda não estão racionados. Essa perambulação pela noite é o quanto resta da vida noturna berlinense em 1944. Tentamos o Horcher, esperando encontrar algum vinho; estava fechado. Finalmente Loremarie e eu ficamos no bar meio destruído do Hotel Eden, enquanto os homens continuavam a busca. Tateamos nosso caminho através do vestíbulo do saguão de entrada, em meio à bagunça – candelabros no chão, pedaços de móveis quebrados, escombros por todo lado. Nós estivemos lá muito seguidamente nos últimos anos, parecia que nos tornáramos nossos próprios fantasmas. E eles querem reconstruí-lo[15]!

Domingo, 16 de janeiro. Levantei-me às cinco da manhã para ver Paul Metternich sair de viagem pela segunda vez; depois, voltei para a cama e saí dela de novo às nove. Esperava andar a cavalo com Rudger Essen (que está de volta a Berlim) – não é possível fazer outro exercício hoje em dia –, mas chegando aos estábulos vimos que eles estavam vazios. Voltamos de crista caída ao *Regierung* – para o desjejum. E lá estava Paul – de novo! Desta vez o avião decolara diante do seu nariz, e assim ele fica por aqui mais um dia. Rudger se ofereceu para conseguir-lhe um lugar num voo sueco para Riga, mas, como Loremarie Schönburg observou sabiamente, a luta na frente de Leningrado está pior do que nunca, e quanto mais ele demorar para chegar lá melhor.

Perdi minha batalha contra Büttner e viajo para Krummhübel amanhã.

---

[15] No fim das contas o hotel não foi reconstruído. Era um dos mais elegantes de Berlim. Foi para lá que Rosa Luxemburgo e Karl Liebknecht foram levados, torturados e, dali, conduzidos para seu assassinato, em 15 de janeiro de 1919. Antes da ascensão do nazismo e da guerra, o bar do hotel era frequentado por intelectuais e artistas, entre eles Heinrich Mann, Marlene Dietrich e Erich Maria Remarque. Hoje, no seu lugar, há uma agência de banco e, em frente, a praça Olof Palme. Há um outro Hotel Eden, na Uhlandstrasse, não muito longe.

Passei a maior parte da manhã arrumando as malas e conversando com Paul e Loremarie. Depois chegou Anfuso para nos buscar para o almoço, em sua residência fora da cidade. Ele é agora o embaixador de Mussolini na Alemanha. Enquanto Loremarie fazia uma sesta – ela se sentia abatida –, Anfuso e eu saímos para um longo passeio a pé ao redor do lago. Ele estava muito abalado pela recente execução de Ciano e de onze outros proeminentes fascistas. Ciano era um amigo próximo dele. Anfuso é um dos poucos diplomatas italianos de escol que permaneceu fiel a Mussolini. Muitos ratos abandonaram o navio, que está afundando. A atitude de Anfuso pode não ser sábia, mas eu o respeito por isso. Ele é um homem inteligente, mas seu trabalho é muito difícil, sobretudo porque na verdade ele não tem a menor simpatia pelos alemães. Ele me emprestou alguns livros para levar a Krummhübel.

Diplomata profissional, Filippo Anfuso (1901-) foi o chefe de gabinete do ministro do Exterior, Ciano, de 1937 a 1941. Depois disso foi embaixador na Hungria; a seguir, quando a Itália rompeu com o Eixo em 1943, tornou-se o embaixador da "República de Salò", de Mussolini, na Alemanha. Ao término da guerra, era prisioneiro dos franceses, que o acusaram de cumplicidade no assassinato do Rei Alexandre da Iugoslávia e do ministro de Relações Exteriores da França, Louis Barthou. Absolvido de todas as acusações, voltou à Itália, reingressando na política, e foi eleito como deputado neofascista ao Parlamento.

Casado com Edda, filha de Mussolini, o Conde Galeazzo Ciano (1903-1944) sempre se opôs à entrada da Itália na guerra. Embora renunciasse ao cargo de ministro de Relações Exteriores em 1943, permaneceu membro do Grande Conselho Fascista e, como tal, votou contra Mussolini em 25 de julho de 1943. Acusado por corrupção pelo governo de Badoglio, fugiu para o norte [Alemanha], mas os alemães o entregaram ao governo neofascista de Salò. No dia 11 de janeiro de 1944, ele e mais outros onze fascistas de primeira grandeza, que em julho de 1943 haviam se voltado contra Mussolini, foram julgados e fuzilados – com o relutante consentimento deste último[16].

---

[16] Complementado o texto: Filippo Anfuso (1901-1963) foi amigo pessoal de Gabriele D'Annunzio, além do Conde Ciano. Foi condecorado por Francisco Franco por serviços prestados durante a Guerra Civil Espanhola. Serviu como diplomata na China, Grécia, Hungria e Alemanha. Depois da guerra ficou preso por dois anos na França. Deputado, morreu em plenário, enquanto discursava. Já Gian Galeazzo Ciano (1903-1944), Conde de Cortellazzo e Buccari, deixou um

Depois encontrei Paul na casa de Adam Trott. Já eram seis horas quando cheguei lá, de modo que tomamos um combinado de chá e coquetéis e, depois, sopa. Peter Bielenberg se juntou a nós. Mais tarde, Adam ligou para o Conde von Schulenburg em Krummhübel para conversar sobre onde eu moraria. O conde, que fora o último embaixador alemão em Moscou, é um verdadeiro *doyen* dos funcionários do AA por lá, e um bom amigo. Ele mora numa casa espaçosa e se ofereceu para me receber, mas me separar das minhas colegas pode não ser um bom passo, pelo menos no começo, e assim vou ficar com elas por algum tempo. Adam também ligou para um de seus amigos, Herbert Blankenhorn[17], que ainda não conheço. Ele é o responsável pelo protocolo e pela realocação de missões estrangeiras e, dessa forma, tem muitas casas à sua disposição.

KRUMMHÜBEL *Segunda-feira, 17 de janeiro.* Hoje nosso escritório foi evacuado para Krummhübel. Rudger Essen e eu fomos sozinhos de carro para Berlim, já que Paul Metternich decidiu voltar de trem para o *front*. Ainda estava muito escuro. Rudger me ajudou a arrastar minhas duas pesadas valises para a caminhonete que me esperava. Eu me recusara a mandar o que quer que fosse antes, temendo que minhas poucas posses se perdessem. Fiquei muito aliviada ao constatar que havia um Herr Betz que se encarregaria do nosso pequeno grupo. Ele será chefe de pessoal em Krummhübel, e é muito simpático e prestativo. Chegamos com todas as bagagens à estação de Görlitzer, onde encontramos um outro grupo de trinta pessoas, liderados por nosso chefe, Büttner em pessoa, muito pálido e bem pouco cordial. Sua secretária me confidenciou que ele achava que eu não viria. É óbvio que há no ar uma antipatia mútua. Fiquei aliviada ao ver que uma garota muito bonita, chamada Ilse Blum e apelidada de "Madonna" por sua expressão doce, trouxera ainda mais bagagens do que eu. Recebemos olhares de censura, mas com ajuda do motorista conseguimos acomodar nossos respectivos pertences. Apareceram

---

diário que – salvo por Edda Mussolini, que o fez contrabandear para a Suíça – serviu de fonte primária para várias obras sobre o nazismo, o fascismo e temas conexos, entre elas *Ascensão e queda do Terceiro Reich* (Rio de Janeiro, Agir, 2008), de William Shirer.

[17] Herbert Blankenhorn (1904-1991), embora membro ativo do Partido Nacional Socialista, não teve qualquer problema no pós-guerra, seguindo proeminente carreira diplomática. Foi embaixador em Paris e Londres, e tornou-se membro da União Democrata-Cristã, de Konrad Adenauer.

listas de nomes, os nossos foram chamados, tudo começou a assumir um ar de excursão escolar. Betz, com um guarda-chuva e uma bengala com castão de marfim debaixo do braço, me ajudou a subir no trem. Enfurecidas pelo ar agastado com que Büttner me recebera, Madonna e eu fomos para um outro compartimento – na terceira classe – de assento muito duro (nenhuma de nós está muito rechonchuda nos dias que hoje correm).

Às três da tarde chegamos a Hirschberg, onde há o entroncamento da linha para Krummhübel, e onde nos encontrou o nosso intendente. Ele vestia trajes de esquiar – que anticlímax! Passamos para um trem local, movido a eletricidade, e meia hora depois estávamos em Krummhübel.

Metade do pessoal do AA nos recebeu e, em meio à multidão, vislumbrei o Conde Schulenburg, com um vistoso chapéu de pele de astracã na cabeça, provavelmente uma lembrança de Moscou. Ele viera me receber. Senti-me um pouco exposta. Não era o *début* anônimo que eu imaginara. Tivemos alguma dificuldade para encontrar Frau Christa, para cujo alojamento fui designada. Deixando lá as bagagens, fomos ao chalé do conde para tomar o chá. Ele nos ofereceu um delicioso café e sardinhas com torradas; depois, seu assistente, um certo Herr Sch., me trouxe ao meu próprio chalé.

A aldeia de Krummhübel é muito charmosa; fica numa encosta abrupta, com os chalés bem distantes uns dos outros, rodeados por jardins cheios de abetos e pinheiros. O meu temor de ataques aéreos começou a se dissipar. Os escritórios estão todos no sopé da encosta, de modo que a maioria das pessoas desce para o trabalho em pequenos trenós, levando-os de volta, ladeira acima, ao fim do dia. Pelo que pude entender, quanto mais importante a pessoa, mais morro acima ela mora. O nosso Departamento de Informação parece ter sido omitido – chegamos tarde –, de modo que nossos chalés são bem menos atraentes do que os demais.

Um visitante que foi a Krummhübel anotou naquele momento: "O Ministério evacuou quinhentas pessoas para Krummhübel... As pensões e hotéis são primitivos... (O Conde) Schulenburg vive em condições tão primitivas que deve ir ao chalé de Missie Wassiltschikoff uma vez por semana para tomar banho. Todos os criados no lugar são tchecos, e todos os trabalhadores nas serrarias são sérvios e 'italianos de Badoglio', de modo que Krummhübel virou um paraíso para os espiões. Como quartel-general de emergência ela é inadequada, porque não só é completamente visível do ar e, portanto, extremamente vulnerável, como também o rápido avanço russo deixou-a insegura geograficamente" (H.-G. Studnitz, While Berlin Burns, *cit.).*

Eu não especificara com quem desejava repartir um quarto, e assim me vi parceira de uma certa Fräulein Dr. K., uma boa alma que eu mal e mal conheço. Encontrei-a olhando com ar desconsolado um enorme quarto sem aquecimento, com varanda. A luz é fraca, de modo a não permitir qualquer leitura na cama, e para piorar as coisas nos disseram que, dado o tamanho do quarto, poderemos receber uma terceira hóspede. Se isso acontecer, irei à guerra e aceitarei o oferecimento do conde para ficar no seu chalé. Quanto ao resto, essa Haus Christa[18] é boa o bastante. Somos onze no total, sete mulheres e quatro homens, liderados por um Herr W., com quem nos relacionávamos muito mal em Berlim. Mas aqui ele parece ter virado a página, age como se fosse um pai benevolente, e nos recebe com um discurso amigável sobre o *Hausgemeinschaft* [*espírito comunitário*]. Nós desfrutamos até mesmo de um jantar bem razoável e então nos recolhemos. Eu decidi ser uma parceira de quarto bem difícil, de modo a não deixar saudades se me for. Num primeiro momento, fiz questão de deixar todas as janelas bem abertas. Em contrapartida, Fräulein Dr. K. ronca. Acordamos roxas de frio.

Terça-feira, 18 de janeiro. Depois do desjejum nos aventuramos morro abaixo até o nosso escritório, a Tannenhof – uma hospedaria não muito longe da estação. O chão é muito escorregadio, e os nossos trenós logo deixam a neve recém-caída lisa como gelo.

De repente me vi com uma nova opção de alojamento – mudar-me para junto de uma das antigas alunas de papai, uma certa Frau Jeannette S., que não só trabalha aqui, mas é proprietária de um chalé e se ofereceu para me receber. Herr Betz acha essa opção melhor do que eu aceitar a hospitalidade do Conde Schulenburg. Embora ele não diga em voz alta, a "opinião pública" poderia franzir as sobrancelhas diante de uma hipotética "união das forças entre aristocratas", como se isso fizesse sentido. De um modo ou de outro, decidi me mudar amanhã.

---

[18] Referência ao nome do alojamento.

Quarta-feira, 19 de janeiro. O AA tomou todas as *Gasthaus* nas vizinhanças e a Tannenhof deve se transformar num de nossos escritórios. Quando nos reunimos, Büttner tentou fazer um discurso, que caiu no vazio porque o lugar estava tomado por soldados vadiando por ali e tomando cerveja. Eles não fizeram menção de sair e ouviram com interesse.

Os habitantes locais não parecem muito entusiasmados com a nossa presença, pois temem que ela transforme Krummhübel num alvo para bombardeios. Além disso, ela acabou com o turismo.

Esta tarde amarrei minha valise num trenó e arrastei-o até o pequeno chalé de Jeannette S., que fica num bosque. Depois me juntei ao Conde Schulenburg e aos Tippelskirch – que eram parte do seu pessoal em Moscou – e tomamos um trem até a próxima aldeia para assistir a uma peça de teatro. Era muito boa, e os atores procediam de um teatro muito importante na Rhineland, que foi bombardeado.

Sexta-feira, 21 de janeiro. Madonna Blum e eu resolvemos encarar seriamente a prática do esqui em nosso tempo livre e também o aprendizado do acordeão. Cada uma de nós possui o seu.

A maioria dos colegas de Berlim parece muito engraçada por aqui. A gente se acostumou a vê-los com o nariz sempre mergulhado em suas mesas de trabalho – verdadeiros ratos de repartição. Aqui eles trotam para lá e para cá enfiados em calças muito largas, com cachecóis coloridos, gorros de lã, puxando seus pequenos trenós e parecendo muito pouco à vontade.

Na Rússia a luta na frente norte está ficando muito violenta. Estou preocupada com Paul Metternich. Tatiana escreve cartas frenéticas.

Terça-feira, 25 de janeiro. O trabalho está extremamente errático. Somos oito num pequeno escritório. Deram-me uma secretária para ajudar na montagem do novo arquivo fotográfico. As fotografias são enviadas de Berlim em grandes lotes. Cada uma delas necessita de uma legenda; em geral ela se encarrega disso, enquanto eu as seleciono e organizo as pastas. Ganhei sua estima permitindo que ela datilografe o material em casa. Na verdade, isso nos dá mais espaço.

Hoje à noite jantei com o Conde Schulenburg (ou "o Embaixador", como ele é conhecido, embora haja vários deles por aqui). No meio do jantar ele falou como se fosse uma notícia qualquer que Heinrich Wittgenstein fora morto. Fiquei atônita. Ele me olhou surpreendido, pois não sabia que éramos amigos tão próximos. Apenas alguns dias atrás, no escritório, recebi um telefonema dele. Ele acabara de se apresentar no QG de Hitler para receber das mãos do "Todo-Poderoso" as Folhas de Carvalho para a sua Cruz de Cavaleiro[19]. Ele disse ao telefone: "*Ich war bei unserem Liebling*" [*"Estive com o nosso bem-amado"*] e, para sua surpresa, não teve o revólver tomado antes de ser recebido pela "Presença" (como é usual hoje em dia), de modo que teria sido possível "acabar com ele" ali mesmo, naquele momento. Ele continuou a falar a respeito, até minha observação de que seria melhor continuar a conversação em algum outro lugar. Quando nos encontramos um pouco mais tarde, ele começou a especular sobre a possibilidade de na próxima vez explodir uma bomba suicida quando ele e Hitler apertassem as mãos[20]. Pobre rapaz, mal sabia ele que só tinha mais alguns dias de vida! E parecia tão frágil, eu sempre me preocupei com ele. Ele se tornou o aviador combatente noturno de maior sucesso na Alemanha, estava sempre em ação e claramente exausto. Falava seguidamente da agonia que sentia por ter de matar gente e sobre como, sempre que possível, tentava atingir os aviões inimigos de modo que a tripulação tivesse tempo de saltar de paraquedas.

Quando de sua morte, atingido por um Mosquito – um caça britânico de longo alcance –, o Major Príncipe Heinrich von Sayn-Wittgenstein abatera 83 aviões aliados, seis deles num combate memorável. Na noite em que morreu ele havia destruído mais cinco.

Quinta-feira, 27 de janeiro. Uma colega de Berlim, numa visita relâmpago, trouxe algumas fotos de Heinrich Wittgenstein para mim. Ela o vira muitas vezes, quando ele aparecia no escritório para me visitar. Ela fez investigações sobre as circunstâncias da sua morte, mas ainda não há detalhes disponíveis. Seus pais vivem na Suíça e devem receber a notificação oficial primeiro.

---

[19] Um dos graus hierárquicos da condecoração da Cruz de Ferro, uma das mais altas das Forças Armadas alemãs – existente desde os tempos do reino da Prússia.

[20] Tanto a mãe de Wittgenstein, a Princesa Walburga, como a irmã da autora, Tatiana Metternich, em seu livro de memórias, confirmam que o jovem piloto manifestara desejos de matar Hitler desde 31 de agosto de 1943, quando recebera sua sétima condecoração com a Cruz de Ferro.

Sexta-feira, 28 de janeiro. Ontem houve outro ataque pesado em Berlim. Mas ainda não temos detalhes, todas as comunicações estão cortadas.

Encontrei Blankenhorn finalmente, sob a lanterna de uma hospedaria local. Chovia a cântaros. Subimos um morro íngreme até a sua casa e nos sentamos para uma longa conversa na sala de estar, com uma garrafa de vinho e algumas barras de chocolate. Ele me surpreende, como um renano de pensamento extremamente ágil. Dizer que ele prevê o colapso da Alemanha é eufemismo. Na verdade ele parece torcer por isso e tem ideias muito bem definidas sobre o futuro alemão depois da derrota – divisão do país, criação de *Länder* [territórios] autônomos etc.!

Essa viria a ser, de fato, a estrutura constitucional da República Federal no pós-guerra, na qual o Dr. Blankenhorn tornou-se um dos principais conselheiros do Chanceler Adenauer.

Os russos romperam o cerco de Leningrado, que durou quase três anos.

O cerco durou 872 dias – a partir de 8 de setembro de 1941. Isolada de suas linhas de suprimento pelos alemães e pela "Divisão Azul" espanhola, ao sul, e pelos finlandeses, ao norte, restara à cidade uma única ligação com o resto do país – através do lago Ladoga. Embora 500 mil pessoas fossem evacuadas por aí, cerca de 1 milhão de habitantes pereceu, a maioria de fome ou de doenças. Assim como a Batalha de Stalingrado, a Batalha de Leningrado tornou-se lendária nos anais da "Grande Guerra Patriótica" da URSS.

Domingo, 30 de janeiro. Adquiri um par de esquis brancos, originalmente destinados às tropas na Rússia, mas que – parece – nunca chegaram a seu destino.

À tarde o Conde Schulenburg me levou para visitar um certo Barão de Richthofen, ex-embaixador em Sofia, casado com uma húngara encantadora. Eles moram no campo, bem longe daqui. Uma atmosfera ótima, repousante, e uma conversa bastante aberta[21].

---

[21] Herbert von Richthofen (1879-1952). Diplomata de carreira, serviu em várias embaixadas, inclusive no Egito e na Bulgária, antes e durante o regime nazista. Depois da guerra foi feito prisioneiro na União Soviética e condenado a 25 anos de cadeia. Morreu na prisão de Lubianka, em Moscou.

Estou muito deprimida: Tatiana não tem notícias de Paul Metternich e Heinrich Wittgenstein está morto...

Segunda-feira, 31 de janeiro. Ontem houve outro bombardeio pesado sobre Berlim, o pior, dizem, desde novembro. Toda vez que isso acontece, as comunicações são completamente cortadas. É de se pensar como o AA pode ainda trabalhar.

A neve derreteu e o ar está primaveril. Caminhei até a aldeia próxima para ver uma garota meio norte-americana que conheci em Berlim. Ela dirige um outro arquivo. Encontrei-a na cama. As pessoas parecem encarar as coisas de modo muito descontraído por aqui. Ela me emprestou várias revistas inglesas e norte-americanas.

Quarta-feira, 2 de fevereiro. Büttner, que esteve em Berlim por dois dias, voltou hoje. As bombas o expulsaram de sua casa – seu lar – e está mais importuno do que nunca.

Quinta-feira, 3 de fevereiro. O Conde Schulenburg chegou hoje debaixo de uma chuvarada com uma mochila cheia de bebidas. Ele e Jeannette S., que é do tipo "estrelinha saltitante", se dão muito bem. Ela gosta de cavalheiros mais velhos. Também tem uma queda por papai e escreve constantemente para ele. Fizemos alguns bolos e ficamos à vontade por bastante tempo.

Sexta-feira, 4 de fevereiro. Enquanto eu datilografava algo urgente num outro escritório, fui chamada ao telefone. Era a secretária de Adam Trott, de Berlim. A nossa Woyrschstrasse tinha sido reduzida a migalhas num dos bombardeios, e eu deveria ir imediatamente para tomar conta das coisas. Uma outra funcionária foi enviada [para cá] a fim de me substituir. Suspeito que essa não seja a única razão para esse chamado repentino. Büttner está fora de novo, mas o assistente da chefia do pessoal concordou com a minha ida.

BERLIM *Sábado, 5 de fevereiro.* Levantei-me às cinco da manhã e me arrastei até a estação para descobrir que Blankenhorn ia para Berlim no mesmo trem. Ele também estava fazendo uma viagem meio gazeteira. Há uma regra idiota que diz que ninguém pode sair da nossa aldeia sem documentos especiais, mas a gente passa ao largo dela, porque ninguém aguenta ficar confinado aqui, isolado de onde tantos amigos estão em constante perigo. O trem para Berlim estava lotado e viajamos de pé o tempo todo, mas Blankenhorn tinha um carro à sua espera e me deixou no escritório, onde encontrei Adam Trott e Alex Werth ainda trabalhando.

Alex é um homem brilhante e de uma decência excepcional; expulso de sua casa pelos bombardeios, ele foi alojado pelo nosso chefe supremo, o Dr. Six. Embora desprezemos e detestemos este último, o fato de Alex ter um pé na sua casa permite que ele possa de vez em quando exercer alguma influência por uma boa causa. Por isso, as coisas não estão tão ruins como antes. Alex está muito descontente com o desempenho de Büttner, o que tira um peso da minha consciência.

O que vi de Berlim, num relance, é deprimente demais. Desde o ataque de 30 de janeiro nada mais parece funcionar.

Adam e eu fomos até a Woyrschstrasse para ver Maria Gersdorff. Embora já tivesse sido muito danificada antes, agora parece que a rua inteira simplesmente acabou; ficamos em meio a uma multidão vendo uma parede ainda restante ser demolida. Nossa pequena praça está inteiramente destruída pelo fogo, com uma única exceção – a casa dos Gersdorff.

Depois de almoçar com Adam, passei o resto da tarde com ele. Ele não está bem mesmo. Eu gostaria que estivesse em Krummhübel conosco, mas sei que nunca concordaria em deixar Berlim neste momento. Ele meu deu alguns livros e me levou de carro até a estação, onde tomei o trem para Potsdam. Só Gottfried e Melanie Bismarck estavam lá. Foi como voltar para casa.

Domingo, 6 de fevereiro. Retornei a Berlim, para ir à igreja, atravessando metade da cidade a pé. Muito da Kurfürstendamm está destruída. Tentei encontrar Sigrid Görtz, que vivia logo atrás dela. O seu prédio era o único ainda de pé. Subi as escadas, mas elas se interrompiam no meio, como se flutuassem no ar, e o seu apartamento, no topo, tinha desaparecido. Ninguém sabe onde ela está. Almocei com Hans Flotow, que foi, finalmente, atingido duramente. Ele tirou do apartamento todos os móveis que sobreviveram e de alguma maneira conseguiu apoiar as paredes periclitantes, acampando lá numa tenda, como um beduíno. Depois voltei para a casa de Maria Gersdorff e ela me contou uma história horripilante.

No dia 26 de dezembro o nosso velho carteiro, que ela deixava usar meu quarto semidestruído sob a meia-água, pegou uma pneumonia. Sua família fora evacuada; Maria e Heinz trouxeram o velho homem para baixo e arranjaram uma cama para ele na cozinha. Não foi possível encontrar um médico, e ele morreu no dia 28. Durante três dias ninguém veio procurar o corpo, e ele ficou como estava sobre a mesa da cozinha, numa câmara ardente. Afinal o Professor Gehrbrandt apareceu para ver Maria e, apavorado com o que viu, alertou as autoridades. Ainda assim, ninguém veio buscar o corpo. No dia 30 choveram bombas de novo sobre a nossa praça, e as casas ao redor pegaram fogo. A nossa também, mas ela foi salva pelo empenho de Kicker Stumm e vários de seus amigos. Enquanto jogavam água para proteger o telhado, a equipe de socorro ficava esbarrando no cadáver, enquanto Maria preparava sanduíches para os homens famintos. Alguns dos vizinhos se ofereceram para jogar o corpo nas ruínas de alguma das casas que ardiam; Maria preferiu a ideia de cavar uma cova no ainda assim chamado jardim, que agora não passa de um amontoado de entulho. O pobre carteiro ainda ficou dois dias na casa antes de ser, afinal, removido.

Gottfried e Melanie Bismarck retornaram da casa de campo da mãe dele, em Schönhausen. Foi lá que o avião de Heinrich Wittgenstein foi abatido. Melanie trouxe com ela um pouco de terra e uns pedaços do avião, do para-brisa e do motor. Ela pensou que os pais dele, na Suíça, poderiam querer algumas relíquias. Duvido um pouco. Isso só vai piorar tudo. Se eles não tivessem mandado os três rapazes de volta para a Alemanha quando a guerra começou! Com seus ancestrais russos e franceses, eles mal e mal eram alemães, em primeiro lugar. Diz-se que Heinrich estava inconsciente quando atingiu o solo, pois seu paraquedas não abriu; ele foi encontrado, de pés descalços, bem longe do avião. Quase sempre ele usava umas sapatilhas pretas e leves, com um sobretudo cobrindo as suas vestes civis. Lembro dele com uma gabardine sobre um *dinner jacket*[22]. Ele se tornara um ás tão importante que fazia o que lhe dava na telha. Os outros membros da tripulação se salvaram, porque ele os fez saltar quando o avião foi atingido. Ou ele machucou a cabeça ao pular, ou ele já estava ferido e não conseguiu abrir o paraquedas. Melanie me deu alguns pedaços de metal como recordação. Talvez isso me ajude a aceitar que de fato o perdemos.

---

[22] Paletó semelhante ao *smoking*, mas de cor clara, usado também com uma gravata borboleta.

Segunda-feira, 7 de fevereiro. Tatiana enviou um telegrama dizendo que Paul Metternich está muito doente, em perigo de vida, no *front*, diante de Leningrado. Aqui é impossível obter qualquer informação. Desde que Juan Luis Rocamora, o adido militar espanhol, partiu, ninguém parece saber nada sobre o que está se passando com a "Divisão Azul", da Espanha, à qual Paul serve como oficial de ligação.

Ferdl Kyburg voltou de Viena, onde a vida parece ainda estar muito tranquila. Ele está chocado com a diferença em relação a Berlim. Desde que foi desligado da Marinha – por ser um Habsburgo – a vida lhe parece sem sentido[23]. Ele serviu no cruzador *Prinz Eugen* na legendária batalha em que tanto o *Hood* quanto o *Bismarck* foram afundados. Agora está estudando na Universidade de Viena.

Mais tarde, um jantar adorável na casa dos Bismarck, em Potsdam.

À noite, uma chamada de Loremarie Schönburg de Viena: ela perdeu o prazo de volta de sua licença e está de novo em dificuldades. Então, outra chamada – do Conde Schulenburg em Krummhübel. Eu não deveria me assustar, mas na minha ausência ele abrira uma correspondência oficial endereçada a mim: Büttner estava me despedindo por eu ter vindo para Berlim sem a sua permissão. Por sorte eu pedira ao conde para abrir a minha correspondência, pensando que poderiam chegar notícias de Paul. Desse modo posso discutir a minha difícil situação com Adam Trott e Alex Werth. O querido velho amigo conde pareceu estar muito preocupado, e se sentiu melhor ao ver que eu reagi de modo descontraído.

Terça-feira, 8 de fevereiro. Loremarie Schönburg voltou de Viena.

Ao tomar conhecimento da minha dispensa, Alex Werth ficou furioso: abuso de autoridade etc. Em tom de brincadeira, eu lhe disse que não me incomodaria se desfrutasse de umas pequenas férias enquanto a situação se resolve, mas parece que nosso *top brass*[24], Dr. Six, não quer nem ouvir falar do assunto.

---

[23] A família Kyburg era um ramo suíço da dos Habsburgo da Áustria. O rapaz em questão foi certamente dispensado seguindo a ordem de Hitler de desligar todos os membros de famílias reais do serviço militar.

[24] Resolvi manter a expressão. É claro que ela é irônica, e caberia traduzi-la, por exemplo, por "solista-mor". Mas acontece que "*brass*" também é uma gíria da língua inglesa para "chefe", ou "alto funcionário".

Aproveitei a situação e fui ao cabeleireiro. Talvez eu devesse me valer dela e me demitir de vez; mas hoje em dia, a menos que se tenha um posto num escritório governamental, recebe-se a designação para uma fábrica de munições ou para algo ainda pior. *Qui vivra – verra* [Quem viver – verá].

Quarta-feira, 9 de fevereiro. Hoje pela manhã Loremarie Schönburg e eu aparecemos no escritório com um ar bem timorato. A minha demissão ainda não foi anulada; e ela ficou fora por três semanas inteiras sem autorização. Há algo de cômico nisto: eu sempre adverti Loremarie pela sua atitude despreocupada diante dos ditames da "guerra total"; e agora aí estamos, ela sem problemas, e eu despedida!

Alex Werth mandou-me em seguida para enfrentar o Dr. Six em seu próprio antro. Conclusão da entrevista: eu devo ignorar tudo, voltar para Krummhübel, e a seguir voltar de novo para Berlim no dia 21 a fim de reunir mais material. Alguém vai se encarregar de Büttner enquanto isso.

No meu caminho de volta para Potsdam, comprei algumas tulipas. Muitas pessoas perguntaram-me onde eu as conseguira. Chega a ser patético como se pode pretender aparentar uma vida civilizada.

Passei a noite sozinha com Gottfried Bismarck. Telefonamos para o escritório do Almirante Canaris porque eu ouvira de Hasso Etzdorf que um coronel da Abwehr acabara de retornar do setor de Paul Metternich no *front* e poderia saber mais sobre seu estado. Quando, graças a Hasso, eu consegui falar com esse coronel, ele me confundiu com Tatiana e ficou retraído. Isso me deixou preocupada, sobretudo porque, quando eu disse que estava saindo em breve de Berlim, ele insistiu em me ver pessoalmente. Ficamos de nos encontrar amanhã no Hotel Adlon. Gottfried tentou me animar, dizendo que talvez ele só queira um encontro com uma garota bonita. Mas sinceramente estou com medo.

Quinta-feira, 10 de fevereiro. Rudger Essen nos levou de carro à cidade. O coronel da Abwehr foi muito simpático e me contou tudo o que sabia: Paul Metternich pegara uma pneumonia dupla, no momento está num hospital de base em Riga e será trazido de volta à Alemanha assim que puder ser removido. Por ora não há mais nada a fazer, e seu estado de saúde é muito grave. O coronel tentou ser otimista. Na verdade, talvez isso seja uma bênção, porque o regimento [de Paul] sofreu pesadas perdas durante a recente ofensiva russa, e ele nos contou que isso era apenas o começo.

Mais tarde, tive uma longa conversa com Hans-Bernd von Haeften[25], nosso chefe de pessoal em Berlim. Ele já recebera todos os documentos a respeito da minha dispensa. Foi muito honesto. Tudo parece ter sido amaciado, mas ele quer que eu peça desculpas a Büttner: "De todo modo, ele está com problemas... a srta. saiu sem sua autorização... ele foi gravemente ferido... seus nervos estão à flor da pele...". Ao sair, encontrei o próprio Büttner na escada e, como eu queria resolver logo a situação, comecei a me desculpar. Nesse exato momento, soaram as sirenes. Ele murmurou: *"Nicht jetzt, nicht jetzt"* [*"Agora não, agora não"*] e isso foi tudo.

Adam Trott me levou de carro até a estação; no caminho nos perdemos, porque é difícil se orientar em meio às ruínas. Ele permaneceu comigo no trem até a partida. Os vagões estavam, como sempre, lotados. Fiquei de pé no corredor e, ainda assim, espremida. Perdi a conexão em Hirschberg e só cheguei a Krummhübel à meia-noite, completamente exausta.

KRUMMHÜBEL *Sexta-feira, 11 de fevereiro.* A neve acumulada atingiu um metro de altura. Depois de uma curta estada no nosso QG em Tannenhof, fui ver o Conde Schulenburg e com a ajuda dele tentei telefonar para Tatiana, que está de novo hospitalizada em Dresden. Vou para lá no fim de semana. Que adorável ele é, com a sua idade, e como é maravilhoso tê-lo aqui! Almoçamos juntos e voltei ao escritório, onde me esperava um telegrama de Hasso Etzdorf endereçado a Tatiana. Ele confirmou a doença grave de Paul Metternich, mas acrescentou que ele está *"aus Gefahr"* [*"fora de perigo"*], o que é animador.

---

[25] Hans-Bernd von Haeften (1905-1944) também se envolveu com o atentado de 20 de julho contra Hitler. Foi preso e julgado em 15 de agosto, saindo direto do tribunal para o patíbulo, na prisão de Plötzensee, onde foi enforcado. Seu irmão, Werner Karl Otto Theodor von Haeften, ajudante de ordens do Conde Stauffenberg, fora morto com este e mais três conspiradores na madrugada de 20 para 21 de julho, num esforço do General Friedrich Fromm (1888-1945), comandante da guarnição do QG do Exército em Berlim, para "apagar arquivos" e assim se inocentar. Não adiantou: traído por uma lista de conspiradores achada em sua própria mesa de trabalho, Fromm foi preso, julgado, condenado e fuzilado em março de 1945, semanas antes do fim da guerra.

Tatiana me mandou alguns ovos frescos. Jeannette S. está no sétimo céu.

Domingo, 12 de fevereiro. Trabalhei durante toda a manhã e fui para a estação às duas da tarde. Por sorte levei alguns sanduíches comigo, pois a viagem até Dresden foi horrorosa. Perdi todas as conexões. Depois tomei um trem errado; enfim, cheguei ao hospital somente à meia-noite. A pobre Tatiana estava dormindo e, quando eu a acordei, rompeu em lágrimas. Ela está fazendo um *check-up* inofensivo, mas se sente enfraquecida. As notícias sobre Paul Metternich tampouco a ajudam.

Domingo, 13 de fevereiro. Passei o dia todo com Tatiana. Eu lhe trouxera algumas *Tatlers*[26] do escritório; ela reconheceu vários velhos amigos, dos tempos de antes da guerra. Ela está ficando um pouco impaciente com a presença constante e absorvente de ambos os pais, e eu não a culpo. Sugeri--lhe que me visitasse em Krummhübel. Sair por algum tempo lhe fará bem.

Segunda-feira, 14 de fevereiro. A viagem de volta de Dresden também pareceu interminável. Nossos escritórios foram removidos da Tannenhof para barracões pré-fabricados e fui diretamente para lá. Embora eles não estivessem de todo prontos, nós leváramos todos os nossos arquivos para lá, e até mesmo instaláramos alguns móveis decentes. Conforme cheguei mais perto, o seu alinhamento me pareceu estranho, e me dei conta de que toda uma ala dos barracões estava faltando – destruída pelo fogo. O nosso também tinha desaparecido. Aparentemente eles pegaram fogo no sábado à noite e foram destruídos em uma hora. Os rapazes do Arbeitsdienst (Serviço do Trabalho), cujo acampamento fica perto daqui, salvaram muitos dos móveis, mas a maior parte do meu precioso arquivo fotográfico desapareceu pela segunda vez. Também se foram os arquivos de Büttner (nisso não há perda...) e um valioso quadro pertencente ao Dr. Six, além de copiadoras que valem 100 mil marcos cada uma. Isso – fruto provavelmente da ação de algum dos prisioneiros de guerra – significa que teremos de começar tudo de novo. Contaram-me que, quando o Dr. Six soube do acontecido em Berlim,

---

[26] Revista britânica, existente até hoje, cujo tema central é a alta sociedade europeia, ricos e aristocratas.

ele teve um ataque de riso: e pensar que fomos mandados para lá para escapar das "vicissitudes da guerra!".

Como não há nada que eu possa fazer no momento, fui para casa e deitei-me cedo. A gente adormece com muita facilidade por aqui; deve ser o ar da montanha.

Terça-feira, 15 de fevereiro. Voltamos à Tannenhof. Com uma colega reuni tudo o que restava de nosso material num quarto no andar de cima, onde instalei meu escritório. Desfruto de uma vista magnífica, e as janelas dão diretamente para o telhado, o que é ótimo para banhos de sol. Dois prisioneiros de guerra russos nos ajudaram a trazer os móveis para cima. Dei-lhes cupons para páo e cigarros.

Meu arquivo fotográfico dá pena, com a maioria das fotos inutilizada pela água. As outras fotos estão coladas umas nas outras. Perdi muito tempo tentando separá-las, secando-as sobre uma cama e depois colocando-as entre uma prancha e o assento das cadeiras de colegas para alisá-las.

Um telegrama de mamãe: "SOS. Tatiana quer ir para Riga, ao encontro de Paul. Impeça-a etc...". Como Tatiana vem para cá na quinta-feira, prefiro esperá-la e discutir a questão com calma então. O Conde Schulenburg está cancelando uma viagem para casa a fim de vê-la.

Quarta-feira, 16 de fevereiro. Depois do almoço, eu e Madonna Blum tivemos nossa primeira aula de acordeão com um músico tcheco chamado Holinko, que toca maravilhosamente bem.

Quinta-feira, 17 de fevereiro. Tatiana chegou hoje.

Aparentemente, o famoso monastério de Monte Cassino foi destruído pelas bombas aliadas[27].

---

[27] A chamada Batalha de Monte Cassino estendeu-se de 17 de janeiro a 18 de maio de 1944. Os Aliados acreditavam que os alemães usavam o monastério como quartel e posto de observação. No começo de fevereiro os comandantes aliados em terra tomaram a decisão de pedir o bombardeio aéreo, efetivado em 15 de fevereiro. O monastério foi arrasado pelo ataque de 229 bombardeiros, que despejaram 1.150 toneladas sobre o monte. Somente 10% das bombas atingiram diretamente o prédio, cuja construção começara em 529 d.C., no lugar onde houvera um templo dedicado ao deus Apolo. Mas isso foi o suficiente para destruí-lo. Muitas bombas caíram sobre acampamentos alemães nas proximidades e até em acampamentos dos Aliados. No monastério mesmo morre-

Sexta-feira, 18 de fevereiro. O chefe de Madonna Blum, um simpático cavalheiro, já de certa idade, está muito incomodado por não poder encontrar um refúgio para a sua família, que teve a casa bombardeada. Sugeri a Tatiana que os recebesse em Königswart. Hoje em dia nenhuma casa particular pode permanecer desocupada, e seria melhor recebê-los do que gente completamente estranha.

Sábado, 19 de fevereiro. Almocei com Tatiana e depois fui esquiar com Madonna Blum numa encosta íngreme atrás de uma casa com um ar de muita pompa que, diz-se, poderá vir a ser ocupada pelo próprio ministro de Relações Exteriores, von Ribbentrop. Ao voltar, deparamos com Tatiana e Jeannette S. fazendo febrilmente alguns sanduíches porque o Conde Schulenburg viria para jantar com seu assistente, Sch., que comemora hoje seu aniversário. Jeannette tinha até feito um bolo no forno, e um suprimento de vinho acabara de chegar de Königswart, o que tornou tudo bastante animado. Madonna tocou acordeão, mas mais tarde desmaiou, provavelmente devido à combinação da mesa farta com uma queda grave esquiando hoje à tarde, quando bateu com a cabeça.

Domingo, 20 de fevereiro. Depois do almoço, com um tempo maravilhoso, cinco de nós fizemos um longo passeio, Madonna Blum e eu de esquis e os outros em tobogãs. Isso implicou muitas subidas, pois não há teleféricos.

No alto da montanha ouvimos o soar de uma sirene de alarme para um ataque aéreo, embaixo, no vale. Parecia algo irreal. Às vezes é difícil se dar conta de que há uma guerra.

Tatiana recebeu uma carta muito "para baixo" de Paul Metternich, que se queixa de insônia, fortes dores no peito etc. O Conde Schulenburg prometeu que, se Paul não for logo evacuado de volta para a Alemanha, ele vai tentar ajudá-la a se juntar a ele em Riga. Eu me oponho a isso, porque viajar é caótico hoje em dia, especialmente para o Leste.

As notícias da frente russa são extremamente contraditórias, com ambos os lados cantando vitória.

---

ram apenas 230 civis italianos que lá procuraram abrigo. Os alemães na verdade não o usavam militarmente. Somente após a sua destruição o Exército nazista ocupou as ruínas e estabeleceu ali um posto de observação – o que dificultou o avanço dos Aliados até a batalha decisiva em maio.

Nessa altura os russos estavam reocupando os países do Báltico e tinham chegado às antigas fronteiras da Polônia. Mais ao sul, dez divisões alemãs, cercadas perto de Cherkassy, tinham sido destruídas. Apesar disso, mesmo depois de Stalingrado, os alemães tinham conseguido organizar várias ofensivas locais bem-sucedidas, logo depois da Batalha de Kursk (julho-agosto de 1943), a maior batalha de blindados da história, na qual o Exército germânico perdeu quase 3 mil tanques! Entretanto, o sucesso desses ataques era estritamente tático, com os russos mantendo a iniciativa todo o tempo. Por volta de outubro [de 1943] os russos tinham chegado às margens do Dnieper, libertando Kiev. No final de março de 1944 eles atravessariam a fronteira da Romênia[28].

Segunda-feira, 21 de fevereiro. Eu deveria ter voltado a Berlim hoje, para mostrar ao Dr. Six meu novo plano para o novo arquivo fotográfico. Mas minha viagem foi postergada, porque ele está fora.

Hoje à noite assistimos a *Ochsenkrieg* [*Guerra dos bois*][29], um filme sobre uma guerra nos tempos medievais. Foi particularmente repousante ver personagens atacando uns aos outros com tacos de madeira. Depois de cinco ou seis horas de luta o campo de batalha ostentava cinco ou seis corpos!

Quarta-feira, 23 de fevereiro. No almoço, no restaurante Goldener Frieden, recebemos pedacinhos microscópicos de uma carne inidentificável, apesar de termos entregue nossos cupons. Tatiana reclamou e ganhamos, em troca, uma pequena salsicha.

À noite chegou Blankenhorn e ficou para jantar. Ele prometeu telefonar para o médico de Paul Metternich em Riga. Isso nos traz um grande alívio,

---

[28] Mais do que Stalingrado, a Batalha de Kursk pode ser considerada "o definitivo ponto de virada" na Frente Oriental. As cifras são gigantescas, com os soviéticos superando os alemães na proporção de 2:1, tanto em homens quanto em máquinas de guerra. Do lado alemão, havia 900 mil homens, contra 1,9 milhão; em tanques, 3.000 contra 5.100; 10.000 canhões e morteiros contra 25.000; e 2.100 aeroplanos contra um número estimado entre 2.700 e 3.500. As perdas soviéticas foram enormes, mas, além de vencerem a batalha, a partir daí os alemães perderam a iniciativa, permanecendo sempre na defesa. Segundo o próprio Winston Churchill, "Stalingrado foi o fim do começo, mas Kursk foi o começo do fim".

[29] A "guerra dos bois" refere-se a um conflito entre Ludwig VII e seu sobrinho Heinrich II, ambos da Baviera, em 1421-1422. Na época a que a autora se refere, havia dois filmes a respeito na Alemanha, um de 1920 e o outro de 1943. A referência deve ser a este último.

pois o Conde Schulenburg foi passar uma semana em sua casa, e nós não temos relações tão boas com o seu assistente. Ai de nós, o homem que prometera um *laissez-passer* da SS para Riga acaba de morrer num acidente de moto.

No dia 15 houve outro ataque pesado em Berlim. Uma enorme bomba atingiu o Hotel Bristol[30], um dos poucos ainda remanescentes na cidade, durante um grande jantar oficial. Sessenta pessoas foram soterradas vivas, inclusive vários generais bem conhecidos. Levaram cinquenta horas para desenterrá-las: a maioria já havia perecido.

Quinta-feira, 24 de fevereiro. Blankenhorn não consegue fazer a ligação para Riga.

Sexta-feira, 25 de fevereiro. Por fim, hoje pela manhã, Blankenhorn conseguiu a ligação. Paul Metternich, parece, está fora de perigo, mas ainda o consideram muito fraco para viajar.

À tarde tive febre e, para satisfação de Büttner, caí de cama. Parece que ele saltitava ao redor da Tannenhof esfregando as mãos e cacarejando algo como: *"Jetzt habe ich sie, jetzt habe ich sie!"* [*"Agora eu a peguei, agora eu a peguei!"*]. Muito esquisito!

Sábado, 26 de fevereiro. Agora é Tatiana que está de cama.

Domingo, 27 de fevereiro. Finalmente uma carta animadora de Paul Metternich.

Segunda-feira, 28 de fevereiro. Ainda faltei ao trabalho hoje de manhã, porque não me sinto nada bem. Blankenhorn ficou chocado ao saber da nossa condição e prometeu achar um médico. Este veio à tarde – jovem e *sportiv*. Ele caiu logo nas graças de Jeannette S., e a recíproca também é verdadeira, de modo que ele agora vai voltar para vê-*la*. Sabendo por Blankenhorn que Paul Metternich tivera um abcesso no pulmão, ele afirmou que isso é muito perigoso e raro.

---

[30] Esse Hotel Bristol ficava na avenida Unter den Linden, no lugar onde hoje se encontra a Embaixada da Rússia. Consta que ele já fora atingido em novembro de 1943. Hoje há um outro Hotel Bristol, na Kurfürstendamm.

Terça-feira, 29 de fevereiro. Voltei ao trabalho.

Louisette e Josias Rantzau acabam de me mandar um magnífico presunto de Bucareste. Josias foi designado para a embaixada de lá algum tempo atrás. É uma bênção, pois estamos carentes de cupons de alimentação e não sabemos como alimentar Tatiana, que ainda não pode sair de casa.

Ontem o Conde Schulenburg retornou. Que alívio!

Sábado, 4 de março. Loremarie Schönburg parece estar de novo em apuros. Acabei de receber uma carta de Hans-Bernd von Haeften (nosso chefe de pessoal em Berlim). Ele gostaria que eu usasse a minha influência para convencê-la a se demitir. A situação política está ficando cada vez mais ameaçadora e a sua falta de cautela preocupa todo mundo. Ela acaba de me escrever de Viena que está voltando a Berlim, de modo que isso será um choque para ela.

Domingo, 5 de março. Tatiana partiu hoje pela manhã.

Blankenhorn está deprimido graças ao último discurso de Churchill e à atitude em geral dos Aliados. Ele tinha esperanças de que fosse possível para a Alemanha chegar a um acordo com eles "sob certas circunstâncias", mas agora isso parece descartado. "Rendição incondicional" é tudo o que eles exigem. Uma rematada loucura!

Essa foi a fala de Churchill perante a Câmara dos Comuns em 22 de fevereiro, onde ele estabeleceu o princípio de que, quando a guerra fosse ganha, a Polônia deveria ter compensações a oeste (ou seja, às custas da Alemanha) por quanto de território ela tivesse de ceder à URSS.

Segunda-feira, 6 de março. Outro ataque pesado em Berlim, desta vez em plena luz do dia. Os norte-americanos agora estão bombardeando também, e os seus aviões podem voar mais alto do que os britânicos. Ataques diurnos são piores do que os noturnos, porque todo mundo está se movimentando pela cidade. Ouvi dizer que os estúdios da UFA em Babelsberg foram destruídos. Temo que Potsdam, que fica nas proximidades, também tenha sido atingida.

Na verdade a prática de ataques 24 horas por dia já tinha começado desde 1943, com a USAF bombardeando durante o dia e a RAF à noite. O primeiro

*ataque dos EUA contra Berlim, feito por 29 "Fortalezas Voadoras" B-17, aconte-
cera dois dias antes. O ataque que Missie registra aqui foi o que mais custou em
perdas aos EUA durante toda a guerra: 69 aviões dos 658 envolvidos.*

As fotos da batalha de Monte Cassino estão se amontoando. A destruição daquele lindo monastério é horripilante. O que acontecerá com Florença, Veneza, Roma? Conseguirão alguma delas sobreviver? Que estranho: eu nunca pensei que esta guerra fosse ser tão destruidora quanto está se tornando agora...

Terça-feira, 7 de março. Liguei para Viena, na esperança de impedir que Loremarie Schönburg retornasse a Berlim, mas ela já partira.

Quarta-feira, 8 de março. Outro ataque pesado em Berlim. Não conseguimos fazer ligações telefônicas.

Eu e Jeannette S. estamos esperando pacotes: eu, vinho, ela, manteiga; mas nada chegou.

Tatiana me enviou um pacote muito grande com cartas de Paul Metternich, nas quais ele descreve a vida em Riga – está sendo bem alimentado, com ovos recheados ou mexidos, café de verdade etc. Dá água na boca. Ele está bem melhor, mas ainda muito fraco. Parece que uma junta médica investigou o caso e ficou muito impressionada, porque ele tinha um abcesso no pulmão esquerdo que se espalhou em torno do coração. Ele não podia ser operado, e salvou-se porque o abcesso rompeu-se espontaneamente.

Antoinette Croy escreveu para Tatiana de Paris para contar que algum tempo atrás Georgie fora chamado pela Gestapo devido a algumas cartas com "conselhos" que ele recebera de papai. Por vezes desejamos que os pais interfiram menos em nossa vida e ajam com mais cautela, porque nem sempre contamos para eles com o que estamos nos envolvendo.

Na Gestapo o irmão de Missie foi confrontado com cartas que obviamente os censores tinham aberto, em que seu pai manifestava ansiedade pelos rumores que corriam sobre suas "atividades". É claro que isso implicava política ou, em outras palavras, a Resistência. Com alguma dificuldade ele conseguiu rir do faux pas *[gafe] de seu pai, sugerindo que ele provavelmente se referia a atividades no mercado negro, coisa com que muita gente estava envolvida naquele momento, na França.*

Sábado, 11 de março. Fui esquiar com Madonna Blum em busca de verduras e legumes para acompanhar uma lebre que ela está cozinhando na sua casa para nós.

Domingo, 12 de março. O aspecto organizacional da vida em Krummhübel está caótico. Quase não há carvão (e no entanto estamos na Silésia, no coração das minas de carvão); mas quando *há* carvão os escritórios viram uma fornalha. Assim, ora congelamos, ora assamos.

A lebre de Madonna Blum estava deliciosa, e os convidados ficaram até tarde. Devo me levantar de novo às cinco, pois preciso ir a Breslau apanhar umas novas cópias de fotos para o meu arquivo.

Segunda-feira, 13 de março. Vesti-me no escuro e senti-me muito estranha usando uma saia.

Por sorte, as linhas de trem para Breslau ainda estão funcionando, e cheguei lá por volta das dez. Achei-a uma cidade lúgubre, embora até aqui ela tenha sido poupada. Afortunadamente terminei cedo o que tinha de fazer, dei uma olhada rápida no mercado e na catedral e tentei comer algo num restaurante local, mas a oferta era tão miserável que engoli um pouco de uma sopa que não me atrevo a descrever e me apressei a voltar para a estação.

Várias senhoras dividiram comigo o compartimento no trem. Uma delas, já anciã, balançando sem cessar a cabeça de um lado para o outro, estava em estado de choque depois de um dos ataques aéreos. Outra perdera metade de um braço, mas parecia ainda muito contente da vida. Ia para um hospital no campo. Eu me sentia imunda, e, como se adivinhasse meus pensamentos, alguém esparziu água-de-colônia pelo compartimento. Em Hirschberg uma jovem do AA se juntou a nós. Vinha de Berlim. Ela vira Loremarie Schönburg, que agora quer se juntar a mim em Krummhübel.

Terça-feira, 14 de março. Carta de mamãe. Faz tempo que ela não tem notícias de Irena. A Itália parece um caos. Senti-me muito deprimida e fui sentar-me um pouco na igreja para pensar sobre tudo isso. Irena parece estar desesperada, sozinha em Roma, e quer se juntar a nós antes do fim da guerra. *Isso* seria de fato um grande equívoco!

Quarta-feira, 15 de março. Uma carta de Loremarie Schönburg confirmando o seu desejo de vir para cá. Vamos enviar-lhe uma correspondência oficial, convidando-a a se juntar ao nosso grupo permanentemente. Em Berlim ela fica muito irrequieta, e assim põe em perigo a vida de gente de importância vital.

Jantar na Preussischer Hof. Eles tinham acabado de matar um porco, e todo mundo se regalou com as suas vísceras. Eu me contentei com queijo.

O telégrafo está completamente fora de ação em toda a Alemanha; esse é o meio de comunicação a ser usado por quem queira perder suas mensagens, como fazem as pessoas hoje em dia.

Quinta-feira, 16 de março. Ainda sem receber quaisquer pacotes de comida; hoje comemos torradas besuntadas com gordura de peru.

Ontem à noite o General Dittmar[31] (o comentarista militar oficial, no rádio) admitiu que as coisas iam mal no Leste, já que a *Schlammperiode* [literalmente, "período da lama", estação das chuvas] favorecia os russos. Deveríamos nos preparar para graves reveses, ele disse.

Por sua vez, os Aliados bombardearam Roma e também Stuttgart. Nos últimos tempos Berlim tem sido deixada em paz.

Sexta-feira, 17 de março. Nada especial acontece para agitar a nossa existência bovina, exceto pelo peru que o Conde Schulenburg nos enviou.

Sábado, 18 de março. Voltei para casa depois de um dia fora, esquiando com Madonna Blum debaixo de muita neve, para encontrar Jeannette S. lutando com uma caixa de vinhos Metternich que o ajudante do embaixador e seu motorista tinham acabado de trazer num trenó. Imediatamente abrimos uma garrafa e nos assentamos para uma noite tranquila. Dei de presente metade da caixa para Jeannette para agradecer-lhe por sua hospitalidade.

Domingo, 19 de março. Mais passeios de esqui.

---

[31] O General Kurt Dittmar (1891-1959) serviu no *front*, sobretudo na Finlândia, mas foi dispensado por motivos de saúde. Atuou depois no rádio e em centros de formação do Exército. Depois da guerra ficou prisioneiro dos norte-americanos e dos ingleses até 1948, quando foi solto.

Em casa encontramos o Conde Schulenburg. Ele acabara de receber um pacote com nozes, passas e figos secos da Turquia. Ele também trouxe um pouco de café e um *brandy*, de modo que passamos muito bem.

Jeannette S. quer passar uma semana em Berlim. Como ultimamente os ataques cessaram, ela também quer levar a sua filhinha, que vive aqui com ela. Eu acho muita imprudência.

Terça-feira, 21 de março. Esta tarde tivemos nosso primeiro encontro com Büttner desde que ele me despediu. Ele tentou ser agradável. Acho que decidiu fazer as pazes.

O assistente do Conde Schulenburg contou para Jeannette S. que o Exército alemão tomou a Hungria, enquanto os russos estão ocupando a Romênia. Essa notícia ainda não é oficial. Que ótimos cenários à vista!

Quarta-feira, 22 de março. Levantei-me cedo e bem-disposta. Depois de um desjejum com café de verdade, Jeannette S. e a filha partiram em meio a uma nevasca, acompanhadas pelo assistente do Conde Schulenburg, Sch., que é decididamente assíduo. Estou contente por ficar um tempo sozinha. Vou cuidar das minhas roupas e arrumar as coisas em geral.

Sob alguns aspectos, Krummhübel possui definitivamente um charme rústico: esta manhã eu estava comprando comida quando o carteiro saudou-me de uma viela próxima; ele me vira na padaria e então procurou-me por todas as hospedarias – em vão – porque tinha uma carta registrada para mim. Tocante!

Trabalhei até tarde, já que pilhas de fotografias e artigos de escritório chegaram de Breslau e nós estamos tentando achar um transporte para levar o material morro acima. O AA tem um suprimento especial de cigarros para dar de propina aos habitantes locais para que nos ajudem a transportar cargas, já que quase não há transporte disponível.

Estou recebendo convidados enquanto durar o vinho. Ainda nos falta carvão. A casa está ficando cada vez mais fria; quando tenho convidados, ligo dois pequenos e barulhentos aquecedores elétricos.

Quinta-feira, 23 de março. Agora é oficial: a Hungria foi ocupada por "nossas" tropas. O novo premiê é o antigo embaixador em Berlim, Sztojay, que eu encontrei várias vezes nos jantares de Valerie Arenberg, pois ela também é húngara. Uma pessoa nada maquiavélica, tanto quanto posso me lembrar.

Embora a Hungria tivesse se saído bem graças a sua relação amigável com a Alemanha nazista, recuperando quase todo o território que perdera depois da Primeira Guerra, a aliança provara-se um tanto quanto precária em termos de ajudar a guerra de Hitler na Frente Oriental. Depois da aniquilação de suas forças em Stalingrado, seu manhoso regente, o Almirante Horthy, entrara em contato com os Aliados. Isso chegou ao conhecimento de Hitler, que no dia 17 de março chamou-o a Berchtesgaden. Em sua ausência, as forças alemãs ocuparam todo o país e instalaram o Marechal de Campo Döme Sztojay[32] como premiê.

Sexta-feira, 24 de março. Meu suprimento de comida está minguando cada vez mais.

À noite fui visitar o Conde Schulenburg, que me mostrou um telegrama de Madri: na noite de 17 de março o expresso Paris-Hendaye foi descarrilado pela Resistência francesa e o casal Oyarzabal foi morto. Não havia mais informações, exceto a de que o funeral se realizara em Madri. Estavam indo de licença para casa, e Maria Pilar tinha acabado de voltar da Suíça, onde fora visitar seu menino na escola, em Le Rosey. Ele carregara a cauda do vestido de Tatiana no seu casamento. Esse é um golpe trágico para todos nós, pois eles contavam entre os nossos amigos mais queridos. Passei o resto da noite em casa num estado de total prostração.

---

[32] O Marechal Döme Sztojay (1883-1946) foi apontado premiê pelo próprio Horthy, que, de certo modo, continuou a exercer alguma influência na política da Hungria ocupada. A tal ponto manteve sua possibilidade de intervenção que, espantado com a dureza de sua política, conseguiu fazer com que Hitler o afastasse em agosto de 1944. Sztojay intensificou a deportação de judeus, aumentou o número de tropas húngaras na Frente Leste, fechou sindicatos, perseguiu e reprimiu opositores com ferocidade. Em agosto foi substituído pelo General Géza Lakatos (1890-1967). Com a aproximação das tropas soviéticas, Sztojay fugiu para o Ocidente, mas foi feito prisioneiro pelos norte-americanos, que o deportaram para a Hungria. Foi julgado, condenado à morte por crimes de guerra e executado em Budapeste por um esquadrão de fuzilamento em 1946.

Princesa Marie Vassiltchikov, Missie, entre 1940 e 1945.

No alto, o Príncipe Illarion e a Princesa Lydia Vassiltchikov, pai e mãe de Missie.
Abaixo, Irena e Alexander, dois de seus irmãos.

No alto, vista aérea da aldeia de Krummhübel, entre 1890 e 1905.

Abaixo, Conde Werner von der Schulenburg, embaixador alemão em Moscou, amigo de Missie e um dos envolvidos no atentado de 20 de julho.

No alto, Adam von Trott em abril de 1942; abaixo, ele e sua esposa, Clarita, em 1940.

No alto, da esquerda para a direita: Alexander Werth, Hans Felix (Judgie) Richter, Adam von Trott e Josias Rantzau em 1941.
Abaixo, Gottfried von Bismarck.

No alto, esquadrilha norte-americana bombardeia a cidade de Neumünster em 13 de abril de 1945. O B-17, construído pela Boeing, também era chamado de "Fortaleza Voadora" e foi o mais usado pelos Aliados durante a Segunda Guerra Mundial.

À esquerda, aviadores e equipe do 358º Esquadrão de Bombardeio, chamados de *Hells Angels* [Anjos do inferno] em referência ao filme de mesmo nome, produzido por Howard Hughes em 1930.

Acima, pilotos a bordo do avião militar britânico Lancaster sobrevoam Berlim em setembro de 1943. Abaixo, a cidade de Colônia, na Alemanha, devastada após ser bombardeada em 24 de abril de 1945.

À esquerda, retrato do Príncipe Heinrich Sayn-Wittgenstein, o principal ás da aviação noturna alemã. Abaixo, junto com os também pilotos Hartmann Grasser, Günther Rall e Walter Nowotnyo, Heinrich recebe os cumprimentos de Adolf Hitler.

Casamento do Príncipe Konstantin da Baviera com a Princesa Maria Adelgunde de Hohenzollern, em 31 de agosto de 1942, no Castelo de Sigmaringen, ao qual Missie compareceu e que relata com riqueza de detalhes nestes *Diários*.

No alto, à esquerda, o Conde Claus von Stauffenberg (em destaque) com Hitler em 15 de julho de 1944, cinco dias antes do atentado; à esquerda, soldado mostra o que sobrou das calças de um dos feridos na explosão. Acima, retrato do Conde Claus von Stauffenberg.

No alto, à esquerda, Ludwig Beck entre 1936 e 1938; no canto superior direito, Werner von Haeften entre 1939 e 1945; abaixo dele, General Friedrich Fromm entre 1940 e 1944. Na foto abaixo, interior do QG de Hitler após a explosão no dia 20 de julho de 1944.

Registro do *Volksgericht* [Tribunal Popular]. No alto, da esquerda para a direita, os nazistas Hermann Reinecke, Roland Freisler e Heinrich Lautz.

Na foto à esquerda, apenas Freisler, juiz responsável pela condenação à morte de milhares de dissidentes do regime nazista, entre eles os participantes do 20 de Julho.

No alto, Joseph Goebbles, o segundo da esquerda para a direita, e o Conde Helldorf, o segundo da direita para a esquerda, durante as comemorações do 1º Maio de 1936.

No centro, Hitler discursa em 4 de abril de 1932, tendo ao seu lado, entre outros, o Conde Helldorf e Joseph Goebbels.

Ao lado, Heinrich Himmler, chefe da SS, e sua esposa, Margarete, em Wiesbaden, c. 1936.

À esquerda, capitulação de Berlim: o Exército Vermelho toma as ruas da cidade.

No centro, o Dr. Six, chefe de Missie no Departamento de Informação, é fichado para julgamento por crimes de guerra.

Abaixo, soldados soviéticos comemoram seu retorno a Moscou em 1945.

No alto, Georgi Zhukov assina a rendição alemã em Berlim, em 8 de maio de 1945.

No centro, campo de prisioneiras de guerra alemãs em Ratisbona, em 8 de maio de 1945.

À direita, tropas soviéticas escoltam oficiais alemães rumo às negociações de rendição em Breslau, em 6 de maio de 1945.

Nesta página, fotos de Tatiana Vassiltchikov, irmã de Missie, e de seu marido, o Príncipe Paul Metternich.

Sábado, 25 de março. Terminei o trabalho ao meio-dia; depois de me trocar, fui com o Conde Schulenburg e seu assistente a Pfaffenberg, um morro florestado no meio do nosso vale. Fomos com um trenó puxado por cavalos do AA, que mantém um verdadeiro haras aqui. O treinador, com um ar asiático, revelou-se um ex-prisioneiro de guerra soviético, do Azerbaijão. Há muitos deles aqui, pois os alemães não querem que trabalhem na Frente Oriental. Mal vestidos em uniformes alemães, o que os faz parecer muito estranhos, são, em geral, de boa índole.

Para grande surpresa dos alemães, desde o começo da campanha do Leste, muitos prisioneiros de guerra russos continuamente se apresentavam como voluntários para trabalhar para os invasores. Eles vinham de todas as regiões da União Soviética, mas pertenciam especialmente às minorias não russas (como os azerbaijanos de Missie), cujos territórios tinham sido absorvidos pelo Império Russo mais recentemente e que mantinham um ressentimento nacionalista ou (no caso dos muçulmanos) religioso contra os governantes ateus de Moscou. Outros agiam assim por oportunismo – para fugir de uma morte por inanição nos campos de prisioneiros –, mas muitos tinham motivações ideológicas, passando a ver em Stalin (cujos expurgos tinham recentemente provocado verdadeiros massacres em seus rincões) um inimigo pior do que até mesmo Hitler. Ao fim da guerra, seu número era estimado em algo entre 1,5 milhão e 2,5 milhões!

Já no começo da campanha, alguns poucos comandantes alemães no campo de batalha tinham se dado conta de que a única esperança para vencer a guerra no Leste era assegurar o apoio do povo russo contra seus governantes comunistas; logo apareceram algumas ex-unidades do Exército Vermelho, agora em uniformes alemães; primeiro executavam tarefas auxiliares na retaguarda, mas logo passaram a agir como unidades regulares de combate, pois serviam também como polos de atração para novos desertores. Em 1942 caiu prisioneiro um general soviético, Andrei Vlassov, portador de várias condecorações, que se distinguira na defesa de Moscou. Junto com vários outros generais soviéticos, ele se dedicou à criação de um movimento de russos livres. Apesar de terem o apoio de vários oficiais superiores alemães, e até mesmo de alguns SS de alto escalão, sua iniciativa nunca prosperou, devido à obstinada oposição de Hitler, em cujos planos não havia espaço nem mesmo para russos anticomunistas, a não ser como escravos. Somente em novembro de 1944, quando os exércitos soviéticos já estavam se aproximando

para o ataque final, Vlassov foi autorizado a estabelecer um "Comitê pela Liber-
tação dos Povos da Rússia" e um "Exército de Libertação da Rússia", que contou
com duas divisões mal equipadas e cuja única realização foi libertar Praga antes
que os soviéticos a ocupassem. A seguir eles rumaram para o Ocidente e se ren-
deram aos Aliados, que, invocando os acordos de Ialta, os entregaram à atenção
misericordiosa de Stalin. Muitas dessas "vítimas de Ialta" preferiram se suicidar
a voltar para casa. As outras foram fuziladas imediatamente ou enviadas para
o gulag, de onde poucas retornaram. Vlassov[33], com seus generais superiores, foi
enforcado em Moscou, em 1946.

No alto do morro há um pequeno *Schloss* [castelo] pertencente a um
Barão X., que recebe hóspedes pagantes, onde, fazendo uma reserva prévia,
pode-se jantar. O casal anfitrião nos recebeu de forma muito simpática e
se retirou quando a refeição foi anunciada. Fomos conduzidos a uma sala

---

[33] Andrey Vlasov ou Wlasov (1901-1946) fez uma carreira meteórica no Exército Vermelho. Filiado
ao Partido Comunista, passou dois anos na China como conselheiro militar junto a Chiang
Kai-shek. Na Segunda Guerra distinguiu-se em vários combates contra os nazistas, sendo sau-
dado como um dos principais defensores de Moscou. Entretanto, durante uma das tentativas de
romper o cerco a Leningrado, em 1942, viu seu exército ser cercado e praticamente aniquilado.
Depois de dez dias escondido, foi feito prisioneiro pelos alemães. Diferentes historiadores têm
diferentes explicações para sua adesão aos nazistas, que vão desde uma conversão anti-stalinista
até uma opção pela pura e simples sobrevivência. Em seu esforço de propaganda chegou a lançar
uma proclamação dizendo que os alemães eram "convidados" em terras russas, o que conseguiu
desagradar todos os lados do conflito. Depois de conseguir, já no fim da guerra, formar o seu
"Exército de Libertação", com desertores e ex-russos brancos, enfrentou o Exército Vermelho
nas margens do rio Oder, na fronteira com a Polônia, no começo de abril de 1945. Derrotado,
seguiu para Praga. Diante da desagregação do Exército nazista, mudou novamente de lado,
voltando-se contra eles, atacando e ajudando a derrotar as forças da SS na capital tcheca. Mas
isso não impediu que guerrilheiros tchecos passassem a perseguir e mesmo a prender seus homens. Já em maio de 1945, com a Alemanha se rendendo, o "exército" de Vlasov passou para o
Ocidente, tentando convencer os norte-americanos e os britânicos a apoiarem sua possível luta
contra Stalin e o comunismo. Entretanto o Comando Aliado rejeitou a pretensão. Entregue
aos soviéticos com outros onze oficiais superiores do seu "Exército de Libertação", Vlasov foi
condenado por colaboração e crimes de guerra. Todos os doze foram enforcados em 1946. Em
2001, depois de extinta a União Soviética, uma "Associação pela Fé e pela Pátria" pediu sua
reabilitação à Procuradoria Militar da Federação Russa, mas o pedido foi rejeitado. Apesar do
Comando Aliado decidir a repatriação dos soldados russos que atuaram sob as ordens de Vlasov,
muitos deles conseguiram fugir, com a cumplicidade de oficiais norte-americanos e britânicos.
Alguns se refugiaram em Liechtenstein, e outros na Argentina. Os que retornaram foram de
fato considerados traidores e enviados para campos de concentração.

de jantar pequena e acolhedora, toda em azul desmaiado e com cortinados brancos, luzes suaves, tudo o que, nesta vida horrorosa que levamos na aldeia, nunca mais tínhamos sequer ouvido falar. Serviram-nos um delicioso jantar, culminando com nata batida e pêssegos. Estávamos radiantes como crianças numa festa. Depois os anfitriões se reuniram de novo a nós e nos mostraram as dependências e os arredores da casa. Eles desfrutam até de uma pequena estufa que produziu, para seu orgulho, a primeira rosa. Depois de um digestivo o trenó reapareceu e retornamos a Krummhübel.

Segunda-feira, 27 de março. Outro presunto de Josias Rantzau, abençoado seja!

Terça-feira, 28 de março. Na última sexta houve mais um ataque pesado em Berlim. Estou preocupada, sem sinal de vida de Jeannette S. depois que ela viajou.

Jantar na casa de Madonna Blum. Depois, o cartunista Bruns chegou e nós tocamos os três nossos acordeões. Ele está aqui para passar uma quinzena; geralmente trabalha à noite e passa os dias esquiando ou tocando o acordeão para nós enquanto *nós* trabalhamos. Ele é extraordinário, tem um repertório infinito e nos ensinou muita coisa. Um homem muito magro, é um pintor muito talentoso e – eu suspeito – secretamente um comunista. Ele tem opiniões muito "originais" sobre a Alemanha de hoje.

Quarta-feira, 29 de março. Não para de nevar.

Hans-Bernd von Haeften chamou-me de Berlim para perguntar se Tatiana poderia receber a família Richter em Königswart, pois eles também tiveram sua casa destruída. Judie estava sentado no *bunker* do escritório no momento de um ataque diurno quando uma mina atingiu a sua casa, fazendo seus familiares debandarem em todas as direções. Ninguém se feriu, graças a Deus, mas agora eles não têm para onde ir. Estou tentando falar com Tatiana, mas como de costume as linhas de longa distância não funcionam.

Quinta-feira, 30 de março. Uma carta de Berlim, pedindo-me para ir lá depois da Páscoa. Estou muito contente, pois é difícil ficar longe por tanto tempo do "palco da ação". Nossa vida sedentária aqui parece apenas um exercício de recuperação física.

Esta noite Madonna Blum e eu estávamos cozinhando batatas para o jantar quando Jeannette S. entrou bruscamente, com sua garotinha, arrastando uma valise enorme. Na noite da sua chegada a Berlim, um dos maiores tipos de bomba atingiu a sua casa. O porão desabou, soterrando vivas onze pessoas. Por milagre mesmo elas foram salvas, mas agora a sua mãe não tem para onde ir, e eu devo me mudar para ceder-lhe o lugar. Berlim deve estar um perfeito horror: não há água (cada família recebe dois baldes por dia, entregues por soldados), não há luz elétrica nem fornecimento de gás... Várias vezes Jeannette foi alvo de zombarias na rua por causa de sua maquiagem "provocativa", que, nos dias que hoje correm, é vista como "antipatriótica". Não se usam mais chapéus; na melhor das hipóteses, usam-se apenas lenços para cobrir o rosto, protegendo-o da fumaça.

Sexta-feira, 31 de março. Todo o departamento está mergulhado numa atividade febril. O Dr. Six chega amanhã com Judgie Richter e mais alguns altos funcionários para visitar cada um dos chalés e cada uma das *Gasthaus*. Graças a essa importante atividade o carvão reapareceu não se sabe de onde, e os barracões estão sendo aquecidos praticamente pela primeira vez neste inverno. Além disso, a Tannenhof recebeu uma nova mão de pintura e vários tapetes foram estendidos pelo chão. Num rompante, Büttner baixou uma ordem do dia dizendo que devemos estar nas nossas mesas de trabalho no domingo, das nove às doze. Dir-se-ia que o papa está a caminho.

O tempo está finalmente começando a melhorar e, portanto, nós todos estamos com os nervos à flor da pele.

Sábado, 1º de abril. Cheguei ao escritório atrasada de propósito, por causa de amanhã. Encontrei Büttner já fazendo a ronda por toda parte. Declarou enfaticamente que ele estava lá desde às oito da manhã. O atual objeto de sua ira – agora que ele *me* deixou de lado – é um certo Professor Michel, que, quando sob ataque, tem a capacidade de responder: "*Das kostet mich nur ein müdes Lächeln*" [*"Tudo o que isto me provoca não passa de um pequeno sorriso de enfado"*].

Domingo, 2 de abril. Cheguei ao escritório um pouco depois das nove. O dia estava claro e ensolarado. O acordeão de Bruns fora escondido e todas as escrivaninhas e mesas tinham sido agraciadas com uma placa de identificação, como *Bildarchiv* (arquivo fotográfico), *Schrift und Wort* (mesa de redação) etc., mostrando os diversos ramos de nossas atividades, e todo mundo estava de pé, esperando nervosamente a chegada do Grão-Mogol. Eu fiquei sentada do lado de fora, na varanda, tomando sol com Bruns e uma senhora – colega de Berlim – quando fui catapultada para dentro pelo chamado de Büttner, que queria discutir alguns textos e legendas.

Íamos pelo meio disso quando uma procissão adentrou o recinto, puxada pelo Dr. Six, seguido por Judgie Richter, com um ar de quem estava com cólicas, Böhm, Blahnt e a secretária de Six, Frau Seuster, mais o cacicato local de Krummhübel, isto é, Betz e os demais. Os cavalheiros de Berlim estavam mal-ajambrados; desacostumados à neve e ao gelo escorregadios, visivelmente tinham levado alguns tombos na subida. Todos então se reuniram na varanda, onde, para o embaraço geral, Büttner se lançou numa interminável arenga sobre as nossas atividades "imensamente importantes". Que farsa! Six encarou-o em silêncio, e ele começou a gaguejar. Fiquei bem atrás, apoiada na porta. Quando Büttner terminou, Six disse algumas poucas palavras sobre a necessidade de conseguir mais espaço para o arquivo fotográfico (*ergo* para mim!) etc., e lá se foram eles morro abaixo, enquanto nós nos mandávamos para esquiar.

Durante os próximos três dias Six estará ocupado em algum outro lugar, de modo que não seremos incomodados, mas ele anunciou que fará nova inspeção na quarta-feira.

Ontem sua secretária, Frau Seuster, fez-me uma visita de surpresa para me exortar a estar presente hoje pela manhã. Parece que eles temiam que eu fosse esquiar, em vez de comparecer! Esse povo deve estar meio louco; com o próprio Tigre entre nós? Ele é um homem perigoso demais para eu fazer leviandades na sua presença. Além disto, seria um grave erro de minha parte ignorá-lo neste exato momento, em que sei, mais do que nunca, o que está por vir.

Frau Seuster prometera uma xícara de café para Judgie e os dois outros cavalheiros de Berlim, que padeceram para ajudá-la com os pacotes mais pesados durante a jornada desde Berlim. Eu sugeri que ela os recebesse na nossa casa, já que não há nenhuma outra possibilidade. Madonna Blum e eu chegamos em casa em cima da hora, mal tendo tempo de tirar as botas e avisar Jeannette S., antes que Judgie, Böhm e Blahnt aparecessem. Frau Seuster providenciou o café e o vinho. Tivemos uma boa conversa, pois esses três contam entre as últimas pessoas decentes que restam no departamento. Eles não têm ideia do que fazer com Six e perguntaram se podiam voltar com ele depois do jantar! Na verdade, isso pode ser uma boa política.

Assim, de fato eles voltaram com ele, e a noite se arrastou até bem tarde, sendo que Jeannette nos presenteou com as únicas frivolidades da ocasião.

Segunda-feira, 3 de abril. Os Rantzau estão mandando todos os seus pertences de maior valor de Bucareste para cá. Eles parecem estar em permanente estado de alerta, já que o *front* está chegando cada vez mais perto.

Terça-feira, 4 de abril. O tempo está piorando rapidamente, e, aproveitando a presença de Judgie Richter aqui, estou planejando partir com ele para um fim de semana em Königswart. Finalmente ele está reacomodando lá sua família e eu poderei talvez arranjar a permissão para acompanhá-lo. A viagem de trem será pesada; agora ela dura dezoito horas, em vez de cinco.

Quarta-feira, 5 de abril. Judgie Richter não só obteve a permissão do Dr. Six para que eu o acompanhasse na viagem a Königswart, mas, alegando que tem muitas coisas a discutir comigo, conseguiu também que pudéssemos viajar na sexta-feira.

Hoje o sol está tão quente que eu e Frau Seuster subimos ao telhado da nossa varanda. Falamos de negócios e logo Judgie e o Professor Michel se juntaram a nós, enquanto Bruns, sem camisa, ficou tomando sol num canto. De repente Judgie se deu conta de que Bruns nunca presenciara uma conversa daquelas. Como tudo aqui logo recebe o carimbo de *streng geheim* [*ultrassecreto*], ficou decidido que, assim que saíssemos do telhado, Bruns deveria fazer o juramento de discrição absoluta.

Quinta-feira, 6 de abril. Pela manhã o Dr. Six chamou-me para conversar a sós com ele depois do café. Não entendi muito bem o que "depois do café" queria dizer. Por sorte, no caminho para o almoço dei com ele em pessoa, que olhou ostensivamente para o seu relógio. Estaria eu saindo cedo demais ou algo assim? É impossível saber. Com um homem desses é difícil tocar a melodia certa e esconder o próprio mal-estar e receio sob uma máscara de desafio e de *je m'en foutisme* [nem me importo]. Mais tarde, Judgie Richter me disse que ele nos esperava – ambos – às cinco horas. Que alívio não ficar a sós com ele! Na Tannenhof, o próprio Six veio ao nosso encontro. Ofereceram-nos pãezinhos com passas, café e *brandy*, e discutimos generalidades – se é que se pode chamar aquilo de discussão: usualmente ele termina cada um dos seus argumentos dizendo abertamente que na nossa instituição ele é quem recebe o salário mais alto e *ergo* a sua decisão tem de ser respeitada.

Sexta-feira Santa, 7 de abril. Levantei-me às cinco da manhã. Na estação, encontrei o Dr. Six e Judgie Richter já embarcando no trem, enquanto a banda de autoridades de Krummhübel, i. e., Betz *et alia*, ficavam na plataforma para "nos" dar o adeusinho. Felizmente nossos caminhos se apartaram em Görlitz. O trem que eu e Judgie esperávamos chegou tão cheio que não conseguimos entrar – nem mesmo pelas janelas; tivemos de esperar três horas pelo seguinte. Chegamos a Marienbad às onze da noite, depois de uma jornada de quase vinte horas; mas Judgie estava muito animado e o tempo passou rapidamente.

Chegando à casa, troquei-me rapidamente e tomei um pouco de sopa. Mamãe veio me ver. Fiquei muito feliz, pois não a via desde o Natal. Logo entramos numa discussão sobre política. Esta vida de inatividade forçada é muito dura para alguém tão dinâmico quanto ela. Paul Metternich chegou ontem de Riga. Ele parece muito cansado, mas menos magro do que eu esperava, e animado.

KÖNIGSWART *Sábado, 8 de abril.* O tempo está muito agradável. Há muito menos neve aqui do que em Krummhübel. Fui com mamãe à aldeia e encontrei a família Richter se exercitando numa caminhada. Depois de um lauto almoço – *quanto vale*, hoje em dia, ter uma casa no campo! – fomos fazer um longo passeio de carro. Paul Metternich perde o fôlego com facilidade, mas a não ser por isso está muito alegre. Que pena que Krummhübel seja tão distante e eu não possa vir aqui mais seguido! Os Metternich estão com esperança de ir à Espanha no verão – Paul em licença de saúde. Ele quer ir dirigindo o carro de sua mãe, escondido num celeiro por aqui desde o começo da guerra. Ele se diverte com a ideia de fazer isso num momento em que nenhum outro carro particular tem permissão para circular nas estradas.

Domingo de Páscoa, 9 de abril. Os Richters vieram para o almoço. Judgie é muito sensato. É muito bom saber que ainda há no AA algumas pessoas em quem se pode confiar.

KRUMMHÜBEL *Terça-feira, 11 de abril*. Levantei-me às quatro e meia. O trem estava muito cheio e as sirenes de alarme nos perseguiram por todo o caminho. Cheguei a Krummhübel às sete da noite e fui direto para casa, onde deparei com muitos pacotes e cartas do correio.

Quarta-feira, 12 de abril. Os pacotes eram de Hanni Jenisch e continham manteiga, *bacon* e salsichas. Fiquei muito tocada. Logo organizamos um pequeno festim, com direito a café depois.

À tarde houve um chamado geral nos barracões para ouvir o que o Dr. Six achara que estava errado durante a sua visita: entre outras coisas, ele notara que nós não respeitávamos muito os horários de trabalho. Por outro lado, no caso de um ataque aéreo, nós estávamos livres para dispersar e ir para onde quiséssemos. Um sábio conselho, dado que não há outra alternativa!...

Jantei com o Conde Schulenburg e fui ao cinema.

Embora na época Missie não soubesse disto, enquanto estivera em Krummhübel, nos dias 3 e 4 de abril, o Dr. Six falara perante um grupo de "experts em judeus" designados como adidos junto a missões diplomáticas pela Europa. Seu tema fora "As estruturas políticas do judaísmo", e durante sua fala ele afirmara que "o extermínio físico dos judeus europeus priva o judaísmo de suas reservas biológicas".

Quinta-feira, 13 de abril. Hoje pela manhã Hans-Georg von Studnitz telefonou. Ele está aqui com o *Gesandter* [*ministro plenipotenciário*] Schmidt[34], o chefe do Departamento de Imprensa Estrangeira do AA. Eles vão se reunir

---

[34] Paul-Otto Schmidt (1899-1970) foi um dos principais tradutores do AA alemão, de 1923 a 1945. Desempenhou suas funções em momentos capitais, como o dos encontros entre Hitler e Chamberlain, Daladier e Franco, ou ainda na capitulação da França. Em 1945 foi feito pri-

com o colega eslovaco deste último, Tido Gaspar[35], que também é ministro de Propaganda. Mais tarde Hans-Georg apareceu no escritório e nos sentamos num banco por um tempo, ao sol. Ele tem muito o que contar sobre os últimos mexericos berlinenses. Eu acho que ele inventa muito, mas é um bom *raconteur* [contador de histórias].

Durante o intervalo para o almoço ele me acompanhou morro acima para dar uma olhada num quarto que o Conde Schulenburg achou para mim num outro chalé, já que Jeannette S. precisa do atual para a sua mãe. A aparência é muito primitiva, mas tem água corrente, o que é uma grande vantagem. Loremarie Schönburg está vindo para cá, e provavelmente conseguiremos arrumar tudo de uma maneira confortável. Na ponte por sobre a qual se avista a cachoeira, topamos com o próprio *Gesandter* Schmidt; para minha surpresa, ele é muito jovem. Ele estava preparando uma *Kameradschaftsabend*, uma festa entre colegas, para o seu Departamento de Imprensa na Teichmannbaude e me convidou para acompanhá-los.

Fomos com Madonna Blum e outras garotas numa carruagem puxada por cavalos.

Além de nós, só havia garotas do Departamento de Imprensa. Sentamo-nos em várias mesas, eu ao lado de Studnitz, que continuou suas sagas berlinenses. Ao longo da noite *Gesandter* Schmidt derramou um copo de vinho do colo de Madonna. Seu convidado eslovaco, Tido Gaspar, nos convidou para viajar ao seu país e prometeu enviar-me seu último livro – *Mille et une femmes* –, ele é dramaturgo e poeta. Havia muitas bebidas – *brandy*, todos os tipos de vinho, champanhe – e ótimos sanduíches. O *Bürgermeister* [prefeito] de Krummhübel também estava presente e me sussurrou confidencialmente que eu o intrigava – *qu'est-ce-que je fichais dans cette galère?* [o que eu estava cavoucando no meio desta tropa?]. A festa devia ir até tarde, mas às duas da manhã eu sugeri que o nosso grupo partisse.

Sexta-feira, 14 de abril. É primavera: o açafrão está brotando por todo lado.

---

sioneiro pelos norte-americanos, mas foi solto em 1948. Concluiu sua vida profissional como professor de uma escola de línguas em Munique, onde se aposentou em 1967.

[35] Sobre Tido (J.) Gaspar (1893-1972) só consegui localizar informações em tcheco ou eslovaco, o que não me facilitou as coisas. Mas consegui discernir que ele foi um importante escritor e jornalista eslovaco, que caiu num compreensível ostracismo em 1945, mas foi anistiado em 1958.

Madonna Blum e eu decidimos ir de carona até Berlim com o ônibus de Georg Studnitz, que retorna para lá amanhã. Madonna vai de licença. Eu vou gazetear.

Sábado, 15 de abril. Levantei às cinco da manhã e encontrei Madonna Blum no local combinado. Apareceu um enorme monstro movido a carvão, dirigido por um alegre austríaco. Os outros três passageiros também eram austríacos. Normalmente o ônibus leva trinta. Parte da jornada foi feita numa *Autobahn* [autoestrada] e tínhamos de parar frequentemente enquanto o motorista recarregava a caldeira. Em Königswusterhausen, onde deixamos um dos passageiros, estava havendo um ataque aéreo: muitos caças circulavam sobre nossa cabeça, e havia muitas crateras ao lado da estrada. Mas logo soou a sirene de fim de alarme, e seguimos para Berlim, onde descemos na Innsbrücker Platz.

Na casa dos Gersdorff encontrei Maria e o Barão Korff[36]. Ele fez alguns ovos duros para mim, e de repente papai chegou. Ele está em Berlim para passar a Páscoa Russa. Telefonei para Gottfried Bismarck, que me informou que Loremarie Schönburg estava parando no Hotel Central, perto da estação ferroviária da Friedrichstrasse. Como é muito difícil conseguir um quarto de hotel hoje em dia, isso deve ser coisa do Conde Helldorf. Chamei-a e pedi-lhe que reservasse um para mim também. Passei a maior parte da tarde com Maria e depois caminhei até o hotel através do Tiergarten, que agora apresenta uma visão deplorável. Em geral, o aspecto derruído de Berlim é chocante e depressivo.

Na avenida Unter den Linden passei pelo Hotel Bristol. À primeira vista seu estado não parecia tão ruim, pois a fachada ainda está lá, com seus balcões e tudo. Mas a parte de trás virou um amontoado de ruínas: telefones, azulejos de banheiro, candelabros, pedaços de tapetes, espelhos quebrados, estátuas em pedaços, estuque, tudo jogado por todo lado.

No Hotel Central fui recebida com uma polidez notável, e me deram um quarto imediatamente. Pedi o jantar e me enfiei na cama para dar uma cochilada. Duas horas depois Loremarie, Tony Saurma, Alexandra von Bredow (sobrinha de Gottfried), Kicker Stumm e um outro amigo apareceram; nós nos sentamos, pedimos *brandy* e ficamos batendo papo até a meia-noite.

---

[36] Trata-se, provavelmente, de August Freiherr von Korff (1880-1959), que desempenhou algumas funções públicas em diferentes municipalidades antes e depois da guerra.

Apesar de todos os esforços para escondê-la, e do empenho de seu excelente advogado, o Dr. Langbehn (que estava ele mesmo com a reputação ameaçada e agora está na cadeia), a mãe judia de Sigrid Görtz foi presa de novo – e desta vez para valer. Nada mais se pode fazer sobre esse caso, e me sinto terrivelmente triste por ela. Tudo isso me traz à lembrança uma conversa memorável, há cerca de dois anos, com ela e Loremarie na cozinha dos Lehndorff, quando falamos sobre essas perseguições monstruosas contra os judeus. Alguém me dera uma garrafa de Benedictine e ficamos tomando o licor em nossos copos de cerveja, durante o nosso "jantar", que nada mais era do que linguiça seca. Foi a única vez em que fiquei um pouco embriagada. Acordei ainda na casa dos Lehndorff; Loremarie fizera uma cama para si, na sala de estar.

O Dr. Carl Langbehn sempre teve ligações próximas com o grupo antinazista centrado em torno do Embaixador von Hassell e do ex-ministro das Finanças da Prússia, o Dr. J. Popitz. Graças às suas visitas ocasionais à Suíça, ele agiu também como contato com os Aliados naquele país. Mas ele fizera contatos também com Himmler, que Popitz esperava afastar de Hitler. Preso em setembro de 1943, foi cruelmente torturado e finalmente executado[37].

BERLIM *Domingo, 16 de abril.* Com o estômago vazio corri à igreja para comungar; ai de mim, em vão! Havia uma tal multidão, na maioria refugia-

---

[37] Complementando o texto: Carl Langbehn (1901-1944) fora membro do Partido do Povo Alemão, de centro-direita, durante a República de Weimar. Em 1933 filiou-se ao Partido Nazista, mas tornou-se progressivamente crítico deste. Era próximo de Himmler porque as filhas de ambos tinham frequentado a mesma escola. Apresentou Johannes Popitz a Himmler, para que aquele tentasse convencê-lo a depor Hitler e a fazer a paz com os Aliados ocidentais. Em setembro de 1943 foi à Suíça, onde se encontrou com Allen Welsh Dulles (1883-1969), diplomata norte-americano, então trabalhando para o Office of Strategic Service, antecessor da CIA, da qual ele viria a ser diretor de 1953 a 1961. Por Dulles, Langbehn ficou sabendo que os Aliados exigiam a rendição incondicional da Alemanha. Voltando a Berlim, foi preso pela Gestapo, julgado por Roland Freisler, condenado e executado em 1944. Popitz (1884-1945), depois de uma carreira na administração pública prussiana, filiou-se ao Partido Nazista em 1937. Na sequência do atentado de 20 de julho de 1944 foi preso, também julgado por Freisler, e condenado à morte. Aparentemente, Himmler mandou retardar sua execução, ainda na esperança de fazer um acordo em separado com os Aliados ocidentais. Quando se tornou claro que isso era impossível, entregou Popitz à própria sorte, e este foi executado em 2 de fevereiro de 1945.

dos ou deportados da Rússia soviética, que nem sequer pude chegar perto da entrada. Depois de uma luta a murros com um brutamontes que irrompeu na cabine telefônica e tentou me arrancar dali, liguei para Loremarie Schönburg e voltei para o hotel. Logo Tony Saurma apareceu e fomos no seu carro até o Hotel Eden para almoçar. Pode-se entrar agora pela porta de serviço, pois a da frente não existe mais. Mas ele já conta com cinquenta quartos habitáveis! Conseguimos uma mesa com facilidade e desfrutamos de uma refeição extraordinária, com rabanetes na manteiga e *schnitzels* de vitela (não racionados). Antes bebericamos coquetéis, depois vários vinhos, então champanhe, encerrando com uma garrafa do *brandy* de Tony. Fazia meses que não comíamos tão bem.

Embrulhamos parte da comida com guardanapos de papel e fomos para a casa dos Gersdorff, onde encontramos papai e Gottfried Cramm. Gottfried anda muito cabisbaixo porque a Suécia pediu-lhe que não retornasse mais para lá. Ele a visitava com frequência, graças à sua amizade com o velho rei, com quem compartilhava uma paixão pelo tênis. Será isso fruto de alguma intriga britânica?

Ficamos na casa de Maria quase toda a tarde; então Tony foi embora e eu me dirigi ao hotel, pois tinha de estar de volta em Krummhübel na segunda--feira de manhã e não podia me arriscar a perder o trem.

KRUMMHÜBEL *Terça-feira, 18 de abril*. Deixei o chalé de Jeannette S. e me mudei para meu novo quarto, que fica a meia hora de caminhada do escritório, o que é muito vantajoso. O quarto conta com um balcão espaçoso e uma vista adorável.

Em Krummhübel fui direto até a casa dos Betzes, confessando onde passara o fim de semana, mas ninguém mais se dera conta da minha escapada.

Logo chegou Loremarie, com uma enorme mala. Juntas conseguimos arrastar a valise morro acima. Ela está agradavelmente impressionada pelos arredores, mas está decidida a permanecer somente por pouco tempo.

Sábado, 22 de abril. Estou começando a me dar conta de como é difícil trabalhar com Loremarie Schönburg, precisamente porque somos tão amigas.

Segunda-feira, 24 de abril. Tive uma longa conversa com Loremarie Schönburg, que está de mau humor porque culpa a *mim* por sua transferência para Krummhübel. É difícil para mim explicar-lhe que a verdadeira razão de sua vinda para cá é o seu comportamento provocador e imprudente em Berlim, pondo em risco pessoas (embora ela não saiba disso) que estão muito mais envolvidas do que ela no que está para acontecer. Durante o jantar, tivemos mais uma longa conversa, e isso melhorou o clima, de algum modo.

Amanhã volto a Berlim para passar duas semanas.

BERLIM *Terça-feira, 25 de abril*. Loremarie Schönburg me acompanhou até a estação e me ajudou com minha mala. Até Görlitz – dali a duas horas – as coisas correram confortavelmente; consegui até mesmo um assento. Mas em Görlitz, por alguma razão desconhecida, o nosso vagão foi desligado do comboio, e tivemos de achar lugar em outro. Viajei de pé até Berlim.

Adorei ver Alex Werth e Adam Trott de novo. Parecia que estávamos nos velhos tempos. Conversamos bastante antes que eu procurasse Judgie Richter no seu escritório. Todos estão furiosos, pois foram designados para trabalhar numa outra casa, nas vizinhanças, onde as condições são muito primitivas; não tem sequer um telefone. Decidiram então mudar-se para o Hotel Karlsbader, que ainda tem quartos vagos. Adam levou-me até sua casa para tomarmos chá; depois me levou de carro até a estação do S-Bahn.

Cheguei bem tarde a Potsdam, encontrando Gottfried Bismarck, Rudger Essen e Jean-Georges Hoyos esperando-me para o jantar. Melanie está por aqui. O Embaixador Paul Schmidt, o intérprete de Hitler, teve um grave acidente de carro, com duas fraturas no crânio. Espero que ele se recupere, pois é uma pessoa muito agradável e decente. Também houve um grave acidente de avião em que pereceu o *Generaloberst* Hube. Ele acabara de receber os diamantes em sua condecoração das "Folhas de Carvalho"[38].

Quarta-feira, 26 de abril. Estou às voltas com o leiaute de uma nova revista que o Dr. Six está tentando lançar.

---

[38] O *Generaloberst* (o equivalente a um general de cinco estrelas) Hans-Valentin Hube (1890--1944) lutou na Primeira Guerra, quando teve sua mão esquerda amputada devido a ferimentos. Na Segunda Guerra, atuou em várias frentes, sobretudo no Leste e no Mediterrâneo. Recebeu todas as condecorações possíveis, sendo a referida no texto – a "Cruz de Cavaleiro da Cruz de Ferro com Folhas de Carvalho, Espadas e Diamantes" – a mais alta nas FFAA alemãs.

Passei a noite com Maria Gersdorff. Eu os vejo tão pouco e eles sempre são tão queridos e gentis comigo! Eles conseguiram dar um jeito no piso térreo e a gente pode sentar ali, mas ainda faz muito frio. A pequena praça em frente à casa está melhor também; há pessegueiros e jacintos florindo entre as ruínas – um pequeno oásis.

Quinta-feira, 27 de abril. Vi o Conde Helldorf hoje pela manhã. Um funcionário muito rude tentou me impedir o caminho, mas consegui mesmo assim. Ele foi muito agradável comigo, como de hábito, o que torna difícil para mim formar uma opinião sobre como ele é, na verdade; muitos de meus amigos desconfiam dele. Entretanto, eu me fio no julgamento de Gottfried Bismarck e, portanto, estou inclinada a gostar dele. Ele me deu uma carona até o Hotel Adlon. Sentei-me na frente, ao seu lado; atrás sentavam dois importantes oficiais da polícia. Senti-me muito "segura", já que não há ninguém com postos superiores na polícia de Berlim do que esses três.

Almocei com Tütü Stumm[39]. O Adlon virou uma Torre de Babel, para onde convergem os últimos dos moicanos. Como os coquetéis festivos estão na "berlinda", todos e cada um dos que já encontrei em tais momentos e que sobreviveram acabam passando lá pelo menos uma vez ao dia. Hoje, por exemplo, encontrei Franz-Egon Fürstenberg, Helga Nehring, Lally Horstmann, Fritzi Schulenburg (um ex-vice-presidente da polícia de Berlim, sob Helldorf), as garotas Lorenz, Karl Salm[40]... Há algo muito esquisito nessa atmosfera de "última trincheira".

Depois do almoço fui ver Percy Frey na Legação Suíça. De vez em quando é bom sentir um chão neutro sob os pés. Dali fui visitar o artista Leo Malinowski, que vive no Nikolassee[41], um subúrbio de Berlim

---

[39] No índice remissivo, ao final, consta a identificação de Tütü Stumm como Wilhelm Braun von Stumm. Não encontrei referências sobre esse nome. Entretanto localizei um diplomata, Gustav Theodor von Stumm (1890-1963), que trabalhou no Auswärtiges Amt, o Ministério de Relações Exteriores. Pode ser uma confusão, ou um parente.

[40] Possivelmente o Príncipe Karl-Walrad zu Salm-Horstmar (1911-1991), de origem russa, mas oficial do Exército alemão. Não consegui identificar os demais nomes citados, nem mesmo o do artista Leo Malinowski, logo abaixo. Quanto a Fritzi Schulenburg, Fritz-Dietlof von der Schulenburg, membro da Resistência e executado em 1944, ele já foi identificado antes. Ver nota 26, p. 169.

[41] Lago Nikolas, que dá nome a um bairro elegante de Berlim.

agradável nesta época do ano, com os açafrões florindo por todo lado e as amendoeiras em botão.

Tomei um café com Leo no seu pequeno apartamento. A sua mãe, muito simpática, vive com ele; um ambiente intelectual tipicamente russo. Leo está muito deprimido. Um de seus amigos mais próximos, que trabalhava para *Das Reich* (o pasquim de Goebbels) e que vinha seguido ao nosso escritório, se suicidou na prisão. Leo suspeita que ele foi forçado a isso. Os artistas enfrentam tempos difíceis hoje em dia. Os mais jovens estão no serviço militar, se já não morreram; os mais velhos parecem ter partido para a clandestinidade porque, nem é preciso dizer, seus pontos de vista são extremamente não conformistas; assim, de qualquer modo, é-lhes difícil sobreviver.

Tomei tanto café que tudo me pareceu meio indistinto e vacilante pelo resto do dia. Café é a única coisa que bebo em grande quantidade sempre que posso: ele parece substituir tudo o mais que falta. Praticamente parei de fumar.

Dali voltei direto para Potsdam. Gottfried Bismarck estava sozinho. A gente pode falar com ele sobre qualquer coisa, pois é sempre muito compreensivo; mas, quando está cercado por gente que o irrita, ele fica exasperado e age como um potro nervoso.

Sexta-feira, 28 de abril. Rudger Essen me leva de carro para Berlim todas as manhãs. Infelizmente ele está às vésperas de voltar definitivamente para Estocolmo. Sentiremos muito a sua falta; ele é calmo como uma rocha num mar tempestuoso, e o seu cachimbo está sempre em sua boca. Seus colegas estão dando festas de adeus a ele, das quais ele volta ao nascer do dia sempre bastante embriagado.

No escritório encontrei todos muito sobressaltados: "Luftgefahr 15 – höchste Alarmstufe". Isso significa um pesado ataque aéreo iminente. Para surpresa geral, nada aconteceu. Às duas da tarde, Dr. Six e Alex Werth sugeriram que eu os acompanhasse até o Clube de Repórteres Estrangeiros para um bate-papo durante o almoço. O clube agora está num subúrbio, porque a casa muito simpática que o abrigava no centro da cidade está reduzida a escombros. Atravessamos de carro partes de Berlim em que nada resta de pé e encontramos Adam Trott a caminho do almoço com dois de seus amigos. Conseguimos uma mesa no meio da sala, cercados por jornalistas alemães e gente do AA. O chefe de Hans-Georg Studnitz,

272 MARIE VASSILTCHIKOV

Gesandter Schmidt, também estava lá. Ele não se dá com Six (quem consegue?) e, para irritá-lo, chegou perto de mim para um aperto de mãos e disse num sussurro perfeitamente audível: "Não diga a ele o que nós conversamos em Krummhübel".

Graças a Alex Werth o almoço transcorreu satisfatoriamente. Conversamos sobre os problemas pessoais em Krummhübel; algumas das garotas por lá estão muito agitadas. Six parece estar se acostumando com minhas aparições por aqui, às vezes inesperadamente. Além de perguntas sobre o que estou fazendo e quando pretendo viajar, ele não indaga mais nada.

Jantar oferecido por Studnitz com Bernd Mumm e Vollrat Watzdorf[42]. Hans Flotow emprestou-lhe seu apartamento para a ocasião. Eu era a única garota. Studnitz sempre mantém uma festa animada. Nós rimos tanto desta vez que cheguei a ficar com uma espécie de cãibra. Coisas assim não acontecem com frequência, e fazem tão bem.

Sábado, 29 de abril. A manhã começou com um tempo adorável. Rudger Essen me deixou no escritório do estúdio de filmagem da UFA[43] na Leipzigerstrasse, no centro da cidade, onde eu deveria pegar algumas fotos de atrizes alemãs. Mal começara a examinar o material quando as sirenes principiaram a uivar. Fomos às pressas para um porão profundo e espaçoso. Havia mais de quinhentas pessoas, todos empregados da UFA. Sentei perto de duas garotas que estavam decorando poemas e mergulhei na leitura da autobiografia de Mme. Tabouis, *Ils l'ont appelée Cassandre*[44], quando houve uma explosão. As

---

[42] Provavelmente Vollrath von Wrochem-Watzdorf (1913-1955).

[43] Universum Film AG, hoje Universum Film GmbH, empresa cinematográfica fundada em 1917. No presente tem sede na *cinecittà* alemã de Babelsberg, na cidade de Potsdam.

[44] Geneviève (Le Quesne) Tabouis (1892-1985) foi das primeiras mulheres jornalistas francesas a obter um reconhecimento nacional e internacional. Escreveu antes da guerra para várias publicações francesas, especializando-se em política internacional. Graças a sua militância vigorosamente antinazista, é aconselhada a fugir da França quando esta se rende à Alemanha. Inicialmente vai para Londres, depois para os Estados Unidos, instada por Winston Churchill, para fazer propaganda antinazista. Conhece Franklin Roosevelt e torna-se amiga confidente de Eleanor Roosevelt. Publica um periódico antinazista, em francês, em Nova York. Com o fim da guerra retorna à França, onde prossegue escrevendo na imprensa e fazendo programas na Rádio Luxemburgo, dirigida por seu marido, Robert Tabouis, com quem se casara em 1916. Trabalha intensamente até a idade de 88 anos. Seu livro de memórias – *Ils l'ont appelée Cassandre* [Eles a chamaram de Cassandra] – foi publicado em francês, em Nova York, em

luzes se apagaram. Imediatamente os geradores auxiliares entraram em ação. Apesar da organização daqui, que parece muito eficiente, a ideia de que eu poderia ser enterrada viva, sem ninguém saber onde eu estaria, me deprimiu bastante. O *flak* era muito violento e as bombas ficavam explodindo nas proximidades. Várias enfermeiras passavam de um lado para o outro com seus *kits* de primeiros socorros e a cada dez minutos dois homens – voluntários – tinham de ir bombear ar para dentro do porão.

Tudo acabou uma hora depois. Apressadamente terminei minha escolha de fotografias com rostos bonitos e fui à Deutscher Verlag, cujo soalho era varrido pelos irmãos Vendeuvre, mas que ficou caótica depois de atingida por várias bombas há poucos meses.

O ar já estava pesado com tanta fumaça e meus olhos ardiam terrivelmente. Pensei em tomar um bonde de volta para o escritório, mas desisti da ideia ao deparar com uma vasta cratera no cruzamento da Leipzigerstrasse com a Mauerstrasse. Uma mina acabara de explodir ali, acabando com os trilhos. O buraco tinha uns quatro metros de profundidade e outros tantos de diâmetro, e todos os prédios ao redor ardiam intensamente. Mas como estávamos em plena luz do dia aquilo não parecia tão assustador.

Levei mais de uma hora para voltar a pé para o escritório. Desta vez o centro administrativo da cidade foi atingido. Passando pelo Hotel Karlsbader, para onde se planejara levar nosso escritório, vi muita comoção. Não havia mais prédio: três bombas tinham caído sobre ele. Encontrei Frau von Carnap, bastante abalada. Ela e Hannele Ungelter estavam abrigadas no porão à direita do corredor, quando aquele do lado esquerdo levou um impacto direto. Duas garotas perderam a vida ali e havia muitos feridos. Ouvi dizer depois que levaram 48 horas para tirá-los de lá. Hannele disse que tudo aconteceu tão rápido que elas não tiveram nem mesmo tempo para se apavorar. A casa vizinha, onde havia gente do Exército, desabou sobre as pessoas que estavam na rua, como se fosse uma tromba d'água. Um homem saiu de dentro da casa e ficou gritando por muito tempo: *"Wenn ich nur bewustlos wäre!"* [*"Se pelo menos eu tivesse perdido a consciência!"*]. Ele não conseguia escutar ninguém.

1942. O título alude à personagem Cassandra, filha de Príamo, rei de Troia, em cujas profecias sobre a invasão dos gregos ninguém acredita, numa referência às suas próprias previsões sobre o perigo nazista antes da Segunda Guerra.

Dei uma rápida passada no escritório e fui almoçar na casa de Maria Gersdorff, onde encontrei Gottfried Cramm, os Bagges e outros. Hans-Georg Studnitz se juntou a nós; ele disse que um carro nos esperava na Wilhelmstrasse para nos levar até a casa dos Pfuel, onde vamos passar o fim de semana.

Tomamos o metrô para Wilhelmstrasse, mas tivemos de abandoná-lo e seguir a pé, porque a linha estava interrompida. Os fundos da estação de Anhalter tinham um aspecto horrível. Durante o ataque desta manhã um trem expresso entrou nela em alta velocidade e ardendo como uma tocha; três outros trens esperavam para partir. Dois conseguiram sair antes de uma bomba cair, mas o outro ficou preso.

Chegando a Wilhelmstrasse, nos disseram que não havia carro. Esperamos um pouco para ver se ele chegava e então decidimos tomar o trem.

Na estação encontramos Blankenhorn, de mochila às costas. Ele estava no seu melhor humor, acabando de voltar da Itália. Ia para a Suíça, seguindo alguma rota tortuosa. Na pressa esqueci o livro de Mme. Tabouis no balcão junto do guichê da estação. Tive um momento de pânico, porque o livro está proibido na Alemanha! Ao fim e ao cabo consegui recuperá-lo com o funcionário do guichê: alguém o tinha entregado ali. Mas nesse meio tempo perdemos dois trens. Hans-Georg começou a telefonar para todos os seus amigos, pedindo ajuda, e finalmente um bom samaritano nos pegou e nos deixou na casa de C. C., onde comemos à farta no jantar, cozido numa espiriteira alimentada com água-de-colônia, já que não há outro combustível, e ainda tomamos café.

A casa de C. C. está rodeada por propriedades alugadas por diplomatas estrangeiros que tiveram suas casas na cidade bombardeadas. Ficamos no sótão, pois o restante da casa está quase todo ocupado por espanhóis e romenos.

Domingo, 30 de abril. Conversei longamente com duas criadas russas que trabalham para C. C. Pfuel. Uma delas, de 24 anos, perdeu o marido e o único filho num bombardeio; ela está muito só no mundo: bastante simpática, adora falar russo, tem uma atitude muito realista quanto à sua situação e vê o futuro de modo desapaixonado. A outra garota tem apenas dezoito anos. Vestida de preto, com um avental branco, ela faz uma reverência sempre que se fala com ela; é muito bonita e poderia ser uma pequena *soubrette*[45] francesa numa peça de teatro. Ela acaba de chegar de Kiev e falamos uma mistura de russo, polonês e ucraniano, mas nos entendemos muito bem. A criadagem em Jahnsfelde é um grupo heterogêneo: essas garotas russas, uma cozinheira e uma enfermeira alemãs, muitos espanhóis que trabalham para os diplomatas e um mordomo francês, que canta de galo e a quem os outros chamam de *Moussiou* ["Mussiú"].

Depois do almoço ouvimos o comunicado oficial: o ataque aéreo de ontem foi descrito como um *Terrorangriff* [*ato terrorista*]. Temo que meus pais ficarão de novo muito preocupados, pois não posso telefonar-lhes e tranquilizá-los. Mais tarde Tony Saurma nos levou de carro até Buchow, para um chá com os Horstmann. O embaixador espanhol, Vidal, e Federico Diez[46] estavam lá. Este último me contou detalhes da morte de Maria Pilar e Ignacio Oyarzabal. Ele foi identificar os corpos. Eles ganharam as suas *couchettes*[47] de um outro casal espanhol num jogo de cartas; os perdedores sobreviveram. O único consolo é que eles morreram instantaneamente. Vidal fez muitas perguntas sobre Krummhübel, já que todas as missões estrangeiras serão evacuadas para lá em algum momento. Tenho dúvidas de que isso venha a ser possível. Lally Horstmann disse que Elisabeth Chavchavadze[48] agora dirige uma ambulância dos Aliados em Marrocos. E dizer que nós todos fomos tão amigos antes da guerra...

À noite, em Jahnsfelde, nós nos sentamos ao redor da lareira discutindo sobre Rasputin.

---

[45] Nome dado ao papel de criada nas comédias do teatro francês, normalmente desempenhado por atrizes espirituosas.

[46] Federico Diez y Deisasi (1902-1977), diplomata de carreira. D. Ginés Vidal y Saura (1892--1945), também diplomata de carreira, embaixador em Berlim a partir de 1942, tem um currículo controverso. Há quem o louve por permitir que muitos judeus perseguidos fugissem para a Espanha, e quem o critique por ser conivente com os regimes franquista e nazista, a ponto de permitir que obras de arte roubadas pelos nazistas fossem transportadas para a Espanha com o objetivo de "preservá-las" dos "confiscos" que fatalmente viriam a acontecer.

[47] Leitos no vagão-dormitório.

[48] Tudo o que consegui levantar, além de uma foto, dessa princesa russa foi que sua família se refugiara na Inglaterra ainda antes da Revolução de 1917, e que parte dela fora em seguida para os Estados Unidos.

Segunda-feira, 1º de maio. De volta a Berlim. O tempo continua ruim. Há rumores de que a RAF lançou uma grinalda de flores sobre o túmulo de Heinrich Wittgenstein; um gesto que mostra a futilidade de toda essa matança.

Depois do trabalho conversei muito com Gottfried Cramm na casa de Maria Gersdorff. Estamos ficando bons amigos. Reservado no começo, ele começa a me impressionar como alguém muito afetivo. Ele me mostrou três fotos da mesma garota numa moldura de couro vermelho. Reconheci Barbara Hutton[49].

À noite, *Entführung aus dem Serail*[50], de Mozart, com Percy Frey. Depois, um rápido lanche no Adlon. Percy é agradável; tranquilo, é dessas pessoas que entendem meias palavras, no que parece mais um anglo-saxão do que um suíço. Ele me acompanhou até em casa, através do Tiergarten, e ficou espantado com as ruínas ao redor. Tivemos de subir e descer montes de escombros, e ele ficou fascinado. Eu não. Viver tanto tempo como coelhos num cercado tem sido muito desconfortável.

O Dr. Hans ("Percy") Frey era o encarregado da seção da Embaixada da Suíça em Berlim que representava os interesses de alguns dos países com que a Alemanha estava em guerra.

Terça-feira, 2 de maio. Hoje pela manhã consegui trocar os cupons para carne de Percy Frey, que estavam vencidos, por um grande salsichão. Depois, no escritório, organizei um pequeno leilão e uma das garotas comprou-o por um valor um pouco menor do que o preço regular, mas pagou-me em cupons válidos, que agora vou devolver a Percy. Sinto-me muito orgulhosa!

Fiquei no escritório até tarde. Depois fui de carro com Adam Trott até sua casa e jantei por lá. A nossa amizade tem algo de arrebatador, e até agora evitei reconhecer esse fato conscientemente. Ele é um homem completamente fora do comum. Todos os seus pensamentos e esforços têm por foco valores de uma ordem superior, com os quais nem a disposição deste país nem a

---

[49] Barbara Woolworth Hutton (1912-1979) foi uma das *socialites* mais famosas e ricas do século XX, envolvida com gente (com quem se casou ou não) como Cary Grant, Igor Trubetzkoi e Porfírio Rubirosa, entre outros. Casou-se com Cramm, depois da guerra, de quem viria a se divorciar um pouco antes da morte deste, num desastre de automóvel.

[50] *O rapto do serralho*, ópera em três atos de Mozart, estreada em 1782.

dos Aliados parecem ter sintonia. Ele pertence a um mundo mais civilizado, coisa a que – lástima! – nenhum dos lados parece pertencer. Ele me levou de carro bem tarde para casa.

Quarta-feira, 3 de maio. Jantei na casa de Hanna Bredow, a irmã de Gottfried Bismarck, em Potsdam. Philippa, a filha de Hanna, estava no Ministério da Aeronáutica durante o ataque de sábado. Ela saiu em disparada de lá, com um porteiro tentando impedi-la, porque deixara uma valise guardada no Hotel Esplanade e desejava recuperá-la. O Ministério foi atingido por dezoito bombas, algumas delas atravessando seus sete andares. No porão (onde ela deveria ter se refugiado), cinquenta pessoas morreram e mais ainda ficaram feridas. Eu mesma estava muito perto quando isso aconteceu e poderia perfeitamente bem ter me refugiado lá. Assim, tudo parece ser uma questão de sorte.

O filho de quinze anos de Bredow, Herbert, está para ser recrutado, devendo ir para alguma das baterias antiaéreas. Ele tem lindos olhos. Se sobreviver à guerra, será irresistível para as mulheres. Sua precocidade é surpreendente, bem como a violência de seus sentimentos em relação ao atual regime[51]. No ano passado, sua mãe leu minha mão e predisse que eu deixaria a Alemanha para nunca mais retornar. Eu lhe pedi que a lesse de novo. Ela confirmou a previsão.

Quinta-feira, 4 de maio. À tarde, antes de voltar para Potsdam, eu e Adam Trott fizemos um longo passeio por Grünewald. Caem muitas pancadas de chuva, mas ainda é primavera e, apesar do frio, há flores e arbustos exuberantes por toda parte. Adam contou-me sobre seu primeiro amor e sua vida na Inglaterra e na China. Ele sempre surpreende.

Domingo, 7 de maio. Levantei-me cedo para ir a uma pequena igreja ortodoxa russa, não muito longe da estação do Zoo. Ela não tem porão. Esperava minha vez para confessar-me, quando as sirenes soaram. Não havia muitas pessoas; a maioria era de *Ostarbeiter* [trabalhadores do leste, em geral russos]. Muitos deles rezavam em voz alta, com rostos estáticos. Ninguém

---

[51] O casal Bredow teve oito filhos. Tanto Philippa quanto Herbert sobreviveram à guerra, e casaram-se nos anos 1950. Não há referência de seus óbitos. O mesmo não aconteceu com seu irmão Wolfgang, que morreu em 1945, com 23 para 24 anos.

se mexeu e o coro continuou a cantar. Era muito melhor estar ali do que se encolher em algum abrigo anônimo! Todas as velas ao redor dos ícones estavam acesas e os cantores pareciam de fato inspirados. Confessei-me com um padre desconhecido que falou sobre "amar o próximo", "quando voltares para casa" etc. – tudo isso enquanto as sirenes uivavam. Do lado de fora o silêncio era total, e eu já começava a pensar que os aviões tinham feito meia-volta, quando todos vieram de uma vez para cima de nossa cabeça. Um monte, passando vaga após vaga. Como estava muito nublado, as baterias antiaéreas não tinham como atirar e eles passavam muito baixo. O ronco de seus motores era tão alto quanto o explodir das bombas, e não se podia distinguir uma coisa da outra. Era como se uma pessoa estivesse debaixo de uma ponte com um trem expresso trovejando sobre ela. De repente o coro emudeceu. A congregação tentou substituí-lo com bravura, mas o canto saiu vacilante. A certa altura minhas pernas bambearam, aos tropeços fui em direção ao altar e sentei-me nos degraus. Uma freira, com um rosto adorável, sentou-se perto de mim, e aquilo me confortou um pouco. Ela se inclinou para mim e sussurrou: "Não devemos ter medo, porque Deus e os santos estão conosco" e, quando a olhei em dúvida, ela acrescentou: "Nada pode acontecer durante a Santa Missa, nunca". Ela parecia tão certa disso que me senti imediatamente mais segura. O Padre Michael continuou a cantar como se nem sequer ouvisse o barulho do lado de fora e pela hora da comunhão este cessou. Quando terminou o serviço religioso, eu me sentia cinquenta anos mais velha e completamente abatida.

Mais tarde ouvi dizer que houve 1.500 aviões sobre Berlim naquela manhã. No começo da guerra, trinta já nos pareciam perigosos demais. É estranho que, embora eu me sinta, em teoria, perfeitamente resignada à ideia de morrer sob um bombardeio, quando o ronco dos aviões e o explodir das bombas começam, fico paralisada fisicamente com medo, e este parece aumentar a cada novo ataque.

Almocei na casa dos Gersdorff, onde encontrei Maria e Gottfried Cramm sozinhos. Preso num porão em Wilmersdorf, Gottfried tentara ler Schopenhauer, mas não conseguiu conter o riso quando se viu cercado por senhoras de idade com toalhas enroladas da testa ao queixo e esponjas molhadas na frente do rosto como se fossem barbas; supostamente isso deve proteger contra queimaduras causadas pelo fósforo das bombas incendiárias.

Mais tarde, caminhamos pelo centro da cidade. A Unter den Linden, a Wilhelmstrasse, a Friedrichstrasse, todas tiveram severos danos. Havia muita fumaça e novas crateras. Mas as bombas norte-americanas parecem causar menos danos do que as britânicas – as primeiras caem durante o dia, as últimas durante a noite. As britânicas explodem horizontalmente, enquanto as norte-americanas penetram fundo, e nesse caso os prédios próximos não desabam com tanta facilidade.

Segunda-feira, 8 de maio. Cheguei cedo ao escritório. Estava quase deserto. Anunciaram de novo "*Luftgefahr 15*", o mais alto grau de perigo. Tentei apanhar alguns papéis "importantes", mas a secretária não me permitiu, pois parece que todos os documentos devem permanecer no cofre do térreo até que o perigo passe. Ao invés disso, achei uma história na [revista] *Life* que tecia comentários elogiosos ao trabalho do nosso escritório, em comparação com o que é feito no setor semelhante de informação nos Estados Unidos.

Alex Werth acabou de retornar de alguma viagem com uma lata enorme de Nescafé. Nós nos reunimos para um segundo desjejum e um cigarro.

Disseram-nos então que os aviões foram para algum outro lugar. Mal tomamos assento para trabalhar quando as sirenes começaram a soar, e corremos escada abaixo até um *bunker* no quarteirão, uma caixa de concreto meio engraçada, com um lance de escada levando às entranhas da Terra – no caso, à estação de metrô da Nollendorfplatz. Esta tem corredores sem fim com uma fina camada de terra sobre eles. Ao longo dos corredores há pequenas muretas de ladrilhos projetando-se em diferentes direções. Elas foram construídas apressadamente à meia altura para resistir à pressão do ar, "se...".

Tentamos não ficar em lugares onde supúnhamos haver casas na superfície, preferindo as ruas, onde nada pudesse desabar sobre nós – exceto as próprias bombas. Pessoas e mais pessoas ficavam entrando. Judgie Richter e eu ficamos juntos. Conforme as explosões começaram a se aproximar, Judgie ficou muito agitado; ele está passando por maus bocados, preocupado com a família etc. Eu tentei distraí-lo falando trivialidades, mas ele me interrompeu: "Se isso furar o teto, você deve se jogar no chão, de bruços, e esconder a cabeça entre os braços...". Um outro colega escolheu esse momento para contar-nos os detalhes sanguinolentos de como a sua casa tinha sido atingida por um impacto direto de novo na noite passada e fora completamente destruída. O ataque parecia ser um dos pesados, mas logo soou a sirene anunciando seu fim.

Retornando ao escritório, descobrimos que o encanamento arrebentara. Fui à rua buscar um balde d'água da bomba da esquina, já que queríamos festejar com mais um pouco do café que Alex trouxera.

Percy Frey, com quem eu marcara o almoço, apareceu, e saímos a caminhar pela rua até o Hotel Eden. Ali, três bombas haviam caído num pátio interno, reduzindo tudo de novo a pedaços, embora as paredes externas ainda subsistam. Gerentes e garçons, com os guardanapos debaixo dos braços, corriam pela rua, tentando de modo muito ineficiente limpar tijolos e argamassa. No meio da rua havia uma gigantesca cratera onde uma bomba caíra perto da entrada do porão. Todo o encanamento se rompera, e as pessoas presas no porão tentavam agora nadar através da cratera. Com todas essas bombas que caíram em Berlim as ruas estão meio submersas. E a cidade cheira fortemente a gás.

Fomos até o Hotel am Steinplatz, almoçamos lá e caminhamos de volta ao escritório sob a chuva. Percy talvez possa vir até Königswart para a festa de Pentecostes.

À noite Claus B. me levou até a casa de Maria Gersdorff e depois do jantar me deu uma carona de carro até Potsdam. Em momentos como este "todos os homens são irmãos" e eu estou começando a falar com ele depois de tê-lo evitado durante anos. Ele começou a me seguir nas ruas e um dia irrompeu no escritório, do nada. Fiquei espantada com o seu descaramento. Nunca entendi quem ele é ou o que ele faz. Sua aparência é chamativa, mas é estranho que um homem da sua idade viaje livremente pela Europa, como ele faz, sem estar enquadrado num uniforme. Ele tentou várias vezes se aproximar e se ofereceu para ser um "correio familiar" entre nós e Georgie, além de nossos primos em Paris, aonde parece ir com frequência. Recusei tudo de modo educado, mas firme. Por outro lado ele conseguiu encontrar os primos em Paris e me trouxe uma carta deles. Também conhece Antoinette Croy. Mas o que ele faz permanece um mistério.

Terça-feira, 9 de maio. Volto para Krummhübel amanhã. Adam Trott me levou de carro até a sua casa para jantarmos. Estou levando muitos livros de volta para Krummhübel e ele me ajudou com eles. Mais tarde, um jovem

Diários de Berlim 281

amigo dele, Werner von Haeften (um irmão do nosso chefe de pessoal, que faz parte do Exército da Reserva aqui)[52] chegou, e ambos tiveram uma longa conversa numa outra sala. Pouco depois que Adam me trouxe de volta a Potsdam, soaram as sirenes. Era um outro *Störflug*[53], quando muitos aviões ficam voando em círculos, despejando bombas ao acaso. Fiz as malas e não fui dormir até que eles se fossem.

KRUMMHÜBEL *Quarta-feira, 10 de maio.* Às seis já estava de pé e, depois de um lauto desjejum, fui embora, carregando uma valise muito pesada. Como não disponho de um passe de viagem, temi ter de ir de pé todo o trajeto, mas um fiscal de bom caráter concordou em me deixar usar um compartimento reservado para a *Reichsbahndirektion* [*diretoria da companhia ferroviária*]. Ele trancou a porta comigo dentro e assim eu viajei completamente só, desfrutando de um assento estofado, com o sol brilhando de modo muito agradável.

Cheguei a Krummhübel às três, para encontrar Loremarie Schönburg ainda na cama, padecendo de autocompaixão.

Ela quer voltar para Berlim, aconteça o que acontecer; para ela nada mais importa; ela nem quer manter as aparências. Eu compreendo que se alguém fica aqui o tempo todo tudo assume uma aparência irreal e remota.

---

[52] Werner Karl von Haeften (1908-1944) acompanhou Claus Schenk von Stauffenberg até o *bunker* de Hitler na Polônia onde o atentado de 20 de julho aconteceu, voltando depois com este para Berlim, a fim de desencadear a Operação Valquíria, que deveria tomar o governo. Surpreendidos pela notícia de que Hitler não morrera, foram detidos pelo comandante do QG do Exército (na rua que hoje leva o nome de Stauffenberg e onde há um Museu da Resistência Alemã), General Friedrich Fromm (1888-1945), que também fazia parte da conspiração. Embora Hitler desse ordem para que nenhum conspirador fosse morto antes de interrogado, Fromm, num esforço para queimar arquivos, mandou fuzilar Stauffenberg, von Haeften e mais dois oficiais na madrugada do dia 21. Isso de nada adiantou: seu nome foi descoberto numa lista dos que deveriam fazer parte do novo governo que sucederia a Hitler, encontrada, aliás, numa gaveta de seu próprio escritório. Acabou julgado e fuzilado em 12 de março de 1945. Von Haeften foi enterrado no cemitério da igreja de São Matias, em Berlim, mas depois Heinrich Himmler ordenou que o corpo fosse exumado e queimado, sendo as cinzas espalhadas em local hoje desconhecido.

[53] Literalmente, "voo de estorvo". Refere-se a um ataque sem objetivo preciso, em que os aviões ficam literalmente "perturbando" a vida das pessoas na cidade-alvo. O nome "*Stör*" também quer dizer "esturjão", o peixe cuja ova fornece o caviar. É um peixe grande, de crescimento lento, que habita água doce ou regiões costeiras do mar, rodando perto das praias. Talvez venha daí a comparação metafórica dos voos.

Para minha sorte, daqui por diante eu devo estar em Berlim pelo menos dez dias a cada mês.

Os russos retomaram Sebastopol. Parece que os alemães não ofereceram muita resistência.

Sexta-feira, 12 de maio. O Conde Schulenburg voltou de Paris e nos trouxe muitos presentinhos. A tia de Loremarie Schönburg, Gretl Rohan, nos convidou para passarmos o fim de semana em Sichrow[54], onde fica sua casa na Boêmia. O conde concordou em nos acompanhar, mas nós estamos ansiosas para nos livrar de seu assistente. Poderia este ir para lá só para vigiá-lo[55]?

SICHROW *Sábado, 13 de maio*. Depois de desfrutar de um excelente ganso no almoço, saímos para Sichrow. Desde que os alemães tomaram o país em março de 1939, o Protetorado (como hoje é conhecida a Tchecoslováquia) só pode ser visitado com um *laissez-passer* especial. O Conde Schulenburg conseguiu um para mim, válido por vários meses. A viagem de carro pelas montanhas foi muito bonita – vastas florestas desertas com muita neve no alto das montanhas. Na fronteira tcheca os guardas examinaram cuidadosamente o nosso chofer. Ele é um soldado, e hoje em dia parece que há muitos desertores escondidos no Protetorado. As autoridades vão muitas vezes às aldeias, tentando farejá-los.

Em Sichrow, achamos apenas uma das filhas – dentre as seis – em casa; toda a família fora até a cidadezinha próxima – Turnau – onde a mais jovem delas acabara de ter o apêndice operado. Ninguém parecia nos esperar, o que foi um tanto constrangedor. Felizmente o Príncipe Rohan[56] e o Conde Schulenburg se dão bem. Acabei de desfrutar do raro luxo de um verdadeiro banho quente.

---

[54] Cidade hoje no norte da República Tcheca.

[55] Essa preocupação da autora só tem sentido sabendo-se que o conde, mesmo que indiretamente, estava envolvido com as atividades da Resistência.

[56] Como se pode depreender pelo texto, embora não fosse possível identificar as pessoas individualmente, a Casa de Rohan tinha uma importância muito grande na região. O palácio da família, aristocratas franceses que fugiram da Revolução de 1789 e o compraram, antiga fortaleza militar, existe até hoje – usado para casamentos festivos, como muitos outros na Europa. Atualmente é propriedade pública e faz parte do patrimônio histórico nacional.

Domingo, 14 de maio. À igreja, com belos cantos em tcheco, e depois uma volta pelos arredores. O tempo está muito suave, mas as famosas azaleias e os famosos rododendros ainda não floriram, embora a primavera por aqui esteja bem mais avançada do que em Krummhübel. Por toda parte brotam tulipas e lírios em meio à grama. Gretl Rohan veio almoçar conosco. Antes disso, fomos ver as vacas serem ordenhadas. Uma das filhas da casa, Marie--Jeanne, distribuiu leite entre os moradores rendeiros e eu mesma tomei um pouco às escondidas.

Após uma excelente refeição que consistiu basicamente de carne de caça com geleia de *cranberry*[57], nós nos deitamos ao sol e até mesmo nos bronzeamos um pouco. Temos de partir bem cedo amanhã de manhã.

KRUMMHÜBEL *Segunda-feira, 15 de maio.* As crianças da família Rohan vieram dar-nos adeus antes das suas lições. Eles estudam arduamente das oito à uma, e depois de novo toda a tarde. Há muitos tutores hospedados na casa, que também abriga refugiados de várias aldeias bombardeadas.

Nós nos demoramos no desjejum e só chegamos de volta a Krummhübel às onze da manhã. Havíamos notificado nossos escritórios sobre nossa ausência, mas alguém nos viu descendo do carro do Conde Schulenburg e isso levantou uma vaga de irritação invejosa. Nossa amizade com ele é decididamente merecedora de olhares de censura.

Terça-feira, 16 de maio. Espera-se a invasão da Europa pelos Aliados a qualquer momento, com os jornais falando muito sobre a "nossa prontidão". Está difícil trabalhar: vive-se um dia de cada vez. Colegas ficam desaparecendo "por razões familiares", o que usualmente quer dizer que perderam sua casa por causa dos bombardeios.

Quarta-feira, 17 de maio. Faço progressos no acordeão.

Quinta-feira, 18 de maio. Descobri que, enquanto eu estava em Berlim, alguém arrombou meu guarda-louça e roubou minha cruz de batismo e sua correntinha, e ainda meu suprimento de café. A perda da cruz me desespera.

---

[57] No Brasil, essa fruta é mais conhecida assim do que por seu nome em português, "oxicoco".

Conversei com nossa governanta e ela chamou a polícia. À noite estávamos esperando Blankenhorn quando invadiu a sala um *Wachtmeister* [*sargento*] bigodudo que pareceu muito mais interessado no meu acordeão do que no furto. Fez um boletim de ocorrência e deu uma busca em nossos dois quartos, sem sucesso. Naquele momento chegou Blankenhorn, que pensou que eu estava sendo presa.

Sexta-feira, 19 de maio. Blankenhorn sugeriu que eu e Loremarie Schönburg nos mudemos para a chamada *Gästehaus* [*pousada*] – um chalé bonito e espaçoso bem no meio de um pequeno bosque, reservado para visitas de importância que até agora nunca apareceram.

KÖNIGSWART *Sexta-feira, 26 de maio.* Vim com Loremarie Schönburg para uma curta estada. O Conde Schulenburg nos deu uma carona, já que estava indo de carro para seu próprio rincão, que não fica longe daqui – um meio maravilhoso para se evitar uma horrível viagem de trem. Embora eu tivesse advertido o escritório sobre nossa ausência, nós nos encontramos atrás da estação como conspiradoras, tendo eu e Loremarie tomado caminhos diferentes para não levantar suspeitas. Chegamos ao ponto de levar nossas roupas em trouxas, para não sermos vistas com malas.

O tempo não estava tão bom, mas a paisagem campestre estava adorável, com lilases e macieiras em flor. Almoçamos na beira da estrada. Nosso avanço foi um pouco retardado por Loremarie, que aqui e ali via algum castelo de um de seus inúmeros parentes na região e sugeria, para indignação do nosso motorista, que saíssemos do caminho *zum Jausen* [*para o chá*]. Acabamos parando em Teplitz e tomando chá com Alfy Clary e sua irmã, Elisalex Baillet-Latour. Foi maravilhoso vê-los novamente. Eu não estivera lá desde 1940, durante a campanha da França. Até mesmo ali eles estavam preocupados com seus rapazes. Agora Ronnie, o mais velho e mais promissor, foi morto na Rússia; Marcus e Charlie estão ambos no *front*. Encontrei Alfy muito mudado. O conde nos deixou em Marienbad. Ele vem para Königswart no domingo.

Chegamos famintos e, enquanto comíamos um lanche, meus pais e Hans-Georg Studnitz nos fizeram companhia (ele veio de Berlim para o fim de semana). Então os próprios Paul Metternich e Tatiana chegaram de Viena. Tatiana trouxe com ela muitas roupas novas. Ficamos conversando até as cinco da manhã. Paul ainda está muito magro e nervoso, mas mais feliz e animado.

Segunda-feira, 27 de maio. Acordei muito tarde e não fiz nada até a hora do almoço. A "festa" aqui está crescendo: Meli Khevenhüller[58] e Marietti Studnitz[59], a esposa de Hans-Georg, chegam hoje à noite. O tempo ficou maravilhoso.

Tive uma conversa longa e difícil com papai e mamãe. Eles parecem mais interessados na história passada do que no modo como os acontecimentos presentes podem afetar nossas vidas individuais no futuro próximo; também ficam se preocupando com Georgie em Paris, que, deve-se reconhecer, está numa situação precária, estudando no Sciences Po[60], sem dinheiro e, como ouvimos falar, envolvido em algo arriscado.

Logo depois que o irmão de Missie foi para Paris, no outono de 1942, ele se envolveu com atividades da Resistência, até a libertação da cidade em agosto de 1944.

Depois do jantar, chegou Percy Frey. Paul Metternich e Tatiana tomaram conta dele. Tanto mamãe quanto papai levantam a sobrancelha diante de cada novo amigo masculino meu.

Domingo, 28 de maio. Depois de irmos à missa bem cedo, nos deitamos sobre tapetes ao sol. Hans Berchem[61] e o Conde Schulenburg vieram para o almoço. Papai e mamãe ficaram ocupados e felizes com isso, enquanto nós preparamos uma cesta com material para um chá e tomamos a carruagem para fazer um piquenique.

Há mais e mais convidados e cada vez menos espaço na casa. Passo a noite no vestíbulo do quarto de Tatiana. Judge Richter também está aqui, passeando com suas crianças no jardim.

---

[58] Condessa Helene ou Helena Khevenhüller-Metsch, nascida em 1921.

[59] Encontrei a grafia de Marietti von Studnitz, de datas de nascimento e morte desconhecidas, segunda esposa do escritor e jornalista Hans-Georg von Studnitz (1917-1993), com quem se casou em 1938 e de quem se divorciou em 1949.

[60] Sigla popular do Institut d'Études Politiques de Paris.

[61] Trata-se do Conde Johannes Evangelist Hippolyt Maria von Berchem (1881-1962), também membro do serviço diplomático alemão.

Segunda-feira, 29 de maio. Passei o dia de novo fora de casa. Tanto mamãe como papai estão desgostosos porque não dedico um tempo maior a eles. Eles não podem ver que, depois dos horrores frequentes da nossa vida cotidiana, qualquer momento breve de descontração e de jovialidade é um presente dos deuses, que a gente tenta aproveitar ao máximo.

Marietti Studnitz contou histórias deprimentes sobre atitudes odiosas de pessoas que ela recebeu em casa depois que tiveram as suas bombardeadas. Esta guerra está começando a transformar muitas pessoas em animais amargos e cínicos.

KRUMMHÜBEL *Sábado, 3 de junho.* Loremarie Schönburg foi de vez para Berlim hoje pela manhã. Ela estava maravilhada, porque realmente detestou este lugar. Mas eu estou realmente muito abatida, porque, apesar de todos os problemas com ela, vou realmente sentir a sua falta.

O *Gesandter* Schleier, que até agora era o braço direito de Abetz, o embaixador alemão em Paris, foi nomeado chefe do nosso Departamento de Pessoal. Ele substitui Hans-Bernd von Haeften, que nos últimos tempos tem andado muito doente. Tenho medo de passar um mau bocado, em comparação com os períodos anteriores, quando nossos chefes foram von Haeften e, antes dele, Josias Rantzau. Schleier é descrito como um tipo torpe e suas atividades em Paris deram-lhe uma reputação repulsiva. Ele tem certamente a aparência adequada ao papel: parece uma morsa gorda com um bigode igual ao de Hitler e óculos de tartaruga. Agora ele está em Krummhübel para nos conhecer. Hoje nos deram ordem de ir à Tannenhof para encontrá-lo. Ele trovejou um discurso altamente patriótico.

Um ex-homem de negócios, o Dr. R. Schleier foi o chefe do Partido Nazista na França ocupada; também foi o vice do Embaixador Abetz (que às vezes entrava em conflito com as ordens de Berlim) e uma espécie de vigia das atitudes deste. Mais tarde, von Ribbentrop apontou-o para preparar a deportação de judeus no estrangeiro. Uma das consequências de suas atividades foi o extermínio dos judeus húngaros no verão de 1944[62].

---

[62] Complementando o texto: Rudolf August Otto Schleier (1899-1959) foi preso depois da guerra no Campo de Dachau, de onde foi solto por engano em 1948. Preso novamente em 1949, foi deportado para a França e condenado por um tribunal militar. Depois de solto, apesar

Nesta noite houve uma *Kameradschaftsabend* [festa] na Goldener Frieden, a que foi obrigatório comparecer. Por sorte algumas pessoas aqui têm algum senso de humor, e pudemos trocar um piscar de olhos ocasionalmente, quando começou a cantoria. Madonna teve de tocar o acordeão, e houve um desapontamento geral quando eu me recusei a fazê-lo.

Domingo, 4 de junho. Hoje os Aliados ocuparam Roma. Fico imaginando como Irena lidou com a situação, se ela ficou ou foi para Veneza. Pelo menos para ela a guerra agora acabou.

Terça-feira, 6 de junho. O tão esperado "Dia D"! Os Aliados desembarcaram na Normandia. Ouvimos falar tanto sobre a *Atlantikwall* [Muralha do Atlântico] e suas defesas supostamente inexpugnáveis; agora vamos ver! Mas é horrível pensar sobre as prováveis muitas vítimas desse último *round*.

De fato, seriam necessários ainda oito meses e milhões de vidas a mais para fazer a guerra terminar na Europa.

Passamos esses dias de modo muito tranquilo, visitando-nos uns aos outros para tomar chá. Sou a única a não parecer infeliz aqui. O fato de pensar que a gente pode dormir a noite inteira traz tanto alívio! Naturalmente a minha situação fica melhor porque cada vez que ela se torna mais claustrofóbica Adam Trott manda um telegrama de Berlim ou eu invento alguma reunião lá e tomo um trem sem pedir permissão a ninguém. Em teoria isso é proibido, mas as pessoas já se acostumaram tanto a me ver desaparecer por um par de dias que até mesmo Büttner parou de protestar.

BERLIM *Quarta-feira, 14 de junho.* Ao chegar ao escritório hoje pela manhã, descobri que fora chamada a Berlim para uma reunião amanhã com o Dr. Six. Tomei o trem da tarde e cheguei a Berlim ao cair da noite, para descobrir que Loremarie Schönburg tinha sido catapultada de volta a Krummhübel, de modo que não pude encontrá-la.

---

da enormidade de seus crimes, voltou a trabalhar na administração pública em Hamburgo. Suicidou-se em 1959. Sobre Otto Abetz, ver nota 4, p. 120

Quinta-feira, 15 de junho. Estou com os Gersdorff. Agora que venho a Berlim para estadias de pouco tempo, prefiro ficar na cidade a fazer ida e volta até os Bismarck em Potsdam.

Almocei e jantei com Maria. Hoje à noite estamos a sós, porque Heinz está de plantão no Kommandantur. Um ataque aéreo está acontecendo agora mesmo, com toda força. Caem as minas de sempre, que eu temo muito mais do que as bombas, embora eles joguem apenas cerca de oito a cada vez[63].

Sexta-feira, 16 de junho. O Dr. Six está em Estocolmo, e eu devo esperar pelo seu retorno. Isso acontece com frequência: ele é tomado por algum acesso e me chama de Krummhübel; quando chego aqui, ele já se esqueceu do que se tratava e então eu posso relaxar por alguns dias.

Judgie Richter fica possesso com essas perturbações que Six nos impõe dessa maneira, mas Adam Trott considera nossos problemas uma ninharia perto das suas presentes preocupações – e ele tem toda razão. Sinto-me muitas vezes envergonhada e frustrada por não estar envolvida em algo que de fato valha a pena, mas o que eu, uma estrangeira, posso fazer?

Nessa altura até mesmo Himmler já perdera a fé numa vitória germânica e procurava secretamente fazer contatos com os Aliados. A viagem do Dr. Six a Estocolmo em junho de 1944 (acompanhado por Alex Werth) foi uma dessas tentativas. Não teve sucesso, pois os britânicos se recusaram a ter qualquer contato com ele.

Sábado, 17 de junho. O Dr. Six voltou hoje e imediatamente convocou a mim e a Judgie Richter ao seu escritório para discutir a nova publicação ilustrada que ele pensa lançar. Ele parece não se dar conta de que não há mais qualquer instalação técnica disponível para *qualquer* tipo de publicação, ilustrada ou não, porque todas as pessoas necessárias foram recrutadas, e assim ficamos girando em falso e falando sem direção.

---

[63] Confesso que para mim não ficou clara a diferença que a autora faz entre "bomba" e "mina", neste contexto, uma vez que ela se refere no mais das vezes aos explosivos como "minas" (*mine*, no original em inglês). Pode ser que por "mina" ela entenda uma bomba de efeito retardado.

Domingo, 18 de junho. Um amigo chegou de Paris, com cartas de Georgie e Antoinette Croy. Ela acabou de esposar um oficial muito elegante e condecorado, de nome Jürgen von Görne[64].

Segunda-feira, 19 de junho. De manhã, no escritório. Não tenho mais um comparecimento regular. O prédio foi bombardeado tantas vezes, todo mundo está tão paralisado, que ninguém se importa se eu desisti de pedir uma escrivaninha exclusiva. Em geral acampo no secretariado de Judgie Richter, mas as quatro garotas que lá trabalham fazem tanto barulho, algumas vezes até tocando um gramofone ou tirando a sorte umas para as outras, que fico impossibilitada de produzir algo. Assim, apenas me mantenho informada sobre o que está se passando, vejo os amigos, pego quantas revistas estrangeiras eu posso e volto para Krummhübel.

Almocei com Sigrid Görtz. Nada mais se ouviu falar sobre sua mãe desde sua prisão; provavelmente ela foi enviada para algum gueto no Leste.

Esse foi o "gueto modelo" de Theresienstadt – a "aldeia Potemkin", um campo de concentração que, ocasionalmente, recebia a visita de viajantes ou inspetores estrangeiros e que, com exceção dos guardas armados, parecia um povoado comum. A Condessa von Görtz foi uma das relativamente poucas pessoas sobreviventes[65].

---

[64] Jürgen von Görne-Plaue (1908-2001), oficial de artilharia e blindados, lutou nas frentes Leste e Oeste. No fim da guerra, estava na Frente Leste, mas conseguiu se evadir, como muitos outros, para o Ocidente, entregando-se aos norte-americanos. Foi preso por um curto espaço de tempo, e liberado. Pouco depois do fim da guerra, ele e Antoinette se separaram.

[65] O campo de concentração de Theresienstadt (em alemão) ou Terezin (em tcheco), em território da hoje República Tcheca, construído a partir de 1940 e aberto oficialmente em 1941, teve um papel contraditório. Foi um campo construído para fins de propaganda do regime nazista, apresentado à Cruz Vermelha e em documentários como modelo. Ali eram guardados judeus selecionados a dedo, além de outros prisioneiros especiais. Apesar disso, não escapou à sina geral dos campos de concentração. Abrigou mais de 140 mil prisioneiros ao longo do tempo. Muitos morreram devido a doenças, execuções, maus-tratos, e muitos foram deportados para os campos de extermínio. Ali ficaram, por exemplo, os diplomatas brasileiros em 1942, durante quatro meses, depois que o Brasil declarou guerra à Alemanha, antes de sua deportação. Entre eles estavam o escritor João Guimarães Rosa (1908-1967) e sua segunda mulher, Aracy Moebius de Carvalho (1908-2011), que, como funcionária do Consulado Brasileiro em Hamburgo, emitiu irregularmente muitos vistos para judeus que assim puderam fugir para o Brasil. Hoje ela é a única mulher brasileira homenageada na "Alameda dos Justos", em Israel. Outras fontes dizem que Aracy e Guimarães Rosa ficaram num campo em Baden-Baden. A expressão "aldeia

Jantar com amigos. Eu era a única mulher; isso é frequente hoje em dia, pois a maioria das mulheres foi evacuada ou deixou Berlim por causa dos ataques aéreos.

KRUMMHÜBEL *Terça-feira, 20 de junho.* Tomei o trem cedo de volta para Krummhübel, onde encontrei Loremarie Schönburg e um primo húngaro instalados na casa.

Loremarie não se dá muito bem com a nossa governanta, que fica telefonando para Blankenhorn, reclamando. Ele diz que se sente como uma ama-seca. Loremarie de fato exagera algumas vezes, lavando pulôveres, deixando-os molhados sobre a cama e esquecendo-os ali. Na manhã seguinte, até os colchões estão molhados. Temos tido muita sorte, Blankenhorn tem sido muito gentil, em primeiro lugar por nos deixar ficar aqui, e eu gostaria que ela tivesse mais consideração.

Quarta-feira, 21 de junho. Blankenhorn anunciou que virá nos visitar e ler para nós esta noite. Da última vez leu Ronsard; ele tem bom gosto e lê bem, melhor em alemão do que em francês. Tem uma conversa interessante e é uma cabeça completamente independente, mas a gente fica com a impressão de que ele está esperando o colapso para então lançar-se de fato ao mar. Nisso ele difere muito de Adam Trott, o que talvez explique a amizade entre eles.

Quinta-feira, 22 de junho. Loremarie está tentando conseguir um atestado que lhe permitiria voltar para Berlim, pois sem isso o Dr. Six não vai autorizar sua partida de Krummhübel. Preparamos uma garrafa térmica cheia de um café fortíssimo, junto com alguns ovos duros: ela irá engolir tudo logo antes do exame médico, na esperança de que seu pulso dispare e seu metabolismo geral seja afetado. Atualmente os médicos se puseram muito severos. Mas na verdade eu mesma não posso me queixar, já que obtive licenças para ir para as montanhas por duas vezes e uma para ir para a Itália. Devo ir para Berlim por um par de dias, para comparecer ao que, supostamente, é uma reunião "muito importante".

Potemkin" se refere ao Príncipe Grigory Potemkin (1739-1791), dito amante da Czarina Catarina II, a Grande, da Rússia (1729-1796). Consta (sem provas definitivas) que ele teria construído no sul da Rússia "aldeias de mentira" para impressionar visitantes, já que a czarina queria repovoar aquela região devastada por guerras e conflitos anteriores. Em sua homenagem foi batizado o famoso encouraçado que dá nome ao filme de Sergey Eisenstein, de 1925.

KÖNIGSWART *Sexta-feira, 23 de junho.* Cheguei ao escritório hoje pela manhã muito pontualmente, conversei longamente com muitas pessoas, deixei bem marcada minha presença para todos e então parti com a consciência tranquila para passar o fim de semana em Königswart. Disse ao pessoal que faria apenas uma parada aqui a caminho de Berlim.

A viagem foi horrível. Em Görlitz tive de esperar horas pelo trem para Dresden e quando ele chegou eu mal consegui me espremer para entrar. Alguém jogou um bebê que não parava de se mexer nos meus braços e pulou para dentro de um outro vagão. Eu tive de carregá-lo todo o tempo até Dresden. Ele gritava e se mexia sem parar, me deixando agoniada. Eu tinha tido a má ideia de trazer comigo o acordeão, o que tornou minha bagagem mais incômoda de carregar. E agora eu tive a ideia de deixar muitas das minhas coisas com Tatiana, pois pretendo logo me mudar de vez para Berlim, de modo a estar com meus amigos neste momento muito especial. E lá devo ficar com poucas coisas, somente o mínimo necessário.

Em Dresden a mãe recuperou o bebê e eu esperei um outro trem por mais três horas, para ir até Eger. Chegando a Königswart, encontrei apenas a família – ao contrário das últimas vezes.

Domingo, 25 de junho. Passei a maior parte do tempo no fim de semana tentando fazer planos para o futuro. Toda vez que venho para cá me parece ser a última.

Segunda-feira, 26 de junho. Ontem à meia-noite eu, Tatiana e Paul Metternich fomos de carro até Marienbad para tomar o trem que vem de Viena para Berlim. Ficamos na frente da estação até as cinco da manhã – nem sinal do trem. Afinal alguém nos disse que um outro trem descarrilhara perto de Pilsen e que a linha estava interrompida. Desistimos – de todo modo eu nunca chegaria a tempo para a reunião, que estava prevista para as três da tarde.

Desta vez eu fiquei de fato embaraçada e preocupada, pois a reunião deveria ser muito importante. Telegrafei a Judgie Richter: *"Zug entgleist"* [*"Trem descarrilhado"*]. Soa como uma piada de mau gosto. Quando mamãe se levantou ficou muito surpresa ao nos ver de volta em nossas camas.

BERLIM *Terça-feira, 27 de junho.* Desta vez nosso trem foi pontual. Mas, meia hora antes de chegar a Berlim, ele parou no meio de um milharal, porque se anunciou um pesado ataque aéreo. Logo vimos centenas de aeroplanos voando sobre nossa cabeça, uma sensação muito desagradável, porque eles poderiam muito bem ter jogado parte da carga sobre nós. Todos ficaram em silêncio, e logo muito pálidos. Ataques aéreos contra trens são dos piores: as pessoas se sentem completamente expostas, indefesas, como numa ratoeira. O único que parecia não se preocupar era Paul Metternich. No começo todos se penduravam nas janelas para olhar, até que um senhor de idade, furioso, gritou que "eles" acabariam por mirar nessas faces voltadas para cima, brilhando ao sol. Ao que uma jovem retrucou: *"Erst recht, wenn sie Ihre Glatze sehen!"* [*"Claro, quando virem a sua careca!"*]. Logo recebemos ordem de nos espalhar pelo campo. Tatiana, eu e Paul nos sentamos numa vala, no meio dos pés de milho. De onde estávamos, podíamos ouvir as bombas caindo sobre a cidade e ver a fumaça que se erguia das explosões. Seis horas depois o nosso trem retomou a marcha, mas ainda assim tivemos de circundar Berlim e desembarcar em Potsdam. *Adieu* mais uma vez à nossa reunião, se é que ela aconteceu.

Caminhamos até o Palast Hotel, onde Gottfried Bismarck reservara quartos para nós, já que sua casa está lotada. Potsdam não foi atingida, mas ainda assim a cidade estava coberta por uma densa fumaça amarela, proveniente dos incêndios em Berlim.

Lavamo-nos, trocamos de roupa e tomamos o metrô (S-Bahn) para Berlim. Fui diretamente para o escritório, enquanto os outros seguiram para a casa dos Gersdorff. Como quis a fortuna, ou o infortúnio, o Dr. Six ainda estava lá, e também Judgie Richter, que, diz o próprio, está ficando grisalho por minha causa, e que me anunciou imediatamente para aquele.

Assegurei-lhe que o trem de fato descarrilhara, mas o holocausto de hoje parece tê-lo amaciado, porque ele teve um comportamento civil. Tanto quanto posso entender, parece que ele reclama muito de mim na minha ausência, mas na minha presença fica educado. Adam Trott o odeia, de um ódio mortal, e me diz que, não importa o quanto ele possa ser amigável, nunca devemos esquecer o que ele representa. Por sua vez, Six parece se dar conta, não sem ressentimento, de que Adam Trott é um homem deveras extraordinário; de algum modo Adam o fascina, e chega até a provocar-lhe algum medo. Porque talvez, em todo o pessoal que o circunda, Adam é o único que o enfrenta. Ele trata Six com uma condescendência infinitamente superior e, é curioso, este a aceita.

À uma da manhã, outro ataque. Tive de apressar Paul e Tatiana um tanto, porque o tiroteio já era intenso. Afinal eles se vestiram, e corremos para o porão, verdadeiramente uma masmorra sombria, estreita, de pé-direito alto, cheia de canos de calefação, que apenas sugeriam que nos afogaríamos em água fervente se fôssemos atingidos. Tenho ficado cada vez mais nervosa durante os ataques aéreos. Não podia sequer conversar com Tatiana, porque em todas as paredes havia um cartaz: "*Sprechen verboten*" [*"Proibido conversar"*]; provavelmente o motivo da proibição é poupar oxigênio caso sejamos soterrados vivos. Na verdade, sinto mais medo ainda quando Paul e Tatiana estão comigo do que quando estou sozinha. É estranho. É provável que o medo seja potenciado quando a ele se acrescenta o temor por outra pessoa. Mas Paul, como eu, está ansioso por estar aqui neste momento, e fica, como eu, inventando pretextos para vir a Berlim. Durante toda a barulheira, que era muito alta e ameaçadora, ele permaneceu mergulhado num livro enorme sobre seu ancestral, o Chanceler[66]. Depois de duas horas conseguimos sair do buraco.

Quinta-feira, 29 de junho. Às onze da manhã de hoje houve um grande encontro. O Dr. Six sentava-se à cabeceira da mesa magna; eu sentei-me entre Adam Trott e Alex Werth na outra ponta. Eles são meus únicos apoios, e me sentiria desesperadamente perdida sem eles. Adam ficou me passando documentos *streng geheim* [*ultrassecretos*] por baixo da mesa – na maioria com notícias do exterior. Mantivemos uma conversação sussurrada e *à trois* enquanto os outros levavam carões, aos berros, da presidência da mesa. Hoje de manhã Six estava com um péssimo humor, e o pobre Judgie Richter, à sua direita,

---

[66] Paul Metternich (1917-1992), o cunhado da autora, era bisneto do chanceler (ministro de Relações Exteriores) do Império Austríaco Klemens Wenzel Lothar von Metternich (1773--1859), Conde de Königswart. O Chanceler Metternich foi dos políticos conservadores mais influentes da Europa pós-napoleônica, figura central do Congresso de Viena (1814-1815), que reestruturou a Europa depois da queda de Napoleão, da Restauração Monárquica após os movimentos revolucionários, nacionalistas e libertários decorrentes da Revolução Francesa, e contrário aos do século XIX, além de ser um dos principais articuladores da Santa Aliança.

passou um mau bocado tentando acalmar aquela verdadeira tempestade em alto-mar. Entre um terremoto e outro, Adam fazia comentários sarcásticos que eram engolidos a contragosto por todos os presentes. Eu aprecio a maneira com que ele contradiz Six. Mais tarde, ele enfiou a cabeça nos braços e começou a dormitar. Entrementes, eu estava me preparando para o massacre, logo que chegasse a minha vez. Alex Werth sussurrava palavras de encorajamento, lembrando-me de uma de minhas amigas, Frau Dr. Horn, que, ao chegar a sua vez de ouvir os impropérios, e sem saber como deter a torrente, ergueu-se e gritou a plenos pulmões: "*Herr Gesandter SIX!*", o que fê-lo deter-se estupefato e ficar quieto como um cadáver. O seu sonho é um *Reader's Digest* germânico, em nome do que ele gostaria de criar uma gráfica em Krummhübel. Ele me acusou de nunca ter tentado isso, com o pretexto de que todos os técnicos foram recrutados, e no entanto essa é a pura verdade – juro. Como sempre, nada de concreto saiu de uma discussão que durou três horas.

Almocei na casa dos Gersdorff, e depois Tony Saurma nos levou de carro – eu, Tatiana e Loremarie Schönburg – para ver os estragos do bombardeio de ontem. Dessa vez todo o bairro ao redor da estação de metrô da Friedrichstrasse praticamente desapareceu, inclusive os hotéis Central e Continental. Eu havia ficado no Central por dois dias, com Loremarie, quando de minha estada anterior em Berlim.

Eu tinha de deixar uma mensagem no Adlon e no vestíbulo encontrei Giorgio Cini. Ele veio da Itália até Berlim disposto a subornar a SS para libertar seu pai, o Conde Cini Senior. No ano passado, quando a Itália mudou de lado, o conde, que fora ministro das Finanças de Mussolini, foi preso em Veneza e levado para o campo de concentração de Dachau, ficando numa cela subterrânea pelos últimos oito meses. Ele padece de *angina pectoris* e está muito mal. Os Cinis são multimilionários, e Giorgio está disposto a pagar quanto for necessário para libertá-lo. Ele próprio mudou muito desde a última vez em que eu o vi, logo antes da guerra. Está visivelmente desesperado pela situação do pai. Ele o adora, e durante muitos meses ficou sem saber de seu paradeiro, nem mesmo se estava vivo. Agora está esperando para falar com alguém da Gestapo. Quem sabe? Com muita determinação, força de vontade – e muito dinheiro –, ele pode ter sucesso. Ele quer que eles concordem com a transferência do pai para um hospital da SS e dali para a Itália. A sua família está em Roma, agora em poder dos Aliados, mas parece que ele tem contato com ela.

Ao fim e ao cabo Giorgio Cini conseguiu comprar a liberdade do pai. Ele próprio acabou morrendo num acidente logo depois da guerra. Seu pai criou a "Fundação Cini", em Veneza, em sua homenagem[67].

FRIEDRICHSRUH *Sábado, 1º de julho.* Como tive de entregar meu quarto de hotel em Potsdam, voltei para a cidade e estou agora no Adlon. Otto Bismarck pediu a mim, a Tatiana e a Paul Metternich que viéssemos até Friedrichsruh, a famosa propriedade perto de Hamburgo, para passarmos o fim de semana. Nunca havíamos estado lá e, como talvez nunca mais tivéssemos outra oportunidade, aceitamos. Passei a manhã no escritório e depois me apressei a ir para a estação, onde os outros já me aguardavam. Diante da nossa chegada, os Bismarck ficaram muito surpresos, porque nosso telegrama aceitando o convite jamais chegara. Otto, de pijama, estava fazendo uma sesta; Ann Mari[68] e Giorgio Cini estavam no jardim. Este último, com um ar irresistível, graças a uma camisa azul-claro, fez-me lembrar de Veneza no último verão antes da guerra, cinco anos atrás.

Domingo, 2 de julho. Otto Bismarck preparara um exercício de tiro – a javalis – mas ninguém acertou coisa alguma. O único javali que vimos – do tamanho de um jovem terneiro – passou diretamente diante do *stand* de Paul Metternich. Quando Paul, imerso numa conversação com Ann Mari Bismarck, ouviu os nossos gritos de alerta, atirou de qualquer jeito, mas é claro que o javali simplesmente foi embora. Otto ficou visivelmente desanimado, porque ele dera a Paul o melhor *stand*.

Depois do jantar tivemos uma longa discussão com um zoólogo famoso sobre a melhor maneira de se livrar de Adolf. Ele disse que na Índia os nativos usam pelos de tigre picados e misturados na comida. A vítima morre alguns

---

[67] Complementando o texto: Giorgio Cini nasceu em 1918 e morreu em 1949, num acidente de avião, em Cannes, na França. Seu pai, o Conde Vittorio Cini (1885-1977) criou a fundação cultural que leva o nome do filho em 1951, na Ilha San Giorgio Maggiore, em frente a Veneza, cuja sede é o convento homônimo, fundado no século X. Uma curiosidade: consta que o fator decisivo no suborno dos oficiais da SS e da Gestapo foram as joias de sua mãe, a famosa atriz de teatro e cinema na Itália Lyda Borelli (1884-1959), elogiada, entre outros, por Antonio Gramsci.

[68] A esposa de Otto von Bismarck, nascida Ann-Mari Tengbom (1907-1999), na Suécia.

dias depois e ninguém consegue identificar a causa. Mas onde poderíamos encontrar pelos de tigre[69]?

Friedrichsruh é muito bem cuidada.

BERLIM *Segunda-feira, 3 de julho*. Levantei-me às quatro da manhã para voltar a Berlim a tempo. Infelizmente, quando deixava minha bagagem no Adlon, dei com Schleier, o nosso novo e detestável chefe de pessoal, que assim pôde constatar que eu estivera fora da cidade (recomenda-se oficialmente evitar viagens por motivos particulares).

KRUMMHÜBEL *Terça-feira, 4 de julho*. Voltei para cá, encontrando mamãe (eu a convidara para me visitar), que já chegara. De momento, ela está em nossa casa, mas não por muito tempo, pois não temos permissão para receber convidados. O Conde Schulenburg ainda está fora e Loremarie Schönburg está de volta a Berlim, e de vez. Ela conseguiu até uma licença para tratamento de saúde por lá. Todo mundo está surpreso por Schleier ter sido tão decente com ela.

Quinta-feira, 5 de julho. Tenho feito longos passeios com mamãe, que acha a região linda e tira fotografias sem parar. Eu temo que ela não me verá tanto quanto o esperado, porque passo muito tempo no escritório e devo voltar para Berlim já na próxima semana.

Madonna Blum ofereceu um pequeno jantar para ela, com convidados. Depois, tocamos em duo no acordeão. O assistente do Conde Schulenburg, Sch., não voltou de um passeio à Suíça. Deu como desculpa uma perna quebrada enquanto esquiava, mas essa não parece ser a verdadeira razão, e temo que Schulenburg tenha problemas por causa disso.

---

[69] A observação, sobre uma conversa feita aparentemente num tom de todo aberto, dá uma ideia de como em certos círculos da aristocracia se tornara corrente a ideia de assassinar Hitler. Quanto aos pelos de tigre, há uma série de histórias, lendas e obras literárias falando de seus poderes letais, tendo como cenário a Índia, a China e a Indonésia, em particular a ilha de Bali, onde havia uma espécie hoje considerada extinta. Um dos livros mais famosos que toca no assunto é *A ilha de Bali* (em outras versões, *A ilha dos deuses*), do pintor mexicano, também caricaturista, etnólogo e historiador da arte, José Miguel Covarrubias (1904-1957), publicado em 1937.

BERLIM *Segunda-feira, 10 de julho.* De volta a Berlim, ainda no Adlon. Giorgio Cini ainda está por aqui.

Adam Trott e eu jantamos juntos. Falamos em inglês com o *maître* do restaurante, que pareceu encantado por comprovar o quanto ele ainda lembra desse idioma. As pessoas nas mesas próximas começaram a nos encarar com espanto. Logo depois Adam me levou para passear de carro, durante o que – sem entrar em detalhes – discutimos os acontecimentos que se avizinham e que, ele me disse, são agora iminentes. Nós temos discordâncias quanto a isso, porque eu continuo pensando que se perde muito tempo cuidando de detalhes, enquanto para mim apenas uma coisa é de fato importante agora – a eliminação física do homem. O que acontecerá com a Alemanha depois que ele estiver morto poderá ser examinado depois. Talvez porque eu mesma não seja alemã tudo me pareça muito mais simples, enquanto para Adam é fundamental que haja alguma chance de sobrevivência para algum tipo de Alemanha. Nesta noite tivemos uma discussão amarga sobre isso, e nós dois fomos muito veementes. Tão triste, sobretudo logo agora...

"Acontecimentos iminentes": Adam Trott se referia a uma primeira tentativa, planejada para o dia seguinte, postergada no último momento porque Göring e Himmler (que também deveriam ser mortos no ato) não estavam ao lado de Hitler[70].

Terça-feira, 11 de julho. Fiz uma consulta com o Professor Gehrbrandt, o médico de Maria Gersdorff. Evidentemente algo está errado com a minha saúde, pois estou terrivelmente magra. Ele culpa a tireoide. Vai recomendar-me uma longa licença para tratamento.

---

[70] São observações como essa que sugerem a ideia de que a autora estava de fato mais envolvida com a conspiração – pelo menos do ponto de vista de seu conhecimento – do que ela deixa transparecer no conjunto do texto. Também fica evidente quanto ela e Adam Trott tinham se tornado confidentes, e a total confiança mútua. Vale observar também que em seu próprio livro de memórias a irmã da autora, Tatiana Metternich, observou que seu marido Paul tinha a mesma opinião: a quantidade de detalhes que os conspiradores queriam ajustar prejudicava a própria conspiração, que necessitava de alguma improvisação para dar certo. Ver Tatiana Metternich, *Full Circle in a Shifting Europe* (ed. rev., Londres, Elliot & Thompson, 2004), p. 205. Trata-se de uma versão revista da publicação de 1976, *Five Passports in a Shifting Europe* (Londres, Heinemann).

KRUMMHÜBEL *Quarta-feira, 12 de julho.* O Conde Schulenburg voltou de Salzburg, para onde fora chamado por Ribbentrop. Ele recebeu instruções de se apresentar ao QG de Hitler na Prússia do Leste. Parece que querem um aconselhamento seu sobre algo em que o consideram um *expert.* Parece-me um pouco tarde demais, nesta altura da partida, mas há boatos de que eles estariam tentando um acordo em separado no Leste.

Essa parece ter sido a primeira vez em que Hitler mostrou disposição de receber o Conde Schulenburg depois de sua volta de Moscou, três anos antes.

Ele me emprestara o livro do ex-ministro de Relações Exteriores da Romênia, Gafencu[71], *Préliminaires de la guerre à l'Est.* O livro é muito interessante e o conde o menciona com frequência, pois ele e Gafencu foram embaixadores em Moscou antes da guerra. Algumas vezes, parece, Gafencu comete erros, mas foi decente o bastante para aceitar as correções sugeridas quando Schulenburg lhas apresentou em Genebra. Entretanto, essas correções seriam uma verdadeira maldição para o *Führer* agora, provocando um verdadeiro escândalo: por isso terão de esperar o fim da guerra para serem incorporadas.

Aqui, tudo está se desintegrando, e eu ficarei feliz deixando Krummhübel na próxima semana, parece que de uma vez por todas.

Terça-feira, 13 de julho. Depois de almoçar conosco, o Conde Schulenburg partiu.

Missie não voltaria a vê-lo.

Recebi uma carta de Adam Trott, num tom de reconciliação depois da nossa última desavença. Respondi imediatamente. Ele partiu para a Suécia.

---

[71] Grigore Gafencu (1892-1957) foi jornalista, político e diplomata romeno. Entrou para o quadro do Ministério de Relações Exteriores da Romênia em 1928. Em 1939 ocupou a pasta do próprio Ministério. Em 1940 foi nomeado embaixador em Moscou. Com a invasão da URSS pela Alemanha, em 1941, refugiou-se em Genebra, na Suíça. Depois da guerra tornou-se ativo militante anticomunista na Europa e nos Estados Unidos. O livro em questão foi publicado na França, em 1944, provavelmente depois da libertação. Mas seu livro de maior sucesso foi *Derniers jours de l'Europe: un voyage diplomatique en Europe,* de 1946 (Paris, Egloff).

De repente os russos estão avançando rapidamente no Leste.

Na verdade, Adam Trott não conseguiu permissão para ir à Suécia, como planejara. A última das várias viagens que fez para lá ocorreu em junho de 1944, quando, desistindo de obter dos Aliados as garantias que os conspiradores antinazistas buscaram durante tanto tempo, ele planejou entrar em contato com a Embaixadora Soviética, Sra. Alexandra Kollontai, por intermédio do Professor Gunnar Myrdal. Entretanto ele desistira no último minuto, essencialmente por temer que a Embaixada Soviética em Estocolmo estivesse infiltrada por agentes alemães[72].

Sábado, 15 de julho. Chove a cântaros. Fui ao cinema com mamãe e Madonna Blum.

Há um novo decreto proibindo civis de usar trens. Mamãe terá de viajar imediatamente, pois ele entrará em vigor dentro de dois dias[73].

Terça-feira, 18 de julho. Mamãe partiu hoje de manhã. Ontem à noite jantamos com Madonna Blum e, no caminho de casa, fomos falar com os cossacos russos que estão aqui com seus cavalos, que, já que não há mais carros, são usados como meio de transporte pelos oficiais superiores. Mamãe deu-lhes cigarros, eles dançaram e cantaram, e estavam tão felizes por falar

---

[72] Conhecida por sua atuação revolucionária, sua luta pela promoção da mulher na União Soviética e por suas ideias sobre amor livre, Alexandra Michailowna Kollontai (1872-1952) teve carreira diplomática, sendo embaixadora na Noruega (1923), no México (1926-1929) e na Suécia (1930- -1945). Gunnar Myrdal (1898-1987), sueco, recebeu o Nobel de Economia em 1974. Durante a guerra teve proeminente militância antinazista. O encontro entre Gunnar Myrdal e Adam Trott está documentado no livro *Gunnar Myrdal and America's Conscience: Social Engineering and Racial Liberalism (1938-1987)*, de Walter A. Jackson (Chapel Hill, University of North Carolina Press, 1990, p. 182-4, "Myrdal and the July 20th, 1944, Plot to Kill Hitler"). Adam conhecera Myrdal em 1939, nos Estados Unidos, quando encontrara, entre outras pessoas, a própria Eleanor Roosevelt. Myrdal não parecera simpático a um complô feito por membros da alta cúpula militar alemã, mas, convencido da sinceridade de Adam, e tomando conhecimento de que o atentado era iminente, decidiu ajudá-lo. Adam tentou seguidamente convencer os norte-americanos e britânicos – e também os soviéticos – do plano dos conspiradores, que era matar Hitler, estabelecer um governo provisório, depor e julgar os nazistas. Para isso pediam um mês antes da ocupação da Alemanha. Ainda em Estocolmo reuniu-se com Willy Brandt e com um jornalista norte-americano, John Scott, que, por sua vez, tentou inutilmente conseguir apoio de seu país para o plano levado por Trott. Jackson confirma a suspeição de que a Embaixada Soviética estaria infiltrada.

[73] Aparentemente o decreto não abrangia os funcionários do governo.

russo de novo. Os pobres coitados estão encurralados, pois optaram por lutar contra o comunismo, mas nunca foram de fato integrados ao Exército alemão.

No escritório, chegara um telegrama pré-combinado com Adam: sou esperada amanhã em Berlim.

Os cossacos, cuja maioria era tradicionalmente anticomunista, foram dos combatentes mais motivados ideologicamente que lutaram ao lado do Exército alemão. Cidades inteiras emigraram para a Alemanha. Liderados pelo General Helmuth von Pannwitz, num contingente misto formado por alemães, ex-militares que haviam deixado o Exército Vermelho e oficiais da Rússia Branca, eles tornaram-se muito eficazes lutando contra a Resistência iugoslava. Nas últimas semanas da guerra eles abriram caminho até a Áustria, onde cerca de 60 mil se entregaram ao Exército britânico. Como aconteceu com o antes mencionado "Exército de Libertação da Rússia", do General Vlassov, os ingleses os fizeram acreditar que estavam sendo embarcados para outros lugares, mas, invocando os acordos de Ialta, os forçaram a voltar para a União Soviética. Muitos, inclusive mulheres e crianças, cometeram suicídio. Os oficiais superiores foram enforcados, e os subalternos, fuzilados. Os outros despareceram nos "gulags", de onde poucos voltaram[74].

---

[74] Os cossacos eram uma etnia e um grupo cultural que habitava a Ucrânia e o sul da Rússia. Uma das razões que os levaram, predominantemente, a se opor aos comunistas e a lutar com os russos brancos foi a questão religiosa, a rejeição ao proclamado ateísmo dos vermelhos. Já havia refugiados vindos antes, mas populações inteiras passaram para a Alemanha, com a declaração da guerra, em 1941. Quando seus oficiais se dispuseram a lutar com o Exército nazista, sua ideia era lutar na frente russa. Mas quando os batalhões foram de fato formados, a frente russa já estava em crise, com os soviéticos recuperando rapidamente os territórios antes conquistados. Por isso as unidades cossacas foram enviadas, sobretudo, para enfrentar a Resistência na Iugoslávia, comandada pelo Marechal Tito. Entretanto, algumas unidades lutaram também na Frente Ocidental, contra os Aliados, o que decididamente não favoreceu a sua causa depois da guerra, além dos acordos de Ialta preverem o repatriamento de prisioneiros, ainda que houvesse controvérsia sobre serem eles cidadãos da União Soviética ou não. Dentre os que foram enviados para os campos de concentração ("gulags"), os que sobreviveram foram, na maioria, anistiados por Nikita Kruschev da morte de Stalin. O General Helmuth von Pannwitz (1898- -1947) não era cossaco, mas teve a mesma sorte: foi levado para Moscou (segundo algumas fontes ele se entregou voluntariamente), onde, julgado e condenado por crimes de guerra, foi executado em 1947. Em 1996, a pedido de seus descendentes, durante o governo de Boris Yeltsin, o julgamento de 1947 foi anulado e o general, reabilitado. Entretanto a anulação foi julgada improcedente em 2001, e hoje, na Rússia, von Pannwitz continua sendo considerado oficialmente um criminoso de guerra.

DE 19 DE JULHO A SETEMBRO DE 1944

Nota de Missie. Toda esta seção foi escrita em setembro de 1945 a partir de notas taquigráficas tomadas na época.

BERLIM *Quarta-feira, 19 de julho.* Hoje deixei Krummhübel – suspeito que para sempre. Empacotei tudo, mas levei comigo o mínimo indispensável. O restante vai ficar com Madonna Blum até eu saber o que vai ser de mim.

Chegamos a Berlim às onze da manhã, mas devido aos ataques aéreos todas as estações estão caóticas. Encontrei o velho Príncipe August Wilhelm[1], o quarto filho do finado imperador, que gentilmente me ajudou com a bagagem. Finalmente conseguimos tomar um ônibus. A cidade está envolta em fumaça; há entulho por todos os lados. Acabei sendo deixada na casa dos Gersdorff.

Agora no verão eles fazem as refeições na sala de estar do primeiro piso, embora as janelas sejam apenas buracos abertos. Encontrei o grupo de sempre, mais Adam Trott.

---

[1] August Wilhelm Heinrich Günther Viktor da Prússia (1887-1949), ao contrário de outros membros de sua família, foi um entusiasta do Partido Nazista, um admirador de Hitler e membro dos SA. Cativou votos em eleições para o partido. Mesmo tendo sido marginalizado politicamente, como outros membros da família imperial, não perdeu o entusiasmo por Hitler, sempre com a esperança de que ele ou algum de seus irmãos viesse a ser chamado para ocupar o trono de novo. Ao fim da guerra, estava em Potsdam, mas com a aproximação do Exército Vermelho fugiu para o Ocidente, sendo aprisionado pelos norte-americanos. Foi condenado a dois anos e meio de prisão, mas libertado em seguida, por considerarem que ele já "cumprira a pena". Morreu logo depois.

Depois, tive uma longa conversa com Adam. Ele está muito pálido e esgotado, mas pareceu contente por me ver. Está muito assustado com a volta de Loremarie Schönburg à cidade, e fica muito infeliz com seus incessantes esforços para reunir pessoas que ela acha que devam ser simpáticas ao que eu chamo *die Konspiration*, muitas das quais já estão profundamente envolvidas e estão tendo enormes dificuldades para ficar fora de qualquer suspeita. De alguma maneira, ela descobriu o envolvimento de Adam e agora fica importunando a ele e ao seu pessoal, que lhe deram o apelido de *Lottchen* (uma referência a Charlotte Corday, a assassina de Marat). Ela representa de fato um risco para a segurança de muitos. Ele me contou que ela até reclamou que eu não estava disposta a tomar parte ativa nos preparativos.

A verdade é que existe uma diferença fundamental de perfil entre todos *eles* e eu: não sendo alemã, eu me preocupo apenas com a eliminação do Demônio. Nunca dei muita importância ao que venha a acontecer depois. Sendo patriotas, *eles* querem salvar seu país da completa destruição, montando um governo provisório que seria aceitável para os Aliados; estes se recusam a fazer a diferença entre "bons" e "maus" alemães. Naturalmente isso é um erro fatal por parte deles, e todos pagarão muito caro por isso.

Concordamos em não nos encontrar de novo até sexta-feira. Depois que ele se foi, Maria Gersdorff observou: "Ele me parece tão pálido e exausto; às vezes penso que não viverá por muito tempo".

Enquanto a guerra se arrastava, envolvendo cada vez mais países da Europa, e multiplicavam-se o número de vítimas fatais, o sofrimento humano, a destruição material, e também os relatos sobre as atrocidades cometidas pelos alemães, ficou cada vez mais difícil para os Aliados fazer a distinção entre Hitler e seus capangas e os assim chamados "bons alemães". Além disso, tornou-se complicado acordar uma política que permitisse a uma Alemanha expurgada do nazismo a reintegração à comunidade das nações civilizadas. Para completar esse quadro sombrio, além das promessas e assertivas de um número pequeno de indivíduos, nunca houve outra evidência tangível de que Hitler não falasse pelo conjunto da Alemanha. Como Anthony Eden[2] já colocara em maio de 1940: "Hitler

---

[2]   *Sir* Anthony Eden (1897-1977), político conservador de grande influência no Reino Unido antes, depois e durante a guerra. Durante o conflito foi uma espécie de braço direito de Winston Churchill. Foi figura marcante na política externa britânica, oposto a qualquer conciliação com

não é um epifenômeno, mas sim um sintoma, uma expressão de grande parte da nação alemã". Em 20 de janeiro Churchill tinha dado instruções para o Ministério de Relações Exteriores para ignorar quaisquer sondagens de paz vindas da Alemanha: "A nossa atitude diante de tais sugestões e indagações deve ser a de absoluto silêncio...".

Foi esse muro de desconfiança e hostilidade que Adam Trott e seus amigos da Resistência antinazista tentaram desesperadamente superar. Mas a reposta definitiva já fora dada pelo Presidente Roosevelt em 1943, em Casablanca: "rendição incondicional". Isso deixou mesmo para muitos convictos antinazistas uma única escolha: lutar até o fim.

Aga Fürstenberg se juntou a nós para o jantar. Ela agora se mudou para a casa do ator Willy Fritsch[3] em Grünewald, um chalé muito charmoso que ele abandonou às pressas depois de ter um ataque de nervos durante um dos recentes bombardeios aéreos. Pelo que se diz, ele ficou deitado na cama, soluçando durante todo o dia, até que sua esposa voltou a Berlim e o levou para o campo. Aga reparte a casa com Georgie Pappenheim[4], um simpático e veterano diplomata, recentemente chamado de volta de Madri, provavelmente por causa de seu sobrenome (os Pappenheim estão entre as mais antigas famílias alemãs). Ele toca piano muito bem.

Recebi uma licença de quatro semanas por motivo de saúde, mas talvez eu as divida em duas e duas, e ainda devo treinar uma assistente para cuidar de tudo na minha ausência.

Hitler, aliás, a qualquer conciliação, de um modo geral. Seu prestígio levou-o a ocupar o cargo de primeiro-ministro a partir de 1955 até 1957. Foi responsável pela condução da política de confronto com Gamal Abdel Nasser durante a crise de Suez, que foi o seu Waterloo político. É acusado de ter por duas vezes autorizado o serviço secreto britânico a desenvolver planos para assassinar Nasser, que não chegaram a ser postos em prática. Ver o livro de Peter Wright, *Spycatcher: The Candid Autobiography of a Senior Intelligence Officer* (Nova York, Viking, 1987), lançado no Brasil como *O caçador de espiões* pela Bertrand, hoje disponível em sebos, sobre as práticas das agências MI5, MI6 e GCHQ, além da CIA, NSA e FBI.

[3] Willy Fritsch (1901-1973), famoso ator de teatro, cinema, e escritor. Chegou a se filiar ao Partido Nazista, participando de um único filme de propaganda do regime, durante a guerra.

[4] Georg, Conde de Pappenheim (1909-1986), húngaro de nascimento e diplomata de carreira. Depois da guerra exerceu cargos na América Central.

Quinta-feira, 20 de julho. Hoje à tarde eu e Loremarie Schönburg estávamos conversando, sentadas na escadaria do escritório, quando Gottfried Bismarck irrompeu, com as maçãs do rosto completamente afogueadas. Eu nunca o vira em tal estado de febril excitação. Primeiro ele puxou Loremarie à parte, e então me perguntou quais eram os meus planos. Disse-lhe que eles estavam em aberto, mas que eu gostaria de fato de sair do AA logo que possível. Ele me disse que eu não deveria me preocupar, que tudo se arranjaria dentro de poucos dias e que todos nós ficaríamos sabendo o que aconteceria conosco. Logo depois de nos pedir que fôssemos para Potsdam assim que possível, ele voltou para o seu carro e se foi.

Retornei ao escritório e liguei para Percy Frey, na Legação Suíça, para desmarcar o jantar que eu combinara com ele, já que eu preferia ir para Potsdam. Enquanto esperava[5], voltei-me para Loremarie, que estava ao pé da janela, e perguntei-lhe por que Gottfried estava tão alterado. Seria a *Konspiration*? (Tudo isso com o fone na minha mão!) Ela sussurrou: "Sim! É isso! Está feito! Hoje de manhã!". Nesse momento Percy atendeu. Ainda com o fone na mão, eu perguntei: "Morto?". Ela me respondeu: "Sim, morto!". Eu pus o fone no gancho, segurei-a pelos ombros e começamos a valsar pela sala. Lançamos mão de alguns papéis, enfiei-os numa gaveta, e gritando para o porteiro que estávamos *"dienstlich unterwegs"* [*"saindo a serviço"*], saímos correndo para a estação do Zoo. No caminho para Potsdam ela me contou, sussurrando, todos os detalhes, e embora o vagão estivesse lotado, nem tentamos ocultar a nossa excitação e alegria.

O Conde Claus Schenk von Stauffenberg, um coronel do Estado-Maior, colocara uma bomba aos pés de Hitler durante uma conferência no QG de Rastenburg, na Prússia Oriental[6]. Ela explodira e Hitler estava morto. Stauffenberg esperara do lado de fora pela explosão e, vendo Hitler carregado numa maca e coberto de sangue, correra para o seu carro, que ficara escondido em algum lugar, e com seu ajudante de campo, Werner von Haeften, fora para o campo de aviação local e voara de volta para Berlim. Na comoção geral ninguém notara a sua fuga.

---

[5] Que a ligação se completasse. É bom lembrar que nessa época praticamente não havia discagem direta. Era necessário pedir a uma telefonista que chamasse o número pretendido.

[6] Hoje território polonês. Esse QG de Hitler era conhecido como *Wolfsschanze*, "A Toca do Lobo". Literalmente, *Schanze* que dizer "trincheira", "reduto".

Chegando a Berlim, ele foi diretamente para o OKH [*quartel-general do Exército*] na Bendlerstrasse[7], que fora tomado pelos conspiradores e para onde foram Gottfried Bismarck, Helldorf e muitos outros. (O QG fica do outro lado do canal[8], em frente à nossa Woyrschstrasse.) Esta tarde, às seis horas, seria feito o anúncio pelo rádio de que Adolf estava morto e um novo governo fora formado. O novo chanceler do Reich seria Gördeler[9], o antigo prefeito de Leipzig. Com um *background* socialista, ele é considerado um economista brilhante. O nosso Conde Schulenburg ou o Embaixador von Hassell ocuparia o Ministério de Relações Exteriores. Minha primeira impressão foi a de que seria talvez um erro colocar as melhores cabeças num governo que poderia ser apenas provisório.

Stauffenberg, de 37 anos*, era relativamente recém-chegado na Resistência antinazista, tendo sido recrutado apenas em 1943. Em sua juventude, como muitos patriotas alemães, ele acreditou que Hitler era o homem certo para salvar a Alemanha das consequências desastrosas e da desonra do Tratado de Versalhes. Enquanto lutava sob as ordens de Rommel na África, ele fora gravemente ferido, perdendo uma das vistas, o braço direito e dois dedos da mão esquerda – uma deficiência que se tornaria fatal quando a hora da verdade chegasse. Em junho de 1944 ele fora designado chefe do Estado-Maior do Exército de Reserva, o assim chamado Ersatzheer, cujo vice-comandante, o Coronel-General Friedrich Olbricht, era um veterano conspirador antinazista. Nessa posição, Stauffenberg tinha de fazer relatórios periódicos para o Führer, em pessoa. Como nenhum outro membro da Resistência que pertencia ao círculo mais próximo de Hitler seria capaz ou concordava em assassiná-lo, Stauffenberg tomou para si a tarefa, aguardando a melhor ocasião[10].

---

[7]   A partir de 1955 chamada Stauffenbergstrasse.

[8]   Trata-se do Landwehrkanal, o mesmo em que fora jogado o corpo de Rosa Luxemburgo em 15 de janeiro de 1919.

[9]   Carl Friedrich Gördeler (1884-1945), prefeito de Leipzig de 1930 a 1937, também ocupou o cargo de secretário da Política de Preços do Terceiro Reich. Apoiou Hitler no começo, embora sem se tornar membro do Partido Nazista. Progressivamente distanciou-se das políticas de Hitler, embora descrito hoje, ao contrário do que o texto registra, como um conservador, adepto do liberalismo econômico. Envolveu-se com as conspirações para matar Hitler desde antes da guerra. Foi enforcado na prisão de Plötzensee em 2 de fevereiro de 1945.

*   Nascido em novembro de 1907, Stauffenberg na verdade tinha 36 anos à época. (N. E.)

[10] O primeiro encarregado de levar a(s) bomba(s) até Hitler foi o General Helmuth Stieff (1901--1944), que era o comandante do setor administrativo (Intendência) do QG do Exército

Duas tentativas – em 11 e 15 de julho – foram canceladas na última hora. Nessa altura já se multiplicavam as prisões, mesmo entre os militares. Era claro que a Gestapo estava apertando o cerco. Quando Stauffenberg foi chamado a se apresentar de novo perante Hitler em 20 de julho, ele decidiu que desta vez, acontecesse o que acontecesse, ele o faria.

Chegamos ao *Regierung* em Potsdam pouco depois das seis horas. Fui me lavar, Loremarie correu para cima. Uns poucos minutos depois, eu ouvi passos se arrastando pela escada, e ela entrou: "Houve um anúncio no rádio: 'um Conde Stauffenberg tentou matar o *Führer*, mas a Providência o salvou...'".

Na verdade o primeiro anúncio no rádio, às 18h25, não citava nomes. Dizia apenas: "Hoje houve um atentado contra a vida do Führer *com explosivos... O próprio* Führer *não sofreu ferimentos, a não ser algumas queimaduras e hematomas leves. Ele retomou suas funções imediatamente e, como programado, recebeu o Duce para uma longa conversa". Apenas no comentário subsequente havia uma menção velada sobre a autoria ("ação do inimigo"). Naquele momento Hitler ainda não se dera conta de que a bomba era parte de um plano muito maior para derrubar o regime. Somente depois que ele tomou conhecimento das tentativas de tomar o poder, em Berlim, Viena e Paris, é que teve ideia da dimensão do que estava acontecendo.*

Eu tomei seu braço e corremos de novo para cima. Encontramos os Bismarck na sala de visitas. Melanie tinha o rosto em estado de choque,

---

em Berlim. Stieff até se apresentou como voluntário para tanto. Tendo acesso a explosivos, providenciou-os para um atentado suicida contra Hitler que deveria ter acontecido em 18 de novembro de 1943, em Rastenburg, a ser levado a cabo pelo Major Axel Freiherr (Barão) von dem Bussche-Streithorst (1919-1993). Nesse dia Hitler deveria inspecionar os novos uniformes que estavam sendo confeccionados para as FFAA alemãs. Mas o trem que levava os uniformes foi bombardeado em 16 de novembro, e a inspeção foi cancelada. Algum tempo depois o Major Axel perdeu uma perna durante um bombardeio, e ficou impossibilitado de levar a cabo o atentado. Stieff assumiu a responsabilidade, mas em 6 de julho deixou claro a Stauffenberg que não o faria. Segundo sua esposa, teria alegado que não queria ter sobre si a "desonra". O episódio mostra a dificuldade que era para os oficiais alemães enfrentar a carga moral de abater seu próprio chefe. Foi então, a 6 de julho, que Stauffenberg decidiu assumir ele próprio a tarefa. Sobre o destino de Stieff, ver o diário e nota mais adiante.

Gottfried caminhava de um lado para o outro sem cessar. Eu tinha medo de olhar para ele. Ele acabara de voltar da Bendlerstrasse e repetia sem parar: "Não é possível! É uma brincadeira! Stauffenberg o *viu* morto". "Eles" tinham montado uma farsa e arranjado um dublê de Hitler para continuá-la. Ele entrou no seu escritório para telefonar para Helldorf. Loremarie foi atrás e eu fiquei sozinha com Melanie.

Ela começou a se lamentar: Loremarie tinha arrastado Gottfried para isso; ela o doutrinara anos a fio; se ele morresse agora, ela, Melanie, é que ficaria sozinha com três crianças pequenas; talvez Loremarie pudesse se dar àquele luxo, mas que crianças ficariam órfãs de pai? Outras, não as dela... Era horrível, e não havia nada que eu pudesse dizer.

Gottfried voltou para a sala onde estávamos. Ele não conseguira falar com Helldorf, mas tinha mais notícias: a principal estação de rádio fora perdida; os insurgentes a tomaram, mas não conseguiram fazê-la funcionar, e agora ela estava de volta às mãos da SS. Contudo, as escolas preparatórias de oficiais nos subúrbios tinham pegado em armas e agora marchavam sobre Berlim. E, de fato, uma hora depois ouvimos os blindados da escola de treinamento de Krampnitz atravessando Potsdam a caminho da capital. Nós ficamos com os olhos grudados nas janelas, vendo-os passar, e rezando. Ninguém nas ruas, que estavam praticamente vazias, parecia saber o que estava se passando. Gottfried insistia em dizer que ele não podia acreditar que Hitler não fora atingido, "eles" deviam estar escondendo algo...

Um pouco depois o rádio anunciou que o *Führer* faria um pronunciamento para o povo alemão à meia-noite. Nós nos demos conta de que apenas nesse momento poderíamos saber ao certo se tudo aquilo era uma farsa ou não. Ainda assim, Gottfried se recusava a perder a esperança. Segundo ele, mesmo que Hitler *estivesse* vivo, seu QG na Prússia Oriental ficava tão longe que, se as coisas corressem bem alhures, o regime poderia ser derrubado antes que ele pudesse recuperar o controle na Alemanha. Mas nós, os demais, estávamos nos sentindo muito mal.

Desde 1943 havia no QG do Exército em Berlim, na Bendlerstrasse, (o assim chamado OKH) um plano de emergência chamado "Valquíria", que previa medidas a serem tomadas em caso de desordens internas ou sabotagem em larga escala praticadas pelos milhões – nessa altura – de trabalhadores estrangeiros na

Alemanha. O plano previa um papel-chave a ser exercido pelo Ersatzheer [Exército de Reserva] *e pelas unidades aquarteladas ao redor da capital – o Batalhão da Guarda em Berlim e pelas escolas de preparação de oficiais na periferia. Ironicamente, o próprio Hitler aprovara essa "Operação Valquíria". Olbricht, Stauffenberg e seus camaradas de conspiração tinham acrescentado secretamente um adendo que previa a execução do plano para derrubar o próprio regime nazista, depois do que um novo regime faria a paz. Desde o começo o plano era falho em vários pontos. Para começar, dentre os principais oficiais superiores que, segundo a Operação Valquíria, estariam tomando o poder através da Europa, apenas uns poucos conheciam as verdadeiras intenções dos conspiradores. Dos outros, a começar pelo General Friedrich Fromm[11],* GOC Ersatzheer, *de quem quase tudo dependia, esperava-se que "eles entrassem no jogo", depois que a morte do* Führer *os liberasse do juramento de fidelidade a ele; em outras palavras, tudo dependia da morte de Hitler. Também era essencial que fossem interrompidas todas as comunicações de Rastenburg com o resto do mundo – para impedir que ordens de reação chegassem a seus objetivos. Por último, mas não menos importante, o presumível assassino, o próprio Stauffenberg, tinha não só de matar Hitler, mas também de voltar são e salvo a Berlim para assegurar o sucesso da "Operação Valquíria". Para engrossar o caldo, o soldado alemão médio estava agora doutrinado tão pesadamente sobre disciplina que era impossível avaliar que reações ele teria diante de uma ordem de tomar o controle de algumas das instituições-chave do país.*

Helldorf ligou várias vezes. Também o *Gauleiter* de Brandemburgo[12], perguntado que diabos o *Regierungspräsident Graf* Bismarck propunha que se fizesse, porque ele, o *Gauleiter*, achava que havia desordens na capital, talvez um motim. Gottfried teve a impudência de dizer-lhe que a ordem do

---

[11] O General Friedrich Fromm (1888-1945) teve uma atitude ambígua perante a conspiração. Sabia dela, mas resolveu nada fazer para denunciá-la, aparentemente porque esperava ter algum posto importante caso ela tivesse sucesso. Entretanto, quando a iniciativa de 15 de julho foi abortada, ele desistiu de tomar parte nela. Em 20 de julho foi preso pelos conspiradores e, logo depois de solto pelas tropas fiéis a Hitler, mandou fuzilar alguns deles, entre eles Stauffenberg, contrariando as ordens de Hitler. A sua "pressa em desfazer-se das testemunhas", segundo o próprio Goebbels, levantou suspeitas, ele foi preso no dia 22. Acabou julgado e executado em março de 1945.

[12] Chefe do Partido Nazista em Brandemburgo, Estado de que Potsdam faz parte. O *Gauleiter* era um cargo oficial da administração nazista.

Supremo Comando era que o *Führer* queria que todos os oficiais superiores ficassem de prontidão, aguardando ordens. Na verdade, ele tinha a esperança de que logo as tropas insurgentes chegassem e prendessem o *Gauleiter.*

Conforme a noite caía, começaram a circular rumores de que o levante não ia tão bem quanto esperado. Alguém ligou do aeroporto: "A Luftwaffe não aderiu"; eles esperavam ordens de Göring ou do próprio *Führer.* Pela primeira vez Gottfried deixou transparecer algum ceticismo. Ele diz que algo como aquilo tinha de acontecer com rapidez; cada minuto perdido era irrecuperável. Já passava muito da meia-noite e Hitler ainda não falara. Tudo ficou tão desanimador que não vi mais sentido em ficar sentada esperando e fui para a cama. Loremarie logo me acompanhou.

Às duas da manhã, Gottfried mostrou o rosto na porta e disse numa voz de além-túmulo: "De fato, era ele!".

Finalmente Hitler falou à uma da manhã de 21 de julho. Um pequeno grupelho de oficiais ambiciosos, desonrados, criminosos e estúpidos, disse ele, que nada tinham em comum com as Forças Armadas alemãs e, sobretudo, com o povo alemão, tinha conspirado para removê-lo e ao mesmo tempo derrubar o alto-comando das Forças Armadas. Uma bomba colocada por um certo Coronel Conde von Stauffenberg – o único nome citado – explodira a dois metros dele e ferira vários membros fiéis de seu Estado-Maior, fazendo uma vítima fatal. Ele mesmo não tivera ferimentos graves, a não ser alguns arranhões, hematomas e queimaduras, e encarava isso como uma confirmação de que a Providência decidira que ele deveria continuar a perseguir o objetivo de sua vida – a grandeza da Alemanha. Essa pequena gangue de criminosos seria agora exterminada sem piedade. E seguiam-se instruções para o restabelecimento da ordem.

Ao amanhecer, ouvimos os tanques de Krampnitz passando de volta para seu quartel, sem ter feito nada.

Os cadetes do Batalhão de Cavalaria Blindada do Centro de Preparação de Oficiais de Krampnitz compunham uma das unidades com que os conspiradores contavam para tomar Berlim. Avisados pelo QG de Bendlerstrasse de que Hitler fora assassinado pelos SS – e que agora a Operação Valquíria estava em ação, eles marcharam sobre Berlim e tomaram suas posições. Mas quando seu comandante (que não fazia parte da conspiração) soube que Hitler não morrera, e que algum de seus camaradas de farda estavam tentando dar um golpe de Estado, ele reuniu os tanques e fez meia-volta para os quartéis.

Sexta-feira, 21 de julho. No café da manhã ficamos sabendo que Gottfried e Melanie Bismarck tinham ido para Berlim de carro (provavelmente para ver Helldorf). Loremarie Schönburg parecia um cadáver. Eu mesma voltei para Berlim sozinha, deixando-a na cama. Nós ainda não tínhamos uma ideia precisa da catástrofe e do perigo horroroso que corríamos.

No caminho para a cidade, parei na casa de Aga Fürstenberg e deixei com ela algumas roupas e outros objetos para passar a noite. Como Potsdam é muito longe e as bombas tornaram insuportável a vida nos Gersdorff, vou tentar essa alternativa, para variar um pouco. Aga estava estupefata com o que acontecera e naturalmente não tinha a menor ideia sobre quem estava envolvido. Vai ser difícil, mas daqui por diante teremos de fingir nada saber sobre tudo isso e falar desses acontecimentos, mesmo para os amigos, com total incredulidade.

Depois de passar um pouco de tempo no escritório, fui até a casa de Maria Gersdorff. Ela estava desesperada. Contou-me que o Conde Stauffenberg fora fuzilado na noite anterior no QG do Exército na Bendlerstrasse, junto com seu ajudante de ordens, o jovem Werner von Haeften. O General Beck, que, de acordo com o plano, deveria ser chefe do Estado-Maior, se suicidara. O General Olbricht, outro dos principais conspiradores, que substituíra o hesitante General Fromm como chefe do *Ersatzheer*, fora fuzilado com os outros.

Em Rastenburg, o plano de Stauffenberg começou a apresentar problemas logo de saída. Os encontros diários de Hitler costumavam se realizar no bunker subterrâneo; mas na ocasião, aconteciam no chalé de madeira, na superfície, cujas paredes, quando a bomba explodiu, voaram para fora, atenuando o impacto. Devido a ter uma única mão, Stauffenberg pode armar apenas uma das duas previstas para estarem em sua pasta; portanto a própria explosão foi mais fraca do que deveria, com as duas bombas. Quando Stauffenberg deixou a sala para atender a um chamado telefônico pré-combinado, um oficial militar, dando com a pasta sob a mesa com o mapa, sobre o qual Hitler se debruçava, empurrou a pasta para longe, sob o pesado tampo de madeira. Isso, de certo modo, colocou Hitler fora do impacto da explosão[13].

Às 12h42, com um ruído ensurdecedor, o chalé se desintegrou numa nuvem de labaredas e fumaça. Stauffenberg e seu ajudante de ordens, Haeften, que ficara um pouco distante conversando com um outro dos conspiradores – o General Erich Fellgiebel, chefe de Comunicações de Hitler[14] – pularam dentro do seu carro e, abrindo caminho de qualquer jeito através dos postos de controle, que foram imediatamente alertados, chegaram à pista de aviação, de onde logo estavam voando de volta para Berlim.

O General Fellgiebel deveria repassar a notícia da morte de Hitler pelo telefone para o General Olbricht em Berlim e depois cortar toda a comunicação de Rastenburg com o mundo exterior. Com surpresa e consternação, ele viu Hitler cambaleando para fora dos escombros, com queimaduras, coberto de poeira, as calças em farrapos, mas sem dúvida vivo. Ele mal teve tempo de enviar uma mensagem em código para Berlim: "uma tragédia terrível aconteceu... o Führer está vivo"... quando a SS assumiu o controle das comunicações. Portanto, já duas condições-chave para o sucesso da conspiração, a morte de Hitler e o controle das comunicações em Rastenburg, tinham falhado. Mais ainda: a identidade do "suposto" assassino fora descoberta, e uma ordem de prisão contra Stauffenberg estava sendo telegrafada para toda a Alemanha.

Na semana anterior a Operação Valquíria fora posta em marcha, apenas para ser cancelada apressadamente quando Stauffenberg cancelou as duas tentativas anteriores. Desta vez, ao receber a mensagem – considerada ambígua – de Fell-

---

[13] Esse oficial era o General Heinz Brandt (1907-1944), oficial da Cavalaria que, em 1936, fora um dos ganhadores da medalha olímpica de ouro por equipe, junto com mais três colegas, em equitação. Os presentes discutiam com a atenção voltada para um mapa desdobrado sobre a mesa. Brandt empurrou a pasta com o pé para longe, salvando Hitler. Ele mesmo perdeu uma perna na explosão, e morreu no dia seguinte. Foi uma das quatro vítimas fatais do atentado.

[14] O General Fritz Erich Fellgiebel (1886-1944) foi um dos responsáveis pela adoção pelas Forças Armadas alemãs da famosa máquina de encriptação Enigma. Como participante do complô, ele era o responsável por cortar as comunicações de Rastenburg com o resto do mundo logo após o atentado. Ele o conseguiu apenas em parte, não impedindo que Goebbels mantivesse o contato através de canais da SS. Ele foi quem lançou o alerta dirigido a outro conspirador, o comandante de Comunicações do Exército, General Fritz Thiele (1894-1944), de que o *Gauleiter* sobrevivera. Fellgiebel foi preso ainda em Rastenburg, e Thiele em Berlim, mais tarde. Ambos foram julgados pelo "Tribunal do Povo", condenados e executados na prisão de Plötzensee.

312   Marie Vassiltchikov

giebel, o General Olbricht retardou dar a luz verde para ela, até que ele tivesse uma informação segura sobre o que de fato acontecera.

Às 15h30 o avião com Stauffenberg a bordo aterrissou num aeroporto militar na periferia da capital, apenas para constatar que seu motorista ainda não havia chegado. Quando Haeften ligou para Bendlerstrasse a fim de saber o que aconte-cera, Olbricht perguntou se Hitler estava morto. Tendo recebido a confirmação, ele se dirigiu ao General Fromm para pedir a aprovação do desencadeamento da Operação Valquíria. Mas Fromm demonstrou suspeitas [da morte de Hitler] *e, chamando Rastenburg, conseguiu falar com o Marechal de Campo Wilhelm Keitel*[15], *que confirmou ter havido um atentado contra a vida do* Führer, *mas que ele fracassara. Nesse exato momento Stauffenberg e Haeften irromperam na sala. Fromm disse que a Operação Valquíria não era mais necessária. Diante disso Stauffenberg explodiu: Keitel mentia; Hitler estava morto; ele o vira morto, na verdade ele mesmo colocara a bomba! Além disso, era muito tarde: Valquíria já estava em marcha. "Sob as ordens de quem?", perguntou Fromm. "Nossas", responderam Olbricht e Stauffenberg. Empalidecendo de raiva, mas sobretudo temendo pelo seu próprio futuro, Fromm mandou Stauffenberg suicidar-se e or-denou que Olbricht cancelasse Valquíria. Ao invés disso, eles desarmaram Fromm e o confinaram em seus aposentos.*

Não havia mais volta possível, e às 17h30 – cinco horas depois do previsto – os telex do QG começaram a enviar as ordens da operação para os vários comandos e – mais uma aberração – como Rastenburg figurava na lista original das comu-nicações e ninguém pensara em riscá-lo, foi através dos próprios conspiradores que Hitler tomou conhecimento do que eles na verdade pretendiam fazer. Uma hora mais tarde as ondas de rádio alemãs estavam repletas com a notícia do atentado, de seu fracasso, junto com as primeiras ordens de represálias.

Enquanto isso outras personalidades-chave da conspiração começavam a con-vergir para Bendlerstrasse: o General Ludwig Beck (que os conspiradores planeja-

---

[15] Wilhelm Keitel (1882-1946) era o comandante supremo das Forças Armadas. Foi o oficial nazista que assinou a rendição definitiva perante o Exército Vermelho e representantes dos Aliados ocidentais na noite de 8 para 9 de maio de 1945. Foi preso, julgado em Nuremberg por crimes de guerra e executado por enforcamento em 16 de outubro de 1946. Em 20 de julho seu irmão, o também General Bodewin Keitel (1888-1953), interceptou uma mensagem dos conspiradores de Berlim para seu subordinado, o General Hasso von Boehmer (1904-1945), que foi preso e executado em março de 1945 em Plötzensee.

vam nomear chefe de Estado), o Marechal de Campo Erwin von Witzleben (que deveria assumir o comando do Exército), o General Erich Hoepner[16], que deveria suceder a Fromm, o Conde Helldorf, Gottfried Bismarck e muitos outros. Muitos deles partiram em seguida – alguns indignados, todos alarmados. A razão foi que encontraram uma crescente confusão, sem que ninguém soubesse exatamente o que fazer. Beck e Stauffenberg continuavam pressionando para que outros quartéis seguissem o exemplo de Berlim, mas sem muito sucesso. Até mesmo em Berlim eles estavam perdendo a iniciativa: os blindados de Krampnitz tinham vindo e voltado; a principal estação de rádio fora tomada e abandonada; o Batalhão da Guarda saíra para ocupar os prédios governamentais, mas detivera-se no caminho.

O único líder mais importante do nazismo que estava em Berlim naquele dia era Goebbels, e ele salvou o dia para Hitler. Quando o Major Otto Remer, o várias vezes condecorado comandante do Batalhão da Guarda, chegou para prendê-lo sob as ordens do Tenente-General Paul von Hase, Goebbels colocou-o em contato com o próprio Hitler em Rastenburg, que o promoveu de imediato a coronel e lhe deu ordens para que retornasse a Bendlerstrasse e restabelecesse a ordem por lá. Quando ele chegou a seu novo destino, o putsch *acabara[17].*

---

[16] O General Ludwig Beck (1880-1944), oposto à política de guerra de Hitler, foi dos primeiros conspiradores para primeiro afastá-lo do poder e depois matá-lo. Era uma figura tão importante que o próprio Marechal Erwin Rommel só concordou em aderir à conspiração caso Beck fosse indicado chefe de Estado. Quando o atentado fracassou, Beck tentou suicidar-se, mas conseguiu apenas ferir-se gravemente, sendo então executado por um oficial subalterno com um tiro na nuca. O Marechal Erwin von Witzleben (1881-1944) só chegou ao QG às 8 horas da noite, quando já era claro que não só o atentado falhara, mas também a tomada do poder. Retirou-se para sua casa no campo e foi preso alguns dias depois. Julgado no começo de agosto, foi dos primeiros a serem executados. O General Erich Hoepner (1886-1944) foi um dos comandantes da invasão da União Soviética, onde teve uma atuação particularmente brutal, seguindo uma política de "terra arrasada" e "sem misericórdia" para com o inimigo, motivo pelo qual é dos menos prestigiados entre os conspiradores. Preso pelo General Fromm, por alguma obscura razão foi por este poupado na noite de 20 para 21 de julho de 1944. Entretanto foi detido logo depois e foi também dos primeiros a serem executados, ainda em agosto daquele ano.

[17] Otto Remer (1912-1997) chegou ao posto de general no fim da guerra. Preso pelos norte-americanos, foi solto em 1947. Tornou-se uma figura carismática entre os neonazistas alemães, negando o Holocausto, afirmando que tudo – as câmaras de gás, fornos crematórios etc. – fora parte de uma farsa montada pelos norte-americanos. Morreu na Espanha, onde se exilara depois de ser processado pelo governo alemão como negacionista. Apesar de este ter pedido sua extradição, a Espanha negou-a, alegando que ele não cometera qualquer crime em seu território.

Enquanto isso, oficiais leais a Hitler tinham retomado o QG, libertado Fromm e detido os conspiradores. O General Beck teve permissão para se suicidar, mas depois de duas tentativas infrutíferas foi morto por um oficial subalterno. Olbricht, seu chefe de pessoal, o Coronel Mertz von Quirnheim, Stauffenberg e Haeften, depois de uma corte marcial feita a toque de caixa, foram conduzidos ao pátio e fuzilados sob a luz de faróis. Stauffenberg, que fora gravemente ferido ao ser preso, ainda teve tempo e forças para gritar: "Longa vida à nossa sagrada Alemanha!". Os corpos foram enterrados no pátio de uma igreja. Mas no dia seguinte, sob ordens de Himmler, eles foram exumados, despidos de seus uniformes e cremados, sendo suas cinzas dispersas ao vento[18].

Meses atrás, Loremarie me contou que certa vez ela visitara o General Olbricht numa das suas operações conscienciosas de recrutamento, uma vez que ela ouvira falar que ele era um "elemento positivo". Ele contou-lhe muito confidencialmente que tinha sacolas com 30 mil cartas de soldados alemães que foram aprisionados em Stalingrado em 1943, mas que Hitler ordenara que elas fossem queimadas. Oficialmente, *não* havia sobreviventes daquela batalha "gloriosa". Embora ela não tivesse notícias de um de seus irmãos desde Stalingrado, Olbricht não a deixou ver as cartas, por mais que ela pedisse.

---

[18] Albrecht Mertz von Quirnheim (1905-1944) apoiou de início a ascensão de Hitler, mas foi se afastando progressivamente do regime, até que em 1943 aderiu ao complô para assassiná-lo. Depois de sua morte, vários membros de sua família foram presos e levados para campos de concentração. Seu cunhado Wilhelm Dieckman (1893-1914) foi preso pela Gestapo, torturado brutalmente e assassinado em setembro de 1944. Quando Stauffenberg foi levado ao paredão de fuzilamento, Werner von Haeften colocou-se entre ele e o pelotão, sendo morto primeiro. Stauffenberg (1907-1944) gritou, em alemão: "*Es lebe das heilige Deutschland!*". A igreja em questão é a de São Mateus ("*Matthäus*"), cujo cemitério pode ser visitado ainda hoje. A Bendlerstrasse passou-se a chamar Stauffenbergstrasse a partir de 20 de julho de 1955, e em 20 de julho de 1968 o antigo QG abriu um local de visitação em memória dos conspiradores, que veio a tornar-se o *Gedenkstätte Deutscher Widerstand* (Memorial da Resistência Alemã). Relativamente menos conhecido do que outros museus da capital alemã, a visita a ele é muito instrutiva. Ali se constata que a resistência ativa (conspirações, ocultamento de perseguidos, ajuda a fugas) e passiva (desobediência civil) ao nazismo na Alemanha foi bem maior do que parece à primeira vista. Mas também se observa a grande falta de comunicação entre os diferentes setores dessa resistência: comunistas, sociais-democratas, liberais, igrejas, militares, civis, aristocratas e ainda outros. Todos os anos, em 20 de julho, há no seu pátio um ato em memória das vítimas.

Maria [Gersdorff] conhecera Stauffenberg superficialmente, embora alguns de seus primos sejam de seus amigos mais próximos. Ela está aterrorizada por causa deles. Eu encontrara o jovem Haeften na casa de Adam Trott há uns dois meses atrás. Certa noite, enquanto eu jantava a sós com Adam, um jovem capitão atraente, com cabelos encaracolados, irrompeu na sala, apresentou-se e puxou Adam para fora da sala. Eles ficaram a sós por muito tempo. Depois Adam mostrou-se curioso para saber que impressão ele me causara. Eu respondi: "Um conspirador típico, daqueles que a gente encontra nos livros infantis". Naquele momento eu não sabia qual era o seu papel. Agora, na casa de Maria, eu não conseguia tirar Gottfried e Adam do meu pensamento. Ontem ambos estiveram em Bendlerstrasse em algum momento. Essa informação vazaria? E todo o tempo eu preciso parecer surpreendida, talvez até preocupada, mas não aterrorizada...

Na verdade, Adam Trott, Alex Werth e Hans-Bernd von Haeften tinham passado o dia no escritório principal do AA, na Wilhelmstrasse, que eles deveriam tomar depois que o putsch *tivesse acontecido.*

Tarde da noite Percy Frey chegou para procurar por mim. Como eu não quisesse jantar, fomos de carro até o bosque de Grunewald, para uma caminhada. Eu tentei fazê-lo entender a enorme e terrível tragédia que está acontecendo. À medida que ele foi se dando conta, ficou espantado e solidário. Até então também ele tinha acreditado na versão oficial, de que tudo não passara de uma operação feita por um par de aventureiros.

Eu *preciso* ver Adam. Embora tenhamos acertado de nos ver hoje, eu ainda temo encontrá-lo.

Sábado, 22 de julho. Nesta manhã todos os jornais saíram com uma oferta de 1 milhão de marcos para quem quer que pudesse fornecer alguma informação sobre o paradeiro de um homem *"namens Goerdeler"* [*"de nome Goerdeler"*]. Que alívio! Isso significa que ele ainda está em liberdade.

Há rumores de que a esposa de Claus Stauffenberg e seus quatro filhos foram assassinados. Baronesa de Lerchenfeld de nascimento, ela era afilhada de mamãe, e seus pais viveram na Lituânia russa antes da Primeira Guerra.

Alguns dias depois do golpe fracassado, sob a prática recém-criada do Sippenhaft *(prisão de conhecidos e parentes), não só a esposa de Stauffenberg e suas crianças, mas também sua mãe, sua sogra, seus irmãos, primos, tios, tias (mais esposas, maridos e filhos) foram presos (veja o epílogo para conhecer seu destino final).*

Falando aos Gauleiters *nazistas em Posen, no dia 3 de agosto, Himmler disse o seguinte para justificar a política de prisão de parentes e conhecidos: "Não deixem ninguém dizer para vocês que o que estão fazendo é uma forma de bolchevismo. Não, isso não é bolchevismo, mas sim um velho costume alemão... Quando um homem era posto fora da lei, dizia-se: 'Este homem é um traidor, seu sangue é ruim, ele contém* [o germe d]*a traição, ele será exterminado. E... toda a família, inclusive as relações mais remotas, era exterminada. Nós vamos acabar com os Stauffenberg, inclusive com suas relações mais distantes...".*

Ao entrar no escritório de Judge Richter hoje pela manhã, deparei com o Haeften mais velho, Hans-Bernd (nosso ex-chefe de pessoal), sentado em sua mesa de trabalho, comendo cerejas que ele tirava de um saco de papel. E seu irmão foi morto a tiros ontem como um cão! Ele sorriu para mim e conversou comigo como se nada tivesse se passado. Quando ele saiu, perguntei a Judge se ele sabia sobre seu irmão. Judge disse que sim. O próprio Judge parecia preocupado e infeliz, mas nada parecido com o ar que teria se soubesse da verdade sobre Adam Trott.

Desci para o escritório de Adam. Encontrei-o com uma de suas assistentes, que saiu em seguida. Adam jogou-se sobre um sofá e, pondo o dedo sobre o pescoço, disse: "Estou metido nisso até aqui". O seu aspecto era horrível. Conversamos sussurrando. A sua aparência me fez mais infeliz ainda. Eu lhe disse isso. Ele disse "sim", mas que para mim era como se eu tivesse perdido uma árvore favorita do meu jardim, enquanto ele perdera tudo no que depositava suas esperanças. O telefone interno soou: nosso patrão, o Dr. Six, queria vê-lo. Combinamos de nos encontrar à noite. Deixei um recado com a sua secretária, dizendo que eu esperaria pelo seu telefonema.

Quando fui para a casa de Maria Gersdorff, contei-lhe quão ansiosa eu me sentia sobre Adam. "Mas por quê?", ela perguntou. "Ele mal conhecia Stauffenberg, não é mesmo? Não, estou certa de que ele não está muito envolvido!". "Não", eu disse, "ele não está nada envolvido".

Adam nos chamou e combinamos de nos encontrar na casa de Aga Fürstenberg depois das seis. Fui para o Adlon, onde eu deveria encontrar Loremarie Schönburg e Aga. Aga estava furiosa, porque quando ela encontrara Hasso Etzdorf na rua ele voltara-lhe as costas. Eu suponho que ele também está por demais envolvido. Fomos para a casa de Aga e tomamos chá no gramado. Tony Saurma e Georgie Pappenheim também estavam lá. Então Adam se juntou a nós. Ele estivera com o Dr. Six, tentando desviar a sua atenção. Adam parecia um cadáver. Voltamos de carro para a sua casa; eu sentei-me ao sol, no balcão, enquanto ele se trocava. Soou um alerta de ataque aéreo; tinha um efeito irritante, como se fosse o de um enxame de abelhas, nada mais que isso. Quando Adam voltou, sentamo-nos fora, e ele me contou.

Stauffenberg, ele disse, era um homem maravilhoso, não só de uma inteligência brilhante, mas também de uma vitalidade e de um dinamismo extraordinários. Ele fora um dos únicos membros da conspiração a ter frequentemente acesso à presença de Hitler. Ele estivera no Supremo QG com sua bomba por duas vezes, mas a cada uma delas houvera algum problema, ou então Himmler ou Göring ou algum dos outros que eles desejavam matar junto com Hitler não comparecera ao encontro no último momento. Na terceira vez em que foi chamado, ele comunicou a seus camaradas conspiradores que levaria a cabo o atentado, fossem quais fossem as circunstâncias. A pressão estava ficando demasiada para ele – o que era natural. Se pelo menos se tratasse de alguém que pudesse disparar uma arma, o atentado teria tido sucesso. Mas Stauffenberg tinha deficiências graves... Adam disse que com Stauffenberg ele perdera o seu melhor amigo. Ele parecia completamente aniquilado.

Adam passara todo o dia 20 no AA, na Wilhelmstrasse, esperando a ação dos militares. Disse que sabia que seria preso, estava por demais envolvido. Não lhe perguntei até que ponto. Ele estava despedindo a criada; ela testemunhara encontros demais em sua casa e, se interrogada, poderia falar. Ele temia que Helldorf também poderia ceder sob tortura (lembro-me do próprio Helldorf confidenciando isso a Loremarie...).

Falando alto, Adam perguntou se ele não deveria publicar um artigo no *Times*, de Londres, explicando o que esses homens representavam. Discordei, pois a reação imediata na Alemanha seria a de que eles estavam a serviço do inimigo – talvez até pagos – e que, agora que o atentado falhara, a opinião pública se voltaria mais contra eles.

Adam prosseguiu, contando que logo depois da derrota da França em 1940 ele recebera uma carta de seu velho amigo Lorde Lothian (na época, o embaixador britânico em Washington) em que este lhe pedia veementemente que trabalhasse em favor de uma reconciliação entre a Inglaterra e a Alemanha. Não ficou claro para Adam se Lothian imaginava apenas uma Alemanha não nazista (ele sabia do ódio de Adam ao regime). Mas Adam pensava ser tão odioso qualquer "negociação" entre os dois países, enquanto Hitler estivesse à testa em Berlim, que nunca mencionara a ninguém a existência dessa carta. Depois, disse, ele ficou se perguntando se isso não fora um erro.

Ficamos sentados até a madrugada, conversando e ouvindo os ruídos da noite; toda vez que um carro diminuía a marcha, eu via no seu rosto o que lhe ia no espírito...

Não posso deixá-lo assim. Se eles vierem pegá-lo enquanto eu estiver aqui, posso, pelo menos, avisar seus amigos. Adam disse que Alex Werth sabe de tudo e que, se ele, Adam, for preso, Alex saberia o que fazer. Ele acha que o Dr. Six suspeita de algo, porque fica insistindo em que ele vá para a Suíça. Também insisti que ele deveria ir – imediatamente. Mas não, ele não irá, por causa de sua mulher e das crianças. Ele disse que, se fosse preso, negaria tudo, para sair e tentar de novo. Às quatro da madrugada ele me levou de carro para casa e me prometeu telefonar ainda de manhã, para que eu soubesse que ele estava bem.

Lorde Lothian pertencia a um grupo pequeno mas a certa altura influente de políticos do Partido Conservador, o assim chamado "Cliveden set"[19], que, embora críticos em relação a seus métodos, viam com alguma simpatia os esforços de Hitler para anular a indignidade do tratado de paz de Versalhes (que eles não aprovavam) e o sucesso tangível com que ele estava enfrentando os problemas econômicos de seu país. Mas sobretudo eles se sentiam desesperados diante da perspectiva de mais

---

[19] "*Cliveden set*" era uma expressão cunhada por um jornalista comunista, Claud Cockburn (1904-1981) do jornal *The Week*, para designar um grupo conservador de aristocratas ingleses, frequentemente descritos como "germanófilos", reunidos em torno de Lady Nancy Astor (1879-1964), a primeira mulher a ter um mandato no Parlamento Britânico (na Câmara dos Comuns). Entre eles estava Lorde Lothian, Phillip Kerr (1882-1940), que morreu em Washington, enquanto era embaixador. O nome Cliveden deriva da propriedade de Lady Astor, onde eles se reuniam.

uma guerra europeia, que, logo depois do banho de sangue de 1914-1918 (de que muitos deles eram veteranos combatentes), fatalmente enfraqueceria a Europa, faria dobrar os sinos pelos impérios de além-mar, talvez até mesmo da própria civilização ocidental, abrindo as portas para o comunismo. As políticas internas cada vez mais brutais de Hitler e a sua implacável determinação em fazer da Alemanha a potência dominante na Europa, custasse o que custasse, frustraram todos os seus esforços para entrar em acordo com ele; muitos deles seriam rotulados mais tarde de "conciliadores".

Nota de Missie (setembro de 1945). Adam nunca me explicou a exata natureza de suas atividades. Eu sabia apenas que cada uma de suas viagens ao exterior – à Suíça, à Suécia –, embora feita sob algum pretexto oficial, tinha relação com seus incansáveis esforços para criar uma plataforma de apoio a conversações de paz com os Aliados, uma vez que "o evento" (o assassinato de Hitler) acontecesse.

Ele acreditava sinceramente que, quando face a face com um governo alemão "decente", os Aliados deixariam de ser tão intransigentes. Eu tentei muitas vezes desiludi-lo dessa expectativa e ficava insistindo que a única coisa realmente importante era a eliminação física de Hitler, nada mais. Penso que os acontecimentos subsequentes provaram que eu estava certa...

Até o fim da vida Missie relutou em admitir o quanto ela sabia sobre o complô do Conde von Stauffenberg antes do 20 de Julho. Mas os muitos indícios que ela deixa escapar inadvertidamente, a começar pela menção à "Conspiração" em 2 de agosto de 1943, por insistência dos conspiradores para que ela mantivesse Loremarie Schönburg longe de Berlim, até a observação reveladora em 19 de julho de 1944 – "Nós (isto é, ela e Adam Trott) concordamos em não nos encontrar até sexta-feira", mostram que ela estava muito mais informada do que admite, e que ela sabia até a data exata do golpe planejado!

Domingo, 23 de julho. Adam Trott telefonou, como prometido. Até aqui tudo bem. Eu disse a ele que ia para Potsdam e telefonaria de lá.

Encontrei Gottfried Bismarck com um calção de banho se espraiando dentro da sua fonte. Está muito quente. Melanie e Loremarie Schönburg também estavam lá. Melanie parece estar mais calma agora. Ela quer, inclusive, retornar ao campo para dar a impressão à criadagem de que a vida continua normal.

Contei-lhes quão preocupada eu estava com Adam Trott. Gottfried não pensava que fossem prendê-lo. Quem corre o maior perigo agora, disse ele, é Helldorf, da polícia de Berlim. O seu papel na tentativa de golpe fora demasiadamente conspícuo e ele não teria como apresentar um álibi.

Falamos sobre Fritzi Schulenburg, sobrinho do embaixador, e ex-vice-chefe de polícia, sob Helldorf. Há rumores de que ele também foi morto a tiros na Bendlerstrasse, na quinta-feira. Lembro-me dele como um jovem rapaz na Prússia Oriental, antes da guerra; embora tivesse sido um nazista no passado, ele se tornara um dos críticos mais violentos do regime. Adam me contou na noite passada que ele se encontrara com a secretária de Stauffenberg; ela descrevera como Fritzi saíra correndo do seu gabinete improvisado no QG do Exército, fora baleado pelas costas no corredor e arrastado para o pátio, onde o liquidaram.

Isso não passava de um boato. Preso na Bendlerstrasse, Schulenburg foi dos primeiros a ser julgado no "Tribunal do Povo". Condenado a morte, foi estrangulado em 10 de agosto de 1944.

À tarde, todos fizemos uma sesta, porque a tensão é exaustiva. Depois, Loremarie me contou que Gottfried lhe mostrara dois grandes pacotes no armário de seu escritório, indagando em voz alta o que deveria ser feito deles. Quando ela perguntou-lhe o que eram, ele disse: "O que sobrou dos explosivos para a bomba". Ela implorou-lhe que se livrasse deles, pois equipes de busca chegariam certamente a qualquer momento. Ele se recusou, dizendo que, em primeiro lugar, fora tão difícil conseguir os explosivos que ele tencionava guardá-los para uma nova tentativa. Ela conseguiu, pelo menos, convencê-lo a escondê-los no porão.

Liguei para Adam. Ele ainda estava bem. Jantei com Percy Frey.

Os explosivos – um composto de fabricação alemã de hexogênio e TNT usado pelo Exército – foram obtidos pelos conspiradores já em 1942, sob um risco considerável, porque seria difícil explicar por que funcionários administrativos (como eram na maioria) necessitariam de tal material. Uma parte deles já fora usada nas várias tentativas feitas anteriormente para tirar a vida de Hitler. Os detonadores eram britânicos e tinham sido tomados da Resistência francesa.

Segunda-feira, 24 de julho. Melanie Bismarck me pediu para providenciar na igreja russa um serviço em memória das vítimas da quinta-feira, bem como orações por aqueles que estavam em perigo. São tantos: Adam Trott... Gottfried Bismarck... Helldorf... Ela não se importa de fazê-lo numa igreja católica ou protestante, mas pensa que a igreja ortodoxa é menos conspícua. Concordei em falar com o padre John Shakhovskoy sobre isso. Também concordamos que somente eu deva estar presente, a fim de chamar a menor atenção possível.

Passei a manhã no escritório e, embora Adam já tivesse almoçado na cantina, convenci-o a me acompanhar até a casa de Maria Gersdorff. Dei-lhe um ícone de São Serafim de Sarov e contei-lhe sobre a ideia de Melanie de mandar rezar uma missa. Ele disse que não deveríamos nos preocupar; Claus Stauffenberg era um cristão tão fervoroso que havia missas sendo ditas em toda a Alemanha. Alguns de nossos amigos se juntaram a nós e tentamos falar sobre outras coisas. Quando partimos, Adam contou a mim e a Loremarie Schönburg que, se ninguém de nós sobrevivesse, seria impossível fazer uma nova tentativa e daqui por diante, portanto, temos de ser muito, *muito* cuidadosos, que não devemos mais nos encontrar, que todos estávamos sendo vigiados etc. Essa parece ser uma das melodias preferidas por todos eles: eles *têm* de tentar de novo!

À noite Gottfried nos levou de carro para Potsdam. Jantamos a sós com ele. Helldorf, ele nos contou, fora preso pela manhã. A *Polizeipräsidium* [chefatura de polícia] não dá qualquer informação: "o presidente [Helldorf] saiu hoje de manhã e ainda não retornou".

Depois do jantar chegou Hanna Bredow, a irmã de Gottfried. Ela é uma pessoa muito especial. Apertando sua sombrinha, sentou-se: "Gottfried, eu quero saber o quanto você está metido nesse negócio! Você não pode mais me deixar assim no escuro. Já estou ciente demais de tudo o que está acontecendo. Eu *tenho* de saber onde estamos pisando!". Gottfried gaguejou, enrolou e não lhe disse nada. Hanna está preocupada com suas filhas: Philippa, de 19 anos, se encontrara muitas vezes com o jovem Werner von Haeften, o ajudante de ordens de Stauffenberg, que foi morto com ele, e que falara demais, demais mesmo, para ela. Mais tarde Hanna leu-nos a sorte nas cartas; ela é muito boa nisso. Nenhum de nós parece estar perdido ainda. Mais tarde fomos até a sua casa. Georgie Peppenheim tocou muito bem algumas peças ao piano. Dali eu, ele e Aga Fürstenberg retornamos para a casa desta a fim de passarmos a noite.

Já em 16 de julho corriam boatos na casa de Bredow de que naquela semana o QG de Hitler iria pelos ares.

Um ataque aéreo nos arrancou da cama. Desta vez as bombas começaram a cair bem perto na vizinhança e nos refugiamos num abrigo – uma estrutura ridícula de madeira sob um montículo de grama. Duas minas, acorrentadas juntas, caíram bem perto de nós. Levaram algum tempo até chegar ao solo, pois estavam presas a alguns paraquedas. Nós nos jogamos ao chão com a cabeça enfiada em capacetes. Aga olhava para aquelas coisas com os olhos tão esbugalhados que eu não pude conter o riso em alguns dos piores momentos. A cozinheira, surda como uma porta, abençoada criatura, não ouviu absolutamente nada do pandemônio e se jogou ao chão só porque nós o fizemos.

Esta tarde eu falei com o padre John. Ele achou que seria perigoso demais rezar a missa na igreja russa, mas tem uma pequena capela dentro do seu apartamento, e ela foi rezada lá. Eu era a única pessoa presente e chorei muito o tempo todo. Quando eu contei para Loremarie que naquele momento eu não consegui me lembrar do nome de batismo de Helldorf, ela exclamou, atônita: *"Aber, Missie! Wölfchen!"* [*"Mas, Missie! Lobinho!"*][20].

Terça-feira, 25 de julho. Hoje cedo telefonei para Adam Trott em casa e ele ainda estava bem. Mas mais tarde, quando cheguei ao seu escritório, ele não estava lá, apenas a sua secretária – uma ótima garota, muito amiga –, com uma expressão de terror no rosto. Almocei às pressas na casa de Maria Gersdorff e voltei ao escritório. Desta vez a secretária de Adam tentou me impedir de entrar na sala. Empurrei-a e passei por ela, entrando. Dei com um homem baixinho, em trajes civis, revistando as gavetas. Um outro atirado numa poltrona. Os cretinos[21]! Olhei-os de perto para ver se tinham algo na

---

[20] Trata-se de um trocadilho com o primeiro nome do Conde Helldorf, Wolf-Heinrich. *"Wolf"* significa "lobo" e "-chen" é a forma do diminutivo.

[21] Em alemão, *"Schwein"*, "porco", um insulto pesado.

lapela, mas então lembrei-me de que eles usam os distintivos da Gestapo na parte de dentro. Perguntei ostensivamente para a secretária: *"Wo ist Herr von Trott? Noch immer nicht da?"* [*"Onde está o senhor von Trott? Ainda não chegou?"*]. Ambos voltaram os olhos para mim. Quando saímos da peça, ela me olhou com um ar suplicante e colocou o dedo sobre os lábios.

Subi os degraus da escada de três em três e irrompi no gabinete de Judgie Richter. Eu disse que algo precisava ser feito para impedir que Adam voltasse ao escritório, porque a Gestapo estava lá revistando-o. Judgie olhou para mim mortalmente pálido e me disse: "Tarde demais. Eles o pegaram ao meio-dia. Por sorte Alex Werth estava com ele e seguiu-os num outro carro, e com sorte ele logo estará de volta com alguma pista sobre por que Adam foi preso". Evidentemente Judgie ainda não suspeita de nada. Contou que Adam comparecera ao encontro diário no escritório principal do AA na Wilhelmstrasse. Enquanto isso a Gestapo invadira seu escritório, perguntando sobre seu paradeiro. A secretária tentou escapulir para avisá-lo, mas eles a impediram de sair da sala. Ele viera direto para a ratoeira. O Secretário de Estado Keppler (um alto oficial nazista que no AA costumava chefiar o Escritório para uma Índia Livre) o esperava para um almoço no Adlon à uma da tarde. De momento, o Dr. Six parece interessado na sua soltura; ele enviou seu ajudante para saber das acusações. Mas eu duvido que ele continuará mantendo essa atitude.

Saí do escritório e corri para a casa de Maria Gersdorff. Steenson, o encarregado de negócios da Dinamarca, estava lá, e assim não pude falar muita coisa. Simplesmente comecei a chorar. Maria tentou me consolar: era claro que se tratava de um engano, ele não poderia ter muito a ver com tudo aquilo etc. Se apenas ela soubesse! Mas no entanto eu não posso dar qualquer explicação.

Um pouco depois Heinz Gersdorff veio para casa. Ele também está com problemas, porque seu chefe, o comandante militar de Berlim, General von Hase, que nós conhecíamos muito bem e que organizara nossas visitas a Jim Viazemsky no campo de prisioneiros de guerra, e que estava enfiado até as orelhas no *coup*, também foi preso depois de uma entrevista colérica com Goebbels. Por que Hase não matou o rato ali mesmo?

Várias pessoas se suicidaram, entre elas o Conde Lehndorff, em cuja propriedade está localizado o supremo quartel-general de Hitler em Rastendorf, na Prússia Oriental. O Príncipe Hardenberg deu um tiro no estômago quando vieram prendê-lo e está em estado grave. Um membro de primeira hora da Resistência, ele caiu em suspeita porque Stauffenberg e Werner Haeften passaram o último fim de semana em sua casa[22]. Os dois homens da Gestapo que o tinham prendido morreram num acidente de moto quando voltavam para Berlim – pelo menos enfim uma notícia boa! O nosso Hans-Bernd Haeften também foi preso esta manhã. Há rumores de que listas [de nomes] foram encontradas.

Dormi no sofá na sala de estar dos Gersdorff. Ainda não há vidraças, mas faz tanto calor que não faz diferença. À meia-noite houve um ataque aéreo e os aviões chegaram com tanta rapidez que mal tivemos tempo de vestir algo e nos jogar no porão da casa vizinha, a que queimou novembro passado. Jogaram minas. Pela primeira vez em muitos anos não senti medo.

Na verdade, o Conde Lehndorff foi preso; em Berlim, ele conseguiu escapar de seus captores, mas foi preso novamente e enforcado.

Sem dúvida algumas listas [de nomes] *eram inevitáveis (como aquelas dos oficiais de ligação dos conspiradores nos vários quartéis militares para operar "Valquíria"). Outras (como as com a composição do novo governo) eram inexplicáveis, já que alguns dos listados, como foi o caso do Embaixador von der Schulenburg, nem sequer haviam sido consultados.*

Quarta-feira, 26 de julho. Hoje pela manhã Judgie Richter ainda estava relativamente calmo. É evidente que ele não sabe quão envolvidos Adam e Hans-Bernd Haeften estavam. Ele acha que tudo não passa de um engano e que logo as coisas serão esclarecidas. Mas, quando Alex Werth chegou e me dirigiu um olhar desesperado, eu irrompi em lágrimas. Judgie e Leipoldt ficaram visivelmente surpresos.

Eu simplesmente não pude aguentar ficar lá e fui para casa. Maria Gersdorff está fora de si. O Conde Peter Yorck von Wartenburg[23], irmão de uma de suas melhores amigas, também foi preso.

---

[22] O Conde Carl-Hans von Hardenberg (1891-1958) sobreviveu à tentativa de suicídio (segundo algumas fontes ele chegou a cortar os pulsos), à Gestapo e à guerra. Hoje há uma fundação com seu nome.

[23] Peter Graf von Yorck-Wartenburg (1904-1944), jurista jovem e renomado, foi preso na noite de 20 para 21 de julho em Bendlerstrasse. Foi dos primeiros condenados e enforcados na prisão de Plötzensee.

Um funcionário público de primeiro escalão e membro antigo da Resistência, o Conde Yorck von Wartenburg figurava numa das listas do futuro gabinete dos conspiradores.

Depois do almoço Peter Frey apareceu para me ver. Levei-o até as ruínas perto da nossa casa e disse-lhe que eu não poderia mais voltar a vê-lo. Provavelmente nós, na casa de Maria, estávamos sendo vigiados e o seu carro tão novo, com placa estrangeira, era notório demais. Nenhum de nós deveria ser visto com estrangeiros neste momento. Concordamos que o melhor a fazer seria ele me telefonar de vez em quando na toca do leão, isto é, no escritório.

Logo depois do jantar saí sozinha para uma longa caminhada por Grunewald. Lá fiquei sentada num banco durante muito tempo, como se estivesse atolada numa poça de tristeza, sem me importar com o que os passantes pudessem pensar.

Hoje à noite Goebbels falou de novo no rádio sobre a tentativa de assassinato; jogou lama em quem pôde. A opinião pública, no entanto, não parece estar do lado do governo. Na rua, as pessoas estão pálidas e deprimidas; mal se olham umas às outras. Um motorneiro, comentando em voz alta a fala de Goebbels, me disse: "*Alles ist zum Kotzen!*" ["*Tudo isso dá vontade de vomitar!*"].

Na verdade, relatórios do governo sobre o ânimo da população (que vieram à luz depois da guerra e são surpreendentemente confiáveis) mostraram que a tentativa de golpe não fora bem recebida, nem pelo homem das ruas no país nem pelos militares no front. *Até mesmo as igrejas a condenaram publicamente.*

Mas deve-se considerar que a Resistência alemã não era um movimento de massas. Era um conjunto fragmentário de iniciativas de indivíduos ou de grupos que não se comunicavam entre si. Apenas alguns destes tinham contato com outros. As atividades iam da denúncia de injustiças e da ajuda a pessoas ameaçadas até os planejados golpes de Estado e assassinatos de Hitler. E esse último passo extremo era inaceitável até mesmo para muitos antinazistas dedicados.

Quinta-feira, 27 de julho. Hoje Judgie Richter me contou que o caso de Adam Trott parecia pior. O investigador encarregado, que está analisando as evidências disponíveis, confirmou para o assistente do Dr. Six que listas [de nomes] foram encontradas. Adam seria o Subsecretário de Relações Exteriores! Six ainda parece meio inclinado a tentar desembaraçá-lo disso. Alex Werth está insistindo com ele noite e dia para que faça isso. Pelo menos até o momento ele não está tornando a situação de Adam pior. Eles esperam conseguir a intervenção de alguma potência estrangeira neutra, mas eu penso que isso o ameaçaria mais ainda.

Gottfried vem à cidade todos os dias e nós nos encontramos nas ruínas perto de casa. Hoje ele ainda se mostra esperançoso. Ele não acha que eles matariam Adam, mas Helldorf, ele disse, está perdido; Hitler está particularmente irado com ele porque era um velho veterano do partido, um dos líderes dos SA. Há rumores de que o General Wagner, comandante da Intendência em Rastenburg, se matou.

Gottfried pretende ir de carro amanhã para Reinfeld, sua fazenda na Pomerânia. Ele pensa que, já tendo se passado uma semana, durante a qual ele assentou-se calmamente na sua casa para provar que nada tem a temer, seria mais saudável sair da cidade. Ele quer que eu e Loremarie Schönburg o acompanhemos, mas eu não posso. Eu devo manter as aparências indo ao escritório, embora nada faça por lá.

Um veterano membro da Resistência, o General Eduard Wagner incriminou--se fatalmente ao providenciar o avião para Stauffenberg sair de Rastenburg. Matou-se com um tiro no dia 23 de julho[24].

Sexta-feira, 28 de julho. Esta manhã fui ao cabeleireiro para fazer um permanente, deixando meu cabelo encaracolado. Goebbels anunciou "*Totaler Krieg*" ("guerra total"), o que implica o fechamento de todas as lojas "supérfluas" e uma mobilização completa de todos. Ele espera, evidentemente, que, mobi-

---

[24] O General Eduard Wagner (1894-1944) foi uma das figuras mais contraditórias dentre os envolvidos no complô para matar Hitler. Como oficial no campo de batalha, definiu as ordens que permitiam aos militares do Exército nazista tomar reféns civis e executá-los como represália a atos de resistência. Foi um dos entusiastas da invasão da Polônia. Colaborou com o General da SS Reinhard Heydrich na formulação das resoluções que previam a execução dos judeus na União Soviética, além de outros prisioneiros. Convencido afinal de que a guerra estava destruindo a Alemanha, aderiu à conspiração, manifestando a ideia de que era absolutamente necessário matar Himmler também. Depois do fracasso do atentado, temendo a prisão pela Gestapo, matou-se ao meio-dia do dia 23.

lizando toda a população adulta, uma derrubada do regime na retaguarda vai tornar-se virtualmente impossível. O *Ersatzheer*[25], que até agora era ocupado por oficiais decentes, mas que ficou comprometido por eventos recentes, está agora sob o comando de Himmler. Os militares agora não devem mais fazer a saudação tradicional, mas sim levantar os braços e bramir: "*Heil Hitler*". Todo mundo está indignado, mas esses decretos frenéticos beiram o ridículo.

Ninguém tem notícias do General Fromm, o antigo comandante do *Ersatzheer*. Gottfried diz que os conspiradores não confiavam nele, pois ele não concordara explicitamente em participar; eles tinham portanto prendido Fromm no começo do *coup*, trancando-o no seu próprio gabinete na Bendlerstrasse, com o General Olbricht assumindo o comando.

O comandante do *Grossdeutschland-Wacht-Battalion* – a unidade que providencia a guarda de todos os prédios oficiais –, um certo Major Remer, libertou-o. Esse Remer deveria ter sido afastado antes do golpe. Parece que Helldorf sugeriu essa medida, mas os militares ignoraram sua advertência. Na verdade, Remer parecera aderir, logo no começo, mas então foi chamado por Goebbels, que providenciou uma conversa telefônica com o próprio Hitler[26].

Depois do almoço, Gottfried e Loremarie Schönburg apareceram para se despedir. Vão para a Pomerânia e esperam voltar dentro de uma semana. Tentaram de novo me persuadir a acompanhá-los. Ambos estão correndo grande perigo, mas não parecem se preocupar com isso. Tony Saurma foi para casa, na Silésia. Todos os meus amigos mais próximos estão no momento fora da cidade. Só eu fiquei. Mas eu *tenho* que ficar em Berlim.

A covardia do General Fromm no dia do golpe de nada lhe valeu. Preso no dia seguinte, ficou na prisão por vários meses, foi cruelmente torturado e afinal executado em março de 1945.

Sábado, 29 de julho. A situação de Adam Trott permanece estacionária. Muito já foi tentado, agora é preciso esperar. Vou tentar ir para a casa dos Pfuel durante o fim de semana.

---

[25] O Exército de Reserva – força que os conspiradores tencionavam usar deflagrando a Operação Valquíria.

[26] Como já se viu antes, Remer foi prender Goebbels, mas ao se dar conta de que Hitler estava vivo, e sendo promovido por este pelo telefone, voltou-se imediatamente contra os revoltosos.

Hoje pela manhã o telefone tocou no escritório. Era Loremarie Schönburg. "De onde?" "Do Adlon. Estou aqui com Melanie [*Bismarck*]. Não diga nada a ninguém. É uma surpresa. Não é ótimo?" Aquilo só podia significar que finalmente Gottfried Bismarck fora preso. Disse que correria para lá no horário do almoço. Chegando ao Adlon, encontrei-as com Otto, o irmão mais velho de Gottfried, que pelo que parece viajou durante a noite desde o Friedrichsruh[27]. Iam para Potsdam. Melanie, pálida, mas calma, pretende fazer de tudo para conseguir a libertação de Gottfried. Disse que tentaria falar com todo mundo. Otto vai falar com Göring. Loremarie me contou o que acontecera. Ontem, durante a viagem, o carro de Gottfried quebrou no caminho, e eles continuaram de trem. Em Reinfeld, eles tinham acabado de jantar, às três da manhã, quando três homens da Gestapo chegaram e prenderam Gottfried. Fizeram uma busca na casa. Deram-lhe tempo de falar com Melanie e vieram de carro com ele diretamente para Berlim. Melanie contou-me que ela fora avisada de que a casa dos Gersdorff está sendo vigiada e que o nosso telefone está sob escuta. Ela me pediu para que eu não visse mais Percy Frey. Eu prometi que pelo menos não o levaria mais até a casa.

À tarde Lore Wolf adentrou o escritório, chegando diretamente de Lisboa. Está esperando um bebê e voltou para Berlim por causa disso. Parece que ela veio de outro planeta: com novas roupas, descansada e bem-disposta. Ela está espantada com as mudanças por aqui. Antes do seu casamento, ela costumava trabalhar para Judgie Richter. Tatiana e Luisa Welczeck ainda eram solteiras e Josias Rantzau ainda estava por aqui. Tudo isso parece pertencer a um passado remoto!

Encontrei Percy Frey e Tino Soldati na estação do Zoo, e eles me deram uma carona até a casa dos Pfuel – numa viagem de uma hora. Lá encontrei Aga Fürstenberg e Georgie Pappenheim.

MAHNSFELDE[28] *Domingo, 30 de julho.* Quando fala sobre o 20 de Julho, C. C. Pfuel assume um tom decididamente cauteloso. Se eu menciono um detalhe qualquer, ele parece ficar atônito. Mudo de assunto. Fico conjeturando

---

[27] Propriedade, a leste de Hamburgo, concedida ao Chanceler Bismarck pelo *Kaiser* Wilhelm II. Hoje sedia uma fundação com seu nome, além dos túmulos dele e de sua esposa.

[28] Trata-se da comuna de Jahnsfelde, alguns quilômetros a leste de Berlim, no Estado de Brandemburgo, onde a família Pfuel tinha uma propriedade desde o século XVI.

se ele sabia de algo já antes. Se não soubesse, isso me surpreenderia, pois ele está na Abwehr e lá muitos estavam envolvidos no complô; mas, enfim, todo mundo é tão cauteloso nestes dias...

À tarde, Percy Frey veio de carro e levou algumas das pessoas para Buchow, à casa dos Horstmann, mas eu fiquei. Não quero ver ninguém.

BERLIM *Segunda-feira, 31 de julho.* Voltei ao escritório e o achei num estado de comoção. A recente declaração de Goebbels sobre uma "guerra total" semeou o pânico por todos os lados. O nosso Departamento de Informação deve dispensar 60% do pessoal, com os homens indo para o *front* e as mulheres para as fábricas de munição. Edith Perfall, Usch von der Groeben e Loremarie Schönburg estão sendo cortadas. Eu não. Pode-se perguntar o porquê, uma vez que todos os técnicos, fotógrafos etc. do meu arquivo fotográfico estão sendo dispensados também.

De um modo geral, tenho notado que o Dr. Six tem me dispensado uma consideração inesperada desde a prisão de Adam Trott. A tal ponto que a certa altura cheguei a sentir vontade de falar com ele sobre Adam, mas Judgie Richter me pediu que não o fizesse, pois na verdade ele estaria furioso. A prisão de Adam, diz ele, comprometeu todo o departamento. Ao mesmo tempo, ele nunca mencionou o nome de Adam em público, exceto numa reunião, quando declarou: *"Wir haben zwei Schweinehunde unter uns gehabt"* [*"Tivemos dois cães imundos entre nós"*]: Adam e Haeften. Provavelmente achou que pelo menos uma vez ele deveria tomar uma atitude publicamente. Mas ele nunca os mencionou depois. Porém a placa com o nome de Adam ainda está afixada na porta do seu escritório, como a de todo mundo. Isso me dá algum conforto, como se fosse o único símbolo de que ele ainda existe. A possibilidade da sua remoção me apavora.

Desde a primavera de 1944 Himmler vinha tentando estabelecer contatos para uma possível paz, através da Suécia. Algumas das viagens do Dr. Six para aquele país tiveram por objetivo levar a cabo essas tentativas. Se até Himmler duvidava da vitória alemã, o muito mais pragmático Six já deveria estar percebendo o que estava por vir. A sua atitude para com Trott e a própria Missie antes e depois do 20 de Julho poderia muito bem dever-se a um cálculo frio de que quando chegasse o dia do ajuste de contas, as conexões de ambos no campo dos

Aliados poderiam ser-lhe úteis. Confirmando essa hipótese, um dos confidentes de Six, o Dr. Hans Mohnke, testemunhou que Six dera instruções a ele e a outro oficial superior da SS, Dr. Schmitz, para rascunhar uma carta para Himmler, recomendando que, mesmo que alguns dos funcionários do AA fossem culpados (referência a Trott e Haeften), seria mais sábio não executá-los, mas mantê-los presos, para serem usados em possíveis negociações com os Aliados. Há conjeturas de que Himmler apoiasse essa ideia, mas, quando ele a levou a Hitler, este quase tivera um ataque epilético, e teria dito aos berros que "os do AA eram os piores de todos eles e deveriam ser enforcados até o último".

Durante o almoço Paul Metternich telefonou do Adlon. Estou horrorizada por ele ter corrido o risco de vir até aqui num momento destes. Mas ele está preocupado demais com seus amigos para ficar afastado. Ele disse que não contou a Tatiana que está aqui a fim de não deixá-la preocupada, fingindo ir a Praga para cuidar de sua outra propriedade tcheca. Disse ainda que Giorgio Cini está de novo por aqui. Estou contente por ter Paul por perto, mas que momento para vir a Berlim!

Mais tarde me juntei a Paul e Giorgio no Adlon. Otto Bismarck e Loremarie Schönburg também estavam lá. E o humor de Aga Fürstenberg está de novo dando o melhor de si. Ao ver Paul, ela gritou no *hall* do hotel: "Será que você é um dos conspiradores, Paul, já que está com esse ar tão carrancudo?". Neste momento ela e Tony Saurma são os nossos *enfants terribles*. No dia seguinte ao do atentado, Tony encontrou um colega de escritório na rua, bateu os calcanhares e, apresentando-se, murmurou: "Stauffenberg"!

Logo em seguida Otto foi com Giorgio para Friedrichsruh e, enquanto Paul falava com outra pessoa, Loremarie me puxou para um canto e me contou o que ela estivera fazendo nos dois últimos dias.

Antes que a Gestapo fosse embora com ele, Gottfried teve tempo de contar-lhe que as sobras dos explosivos usados na fabricação da bomba de Stauffenberg estavam escondidos em seu cofre, na sede da *Regierung* [Intendência] em Potsdam, e passou-lhe a chave às escondidas. Voltando a toda pressa com o primeiro trem da madrugada, ela chegou muito antes de Gottfried e de sua escolta e pegou os dois pacotes. Eles tinham cada um o tamanho de uma caixa de sapatos, enrolados em papel de jornal. Ela tomou então uma de nossas bicicletas e, equilibrando cuidadosamente um dos pacotes sobre o guidom, foi em direção ao parque de Sans-Souci[29]. No caminho ela colidiu com um rapaz entregador e caiu, com o pacote e tudo. Temendo que pudesse explodir – ela desconhece tudo, naturalmente, sobre essas coisas – ela jogou-se heroicamente sobre ele. É claro que nada aconteceu. Finalmente ela jogou-o num dos açudes do parque. Ele ficou voltando à tona, e ela o afundava de novo com um galho. Finalmente, desesperando-se, ela pescou-o de volta e enterrou-o atrás de uns arbustos. Ela já ia embora de bicicleta quando viu, do outro lado do açude, um homem que a observava. O quanto ele vira? Iria denunciá-la? Ela voltou à toda para a *Regierung*, mas agora estava nervosa demais para repetir a operação com o segundo pacote, de modo que enterrou-o num dos canteiros de flores do jardim. Anna, a criada dos Bismarck, auxiliou-a, não demonstrando a menor curiosidade. Loremarie deve literalmente ter salvo a vida de Gottfried, pois a casa foi revistada várias vezes, sendo que a primeira investida da polícia aconteceu apenas algumas horas depois da sua proeza[30].

De fato eu admiro a coragem de Loremarie e sua capacidade de agir, embora às vezes ela quase atinja um fanatismo perigoso.

Depois de um lanche na casa de Maria Gersdorff, Paul insistiu em ir até Potsdam. Ele queria que Melanie e Gottfried soubessem que seus amigos estão dando-lhes apoio. Chegamos bem tarde. Somente Otto e Loremarie estavam lá. Ficamos por uma hora e pegamos o último trem de volta. No caminho para casa eu me senti tão mal que em alguma das estações nós descemos e eu vomitei na plataforma, enquanto Paul, pacientemente, esperava ali por perto. Provavelmente era o começo de uma reação nervosa.

Paul é de uma grande ajuda – tranquilo e bem pragmático como sempre. Obviamente ele está certo quando diz que o que está acontecendo agora era

---

[29] Literalmente, "Sem Preocupação", nome do palácio de verão do Rei Frederico, o Grande, da Prússia, construído em 1747, em Potsdam. Hoje se escreve "*Sanssouci*".

[30] Em seu próprio livro de memórias (*Full Circle in a Shifting Europe*), já citado anteriormente, a irmã da autora, Tatiana, conta o mesmo episódio eventualmente com pequenas variantes e outros detalhes. Em sua versão, Loremarie conseguiu empurrar o pacote (que era muito pesado) para dentro d'água, depois de uma de suas pontas ter ficado aparecendo por ele estar muito perto da margem. Ao voltar para a *Regierung*, Loremarie deu-se ao cuidado de fazer um caminho labiríntico, para despistar eventuais perseguidores. A Gestapo teria chegado ao prédio apenas meia hora depois de ela ter enterrado o último pacote. E Tatiana afirma (a edição do livro é de 2004) que provavelmente os pacotes ainda estão onde Loremarie os deixou. Confesso que não fui verificar *in loco* se isso era verdade.

inevitável e nada podemos fazer a respeito. Já que o *coup* falhou, é natural que todos os envolvidos venham a pagar por ele. E mais: ele dá aos nazistas uma oportunidade – esperada há muito – para se livrarem de todos aqueles a quem odiavam e temiam[31].

Paul anda com uma bengala que pertenceu a seu ancestral, o Chanceler. Ele não está acostumado a usar uma e com frequência tropeça nela. Ela tem a aparência enganosa de ser leve, recoberta por algum tipo de trançado de fios de palha. Na verdade, ela é de ferro maciço, pesa uma tonelada e quando ele a deixa cair ela bate no chão com o ruído de um tiro de pistola. Na primeira vez em que isso aconteceu eu dei um pulo gigantesco de susto. Paul tem a intenção de usá-la, se for o caso.

Um outro conspirador de primeiro plano, o Major-General Henning von Tresckow, observou, um pouco antes de se suicidar depois do fracasso do atentado: "Nenhum de nós lamenta a própria sorte. Todos os que se juntaram à Resistência vestiram a túnica manchada de sangue de Nessus. Mas o valor de um homem só pode ser medido pela sua disposição de sacrificar a própria vida por suas convicções".

Terça-feira, 1º de agosto. Paul Metternich partiu hoje de manhã, agora que ele já sabe de tudo. Ele ficou insistindo que eu deveria me valer de minha licença para tratamentos de saúde e me juntar a eles em Königswart. Já que o primeiro julgamento só poderá acontecer dentro de três semanas, pelo que nos disseram, prometi ir para lá.

Otto von Bismarck veio almoçar na casa de Maria Gersdorff. Ele está tentando com todas as forças ajudar Gottfried, mas até agora nenhum dos potentados se dignou a "recebê-los", nem ele nem Melanie. Mandaram co-

---

[31] Além das determinações pessoais e vingativas de Hitler, é marcante a fúria com que a Gestapo caiu em cima dos conspiradores que conseguiu apanhar – a maioria deles. E também o comportamento raivoso do principal juiz do processo, o Dr. Roland Freisler. No caso da Gestapo, além dos sentimentos de ódio em relação aos aristocratas das Forças Armadas (que, por sua vez, manifestavam uma espécie de desprezo pelos "recém-chegados", o que incluía os membros da SS), havia evidentemente um afã para "mostrar serviço", pois a verdade é que a corporação fora pega de surpresa pelo atentado. E, olhando-se de hoje, provoca ainda mais espanto o fato de que tudo isso acontecia num momento em que a sorte da Alemanha já estava claramente selada. As últimas execuções – verdadeiros assassinatos – de conspiradores aconteceram alguns dias antes do suicídio de Hitler e da rendição alemã.

mida através da Gestapo, mas não sabem se Gottfried a recebeu. Alex Werth mandou uma valise para Adam Trott, mas também não sabe se ela chegou a suas mãos.

À noite eu me encontrei com Percy Frey entre as ruínas e discutimos várias possibilidades de fuga. Loremarie vem industriando Percy a conseguir documentos suíços para aqueles que conseguirem escapar. Alice Hoyos (a irmã de Melanie) chegou de Viena e está se ocupando em descobrir em que prisão eles estão.

Mais tarde Percy levou-me de carro até Wannsee, onde eu e Otto fôramos convidados para jantar por Anfuso, o embaixador de Mussolini aqui. Anfuso está com sua esposa, com que se casou faz pouco. Ela é uma linda jovem húngara chamada Nelly Tasnady[32], de uma beleza parecida com a de Tatiana.

Não tive tempo de perguntar a Otto se ele pretendia mencionar o que acontecera com Gottfried, mas logo me dei conta de que ele não o faria. De certo modo isso me surpreendeu, pois ele e Anfuso eram grandes amigos. Por outro lado, ele foi um dos poucos embaixadores italianos que permaneceram fiéis a Mussolini depois de sua queda, e eu o respeito por isso. Jantamos e depois nos assentamos longe da mesa para conversar. Anfuso somente conseguia falar sobre "a bomba". Ele chegara lá logo depois do acontecido, pois estava lá com outro alto funcionário para acompanhar Mussolini numa visita ao supremo QG. Ele disse que naquela noite Hitler era a única pessoa que estava bem composto; o resto de seu pessoal parecia aturdido. Anfuso disse que a princípio sentiu-se como pisando em brasas, pois temia que quem cometera o atentado pudesse ser algum italiano pró-Badoglio. Fora um alívio saber que o autor era alemão. Ele estava cheio de gracejos. Enquanto isso, eu e Otto nos esforçávamos para parecer que estávamos despreocupados e até nos divertindo.

Saímos cedo. Otto dirigiu, seu motorista sentou-se no banco de trás. Ele perguntou-me em inglês se eu vira Loremarie ultimamente, porque Melanie fora presa esta noite em Potsdam. Dois homens e uma mulher foram atrás dela na *Regierung*, onde ela ainda morava, pois oficialmente Gottfried continua sendo o *Regierungspräsident*. Eles revistaram a casa, mas não o jardim. Graças a Deus! Por sorte Loremarie se mudara para o Adlon. Otto tinha certeza de

---

[32] Kornelia ("Nelly") Tasnady-Szucs.

que seria o próximo membro da família a ser preso e pediu-me para acompanhá-lo até o Adlon, pois, se a polícia já o esperasse lá, eu poderia avisar sua mulher Ann Mari em Friedrichsruh. Eu fui. Já passava da meia-noite. Otto examinou cuidadosamente o *hall*, o escaninho das cartas, e perguntou se alguém o procurara; mas tudo parecia em paz. Combinamos que eu lhe telefonaria na manhã seguinte às dez. Se me dissessem que ele saíra, eu saberia que algo estava errado.

Quarta-feira, 2 de agosto. Eu mesma moro no Adlon com Loremarie Schönburg. Chamei Otto ontem na hora combinada. Tudo parecia bem. Também consegui falar com Tatiana: Paul Metternich voltou em segurança para Königswart. Contei-lhe que em breve eu me juntaria a eles.

Nesta noite houve outro ataque. Nós nos sentíamos muito cansadas para descer, mas de repente ouvimos duas enormes explosões, vestimos umas calças e suéteres e nos precipitamos para o *bunker*. Todos os hóspedes do hotel pareciam ter feito o mesmo, vestindo-se às pressas; Karajan[33], normalmente tão aprumado e escovado, estava de pés descalços, com uma capa de chuva militar, despenteado e com mechas de cabelo arrepiadas.

Quinta-feira, 3 de agosto. Loremarie passa a maior parte do tempo no QG da Gestapo na Prinz Albrechtstrasse[34], onde ela conseguiu fazer "um contato". Ele é um dos *aide-de-champs* de Himmler, que ela conheceu anos atrás. Ela está tentando saber, através deles, como as coisas estão com Gottfried Bismarck e Adam Trott. Ele tem reações completamente desanimadoras, dizendo que "*die Schweinehunde*" [os patifes] pagarão com sua cabeça. Loremarie, que sabe quando e como usar o seu charme, debate com ele aparentando ingenuidade. Na verdade, o que ela está tentando descobrir é se algum dos carcereiros poderia ser subornado. Ela também está tentando conseguir um encontro com *Obergruppenführer* Wolff, conhecido como um dos generais mais "mansos" da SS, que veio para cá numa de suas raras saídas da Itália,

---

[33] O maestro.

[34] Hoje essa rua chama-se Niederkirchnerstrasse. Depois da queda do Muro de Berlim, que passava ao lado, escavações no local encontraram remanescentes das celas da Gestapo, bem como da SS, vizinhas àquelas. Elas podem ser visitadas hoje, sendo parte do museu chamado de *Topographie des Terrors* – Topografia do Terror.

onde é o vice-comandante do Marechal de Campo Kesselring[35]. *Obergruppenführer* Lorenz, que é considerado, dentro dos padrões "deles", um homem decente e que tem se ocupado, sobretudo, de acomodar os alemães repatriados da Europa Oriental, é um tio da esposa de Alex Werth – ele tem duas filhas adoráveis que Georgie costumava ver com frequência. Aparentemente ele está fazendo tudo o que pode em favor de Adam; mas está sendo muito vigiado nos últimos tempos, provavelmente *porque* não é tão ruim quanto os outros e, por isso, talvez não venha a ser muito útil[36]. Numa de suas visitas a Gestapo Loremarie entrou num corredor e deu com o próprio Adam. Ele estava algemado, e evidentemente o levavam para um interrogatório. Ele a reconheceu, mas olhou como se não a visse. A expressão do seu rosto, ela disse, era de alguém que já estava em algum outro mundo. Seguramente eles estão sendo torturados.

Chegando a uma escada, ela também viu o Embaixador von Hassell. Ele estava com uma camisa de força e seu braço, numa tipoia. Ela almoçara com ele alguns dias antes e não havia nada de errado com seu braço naquela

---

[35] O General Karl Friedrich Otto Wolff (1900-1984) foi um dos principais oficiais da SS e, sem dúvida, o mais importante na Itália. Esteve envolvido em deportações de judeus e foi, pelo menos, testemunha de massacres de civis e membros da Resistência. Consta que se recusou a obedecer uma suposta ordem de Hitler para que sequestrasse o Papa Pio XII. Foi indicado por Hitler para ser assessor especial de Mussolini depois da queda deste. Assinou a rendição das forças nazistas aos Aliados em 2 de maio de 1945. Preso depois da guerra, foi condenado em 1948 e solto logo em seguida. Diante de novas evidências, foi novamente julgado em 1962 e condenado a quinze anos de prisão. No entanto, foi solto novamente em 1969. O Marechal de Campo Albert Kesselring (1885-1960) atuou em várias frentes da guerra, da União Soviética à África. Como comandante na Itália, foi um dos acusados pelo massacre de 335 civis italianos na Fossa Ardeatina, perto de Roma. No fim da guerra, estava na Frente Oriental, onde acabou entregando-se aos norte-americanos na Áustria, em 9 de maio de 1945. Foi condenado à morte em 1947 por um tribunal britânico. Entretanto sua pena foi comutada para prisão perpétua e ele obteve o perdão em 1952, sendo solto.

[36] O *Obergruppenführer* Werner Lorenz (1891-1974) foi o encarregado de "colonizar" terras "etnicamente limpas" (quer dizer, consideradas "vazias" depois que seus habitantes foram deslocados ou exterminados) no Leste Europeu, sobretudo na Polônia, com alemães. Depois, à medida que a maré da guerra virou contra os nazistas, ele foi o encarregado de repatriar esses "colonos". Depois da guerra, Lorenz foi julgado em Nuremberg e condenado a vinte anos de prisão. Foi solto em 1955. A questão dos "repatriados" alemães está em aberto até hoje, pois há sobreviventes entre eles ou até mesmo descendentes que reivindicam reintegração de posse na Polônia ou indenizações pelas "perdas" sofridas.

ocasião. Nesses encontros do acaso, ninguém, de parte a parte, dá mostras de reconhecer o outro.

Muitos dos presos não eram apenas espancados selvagemente, mas também torturados com crueldade; as práticas mais comuns eram o arrancar das unhas, o esfolar das pernas com perneiras dotadas de pregos e até mesmo a "roda" medieval. Para a duradoura reputação dos conspiradores do 20 de Julho, registre-se que muito poucos cederam à tortura. O que explica o porquê, apesar do banho de sangue que se seguiu, de a Gestapo não ter descoberto tudo até o fim da guerra.

Hassell constava, com o Conde von Schulenburg, de uma das listas dos conspiradores com nomes para um futuro gabinete de governo, como um dos potenciais ministros da pasta de Relações Exteriores. Quando o golpe fracassou, ele ficou vagando durante dias pelas ruas de Berlim, antes de voltar para o escritório a fim de calmamente esperar pela prisão. A maioria dos foragidos recusou-se a pôr em perigo seus amigos, escondendo-se em suas casas, enquanto outros simplesmente quase se entregaram, para evitar represálias contra "conhecidos e parentes".

Hoje pela manhã eu estava "trabalhando" no escritório quando Peter Bielenberg adentrou. Ele sempre foi muito próximo de Adam. Tinha vindo ver Alex Werth, que saíra. Sentamo-nos nas escadas e contei-lhe o que havia para contar. Ele insistiu que *deve* haver um meio de libertar Adam. Disse que ele é mantido prisioneiro fora de Berlim, mas que vem todas as manhãs – com a escolta de um único homem – para o QG da Gestapo na Prinz Albrechtstrasse, para ser interrogado. O meio de libertá-lo seria emboscar o carro, depois do que Adam teria de ser levado clandestinamente para *Warthegau* [*a Polônia ocupada*] e escondido junto dos guerrilheiros poloneses com que Peter (que gerencia uma fábrica por lá) está em contato. Que alívio conversar com alguém que está pronto para agir e decidido a enfrentar até mesmo a SS! De fato, quando se leva em conta a quantidade de oficiais importantes que tomaram parte no complô, e que não puderam ainda ser presos, isso *parece* algo factível.

A princípio, os implicados no 20 de Julho ficavam no QG da Gestapo na Prinz Albrechtstrasse. Mas como seu número crescia, foram removidos para o chamado Zellengefängnis Moabit na Lehrterstrasse, a dois quilômetros e meio dali, de onde voltavam para os interrogatórios.

Aos poucos está ficando claro que o golpe teve sucesso em quase toda parte, exceto em Berlim. Em Paris tudo funcionou bem, todos os oficiais superiores da SS tinham sido presos e quase toda a Frente Ocidental estava para cair sobre o controle dos conspiradores. Já agora o General von Stülpnagel, que comandava as tropas na França, tentou matar-se com um tiro. Não morreu, mas ficou cego. O Marechal von Kluge, GOC [General Obercommandant – comandante-geral] da Frente Ocidental, conversara muito com Gottfried, mas não parece ter se comprometido ainda. Loremarie contou-me que Rommel também estava implicado, mas que sofreu um acidente terrível um pouco antes do dia 20 de julho e ainda está no hospital.

Muitos oficiais superiores da Frente Ocidental estavam envolvidos no complô, a começar pelo GOC dessa frente, o Marechal de Campo Hans von Kluge, e o governador militar da França, General Heinrich von Stülpnagel. Às 6h30 da tarde este último recebeu um telefonema do General Beck, do QG na Bendlerstrasse: "Você está conosco?" "Claro!" – foi a resposta, e em poucas horas, sem que um único tiro fosse disparado, 1.200 homens-chave da SS e da Gestapo, incluindo o Gruppenführer *da SS, Carl-Albrecht Oberg – representante de Himmler na França – estavam detidos. Mas, mais tarde naquela noite – quando chegou a notícia de que Hitler estava vivo e que o* putsch *em Berlim estava girando em falso –, quando o* entourage *de Kluge exortou-o a prosseguir por conta própria e assinar um armistício com os Aliados, ele recuou e ordenou que os detidos da SS fossem libertados. Por volta da meia-noite o* putsch *em Paris também acabara.*

Quando seu carro passava por Verdun (onde ele lutara na Primeira Guerra), Stülpnagel ordenou ao motorista que fizesse uma parada para ele poder "esticar as pernas". De repente o motorista ouviu um tiro e, acorrendo, encontrou seu general com uma pistola na mão, cego, mas ainda vivo. Apesar do ferimento, ele foi arrastado perante o Tribunal do Povo do juiz Freisler. No dia 30 de agosto, foi enforcado junto com vários outros conspiradores do "Grupo Ocidental". Muitos outros teriam o mesmo destino.

Embora repetidamente procurado pelos conspiradores e certamente simpático à sua causa, o Marechal de Campo Rommel, um dos comandantes favoritos de Hitler, nunca se comprometera. Entretanto, depois do Dia D na Normandia, ele enviou um ultimato a Hitler exigindo o fim da guerra na Frente Ocidental. Dois dias depois, voltando da Normandia, seu carro foi metralhado por caças

Aliados e ele foi gravemente ferido. Enquanto se recuperava em casa, na Alemanha, seus contatos com os conspiradores vieram à luz. No dia 14 de agosto, tendo recebido um ultimato – suicidar-se ou enfrentar a prisão e o julgamento com sua família –, Rommel tomou veneno. Para manter as aparências, Hitler deu-lhe um funeral com honras de Estado[37].

Também em Viena tudo correu bem, mas a tomada do poder durou apenas 48 horas. Nessa altura aqueles que se envolveram já estavam tão comprometidos que quase ninguém escapou.

Como em Paris, em Viena o golpe militar foi bem-sucedido. Mas quando, algumas horas depois, os comandantes locais se deram conta de que "Valquíria" era uma fachada para permitir uma derrubada do regime, eles recuaram, e a SS e a Gestapo retomaram o poder.

Ao contrário do que Missie pensava, em nenhum outro lugar da Alemanha ou da Europa ocupada o apelo dos conspiradores para derrubar o regime encontrou uma resposta positiva – sendo isso uma prova evidente de sua falta de apoio mesmo entre as Forças Armadas alemãs[38].

---

[37] Heinrich von Stülpnagel (1886-1944) alinhou-se a princípio aos nazistas, aceitando as teses do antissemitismo e do antibolchevismo, mas desde a "Noite dos Longos Punhais" – o assassinato de vários membros dos SA pela SS em 1934 – ele começou a se mostrar crítico em relação a Hitler. Sua insatisfação cresceu em 1938, com as trocas que Hitler promoveu no Estado-Maior das Forças Armadas, submetendo-as a seu comando pessoal. Terminou envolvendo-se com os conspiradores do 20 de Julho. O Marechal Rommel discordava dos conspiradores no sentido de que achava que o assassinato de Hitler poderia jogar o país numa guerra civil, preferindo depô-lo e levá-lo a julgamento. O General Carl-Albrecht Oberg era próximo de Reinhardt Heydrich e foi o responsável pela deportação de 40 mil judeus da França. Aprisionado pelos norte-americanos em 1945, foi duas vezes julgado, uma pelos britânicos e outra pelos franceses. Nas duas vezes foi condenado à morte. Entretanto as duas sentenças foram sucessivamente comutadas para prisão perpétua e vinte anos de trabalhos forçados. Acabou perdoado e solto em 1962.

[38] Esse é um dos mais claros sinais das contradições em que os conspiradores se enredaram. Para derrubar o regime, tinham de usar um dispositivo estratégico do próprio regime: a Operação Valquíria. Tinham de agir como se estivessem defendendo o regime para derrubá-lo. Além disso, dependiam de um único homem realmente de ação: Stauffenberg. Ele tinha de matar Hitler e logo em seguida voltar a Berlim para, no fundo, assumir o comando da operação. Ou seja, ela tinha mesmo tudo para fracassar. Mas é bom lembrar que isso é uma avaliação feita setenta anos depois.

Hoje à noite Loremarie, Georgie Pappenheim, Tony Saurma e eu nos reunimos na casa de Aga Fürstenberg para jantar. Carne enlatada, até mesmo uísque – as últimas doses enviadas por Georgie da Espanha. Depois Tony deu uma carona para mim e Loremarie até o Adlon. Graças à sua perna ferida, ele ainda tem permissão para usar um carro. Ele se tornou indispensável. Ele está sempre brincando, é muito solícito, é um apoio sólido e tem muita coragem. Restaram tão poucos como ele...

Desde a prisão de Adam tenho tentado falar com Hasso Etzdorf, que, agora eu sei, foi um dos primeiros membros do complô. O que, é claro, é o motivo de ter sido sempre tão evasivo, inclusive comigo. Ouvi dizer que ele estava na cidade e poderia ter alguma sugestão. Alguns dias atrás ele passou por mim de carro, na Kurfürstendamm, parou, desceu e voltou para falar comigo. Daí, tomando meu braço, ele me arrastou através das ruínas até a escada de incêndio do prédio bombardeado do conhecido fotógrafo Vog. Só então ele falou. Ele confirmou o boato de que Fritzi Schulenburg guardara listas dos envolvidos e de suas funções no futuro. Loucura! Contei-lhe quão desesperadamente eu tentara entrar em contato e o quanto eu contava com ele. Ele disse que o pior era que não restava ninguém em alguma posição influente com quem se pudesse contar. Apesar de tudo, prometeu fazer o que pudesse. Tive a impressão de que ele mesmo esperava ser preso a qualquer momento; ele ficava olhando para todos os lados e parava de falar sempre que ouvia algo. Ele prometeu vir me ver dentro de alguns dias, mas não tive mais notícias suas desde então.

KÖNIGSWART *Sábado, 5 de agosto.* Hoje pela manhã tomei um dos primeiros trens para cá, onde pretendo ficar quanto permita a minha licença médica.

Domingo, 6 de agosto. Hansi Welczeck, que está treinando perto de Dresden, veio passar o fim de semana. Sigi, a esposa dele, está passando o verão aqui, numa estação de cura com Tatiana. Passamos a maior parte do tempo deitadas ao sol e falando sobre o 20 de Julho. Paul Metternich está providenciando os seus melhores vinhos e Hansi está engordando a olhos vistos. Na hora do chá chegou uma imensa limusine no pátio. Thanhofer, o fiel mordomo e secretário de Paul, tinha barricado todas as portas. Estávamos convencidos de que era a polícia. Tatiana foi ao encontro deles, tentando parecer despreocupada. A porta se abriu e a irmã de Sigi, Reni Stinnes, saltou. Ela estava dirigindo o carro do seu namorado. Ele parece ser um levantino, que, também parece, faz negócios no mercado negro. Reni ficou para o chá e descreveu Budapeste, onde ela esteve recentemente para comprar roupas. Parece um oásis.

Terça-feira, 8 de agosto. Notícia na primeira página de todos os jornais hoje: o Marechal de Campo von Witzleben, o Tenente-General von Hase, o Coronel-General Hoepner, o Major-General Stieff, o Conde Peter Yorck von Wartenburg e muitos outros – oito no total – foram expulsos do Exército e seráo levados a julgamento perante o fatídico *Volksgericht* [*Tribunal Popular*]. Isso significa, é claro, que seráo condenados à morte por fuzilamento ou na forca. O cabeçalho do anúncio é "Alta traição". Nenhum dos outros que sabemos estarem presos é mencionado. Isso nos dá uma tênue esperança de que as autoridades possam querer minimizar tudo.

Já em 24 de julho Martin Bormann tinha advertido todos os Gauleiters que Hitler desejava ansiosamente que os comentários sobre o coup não degenerassem num ataque geral a toda a corporação militar. A ênfase deveria ser colocada na apresentação do atentado como um gesto isolado, não uma conspiração de amplo alcance. Por sua vez, os altos oficiais do generalato fizeram sua parte para evitar qualquer ataque às Forças Armadas: no dia 4 de agosto uma "Corte de Honra" especial, presidida pelo prestigiado Marechal de Campo Gerd von Rundstedt, expulsou da corporação todos os militares envolvidos no complô, entregando-os assim às mãos do carrasco[39].

---

[39] Segundo a lei, militares não poderiam ser julgados por tribunais civis. Mas era vontade de Hitler que todos os conspiradores fossem julgados pelo *Volksgericht*, presidido pelo juiz Roland Freisler (ver nota 53, p. 347-8). Assim, eles tinham de ser expulsos para que isso pudesse acontecer. Outras informações: o Major-General Helmuth Stieff (1901-1944) começou a se desiludir com Hitler durante a campanha da Polônia, logo no começo da guerra, mencionando em carta à esposa as "atrocidades" cometidas pelo Exército nazista contra civis, judeus em particular. Conseguiu alguns dos explosivos que foram usados na preparação de atentados contra Hitler. No dia 20 de julho de 1944 voou com Stauffenberg e von Haeften de Rastenburg para Berlim. Foi preso logo em seguida, torturado barbaramente, condenado e executado. Martin Bormann (1900-1945) era o secretário particular de Hitler. Era quem controlava o fluxo de informação

DIÁRIOS DE BERLIM   341

O rádio dos Aliados não faz sentido para nós: eles ficam nomeando pessoas que, dizem, estavam entre os conspiradores. Entretanto alguns deles ainda nem foram acusados oficialmente.

Lembro-me de ter advertido Adam Trott de que isso aconteceria. Ele ficava alimentando esperanças de um apoio dos Aliados a uma Alemanha "decente", enquanto eu lhe dizia que nesta altura eles estavam determinados a destruir a Alemanha, *qualquer* Alemanha, e não hesitariam em eliminar os alemães "bons" junto com os "maus".

Foi muito – e curiosamente – difícil conseguir informações precisas sobre essas emissões de rádio dos Aliados, que foram certamente fatais para alguns que poderiam talvez, sem elas, ter sobrevivido.

Todos os responsáveis pelas transmissões de rádio britânicas para a Alemanha, durante a guerra que este editor procurou negaram ter conhecimento delas. No entanto, sua existência está além de qualquer dúvida. Como Christabel Bielenberg, esposa de Peter, afirma em seu livro The Past is Myself *(cit.): "Não havia qualquer ajuda... A satisfação ponderosa de Churchill com 'os alemães matando alemães'; ou aquela airosa equipe da* Soldatensender Eins, *em geral*

---

que chegava a Hitler, bem como o acesso a ele, e por isso era odiado por outros nazistas proeminentes, como Himmler, Göring etc. Era também o presidente da "Chancelaria do Partido", órgão diretor do Nationalsozialistische Deutsche Arbeiterpartei (Partido Nacional Socialista dos Trabalhadores Alemães, o nome oficial do Partido Nazista). Ficou com Hitler até o fim. Depois do suicídio deste, tentou furar o cerco soviético com mais alguns nazistas e desapareceu. Um dos companheiros de fuga, preso mais tarde, afirmou que ele se suicidara no dia 2 de maio. Como seu corpo não foi encontrado, chegou a ser julgado *in absentia* em Nuremberg e condenado à morte. Durante décadas foi procurado em toda parte, do Paraguai a Moscou. Reinhard Gehlen (1902-1979), o ex-general da SS que fundou e dirigiu durante anos a primeira agência do serviço secreto da Alemanha Ocidental (o *Bundesnachrichtendienst*, BND), chegou a afirmar que ele fora um espião soviético e vivia clandestinamente em Moscou. Porém, em escavações do metrô de Berlim, perto de onde hoje fica a Estação Central (Hauptbahnhof, antiga Lehrter Bahnhof), uma ossada descoberta foi identificada com sendo sua, em 1972. A identificação foi contestada por várias associações de perseguição aos nazistas, mas foi confirmada em 1999 por exames de DNA em comparação com o de descendentes. O Marechal Gerd von Rundstedt (1875-1953) foi sondado várias vezes pelos conspiradores, sem sucesso. Entretanto não os denunciou. Porém seu nome ficou indelevelmente ligado ao fato por sua participação nesse ato de expulsão dos militares para que pudessem ser entregues a Freisler. Preso em 1945, acusado de crimes de guerra, não foi levado a julgamento por sua idade e estado de saúde, considerado precário, padecendo de artrite e problemas cardíacos. Foi solto em 1949.

ótima para dar umas risadas, mas agora transformada em macabros escoteiros alacremente martelando pregos em caixões de defunto ao implicar quem eles podiam naquilo que chamavam de 'A Conspiração da Paz'...". Quem chegou mais perto de admitir algo a respeito foi Michael Balfour no livro Propaganda in War: 1939-1945 ([Londres,] Routledge & Kegan Paul, 1970): "Ao mesmo tempo, Soldatensender Calais, além de alimentar boatos sobre as pessoas que estiveram envolvidas, contribuía para aumentar a desconfiança entre o Partido e o Exército, o que foi, sem dúvida, uma consequência indubitável...". Tanto a Soldatensender Eins quanto a Soldatensender Calais[40] usavam antigas ondas de rádio controladas pelos alemães para enviar um verdadeiro "contrabando" de propaganda desmoralizante para a Alemanha. Quem dirigia essas emissões era o Ministério da Informação, em Londres.

Além das motivações mais sinistras que vêm à mente à luz da autoconfissão de Kim Philby[41] sobre seu papel na inteligência britânica para neutralizar, com sucesso, alguns dos balões de ensaio lançados pelos membros da Resistência (ver seu livro My Secret War, [Londres,] Granada Publishing, 1969), estes próprios podem ter sido em parte responsáveis por tais transmissões destrutivas ao exagerarem o número e a proeminência de alguns dos supostos simpatizantes, para impressionar os Aliados.

---

[40] Estas eram duas das transmissões de propaganda britânica dirigida à Alemanha durante a guerra. Seu principal animador foi o jornalista de nacionalidade britânica, mas nascido em Berlim, Denis Sefton Delmer (1904-1979). O repertório incluía desde contrainformações sobre batalhas quanto piadas (?) sobre estarem as mulheres alemãs se divertindo com trabalhadores estrangeiros enquanto seus maridos – soldados – lutavam no *front*. Sefton Delmer trabalhou como correspondente na Alemanha antes da guerra, e foi o primeiro jornalista britânico a entrevistar Hitler.

[41] Harold Adrian Russell ("Kim") Philby (1912-1988) foi um espião soviético infiltrado durante anos no serviço secreto britânico (no caso, a agência conhecida como MI6). Foi o protagonista do maior escândalo da espionagem britânica, o caso do chamado grupo dos "Cinco de Cambridge", cinco membros da elite britânica, todos infiltrados no serviço secreto. Três deles – incluindo Philby – acabaram se refugiando em Moscou. Um – que era nada mais nada menos do que o curador das obras de arte da Coroa Britânica (*Sir* Alistair Blunt) – obteve o benefício da delação premiada. A identidade (e portanto o destino) do quinto permanece incerta. O livro referido hoje está editado pela Modern Library (Londres, 2002), com o nome de *My Silent War: The Autobiography of a Spy*. Ver também *Spycatcher*, de Peter Wright, editado no Brasil pela Bertrand Brasil com o título de *O caçador de espiões*, hoje disponível apenas em sebos. Peter Wright, também do serviço secreto, notabilizou-se, entre outras coisas, por ser um dos caçadores mais encarniçados do "grupo dos cinco" e da identidade, sem sucesso definitivo, do quinto membro do grupo.

Essa atitude ambígua dos Aliados em relação à Resistência antinazista, que tanto desapontou os conspiradores antes do 20 de Julho, continuou depois do fracasso do golpe. Enquanto já em 23 de julho o "Comitê Nacional por uma Alemanha Livre", apoiado pelos soviéticos, conclamava a Wehrmacht *e a população civil a apoiar o movimento, embora ele já tivesse fracassado, os britânicos permaneciam distantes de qualquer manifestação positiva. No devido tempo a BBC recebeu instruções para interpretar a matéria não como o começo de uma guerra civil (como fizera no início), mas apenas como uma prova de que os generais alemães, diante da inevitável derrota, consideravam sem sentido continuar a luta. Como Winston Churchill disse a Brendan Bracken[42], quando este lhe trouxe a notícia: "Quanto mais os alemães se matarem entre si, melhor".*

Quarta-feira, 9 de agosto. Paul Metternich recebeu um cartão-postal de Albert Eltz, que acabou de passar algumas poucas horas em Berlim. "Caro Paul. Estou em Berlim. Estou desesperado. Que tragédia! Que confusão! Todas as nossas esperanças reduzidas a pó. O que você me diz do atentado contra a vida do *Gauleiter*? Graças à Providência nosso glorioso Líder foi salvo mais uma vez. Seu querido Albert."

Sexta-feira, 11 de agosto. Os jornais trazem detalhes da primeira sessão do *Volksgericht* e da acareação do primeiro grupo de acusados. Da forma como estão publicadas, suas respostas, na maioria, parecem ser uma pura invencionice – no padrão dos julgamentos espetaculosos de Stalin. Algumas vezes elas parecem não fazer qualquer sentido, e estão redigidas de tal modo a ridicularizar os acusados perante os olhos da nação. O juiz-presidente, chamado Freisler, é, evidentemente, um canalha nojento e cínico. Ninguém o esquecerá.

Todos os acusados foram condenados à forca. O General von Hase e sua família eram bons amigos da nossa; mamãe, sobretudo, os via regularmente. Eles até vieram aqui de visita. O Conde Yorck era um amigo próximo de Adam Trott. Todos os seus irmãos e irmãs foram presos, com exceção da viúva do Embaixador von Moltke.

---

[42] Brendan, Visconde de Bracken (1901-1958) foi o ministro da Informação da Grã-Bretanha de 1941 a 1945. É apontado como um dos responsáveis pela indicação de Winston Churchill como primeiro-ministro em 1940, sucedendo a Neville Chamberlain.

O ex-comunista (convertera-se num enquanto era prisioneiro de guerra na Sibéria durante a Primeira Guerra), Dr. Roland Freisler (1893-1945) participara da fatídica conferência de Wannsee de 20 de janeiro de 1942 que planejou a "Solução Final" para o problema judeu na Europa ocupada. Em agosto de 1942 ele foi nomeado presidente do Volksgericht, *um tribunal de exceção e sumário, in camera*[43] *e sem direito a recurso, destinado aos acusados de crimes contra o Terceiro Reich.*

O próprio Hitler definira a base das regras dos julgamentos: "O ponto mais importante é que não lhes seja dado tempo [aos acusados] *de fazer longos discursos. Mas Freisler vai cuidar disso. Ele é o nosso Vyshinsky!" – referindo-se ao promotor-chefe* [e juiz] *de Stalin nos julgamentos espetaculosos de Moscou*[44]. *Para ridicularizá-los aos olhos dos espectadores escolhidos a dedo, os acusados não podiam usar gravatas, suspensórios ou cintos, dando oportunidade para que Freisler ironizasse a maneira como alguns tinham de segurar as calças com as próprias mãos.*

A um sinal de Freisler, câmeras ocultas começavam a rodar, quando ele então se punha a gritar invectivas contra os acusados para desmoralizá-los e impressionar a audiência – e, sobretudo, o próprio Hitler, para quem os filmes eram levados e rodados. Os técnicos reclamavam inutilmente que seus gritos tornavam a trilha sonora ininteligível. Suas tiradas, sarcasmos e vulgaridades chocaram até mesmo o ministro da Justiça, Dr. Thierack (ele próprio responsável por algumas das leis criminosas promulgadas pelo Terceiro Reich; suicidou-se enquanto era prisioneiro dos Aliados)[45]. *Este se queixou a Martin Bormann, dizendo que o comportamento de Freisler era "muito questionável e compromete a seriedade*

---

[43] *In camera* designa normalmente um julgamento que é processado sem livre acesso por parte do público. No caso, a audiência dos julgamentos dos acusados pela conspiração tinham expectadores selecionados e hostis a eles.

[44] Sobre Roland Freisler, e sua relação com o estilo de Vyshinsky, bem como com o de Joe McCarthy, do Senado norte-americano, sugiro uma consulta a meu artigo "Roland Freisler (1893-1945): lições da biografia de um juiz", na página do site *Carta Maior* (ver <http://www.cartamaior.com.br/?/Editoria/Principios-Fundamentais/Roland-Freisler-1893-1945-licoes-da-biografia-de-um-juiz/40/29584>; acesso em 15 dez. 2014).

[45] Dr. Otto Georg Thierack (1889-1946) foi nomeado ministro da Justiça em 1942. Tornou-se o responsável direto pelas normas e procedimentos que instruíam o julgamento e a execução dos acusados de crimes contra o Terceiro Reich, bem como a eliminação de judeus, ciganos e outros "indesejáveis" pelo regime. Preso depois da guerra, suicidou-se para evitar ir a julgamento em Nuremberg.

desta importante ocasião". Originalmente, Goebbels planejara mostrar os filmes nos jornais cinematográficos divulgados semanalmente, mas a primeira mostra fez tal impressão negativa sobre a audiência nazista escolhida a dedo que a ideia foi abandonada. Uma única cópia sobreviveu – na Alemanha Oriental, onde foi descoberta trinta anos mais tarde e mostrada para uma audiência estarrecida na TV da Alemanha Ocidental em julho de 1979[46].

Sábado, 12 de agosto. Uma carta de Maria Gersdorff. Seu estilo é muito nebuloso. Evidentemente ela não pode dizer muito... "tudo tão triste e depressivo...". Tendo a me fixar na ideia de que ela se refere a esse primeiro julgamento, mas assim mesmo me sinto muito perturbada.

Antoinette Croy e seu marido vieram de carro de Karlsbad. Ela nos deu as últimas notícias de Paris. Ela viu Georgie com muita frequência. Aparentemente ele se ofereceu, graças a seus contatos com a Resistência, para conseguir uma carteira de identidade falsa para ela, de modo que ela pudesse renunciar a seu casamento e ficar na França até o fim da guerra. Ele chegou a levar o documento até a estação na hora da partida, com a esperança de que ela mudasse de ideia no último momento!

Sexta-feira, 18 de agosto. Nadamos nuas no lago. Nossa vida tem a falsa aparência de uma ociosidade, mas todo o tempo a angústia é como uma cinta de ferro ao redor da nossa cabeça, cada vez mais apertada. A minha licença, que, eu suponho, me fez muito bem, expira em três dias. Sinto-me estranhamente aliviada, embora a tranquilidade aqui seja muitas vezes insuportável. Também é difícil lidar com meus pais, que demonstram pouca compreensão, provavelmente porque desconhecem tudo, mas já estão começando a suspeitar de algo e, preocupados comigo, insistem em saber mais. Não lhes conto muito para não enchê-los de preocupação e fazer as coisas piores do que já são.

BERLIM *Terça-feira, 22 de agosto.* Cheguei a Berlim hoje cedo e fui direto para a casa de Maria Gersdorff. Encontrei-a tomando o seu desjejum. Pedi-lhe as últimas notícias. Ela me olhou consternada. "Quer dizer que

---

[46] Várias dessas gravações estão hoje disponíveis na internet, bastando procurar Roland Freisler no YouTube. Por exemplo: <http://www.youtube.com/watch?v=x_bwucQ7l3g>; acesso em 10 dez. 2014. Nesta consta parte do julgamento de Adam Trott.

você não sabe? Adam, Haeften, Helldorf, Fritzi Schulenburg e muitos outros foram condenados à morte e enforcados na última sexta-feira!". Liguei imediatamente para Loremarie Schönburg, mas ela não me falou nada. Disse que estaria aqui num minuto. Maria disse que o empenho de Loremarie era agora exclusivamente o de encontrar onde estava o velho Conde Schulenburg. Porque ele desaparecera ontem à noite.

Loremarie chegou e fomos nos sentar na escada, olhando cegamente para as ruínas. Ela está petrificada por tudo o que aconteceu. Na verdade, ela não está convencida de que Adam *foi* de fato enforcado. Há boatos de que ele é o único cuja execução foi postergada.

No dia 11 de agosto o AA foi informado de que Trott seria condenado à morte na próxima sessão do Tribunal Popular, na terça-feira, 15 de agosto, ou na quarta, 16. Mas logo Martin Bormann foi informado de que "como Trott reteve, sem dúvida, muitas informações, a sentença dada pelo tribunal não foi levada a cabo, para que possa prestar novos esclarecimentos".

Tony Saurma assistiu ao julgamento, o que é espantoso, porque apenas uma audiência escolhida a dedo tem permissão para isso. Loremarie esperou do lado de fora, no carro dele. Quando ele voltou, não aguentou e começou a chorar. Todos os acusados admitiram que queriam matar Hitler. Haeften declarou que, se pudesse, tentaria de novo. Ele considerava Hitler a maldição da Alemanha e um grande agente do mal, que arrastara seu país para o abismo e agora era responsável pela sua ruína. O juiz Freisler perguntou se ele sabia que o seu depoimento significava o reconhecimento de alta traição. Haeften disse que sabia que seria enforcado, mas que isso não mudava o seu modo de ver as coisas.

Embora na verdade Hans-Bernd von Haeften tivesse se oposto, por razões éticas, ao assassinato de Hitler (ao contrário de Trott), ele nunca duvidara do destino que teria com o fracasso do golpe. Depois de ir ao encontro de sua família no campo, para despedir-se, ele voltou para Berlim, estando entre os primeiros que foram presos.

Adam dissera que Hitler chegara ao poder através de uma fraude e que muitos tinham jurado lealdade a ele contra a vontade. Disse que quisera pôr fim à guerra e admitiu ter feito contatos com os representantes das potências inimigas, no estrangeiro. Helldorf declarou que desejava a queda de Hitler desde Stalingrado, que ele era uma ameaça para o país. Segundo Tony, todos eles estavam pálidos, mas era difícil saber se tinham sido torturados. Estou certa de que foram, pois as últimas palavras de Adam para mim foram que ele negaria tudo, para sair e tentar de novo. Ou então as provas contra eles tinham sido esmagadoras, e eles próprios estariam no fim das suas forças.

Arrastei-me até o escritório e subi as escadas até onde estavam Judgie Richter e Alex Werth, a sós. Falamos sussurrando. Alex disse que ele *sabe* que Adam está vivo, pois eles têm contato com um policial que presencia as execuções. Todos os outros estão mortos. Helldorf foi enforcado por último, para que visse os outros morrerem. Parece que eles não são simplesmente enforcados, mas são estrangulados com vagar, com cordas de piano atadas num gancho de açougueiro, e, para prolongar a agonia, recebem injeções de estimulantes para o coração. Também se diz que as execuções são filmadas e que Hitler regularmente tem ataques de regozijo quando vê os filmes em seu QG.

As execuções aconteciam na prisão de Plötzensee, a uma distância relativamente pequena da de Lehrterstrasse, onde a maioria dos condenados ficava. Como não havia cadafalsos na Alemanha (o método mais comum de execução era a guilhotina), ganchos comuns de açougue, para pendurar a carne, foram colocados no forro da cela de execução – num prédio especial, dentro do conjunto da prisão. Os enforcamentos eram filmados, com refletores iluminando a cena; o promotor-chefe do Reich estava presente, mais um par de guardiões, dois câmeras, o carrasco e seus dois assistentes. Numa mesa havia uma garrafa de brandy *– para a audiência. Os condenados eram trazidos um por um; os carrascos punham as cordas ao redor do pescoço da vítima (Hitler exigira as cordas de piano, ao invés de cordas comuns, para que a morte sobreviesse pelo vagaroso estrangulamento, e não pela quebra do pescoço). Enquanto eles se retorciam e se debatiam, algumas vezes por vinte minutos, e as câmeras rodavam, o carrasco – famoso por seu humor macabro – dizia piadas obscenas. O filme era então levado às pressas para o QG de Hitler, onde o* Führer *se divertia com ele. O prédio* [da Plötzensee] *é hoje um memorial.*

Clarita, a esposa de Adam, também foi presa. Não lhe foi permitido ver Adam depois da sentença. Eu a vi muito pouco, pois nos últimos dois anos ela ficara bastante tempo no campo, com seus sogros[47]. As duas meninas [filhas deles] também foram pegas pela Gestapo, e ninguém sabe do seu paradeiro, mas Alex está movendo céus e terra para tê-las de volta.

Quando soube da prisão de Adam, Clarita Trott veio imediatamente para Berlim com a esperança de vê-lo – sem sucesso. Enquanto ela estava fora, a Gestapo se apoderou das duas filhas do casal, uma com dois anos e meio e a outra com nove meses. No dia do julgamento de Adam, Alexander Werth tentou infiltrá-la no tribunal, mas uma guardiã notou-os e denunciou-os para um oficial da SS. Este, para surpresa dela, tentou ajudá-la a entrar, mas também sem sucesso. Quando, apesar disso, ela agradeceu-lhe, ele sussurrou: "Nós entendemos tudo". Dois dias depois, a própria Clarita foi presa.

Agora moro com Loremarie no apartamento de Tony na Kurfürstendamm. Nele há duas peças, quase nada de móveis, a não ser dois sofás, uma cozinha e um banheiro. Tony vai e vem entre sua unidade, no campo, e a cidade, sobretudo para ficar de olho em Loremarie, que, ele está convencido, vai ser a próxima da lista. Ele não ousa nos deixar sozinhas à noite. Não há cobertas suficientes para todos, mas tem feito tanto calor que isso não tem importância.

É verdade que Loremarie corre muito perigo. Ela vai ao QG da Gestapo praticamente todos os dias, tentando conseguir informações de dentro. Otto Bismarck está em contato com o inspetor da Gestapo encarregado do dossiê de Gottfried; o inspetor contou-lhe que o caso de Gottfried era "muito sério". O *Gauleiter*, ele disse, é obsessivamente impiedoso com respeito ao 20 de Julho; telefona para o QG da Gestapo todos os dias para saber quantos mais dos conspiradores foram enforcados. O contato de Loremarie disse que quando a Gestapo tenta ganhar tempo – e em alguns casos parece que tem sido esse o caso, inclusive para descobrir mais a respeito do complô –, o *Gauleiter* explode de raiva e exige que eles se apressem.

Pensei em me mudar para a casa dos Bredow em Potsdam, embora Hanna, a irmã de Gottfried, não esteja lá, mas acabei de saber que três das garotas foram presas também. Primeiro pegaram Philippa, a jovem amiga

---

[47] Deve ser a sogra, pois consta que o pai de Adam morrera em 1938. Sobre Clarita, seu destino e os das filhas, ver o Epílogo, mais adiante.

de Haeften, que tem dezenove anos; depois telefonaram para Alexandra, que tem vinte, pedindo-lhe que trouxesse cobertores para a irmã e a detiveram. Daí telefonaram para a terceira, Diana, que inocentemente lhes perguntou se não seria mais conveniente que ela levasse roupa de cama para toda a família. Eles disseram que sim, seria. A única que não molestaram foi Marguerite, que é médica em um hospital. Eles a convocam para ir ao QG da Gestapo, mas quando começam a fazer perguntas ela fica muito indignada e alega que tem um enorme contingente de feridos para cuidar. Quanto aos rapazes da família Bredow, o mais velho está no *front*, e os outros são ainda jovens demais.

Quarta-feira, 23 de agosto. Hoje os jornais publicaram uma longa resenha do julgamento de Adam Trott, depois do que todos os acusados, dizem ainda, foram imediatamente executados. Descreviam Adam como um "assessor de Stauffenberg para assuntos internacionais". Por estranho que pareça, as datas desses *press releases* raramente coincidem com os acontecimentos reais – provavelmente para confundir qualquer oposição que reste. Depois dessas notícias a placa com o nome de Adam foi finalmente removida da porta de seu escritório, e alguma outra foi posta em seu lugar. Eu perco as forças só de olhar. Não olho nunca. Na verdade, evito ir até aquele andar tanto quanto posso. Seu carro ainda está estacionado no pátio, ninguém o usa, ele já está parecendo um barco à deriva. Contudo, Alex Werth me dise que acha que Adam ainda está vivo, embora o Dr. Six tenha sido informado oficialmente de que ele de fato fora enforcado com os outros no dia 18.

Loremarie Schönburg está aprontando mais uma. Um coronel da Luftwaffe, que mora em Karinhall, a propriedade de campo de Göring, fala com ela praticamente toda a noite. Ele pensa que está conseguindo convertê-la ao nacional-socialismo, enquanto ela tenta convencê-lo de como seria ótimo se ela pudesse encontrar Göring. Este se afastou do caso e tem se recusado a ver até mesmo Otto Bismarck, que foi muitas vezes seu anfitrião em partidas de caça em Friedrichsruh. Ele parece claramente aterrorizado diante da possibilidade de ser implicado, de algum modo, nesses recentes acontecimentos.

Melanie Bismarck teve um aborto na prisão e agora está num hospital em Potsdam, sob guarda. Ninguém tem autorização para vê-la, mas é possível falar com a enfermeira.

Não sabemos de nada sobre o Conde Schulenburg desde que ele desapareceu, na última terça-feira. Na segunda ele telefonara para Loremarie do Adlon, aonde ele acabara de chegar, vindo do QG de Hitler. Ela almoçou com ele e contou-lhe tudo o que acontecera. Ele parecia não estar *au courant*, estava visivelmente chocado e nervoso com o destino de Adam. Eles ficaram caminhando para lá e para cá no lobby do hotel, sob o olhar atento do *Gesandter* Schleier (o que não foi algo prudente) e combinaram de almoçar juntos no dia seguinte. Loremarie foi pontual, mas ele não apareceu. Ela ligou para a Wilhelmstrasse, mas seu pessoal não sabia o seu paradeiro, e eles já estavam ficando preocupados, porque ele deveria ter ido lá pela manhã. Estamos convencidos de que ele foi preso. Mas onde o encarceraram?

Goerdeler foi reconhecido por uma *Blitzmädchen* [jovens mulheres, ajudantes das Forças Armadas, que atuaram na Alemanha e nos países ocupados], faz cinco dias, denunciado e preso. Estava escondido numa aldeia na Pomerânia. Suspeitamos que eles mantinham Adam vivo por causa dele (eles trabalharam juntos) e que agora estão fazendo uma acareação. Se pelo menos Adam tivesse saído do país a tempo! E como Goerdeler podia pensar em se esconder na Alemanha, quando ofereceram 1 milhão de marcos pela sua captura?

A notícia da recompensa pela captura de Goerdeler tinha sido anunciada no dia 17 de julho, antes do atentado. Avisado, ele passara à clandestinidade. Escondeu-se primeiro em Berlim (um de seus "anfitriões", o ex-vice-prefeito da cidade, um judeu, Dr. Fritz Elias, viria a pagar com a vida por isso) e depois no campo. Preso no dia 12 de agosto, condenado à morte em 8 de setembro, ele ainda conseguiu sobreviver por cinco meses, fazendo "revelações" em pílulas e redigindo memorandos sem fim sobre os supostos planos dos conspiradores para o futuro da Alemanha. Afinal a Gestapo percebeu seu estratagema e ele foi executado no dia 2 de fevereiro de 1945.

Moverei céus e terra para libertar Adam e Gottfried, e o Conde Schulenburg, se necessário. Não se pode levar uma existência em última instância passiva, só esperando que a guilhotina caia. Agora que os familiares dos conspiradores estão sendo presos, e até seus amigos, muitas pessoas estão tão assustadas que basta mencionar um nome para que olhem para o outro lado. Para conseguir o que quero, estou pensando numa nova tática: vou tentar atacar o próprio Goebbels. Loremarie também acha que se poderia tentar algo através dele, porque ele seria inteligente o suficiente para perceber, quem sabe, a loucura que são todas essas execuções. Não sei muito bem como proceder, pois a única pessoa que conheço, e que é próxima dele, Frau von Dirksen, logo somaria dois mais dois e faria a conta. Seria melhor fingir que eu gostaria de ter um papel em algum filme. Portanto, telefonarei para Jenny Jugo, uma das estrelas de cinema mais populares na Alemanha.

Quinta-feira, 24 de agosto. Pela manhã telefonei para Jenny Jugo. Quando insisti que eu tinha de vê-la imediatamente, ela pareceu alarmada. Disse que estava filmando nos estúdios da Universum Film (UFA) em Babelsberg [Potsdam] e que, se eu tomasse o S-Bahn, ela mandaria um carro me apanhar. Cheguei chispando e fui levada ao estúdio por um jovem de aparência estranha, com uma comprida cabeleira loura e uma camisa de cores espalhafatosas. Encontrei Jenny em plena filmagem, com um jovem a seus pés, abraçando seus joelhos. Por sorte a filmagem não demorou e ela veio até o camarim para se trocar. Ela mandou a criada embora para que pudéssemos conversar, mas assim mesmo falamos sussurrando.

Eu disse a ela que eu *tinha* de ver Goebbels e que ela *tinha* que conseguir um encontro meu com ele. Ela disse que se fosse absolutamente necessário faria isso, é claro, mas que ela tinha tido um desentendimento com ele e fazia dois anos que não o via. "Por quê? Tatiana ou Paul Metternich estão com problemas?" Eu disse: "Nenhum deles". Ela respirou aliviada. Eu disse: "É o meu chefe". Acrescentei que ele fora condenado à morte, mas que nós suspeitávamos que ainda estivesse vivo e tínhamos de agir muito rápido. Afinal, Goebbels era o herói do dia – ele tinha esmagado a rebelião. Eu diria a ele que a Alemanha não podia malbaratar homens tão excepcionalmente dotados, destruindo-os, se eles poderiam vir a ser tão úteis ao país etc. Jenny escutou tudo isso em silêncio e então me levou até o jardim. Lá, ela explodiu: minha ideia era uma completa loucura. Goebbels era um tal canalha que nunca imaginaria ajudar *quem quer que fosse. Nada* o faria levantar um único dedo por *qualquer um* deles. Depois que Helldorf fora enforcado, ele se recusara a receber o filho que pretendia obter uma postergação – eles tinham sido amigos ocasionais – e nem sequer teve a decência de dizer a ele que o pai já estava morto. Ela disse que ele é cruel, vicioso, sádico, mesquinho, que seu ódio por todos os envolvidos no atentado contra a vida de Hitler é inacreditável, que ele tem uma verdadeira repugnância por tudo aquilo que eles defendiam, que ele é na verdade um rato de esgoto e que se eu chamasse a atenção dele eu iria arrastar toda a minha família nisso, Paul seria preso e meus problemas não teriam mais fim. Ela insistiu que eu abandonasse tudo isso e acrescentou que os estúdios da UFA estão repletos de espias de Goebbels que ficam procurando dissidentes entre os atores. Dois dias atrás houvera uma reunião política e, quando Goebbels aparecera na entrada, havia uma enorme palavra escrita a giz no púlpito vermelho de onde ele deveria falar: *Merde!* Ninguém ousou vir à frente para apagá-la. O seu telefone está sob escuta, ela pode ouvir o clique da escuta sempre que o usa. Quando ela me deu um beijo de despedida, segredou-me que, se alguém lhe perguntasse a razão da minha visita, ela diria que eu estava tentando entrar no mundo do cinema.

Voltei à cidade, desencorajada e exausta. Encontrei Loremarie Schönburg e Tony Saurma no apartamento. Loremarie estava completamente histérica. Nunca a vira assim antes. Contaram que hoje à tarde a polícia telefonara: alguns vizinhos tinham reclamado que nosso *blackout* era inadequado, mas, mesmo com essa razão de somenos, Loremarie de repente ficara tresloucada. Tony tinha outras notícias ruins: o Marechal von Kluge, o GOC na Frente Ocidental, se suicidara, o que significa que eles estão sendo torturados e alguém o entregou, porque praticamente ninguém sabia que ele estava envolvido.

A reviravolta de Kluge no dia do fracassado golpe não lhe valeu de muito. Apesar de ser um dos comandantes favoritos de Hitler, e dos mais bem-sucedidos, seus contatos com os conspiradores eventualmente vieram à luz. Dispensado de seu comando, chamado de volta à Alemanha no dia 17 de agosto, ele suspeitou que também iria a julgamento e se suicidou no caminho[48].

---

[48] Günther von Kluge (1882-1944) teve um papel até hoje não de todo esclarecido no complô para matar Hitler. O que ele sabia? Quanto sabia? Concordara antes com o complô? O certo é que no dia do atentado ele foi fundamental para neutralizar a ação dos que queriam, como Stülpnagel, aprisionar os membros da SS e da Gestapo em Paris. Mas isso de nada lhe valeu. Foi destituído de suas funções e, segundo uma das versões, quando a caminho de Berlim, em Metz, cometeu suicídio, envenenando-se. Há uma outra versão, atribuída a Jürgen Stroop (1895-1952), o SS que, entre outras coisas, foi o responsável pela aniquilação do Gueto de Varsóvia. Stroop afiançou que, depois de conduzir uma investigação sobre o papel de Kluge na conspiração, ofereceu-lhe a hipótese do suicídio. Quando este recusou, ele, Stroop, o matou. Stroop, aprisionado depois da guerra, foi condenado à morte na Polônia e executado em 1952.

Loremarie foi ficando cada vez mais histérica. Nenhum de nós, ela dizia, vai conseguir escapar... eles lhe dão uma injeção que destrói o seu autocontrole e o faz falar. Ela me pediu para que eu me casasse com Percy Frey e fosse com ele para a Suíça imediatamente. Tony entrou na conversa e disse que ele queria levá-la para a Suíça quando ela quisesse, pois ele mesmo queria fugir no fim de semana; mas primeiro teria de passar na Silésia para buscar alguns valores. Tony também está preocupado consigo mesmo, pois alguém o denunciou por disparar, no refeitório, durante uma bebedeira, contra uma foto do *Gauleiter*. Loremarie disse que não viajaria com ele antes que os dois se casassem ou os pais dela teriam um ataque. Com todo o horror da situação, acho meio engraçada toda essa preocupação com as conveniências sociais. Tony recusou na hora, dizendo que eles poderiam pensar sobre isso mais tarde. A tensão aumentou e logo todo mundo ao redor da mesa da cozinha chorava sem parar. Tony se levantou e começou a andar de um lado para o outro, dizendo que não podia suportar a pressão, e que estava firmemente decidido a dar no pé. Eu disse que ele podia fazer o que quisesse, mas que *eu* ficaria e que Loremarie também deveria ficar; na Suíça ela permaneceria sem notícias da família até o final da guerra; isso ela não poderia suportar. No final todos decidimos ficar.

Tony veio até o meu quarto e contou tudo sobre o julgamento de Adam. Adam viu que ele estava lá, não fez qualquer sinal de reconhecimento, olhou-o fixamente por um longo tempo e então começou a balançar o corpo da cintura para cima, como se estivesse numa cadeira de balanço. Estava sem gravata, barbeado e muito pálido. Tony examinou cuidadosamente a sala do julgamento e concluiu que não havia a menor chance de tirar alguém à força de lá. O assim chamado "público" constava, sobretudo, de policiais e capangas armados. Ele saiu antes da leitura do veredito porque sabia, desde o começo, qual seria.

Agora há ataques aéreos todas as noites, mas temos um salvo-conduto de Tony para o *bunker* da Siemens do outro lado da rua. Ali há um maravilhoso porão, um subterrâneo bem fundo, onde a gente pode de fato se sentir segura. Usualmente nos sentamos ao lado do vigia noturno; um dos trabalhadores é um simpático francês, e ficamos sonhando juntos e em voz alta sobre o quanto Paris vai ser de novo adorável assim que a guerra terminar.

Sexta-feira, 25 de agosto. Loremarie Schönburg se recuperou de seu breve ataque de depressão e está de novo na luta. Descobrimos afinal que a prisão – militar – fica perto da estação Lehrter. Ela já esteve lá e, com a ajuda de cigarros providenciados por Percy Frey, conseguiu subornar um dos guardiões, que concordou em levar uma mensagem para Gottfried Bismarck, escrita num pedaço minúsculo de papel. Ele chegou a trazer uma resposta, em que Gottfried se queixava dos insetos, sobretudo das pulgas, e pedia algum tipo de pó pesticida, além de comida, pois ele só tem um tipo de pão preto, que não consegue digerir. Ele não recebeu nenhum dos pacotes que lhe mandamos; por isso, a única alternativa parece ser levar-lhe sanduíches todos os dias. Loremarie quer perguntar aos carcereiros se Adam Trott também está lá, mas é preciso cuidado, pois oficialmente ele está morto, e qualquer curiosidade excessiva pode pô-los de sobreaviso, tornando uma fuga mais difícil ou mesmo apressando a sua execução.

A maioria das pessoas está muito chocada com o fato de eu me sentir tão aliviada pela possibilidade de Adam Trott ainda poder estar vivo. É muito melhor estar morto, dizem, do que ser torturado diariamente. Mas eu não concordo e fico esperando algum milagre.

De repente me lembrei de Peter Bielenberg e fiquei pensando sobre o que teria acontecido com seu plano de armar uma emboscada para o carro que levava Adam para os interrogatórios no QG da Gestapo. Na última vez em que ele veio ao escritório, parecia tão esperançoso e otimista! Hoje tomei o ônibus e fui até sua casa em Dahlem. Uma garota abriu a porta e me olhou de cima a baixo com suspeição, impediu-me a entrada e não quis falar; só disse que Peter não estava lá e que não voltaria tão cedo. Senti que ela devia saber mais do que estava dizendo, mas que não tinha confiança em mim; então eu lhe disse que vinha do AA e que trabalhara com Herr von Trott. Diante disso seu rosto se desanuviou, foi para dentro de casa e uma outra garota apareceu. Esta era mais amigável; disse-me que Peter desaparecera, que também não fora visto na fábrica fora da cidade onde estivera trabalhando. Perguntei qual seria seu endereço, pois tinha urgência de falar com ele. Ela disse que era fácil perceber isso, mas que não havia sentido em escrever alguma carta, pois ela não chegaria até ele. Isso significa que ele também foi preso.

Fui embora aturdida. Esperando pelo ônibus que me levaria de volta à cidade, sentei-me no cordão da calçada, cansada e desanimada demais até para ficar de pé. Para onde quer que me volte, só me deparo com a desaparição das pessoas, uma a uma. Não há ninguém mais para quem eu possa pedir ajuda. Agora eles estão prendendo pessoas que eram meras conhecidas ou que por acaso trabalhavam no mesmo escritório. Eu não sei se Peter tomava parte ativa na conspiração, mas em Göttingen ele e Adam pertenciam à mesma fraternidade, eram bons amigos, e apenas isso pode ser o suficiente para incriminá-lo.

Quando ocorreu o atentado de 20 de julho, Peter Bielenberg gerenciava uma fábrica na Polônia ocupada. Ao saber da prisão de Trott, ele veio para Berlim com o objetivo de organizar a sua fuga e, nesse momento, conversou sobre essa ideia com Missie. Mas mal ele voltara à Polônia para acertar os últimos detalhes do plano quando foi preso e levado para a prisão de Lehrterstrasse.

Lembrei-me então de Claus B. Though[49], que eu evitara sempre no passado por não ter certeza sobre *quem ou o que* ele, no fim das contas, seria. Decidi-me, porque, se ele fosse quem eu suspeitava que fosse, poderia ser a pessoa capaz de ajudar. De volta à cidade procurei uma cabine de telefone público ainda em funcionamento, liguei para seu escritório e disse-lhe que precisava vê-lo com urgência. Ele me disse para esperá-lo perto da estação do Zoo. Caminhamos até a ruína da Gedächtniskirche, pela Budapesterstrasse; contei-lhe tudo. Quando terminei, ele parou, me olhou com um sorriso irônico, e disse: "Quer dizer que você suspeita que eu seja um *deles*?". "Eu *espero* que você seja", retruquei, "porque então você poderia fazer algo". Ele voltou a ficar sério e disse que ia tentar descobrir qual era, na verdade, a situação e que se algo *pudesse* ser feito eu poderia, é claro, contar com ele. Combinamos nos encontrar amanhã em frente às ruínas do Hotel Eden.

Sábado, 26 de agosto. Hoje eu perguntei ao *Gesandter* Schleier se ele poderia me dispensar, porque eu queria me juntar à Cruz Vermelha como enfermeira. Pois, se algo acontecer a Judgie Richter e Alex Werth – meus últimos amigos aqui –, eu ficarei sozinha com esses celerados. O único problema é que isso pode ser visto como um gesto de solidariedade àqueles que se foram. Schleier

---

[49] Esse personagem já aparecera no dia 8 de maio de 1944 simplesmente como Claus B. Não foi possível identificá-lo.

foi desanimador: o Dr. Six, disse, não permitirá que ninguém parta por livre e espontânea vontade. A única solução, concluí, será uma nova doença.

Esta tarde, depois do trabalho, corri até o Hotel Eden. Claus B. estava andando de um lado para o outro com um enorme pacote enrolado em jornal debaixo do braço. Sem dizer qualquer palavra, ele me levou até um banco de jardim naquilo que resta do zoológico. Depois de se assegurar que ninguém poderia nos ouvir, ele me disse que fizera inquirições sobre a situação, que não havia absolutamente nada que alguém pudesse fazer, muito menos alguém como eu; que Hitler estava sedento de vingança; que nenhum dos implicados escaparia; que estavam todos tão apavorados que nem mesmo aqueles que poderiam ter algum tipo de influência, mesmo que moderada, não arriscariam mexer um único dedo para não levantar suspeitas. Ele disse mais: que qualquer um que tivesse tido qualquer contato com qualquer dos conspiradores estava sendo vigiado, e que eu estou agora correndo grande perigo; que com seus métodos de interrogatório eu poderia me ver compelida a falar e implicar outros que ainda estão em liberdade, e que eu tinha de evitar de qualquer maneira a minha prisão. Nessa altura, ele abriu uma ponta do pacote e eu vi o cano de uma pistola de repetição. "Se eles vierem buscá-la, não hesite: mate todos e corra pela sua vida. Como eles não estarão esperando essa reação, você poderá ter alguma chance...". Não pude deixar de sorrir. "Não, Claus, se eu estou de fato numa situação tão complicada, então é melhor não piorar as coisas me tornando culpada também de assassinato...". Ele pareceu muito desapontado.

Depois de deixá-lo fui até Potsdam buscar algumas das minhas coisas; falei com ambas as criadas. Disseram-me que Melanie fora denunciada por alguém da sua propriedade na Pomerânia por pintar as unhas dos pés com esmalte e por tomar o desjejum na cama, o que só complicava o seu caso, fazendo-a parecer alguém *asozial* [antissocial], além do mais. Disseram também que ela estava muito fraca e que, ao ir para um hospital pela primeira vez no dia anterior, desmaiara, caíra, batera com o rosto no chão e quebrara o maxilar. É de cortar o coração. Seu irmão, Jean-Georges Hoyos tivera permissão para vê-la. Ela ficara perguntando: "*Il est mort?*" [*"Ele morreu?"*]. Mais tarde fui de bicicleta até uma granja onde troquei um pouco de café por dois melões que tentaremos mandar para eles na prisão.

Voltando a Berlim, achei Loremarie na casa dos Gersdorff. Ela me contou que, quando o guarda lhe trouxe a roupa suja de Gottfried hoje, ela lhe perguntou, sussurrando, se *"Herr von Trott"* ainda estava lá. Ele disse *"Ja, ja, er ist noch da"* [*"Sim, sim, ainda está"*] e que ela poderia escrever-lhe uma mensagem. Ele lhe traria a resposta no dia seguinte. Ela escreveu: "Podemos trazer-lhe algo? Com muito afeto, Missie e Loremarie". Ela perguntou-lhe se Adam passava fome. Ele respondeu que não, que o Conde Bismarck repartia seus pacotes com ele. Se pelo menos pudéssemos ter certeza de que esse homem não está mentindo!

Na verdade, nesse mesmo dia Adam von Trott foi enforcado na prisão de Plötzensee.

Ainda não temos notícias do Conde Schulenburg. Sabemos agora que todos aqueles que ocupam celas com números maiores do que 100 têm chance de sobreviver; as celas com números de 99 para baixo são ocupadas pelos que já estão condenados. A cela de Gottfried é a 184; a de Adam, 97. Correm boatos de que eles ficam acorrentados.

Alex Werth conseguiu recuperar as filhas de Adam, e elas estão de volta no campo; mas sua esposa, Clarita, ainda está na prisão. As crianças de Stauffenberg estão num orfanato, com outro nome, mas, como essa informação vazou, será possível encontrá-las um dia.

Os filhos dos conspiradores eram cerca de cinquenta, algumas delas ainda bebês. O plano original dos nazistas era matar os pais, as irmãs e os irmãos mais velhos, e entregar as outras, com novas identidades, a famílias e escolas da SS, para que fossem criadas dentro do seu espírito. Por alguma razão esse plano foi abandonado, e já em outubro de 1944 algumas das crianças foram autorizadas a ir para casa, enquanto outras eram escondidas em internatos comuns. Mas, mesmo depois de a guerra acabar, ainda demoraria algum tempo para que as famílias fossem reunidas.

Comenta-se que a sobrinha de Gottfried, Philippa von Bredow[50], também será julgada no *Volksgericht*; eles conseguiram fazê-la falar e ela admitiu ter

---

[50] Phillippa von Bredow (1923-2010) sobreviveu à guerra. Em 1950, por casamento, tornou-se Philippa Gräfin (Condessa) von Thun und Hohenstein.

conhecimento antecipado, através do jovem Haeften, da data prevista para o atentado contra a vida de Hitler.

Uma longa conversa com Otto e Ann Mari Bismarck, que estão ambos aqui, tentando ver alguém do escalão superior. Loremarie Schönburg acha que alguns dos carcereiros poderiam ser subornados, na medida em que eles próprios tenham também a possibilidade de fugir. Ela espera que as pérolas dos Bismarck venham a ser sacrificadas nessa ocasião. Nós mesmos temos poucos valores a oferecer. Parece que cada prisioneiro tem seis carcereiros. Mesmo que tenhamos sucesso em subornar todos eles, isso significaria que teríamos de tirar do país três prisioneiros e dezoito carcereiros. Posso imaginar a cara de Percy Frey! Sobre isso, Ann Mari observa, com sarcasmo: "Por que não oferecer um coquetel de despedida em Tempelhof[51]?". Discutimos todos tudo isso num quarto do Adlon, no andar superior.

Gottfried Cramm chegou do campo. Não fiquei feliz por vê-lo. É mais um por quem nos preocuparmos. A última vez em que nos vimos foi no 20 de Julho. Também ele era amigo de Adam Trott; pelo menos, por isso, podemos falar abertamente com ele. Desta vez disse: "Eu não quero ouvir falar sobre o que está acontecendo com eles. Tudo o que eu quero saber é se algum deles vai sobreviver e sair, quem deles ainda está em liberdade e quando eles vão tentar de novo. Se for assim, desta vez eles podem contar comigo". Ao mesmo tempo ele ficou atônito ao saber que a bomba de Stauffenberg matou um dos próprios conspiradores, um certo Coronel Brandt, que, antes da guerra, fora um famoso campeão de hipismo. Ele estava presente no encontro fatídico na sala dos mapas de Hitler e morreu na hora. Logo depois ele foi enterrado com todas as honras, como uma das vítimas do "covarde ato de traição". Porém depois, quando seu nome foi encontrado em alguma lista, seu corpo foi desenterrado, queimado e as cinzas foram espalhadas ao vento.

---

[51] No começo do século XX o campo/parque de Tempelhof já era usado para a aviação. Na década de 1920 começaram as obras de construção do aeroporto, concluídas, em versão arquitetônica final, na década de 1930, já na época do nazismo, do qual se tornou um dos símbolos. Parte de suas instalações chegou a ser usada como prisão pela Gestapo. Durante a Guerra Fria foi usado como aeroporto pela ponte aérea da aviação norte-americana para abastecer Berlim Ocidental. Hoje está desativado, e é usado como um parque pela população.

Um oficial superior da Seção de Operações do OKW, o Coronel Heinz Brandt, embora não tomasse parte ativa no complô, era próximo de muitos dos conspiradores e tinha simpatia por suas ideias. Já uma vez, em 1943, ele quase perecera num atentado contra Hitler, quando uma garrafa de licor – que, sem que ele soubesse, continha uma bomba – falhou, não explodindo, como era esperado, durante um voo em que estavam o Führer *e mais alguns oficiais, voltando da Frente Oriental para Rastenburg. No dia 20 de julho foi ele que inadvertidamente ajudou a salvar a vida de Hitler, afastando com o pé a pasta que Stauffenberg deixara sob a mesa. Quando a bomba explodiu, todos aqueles que estavam à direita do pé da mesa, inclusive Brandt, foram gravemente feridos ou mortos*[52].

Gottfried [Cramm] quer que eu arranje um encontro dele com Alex Werth. O escritório não é um bom lugar; não consigo pensar em outro local que não a casa de Maria Gersdorff, isso se ela não tiver objeções. Mas ela está muito preocupada com seu marido, que era muito próximo do finado General von Hase.

Domingo, 27 de agosto. Passamos quase todo o dia limpando o apartamento. Depois Percy Frey levou-nos de carro até a casa de Aga Fürstenberg, onde tomamos sol no jardim.

De uma carta de Missie, de Berlim, para a sua mãe, em Königswart, datada de 28 de agosto de 1944. Incluí uma série de cartas de Georgie, trazidas por um amigo dele que veio logo antes de os Aliados entrarem na cidade. Como a Sra. vai ver, tudo parece estar bem com ele... Aqui em Berlim e nos arredores já faz sete dias que não chove. É como viver dentro de um forno. E para coroar, ao redor tanta preocupação e tanta miséria! Há alertas de ataques aéreos todas as noites e todos os dias, mas muito pouco acontece. Por meu

---

[52] Fontes mais atuais dão conta de que o Coronel Heinz Brandt (1907-1944), logo depois promovido postumamente ao generalato (honra que lhe foi retirada ao ser descoberta sua proximidade com os conspiradores e restaurada depois da guerra), pertencia ao OKH – *Oberkommando des Heeres* (Alto-Comando das Forças de Terra). Teve sua perna arrancada na explosão e morreu no dia seguinte. Consta que o pé da mesa para onde Brandt afastou a pasta era sólido e pesado, o que salvou a vida de Hitler. Quando Stauffenberg, ao abandonar o local, viu-o transportado numa maca e todo ensanguentado, era, sem dúvida, o sangue *dos outros* que morreram ou foram feridos na explosão, porque ele mesmo não teve ferimentos graves.

lado, vou passar uns dias de licença em Königswart na semana que vem, ou vou perder o direito a ela. Depois de amanhã, devo ir para Krummhübel por um par de dias.

KRUMMHÜBEL *Quarta-feira, 30 de agosto.* Hoje cedo viajei para cá. Em Hirschberg perdi a conexão e tive de esperar durante três horas. Quando saía do trem, notei que Blankenhorn me seguia. Minha primeira reação, ao ver qualquer pessoa que tenha alguma ligação com Adam Trott, é romper em lágrimas. Deixando minha valise no depósito da estação, vaguei pelas ruas. Blankenhorn continuava me seguindo. Conforme ele passou por mim, ouvi-o dizer: "Vá até o parque e sente num banco. Eu chegarei logo depois". Vindo de lugares diferentes, chegamos ao banco ao mesmo tempo. Só então ele ousou falar.

Ele me contou que ele e Adam tinham se encontrado no bosque de Grunewald no dia 21. Ele perguntou a Adam se ele tinha destruído seus papéis. Adam respondeu que sim. Mas alguns papéis *foram* encontrados, sobretudo *aides-mémoires* [sumários] de suas várias viagens ao exterior. Que loucura! Perguntei a Blankenhorn se ele achava que matariam Adam. "Sem a menor dúvida!" Contei-lhe que o Conde Schulenburg também tinha desaparecido. Ele não sabia, mas disse que, se ele *tivesse* sido preso, certamente eles o matariam também. Eu disse: "Impossível! Haveria um grande escândalo no exterior!". "O que *isso* importaria para eles?" Ele me disse que Goerdeler alugara uma quarto no Hotel Bristol, com um nome falso, onde guardava seus papéis secretos. Em fevereiro o Bristol fora destruído por uma mina aérea. Uns quinze dias depois do atentado contra Hitler, o cofre fora descoberto por acaso e retirado de um monte de entulho. Não só ele estava intacto, com todos os papéis que guardava, mas alguns deles ainda continham notas e correções feitas de próprio punho pelo Embaixador von Hasell, o que explica a prisão *dele*.

Blankenhorn disse que mais e mais gente estava sendo presa diariamente. Nós tomamos o mesmo trem para Krummhübel, mas combinamos de não nos encontrarmos mais lá. Estou muito feliz por ele ainda estar em liberdade e espero que não o peguem também.

Depois de amanhã volto para Berlim. Vou guardar meus últimos pertences em valises e mandá-las para Johannisberg, embora até o momento apenas o telhado do castelo tenha sido reconstruído. Mas certamente haverá algum celeiro onde elas possam ficar. Krummhübel me parece muito remota; para mim ela é insuportável, e sem o Conde Schulenburg ela parece pior ainda. Fui conversar com o pessoal dele; ninguém sabe de seu desaparecimento, mas sua secretária, Frau Schilling, e seu assistente, Sch. (que felizmente não ficou na Suíça, como temíamos), foram chamados a Berlim. Lá eles vão descobrir, com certeza.

Até hoje o número de pessoas executadas em conexão com o complô de 20 de julho é objeto de controvérsia. As fontes oficiais dos nazistas falavam num total de 7 mil detidos depois do atentado. Em 1944 houve 5.764 execuções e, nos cinco meses de 1945 em que o regime nazista permaneceu de pé, houve outras 5.684 execuções. De todas essas, entre 160 e 200 eram de pessoas diretamente implicadas na conspiração. Estas incluíam: 21 generais, 33 coronéis e tenentes-coronéis, 2 embaixadores, 7 diplomatas de primeiro escalão, um ministro de Estado, 3 secretários de Estado, o chefe da Polícia Criminal e muitos altos funcionários do governo, governadores de província e também chefes de polícia[53].

---

[53] Ainda hoje é difícil obter números exatos sobre os participantes, implicados, presos, mortos ou sobreviventes do complô de 20 de julho, devido à variedade das fontes. Também pelo fato de que, no período final do regime nazista, o juiz Roland Freisler transformou-se numa verdadeira máquina de matar, presidindo a quase invariavelmente condenação de milhares de réus no seu *Volksgerichtshof.* Cruzando fontes consegui chegar ao número de 191 citados diretamente por algum tipo de envolvimento com o complô, ou conhecimento dele. Mas esse número deve ser bem maior, se levarmos em conta as detenções secundárias que aconteceram pelo menos em Paris e Viena, outros dois lugares-chave para a conspiração. Daqueles, pelo menos 109 foram de alguma forma executados ou simplesmente assassinados sem julgamento – mesmo que os "julgamentos" fossem muito mais rituais macabros de insultos vociferados aos berros por Freisler, com a condenação posterior. Os últimos desses assassinatos sem julgamento, perpetrados por agentes da SS, ocorreram no dia 24 de abril de 1945, seis dias, portanto, antes do suicídio de Hitler e catorze antes do fim oficial da guerra. Das pessoas executadas, três eram mulheres, sendo que uma delas nada tinha a ver com o complô, mas foi julgada e condenada assim mesmo. Setenta e dois dos prisioneiros viram-se livres de alguma forma (ou pelo menos não consta que foram mortos): alguns conseguiram fugir, outros não foram detectados, alguns poucos foram absolvidos. Um dos detidos conseguiu iludir os interrogadores fingindo ter perdido a memória, e sobreviveu. Sete dos acusados se suicidaram antes ou depois de serem presos, entre eles o Marechal Erwin Rommel. Um suspeito estava no *front* e morreu em ação, no campo de batalha; um foi morto ao ser preso; e um morreu de doença na prisão, ou pelo menos essa foi a versão oficial. Alguns dos executados não tinham, na verdade, envolvimento direto com o complô, mas apesar disso foram julgados e condenados assim mesmo. O caso mais estranho é o do Major-General Reinhard Gehlen, da SS, que tomou conhecimento do complô, não o denunciou, não foi citado, e depois conseguiu

BERLIM *Sexta-feira, 1º de setembro*. A guerra começou nesse dia, há cinco anos.

Cheguei a Berlim na hora do almoço e fui diretamente para a casa de Maria Gersdorff. Ela estava mais pálida do que o usual, e me disse com calma: "Missie, você vai ter de ficar de vez aqui. Loremarie Schönburg e Percy Frey trouxeram todas as suas coisas para cá" – apontando para umas sacolas regurgitando meus pertences. – "Tony Saurma foi preso ontem de manhã." Acusação: disparar contra uma fotografia do *Gauleiter* algum tempo atrás, dizendo, depois do atentado de Stauffenberg: "Bem, não se preocupe, melhor sorte da próxima vez". Percy já contatou um advogado, alguém que trabalha para os suíços no Escritório para a Salvaguarda dos Interesses dos Inimigos. Ele próprio é um reconhecido antinazista – bem, não é uma escolha muito sábia! – e um homem brilhante; além disso, ele mora perto, na Woyrschstrasse. Loremarie está de volta ao Adlon e telefonou para a mãe de Tony, na Silésia. Tony também estava preso na Lehrterstrasse, mas como é um militar terá direito a uma corte marcial. O que quer dizer que, se ele for condenado, será fuzilado, ao invés de enforcado. Se é que isso serve de consolo.

Sábado, 2 de setembro. Loremarie Schönburg mudou-se também para a casa de Maria Gersdorff. Repartimos o antigo quarto de Gottfried Cramm. Ela está muito perturbada para ficar sozinha. Além disso, preferimos enfrentar a polícia juntas no caso de...

Papai esteve aqui por dois dias e voltou hoje para Königswart. Ele deixou comigo a cruz de seu bisavô, que este usou durante toda a campanha contra Napoleão; ele diz que ela o salvou então, e que me salvará agora.

Enquanto isso Loremarie fez amizade com um padeiro que trabalha perto da prisão de Lehrterstrasse. Ele também trabalha meio período como carcereiro ali e já levou cartas e cigarros para Tony Saurma. Ela vai lá diariamente, esperando também uma resposta para o último bilhete que enviou para Adam Trott, mas o carcereiro para quem ela o entregou agora a evita, embora há dois dias ele lhe tenha dito: "Alguém tem de fazer algo pelo Conde Schulenburg, a cada dia que passa ele fica mais fraco". Essa é a primeira confirmação de que

---

escapar de ser julgado pelos Aliados, ajudando os norte-americanos a montar um serviço de espionagem contra os soviéticos, que veio a ser a base da primeira agência de espionagem da Alemanha Ocidental, o *Bundesnachrichtendienst* (Serviço de Informações da República).

ele também está naquele cárcere. Eu deverei levar-lhe comida, pois devemos tratar cada caso separadamente tanto quanto for possível.

Passamos boa parte da tarde cortando pão e grelhando uma pequena galinha enviada por Otto Bismarck. Dividimos tudo em três porções, uma para o embaixador, uma para Gottfried Bismarck e uma para Adam. Loremarie também está levando frutas e legumes para Tony. Este último não tem direito a carne nem a pão, na verdade a nada que seja de sustância. Eles os mantêm subnutridos de propósito – para fazê-los mais "cooperativos".

Percy Frey nos levou em seu carro e nos deixou a alguma distância da prisão. Loremarie tinha me dito exatamente como eu deveria me comportar, mas admito que meus joelhos tremiam. Era a primeira vez que eu ia lá. O prédio é de tijolos vermelhos e de fora parece com qualquer quartel. Tínhamos combinado que eu perguntaria apenas pelo conde, enquanto Loremarie perguntaria num outro portão por Tony. Somente depois que eu voltasse ela retornaria para perguntar sobre Gottfried e Adam.

No portão havia dois guardas dos SS; depois havia um pátio e então uma grande porta de entrada, com um SS de cada lado. Eles me pararam. Eu disse que queria falar com a *Geheime Staatspolizei* [*Gestapo*]. Um deles me levou então por um largo corredor até que chegamos a uma porta de ferro pintada de amarelo vivo. À esquerda havia uma pequena janela, atrás da qual havia um homem gordo, também com o uniforme dos SS. Ele me perguntou o que eu queria. Eu apresentei o pacote e disse que gostaria que ele fosse entregue ao Embaixador Conde von der Schulenburg. Ele me disse para esperar e desapareceu. Nesse meio tempo a porta de ferro se abriu várias vezes para permitir a saída de soldados. A cada vez eu dava uma espiada para dentro. Consegui ver um espaço aberto muito grande, com muitas escadas de ferro conjugadas e plataformas em vários níveis. As celas ladeavam essas plataformas. As portas não chegavam ao topo das paredes, como acontece nos lavatórios baratos. Havia muito barulho, com os guardas andando à volta com suas botas pesadas, assobiando e gritando uns para os outros. Tudo muito repugnante. Logo o porteiro ou carcereiro ou o que quer que fosse retornou e me perguntou pelo nome de batismo do conde. Hesitei, mas me lembrei de que era Werner. O homem notou minha hesitação e gritou comigo: "Se você está tão interessada nele, deveria pelo menos saber o seu nome!". Isso me irritou e eu retruquei: "É muito difícil que haja qualquer confusão. Há apenas um Embaixador Conde von Schulenburg, como todo mundo sabe; e como ele tem mais de setenta anos, eu nunca o chamei pelo seu nome de batismo". Ele então me obrigou a escrever tudo num pedaço de papel, com meu próprio nome, endereço etc. Acrescentei algumas palavras simpáticas, perguntando se eu poderia trazer algo para ele. Meu coração apertou quando eu entreguei o papel, mas naquela altura isso não fazia qualquer diferença, pois eles poderiam me localizar facilmente de uma maneira ou de outra. O homem desapareceu mais uma vez, e eu o vi conferenciando com dois camaradas. Afinal ele voltou, devolveu-me o pacote, mas guardou o bilhete, e cuspiu: "Não é aqui! Se quiser mais informações, pergunte no QG da Gestapo, na Prinz Albrechtstrasse!". Saí trôpega, me sentindo muito mal e enjoada. Na vitrine de uma loja, dobrando a esquina, vislumbrei o meu rosto: completamente verde.

Contei a Loremarie o que tinha se passado e fui para casa, enquanto ela tentava entregar os pacotes *dela*. Ela demorou a reaparecer na casa de Maria e chegou em lágrimas. Esperara dentro do prédio pelo carcereiro que antes levara os bilhetes para Adam. Quando ele afinal apareceu, mais uma vez a ignorou, o que fez com que ela desistisse e saísse. Um outro guarda a observara. Ele a seguiu até o metrô e, enquanto caminhavam, ele sussurrou: "Por que você continua a fazer isso, dia após dia? Eles estão enganando você! Todo esse tempo eu observei você trazendo cartas, mas eu lhe digo: ele está morto!". Ele se referia a Adam. Provavelmente ele pensou que ela estava apaixonada por ele. E continuou: "Não aguento mais o sofrimento desse pessoal. Estou ficando louco. Vou voltar para o *front*. Eu nunca quis esse trabalho. Esses bilhetes que você traz! Os outros os partem em pedacinhos, rindo. *Por favor*, faça o que eu lhe digo! Não volte. Saia de Berlim assim que puder. Você está sendo vigiada. E o carcereiro que levou suas cartas foi transferido de volta para o QG. Não confie mais nele...". Este fora o homem que lhe dissera pela primeira vez para escrever para Adam. "*Er wird sich so freuen...*" [*"Ele vai ficar tão feliz..."*]. Loremarie não sabe mais em quem acreditar.

A prisão de Lehrterstrasse, uma construção em formato de estrela, erguida nos anos 1840 segundo o modelo da Pentonville britânica[54], *tinha quatro alas,*

---

[54] Presídio construído entre 1840 e 1842 que serviu de modelo para muitos outros, destinado a receber a crescente população carcerária da Inglaterra da Revolução Industrial e Urbana.

uma das quais era uma prisão militar administrada pelo Exército. Duas das alas eram da Gestapo, destinadas a presos políticos. A maioria dos presos ligados à Conspiração de 20 de Julho ficava lá.

A descrição de detidos que sobreviveram nos dá conta de condições muito duras: celas pequenas; uma cama na qual era proibido deitar-se durante o dia; um banquinho de madeira; uma pequena mesa encostada na parede; num dos cantos, algo parecido com um vaso sanitário; os guardas forneciam retalhos de jornais antigos para servir como papel higiênico; nada para escrever: nem papel, nem lápis ou caneta; nenhum livro nem jornais; nada de passeios no pátio; nenhum contato com o mundo exterior.

A guarda consistia de carcereiros profissionais, vigiados eles mesmos por gente da SS, na maioria Volksdeutsche (alemães étnicos) repatriados da Frente Oriental, acostumados à brutalidade graças à luta contra os guerrilheiros na Rússia. As celas eram limpas, as refeições, servidas, e aparelhos e sabão de barbear, distribuídos por "presos de bom comportamento" – judeus, presos políticos ou testemunhas de Jeová. Com exceção destes últimos, que, devido à sua ética de não envolvimento, se recusavam a ajudar seus camaradas de desgraça, os outros costumavam ser o único elo entre os prisioneiros e o mundo exterior.

Entre o crepúsculo e o amanhecer as celas permaneciam iluminadas, a não ser que os aviões dos Aliados estivessem atacando. Nesse caso, os guardas fugiam para os porões e os prisioneiros permaneciam algemados em suas celas; muitos pereceram quando uma das alas foi atingida. Curiosamente, muitos sobreviventes deram testemunho do alívio e da paz que sentiam enquanto as bombas caíam – único momento em que não eram vigiados.

Entre os prisioneiros (muitos deles cristãos fervorosos), havia vários clérigos. Através de subornos ou conseguindo a colaboração dos guardas por outros meios, os padres católicos conseguiam ouvir os prisioneiros em confissão e dar absolvição; um dos presos auxiliares trazia uma carta com a confissão e levava outra com a absolvição, junto com uma hóstia consagrada em outro envelope. Assim, apesar do confinamento solitário e da regra de silêncio absoluto, formou-se uma rede de solidariedade cristã que nem mesmo a Gestapo conseguiu romper.

Todos os dias vamos visitar, com Percy Frey, o advogado de Tony Saurma. Ele é um jovem com o cabelo prematuramente grisalho, um artista nas horas vagas, talvez um pouco esquisito e com certeza inteligente. Hoje, ouvindo o relato das visitas de Loremarie à prisão, ele ergueu os punhos aos céus e disse que ela deve deixar Berlim imediatamente: essas visitas eram uma loucura; nós todos vamos acabar presos; além disso, não estávamos fazendo o bem para ninguém. Também ele pensa que Adam Trott ainda está vivo, mas acrescentou: "Melhor estar morto do que passar pelo que ele está passando". Parece que eu sou a única a ter esperança de que a guerra termine a tempo de que ele sobreviva.

Decidimos que Loremarie deve voltar para a casa de sua família no campo. Ela não pode ajudar mais ninguém aqui e, se ficar mais tempo em Berlim, eles acabarão por prendê-la também. Aga Fürstenberg vai se encarregar de levar algumas coisas para Tony. Pelo menos será uma outra pessoa a fazer isso. Mas não é fácil sair de Berlim hoje em dia, a não ser que se tenha um passe especial. É verdade que Loremarie recebeu um telegrama dizendo que seu avô está morrendo; isso pode possibilitar que ela compre uma passagem.

Domingo, 3 de setembro. Embora fosse domingo, tive de ir ao escritório – um plantão por causa dos ataques aéreos. Não fiz nada, a não ser praticar um pouco de acordeão. Já mais para o final da tarde, Albert Eltz e Loremarie Schönburg apareceram, e ficamos conversando. De repente Albert sacou seu revólver, gritou "Onde está Six? Vou arrebentar a sua cabeça!" e saiu correndo escada abaixo. Eu o segurei pelo uniforme da Luftwaffe; o Dr. Six estava em seu escritório, trabalhando.

Mais tarde jantamos na casa de Percy Frey. Ao irmos para lá, Albert ficava parando policiais e perguntando o que eles pensavam do Conde Helldorf. Ele queria saber o quanto eles sabiam, e só os deixava partir quando eles diziam que tudo era uma *Schweinerei* [uma canalhice; literalmente, uma porcaria, um chiqueiro]. Ele está muito louco! Essas histerias abruptas só podem ser explicadas como uma reação à tensão.

Houve um ataque pesado. Sentamo-nos no porão, em frente à casa de Percy, sem coragem para voltar à de Tony.

Segunda-feira, 4 de setembro. Loremarie saiu de casa esta manhã sem se preocupar em conseguir um passe oficial. Uma das criadas dos Gersdorff a acompanhou até a estação e a viu entrar num trem em movimento; ela passou pelo controle com uma passagem comprada na plataforma. A última coisa que a criada viu foi ela às voltas com um cobrador. Embora eu a pressionasse para ir, fico preocupada com esse comportamento absurdo que é capaz de trazer à luz todas as suas atividades anteriores. Mas tanto o advogado de Tony Saurma quanto Maria Gersdorff estão bastante aliviados.

Ainda vou ficar um pouco mais de tempo porque Tony Saurma terá uma audiência preliminar perante o Tribunal Militar amanhã. O advogado está pessimista quanto à segunda acusação, a respeito da expressão "Melhor sorte da próxima vez". Esta, sozinha, poderia custar a cabeça de Tony. Por sorte o comandante de seu regimento deu-lhe um atestado de boa conduta. O advogado acha que Tony está em boa forma e não muito deprimido. Ele está tentando instruí-lo a não se comportar de modo agressivo. Agora me arrependo de tê-lo convencido a não fugir para a Suíça. Ele poderia tê-lo conseguido, no fim das contas.

Lembro-me do que Tony me contou sobre a noite em que Gottfried foi preso. Ele mesmo estava indo de carro para a Silésia. A polícia bloqueara as estradas, e ele foi parado no caminho. Ele conseguiu fazer-se simpático dando-lhes cigarros, e os policiais mostraram uma ordem escrita que tinham para deter um homem num Tatra prateado acompanhado por uma jovem. Ele se deu conta de imediato de que se tratava de Gottfried e Loremarie, pois sabia que os dois estavam a caminho de Reinfeld naquela noite. Ele ficou convencido de que eles nunca conseguiriam chegar lá. Na verdade, só conseguiram porque o carro quebrou e eles o abandonaram, continuando a viagem de trem.

Terça-feira, 5 de setembro. Primeira audiência de Tony Saurma na Corte Marcial. O julgamento foi de imediato suspenso por quinze dias, com os juízes pedindo mais informações da Silésia. Qualquer atraso, hoje em dia, é bom. Mas o advogado está preocupado, porque as provas estão se acumulando, e nenhuma delas é favorável a Tony. Tudo parece depender da decência dos juízes. Hoje escrevi uma carta para Tony, porque amanhã estou indo para Königswart.

No escritório os amigos de Adam Trott pensam que ele *está* morto, embora o advogado de Tony discorde. Mas nenhum de nós pode fazer alguma coisa por ele, ou por Gottfried, ou pelo Conde Schulenburg. O julgamento de Gottfried parece ter sido adiado graças aos infatigáveis esforços de Otto para ganhar tempo. Seu nome não apareceu nos jornais. É verdade: um Bismarck tentando matar Hitler não soaria muito bem, mesmo *eles* se dão conta disso. Só podemos esperar e rezar para que ele sobreviva.

E agora chegou a hora de eu me ir. Ainda tenho algum tempo de licença para tratamento de saúde que pode me valer. Sinto-me aliviada por partir, mas também algo deprimida. Nessas últimas semanas estivemos sob tal pressão, com o espírito tão obsessivamente voltado para o que aconteceu, que nada mais parece importar. Também – apesar da angústia – me acostumei tanto a viver entre estas ruínas, com o cheiro de gás sempre no ar, misturado com o odor do lixo, de metal enferrujado, e mesmo com o fedor de carne putrefata, que a lembrança dos campos verdes de Königswart, das noites tranquilas e do ar limpo, na verdade me atemoriza.

Para todos os efeitos, parece que minha vida em Berlim chega ao fim. Paul Metternich e Tatiana vão me encontrar em Viena dentro de oito dias e sem dúvida vão tentar me convencer a ficar em Königswart até que eu melhore de vez. Posso resistir às pressões familiares de longe, mas quando estivermos juntos eu provavelmente vou concordar com eles.

Nas últimas semanas temi que os Aliados pudessem falar pelo rádio sobre mais detalhes do complô de 20 de julho (como fizeram no começo), revelando a razão das viagens de Adam ao estrangeiro e assim trazendo-lhe mais dano; mas no seu caso eles foram misericordiosamente discretos, começando a mencioná-lo apenas quando a imprensa alemã noticiou a sua execução.

Das Schwarze Korps [A Corporação Preta] (o jornal oficial da SS) tem escrito violentamente sobre a *"blaublütige Schweinehunde uns Verräter"* [*"a corja traidora de sangue azul"*], mas recentemente saiu um artigo sem assinatura no *Der Angriff* [O Ataque] (o jornal dos SA) com uma nota contraditória: nenhuma classe social na Alemanha, dizia, fizera mais sacrifícios e tivera tantas perdas durante a guerra como a aristocracia alemã. Alguns dos nazistas parecem querer lançar salva-vidas para o futuro.

Desde o fim da guerra vieram à luz muitos indícios de que, conforme a derrota se aproximava, mesmo dentro da SS muitos começaram a vacilar, a começar pelo próprio Himmler. Já em 1942 ele perguntara a seu massagista finlandês, Felix Kersten[55], "O que você acha? O homem está louco?", e começou a reunir um dossiê clínico sobre seu Führer. Stalingrado abalou mais ainda sua fé na boa estrela de

---

[55] Felix Kersten (1898-1960) foi o massagista pessoal de Himmler. Constam de sua biografia informações controversas sobre a possibilidade de ele ter se valido dessa posição para ajudar perseguidos pelo regime, e ter sido informante da OSS, dos Estados Unidos, a antecessora da CIA.

Hitler e, como vimos, já no começo de 1944 o Dr. Six procurara contatos entre os Aliados em nome de Himmler.

Alguns dos generais da SS foram mais além. O chefe da Polícia Criminal, SS-Obergruppenführer Arthur Nebe – apesar de ser um dos genocidas na Frente Oriental –, tornou-se próximo dos conspiradores do 20 de Julho e acabou enforcado. A certa altura os generais da SS Felix Steiner e Sepp Dietrich (este último foi durante anos o comandante da segurança pessoal de Hitler e o grande carrasco da "Noite dos Longos Punhais", em 1934) planejaram atacar o sucessor de Canaris, indicado por Hitler, como chefe do Serviço de Inteligência das Forças Armadas, o Coronel da SS Walter Schellenberg, sequestrar Hitler e entregá-lo aos Aliados. Em Paris a atitude do SS-Obergruppenführer Carl Oberg, representante pessoal de Himmler na França, foi especialmente ambígua. O SS-Obergruppenführer Karl Wolff teria um papel destacado na capitulação das forças do Eixo na Itália. E foi ainda Schellenberg que, na primavera de 1945, organizou as conversações entre Himmler e o conde sueco Folke Bernadotte, quando, ainda nos estertores, o Reichsführer-SS *tentou tirar a Alemanha da guerra*[56].

Pütze Siemens[57] veio almoçar ontem. Ela é uma grande amiga de Maria Gersdorff e estava de luto por seu irmão Peter Yorck, enforcado ao mesmo tempo que o Marechal de Campo von Witzleben. Essa reação convencional diante de uma morte tão inconvencional parece pateticamente inadequada para expressar tal sentimento de perda. Ela me perguntou muito sobre Adam, que era amigo deles, mas não falamos sobre seu irmão. Eu não teria palavras.

As minhas mãos ainda estão cheias de cortes provocados pelas tentativas de abrir as ostras que Tony nos trouxe pouco antes de sua prisão.

---

[56] Arthur Nebe (1894-1945) é considerado um dos "conspiradores recalcitrantes"; assim mesmo foi executado em março de 1945. Felix Steiner (1896-1966) e Sepp Dietrich (1892-1966) conseguiram escapar à matança no final da guerra. Prisioneiros de guerra depois de 1945, o primeiro foi solto em 1948 e o segundo condenado à prisão perpétua, mas foi posto em liberdade em 1955. Preso novamente em 1956, foi solto de novo em 1958. Walter Schellenberg (1910--1952) foi condenado em Nuremberg, mas foi solto por razões de saúde em 1951. Carl Oberg (1897-1965) também conseguiu sobreviver à guerra: foi condenado à morte em Nuremberg pela deportação de 40 mil judeus da França, teve a pena comutada para prisão perpétua e foi solto em 1962. Folke Bernadotte (1895-1948) acabou assassinado em Jerusalém por uma das organizações clandestinas judaicas quando estas lutavam contra o domínio britânico na Palestina, pouco antes da criação do Estado de Israel.

[57] Pütze Bertha Siemens (1899-1950).

VIENA *Quarta-feira, 6 de setembro.* Passei minha última noite em Berlim com Aga Fürstenberg e Georgie Pappenheim. Georgie me acompanhou no bonde quando voltei para casa; tocou uma gaita de boca todo o tempo, entusiasmando os demais passageiros. Ele passou a noite conosco, porque eu e Maria queríamos ter um homem por perto no caso de haver mais algum ataque. Ele dormiu num sofá, na sala de visitas, e eu num outro. Quando a velha cozinheira, Martha, me acordou esta manhã, ela insinuou: *"In meiner Jugend kam so etwas nicht vor, aber diese 20. Juli stellt alles aus den Kopf!"* [*"Nos dias da minha juventude isto não poderia ter acontecido, mas este 20 de julho virou tudo de cabeça para baixo"*].

DE JANEIRO A SETEMBRO DE 1945

Nota de Missie. Desde que deixei Berlim com uma licença para tratamento de saúde em setembro de 1944, fiquei com a família em Königswart tentando me restabelecer para enfrentar o que sabíamos ser o último *round*. A caminho de Königswart, passei alguns dias com Tatiana e Paul Metternich em Viena, fazendo um *check-up* completo; o Dr. Eppinger me declarou "inutilizada" por uns dois meses. Ele encontrou uma tireoide inchada, que é a razão por eu estar tão magra – tudo mais ou menos de fundo nervoso. Desde então tenho tomado enormes doses de iodo.

KÖNIGSWART *Segunda-feira, 1º de janeiro.* Nevou muito, e passamos a maior parte do tempo fora de casa, brincando com tobogãs ou fazendo guerra de bolas de neve, como crianças. Há comida à vontade, mas comemos na cozinha, pois os criados pouco a pouco se foram, os homens para o *front* e as mulheres para as fábricas de armamento. Lisette, a governanta, cozinha. Todas as nossas roupas para festas noturnas foram dispensadas. Jogamos, brincamos, aproveitamos os ótimos vinhos de Paul. Porque amanhã nos separaremos de novo.

Terça-feira, 2 de janeiro. Paul Metternich voltou para o seu regimento, tendo recebido alta do tratamento do horrível abcesso em seu pulmão, que quase o matara na Frente Russa, no ano passado. Eu fiquei por mais um dia para animar Tatiana. Ela está muito deprimida.

VIENA *Quarta-feira, 3 de janeiro.* Passei meu último dia em Königswart conversando longa e separadamente com cada membro da família. Desta vez parece mesmo que *die grosse Entscheidung* [*o grande clímax*] vai mesmo acontecer antes que nos encontremos de novo. Mamãe quer que eu fique, mas agora que minha licença para tratamento de saúde expirou eu tenho de ir, senão terei problemas com o *Arbeitsamt*[1]. Tatiana me levou até Marienbad no meio da noite, para que eu pegasse o trem.

Quinta-feira, 4 de janeiro. No trem, na outra noite, a conversa era sobre os ataques aéreos em Viena, que estão se intensificando. Aqui os norte-americanos fazem a maioria dos bombardeios a partir de suas bases na Itália, em geral à luz do dia. Os bondes (único meio de transporte que ainda resta na cidade) funcionam aparentemente apenas pelo meio-dia. Eu estava preocupada, pois, como sempre, tinha muita bagagem, mais um ganso recheado. Por sorte um ex-prisioneiro de guerra russo se ofereceu para me ajudar em troca de um número conveniente de cigarros. No longo caminho para casa ele me contou que Stalin está planejando uma anistia e que "nós todos poderemos ir logo para casa". Ele acrescentou que nos últimos tempos tem comido muito pouco; assim, quando chegamos ao nosso destino – o apartamento de dois quartos de Antoinette Görne-Croy na Modenaplatz que vou dividir com ela –, dei-lhe toda a comida que achei. Antoinette está visitando seu marido na Iugoslávia,

Uma convocatória me esperava – do Arbeitsamt local. Eles certamente não perdem tempo!

Almocei com Franzl Thurn-und-Taxis no Hotel Bristol. Os irmãos Thurn-und-Taxis[2] foram desligados das Forças Armadas por pertencerem à "família real" e estão estudando na universidade aqui. No Bristol nada parece ter mudado desde que eu vim com os Metternich quatro meses atrás. Alfred Potocki e sua mãe, a Condessa "Betka", que, do alto dos seus 83 anos, ainda

---

[1] Agência do Ministério do Trabalho.

[2] A família Thurn-und-Taxis era das mais prestigiadas entre a aristocracia germânica, ligada por laços de casamento com a Casa de Bragança, de Portugal e do Brasil. Muito numerosa, foi impossível determinar com precisão (exceto pelo nome, Franz von Assisi Thurn-und-Taxis) os dados sobre "Franzl", um apelido, e seu irmão. Um irmão mais velho deles, Gabriel, morreu na França, antes do decreto de Hitler proibindo que membros de famílias reais fizessem parte das Forças Armadas.

exibe uma forma extraordinária, estão no seu recanto habitual[3]. Eles tiveram de abandonar sua propriedade mundialmente famosa, Lancut, com a entrada dos russos na Polônia. Era considerada a Versalhes da Europa Oriental, e sobreviveu até agora sem sofrer qualquer dano porque, graças a Göring, que ia lá para caçadas antes da guerra, ela era usada apenas pelos oficiais alemães de patentes superiores.

Sexta-feira, 5 de janeiro. Fui ao Arbeitsamt. Sugeriram que eu trabalhe como enfermeira. Era o que eu e Tatiana queríamos fazer quando a guerra começou, mas fomos rejeitadas por causa do nosso passaporte lituano. Aparentemente estão passando por uma carência aguda de pessoal de enfermagem e não se importaram com o fato de eu ter feito apenas vinte horas de treinamento básico em primeiros socorros. Através de amigos, sei o quão deprimente esse trabalho é muitas vezes, no momento. Por isso parece que receberam com surpresa minha alegre reação.

Sábado, 6 de janeiro. Ao entrar no apartamento, dei com uma pilha de bagagens. Antoinette e seu marido, Jürgen Görne, estão de volta.

Ela veio correndo me saudar e começou a me contar sobre sua visita a Veldes [*Bled*, em alemão][4], onde a unidade de Jürgen está lutando contra os guerrilheiros iugoslavos. Ela estava muito excitada porque seu carro fora alvejado na floresta – há um enorme buraco perto do radiador e a ignição foi destruída. A sua vida por lá deve ter sido muito depressiva; ela não podia sair do alojamento, porque os guerrilheiros agora estão raptando pessoas. Mas a paisagem, ela disse, é magnífica.

Ferdl Kyburg apareceu para me ver. Desde que foi desligado da Marinha, por também ser um membro de família real, está estudando na universidade.

Domingo, 7 de janeiro. Hoje pela manhã, igreja. Hoje à noite Görne assou devidamente o ganso que eu trouxera de Königswart. Ele nunca cozinhara

---

[3] Alfred Potocki era considerado um dos homens mais ricos da Polônia antes da guerra. O Palácio de Lancut, construído no século XVII e reformado no XIX, é hoje um museu. Consta que, fugindo da aproximação do Exército Vermelho, ele encheu onze vagões de trem com seus principais pertences e obras de arte e fugiu, terminando em Liechtenstein.

[4] Cidade e região hoje na Eslovênia.

algo assim; ficou sentado na frente do fogão com uma colher numa das mãos e um livro de receitas na outra. Contudo, o resultado foi bastante satisfatório, e também oferecemos um pouco para nossa locadora – a esposa alemã de um coronel que no momento está no *front*. Nossos convidados: Franzl Taxis, Ferdl Kyburg e Sita Wrede (que trabalha como enfermeira num hospital da Luftwaffe aqui).

Quinta-feira, 11 de janeiro. Meu aniversário.

Sita Wrede falou com os médicos do hospital da Luftwaffe sobre me levar para trabalhar lá. Fui entrevistada esta manhã pelo *Chefarzt* [*médico-chefe*], um tipo trigueiro que viveu dezoito anos na Índia. Essa é uma boa notícia, porque esse hospital é considerado o melhor de Viena. Mas talvez eu tenha de fazer um curso de atualização, porque eles querem que as enfermeiras possam substituir, numa emergência, os médicos regulares, que começam a ser mandados para o *front*. Esse treinamento inclui primeiros socorros sob fogo inimigo (caso sejamos designadas para um aeroporto militar) etc. Recebi um uniforme da Cruz Vermelha, um novo conjunto de documentos de identidade e uma placa de metal na qual meu nome está escrito duas vezes: ela pode ser quebrada em duas, no caso de eu "ser morta em ação"; uma das peças será enviada para os meus "entes queridos" – o que provoca uma sensação muito esquisita.

À noite Ferdl Kyburg chegou com uma garrafa de champanhe e nós celebramos meus 28 anos *à trois*.

Sábado, 13 de janeiro. Tomei chá com os Trauttmannsdorff[5], que moram no Palácio Schönburg. Ele pertence ao avô de Loremarie Schönburg. Construído por um dos mais famosos arquitetos daquele tempo, Lukas von Hildebrandt[6], a pequena e linda mansão urbana do século XVIII fica no meio de um grande jardim excelentemente arborizado, mas numa parte menos elegante da cidade, onde as ruas próximas são muito desenxabidas. Uma das suas melhores atrações é uma sala de baile pequenina e circular.

---

5 Família do lado italiano do Tirol, nos Alpes.

6 Johann Lukas von Hildebrandt (1668-1745), arquiteto austríaco, dos mais influentes do período barroco.

Alfred Potocki convidou a mim, Gabrielle Kesselstatt e mais três irmãos da família Liechtenstein para irmos ao teatro. O irmão mais velho, Franz Joseph[7], é o príncipe atualmente no trono. Eles estão na casa dos trinta anos e são terrivelmente tímidos. Depois nós jantamos no Bristol, com o pobre Alfred fazendo esforços terríveis para puxá-los para a conversa. Gabrielle mora do outro lado da rua, no Hotel Imperial. Mas Alfred, que é alguém meio prematuramente "gagá", não quis saber de eu voltar sozinha para casa e, já que nenhum dos irmãos Liechtenstein se ofereceu para me acompanhar, ele tirou do nada uma velha senhora a quem usualmente recorre para sair com sua mãe quando esta deseja fazer uma caminhada.

Terça-feira, 16 de janeiro. Os russos entraram na Prússia Oriental.

Quinta-feira, 18 de janeiro. Junto com muitas outras enfermeiras, fui chamada ao *Luftgaukommando* [*QG regional da Força Aérea*], onde me ofereceram a possibilidade de ir para Bad Ischl, na Salzkammergut[8]. Isso me deixou num dilema, pois no momento não quero deixar Viena e, se eu ficar, talvez não consiga mais sair, porque os russos estão avançando sem parar. No fim das contas tomei uma decisão: disse-lhes que preferia trabalhar em Viena. Hoje à noite, quando contei minha decisão para Antoinette Görne e Ferdl Kyburg, eles ficaram horrorizados.

Os russos tomaram Varsóvia.

Domingo, 21 de janeiro. A Hungria assinou um armistício com os Aliados.

Apesar da presença do Exército de Ocupação da Alemanha, o Almirante Horthy nunca desistira de tirar seu país da guerra. No dia 15 de outubro de 1944 ele denunciou a aliança da Hungria com a Alemanha e ordenou a cessa-

---

[7] Franz Joseph II (1906-1989), do Principado de Liechtenstein, foi o soberano desse país minúsculo de 1938 até sua morte. Foi o responsável por transformar o principado numa potência financeira. Liechtenstein ficou neutro durante a Segunda Guerra. Entretanto documentos revelados em 2005 levantaram a acusação de que as propriedades da família na Áustria se valeram do trabalho forçado de prisioneiros judeus e de guerra, a mando dos SS. Ver: <pt.wikipedia. org/wiki/Francisco_José_II,_de_Liechtenstein>; acesso em 10 dez. 2014.

[8] Bad Ischl é uma estação de cura (hoje com 13 mil habitantes) na região de Salzkammergut, no norte dos Alpes austríacos.

ção de hostilidades às tropas húngaras que lutavam contra o avanço dos russos. Depois disso, ele e sua família foram enviados para um campo de concentração alemão e um fantoche dos nazistas, Ferenc Szálasi[9], tomou seu lugar. A seguir os soviéticos instalaram um governo húngaro rival que, no dia 31 de dezembro de 1944, declarou guerra à Alemanha. Nessa altura Budapeste estava cercada. Em janeiro de 1945 ela caiu; cerca de 20 mil de seus habitantes pereceram durante o cerco, e um terço da cidade foi destruído. Os vitoriosos acabaram tolerando uma verdadeira orgia de estupros e saques, e mais tarde milhares de pessoas foram deportadas para a União Soviética[10].

Domingo, 28 de janeiro. Fui à igreja russa e os outros à *Stefansdom* [*Catedral de Santo Estêvão*]. Acabara de voltar ao apartamento, quando um pesado ataque aéreo começou. Ferdl Kyburg descobriu um abrigo muito resistente no porão da casa de seu tio Hohenlohe, perto daqui. Eu não gosto de ir para um lugar desses sozinha – com meu perene medo de ser enterrada viva sem ninguém saber onde estou –, mas hoje não houve jeito. Quando saí, descobri que nossa vizinhança tinha sofrido muitos danos. Antoinette Görne não foi

---

[9] O governo de Szálasi (1897-1946) durou apenas três meses, mas durante esse período foram mortos entre 10 mil e 15 mil judeus na Hungria, na maioria por fascistas húngaros, com supervisão da Gestapo. Depois da guerra Szálasi foi julgado e executado em Budapeste.

[10] O cerco de Budapeste é descrito por todos os historiadores que trataram do tema como uma das batalhas mais cruentas do final e de toda a Segunda Guerra Mundial. Durante dois meses houve um combate encarniçado nos arredores e dentro da cidade. Foi uma antecipação da batalha final em Berlim. Hitler ordenou que várias divisões alemãs acorressem para lá, desguarnecendo outras frentes, porque na Hungria estavam os últimos campos petrolíferos com que a Alemanha contava. Pode-se dizer que a batalha e a queda de Budapeste selaram definitivamente a sorte do Terceiro Reich. A cidade caiu em 13 de fevereiro de 1945. Antes, uma série de incidentes incendiou os ânimos. Uma das táticas dos alemães era a de permitir que os soviéticos tomassem algumas mansões ricas – abundantes em bebidas e comidas – na periferia da cidade e depois voltar para liquidar soldados que, quase sempre, estavam embriagados e empanturrados. Além disso, a certa altura o comando soviético enviou dois emissários com uma oferta de rendição honrosa. A oferta foi recusada, e antes de voltarem os emissários foram mortos – por acidente, segundo um lado, de propósito, segundo o outro. Mais: a luta por Budapeste foi daquelas do tipo casa a casa. O resultado foi que o ânimo dos soldados do Exército Vermelho era dos piores quando tomaram a cidade. De fato, de acordo com muitas fontes, foi uma das piores páginas do conflito. Um relato bastante objetivo da Batalha de Budapeste está em: <www.historynet. com/world-war-ii-siege-of-budapest.htm>; acesso em 15 dez. 2014. E numa observação poética, nas palavras do grande romancista húngaro Sándor Márai: "Um vento gelado corta como um túnel e seus dedos dedilham os cabelos dos mortos".

vista por mais ninguém, e comecei a me preocupar com a possibilidade de algo ter lhe acontecido.

Sentei-me para escrever algumas cartas à luz de uma vela fincada no gargalo de uma garrafa, já que nosso distrito está sem luz há vários dias. Como também estamos sem água, fui ao Hotel Imperial e tomei um adorável banho na suíte de Gabrielle Kesselstatt. Depois, Antoinette reapareceu e nós duas corremos à bomba da rua, logo adiante, e enchemos dois baldes de água cada uma para trazê-los para casa. No começo, pensamos que poderíamos enchê-los com neve e usá-la depois que derretesse, mas quando isso aconteceu elas estavam pretas, com cascas de batata nadando nos baldes.

Segunda-feira, 29 de janeiro. Comecei a trabalhar no *Luftwaffenlazarett* [lazareto da Força Aérea]. Ele costumava ser conhecido como *Kaufmännisches Spital* [*Hospital dos Comerciantes*], e seria perfeito se não ficasse num morro atrás do enorme Türkenschanzpark, no 19º Distrito, já quase fora da cidade. Somente a viagem de bonde para lá dura uma hora, e como o transporte, em geral, está terrivelmente lento hoje em dia, com as ruas esburacadas por verdadeiras crateras graças às bombas, ou cobertas pela neve, eu tenho de me levantar às seis da manhã.

Trabalho como uma das duas assistentes do dispensário interno, onde meu chefe, o Dr. Thimm, examina cerca de 150 pacientes por dia. Isso inclui vários exames, raios X etc. Ele dita as suas conclusões para mim. Ele é de Königsberg, é muito espirituoso, talvez um pouco sardônico. Trabalhamos até as sete ou oito da noite, com meia hora de pausa para o almoço, que consiste numa sopa particularmente repulsiva.

Sita Wrede (que, em primeiro lugar, conseguiu o posto para mim) trabalha como enfermeira cirúrgica; ela faz isso praticamente desde o começo da guerra e, comparada com todas nós, é uma veterana, tendo, antes, sido enfermeira durante a Guerra Civil Espanhola. Fico muito aliviada graças à sua presença, mas ela está incomodada por eu não ter sido designada para o seu departamento e diz que isso foi de propósito, "porque eles não querem que nós, aristocratas, trabalhemos juntos". Ela vem me visitar todas as manhãs e me traz sanduíches, pois tem acesso aos mantimentos especiais destinados aos feridos. Ela contrabandeia também um pouco de leite para mim – a quantidade de uma mamadeira de bebê por dia; assim, apesar da estafa e de me sentir exaurida, espero me manter em boa forma. Não deixa de ser uma ironia o fato de que deixei o Ministério de Relações Exteriores em Berlim, alegando razões de saúde, e agora me encontro aqui trabalhando muito mais duramente do que lá. Na verdade isso me faz bem, porque assim não tenho tempo para pensar...

Sita começou a me apresentar para o pessoal e os pacientes. Os casos mais sérios estão no andar de baixo, na chamada *Kellerstation* [*unidade do porão*], que, na verdade, não é inteiramente subterrânea, mas onde os pacientes ficam mais bem protegidos dos ataques aéreos, pois não podem ser removidos. Três das nossas melhores enfermeiras trabalham nesse departamento especial, inclusive uma garota muito alegre chamada Agnes, que veio da Vestfália. Já ficamos muito camaradas. Uma outra garota – muito feia – chamada Lutzi está noiva de um jovem tenente da Luftwaffe que – pobre coitado – veio para cá há uns quinze dias, tendo as duas pernas arrebentadas durante um voo de treinamento. Até este momento ele sobrevivera à guerra sem um único arranhão. O seu nome é Heini, tem um rosto bonito, cerca de trinta anos, mas seu cabelo já está grisalho. Embora ele e Lutzi estejam apaixonados, eles não podem deixar isso transparecer, pois é proibido haver relações pessoais entre pacientes e enfermeiras.

Terça-feira, 30 de janeiro. Como ainda não exerço as funções de enfermeira, a *Oberschwester* [*enfermeira-chefe*], que é uma figura, permite que eu ande sem a touca tradicional do uniforme. Mas já houve protestos, da parte de algumas outras enfermeiras, reclamando do meu *Hollywood Allüren* [*ar de Hollywood*]. Hoje em dia na Alemanha, para ser aprovada na revista das tropas, a gente tem de parecer um poste sem graça[11]! Mas, enquanto os médicos e a *Oberschwester* não protestarem, vou continuar me recusando a vestir a touca. Já estou precisando me acostumar com a ideia de andar sem batom, assim mesmo aos poucos; isso deixa Sita Wrede de cabelos em pé, ela vive me pedindo para não usá-lo.

Hoje a enfermeira-chefe ordenou que eu fosse examinada pelo nosso *Truppenarzt* [médico do pessoal], o Dr. Tillich. Isso, Sita me garantiu, não é matéria para riso, porque ele é tido como o Gary Cooper do pedaço. Ela assegura que quando teve uma amigdalite não quis sequer que ele a tocasse. Ela

---

[11] No original "*mud patty*", literalmente "um pastel de lama".

foi fazer intriga com a enfermeira-chefe a respeito e, quando fui tirar um raio X, esta lá estava– com as mãos nas cadeiras, pronta para enfrentar o Senhor Demônio em pessoa. Mas em algum momento ela teve de me deixar a sós com ele – apesar da sua visível relutância. Tivemos uma longa conversa – eu em trajes sumários – sobre uma queda de cavalo que sofri uns dois anos atrás em Berlim e as sequelas decorrentes na espinha. Tudo bastante profissional. Mas de fato ele é muito atraente. Ele é, acho, o pupilo preferido do Professor Eppinger, graças a quem, em primeiro lugar, consegui sair de Berlim.

Terça-feira, 6 de fevereiro. Jürgen Görne fica insistindo para que Antoinette deixe Viena agora, antes que seja tarde demais. A família dela está na Vestfália, e estamos ficando muito nervosos. Ontem, portanto, ela viajou para a casa de um colega de escola perto de Tutzing, na Baviera. Vou sentir terrivelmente a sua falta. Görne mandou seu ordenança ajudar com as bagagens, e ontem empacotamos também as minhas coisas, porque eu não quero ficar sozinha com *Frau Oberst*[12]. Vou tentar voltar para o Hotel Bristol (onde já me hospedei em viagens anteriores a Viena) e fazer algum tipo de acerto com eles para ficar com o menor quarto que eu puder conseguir (ainda tenho muito pouco dinheiro). Isso é possível, pois estou trabalhando num *kriegswichtiger Betrieb* [*serviço essencial em tempo de guerra*].

Meus cartões de racionamento também estão acabando e tive de tomar emprestados alguns de Christian de Hannover. Ele está morando no Imperial e estudando na universidade, depois de também ter sido desligado do Exército por ser um príncipe – e ainda ligado à família real britânica.

Como tinha a manhã de folga, discuti meu problema de moradia com Herr Fischer, o gerente do Bristol, que se mostrou esperançoso.

Quarta-feira, 7 de fevereiro. Hoje de manhã houve outro ataque pesado. Fiquei sentada no porão com os feridos graves. Isso não ajuda muito, porque a gente ouve o assovio das bombas caindo e sente cada explosão. Nesses momentos eu faço questão de ficar perto dos casos piores, porque, quando a gente vê o quão indefesos *eles* estão, a gente se sente mais forte. Estou contente porque Antoinette Görne se foi, pois desta vez a Estação Central foi atingida.

---

[12] A expressão tem um sentido irônico, pois quer dizer ao mesmo tempo "a Superiora" e "a Coronela".

Quinta-feira, 8 de fevereiro. Outro ataque pesado.

Tatiana telefonou de Praga, onde está novamente para tratamento médico. Foi bom ouvir a sua voz.

Herr Fischer me disse que posso me mudar para o Bristol no fim de semana.

Sábado, 10 de fevereiro. Os ataques estão ficando piores. Em três dias, este é o terceiro. Nosso médico-chefe deu ordens para que os pacientes que possam caminhar, bem como as enfermeiras mais jovens, não fiquem mais no hospital durante os ataques aéreos, e sim procurem abrigo no longo túnel ferroviário que atravessa o Türkenschanzpark, a cinco minutos de marcha. Como toda a vizinhança pensa que esse é o lugar mais seguro, mais de 80 mil pessoas o ocupam diariamente. As pessoas começam a fazer fila às nove da manhã e, quando soam as sirenes, há uma multidão efervescente se agitando confusamente em torno da entrada, tentando forçar o caminho para dentro. Já que não podemos enfrentar uma situação dessas todos os dias, e como invariavelmente temos de ficar no hospital até o último minuto e sempre chegamos por último, estivemos lá apenas umas duas vezes. Devo admitir, contudo, que meus nervos (costumeiramente em péssimo estado devido aos ataques aéreos que suportei em Berlim) não estão melhorando, e toda vez que as bombas começam a cair aqui em Viena eu fico muito abalada.

Domingo, 11 de fevereiro. Tive o dia de folga e portanto pude me mudar para o Bristol, onde me deram um quarto mínimo, mas impecável. Entretanto o gerente, Herr Fischer, duvida que eu possa ficar por muito tempo, porque o hotel é o paradouro preferido dos SS e está sempre cheio deles. Mas eu não vejo por que não poderia merecer um teto decente sobre a minha cabeça, pois sou trabalhadora, membro da comunidade e dou duro.

Almocei com Franzl Taxis e Heinz Tinti. O apartamento de Franzl foi bastante danificado; ele guardou o que sobrou no Grand Hotel, aqui ao lado. Lá encontramos duas bicicletas e andamos nelas pelos corredores do hotel e depois na rua até chegarmos ao apartamento. Colocamos sobre elas todos os meus pertences e viemos caminhando com elas ao lado até o Bristol. O gerente nos contou que, da última vez em que Paul Metternich esteve aqui, deixou duas garrafas do *brandy* Napoleon. Como elas não devem sobreviver aos ataques aéreos, nós as arrancamos de suas mãos relutantes e imediatamente abrimos uma.

Segunda-feira, 12 de fevereiro. Ataque aéreo.

Terça-feira, 13 de fevereiro. Ataque aéreo.

Quarta-feira, 14 de fevereiro. Ataque aéreo.
A única coisa que ainda funciona em Viena é a Orquestra Filarmônica.
Depois do hospital, vou aos concertos quase todos os dias.
Terminou a conferência dos Aliados em Ialta. Meu pequeno rádio capta apenas estações alemãs e elas, claro, falam muito pouco a esse respeito.
Há rumores de que Dresden foi arrasada por dois bombardeios dos Aliados.
Os russos entraram em Budapeste.

Nessa última reunião de cúpula dos Aliados durante a guerra, que aconteceu de 4 a 11 de fevereiro, Churchill, Roosevelt e Stalin tinham acordado uma estratégia para pôr fim ao conflito e de fato definiram as fronteiras da Europa do pós-guerra como elas existem até hoje[13].

Às vésperas da conferência, os Aliados haviam decidido retomar os ataques aéreos de grande porte contra alvos civis para impressionar Stalin com seu esforço de guerra, quebrar o moral dos alemães e criar novas hordas de refugiados, que atrapalhariam o movimento de tropas e suprimentos. Nessa altura, Dresden não contava com defesas aéreas ou antiaéreas, já que os poucos objetivos militares e de comunicação estavam fora da cidade. Por outro lado, a cidade era um tesouro da arquitetura barroca. Numa série de ataques maciços que começaram no dia 13 de fevereiro e se estenderam até abril, a RAF e a 8ª Divisão Aérea dos Estados Unidos literalmente varreram do mapa essa antiga cidade histórica. Entre 90 e 150 mil habitantes e refugiados (algumas estimativas falam em 200 mil) pereceram nas verdadeiras tempestades de fogo que se seguiram. A destruição deliberada de Dresden está entre as piores atrocidades cometidas pelos Aliados ocidentais durante a guerra. Até mesmo Churchill – ele próprio um dos formuladores da política de "bombardeios indiscriminados por áreas" – era perseguido por remorsos tardios e, quando afinal soaram os sinos da vitória, o Marechal do Ar Harris e seu comando de bombardeiros[14] não receberam qualquer menção de reconhecimento.

---

[13] "Hoje": 1988, ano da primeira edição do livro.

[14] A destruição de Dresden é motivo de controvérsia e polêmicas apaixonadas até hoje. O epicentro dos bombardeios ocorreu entre 13 e 15 de fevereiro de 1944: 722 bombardeiros da Royal Air Force

Quinta-feira, 15 de fevereiro. Estou começando a me sentir doente. Ontem, por causa do ataque, tive de interromper o trabalho por três horas e depois recuperá-las. Por volta das nove da noite me senti tão mal que, enquanto o doutor examinava um paciente, eu tirei a minha temperatura: 39,4 °C. Esfregando as mãos de satisfação, o Dr. Thimm disse que isso era apenas cansaço; que hoje ela cairia e eu poderia voltar ao trabalho.

Quando terminávamos o trabalho, trouxeram dois pilotos norte-americanos que foram derrubados ontem pela manhã. Chegaram amparados cada um por dois soldados alemães, um de cada lado. Estavam tão feridos que mal podiam se arrastar. Um deles tinha a face queimada, enegrecida, com um cabelo loiro estilo escovinha. No momento temos trinta pilotos norte-americanos no hospital. Estão bem tratados, mas são levados para baixo, para o nosso porão, apenas em ataques excepcionalmente pesados. Eu gostaria de falar com um deles, mas isso é estritamente proibido. Uma enfermeira, que fora governanta numa casa na Inglaterra antes da guerra, trouxe algumas flores para um deles. Ela foi despedida na hora. Contudo, durante um dos ataques, Sita Wrede me levou para a ala especial onde eles ficam. Alguns têm uma aparência ótima, mas na maioria das vezes estão tão feridos que têm o corpo completamente coberto por bandagens. Quase sempre padecem de graves queimaduras.

Os pacientes do meu departamento estão todos mais ou menos em má forma. A maioria tem mais de cinquenta anos ou menos de vinte. Em geral

---

e 527 da United States Air Force despejaram 3.900 toneladas de bombas explosivas e incendiárias sobre o centro da cidade, arrasando 6,5 quilômetros quadrados e matando, segundo cifras oficiais da municipalidade, de 2010, entre 22.700 e 25.000 pessoas. A cifra exata jamais será definida, porque no incêndio que se seguiu, e que durou mais de uma semana, muitos corpos simplesmente desapareceram. Os ataques, dessa vez apenas por bombardeiros norte-americanos, se repetiram em 2 de março e 17 de abril. Já na época as polêmicas foram enormes, inclusive na mídia do Ocidente. Os nazistas divulgaram cifras de 200 até 500 mil mortos. Churchill, através de vários memorandos, tentou se distanciar do ataque, exigindo uma mudança na política dos bombardeios indiscriminados, argumentando, entre outras coisas, que os Aliados não podiam ocupar uma Alemanha devastada a tal ponto que não possibilitasse acomodações razoáveis para as tropas ocupantes. Já o Marechal do Ar Harris se empenhou na justificativa do ataque, com o argumento de que qualquer coisa que encurtasse a duração da guerra era desejável. Hoje em dia os movimentos neonazistas na Alemanha reivindicam a data de 15 de fevereiro para manifestações contrárias ao ataque e, no fundo, de nostalgia do *ancien régime*, inclusive e sobretudo em Dresden. Por outro lado, movimentos pacifistas e de esquerda também fazem manifestações nesse dia, lamentando o ataque, mas também criticando o nazismo e os neonazistas. Não raro essas manifestações de sentido oposto terminam em confronto, no mais das vezes provocados pelos neonazistas.

foram recrutados há pouco e cabe ao Dr. Thimm avaliar se estão de fato doentes ou apenas fingindo. Com seu humor bastante perverso, ele provoca diálogos patéticos, às vezes até hilários.

A viagem de volta para casa de novo parecia interminável.

Sábado, 17 de fevereiro. Hoje, pela primeira vez em dez dias, não houve ataque aéreo. A minha febre baixou e levantei-me à tarde, tomei um monte de aspirinas e fui ao cabeleireiro, rezando para não topar com algum dos nossos médicos. Amigos vieram me ver. Por sorte, o hotel manda minhas refeições para o quarto.

Domingo, 18 de fevereiro. Ataque aéreo.

Passei a manhã no porão do hospital; depois vi o nosso Gary Cooper, Dr. Tillich. Ele me diagnosticou uma amigdalite aguda, disse-me para ir para casa e não aparecer até a quarta-feira. Estou completamente sem voz.

Sita está desapontada comigo por eu cair doente logo depois de entrar para o hospital. "O que eles vão pensar de nós, os 'aristôs', se você entra em colapso tão facilmente?" Por alguma razão, um pensamento *desses* jamais me passou pela cabeça!

Terça-feira, 20 de fevereiro. Ataque aéreo.

Quarta-feira, 21 de fevereiro. O ataque de hoje foi horrível, pior do que os outros. Eu ainda estava no hotel quando ele começou. Fomos todos para o porão o mais rápido possível: Vinzi Windisch-Graetz, Martha Pronai, os Potockis, os Sapiehas, Etti Berchtold e sua mãe etc. O ruído era ensurdecedor – as explosões e o tinido de vidros quebrando pareciam não ter fim.

Depois de a sirene anunciar o fim do ataque, caminhei pelo Anel[15] com Veichtel Starhemberg[16]. Tínhamos ouvido dizer que o Palácio Liechtenstein fora atingido. Quando o vimos, constatamos que o telhado se fora, mas que

---

[15] O Anel (*Ring*) de Viena é uma rua que circunda o atual centro histórico da cidade, começando e terminando nas margens do rio Danúbio. Foi construído – no formato de hoje – ao final do século XIX.

[16] Provavelmente o Conde Ferdinand ("Veichtel") von Starhemberg (1900-1961), também de acordo com a identificação no índice remissivo, escritor e engenheiro.

o resto do prédio não tinha sido muito danificado. Os pedaços de um avião norte-americano abatido estavam espalhados na praça em frente a ele, com a carcaça queimando vivamente, e de vez em quando havia pequenas explosões – devido ao que restava de munição. Quase toda a tripulação perecera. Um deles conseguiu sair, mas caiu e ficou preso na cumeeira de uma casa, o que lhe arrancou as duas pernas. Alguns dos passantes nos contaram que durante todo o ataque podiam-se ouvir seus gritos, mas ninguém se arriscava a deixar os abrigos. Quando conseguiram chegar até ele, já morrera.

Fomos adiante. Perto do Burgtheater havia uma bomba de retardo que não explodira. Toda a área fora isolada com cordas, mas passamos por ali assim mesmo, sem pensar no assunto. A cidade estava ainda cheia de fumaça, e na Karlsplatz, do outro lado do Anel, em frente ao Bristol, havia uma enorme cratera devido ao bombardeio.

Quinta-feira, 22 de fevereiro. Estou totalmente rouca. Como o transporte público está completamente interrompido desde o último ataque, tenho de ir para o trabalho a pé, o que me toma duas horas.

Sexta-feira, 23 de fevereiro. Passei a noite no hospital. Sita Wrede estava de plantão, e assim eu pude usar a sua cama de campanha, que fica no gabinete do seu chefe.

Sábado, 24 de fevereiro. Passei outra noite na cama de campanha de Sita Wrede. É muito mais conveniente dormir no hospital do que caminhar quilômetros de ida e volta a cada dia.

O Dr. Tillich sugeriu que eu me tornasse sua assistente, porque a enfermeira que eu substituo no dispensário interno está para reassumir o posto. Não me sinto muito contente com isso. Ele é muito agradável e atraente, mas também é o nosso *Politischer Leiter* [*comissário político*] e, como tal, é responsável pelo moral do corpo de funcionários. Todas as segundas-feiras há palestras sobre assuntos políticos a que todos devem comparecer, não importando o que teriam de fazer alhures. No dia em que cheguei ele nos fez uma breve palestra sobre "os deveres de uma enfermeira neste quinto ano da guerra". O foco: não ter muita compaixão, pois a maior parte dos pacientes é de fingidos; os médicos devem ser rigorosos, porque o *front* exige todo homem capaz; por outro lado, se observarmos um tratamento indevidamente severo, devemos intervir. Como intimidação, de modo "estritamente confidencial", ele também mencionou o caso de uma enfermeira que dera a um jovem soldado ferido – um amigo de seu filho, que fora morto – uma injeção que o incapacitou temporariamente, impedindo assim que fosse enviado de volta para o *front*. "Ela foi condenada a dez anos!" Nós estamos todos acuados contra a parede, acrescentou. Não há alternativa, senão lutar até o último homem! Etc., etc. Tudo soava tão horrível que eu não voltei, usando sempre a desculpa da contínua chegada de novos pacientes. Por algum tempo achei que isso me traria problemas, mas o Dr. Tillich nunca falou nada.

Por outro lado, a enfermeira-chefe diz que eu posso ser designada para trabalhar com o Príncipe Auersperg, nosso principal neurologista, um homem meio maluco mas fascinante, que é uma das celebridades locais[17]. Assim, parece que nada foi decidido ainda a meu respeito.

Estava para voltar para casa quando as sirenes começaram a uivar. Jantei com amigos, depois Meli Khevenhüller me levou a uma festa onde um excelente pianista de jazz tocava ao estilo de Charlie Kunz[18]. Ficamos até tarde mascando *bacon* e escutando a sua música.

Domingo, 25 de fevereiro. Missa na Catedral de Santo Estêvão. As ruas estão cheias de gente. Hoje em dia milhares de vienenses vêm dos subúrbios para o centro da cidade porque as antigas catacumbas têm a fama de serem as mais seguras; ninguém confia nos porões comuns, que desabam muito facilmente e nos quais centenas de pessoas já ficaram soterradas. A maioria dessa gente vem dos bairros de trabalhadores, caminhando horas para chegar até aqui.

---

[17] Alfred Johann Maria Anton Rupert, Príncipe de Auersperg (1899-1968) foi um dos mais famosos neurologistas e psiquiatras austríacos da época. Casou-se em segundas núpcias com Ingeborg von Hardt (depois Auersperg), nascida em São Paulo, no Brasil. Auersperg fez carreira fulgurante, sendo professor universitário e dirigindo várias instituições em Viena. Filiou-se ao Partido Nacional Socialista da Áustria e tornou-se membro da SS. Depois da guerra foi preso pelos soviéticos, mas solto em seguida. Sua esposa e filhos tinham se refugiado na Suíça e depois em São Paulo, para onde ele seguiu, tendo trabalhado em hospitais brasileiros, depois em Nova York e no Chile, em Concepción, antes de ir para Hamburgo, na Alemanha, onde faleceu.

[18] Charlie Kunz (1896-1958), pianista britânico (nascido nos Estados Unidos) muito famoso na época, especialista em swing e jazz dançante.

Almocei com os Potockis, que fizeram um esforço extraordinário, pois estão tomando conta de uma certa Frau Heryz, casada com um milionário alemão de Lodz, na Polônia ocupada, e esperam ouvir dela notícias sobre a casa deles. A comida estava deliciosa; havia até *foie gras*!

A minha dieta parece oscilar entre sopas aguadas no hospital e banquetes ocasionais no hotel. Se pelo menos meus cartões de racionamento pudessem durar um pouco mais! Do jeito que as coisas são, depois dos primeiros dez dias do mês não me sobra nada. A *Schwester* Agnes me dá vez ou outra gemadas que são especialmente feitas para os feridos mais graves; felizmente, eles parecem não gostar delas tanto quanto eu, de modo que sempre sobra algo.

Sisi Wilczek, que trabalhou durante os últimos quatro anos como enfermeira cirúrgica no hospital do Hofburg, apareceu para me ver. Tomamos café com amigos e depois saímos para uma longa caminhada. A carcaça e outros pedaços do avião norte-americano derrubado na quarta-feira ainda estavam jogados na frente do Palácio Liechtenstein, embora os caçadores de suvenires tivessem levado muitos deles. "Be" Liechtenstein apareceu no portal com um grande acordeão cor de malva que ele vai deixar comigo, porque também está saindo de Viena "de uma vez por todas", como nos contou.

Por alguma razão, estou me tornando a guardiã de toda a tralha que as pessoas abandonam em Viena quando se vão para fugir dos russos. A ironia é que, se *alguém* deveria deixar Viena para escapar dos russos, esse alguém sou *eu*; e que quando eu *de fato* sair de Viena – *se* eu conseguir sair (o que não é nada certo) – tudo vai ficar abandonado, de qualquer jeito.

Encontramos Geza Andrassy, um outro refugiado húngaro. Ele disse que a sua irmã, Ilona, se recusara a sair de Budapeste, onde trabalha, ela também, como enfermeira da Cruz Vermelha. Terminamos todos no Palácio Wilczek, na Herrengasse[19]. Dali voltei para casa e fui dormir. Estou tão cansada à noite que raramente volto a sair.

Segunda-feira, 26 de fevereiro. Os rapazes Taxis receberam um ganso da propriedade da família na Boêmia. Cozinhamos o ganso hoje na casa de Meli Khevenhüller. Embora fôssemos cinco, ele foi suficiente para fazermos uma lauta refeição, pois passamos a maior parte do tempo subnutridos.

---

[19] Nome de uma rua, onde também ficava o Palácio Liechtenstein.

O pai de "Puka" Fürstenberg faleceu. Ele era um diplomata encantador, da velha guarda austríaca. Há uma grande diferença, eu acho, entre a geração dos aristocratas austríacos, que dirigiam um império, e a geração atual, que cresceu num pequeno país limitado, amputado e sem futuro. Estes últimos – quase todos – são profundamente provincianos e, mesmo quando há muito dinheiro à volta, mal e mal conseguem falar alguma língua estrangeira e muito poucos estiveram fora da Áustria por algum tempo. Além disso, embora sejam charmosos e em geral uma boa companhia, eles são pesos-leves demais, poucos têm aquelas qualidades fundamentais e sólidas que caracterizam os bons alemães da mesma geração, dos quais conheci tantos em Berlim. Isso pode ser em parte, é claro, consequência da *Anschluss* [anexação] de 1938, com suas restrições subsequentes (serviço militar, trabalho compulsório etc.), a que se seguiu esta guerra, quase de imediato.

Terça-feira, 27 de fevereiro. Terminei o trabalho um pouco mais cedo hoje e tive tempo de ver o dentista do hospital.

À noite, Sisi Wilczek trouxe Geza Andrassy por aqui e fizemos o jantar em meu quarto, no pequeno aquecedor elétrico; preparamos até mesmo um café delicioso, graças a uma máquina que Christian og Hannover me deu.

Quarta-feira, 28 de fevereiro. Tatiana telefonou. Ela ainda está em Praga, mas logo deve se juntar à família de Otto Bismarck em Friedrichsruh, perto de Hamburgo, pois Paul Metternich foi transferido para a vizinha Lüneburg. Gottfried Bismarck, que afinal foi solto do campo de concentração onde estava internado desde sua absolvição no outono passado, deve estar a caminho também, mas por alguma razão eu não consigo acreditar que ele tenha sido de fato solto; ele estava comprometido demais na Conspiração de 20 de Julho. Essa viagem de trem de Tatiana me preocupa, pois hoje em dia mesmo os trens de passageiros são bombardeados constantemente.

Sexta-feira, 2 de março. Dois dias atrás, durante um ataque, nós tivemos de trocar a roupa de Heini (o aviador com as duas pernas amputadas). A *Schwester* Lutzi, sua noiva, não estava; a luz se fora, e eu tive de ficar segurando duas lamparinas a óleo acima do doutor e das enfermeiras enquanto o grupo trabalhava. É inacreditável o que o pobre Heini sofre nestas ocasiões, pois os dois cotos estão completamente dilacerados, com os ossos esmigalhados e despedaçados. Os pedacinhos de osso ficam saltando para fora e têm de ser catados com pinças. Sita diz que, se eu puder olhar aquilo sem me sentir nauseada, eu poderei olhar qualquer coisa. Num primeiro momento eu achei que não poderia. Mas, por mais estranho que pareça, *dá* para aguentar, sobretudo quando a gente está ajudando. Há uma tal concentração no trabalho e um tal distanciamento do paciente que a gente mal percebe algo mais. Graças a Deus!

Sábado, 3 de março. Sem ataques hoje, de modo que foi possível ir para casa no horário devido.

No hospital faz muito frio, pois o carvão acabou e nem mesmo hospitais têm hoje prioridade no abastecimento.

Domingo, 4 de março. Eu acabara de sair com Hansi Oppersdorff, para ir à Catedral de Santo Estêvão, quando as sirenes começaram a soar. Ele tem me acompanhado ultimamente, pois está passando por um tratamento depois de levar um tiro nas cordas vocais. Ele consegue falar apenas sussurrando.

Depois fui visitar Meli Khevenhüller. Trabalhando numa fábrica de munição, ela não terá permissão de ir embora quando os russos chegarem. Contudo, está providenciando uma carroça e dois cavalos – contrabandeados da propriedade rural da família – para o caso de termos de fugir no último momento.

Hoje recebi um pacote enviado por mamãe de Königswart... no dia 2 de janeiro. O correio levou dois meses para entregá-lo. Até aqui, um recorde.

Terça-feira, 6 de março. A avó dos Fuggers faleceu. Seu filho, "Poldi", que é general da Luftwaffe[20], está passando estes dias aqui. Sisi Wilczek insistiu comigo para que eu lhe pedisse uma transferência para outro hospital da Força Aérea, mais para oeste. Ele tem alguma influência, pois foi um ás da Primeira Guerra e usa a famosa *Pour le Mérite* – a mais alta condecoração da Alemanha Imperial. A própria Sisi está sendo transferida com todo o seu pessoal para Gmunden, perto de Salzburg. Mas ela também não quer sair de Viena no momento e

---

[20] General da Força Aérea Leopold Fugger-Babenhausen (1893-1966). No fim da guerra foi aprisionado pelos soviéticos, ficando dez anos num campo de concentração. Libertado em 1955, voltou à Alemanha e fixou-se em Hamburgo.

fica procrastinando. Os Hannover têm um castelo em Gmunden, transformado em hospital, e Christian sugeriu que Sisi e eu ficássemos morando na casa de seus pais (um estábulo reformado) se e quando formos para lá; ele se comprometeu a fazer todos os arranjos necessários. Isso nos deixa mais tranquilas, pois, caso de fato consigamos escapar, tomaremos sem dúvida um voo de último minuto.

Quarta-feira, 7 de março. Sisi Wilczek me pediu para encontrar Poldi Fugger. Ele tem a cabeleira branca, mas seu rosto ainda parece bastante jovem. Ele tem uma boa aparência notável e é muito charmoso. Prometeu levar o meu caso à consideração do *Luftgauarzt* [*médico-chefe do Comando Regional da Força Aérea*], que para nós parece ser Deus Todo-Poderoso, mas que por acaso é amigo dele. Na verdade, estou fazendo isso mais para tranquilizar meus amigos, que acham que Viena não vai resistir nem mais dez dias e ficam horrorizados porque ainda estou aqui. De fato, os russos estão avançando sem parar e, se não chegarem mais cedo, certamente não será devido à resistência dos alemães, que, pelo que ouvimos falar, está cedendo visivelmente.

Esta noite Vladshi Mittrowski convidou a mim, mais Gabrielle Kesselstatt e Franzl Taxis, para jantar no Hotel Sacher, num reservado. A atmosfera parecia ser realmente antediluviana: garçons de luvas brancas, faisões caçados pessoalmente pelo nosso anfitrião, champanhe num balde cheio de gelo etc. Ele continua a viver como um rico proprietário de terras, embora o *front* esteja apenas a alguns quilômetros da porta de entrada de sua casa!

Quinta-feira, 8 de março. Ataque aéreo. De novo tivemos de trabalhar até mais tarde para recuperar o tempo perdido.

Os Aliados atravessaram o Reno. Segundo o rádio, eles estão lutando agora perto de Colônia e de Bonn. Mas, embora estejam avançando em todas as frentes, parece que a resistência dos alemães no Ocidente ainda é muito firme. Não compreendo isso. Era de se esperar que, entre as duas frentes, eles tentassem com mais afinco segurar o avanço dos russos.

Sábado, 10 de março. Um certo Herr Mühlbacher (que eu nunca encontrara) trouxe para mim uma carta de Antoinette Görne e Ferdl Kyburg (que deixaram Viena um mês atrás). Estão em Munique e me pediram para deixar

Viena imediatamente. Eu o encontrei no *hall* do hotel, e parece que ele deve ajudar a organizar a minha partida. Isso não vai ser fácil, pois faz uma semana que as viagens por motivos particulares foram proibidas. Ele me entregou uma autorização de viagem em branco, vinda do *Rüstungskommando* [comando de armamentos e munição] de Munique. Mas mesmo tal documento não tem valor, pois não é possível deixar o hospital antes que ele esteja em estado totalmente caótico: nessa altura não haverá mais trens circulando e será, provavelmente, tarde demais. Mas de todo modo fiquei tocada pelo empenho de Antoinette.

No meio da noite Marianne Thun telefonou de Karlsbad por uma *Wehrmachtsleitung* [*linha especial das Forças Armadas*], em nome de mamãe, que, diz ela, está terrivelmente preocupada. Contei-lhe minhas últimas novas.

De volta ao hotel, encontrei um telegrama de mamãe. Boas notícias, tanto de Irena em Roma quanto de Georgie em Paris. É extraordinário como nesta altura dos acontecimentos mensagens particulares consigam passar através das linhas do *front*, provavelmente através da Suíça. Ele me pedia para ligar para ela, mas, embora eu tenha pedido chamadas para Königswart todas as noites, tem sido impossível completá-las.

Segunda-feira, 12 de março. Um dia sombrio para Viena.

Sita Wrede irrompeu no meu gabinete, no hospital, com a informação de que enormes esquadrões aéreos do inimigo estavam a caminho. Eu tinha tanta coisa para fazer que não pude sair logo com ela, para ir ao túnel. Ela gosta de chegar cedo lá, antes que ele esteja tomado por uma multidão. Quando fiquei pronta, ela já perdera a paciência e disse que poderíamos muito bem ficar onde estávamos. Senti remorsos, pois a culpa era minha. Mas muitos outros ficaram no hospital também – o porão estava cheio de pacientes e de enfermeiras. Um deles, um certo Capitão Bauer, é um piloto famoso, com condecorações do mais alto grau: Cruz de Cavaleiro, Folhas de Carvalho, essas coisas. Ele tem uma ferida grave no ombro, mas pode caminhar. Conversamos um pouco, mas então as luzes se apagaram e logo o ruído no exterior tornou impossível qualquer conversa. Olhei para a *Kellerstation* [enfermaria do porão] e vi a *Schwester* Agnes debruçada sobre uma mesa, soluçando; um jovem cirurgião lhe dava tapinhas nas costas. Embora em outras ocasiões ela pareça ser uma boa pessoa, e feliz, sempre entra em pânico durante os ataques aéreos. Fui sentar-me com ela à mesa, e ficamos abraçadas. Havia um tal assovio de bombas caindo e um ruído de explosões como eu nunca ouvira antes em Viena. Contamos com um vigia no telhado, que não deve deixar o seu posto, não importa o que aconteça. Naquele momento ele nos mandou a mensagem de que o túnel recebera um impacto direto. Imediatamente pensamos nos nossos muitos pacientes e enfermeiras que haviam procurado abrigo lá. E – lógico – dez minutos depois, quando o ruído diminuiu um pouco, começaram a chegar macas carregadas com homens e mulheres que tinham caminhado jovialmente para lá uma hora antes. Foi de partir o coração! Alguns gritavam. Um rapaz, que fora ferido no estômago, se agarrou à minha perna e pedia: *"Narkose, Schwester, Narkose!"* [*"Anestésico, enfermeira, anestésico!"*]. Continuou gemendo sem parar. Muitos deles foram operados ali mesmo no porão, onde não há água nem luz, mas aquele pobre rapaz morreu em seguida. O médico-chefe gritava com aqueles que tinham ficado no hospital, contrariando suas ordens expressas. Ele estava furioso, porque quase ninguém o obedecera: *"Wenn wir einen Volltreffer bekommen hätten, so wäre ich meine ganzen Leute auf einmal los!"* [*"Se tivéssemos recebido um impacto direto, eu teria perdido todo o meu pessoal de uma só vez!"*]. Parece que a bomba atingiu a entrada do túnel no exato momento em que várias pessoas tinham saído para respirar um pouco de ar fresco. Diz-se que correu o falso boato de que o ataque tinha terminado. De todo modo, catorze pessoas morreram de imediato, e jamais esquecerei o cenário no nosso porão, para onde os sobreviventes vieram.

Mais tarde, subimos no telhado e olhamos para a cidade. O Professor Auersperg disse que podia ver a Ópera ardendo, mas havia tanta fumaça que na verdade não dava para dizer o que de fato acontecera.

À noite, Willy Taxis apareceu. Ele ouvira falar do túnel e estava preocupado comigo. Esperou até eu terminar o expediente e então fomos a pé de volta para a cidade. Havia destruição por toda parte. Ele disse que o centro fora duramente atingido – a Ópera, o Jockey Club, até mesmo nosso Hotel Bristol. Perguntei-lhe se meu quarto ainda estava lá. Ele não sabia. Quando chegamos ao centro já anoitecera, mas em muitos lugares era possível até ler um jornal somente com a luz das labaredas dos prédios em fogo. Havia também um forte cheiro de gás. Como em Berlim, nos piores dias.

Demos a volta até a casa dos Wilczeks, na Herrengasse, para tranquilizá-los. Sisi estava de cama, com febre devido a uma amigdalite. Todos estavam meio histéricos e agindo como embriagados. O pior desastre acontecera, ouvimos dizer, no Jockey Club, onde 270 pessoas morreram no porão. O prédio ainda está em fogo e ninguém pode chegar perto. Josy Rosenfeld me contou que nos piores momentos ela se agarrou em Poldi Fugger, achando que um general condecorado da Força Aérea era a melhor companhia no caso de um bombardeio!

Pois Poldi continua aqui, para o enterro de sua mãe. Até o momento o enterro não pôde acontecer, devido à falta de caixões. Parece que num primeiro momento as pessoas usavam os papelões que cobriam as janelas quebradas em muitos prédios, mas agora até isso está em falta. Alguns dias atrás Meli Khevenhüller me disse que ela me proibia de morrer agora: "*Das kannst Du uns nicht antun!*" ["*Você não pode fazer isso conosco!*"], sugerindo que meu funeral iria causar problemas demais! Não só faltam caixões, mas os amigos e parentes do morto devem eles mesmos cavar a cova, pois todos os coveiros foram recrutados. Assim, em muitos lugares há pilhas de caixões improvisados esperando o enterro. Enquanto durar o inverno, essa situação será apenas estranha, mas só Deus sabe o que acontecerá quando a neve derreter na primavera. Dias atrás foi realizado o funeral de um coronel. Havia até uma banda militar. Quando o caixão estava baixando para a cova, a tampa se abriu e apareceu o rosto de uma mulher grisalha. A cerimônia prosseguiu!

Saímos da casa dos Wilczeks e continuamos a nossa ronda. A Ópera ainda ardia. Todas as janelas do Bristol estavam arrebentadas e da rua a gente podia entrar diretamente na sala de jantar. Pessoas corriam de um lado para o outro, desgrenhadas e cheirando a fumaça.

Jantei com Poldi Fugger, sua filha Nora e sua irmã Sylvia Münster. A ex-mulher de Poldi casou-se com Kurt Schuschnigg, o ex-chanceler austríaco, logo antes da guerra, e agora ambos estão num campo de concentração.

Em julho de 1934 o Dr. Kurt von Schuschnigg (1897-1977) tornou-se chanceler da Áustria, sucedendo a Dollfuss, que fora assassinado. Tendo resistido até o fim ao Anschluss de Hitler, foi preso em março de 1938 e passou vários anos num campo de concentração com sua esposa. Libertado pelos norte-americanos em 1945, passou os últimos anos de vida como professor nos Estados Unidos[21].

---

[21] Complementando o texto: Kurt Schuschnigg foi um político austríaco extremamente conservador, pertencendo ao ministério de seu antecessor, Engelbert Dollfuss (1892-1934). Ambos acabaram ganhando a alcunha de "assassinos de trabalhadores" por terem desencadeado uma

A gerência do Bristol é incrível. Não há luz, apenas uma vela em cada mesa, mas o restaurante continua funcionando normalmente. Depois nós fomos até a loja de Peter Habig, ao lado, e ficamos olhando a Ópera, que ainda queimava. Peter tinha lágrimas nos olhos. Para o vienense, a destruição da sua querida Ópera é uma tragédia pessoal.

A Ópera fora inaugurada em 1869, na presença do Imperador Franz-Josef[22], com a peça Don Giovanni, *de Mozart. Por uma curiosa coincidência, a última ópera ali apresentada, antes de sua destruição, foi a* Götterdämmerung [O crepúsculo dos deuses], *de Wagner. No bombardeio foram destruídos 120 cenários e cerca de 160 mil figurinos. Apesar de todas as dificuldades da vida no pós-guerra, a reconstrução da Ópera teve máxima prioridade, e sua reabertura em 1955 simbolizou, mais do que qualquer outra coisa, o renascimento de uma Áustria "civilizada".*

Quarta-feira, 14 de março. De novo tive de ir a pé para o hospital. Agora levo duas horas para ir e outras duas para voltar. Logo vou tentar pegar caronas, mas de momento as ruas estão tão cheias de escombros que nenhum veículo consegue circular, e todo mundo tem de caminhar.

---

repressão feroz contra os movimentos operários em seguida ao levante de fevereiro de 1934, que opôs movimentos sindicais e grupos fascistas. Em seguida ao sufocamento brutal dos movimentos esquerdistas, Dollfuss impôs na Áustria um regime muito semelhante ao fascismo de Mussolini, de quem era próximo, suprimindo o Partido Social Democrata e mesmo fechando o Parlamento. Isso não impediu que ele fosse assassinado em 25 de julho do mesmo ano em meio a um levante fascista que tentou formar um novo governo, por um grupo de oficiais que invadiu a Chancelaria. O levante foi vencido e seus líderes executados. Schuschnigg continuou a política de Dollfuss, inclusive no sentido de resistir à anexação pela Alemanha. Ele e sua esposa, Vera Czernin von Chudenitz (1904-1959), cujo casamento religioso com Fugger fora anulado por razões até hoje obscuras, foram mantidos em vários campos de concentração até 1945. Depois ele tornou-se professor de Direito Público e Constitucional nos EUA. Em 1968 retornou à Áustria, onde morreu. A tentativa de golpe contra Dollfuss foi um dos poucos momentos de grave tensão entre Hitler (que apoiava os golpistas) e Mussolini, que chegou a reunir tropas na fronteira da Áustria para apoiar o governo.

[22] Uma curiosidade: o Imperador Franz-Josef, casado com a famosa Sissi (Eisabeth de Baviera), era sobrinho da imperatriz Leopoldina, primeira esposa de D. Pedro I e mãe de D. Pedro II, de quem ele era, portanto, primo. Seu irmão Maximilien foi imperador e executado no México, durante a Revolução Juarista, em 1867. Na viagem de dez meses que fez pela Europa e pelo Egito, entre maio de 1871 e março de 1872, D. Pedro II visitou o primo em Viena.

Quinta-feira, 15 de março. Ganhei dois dias de folga. Devo assumir um outro trabalho: *Wehrbetreuung und Fürsorge* [*serviço de acompanhamento e cuidado de pessoal militar*]. Ainda não está claro para mim o que isso implica, mas acho que inclui corresponder-me com o Luftgau a respeito da concessão de promoções e condecorações ou prêmios aos feridos do nosso hospital, além de aconselhá-los quanto a seus problemas. Aqui é necessário lidar com uma variedade muito grande de pessoas, e o médico-chefe parece pensar que sou boa nisso.

Infelizmente eu também tenho de lidar com tudo o que diga respeito a mortes, e desde a nossa tragédia no túnel há muitas entrevistas tristes com parentes. Hoje a noiva de um dos rapazes mortos veio me ver; ela queria saber de todos os horríveis detalhes.

Sexta-feira, 16 de março. Hoje pela manhã houve outro ataque. Atravessei a Praça da Ópera até o Hotel Sacher, porque o porão deste tem fama de ser mais seguro do que o do Bristol. Os Taxis e Heinz Tinti se juntaram a mim. Ficamos presos lá por quatro horas e, embora desta vez tudo tenha terminado bem, todo mundo parecia estar mais nervoso do que das outras vezes. Depois da sirene que anuncia o fim do ataque, Josy Rosenfeld (cuja família tem uma propriedade perto de Linz) foi direto para a estação, embora tenham nos dito que não há mais trens. Ela está desvairada e não que passar mais nenhuma noite em Viena. Deixou-me alguns ovos.

Sábado, 17 de março. Sita Wrede e eu passamos de novo várias horas no porão do Sacher. De fato ele parece muito sólido, mas nunca se sabe com que ângulo as bombas vão cair.

Desde que esses bombardeios pesados começaram, a família fica mandando cartas frenéticas, às quais eu não posso responder, pois não há mais correio para fora de Viena.

Domingo, 18 de março. Fui à igreja com Hansi Oppersdorff. Depois visitei Sisi Wilczek, que ainda está de cama. No dia da destruição da Ópera, o seu tio Cary me escreveu uma carta que tinha por data o seguinte: *"der schlimmste Tag, den Wien je erlebt hat"* [*"o pior dia por que Viena já passou"*]. Pobre homem; ele está completamente abatido; também o pai de Sisi. Franzl

Taxis diz que, para a geração deles, Viena era algo parecido com o nosso quarto de dormir para nós: cada recanto "lhes pertencia", conheciam cada pedra ou vão da cidade...

Almocei no Bristol com Gabrielle Kesselstatt e um certo Príncipe Sebastian Lubomirski, outro refugiado da Polônia. Os Potockis se foram três dias atrás. Eles ficaram adiando a partida. Tudo parece tão estranho sem eles. Tínhamos nos transformado numa espécie de família. Cada partida deixa um vazio. Depois tomamos café no hotel de Gabrielle do outro lado da rua. Ela comprou mais alguns chapéus novos – um dos únicos artigos de vestuário que ainda se pode comprar sem cupons. Ela vai partir de carro a qualquer momento graças a seu passaporte de Liechtenstein (é prima do príncipe regente).

Segunda-feira, 19 de março. Um outro dia de pesadelo.

Desta vez o assim chamado *Bombenteppich* [tapete de bombas] caiu no conjunto do hospital. Estávamos dentro do túnel onde ocorrera a última tragédia. Desde então temos uma linha direta entre o hospital e o túnel, de modo que nos cheguem os informes dados pelo vigia no telhado do hospital. Hoje três bombas atingiram o próprio túnel. Sita Wrede gritou "Abaixe-se!", porque eu sou mais alta do que os outros e ela temia os estilhaços. Os presentes se comportaram primeiro como uma manada de gado, gritando e correndo em pânico, mas depois se acalmaram. Embora a pressão das explosões derrubasse as pessoas umas sobre as outras, ninguém se feriu e o túnel aguentou. Sete outras bombas caíram no hospital. Uma caiu na sala de cirurgia e atravessou três andares até chegar ao teto do porão, sem explodir. Mas as vidraças das janelas partiram-se todas.

Um avião norte-americano caiu no Türkenschanzpark aqui perto, e parte do nosso pessoal foi até lá para trazer a tripulação. Acharam quatro deles, mas o quinto sumira.

Começamos a limpar os escombros, andando aos tropeços entre pilhas de vidro partido e entulho. A garota que estou prestes a substituir estava histérica; o bombardeio a pegara enquanto ela caminhava para o trabalho e ela teve de ficar sentada num galpão. Mandei-a para casa e continuei a empilhar pedaços de móveis quebrados e de molduras de janelas arrebentadas etc.

Por volta das seis da tarde, dei início à volta para casa. No caminho alguém jogou uma vidraça partida do andar de cima de uma casa para a rua; fez um corte profundo na minha mão. Um carro do Exército parou e me deu carona até a casa dos Wilczeks, onde eu esperava encontrar Sisi. Ela saíra, mas seu pai enrolou uma toalha na minha mão, e assim fiquei até voltar para o Bristol, onde os Sapiehas cuidaram de mim. Eles me disseram que minha aparência era assustadora!

O desconforto é grande, porque a cidade está praticamente sem água há várias semanas. Não sei como ainda conseguem cozinhar as nossas refeições. Ninguém de nós ousa mais tomar café ou chá. Não há luz elétrica e estou esgotando rapidamente o suprimento de velas de Natal que Sisi me deu. À noite eu me sento no meu quarto, no escuro, e pratico o acordeão.

Terça-feira, 20 de março. Verdadeiros tapetes de vidro partido cobrem as ruas. Agora peço carona para ir ao hospital. Isso não é nada fácil, mas por duas vezes peguei carona num caminhão militar e o motorista prometeu sempre procurar por mim, já que ele faz esse caminho todos os dias. Peter Habig prometeu me emprestar sua bicicleta, que ele acabou de comprar e não usa durante o dia. Isso me tornará um pouco mais independente.

Mais um ataque. Sem danos.

Quarta-feira, 21 de março. O ataque de hoje durou cinco horas, mas de novo sem maiores danos. Eles voaram da Itália e continuaram para Berlim: um feito e tanto!

Uma das cartas de Georgie conseguiu, de algum modo, chegar até mim. Ele ainda está em Paris, trabalhando em alguma nova agência e ao mesmo tempo continuando seus estudos no Sciences Po. Ele nos aconselha a "ficar juntos" – como dizem os russos, a "nadar perto da margem". Pois no momento Paul e Tatiana estão para o norte, nossos pais estão em Königswart e eu estou presa aqui em Viena! Mas Georgie diz isso para o nosso bem.

Sábado, 24 de março. Todas as noites eu e Sebastian Lubomirski vamos ao porão buscar água em grandes potes de geleia, pois, embora o hotel ponha diariamente um tanto em cada banheiro, ficamos muito sujos por causa da fumaça que invade tudo. Ultimamente vinha tomando banho no hospital – durante os bombardeios –, mas agora não ouso mais fazer isso porque eles ficaram muito perigosos; além do mais, mesmo lá a água está escasseando. Os prisioneiros de guerra, inclusive os aviadores norte-americanos derrubados que estejam em melhor forma, são enviados a um reservatório próximo para buscar água; e esta, que sabemos estar muito poluída, é usada assim mesmo para cozinhar. A higiene se deteriora rapidamente, e nós, enfermeiras, estamos agora sendo vacinadas contra cólera, pois uma epidemia começou em Budapeste. Mas estamos sempre tão ocupadas que não temos tempo para nos preocupar com isso.

Estou para me mudar para a casa dos Wilczeks. Sisi se vai na próxima semana, com seu pessoal; mas seu irmão, Hansi, embora gravemente ferido, é oficial da reserva e tem de ficar até que os russos cheguem. Pelo menos ele me manterá informada a respeito do seu avanço. Já comecei a levar meus pertences para a [rua] Herrengasse.

Finalmente conseguiram abrir caminho, entre as ruínas do Jockey Club, até o porão que desabou e estão começando a retirar os corpos. O cheiro é nauseabundo e gruda nas narinas durante dias. Costumo fazer a volta de bicicleta ao redor da Catedral de Santo Estêvão para evitar aquela rua.

Segunda-feira, 26 de março. Meu primeiro dia no novo trabalho. Fiquei muito ocupada.

Ontem eu e tio Cary estávamos a caminho da missa na catedral (é o primeiro dia da Semana Santa ocidental), quando soaram as sirenes. Havia muita poeira ao redor, mas o sol saíra. Sentamo-nos nos degraus da igreja em frente à Michaelerplatz, onde Franzl Taxis podia vir nos informar sobre onde andavam os aviões.

Tio Cary me contou que no sábado, quando finalmente os Sapiehas foram autorizados a deixar Viena com seus pertences (que eles trouxeram da Polônia num caminhão), eles tocaram sua campainha no meio da noite para dizer-lhe que, como ainda tinham algum espaço, poderiam levar com eles alguns dos caixotes que os Potockis tinham deixado para trás e agora estavam estocados no Palácio Liechtenstein. Tio Cary foi imediatamente até lá e entregou-lhes aqueles que estavam ao alcance da mão. Agora, depois que eles se foram, ele conferiu o inventário. A conhecida propriedade dos Potockis, Lancut, tinha uma coleção mundialmente famosa de porcelana e mobiliário, quadros de Watteau e Fragonard etc. Um de seus ancestrais, que estava em Paris no tempo da Revolução, os tinha comprado por quase nada enquanto o Palácio de

Versalhes estava sendo saqueado. Tudo isso, graças à intervenção de Göring, tinha chegado a salvo até Viena. Mas o que se fora com o caminhão dos Sapieha – e tio Cary contou isso com uma careta embaraçada – era apenas o conjunto dos figurinos da orquestra particular dos Potockis! É verdade que essas roupas também datavam do século XVIII, mas dá para imaginar a cara do pobre Alfred quando ele abrir aquelas caixas...

Terça-feira, 27 de março. No hospital houve um pequeno mal-entendido: eu condecorara vários soldados por bravura, não sabendo que esta era uma prerrogativa apenas do médico-chefe. As medalhas tinham chegado à minha mesa de trabalho com uma nota dizendo que deveriam ser entregues de imediato. Agora ele está furioso, pois leva muito a sério essas ocasiões solenes.

Ao ir para casa deparei com o carro de Geza Pejacsevich estacionado na Michaelerplatz. Ele é o cunhado de Sisi Wilczek. Vendo isso, um peso saiu do meu coração, pois ninguém aqui tem mais coragem do que ele, nem tanta iniciativa ou ousadia. Embora nascido na Hungria, ele tem um passaporte croata, pois a propriedade da família fica no território do que era a Iugoslávia. Ele acaba de ser expulso do serviço diplomático porque seu irmão, que era o embaixador da Croácia em Madri, passou para os Aliados. Geza veio para buscar Sisi, mas agora está preso em Viena até achar combustível suficiente para seguir viagem.

Depois fui de bicicleta até o Bristol para buscar meu acordeão. Tentava pegar um atalho para a Herrengasse quando o maldito acordeão caiu no chão – logo na frente do trágico Jockey Club. Conforme me abaixei para pegá-lo, dei de cara com um caminhão cheio diante das ruínas. Ainda havia aquele cheiro repugnante e, quando olhei para cima, vi que o caminhão estava repleto de sacos atados frouxamente. Daquele que estava mais perto de mim saíam as pernas de uma mulher. Elas ainda estavam com seus sapatos, mas notei que um dos calcanhares estava faltando.

Geza me deu uma carona até o hospital, onde encontrei Sita Wrede num estado de ânimo muito estranho. Ela entrou sorrateiramente em meu escritório e me disse que precisava tirar um peso de seu peito: desde que a nossa ala cirúrgica foi destruída, os nossos feridos estão terrivelmente amontoados. No porão costumávamos ter uma assim chamada *Wasserbad-Station* [ala de banhos]. Esta é uma invenção exclusiva dos austríacos que opera maravilhas.

Consiste numa série de banheiras cheias d'água morna, nas quais aqueles que estão padecendo de ferimentos na espinha ficam deitados noite e dia; eles nunca se levantam e até dormem ali. Isso previne que a medula saia dos ossos e também alivia a dor. Eu costumava visitar ali um prisioneiro de guerra soviético; ele era muito jovem, tinha ferimentos terríveis e gemia todo o tempo. Achava que apenas por falar-lhe na sua língua natal eu poderia animá-lo. E, de fato, logo ele começou a se sentir melhor e até tocava uma gaita de boca. Mas, depois que acabou o suprimento de água, tivemos de pôr esses feridos de volta em camas secas. Um deles, um sérvio, estava sofrendo de algum tipo de gangrena interna e cheirava tão mal que era impossível mantê-lo na mesma enfermaria com outros pacientes. Finalmente ele foi posto sozinho numa outra enfermaria, com mais oito camas vazias. Já há algum tempo os médicos o tinham por desenganado, mas ainda assim ele continuava resistindo e agora, numa sessão supersecreta, eles tinham decidido "pôr fim à sua agonia". Sita acabara de descobrir isso e estava se sentindo perturbada. Ela me levou até ele, para que eu constatasse o quão desesperador era o seu estado. Ela foi até o lado da cama, levantou o lençol e tocou no braço dele. Ele estava preto como carvão, e seu dedo simplesmente o atravessou. Ele ficava nos encarando com olhos expectantes. Foi terrível!

Geza veio me buscar depois do trabalho e fomos até o Kahlenberg, onde nos sentamos, confidenciando nossos pensamentos. Dali voltamos à cidade. Disse adeus a Gabrielle Kesselstatt, que finalmente viaja esta noite. Jantei com Vladshi Mittrowski no Bristol. No caminho para lá vi um velho empurrando um carrinho de mão com um caixão de defunto dentro. Havia uma inscrição: "*Herr von Larisch*" – provavelmente um dos que pereceram no Jockey Club. Aproximei-me com a minha bicicleta e apenas quando já estava para tocar-lhe a manga do casaco me dei conta de que eu queria, na verdade, perguntar-lhe... onde ele conseguira o caixão!

O Palácio Wilczek está se esvaziando aos poucos também: os pais de Sisi e Renée, a esposa de Hansi, partiram dez dias atrás. Agora permanecem aqui o tio Cary, Hansi, a própria Sisi, Geza, os rapazes Taxis (seu palácio também foi destruído há duas semanas) e eu.

Os russos atravessaram a fronteira austríaca e estão se aproximando rapidamente. Ouvimos dizer que a resistência dos alemães é mínima.

O que restara do Phillipshof, o prédio onde ficava o Jockey Club, dobrando a esquina do famoso Hotel Sacher, foi demolido com dinamite em 1947 e em seu lugar foi construído um parque público. Na maior parte os corpos das vítimas nunca foram resgatados e lá estão soterrados até hoje.

Quarta-feira, 28 de março. Sita Wrede vinha insistindo para que eu falasse com o Dr. Thimm, o médico-chefe, e lhe explicasse que, como russa branca, "não seria saudável" que o Exército Vermelho me encontrasse aqui. Hoje fiz isso. Ele me respondeu que é um astrólogo amador e que pelos seus últimos cálculos o *Gauleiter* vai viver ainda uns dez anos. *Ergo* – a guerra ainda não está perdida! Então, tendo um ataque de fúria, ele gritou que era melhor eu não espalhar boatos assustadores, que ele poderia me mandar prender por derrotismo etc.

Saí dali firmemente decidida a nunca mais tocar no assunto, mas simplesmente fugir como puder assim que houver uma oportunidade. Mas, para além do meu caso pessoal, é inacreditável que não haja planos nem arranjos para evacuar o pessoal e os feridos. E os russos já estão em Wiener Neustadt, que é praticamente um subúrbio da capital.

Mais uma vez Geza Pejacsevich me levou para casa.

Quinta-feira, 29 de março. Sita Wrede assumiu a linha de confronto. Hoje ela teve uma conversa tempestuosa com o médico-chefe e exigiu ser transferida para Bayreuth. Diante disso, ele ameaçou que, "se houver mais derrotismo nas fileiras", nos mandará todas para o *front*.

Ao entardecer eu trabalhava tranquilamente no meu escritório quando Sita irrompeu com as notícias: acabaram de chegar ordens para que todo o hospital – feridos, pessoal e equipamentos – seja evacuado para o Tirol imediatamente.

Geza Pejacsevich me levou para casa e tentei enviar telegramas para a família, tranquilizando-os finalmente; mas o correio não aceita mais enviá-los. O serviço de trens está interrompido. Toda a cidade está em pânico.

Sexta-feira, 30 de março. Passei toda a manhã no escritório, empacotando o que considero importante e concluindo algumas tarefas mais urgentes. Temos ordens de queimar tudo o que não for indispensável. Isso me agrada bastante, pois a maior parte é apenas papelada burocrática. Mas também há muitos feridos que precisam de ajuda e aconselhamento, o que me mantém ocupada o dia inteiro.

Às quatro da tarde a enfermeira-chefe me disse que devemos estar de volta às nove da noite, quando a primeira leva de pessoal e de feridos vai partir. Sita Wrede e eu estamos nessa leva. Geza Pejacsevich e eu voamos para o Sacher para avisar Sita, que tinha o dia de folga, mas não a encontramos. Deixamos um bilhete para ela e fomos depressa para casa arrumar as malas.

Na verdade, Geza não acredita que o hospital venha de fato a ser evacuado e insiste que eu escape por conta própria com ele, Sisi Wilczek e Sita. Mas antes ele precisa conseguir uma licença para partir com o carro; e nós temos de conseguir uma autorização do hospital; sem isso, poderemos ser consideradas desertoras.

Baldur von Schirach, o *Gauleiter* local que chefiou no passado a *Hitler-Jugend* [Juventude Hitlerista], encheu os muros e paredes da cidade com cartazes proclamando que Viena se tornará uma fortaleza e lutará até o último homem.

Um entusiasta precoce do nazismo (apesar da ascendência norte-americana de sua mãe), Baldur von Schirach (1907-1974) liderou a Hitler-Jugend *de 1931 a 1940, quando foi nomeado* Gauleiter *de Viena. Embora com o tempo até a sua fé em Hitler tenha desaparecido, ele se envolvera com a perseguição de judeus e, depois do fracasso do 20 de Julho, com a caçada aos membros da Resistência antinazista*[23].

Na frente do Sacher encontrei Nora Fugger, a filha de Poldi. Ela estava banhada em lágrimas, pois o caminhão em que deveria partir não apareceu.

Sita e eu então fomos para o hospital, com tudo o que podíamos carregar. Lá encontramos uma enorme confusão. Ninguém partira ainda; na verdade ninguém sabia se nós *de fato* partiríamos. Sita conversou com a enfermeira--chefe e ela nos deu afinal as nossas *Marschbefehle* [*ordens de partida*]. Pode-

---

[23] Baldur von Schirach foi julgado em Nuremberg e condenado a vinte anos de prisão por seu envolvimento com a deportação de 185 mil judeus austríacos para a morte certa em campos de concentração na Polônia. Ele negou ter conhecimento do extermínio, e alegou que seu antissemitismo derivara da leitura do livro *The International Jew* [O judeu internacional], de Henry Ford. Foi solto em 1966 e viveu uma vida discreta até a morte. Publicou um livro de memórias, *Ich glaubte an Hitler* [Eu acreditei em Hitler].

mos deixar Viena da maneira que escolhermos, mas devemos comparecer ao hospital de base de Schwarzach-St. Veit, no Tirol, até o dia 10 de abril. Isso nos dá exatamente dez dias para chegar lá. No momento há um *sauve-qui-peut* [salve-se quem puder] generalizado. Encontrei o Professor Högler, que disse pretender ficar, pois tinha muitos pacientes demasiadamente doentes para serem removidos. Muitos médicos têm também essa disposição. No momento eles estão reunidos e, como se murmura, estão considerando até a possibilidade de dar injeções aos desenganados, para evitar que caiam nas mãos dos russos.

O irmão mais velho de Loremarie Schönburg, um oficial ferido e acamado num hospital em Praga, foi arrastado de sua cama e morto a sangue-frio alguns dias depois, em Praga. Ao todo, Loremarie perdeu cinco irmãos na guerra.

Sábado, 31 de março. Sita Wrede voltou ao hospital para ver como iam as coisas. Alguns dos feridos e algumas das enfermeiras mais jovens já tinham partido. Os outros ficaram surpresos ao saber que ainda não partíramos.

Ao meio-dia, um *coup-de-théâtre* [golpe de teatro, ou seja, uma guinada súbita]: nenhum carro húngaro pode sair de Viena, e quem tentar levar um terá o veículo confiscado. E a placa do carro de Geza é da Hungria! Apesar desse verdadeiro golpe, ele ainda está tentando conseguir mais combustível. Enquanto isso, tenho feito a roda dos adeuses. Peter Habig pareceu surpreso que tanta gente queira deixar Viena; ele vai ficar, mas é um homem mais velho e não corre tanto risco; além disso, ele acha que tudo ainda vai demorar, assim como em Berlim. Não concordo. *Berliner sind Berliner und Wiener sind Wiener!* [Berlinenses são berlinenses e vienenses são vienenses!] Cardumes de aquários muito diferentes entre si. Perto das ruínas da Ópera eviscerada deparei com Wolly Seybel. Ele estava usando um chapéu-coco e balançava um guarda-chuva – com um ar ousado, mas estranho e incongruente. Ele é um conhecido dândi vienense. *"C'est épouvantable, mais que faire? Je reste!"* [*"É horrível, mas que fazer? Eu fico!"*].

Pusemos os últimos pertences nas malas. Sisi Wilczek ficou fazendo e desfazendo a sua mochila sem parar. Laszlo Szapary e Erwein Schönborn vieram nos ajudar a espremer as últimas coisas dentro delas. Mas mal tinham saído do Palácio Schönborn quando uma bomba caiu no pátio antes que pudessem alcançar o porão. O prédio está bastante danificado e agora eles estão escavando escombros para achar os troféus de caça de Erwein; ele tem muitas presas de marfim engastadas em prata, bem como dois orangotangos empalhados; tudo isso provavelmente está perdido. Laszlo quer tentar ir de volta para a sua propriedade, mas naquela direção já se ouve o pipocar do tiroteio. Os russos estão agora em Baden-bei-Wien.

Geza está no seu elemento: tem três diferentes encontros marcados em três lugares diferentes, mas todos na mesma hora. Enquanto espera a hora marcada, fica encontrando tipos de caráter duvidoso em porões bombardeados que lhe prometem combustível em troca de dólares norte-americanos, a preços exorbitantes; em suma, ele está se divertindo à larga enquanto três mulheres sentadas desconsoladamente sobre seus embrulhos esperam o milagre acontecer.

Eu o levei até o Hotel Imperial, onde Sandro Solms (um funcionário do AA) preside sobre o destino dos governos fantoches da Romênia, Bulgária etc., evacuando-os para os subúrbios de Salzburg. Não ousamos contar-lhe que Geza foi expulso do seu próprio Serviço Diplomático e apresentamos seu passaporte oficial da Croácia para justificar que ele estivesse de posse de um carro com placa húngara. O pobre Sandro se queixou de que, desde que Baldur von Schirach assumiu poderes absolutos, ele não pode fazer mais nada; aconselhou-nos a ir até a Ballhausplatz – o famoso palácio dos antigos chanceleres do Império Austríaco, que agora é o gabinete de Schirach.

Fiquei sentada no carro enquanto Geza tentava amaciar os subordinados de Schirach dentro do palácio. Ele demorou bastante. Eu estive tentada a acompanhá-lo, mas não deixei o carro, com medo de que ele fosse apreendido. Afinal ele voltou. Não conseguiu nada e agora se culpa por estarmos ainda em Viena. Os funcionários, disse, foram simpáticos, mas muito firmes: *Herr Gauleiter* assina tudo pessoalmente e agora está fora da cidade. Volte amanhã!

Na casa dos Wilczeks tudo está de pernas para o ar. O quartel de Hansi está em estado de prontidão e uma multidão colorida fica troteando pela entrada – Anni Thun com baldes de água; Erwein Schönborn com uma escada (ele ainda está fazendo escavações atrás de seus orangotangos!); Fritzi Hohenlohe com uma barba negra e hirsuta e o peito coberto de medalhas – ele acaba de fugir da Silésia e está cheio de histórias de arrepiar os cabelos sobre como os soviéticos estão tratando as mulheres lá (estupros em massa, matanças ao acaso etc.). Isso faz nossos homens se desesperarem, a começar pelo tio Cary Wilczek. Sisi e eu decidimos que, se Geza não conseguir nada até amanhã, deixaremos a cidade a pé. Caso contrário tio Cary pode fazer algo imprudente e se meter em dificuldades.

Até o fim da guerra cerca de 10 milhões de alemães fugiram ou foram expulsos de suas casas na Europa Central e do Leste. Destes, mais de meio milhão pereceu; muitas mulheres foram estupradas.

Almocei com Franzl Taxis; comemos enormes *Schnitzels* comprados com os últimos cartões de racionamento para carne que Tatiana tinha me enviado, cozidos numa espiriteira, muito gordurosos mas deliciosos, e ajudados por alguns dos excelentes vinhos dos Taxis, que ele conseguiu resgatar do porão da casa de sua família, que fora bombardeada; seria uma pena deixá-las para os invasores. O irmão de Franzl, Willy, parece ter-se reunido a um grupo clandestino da Resistência austríaca, e fica passando com ares misteriosos.

Esse grupo era o assim chamado "05", uma organização militar que coordenava a ação de vários grupos antinazistas clandestinos. Quando a guerra terminou, seus membros tiveram um papel-chave no restabelecimento de um Estado democrático na Áustria[24].

Esta noite Franzl organizou um verdadeiro jantar de despedida. Agora se juntou a nós o cunhado de Geza, Capestan – que nome! – Adamovich, que acabou de escapar da Croácia com sua esposa e seus muitos filhos e está por aqui à espera de que Geza consiga que ele vá mais para o oeste. A prima de Sisi Wilczek, Gina Liechtenstein[25] (que é casada com o príncipe soberano) mandou-lhe um tônico especial para os nervos; tomamos todos dois goles dele, e a garrafa logo se esvaziou. Passei café sem parar com a minha espiriteira, e a última garrafa de *brandy* Napoleon, de Paul Metternich, foi sacrificada.

---

[24] O grupo "05" era composto basicamente por militantes esquerdistas, embora houvesse membros de outras inclinações políticas, ao lado de outras organizações católicas, monarquistas e até fascistas, mas opostos à dominação pela Alemanha. "05" era uma abreviação em código para "OE", uma anotação para "Ö", de *Österreich* [Áustria]. O "5" vinha em lugar do "E", quinta letra do alfabeto latino.

[25] Condessa Georgina von Wilczek (1921-1989), nascida na Áustria.

Katalin Kinsky, com suas duas filhas, e Freddy Pallavicini estão na mesma situação que Geza, por conta de seus carros com placa da Hungria. Gigha Berchtold vinha com um carro cheio de vitualhas; ele foi parado pela Gestapo, que lhe tomou tudo, confiscou o carro e disse-lhe que podia seguir a pé. Ele foi um dos rapazes mais cobiçados pela beleza em seu tempo. O mesmo se pode dizer de Pali Pálffy, que também está preso aqui.

Até agora a maior parte dessa gente passou os dias da guerra como se estivesse "nos bons velhos tempos"; vivendo em suas enormes propriedades; livres de privações e dificuldades, sem falar dos perigos; num país em que as lojas até há pouco regurgitavam mercadorias (Budapeste era uma verdadeira Meca para o resto da Europa ocupada); muitas vezes nem sabendo, ou nem se importando, com o que esta guerra significava. E agora, virtualmente da noite para o dia, todo o seu mundo desabou e os russos tomaram suas casas, varrendo tudo à sua frente. Conforme os exércitos avançam, muda a nacionalidade dos refugiados – e a última leva vem da região de Bratislava, na Eslováquia, do outro lado do Danúbio.

Os russos entraram em Danzig, onde tudo começou.

Domingo, 1º de abril. Domingo de Páscoa. Fui à missa na Catedral de Santo Estêvão, pensando quando voltaria a vê-la, sobretudo aquela imagem da Virgem na capela da direita, que é tão do agrado de Tatiana. Depois fiz uma oração na pequena igreja de Santo Antônio de Pádua, na Kärntnerstrasse.

Enquanto isso, Geza Pejacsevich voltou à Ballhausplatz, onde lhe disseram que Baldur von Schirach ainda estava fora da cidade. Diante disso, Sita Wrede assumiu o comando – como sempre. Dizendo que sabia exatamente onde ele estava – ajeitando as coisas no abrigo especial construído para ele no Kahlenberg – ela disse que conhecia Wieshofer, seu ajudante de ordens, e que ela *o* abordaria. Depois disso, ela e Geza saíram de carro, enquanto eu, Sisi Wilczek e Meli Khevenhüller almoçávamos, num estado de suspense agudo, com sanduíches horríveis numa casa de chá na vizinhança.

Meli ainda planeja calmamente fugir no último minuto com sua carroça puxada a cavalo. Falamos sobre os jovens rapazes que conhecemos aqui, que, na maioria, evaporaram sem sequer dizer adeus, muito menos nos ajudar. Talvez não se possa de fato culpá-los, pois provavelmente estão mais em perigo do que nós. Ainda assim, não podemos deixar de pensar que o chamado "sexo frágil" não tem recebido a proteção que teria o direito de esperar. De novo aqui a diferença entre as gerações é chocante! Não fosse por Geza, que é maravilhoso com nós todas, estaríamos entregues à nossa própria sorte.

As proclamações histéricas de Baldur von Schirach crescem como cogumelos todas as noites. Ele continua martelando que é necessário defender "a terra de nossos ancestrais" contra esta "última horda de bárbaros"; Jan Sobieski e sua vitória contra os turcos, no século XVII, vêm sempre à baila.

Sita e Geza voltaram. Desta vez Geza ficou no carro, enquanto Sita atacou o nicho sagrado. Passando por cima de todos os subalternos, ela procurou diretamente Wieshofer, o ajudante de Baldur – as amizades às vezes muito estranhas das gêmeas Wrede se mostram aqui e ali bastante úteis – e depois de algum tempo ela foi levada à presença do próprio Baldur. Invocando seu conhecimento de Heinrich Hoffman (o fotógrafo da corte de Hitler, que vem a ser o sogro de Baldur), ela pediu-lhe uma licença especial que permitiria que Geza deixasse Viena. Num primeiro momento Baldur parecia inclinado a dar-lha, mas depois que fez uma chamada telefônica seu tom mudou completamente: "Eu acabei de ser informado de que o Conde Pejacsevich não é mais um diplomata croata!". Sita disse-lhe nada sabia sobre isso e que ele estava levando junto três enfermeiras para que pudessem reencontrar suas unidades. Ao que Baldur retrucou que não podia fazer nada, que ele poderia quem sabe se juntar a um grupo de diplomatas que incluía outros membros da sua embaixada; ou então ele poderia simplesmente ficar em Viena. E isso era tudo! De volta, Sita derramou uma lágrima por Wieshofer (o ajudante), que aparentemente tinha dito, no momento em que se despediam: "Nunca mais vamos nos encontrar. Aqui vamos ficar e aqui vamos cair!". Eu tenho minhas dúvidas: provavelmente eles vão bater asas no último minuto.

Quando Viena caiu, Baldur von Schirach de fato conseguiu fugir para o Ocidente, onde facilmente conseguiu trabalho com os norte-americanos. Mas ao fim e ao cabo se entregou. Julgado em Nuremberg, foi condenado a vinte anos por crimes contra a humanidade. Foi dos poucos que se declarou culpado, lamentando que tenha levado toda uma geração de jovens alemães a acreditar em alguém que se revelou um assassino em massa.

É claro que Geza não pode se juntar a seus ex-colegas, pois eles se detestam mútua e cordialmente. Finalmente nós, as garotas, decidimos partir por conta própria, para deixar Geza em liberdade. Certamente ele vai se sair melhor sem três mulheres com que se preocupar. Franzl Taxis (um dos "leais" remanescentes) foi despachado para a estação para saber dos trens. Ele voltou com a notícia de que as linhas, na maior parte, estavam interrompidas, mas que ainda poderíamos tentar a estação Donau-Ufer Bahn [Margem do Danúbio], a de trens locais que seguem o rio, ligando todas as aldeias vinícolas entre Viena e Linz. Um trem sairia às quatro da manhã.

Sita foi mandada para casa, a fim de dormir um pouco; Sisi desapareceu no quarto de Hansi, onde passaram a maior parte do tempo conversando; enquanto isso eu e Geza passamos café. Nenhum de nós tirou as roupas com que iríamos viajar. Geza então me contou que agora estava em contato com três SS, de baixo escalão e de caráter duvidoso, que prometiam dar-lhe documentos frios para o carro, mais placas falsas, desde que ele concordasse em levá-los para fora de Viena. Pois então as ratazanas estão se preparando para abandonar o navio que naufraga! Ele estava muito inclinado a concordar, porque não via outra alternativa. De fato, no caos atual, isso faz sentido.

Fizemos as despedidas na Herrengasse. O pobre tio Cary Wilczek parecia muito infeliz; quem sabe quando, ou mesmo se, a gente vai vê-lo de novo. Então Geza deu uma carona para mim e Sisi até a estação Franz-Josef, pegando Sita no caminho. Deixamos para trás todas as nossas bagagens mais pesadas, inclusive os casacos de pele; Geza prometeu levar o que pudesse. Se ele não puder, *tant pis* [tanto pior][26]!

DORF-AN-DER-ENNS *Terça-feira, 3 de abril.* Na estação o controle era rígido, e ninguém podia subir no trem sem passar por ele. Afortunadamente, estávamos viajando com base legal – algo que não esperávamos mais –, com licenças oficiais e carimbadas. A minha dizia: "DRK Schwester Maria Wassiltchikoff, kommandiert nach Schwarzach-St. Veit zum Vorkommando des Luftwaffen-lazaretts 4/XVII" [*"Enfermeira da Cruz Vermelha Alemã Maria Wassiltchikoff, designada para a Unidade Hospitalar Avançada 4/XVII da Força Aérea"*].

---

[26] Mas que tem uma conotação de "tanto faz"!

Ainda especificavam que toda a viagem que não estivesse dirigida para o destino acima assinalado seria considerada uma deserção.

O trem, é claro, estava lotado, de tal modo que eu e Sisi Wilczek conseguimos entrar num vagão e Sita Wrede em outro. Partimos pontualmente, cheias de preocupação por Geza Pejacsevich. O trem se arrastava. Mal comêramos alguma coisa e logo ficamos com fome. Pelo meio-dia, logo depois de Krems, apareceram os primeiros caças inimigos. Eles mostraram algum interesse por nós. Entramos num túnel e lá ficamos por seis horas, enquanto bombardeiros inimigos reduziam Krems a escombros.

Esse foi o último trem a deixar Viena, porque tal ataque acabou por destruir o que restava das comunicações ferroviárias.

Além da mochila e de outros sacos estranhos, Sisi carrega junto ao peito um pacote do tamanho de uma caixa de sapatos. Ele contém muitos milhões de marcos e outro tanto de coroas tchecas – na verdade toda a fortuna em dinheiro da família Wilczek. Ela deve entregá-la para seus pais em Carinthia. Isso vai nos dar dor de cabeça ao longo de todo o caminho.

Como estávamos começando a ficar sufocadas dentro do túnel, saímos e caminhamos um pouco fora da entrada. Podíamos ver muitos bombardeiros sobre nossa cabeça, voando para Viena. Quando a viagem recomeçou, já estava escuro. O trem parava seguidamente, e Sisi descia para esticar as pernas ao longo dos trilhos. Tínhamos cãibras e já nos sentíamos exaustas. Nessa altura Sita se juntara a nós, deitando-se de comprido debaixo de um dos bancos. Na rua Herrengasse, pouco antes de partirmos, ela recolhera tudo que Sisi tinha descartado como inútil – velhos sapatos de salto solado de cortiça, garrafas térmicas sem tampa, bijuterias baratas – e tudo isso agora viaja conosco porque, como ela diz, "a gente nunca sabe"...

Às duas da manhã um trem de carga parou ao lado do nosso. Sisi foi investigar. Ela ficou sabendo que ele sairia antes do nosso; assim, decidimos trocar. Descemos, esquecemos o pacote com o dinheiro, voltamos para pegá-lo e afinal tomamos o trem de carga, com vagões abertos levando pessoas enroladas em cobertores: eram refugiados húngaros. Sita sentou-se em cima de um deles por engano, e alguém gritou: "*Vorsicht! Frisch operiert!*" ["*Cuidado! Recém-operado!*"]. Continuamos. Era uma linda noite de luar, mas de um frio cruel. E então o sol nasceu do outro lado do Danúbio. Paramos por um bom tempo em Schwertberg, o torrão familiar dos Hoyos – da família de Melanie Bismarck. Ali ouvimos dizer que o trem que deixáramos estava nos alcançando rapidamente, iria nos ultrapassar e seguir adiante. Sita, mal podendo falar de tão furiosa, apertou o chefe da estação, mostrou nossos passes de viagem e insistiu que tínhamos direito à prioridade máxima. Ele limitou-se a olhá-la, abobalhado. Ela então atacou o maquinista, oferecendo--lhe cigarros – de novo sem resultado. Nosso antigo trem resfolegou dentro da estação e o guincho das rodas indicou que ele faria uma parada. Num piscar de olhos estávamos de volta dentro dele, a caminho de St. Valentin, nas margens do rio Enns, onde fica a estação terminal da linha.

Em St. Valentin saltamos, através dos trilhos, para um outro trem, que nos levou a Dorf-an-der-Enns (onde fica a propriedade de Josy Rosenfeld). Lá chegamos às nove da manhã. Tínhamos combinado esperar ali por Geza Pejacsevich. Nessa altura estávamos viajando havia mais de 24 horas, sem comer nada. A casa de Josy fica a uma meia hora de caminhada da estação. Fomos nos arrastando, mortas de fome, e caímos diante dela, com mochilas, valises, pacote de dinheiro e tudo o mais. Devíamos formar um quadro terrível!

Josy se encarregou de nós. Primeiro, tivemos um desjejum. A seguir, um banho. Duas horas depois, começamos a parecer civilizadas de novo. A casa – como outras da região – está construída ao redor de um pátio interno com arcadas; o aspecto é muito *fin de siècle* e pitoresco. Josy vive nela com a mãe e duas tias solteironas – duas velhinhas simpáticas mas mexeriqueiras, que nos olhavam com um misto de espanto e horror. Mas ela não pretende esperar pelos russos e já está preparando as malas freneticamente. As tias negam-se a partir; a presença de duas crianças da família Hohenberg, de oito e um ano, com a babá, complica ainda mais as coisas. O pai das duas, o Príncipe Ernst, o segundo filho do Arquiduque Franz-Ferdinand da Áustria (cujo assassinato em Sarajevo precipitara a Primeira Guerra Mundial, em 1914), foi dos primeiros a ser internado no campo de concentração de Dachau, nos tempos da *Anschluss*. A mãe é inglesa. Os pais estão em Viena, onde o príncipe espera ser de alguma utilidade para a Áustria em tempos futuros.

Ficamos grudadas no telégrafo, mas não há novidades a respeito de Viena. Estamos também ajudando Josy a guardar vastas quantidades de horríveis baixelas de prata em cestos de roupa. Com a ajuda de alguns prisioneiros de guerra franceses – muito simpáticos – que trabalham como agricultores na propriedade – colocamos esses cestos em grandes canos de cimento que são, a seguir, enterrados no jardim. Depois os franceses, todos eles alegres *méridionaux*[27], se juntaram a nós dentro de casa para tomarmos um copo de vinho. Tudo isso é feito à luz de velas, para não levantar suspeitas na população ao redor.

Há muita conversa sussurrada e também risos, mas o trabalho é extenuante.

Os prisioneiros de guerra franceses trabalhavam na agricultura em toda a Alemanha e também na Áustria, onde se mostraram invariavelmente muito eficazes, dedicados e habilidosos. Depois que a guerra terminou e eles ficaram em liberdade, ofereciam proteção a quem necessitasse, muitas vezes servindo como guarda-costas de seus antigos patrões. Esse foi o caso também de Tatiana e Paul Metternich. Fossem quais fossem suas opiniões políticas (e muitos deles eram de esquerda), a maioria preferiu ir a pé para a França, ao invés de esperar a chegada de seus "libertadores" vindos do Leste.

Quarta-feira, 4 de abril. Ainda não há sinal de Geza Pejacsevich. Decidimos esperá-lo mais um dia, depois do que iremos para Gmunden mesmo sem ele.

GMUNDEN *Quinta-feira, 5 de abril.* Levantamos às quatro da manhã e, quando saímos, ainda estava escuro. Josy Rosenfeld nos acompanhou por parte do caminho; ela esperava encontrar um cabeleireiro na aldeia próxima, Steyr. Encontramos dois soldados bêbados; tinham vindo a pé desde a fronteira com a Hungria, sem ser parados sequer uma única vez, o que mostra o estado em que o Exército alemão deve se encontrar.

Às dez da manhã estávamos em Linz. A estação era um amontoado de ruínas, com uma multidão redemoinhando entre os escombros. O quadro todo era completamente depressivo. Hitler tivera o sonho de tornar Linz um grande centro artístico. Pelo que se pode ver, não sobrou muito dele.

Como o trem para o nosso próximo destino, Attnang-Puchheim, partiria apenas às duas da tarde e não havia depósito de bagagens, vagamos pela cidade em fila indiana, arrastando nossa tralha conosco. Fazia muito calor.

---

[27] Do sul da França.

Sita Wrede vinha por último, com pequenas cestas penduradas, abarrotadas com os velhos sapatos, as térmicas sem tampa e o resto das bugigangas de Sisi Wilczek. Nós imploramos que jogasse tudo fora, mas ela não cedeu.

Por fim encontramos um pequeno hotel ainda inteiro, onde permitiram que nos lavássemos etc. Procuramos então por um correio de onde pudéssemos enviar telegramas para nossas famílias. Em vão. Fui atrás de um açougue e voltei em triunfo, com um quarto de quilo de salsichas. Mas tanto Sisi quanto Sita estavam convencidas de que elas tinham sido feitas com carne de cavalo ou, pior ainda, de cachorro, e recusaram-se a comê-las. Demo-las então para o garçom, que ficou maravilhado. Depois de engolirmos um pouco de sopa rala, Sisi e eu fomos tomar sol num parque, sentadas num banco. Ao redor, havia muitas crateras abertas pelas bombas. As sirenes começaram a uivar. Pegamos Sita e a nossa bagagem no hotel e corremos de volta para a estação. Pois, acontecesse o que acontecesse, nós não queríamos ficar presas em Linz, e para evitar isso não podíamos ir para os abrigos.

Na estação havia uma balbúrdia. Ninguém sabia para onde ir nem o que fazer. Sisi percebeu um trem numa outra linha; a locomotiva bufava, e ele apontava na direção que queríamos. Entramos, e esperamos os acontecimentos. Tivemos muita sorte, pois, ao invés de aguardar o horário devido, o trem saiu antes, para evitar o ataque que se avizinhava.

Attnang-Puchheim é um importante entroncamento de trens para Gmunden e Salzburg. Desembarcamos e fomos até a aldeia – basicamente, uma única rua. Recebemos sopa num centro de distribuição da Cruz Vermelha, que tomara conta de todas as hospedarias. Havia verdadeiras torrentes de feridos, nos contaram, vindo nesta direção. Ficamos surpresas com a visão das enfermeiras bonitas, bronzeadas, todas parecendo simpáticas e radiantes. Aqui a guerra parece muito longínqua. Na estação dos correios, até o meu telegrama para mamãe foi aceito; mas ainda me pergunto se ele de fato chegará a ela. Tatiana está em Hamburgo, muito longe para que eu sequer tente contatá-la.

Às cinco da tarde tomamos um trem para Gmunden, onde eu e Sisi descemos. Sita continuou, indo para Altmünster no mesmo trem. Na semana que vem nos reuniremos de novo e iremos para Schwarzach-St. Veit.

Nossa primeira impressão de Gmunden não foi muito favorável. Tivemos de esperar muito tempo por um bonde, mas já estamos acostumadas com esses atrasos intermináveis. Ele nos levou até a praça do mercado, defronte ao principal hotel da cidade, o Schwan, perto do lago. Aqui também há muita confusão, com caminhões que não param de chegar de Viena, lotados de fugitivos. Não tendo para onde ir, simplesmente são descarregados e ficam sentados sobre suas valises e sacos. Entre eles reconheci um diplomata espanhol.

Subimos uma ladeira íngreme até Königinvilla. Construída originalmente por um certo Duque de Cumberland, ela agora pertence à tia solteira de Christian de Hannover, a Princesa Olga. Parecia deserto. Fui até os estábulos para ver se encontrava alguém, enquanto Sisi era mantida à distância por um enorme cão que ladrava furiosamente ao redor dela. Havia vários cartazes dizendo *"Böser Hund"* ["Cuidado com o cão"][28] e estávamos bastante preocupadas. Finalmente fomos recebidas pela esposa – refugiada – de um coronel alemão. Ela está aqui com duas filhas pequenas. Fräulein Schneider, uma típica dama de companhia de mulheres da nobreza, antiquada, com um *pince-nez*[29] e um *chignon* [coque] muito alto, foi avisada, nos conduziu ao andar de cima e nos instalou no quarto principal. Ele é pequeno, com uma cama estreita e uma *chaise-longue*[30]. Nós tiramos a sorte. Fräulein Schneider estava incomodada porque, embora Christian tivesse lhe avisado que chegaríamos, ele não precisou a data e, portanto, ela não pôde fazer melhores preparativos. Mas estamos tão agradecidas a Christian por nos possibilitar tudo isso que nem pensamos em qualquer reclamação. A esposa do coronel nos convidou para jantar. Ela é muito gentil. Depois nos regalamos com o supremo luxo de um banho num aposento decorado do chão ao forro com fotos das famílias reais da Europa do período vitoriano.

De repente ouvimos o toque de uma buzina. Era Geza Pejacsevich! Ele estava com seu cunhado, Capestan Adamovich. Estavam sãos e salvos e tinham até trazido com eles nossa bagagem, casacos etc. Mas isso não é tudo. Em algum lugar Geza descobrira um trailer, que ele rebocou e no qual colocou muitos dos pertences abandonados por vários outros amigos. É incrível o que um homem determinado e corajoso pode conseguir, mesmo em tempos como este! Apenas meu acordeão cor de malva e uma das malas de Sisi tiveram de ficar para trás.

---

[28] Literalmente, "cão malvado", ou talvez "feroz".

[29] Pincenê, óculos sem hastes, presos no alto do nariz por uma mola.

[30] Um sofá alongado com encosto numa das pontas.

Insistimos que eles passassem a noite, mas onde? A casa é bem grande, mas todos os quartos estão cheios de móveis do castelo vizinho, que agora virou um hospital. No fim das contas nós duas dormimos na cama estreita, Geza na *chaise-longue* e Capestan ganhou um sofá improvisado num banheiro. Mas antes eles nos contaram o que se passara em Viena depois da nossa partida.

Tudo aconteceu tão rápido que Hansi, o irmão de Sisi, marchou com seu regimento para Amstetten na tarde do mesmo dia em que partimos. Geza e Capestan partiram na manhã seguinte, com os três desertores da SS que conseguiram combustível, documentos e placas para o carro. Em troca, Geza teve de levar também a bagagem deles. Para o nosso espanto, um dos SS era um amigo – o vice-gerente do Hotel Bristol, Herr Rusch. Como ele era uma pessoa gentil demais para ser um SS, suspeitei que ele também estivesse viajando com documentos falsos, para conseguir escapar. Geza especificou que ele está desempenhando uma missão secreta para a Gestapo! Seus documentos têm um mês de validade. Eles o autorizaram a viajar livremente pela região de Salzburg. Ele deveria entregar o carro aos três SS em St. Gilgen, mas não está a fim, pois acha que já fez o suficiente por eles. De momento, ele os deixou em Linz.

BAD AUSSEE *Sexta-feira, 6 de abril.* Descarregamos o carro e fomos com os rapazes encontrar Ali, a esposa de Geza Pejacsevich (e irmã de Sisi), e suas duas crianças, e Steff, a esposa de Capestan Adamovich, e suas *quatro* crianças, que estão na casa dos Eltzes, em Bad Aussee.

Mas antes tivemos de conseguir uma autorização para ficar na Königinvilla. O *Kreisleiter* de Gmunden foi muito antipático, mas o *Bürgermeister* [burgomestre, equivalente a prefeito] revelou-se uma pessoa muito decente e, ao mencionarmos nossos nomes (Christian já lhe falara de nós), ele de imediato nos autorizou a ficar onde estávamos. Christian também falara com o jardineiro, que permitiu que nos servíssemos das frutas e vegetais que estivessem disponíveis; parece, assim, que sobreviveremos. Sisi está sendo muito discreta, pois o hospital aqui de Gmunden, para o qual foi designada, ainda não sabe de sua chegada. Almoçamos no Hotel Schwan, onde um recém-chegado de Viena nos disse que já ontem os russos estavam enforcando membros do Partido Nazista nas árvores de Floridsdorf, um subúrbio da cidade.

À tarde tomamos um trem para Bad Ischl e visitamos os Starhembergs. Geza nos buscou lá e fomos de carro para Bad Aussee. Mamma Eltz não tinha notícia de nenhum dos rapazes, mas há boatos de que Albert está escondido nos bosques próximos.

Sábado, 7 de abril. Desjejum *en famille*, seguido de uma caminhada com as crianças atrás de dentes-de-leão. As folhas são ótimas para saladas. Daí fui ao cabeleireiro. Steff Adamovich cozinhou para todos, o que é difícil, pois nenhum de nós tem cartões de racionamento.

GMUNDEN *Domingo, 8 de abril.* Hoje de manhã na igreja havia muitos refugiados de Viena – Hohenlohes, Pálffys etc. Depois do almoço os Pejacsevich me levaram com Sisi Wilczek de volta para Bad Ischl. No caminho uma patrulha da SS nos parou. Momento ameaçador! Geza apresentou seus papéis falsos. Eles pediram os nossos. O meu dizia que eu deveria estar indo em direção a Schwarzach-St. Veit, que de modo nenhum era a nossa direção naquele momento, o que os deixou de imediato suspeitosos. Perguntaram sobra as datas, questionando por que eu estaria ainda tão longe do meu destino. Expliquei que deixara Viena muito mais tarde do que as datas previstas na autorização de viagem. O sargento encarregado encerrou o assunto dizendo que se ele não fosse um tipo de boa índole ele me tiraria do carro e me mandaria cavar trincheiras. Eu respondi que neste "sexto ano da guerra" as enfermeiras poderiam ter melhor utilidade. A conversa não foi das mais agradáveis e nós continuamos viagem bastante abalados. Em Bad Ischl, Sisi e eu tomamos um trem de volta para Gmunden. Planejamos fazer o restante em um par de dias.

Segunda-feira, 9 de abril. O tempo está lindo. Tomamos banho de sol no terraço da Königinvilla, que desfruta de uma vista ótima sobre o lago e as montanhas atrás. Sisi Wilczek deve se apresentar logo ao hospital em Gmunden.

No Hotel Schwan encontramos os Erbach. Ele foi o último embaixador alemão em Atenas, e sua esposa, Erzebeth, é irmã de Katalin Kinsky. Eles acabaram de fugir da Hungria. Disseram-nos que os SS tinham parado Katalin em Linz e confiscado tudo o que ela tinha – sobretudo *bacon*, farinha, salsichas e linguiças, que ela trouxera da Hungria e pensava usar para alimentar as crianças até o final da guerra. Os Erbach podem ficar apenas uma noite no hotel e parecem completamente perdidos. Sentimos muita culpa por estarmos tão confortáveis, mas, sem a permissão dos Hannover (eles estão todos na Alemanha), não ousamos admitir ninguém mais.

Terça-feira, 10 de abril. Sisi Wilczek conversou com o médico-chefe do assim chamado hospital Cumberland, no antigo castelo da família, na vizinhança. Ele sugeriu que ela trabalhasse aqui. Isso seria o mais conveniente, porque tudo o que ela teria de fazer seria caminhar através do parque; mas ela hesita, porque ali não há nenhuma instalação para cirurgias, e ela trabalhou nisso durante toda a guerra.

Quarta-feira, 11 de abril. O coronel, cuja família mora na parte de cima dos estábulos aqui, veio de carro de Lambach para visitá-la. Ele acha que a guerra vai acabar dentro de uns quinze dias e aconselhou-me a não tentar ir para Schwarzach-St. Veit. Ele chefia um *Sprengkommando* [*unidade de demolição*] e fala frequentemente com o *Gauleiter* Eigruber em Linz, que é virtualmente o soberano desta parte da Áustria. Eigruber é uma pessoa particularmente vil e odiosa, que fica fazendo discursos inflamados sobre "resistência", "honra" etc.

No momento sabemos que nenhum dos nossos feridos conseguiu chegar a Schwarzach-St. Veit; apenas as enfermeiras mais jovens e alguns dos médicos. Mas tenho minhas ordens e, embora eu preferisse ficar aqui e enfrentar o *Zusammenbruch*[31] com os amigos, parece mais sábio por ora obedecê-las. Geza Pejacsevich me dará uma carona até parte do caminho.

Quinta-feira, 12 de abril. O coronel levou a mim e a Sisi Wilczek até a estação de Gmunden pois, apesar de parte da minha bagagem já ter seguido, a que ficou comigo ainda é muito pesada. O trem local para St. Gilgen estava tão cheio que nós passamos as bagagens pela janela e viajamos no último degrau do estribo, agarrando-nos no que estivesse ao alcance da mão. O condutor apareceu e nos mandou descer; corremos à volta e, assim que o trem partiu de novo, saltamos nos estribos do outro lado. Sisi estava com os pés em estribos de vagões diferentes. Os vagões sacudiam muito e nós nos sentíamos terrivelmente inseguras. Fomos salvas por um médico militar, que pulou por detrás de nós e nos impediu de sermos varridas do nosso precário

---

[31] Desmoronamento, colapso.

ponto de apoio por ramos de árvores e paredes de túneis. Em St. Gilgen, Geza e Ali nos esperavam na estação.

Nesse dia o Presidente Roosevelt faleceu em Warm Springs, no Estado da Georgia.

Sexta-feira, 13 de abril. A viagem de carro para Radstadt se mostrou uma experiência de arrasar com os nervos. Apareceram bloqueios nas estradas por toda parte, e quando não é a *Feldgendarmerie* do Exército é a SS. Nesse último caso, Geza apresentava seus documentos falsos da Gestapo; no anterior, seu passaporte diplomático croata. Como o Exército e a SS se odeiam mais do que nunca, ele tinha de ficar de olhos bem abertos para não confundir uma coisa com a outra. Isso não era fácil, porque, de longe, os uniformes parecem idênticos. Disseram-nos que depois de Fuschl (o último refúgio de Ribbentrop) o controle na estrada ficava bem mais rígido; muitos carros tinham sido confiscados e seus ocupantes detidos. Num dos bloqueios dos SS, estes cercaram nosso carro de modo ameaçador, mas, vendo os papéis de Geza, mandaram-nos seguir gritando: "*Kolonne der Geheimen Staatspolizei*" ["*Coluna da Gestapo*"] e até nos advertiram de que devíamos ter cuidado: um deles tinha sido mortalmente baleado por um motorista disfarçado de *Feldgendarm*, que agora estava sendo caçado por eles.

Chegamos a Radstadt em cima da hora para que eu pudesse ainda pegar um trem que já estava de partida. Ele já estava em movimento quando Geza me alcançou alguns cartões de racionamento. Uma hora mais tarde eu estava em Schwarzach-St. Veit. No caminho, passamos por um lugar chamado Bischofshofen e fiquei chocada ao ver arame farpado estendido de cada lado dos trilhos. Disseram-me que era um campo de concentração para russos ou poloneses. Os prisioneiros ficavam junto da cerca, olhando-nos passar com um olhar embaçado.

Schwarzach-St. Veit é uma aldeia pequena em meio a montanhas carrancudas e pouco atraentes. Quando desci do trem eram seis horas. Disseram-me que o médico-chefe, Dr. Thimm, estava jantando em alguma hospedaria e que eu deveria me apresentar a ele. Na praça do mercado caí nos braços da *Schwester* Agnes, acompanhada por duas outras enfermeiras, todas elas usando *dirndls*[32]

---

[32] Vestidos tiroleses estampados com cores muito vivas.

muito atraentes. Ela me recebeu com um grito de alegria e já me contou todos os mexericos locais: tudo está parado; não haverá trabalho a fazer por mais uns quinze dias; aparentemente o hospital está dividido em dois clãs rivais, um dos quais se foi para Bad Gastein...

Afinal encontrei o Dr. Thimm, que estava jantando com seis ou sete outros colegas. Sua primeira pergunta foi: "Onde está Carmen?" – o que significava Sita Wrede. Daí ele perguntou se eu achara um lugar para morar, porque ele nada tinha a me oferecer, a não ser a sua própria cama! Sugeri timidamente que talvez eu devesse procurar um outro hospital. Ele disse que pensara termos eu e Sita desertado e que tinha mesmo feito um relatório a respeito para o QG Regional da Força Aérea em Bad Ischl; disse isso piscando um olho e acrescentou: "Não, não, eu insisto de todo modo que vocês trabalhem aqui na cirurgia, que estamos abrindo dentro de dez dias". Nesse meio tempo eu poderia ir para Gmunden, mas depois eu deveria retornar com Sita, sem falta. Sugeriu até que um coronel que jantava com eles me desse uma carona. Apressadamente reuni toda a minha bagagem – a que eu tinha enviado antecipadamente e os pacotes que eu carregava agora – e às oito da noite nós partimos. O coronel, com seu motorista sentado no banco da frente, parecia nervoso. Nas montanhas, ele disse, havia guerrilheiros por toda parte. Depois de um grande desvio por Salzburg, finalmente chegamos a Gmunden – apenas à uma hora da manhã.

Sábado, 14 de abril. Embora exausta por todas estas viagens, caminhei até Altmünster – duas horas para ir e voltar – para contar a Sita Wrede as boas notícias.

Ontem, os russos ocuparam Viena. Ouvi dizer que quase não houve resistência.

Na verdade, a batalha de Viena, que começou com o fechamento do cerco à cidade em 6 de abril e durou quase uma semana, foi uma das mais sangrentas e destrutivas lutas casa a casa de toda a guerra[33].

---

[33] As descrições atuais da Batalha de Viena, que durou de 2 a 13 de abril, dão conta de uma luta de proporções diferenciadas. Em alguns subúrbios da cidade quase não houve resistência. Em outras áreas, a batalha foi renhida e casa a casa. Na luta o Exército Vermelho contou com a ajuda significativa do grupo "05".

O *Gauleiter* Eigruber tem trovejado no rádio que a Oberdonau – o nome nazista para a província da Alta Áustria – deve resistir até o último homem; não há escapatória agora; mulheres e crianças não serão evacuadas, por mais dura que a situação se torne, porque não há para onde ir. A sua retórica copia a de Adolf, mas pelo menos é franco e não esconde a gravidade da situação. Como compensação, ele prometeu à população uma distribuição extra de arroz e açúcar.

Domingo, 15 de abril. Passei o dia descansando e arrumando meu quarto. Finalmente desfiz as malas.

Segunda-feira, 16 de abril. Como não há mais trens (por falta de carvão), fui de bicicleta até Bad Ischl, a quarenta quilômetros, para recuperar um casaco de peles e uma mochila que eu deixara na casa dos Starhembergs. A expedição levou cinco horas. A paisagem é linda, mas a certa altura da estrada havia um outro campo de concentração. Dava para ver os barracões à distância. Ele era completamente cercado por arame farpado. O nome é Ebensee. Ninguém sabe precisamente quem está preso ali, nem quantos são. Mas se supõe que seja um dos piores da Áustria, e só passar perto dele já é uma experiência nauseante.

O campo de Ebensee (uma extensão do campo de Mauthausen) era famoso por suas condições duras e sua alta taxa de mortalidade. Quando o III Exército do General Patton se aproximou, o SS que comandava o campo preparou a execução dos 30 mil prisioneiros que ainda ocupavam o campo, colocando-os num túnel cheio de explosivos. Porém os guardas do campo (na maioria Volksdeutsche repatriados do Leste) recusaram-se a obedecer as ordens e os prisioneiros sobreviveram. O lugar hoje tornou-se um cemitério e memorial.

Quarta-feira, 18 de abril. Geza Pejacsevich telefonou de St. Gilgen para dizer que encontrou alguém que vira Paul Metternich em Berlim. Finalmente exonerado do Exército, ele estava a caminho de Königswart. Esperávamos que isso acontecesse antes, em primeiro lugar porque ele é um príncipe (embora não de família real) e em segundo lugar porque sua mãe e sua mulher são estrangeiras. Mas tudo isso só se tornou claro para as autoridades recentemente.

Tatiana estava com ele. Agora só devemos rezar para que eles consigam sair antes que o cerco de Berlim se feche. A luta lá já está nos subúrbios da cidade.

Quinta-feira, 19 de abril. Sisi Wilczek e eu estamos tendo dificuldades para conseguir comida que chegue. O comércio não tem mais nada para vender; as hospedarias estão lotadas e lá o que se consegue é horrível. Como nenhuma de nós está trabalhando – os hospitais, pelo menos, têm cantinas – estamos à beira da inanição. Ainda assim, Sisi continua a postergar seu retorno para o hospital. Ela está num estado de absoluta estafa, dorme apenas quatro horas e parece muito mal; cinco anos de cirurgias estão começando a apresentar a conta. Ela é tão bonita que vê-la assim nesta situação torna tudo mais triste.

Sexta-feira, 20 de abril. Aniversário de Adolf. Um discurso ridículo de Goebbels: *"Der Führer ist in uns und wir in ihm!"* [*"O* Führer *está dentro de cada um de nós e cada um de nós dentro dele"*]. Quão longe alguém pode ir? Ele acrescentou que reconstruir tudo o que fora destruído não seria um problema. Enquanto isso, os Aliados avançam em todas as frentes e os avisos de ataques aéreos acontecem o dia todo, todos os dias. A esposa do coronel, por exemplo, parece acreditar naqueles discursos. Ela está convencida de que a Alemanha tem uma arma secreta que será usada no último minuto; só assim consegue aceitar tais pronunciamentos. Ela insiste que tomemos o desjejum com ela. O que é muito gentil, porque é a única refeição que temos durante todo o dia.

Sábado, 21 de abril. Às onze da manhã Sisi Wilczek me chamou para ir ao telhado. O céu estava coalhado de aviões. Eles vinham de todas as direções e sua cor prateada brilhava ao sol. O dia estava muito bonito, mas foi trágico para Attnang-Puchheim, no vale. Podíamos ver a chuva de bombas caindo. Os aviões nunca saíam de vista e, depois de terem terminado o trabalho, passaram mais uma vez sobre nossa cabeça. O ataque durou três horas. Eu nunca tinha visto um tão de perto, pois usualmente quando aconteciam afundávamos em porões. Dessa vez pude ver tudo. A terra literalmente tremia com as explosões. Era horrível e belo ao mesmo tempo.

Domingo, 22 de abril. Chove a cântaros. Fomos à igreja. No caminho de volta passou por nós um caminhão cheio de soldados. Conseguimos uma carona, mas para nossa desilusão ele logo virou em direção a Linz. Com grande dificuldade conseguimos chamar a atenção do motorista para fazê-lo parar. Alguns dos soldados estavam com a *Ritterkreuz* [medalha da Cruz de Cavaleiro]. Estavam indo de volta para o *front*. Deram-nos *bacon*.

Aparentemente o ataque de ontem contra Attnang-Puchheim deixou um número enorme de mortos, pois muitos trens da Cruz Vermelha estavam lado a lado na estação. Pensei naquelas enfermeiras bonitas, todas queimadas de sol, que tinham sido tão boas para nós quando paramos lá quinze dias atrás vindas de Viena. Os suprimentos de arroz e açúcar prometidos para a população faminta pelo *Gauleiter* Eigruber também viraram fumaça.

Os russos tomaram Eger hoje. Isso quer dizer que Königswart também está em suas mãos. Será que a família conseguiu escapar?

Segunda-feira, 23 de abril. Sisi Wilczek finalmente apresentou-se ao hospital em Gmunden. Fui de novo de bicicleta até Bad Ischl. Durante o almoço numa hospedaria conversei com alguém que saíra de Viena no dia 11 e contou-me algumas histórias horríveis sobre as derradeiras lutas entre as *Volkssturm* [*milícias populares*] e os SS.

Terça-feira, 24 de abril. Sisi Wilczek passou o dia no hospital lavando ataduras sujas. Parece que lá não há instalações para cirurgias. Ela agora está com febre. Fico procurando comida para ela. De novo chove a cântaros.

Quarta-feira, 24 de abril. Finalmente um dia de sol. Tentamos nos bronzear um pouco no terraço. À tarde fizemos um longo passeio de bicicleta ao redor do lago. Quando nos sentamos à beira d'água, as montanhas em volta começaram a rugir e pareciam tremer. Deve ter havido um ataque em algum lugar, mas não pudemos descobrir onde. Parecia tão perto, mas não vimos aviões. Quando chegamos em casa, nos disseram que fora a vez de Berchtesgaden, a uns cinquenta quilômetros daqui, e parecia ser tão perto graças ao eco das montanhas. Depois Sita Wrede nos contou detalhes ao telefone. Ela se referia a Berchtesgaden como *der Fels* [*o rochedo*].

Nesse mesmo dia as tropas dos Estados Unidos e da União Soviética se encontraram nas margens do rio Elba, perto de Torgau. O Reich nazista estava agora cortado em dois.

Quinta-feira, 26 de abril. Hoje pela manhã Sita Wrede veio de carro para nos ver. Houve outro ataque nas vizinhanças. Estávamos deitadas *en deshabillé*[34] no terraço, observando os aviões. Um pouco depois um deles voltou e ficou dando voltas sobre o lago. Como esses aviões raramente voam sozinhos, Sita pensou que um bombardeiro norte-americano tivesse sido atingido. Nosso olhar seguiu-o um tanto preguiçosamente até que ele baixou e de repente veio para cima de nós. Levantamo-nos de um salto e corremos para a sala de estar, convencidas de que ele cairia sobre a casa. Não nos recuperáramos ainda do susto quando ele caiu no nosso parque. Corremos em sua direção, mas quando chegamos lá ele ardia tão furiosamente que ninguém podia se aproximar. Disseram-nos que a tripulação tinha escapado, mas parecia impossível que isso pudesse acontecer em tão pouco tempo. Talvez o piloto estivesse tentando uma aterrissagem de emergência no gramado e simplesmente errou o alvo. Ficamos muito abaladas.

O coronel mandou alguns homens, que estão plantando uma horta no parque. O pior que se pode temer agora é uma fome generalizada.

Nesse dia Mussolini e sua companheira, Clara Petacci, com mais alguns líderes fascistas, foram fuzilados por guerrilheiros italianos, e seus corpos expostos, pendurados de cabeça para baixo na praça central de Milão.

Sexta-feira, 27 de abril. Ao voltar para casa esta noite encontrei um enorme carro cinza estacionado em frente à porta. Reconheci o motorista do marido de Antoinette Croy, Jürgen Görne (aquele que assara nosso ganso em Viena quatro meses atrás!). Jürgen disse que tinha acabado de passar quatro dias com Antoinette na Baviera. Ele recebera ordens de ir para a Tchecoslováquia para se juntar ao Exército do Marechal de Campo Schörner, que está sendo cercado[35]; mas seus homens foram detidos em Klagenfurt. Ele está claramente

---

[34] Robe ou penhoar de tecido leve.

[35] O Marechal de Campo Ferdinand Schörner (1892-1973) foi um dos comandantes militares favoritos de Hitler. Conhecido por sua brutalidade, participou de várias frentes e comandou as

ganhando tempo. Contamos a ele como as condições de alimentação estão difíceis aqui, e ele prometeu ajudar.

Ouvimos no rádio que a casa dos Bismarck em Friedrichsruh foi bombardeada e destruída, com muitos mortos. É um alívio saber que Tatiana e Paul Metternich não estão mais lá, mas onde estarão? Eger e Marienbad parecem estar nas mãos dos norte-americanos, não dos russos. E quanto aos Bismarck?

Embora os Aliados estejam apertando o cerco de todos os lados e pareça que continuar a guerra não tenha qualquer sentido, as tropas germânicas nesta parte do país mantêm-se em geral disciplinadas e obedientes.

Domingo, 29 de abril. Recebemos Jürgen Görne e seu ajudante de ordens, Auer, na nossa casa, porque eles não têm outro lugar para ir. O gerente da propriedade dos Hannover, Herr Stracke, está ficando nervoso com todo esse entra e sai, mas ele não tem nada a objetar; até agora, todos que pousaram aqui conhecem pessoalmente os Hannover e *estes* certamente não se oporiam. Jürgen acha que não devo voltar para Schwarzach-St. Veit. Diz que a guerra deve acabar dentro de uma semana.

O tempo mudou. Chove muito e até nevou. Fomos de bicicleta até a igreja, mas passamos o resto do tempo dentro de casa. Geza Pejacsevich veio (de carro) ver Sisi Wilczek e falar sobre planos futuros. Ele conseguiu passaportes para toda a sua família e vai com eles para a Suíça. Ele queria que Sisi fosse com ele, mas ela se desmanchou em lágrimas e recusou.

Falei com o médico-chefe do hospital Cumberland, no castelo, mas ele só poderá me aceitar se eu for dispensada da Luftwaffe pelo chefe regional do Serviço Médico da Força Aérea em Bad Ischl, pois todos os hospitais daqui pertencem às Forças Armadas. Nós três decidimos ir até lá. Se eu puder conseguir isso, irei com Geza e Sisi até Moosham por alguns dias, onde os Wilczeks têm um castelo em que pretendem se instalar depois do fim da guerra. Depois disso voltarei para trabalhar aqui. Embora Sisi não queira saber

---

tropas alemãs contra os soviéticos e os guerrilheiros tchecos no final da guerra. Com a rendição do Exército nazista em 8 de maio, ele teria dado ordens para que seus comandados continuassem a luta, mas abandonou o comando e fugiu, sendo capturado pelos norte-americanos em 18 de maio. Suas tropas ainda lutaram até o dia 11. Foi julgado e condenado várias vezes por crimes de guerra, na União Soviética, na Alemanha Oriental e ainda na Alemanha Ocidental. Foi solto enfim em 1963.

de ir para a Suíça, ela concordou em visitar seus pais. Pode não haver outra oportunidade de ir até lá de carro, e pelo menos em Moosham nós teremos o que comer. De sua parte, Sita Wrede decidiu ignorar todas as ordens e se apresentar como voluntária para trabalhar num hospital local.

Nesse dia, depois de meses de negociações secretas, o Obergruppenführer *da SS, Karl Wolff, rendeu-se com todas as suas unidades aos Aliados na Itália.*

MOOSHAM *Segunda-feira, 30 de abril.* Começamos a viagem debaixo de uma chuva torrencial. De novo eu levava uma série inútil de bagagens, para o caso de a minha entrevista em Bad Ischl não ter sucesso e eu ter de prosseguir para Schwarzach-St. Veit.

Em Bad Ischl foi difícil encontrar o chefe regional, porque ele já estava jantando com um grupo de camaradas de armas. Por sorte eu estava de uniforme e ele me levou até o seu escritório. Descrevi as condições em Schwarzach-St. Veit, e ele imediatamente deu-me um atestado liberando-me das minhas obrigações para com a Luftwaffe, o que significa que daqui por diante posso trabalhar em qualquer hospital da minha livre escolha. Fiquei imediatamente encantada com ele.

Podíamos agora partir todos para Moosham. Geza Pejacsevich puxava a coluna com Ali, Sisi Wilczek e eu. A seguir vinha Steff Adamovich com todas as crianças. O terceiro carro, de Jakob Eltz, era dirigido por Capestan. Todos os carros estavam abarrotados por bagagens indescritíveis, que incluíam sacos de farinha e de arroz, além de um monte de comida enlatada trazida pelos clãs Pejacsevich/Adamovich desde seu êxodo da Hungria – e milagrosamente a salvo.

Ao passarmos por Bad Aussee, vimos Dicky Eltz. Isso foi uma agradável surpresa, mas ele estava com um ar terrível e de quem estava perdido; seu único desejo, disse, é voltar para sua casa nos Bálcãs!

Prosseguíamos tranquilamente pela estrada quando subitamente Capestan desapareceu. Esperamos, esperamos e afinal saímos dos carros para esticar um pouco as pernas. Ele reapareceu e a jornada continuou. Seis quilômetros depois Sisi deu um grito agudo: ela esquecera ao lado da estrada, no lugar onde havíamos parado, a bolsa com todos os seus documentos e o pacote com toda a fortuna em dinheiro da família Wilczek. Steff fez meia-volta com ela e foram até o local. Lá encontraram o pacote de dinheiro, mas não a bolsa. Dirigindo um pouco além, alcançaram duas mulheres de bicicleta. A bolsa de Sisi estava pendurada no guidom de uma delas. Seguiu-se uma desagradável discussão, com a mulher insistindo em levar a bolsa até a polícia. Mas ao fim e ao cabo ela desistiu e pudemos prosseguir a viagem.

Depois de Radstadt chega-se ao Passo do Trauern. Nessa altura caía muita neve e o carro atolou. Sisi e eu empurramos o veículo e usamos pás para tirar a neve, tudo muito incômodo, nós de uniforme, às quatro da manhã. De repente, saiu de uma curva do caminho uma parelha de cavalos puxando uma carroça, sobre a qual se arranchava Meli Khevenhüller, cercada por sacos, pacotes e malas – uma caricatura de refugiada. Ela disse que viera desse modo desde Viena e agora ia para o Palácio Hoch-Osterwitz, em Carinthia, que pertencia à família. Finalmente atravessamos o passo e, descendo do outro lado da montanha, chegamos ao nosso destino às cinco da madrugada.

O Palácio Moosham revelou-se uma antiga fortaleza medieval murada, contendo toda uma aldeia dentro. Dava a impressão de ficar no fim do mundo. Acordamos Renée Wilczek, a esposa de Hansi, que logo começou a arrumar coisas apressadamente. Sisi e eu repartimos uma enorme cama de dossel. Amanhã vamos reconhecer os arredores e planejar nossos próximos passos...

Nesse mesmo 30 de abril Hitler suicidou-se em seu bunker, em Berlim.

Nota de Missie, de setembro de 1945. Alguns dias depois Sisi e eu voltamos para Gmunden, onde fomos levadas ao Hospital Cumberland, no castelo do outro lado do nosso parque. Mas as condições lá eram tão atrozes que fomos postas de cama imediatamente com um acesso muito sério de escarlatina, trazida provavelmente pela verdadeira derrama de piolhos que vieram com os soldados da Frente Oriental, e agravada, certamente, pelo estado de desnutrição generalizado.

Enquanto estávamos acamadas, o III Exército Norte-Americano alcançou Gmunden. Para nós a guerra terminara.

É desnecessário dizer que durante todo o período subsequente eu parei de escrever o diário. A luta pela simples sobrevivência física em meio ao caos e à desintegração da Alemanha e da Áustria durante os primeiros meses do pós-guerra absorvia todas as reservas restantes de energia e nervos de qualquer pessoa – não deixando espaço para mais nada. A única outra coisa que me manteve pessoalmente em ação foi minha necessidade de restabelecer contato, custasse o que custasse, com os membros dispersos da família, sobre cujo destino eu nada sabia e que, eu me dava conta, deveriam estar tão desesperadamente preocupados comigo como eu estava com eles.

O III Exército dos Estados Unidos alcançou Gmunden no dia 4 de maio. No dia seguinte renderam-se todas as forças alemãs na Baviera. Quatro dias depois, no dia 8 de maio, a guerra na Europa chegava oficialmente ao fim[36].

Sisi Wilczek (hoje Condessa Geza Andrassy) assim descreveu esse período que falta no diário de Missie: Um dia um jipe norte-americano com dois oficiais chegou a Königinvilla. Como nem o administrador, Herr Stracke, nem Fräulein Schneider falassem uma única palavra de inglês, Missie, que estava trabalhando no Hospital Cumberland, foi chamada para ser a intérprete. Os dois oficiais norte-americanos visivelmente se interessaram de imediato por Missie e, alegando o avanço rápido dos russos e a vontade deles de protegê-la, tentaram persuadi-la a acompanhá-los no jipe. Ela recusou, dizendo que não iria me abandonar à própria sorte; ficou acertado que eles voltariam dentro de dois dias. Mas eles nos proibiram de sair da casa durante esse período. Dois dias depois eles reapareceram e de novo insistiram que fôssemos com eles. Recusamo-nos. De novo eles nos proibiram de sair da casa, dizendo que, caso contrário, seríamos alvejadas. Mas então nós nos demos conta de que a conversa sobre a suposta aproximação dos russos era uma trapaça e que na verdade eles tinham em mente algo muito diverso... Por sorte nunca mais os vimos.

Pouco tempo depois nós pegamos escarlatina e fomos levadas para Gmunden numa carroça descoberta, improvisada em ambulância, puxada por dois cavalos. Lá ficamos as duas numa única cama, na ala de isolamento do hospital – aquela em que até havia pouco eu estivera trabalhando, num completo alheamento em relação ao que se passava à nossa volta. A certa altura ouvi o ruído de muitos veículos freando e parando do lado de fora, gritos, ordens

---

[36] Na noite de 8 de maio foi assinada a rendição definitiva da Alemanha em Berlim, perante o comandante do Exército Vermelho e representantes dos demais exércitos dos Aliados. Ainda assim em vários pontos, sobretudo no Leste do continente, houve combates isolados até a segunda quinzena do mês.

sendo vociferadas – tudo em inglês norte-americano. Então alguns soldados, com um uniforme cáqui desconhecido para nós, capacetes e armas em punho entraram em nosso quarto; de novo, alguns médicos e enfermeiras nos tiraram daquela situação. Alguns dias depois ouvimos dizer que a guerra acabara.

Lembro-me muito pouco do tempo que passamos lá. Recordo vagamente, por exemplo, que num certo momento encontramos um livro de culinária com imagens de pães, leite, carnes etc. e tentamos nos imaginar repartindo tudo aquilo. Num outro dia me arrastei até o jardim do hospital e roubei um copo cheio de groselhas vermelhas. Uma das freiras me viu com as mãos vermelhas e me xingou, chamando-me de ladra. Enquanto isso, ainda apertando o precioso copo nas mãos, eu me apressei a voltar para o quarto, onde rapidamente devoramos as frutinhas antes que alguém viesse tomá-las de nós. Cerca de seis semanas depois tivemos alta – num estado completamente famélico.

Quando voltamos para Königinvilla, descobrimos que a casa principal fora requisita pelo Serviço de Inteligência (CIC) do Exército dos Estados Unidos, chefiado por um certo Major Christel. Do tempo que se seguiu, minha recordação mais vívida é, de novo, a sensação constante de fome aguda. O Hospital Cumberland (ao qual, apesar de sua licença para tratamento médico, Missie ainda estava formalmente ligada) enviava nossa ração de carne de cavalo e outras coisas assim, que nós tínhamos permissão de esquentar na cozinha dos norte-americanos. Ainda me lembro de salivarmos ao ver as iguarias consumidas pelos "hóspedes da casa". Finalmente, fruto do puro desespero, Missie e eu imaginamos um truque. Quando os norte-americanos sentavam-se para comer, nós subíamos às janelas da sala de jantar e começávamos a andar de um lado para o outro com vasos de flores, cuidando das roseiras etc. O resultado é que quase sempre eles nos convidavam a compartilhar da refeição (e naqueles tempos iniciais do pós-guerra qualquer forma de "confraternização" com os alemães era oficialmente proibida!). Depois de engolirmos bocadas de manteiga de amendoim e enormes xícaras de café de verdade, ficávamos sem poder pregar o olho durante toda a noite.

O Major Christel revelou-se um homem muito correto, cortês e de consideração. Ele desviava seu caminho para observar se o pessoal sob seu comando – que mudava muito – se comportava de modo adequado conosco. Isso era mais do que necessário – e apreciávamos a sua atitude –, porque a casa logo se tornou um "centro de recreação" nos fins de semana, com tudo o que isso implica. Nós só nos demos conta do que acontecia nos apartamentos do andar de baixo, durante a noite, quando estávamos prontas para partir – desmobilizadas.

Quanto a essa última questão, o Major Christel ficou preocupado sobretudo com Missie. Ela lhe contara o que se passara em Berlim – sobretudo com relação ao período do 20 de Julho – e ele receava que isso pudesse levá-la a ser detida para interrogatórios. Afortunadamente, seus temores eram infundados.

Um dia fomos conduzidas a um comboio de caminhões abertos e de carroças puxadas a cavalo; junto com um grupo de rapazes muito jovens em uniformes da SS, nos levaram sob uma escolta numerosa e fortemente armada para Mauerkirchen, onde seria feita a triagem. Os garotos da SS foram soltos quase imediatamente – era claro que eles tinham sido chamados nas últimas semanas da guerra e enfiados nos uniformes da SS sem mais aquela. Nós, os demais, tivemos de passar por uma verdadeira corrente de interrogadores instalados em três vagões, que nos faziam centenas de perguntas e ficavam comparando nossos nomes com os de listas volumosas, para terem certeza de que não fôramos nazistas proeminentes. Nem é preciso dizer que Missie era um mistério para eles, a começar por seu inglês perfeito e também por alegar ser russa. Se esse era o caso, perguntavam, por que ela não estava na Rússia? Aparentemente nunca tinham ouvido falar de russos brancos refugiados! Finalmente tivemos autorização para sair do último vagão, ganhamos uma marca de tinta branca em cada perna – para mostrar que estávamos "limpas" – e depois de uma longa espera nos disseram que estávamos livres para ir aonde quiséssemos. Para nós duas, finalmente, a guerra de fato chegara ao fim.

Naquela mesma noite, depois de uma longa jornada, em parte feita a pé, em parte de carona, voltamos para Gmunden, para Königinvilla, onde o Major Christel nos esperava com uma verdadeira festa de boas vindas ao lar.

Ficamos em Gmunden ainda algumas semanas, visitando parentes e amigos que se refugiaram nas vizinhanças, meus pais em Moosham, os Eltz em Aussee...

Missie retomou seu diário apenas quatro meses mais tarde.

BAD AUSSEE *Quinta-feira, 23 de agosto.* Sisi Wilczek e eu deixamos Gmunden de vez.

Agora quero reencontrar minha família na Alemanha de qualquer jeito, supondo que eles conseguiram escapar de Königswart (que agora está nas mãos dos tchecos).

Deixei a maior parte da minha bagagem com os Starhembergs em Bad Ischl e fui com Sisi para Bad Aussee, onde passamos o dia. Na estação encontramos Wilhelm Liechtenstein, que estava a caminho da Suíça para Styria e nos deu *bacon*, queijo e bolachas tirados da sua mala. Tudo muito bem recebido, pois estávamos desmaiando de fome. Ele também tinha sete pequenas garrafas de *Schnaps*, armazenadas em segredo, com as quais pretende subornar os motoristas que lhe derem carona. Ele me disse *en passant* que Paul e Tatiana Metternich estão em Johannisberg, a vinícola bombardeada de Paul na região do Reno, que agora está ocupada pelos Estados Unidos. Essa foi a primeira notícia que eu tive deles desde abril! Wilhelm nos acompanhou até Aussee, e nos ajudou com a bagagem.

STROBL *Sexta-feira, 24 de agosto.* Passei a manhã em Bad Aussee conversando com a mãe de Albert Eltz. Ela não tem notícias de sua filha Stephanie Harrach, que ficou em território ocupado pelos russos na Tchecoslováquia. Dicky Eltz foi capturado no último dia da guerra e está num campo de prisioneiros dos Aliados, na fronteira bávara; aparentemente vem sendo tratado muito mal; logo Dicky, que era tão anglófilo! Vou tentar ajudá-lo através de Jim Viazemsky, que foi por sua vez libertado pelos russos de um campo de prisioneiros perto de Dresden.

Mais tarde, à noite, dois norte-americanos de Königinvilla – ambos com o mesmo nome, Jim – vieram de carro nos convidar para uma festa amanhã em Gmunden. Um deles está noivo de uma garota francesa.

Sábado, 25 de agosto. Ali Pejacsevich e eu tentamos pegar carona para ir a St. Gilgen a fim de olhar alguns quartos que parecem estar disponíveis. Mas nenhum veículo motorizado passou, e acabamos numa carroça guiada por dois ex-soldados alemães que paravam em cada casa que viam, procurando, em vão, feno para os cavalos. Logo nos separamos deles. Enquanto eu me esticava ao sol à beira da estrada, Ali sentou-se no meio da pista, para melhor interceptar alguém que passasse. Afinal caminhamos até St. Wolfgang e conseguimos uma carona num jipe. Levamos três horas para viajar doze quilômetros!

Os tais quartos revelaram-se uma total frustração e dávamos tratos à bola para saber como voltaríamos quando encontramos os dois Jim que iam nos buscar para a festa. Quando chegamos, vimos muitas garotas vestidas com esmero. Nós nos sentimos muito chinfrins, vestidas de modo provinciano. Passei a maior parte da noite conversando com Jim n. 1, que está para ir se juntar ao pessoal do General Mark Clark, em Viena[37]. De minha parte, penso seguir para Johannisberg na terça.

Domingo, 26 de agosto. À tarde, Geza Pejacsevich, Sisi Wilczek, Alfred Apponyi e eu caminhamos muitos quilômetros para visitar Karl Schönburg, um primo de Loremarie, que vive numa fazenda situada várias aldeias adiante. Ela pertence ao seu irmão, que desapareceu na Tchecoslováquia. O próprio Karl ficara a princípio numa região ocupada pelos russos, mas o administrador tcheco, um sujeito decente, convenceu-o a partir, porque as coisas estavam ficando ameaçadoras. No momento seu castelo lá virou um hospital russo. Ele nos ofereceu um leite fresco delicioso e também *Schnaps*. Aceitamos de bom grado ambas as coisas. Também encheu duas mochilas com batatas para levarmos aos Apponyis. Ao longo do caminho Geza ficou se queixando de dor nos pés; ele nunca caminhara tanto. Afinal um jipe norte-americano nos deu carona. Para alegria do motorista, Sisi e Alfred ficaram cantando canções tirolesas todo o tempo, com aqueles gritos de *yodell-di* etc.

Segunda-feira, 27 de agosto. Sisi Wilczek e eu repartimos a mesma cama, de cara para os pés uma da outra. De vez em quando uma cutuca o nariz da outra com o dedão... Mas, desde que nos jogaram numa cama comum quando tivemos escarlatina, nós nos acostumamos com essa posição típica dos beliches de submarinos.

---

[37] O General Mark Wayne Clark (1896-1984) foi comandante das tropas aliadas na Itália, e nessa condição aceitou a rendição das forças nazistas naquele país. Posteriormente foi nomeado chefe militar das forças norte-americanas na Áustria. Lutou ainda na Guerra da Coreia e depois tornou-se instrutor do Exército norte-americano.

Fui a Salzburg ver um certo Herr von Lehn. Com a ajuda das autoridades austríacas ele está tentando repatriar centenas de crianças alemãs refugiadas que foram evacuadas para a Áustria, vindas das cidades bombardeadas no norte da Alemanha durante a guerra. Ele sugeriu que eu me juntasse ao pessoal da Cruz Vermelha que vai acompanhá-las. Mas o lado organizacional demora séculos. À tarde tomei chá com a mãe de Puka Fürstenberg, uma velha senhora húngara encantadora, na sua casa muito bonita. Ele me deu alguns livros em inglês para leitura, bem como um pouco de macarrão e sardinhas para que eu levasse comigo. Isso foi barbaramente bem recebido, porque, não estando registrada junto às autoridades aqui, nenhuma de nós consegue cartões de racionamento e voltamos a passar fome. Todos os dias vamos aos bosques procurar cogumelos, que são a nossa dieta principal. Outro dia eu fui de pés descalços e cortei fundo meu dedão. Sangrei muito, e Geza Pejacsevich insistiu um chupá-lo para evitar uma infecção no sangue. Fazemos as refeições com a família Apponyi, que são sempre muito acolhedores e gentis, mas que já têm muito pouco para eles mesmos.

Terça-feira, 28 de agosto. Hoje eu e Ali Pejacsevich fomos a St. Wolfgang na caleça dos Apponyis, na esperança de conseguir alguma comida ainda com meus cartões de Gmunden. Como Strobl fica no distrito de Salzburg e Gmunden no de Oberösterreich, eles não têm validade aqui. Tivemos sucesso e trouxemos de volta minha ração semanal – um pão preto, um quarto de quilo de manteiga e meio salsichão. Tanto melhor.

Então fomos visitar os Thuns, que estão vivendo com a mãe dele e três crianças em quatro peças. Serviram chá para nós e nos contaram mais histórias de fugas aventurosas do Leste, daquelas de arrepiar os cabelos. No caminho de volta, parávamos ao pé de cada ameixeira que víamos e, com a ajuda do cocheiro, dávamos uma bela sacudida nela.

Vladshi Mittrowski (que também fugiu de Viena nos últimos momentos) deu-me uma lata de sardinhas. É um presente valioso, pois não fiz preparativos para a minha viagem, que pode durar muitos dias.

Quarta-feira, 29 de agosto. Depois do almoço Gina Liechtenstein (a esposa do príncipe soberano), seu pai, Ferdinand Wilczek, e Geza Andrassy, o futuro marido de Sisi Wilczek – eles acabaram de noivar –, apareceram num carro com a bandeira de Liechtenstein. Eles tiveram notícias dos Metternich através de Gabrielle Kesselstatt, que parou em Johannisberg para vê-los quando ia de Trier a Vaduz para visitar a família.

Depois do jantar Gina partiu, deixando algumas garrafas de gim, e nós e os Apponyis ficamos bastante altos. Foi uma verdadeira festa de despedida, pois Geza e Ali Pejacsevich partem amanhã para Altmünster e de lá para a Suíça, e eu estou com minha partida prevista para breve.

Herr von Lehn me acompanhou até a casa dos Mittrowskis, onde tomamos um copo de vinho. Como meu trem vai direto até Bremen, sem parar, Christl Mittrowski me deu o endereço de uma pessoa por lá, caso eu não consiga descer antes. Voltamos a pé para casa bastante tarde e fomos parados por uma patrulha da Polícia Militar. Tínhamos esquecido nossos documentos, e eles nos acompanharam até em casa.

Conforme minha partida se aproxima, fico cada vez mais nervosa. É a primeira vez que volto à Alemanha, desde que fugi de Berlim, há exatamente um ano.

Excerto de uma carta de Sisi Andrassy-Wilczek, datada de 1979. A última vez que vi Missie foi na plataforma da estação de Strobl, quando ela embarcou num trem de crianças refugiadas que ia para a Alemanha. Quando nos demos o último abraço, fizemos uma solene promessa uma para a outra: não nos casarmos por um longo tempo, e "ficar livres". Em menos de um ano, Missie quebrou a promessa!

Sexta-feira, 31 de agosto [nota escrita em Johannisberg-am-Rhein em setembro de 1945]. Escrevi uma carta para Irena, em Roma. Então, vestindo pela primeira vez meu uniforme recém-lavado da Cruz Vermelha, pois vou viajar como enfermeira, dei uma última volta por Strobl, almocei e, acompanhada por Sisi Wilczek, Albert Eltz e Vladshi Mittrowski, fui para a estação.

Herr von Lehn nos encontrou em Salzburg. Levamos seis horas para chegar lá. Dois caminhões norte-americanos tinham colidido sobre os trilhos, e foi preciso muito tempo para separá-los e tirá-los de lá.

Em Salzburg me disseram para me juntar ao *Führungsstab* [*pessoal do QG*] num outro trem. Nele, uma simpática enfermeira me ajudou a me acomodar. Havia apenas dois bancos livres, pois o resto do vagão estava tomado por pacotes de pão branco, manteiga, salsichas e queijos – tudo cortesia do Exército dos Estados Unidos. Essa será a ração de comida de oitocentas crianças e quarenta adultos por dois dias. Esperamos por muito tempo porque havia mais centenas de crianças de Berchtesgaden que deveriam se juntar a nós. Finalmente todos embarcaram e a viagem prosseguiu.

São 45 vagões ao todo. Cada um deles leva crianças de um campo de refugiados, bem como suas professoras. A maioria parece bem alimentada e limpa. E é claro que estão muito excitadas com a volta para casa. Não tiveram notícias de casa no ano que passou, pois foram evacuadas para a Áustria quando Bremen foi arrasada.

Nosso pessoal do QG consiste em Herr von Lehn, um médico, uma secretária, nós duas enfermeiras e uma senhora com uma menina de quatro anos que vivia na casa dos Lehn em Strobl. Ainda há uma escolta formada por um oficial e quatro soldados norte-americanos.

Depois de esperarmos na fronteira da Baviera por muito tempo, chegamos a Munique às duas da manhã. Tudo que resta da estação é um enorme esqueleto de ferro. A Cruz Vermelha trouxe café e sanduíches para as crianças, que foram servidos vagão por vagão. Dormimos mal, pois o espaço é mínimo e os bancos são muito duros.

Sábado, 1º de setembro. Há seis anos começava a guerra. Parece o tempo de uma vida.

De manhã cedo passamos por Augsburg, onde algumas das minhas companheiras tentaram se lavar debaixo de uma bomba d'água na plataforma. Eu passei. Continuamos: Nuremberg, Bamberg, Würzburg... Vistas do trem, todas as cidades se parecem: as mesmas ruínas, a mesma desolação. Em Würzburg, paramos por um bom tempo. Desci e tomei um banho de verdade. Daí começamos a trabalhar nas nossas provisões: cortar pães em fatias (havia mais de oitocentos!), passar manteiga, cortar as salsichas etc. Isso nos ocupou até o anoitecer.

Onde paramos, pessoas tentam embarcar no trem. Na maioria são soldados que foram recém-dispensados. Em princípio ninguém deveria poder embarcar, mas o nosso oficial norte-americano é boa gente e deixa que subam no vagão de carga. Somos privilegiados, pois, como um comboio especial, temos prioridade. Desde que partimos, não vi nenhum outro trem de passageiros.

Hoje em dia parece que todos os civis viajam em trens de carga. Também não há horários definidos. Em geral, a Alemanha oferece um quadro triste.

Nós nos debruçamos sobre um mapa para ver o melhor lugar para eu saltar. Algumas pessoas me aconselharam a ir até Bremen e tentar chegar a Johannisberg de lá. Eu gostaria de ver aquela parte da Alemanha, que é administrada pelos britânicos, por mera curiosidade, mas seria um enorme desvio e isso não faria sentido.

Hoje à noite paramos em algum lugar e começamos a distribuir a comida. Fiquei do lado de fora, com as crianças em fila, vagão por vagão, e as provisões sendo passadas do trem. Elas eram tão doces, pareciam agradecidas, sobretudo pelo pão branco, e ouviam-se muitos *danke schön* [muito obrigado]. Quando terminamos, muitos dos civis que tinham tido permissão de viajar no trem vieram pedir comida para suas próprias crianças e, como tínhamos mais do que o suficiente, nós lhes demos também. Colocamos velas em xícaras e todos parecem estar um pouco mais alegres, sobretudo a outra enfermeira e a secretária, que são de Salzburg e estão voltando para lá dentro de dois dias. Elas cantam canções vienenses e nós as acompanhamos. Discutimos de novo o que eu deveria fazer. Um dos condutores disse que desembarcaria uma estação antes de Fulda, onde o trem deve parar por dois minutos. Ele sugeriu que eu também descesse lá, ele providenciaria um lugar para eu passar a noite na estação e, na manhã seguinte, eu poderia tomar um trem para Frankfurt. Eu deveria evitar Fulda, ele falou, porque a cidade está destruída, quase deserta, nem estação há mais.

Conforme nos aproximamos da cidade em questão, ficamos olhando da porta do vagão. O condutor tinha uma lanterna. Herr von Lehn e as garotas tinham minha bagagem ao alcance da mão. Passamos devagar pela estação, mas o trem não parou. O condutor saltou do trem em movimento assim mesmo e agitou sua lanterna freneticamente para que o maquinista parasse e me deixasse descer. Ao contrário, ganhamos velocidade. Para mim restou Fulda, no fim das contas.

Herr von Lehn estava muito incomodado e tentou me dissuadir, mas eu não quis continuar até Bremen. Enquanto isso as outras pessoas tinham ido dormir. Ficamos esperando por Fulda e, quando vimos o que parecia ser ela bruxuleando à distância, preparei-me para saltar, pois eu não esperava, de novo, que o trem parasse. E de fato ele não parou, mas pelo menos diminuiu a marcha o suficiente para que eu pudesse saltar ao lado dos trilhos. Herr von Lehn jogou minha bagagem e gritou que passaria em Johannisberg dentro de uns quinze dias para ver se eu chegara sã e salva.

Por sorte eu caí nos braços de um ferroviário com uma grande lanterna que também saltara do trem e estava indo para Fulda. Ele me ajudou com a bagagem e fomos aos tropeços até o que sobrara da estação, entre trilhos arrebentados e retorcidos, buracos enormes e arames soltos que se enrolavam nos nossos pés. Eu me sentia completamente miserável, e a ideia de passar a noite numa plataforma quando chegássemos a Fulda me dava mais calafrios ainda. Meu anjo da guarda sumira de vista, indo à frente para fazer um reconhecimento. De repente vi a luz de uma locomotiva vindo devagar na minha direção. Abanei freneticamente e, quando ela chegou ao meu lado, parou. Eu perguntei ao maquinista para onde ele estava indo. "Para Hanau" (Hanau fica perto de Frankfurt), foi a resposta, mas ele tinha de deixar alguns vagões de carga em algum outro lugar antes. Mas eu poderia ir junto, se quisesse.

A ideia de viajar a noite inteira numa locomotiva me parecia menos ameaçadora do que passá-la numa estação bombardeada. Portanto, com a sua ajuda, eu subi na máquina. Havia dois homens a bordo, e eles penduraram a minha bagagem nos ganchos ao redor da cabine do maquinista. Nessa altura o meu primeiro companheiro, o ferroviário, veio correndo e também foi içado a bordo. Embora as fagulhas esvoaçassem em minha direção, fiquei agradecida por estar ali, pois a fornalha me mantinha aquecida. Mas eu detestava pensar na aparência que meu uniforme teria no dia seguinte, tão limpo que estivera. Os três homens eram boa gente, mas a princípio ficaram calados. O ferroviário iria saltar logo, pois sua casa se aproximava. Ele sugeriu que eu o acompanhasse e esperasse o trem para Frankfurt na sua casa, onde ele poderia me oferecer bolos e café, "*alles von des Amis*" [*"tudo dos ianques"*]. Fiquei comovida, mas recusei, esperando chegar a Frankfurt mais cedo se seguisse com a locomotiva. Saímos pela escuridão com o que me parecia uma velocidade louca. A região era muito desolada àquela hora e de novo era como se os trilhos conduzissem a lugar nenhum.

Chegamos a um lugar chamado Elm, onde eles pararam e desengataram os vagões de carga. Os dois maquinistas então desapareceram enquanto eu caía numa banqueta em frente à fornalha. Logo eles voltaram, furiosos. Embora estivessem trabalhando sem parar há 24 horas, a *Direktion* agora queria que, antes de ir para Hanau, eles levassem um outro comboio de carga dali para Würzburg, onde tinham passado dez horas atrás. Eu estava a ponto de chorar! O maquinista-chefe, um tipo alto e corpulento, disse então que prometera me levar até Hanau e que nada o demoveria. Primeiro, eles tentaram sair sub-repticiamente da estação, mas as chaves dos desvios tinham sido acionadas com maestria. Daí decidiram ficar ali toda a noite. Se alguém aparecesse, eu deveria me esconder, pois a minha presença poderia causar problemas. Tentei ver no mapa onde estávamos, mas não conseguia enxergar nada. Essa era a minha imagem de uma terra de ninguém. Desci e caminhei penosamente até a estação, fingindo que chegava de lugar nenhum, e lá me disseram que o próximo trem para Frankfurt sairia depois de amanhã.

O maquinista me seguira. Ele me disse que fora maquinista para Göring e Hitler nos seus dias e que por duas vezes o fora para Eisenhower; que ele recebera uma oferta de emprego nos Estados Unidos com um salário de 2 mil dólares por mês (aqui ele recebe apenas 400 marcos) e que na Alemanha ele era tratado como um cachorro. Ele não queria mais saber disso! Será que eu gostaria de ir para os Estados Unidos com ele? *"Ich bin schon halb verliebt in Sie! Das wäre doch ein Sache!"* [*"Eu já estou meio apaixonado pela senhora!* Isso *seria alguma coisa!"*]. Fui de volta aos tropeços para a locomotiva, esperando encontrar alguma proteção com o outro tipo e o encontrei dormindo a sono solto. Eu estava com muito frio; tentei, sem sucesso, avivar o fogo. Acordei o homem e pedi-lhe que pusesse mais carvão, com urgência. Mas agora meu admirador tinha se juntado a nós. Eles me disseram para eu não me preocupar – a Alemanha quase não tinha mais maquinistas; a *Direktion* teria de desistir ou eles simplesmente parariam de trabalhar. Observei que era bom que a guerra tivesse acabado, senão ambos seriam enforcados por sabotagem. Eles concordaram.

Domingo, 2 de setembro. Uma hora depois o dia começou a clarear. Os maquinistas pegaram suas mochilas e saíram, assegurando-me que logo voltariam. Às sete horas, o chefe da estação, tendo telefonado para Deus e o mundo, desistiu e nos deu o sinal de que poderíamos partir. Ele precisava dos trilhos livres para outros comboios. Eles deram a partida e logo estávamos indo para Hanau em grande velocidade, com minha bagagem sacudindo sem parar, através de uma paisagem muito bonita – ou pelo menos assim me parecia com meu sentimento de alívio.

Chegamos a Hanau às nove da manhã e um dos homens carregou a minha bagagem para uma sala da estação onde se lia em inglês: "*Off Limits*" ["Entrada proibida"]. Despedidas amistosas; apertos de mão agradecidos; e o que restava dos meus cigarros!

O sargento norte-americano encarregado me olhou surpreso e disse: "Você quer se lavar?". E me alcançou um espelho. Minha face cheia de listas pretas e meu uniforme com o avental e a touca brancos formavam um quadro e tanto! Ele me trouxe um pouco de água em seu capacete e, depois de muita esfregação, consegui melhorar um pouco a aparência. Num canto uma garota estava sentada sobre os joelhos de um soldado, ambos sobre uma cama de campanha. Ela me disse que esperava por um trem para Colônia há dois dias, mas agora parecia resignada a aceitar um destino diferente.

Depois de algumas perguntas, encontrei outro maquinista, que estava partindo para Frankfurt dentro de dez minutos. Ele concordou em me levar com ele. Dessa vez várias outras pessoas subiram a bordo. Dois soldados norte-americanos me ajudaram com a minha bagagem e logo estávamos viajando. Atravessamos Frankfurt devagar – mais um amontoado desolador de ruínas. Contei seis pontes totalmente destruídas sobre o rio Main. Dois pontões flutuantes as substituem. Em Höchst, esperei durante três horas e meia. Depois, mais uma hora de viagem até Wiesbaden; lá, outras duas de espera; por fim, mais um trem para Geisenheim, a pequena aldeia ao pé do morro onde fica Johannisberg. Uma garota que desceu ali se ofereceu para me ajudar a levar a bagagem até o convento das Ursulinas, que fica perto. Fomos subindo o morro entre os famosos vinhedos de Johannisberg, enquanto eu alimentava a esperança de que Paul Metternich e Tatiana não tivessem viajado no fim de semana.

Levei um bom tempo para chegar até as ruínas do palácio. Este também apresenta um aspecto entristecedor. Apenas uma das guaritas da entrada ainda está inteira. A primeira pessoa que avistei foi Kurt, o mordomo de Königswart. Ele me disse que Tatiana e Paul viajaram há dez dias para Salzburg – procurando por mim!

Nessa altura, eu estava exausta demais até mesmo para chorar e simplesmente desabei no que achei ser a sala de estar da governanta. Logo Lisette, a esposa de Kurt, apareceu e foi como se tudo voltasse aos velhos tempos. Sob os cuidados deles, eu rastejei até a única cama de um novo quarto de dormir impecavelmente esfregado. Amanhã será outro dia. De momento, tudo o que eu quero é dormir. E esquecer.

Segunda-feira, 3 de setembro. Hoje comecei a dar uma olhada nos arredores. A guarita foi só o que restou de mais ou menos intacto depois do bombardeio aliado de Johannisberg, em 1943. O pequeno apartamento em que estou alojada costumava ser o da governanta, mas agora ali ficam Tatiana e Paul Metternich, e a governanta mudou-se para o andar de cima. Há nele uma sala de estar, um quarto de dormir e um banheiro. Através da janela se vê um grande canteiro de flores circular, que agora virou uma plantação improvisada de espinafre, e um pátio enorme, quadrado, que dá para as ruínas do castelo. Através das molduras vazias das janelas deste último pode-se avistar o vale do Reno. O lugar está cheio de ex-empregados das antigas propriedades dos Metternich no que agora voltou a ser a Tchecoslováquia; eles convergiram para cá na esperança de conseguir algum tipo de trabalho e não têm nada para fazer durante todo o dia. Tudo é muito depressivo...

Fiquei sabendo agora que, dois dias depois de os norte-americanos chegarem a Königswart, Tatiana, Paul, mamãe e papai partiram numa carroça puxada por dois cavalos e escoltada por sete ex-prisioneiros de guerra franceses que trabalhavam na propriedade de Paul. O comandante local norte-americano, que é amigo de alguns primos nossos nos Estados Unidos, havia avisado que os norte-americanos entregariam em breve aquela parte da Tchecoslováquia aos soviéticos e os aconselhou a partir de imediato. Eles levaram 28 dias para atravessar a Alemanha, passando a noite em casas de fazenda e estábulos ou, ocasionalmente, em casas de amigos. Kurt e Lisette (que estão cuidando de mim agora), junto com a filha, o genro e mais Thanhofer, o secretário de Paul, partiram também numa outra carroça algumas horas depois. Eles deixaram a maior parte de seus pertences para trás e estão muito infelizes. Tatiana e Paul também parecem ter trazido muito pouco com eles; quando chegaram, não dispunham sequer de lençóis para as camas, pois tudo aqui fora destruído no bombardeio de 1943. Mamãe e papai estão agora em Baden-Baden, no Setor Francês (onde vivemos muitos anos, quando éramos crianças).

Disseram-me que dois de nossos parentes, que estão servindo nas forças aliadas, viajaram para cá e estão tentando descobrir onde estamos e se podem nos ajudar. Jim Viazemsky, que agora é um oficial de ligação entre o alto-

-comando francês e o soviético, e o tio Gherghi Shcherbatov, que tem o posto de imediato na Marinha dos Estados Unidos e trabalhou como intérprete na Conferência de Ialta.

Passei a maior parte da manhã tentando conseguir um passe para visitar meus pais no Setor Francês. Thanhofer não sai do meu lado: ele me acompanha até na procura de cogumelos. Ele não confia nos norte-americanos, alguns dos quais ocuparam a casa dos Mumms[38], vizinha à nossa. Aparentemente eles têm se comportado muito mal, jogando móveis e peças de porcelana pela janela, dando as roupas de Olili e Madeleine Mumm para garotas da aldeia etc.

Brat Mumm apareceu, recém-libertado de um campo dos Aliados perto de Rheims. Durante a ocupação alemã ele fora até Paris para cuidar dos negócios da família no ramo da champanhe por lá (que haviam sido devolvidos depois de serem confiscados ao fim da guerra de 1914-1918), mas os franceses não quiseram saber de reconciliação. Ele parece estar bem, embora tenha sido feito prisioneiro por quatro meses, sem ter muito o que comer. Agora está alojado com a família na casa dos Ysenburgs, ao norte de Frankfurt, e lhe foi interditado o acesso à própria casa. Ele levou algumas das cartas que eu trouxera da Áustria para Frankfurt, prometeu enviá-las de lá, um alívio para mim. Disse-me que aparentemente Freddie Horstmann estava vivo e bem, depois de escapar de ser preso pelos russos em Berlim escondendo-se no mato e dormindo numa tenda.

À noite Thanhofer levou-me até Geisenheim para visitar uma certa Condessa Lucie Ingelheim, que trabalha para o Major Gavin, o comandante norte-americano de Rüdesheim. Ela é uma prima de Claus Stauffenberg, que tentou matar Hitler em julho do ano passado. Ela prometeu me ajudar a conseguir um passe para Baden-Baden.

Terça-feira, 4 de setembro. Olili Mumm veio de visita com Lobkowitz, que acaba de chegar da Zona Britânica. Ele disse que os britânicos são corretos, mas muito inamistosos e tendentes à pilhagem. Por exemplo, eles "requisitaram" os cavalos que ele trouxera de sua propriedade no Leste.

A situação da comida aqui é instável. Temos ótimos vinhos e bastante leite. Temos nossa própria produção de frutas, verduras e legumes, mas

---

[38] Importante família de produtores de vinhos e espumantes, cuja casa foi fundada em 1827 e está em atividade até hoje.

não há absolutamente nada de carne. Apesar disso, Kurt insiste em servir nossas parcas refeições com luvas brancas, sussurrando o ano da colheita [dos vinhos] ao meu ouvido. Todos os criados ficam se atropelando uns aos outros, tão ansiosos estão por serem de alguma utilidade nesta propriedade devastada.

Quarta-feira, 5 de setembro. Brat Mumm reapareceu com a notícia de que Alfy Clary tinha escapado da Tchecoslováquia com Lidi; diz-se que ele está na vizinhança. Vou procurar por eles imediatamente.

Na volta do sapateiro, com quem eu deixara todos os sapatos que possuo, deparei com Joe Hamlin, um dos norte-americanos que eu conheci em Gmunden. Ele fora promovido a major. Contou-me que em Hanau ele conheceu uma mulher das Forças Armadas dos Estados Unidos para quem falou de mim e do que eu lhe contei sobre a vida em Berlim durante a guerra, e como ele pouco acreditara no que eu dissera até ir lá pessoalmente. Ela lhe contou que conhecia Tatiana e lhe deu o endereço daqui. Ele viera até Johannisberg para encontrar os Metternich e dar-lhes notícias minhas; entretanto não os encontrou, mas a mim! Agora ele vai voltar diretamente para a Áustria. Pedi-lhe que me levasse com ele, mas ele tem medo, pois na Alemanha ainda é proibida a "confraternização" e eu, para todos os fins, sou considerada uma "alemã". Ele se dispôs, no entanto, a levar algumas cartas. Esvaziamos juntos uma das garrafas de vinho de Paul, e ele pegou a estrada.

À tarde fui até a casa dos vizinhos, os Matuschkas, pedir emprestados alguns livros em inglês. Eles tiveram muita sorte. O seu bonito castelo ainda está intacto; eles não foram obrigados nem mesmo a hospedar alguém. Mas ele era da Resistência antinazista.

Sexta-feira, 7 de setembro. Retomei o meu diário. Depois do 20 de Julho só escrevi em taquigrafia e num código pessoal. Temo que, se protelar esta retomada, eu venha a esquecer o que aconteceu, ou seja incapaz de ler as minhas notas.

Sábado, 8 de setembro. Fui atrás de cogumelos com Kurt. Não achamos muitos, porque a estação está acabando. Isso é um desastre, porque eles substituem a carne que falta.

Joe Hamlin está de volta. Ele viu Tatiana e Paul Metternich, que estão na casa dos Fürstenbergs, em Strobl. Eles pedem trezentas garrafas de vinho, que provavelmente valem como dinheiro. Joe está arrependido por não ter me levado com ele. Ele está indo para Berlim, mas vai tentar encontrar um trabalho para mim que justifique a possibilidade de me levar até a Áustria para encontrar os Metternich. Se isso não funcionar, vou até Baden-Baden visitar meus pais.

Hans Flotow apareceu hoje com dois amigos de Heidelberg. Ele parece bem e já voltou a trabalhar. Não nos víamos desde Berlim. Ele me disse que Loremarie Schönburg está trabalhando com a Central de Inteligência dos Estados Unidos numa aldeia próxima do local onde passei a noite numa locomotiva.

Esta noite um ex-oficial chegou de Königswart com cartas para Paul. Ele voltara para lá com amigos há seis semanas, pegou difteria, foi aprisionado pelos tchecos, mas conseguiu sair. O seu relato é muito desanimador. Os norte-americanos, que ainda estão instalados na casa, dão festas e convidam as garotas da aldeia. Estas chegam com malas vazias e partem com elas cheias. Agora passeiam com as nossas roupas. O jardineiro de Königswart escreveu: *"Es war ein Jammer zuzusehen, wie an dem schönem Schlöss gesündigt wurde"* [*"Foi trágico ver o belo palácio tão conspurcado"*]. O oficial também trouxe uma carta de Marguerite Rohan, a prima de Loremarie; ela chegara até Königswart pelo correio comum do setor tchecoslovaco ocupado pelos russos. Ela e suas cinco irmãs, de idade entre 15 e 22 anos, são obrigadas a trabalhar como criadas num hotel em Turnau. Os tchecos saquearam seu castelo, o Sichrow (onde fiquei em 1944), e levaram todos os móveis para Praga. Fico pensando no que terá acontecido com os belos retratos da família feitos por Mignard, Nattier e Rigaud, que os Rohans trouxeram da França para a Boêmia durante a Revolução. Marguerite está tentando desesperadamente voltar para a Áustria, a fim de juntar-se ao noivo. Um dos irmãos do Príncipe Franz Joseph de Liechtenstein está tentando ajudá-la, já que ele tem permissão de ir e voltar para onde quiser.

Os alemães dos Sudetos estão pagando certamente muito caro por terem votado por sua reabsorção pela Alemanha em 1938[39]. Agora os tchecos os ex-

---

[39] *Sudetenland* (região dos Sudetos) era o nome genérico em alemão dado a diferentes territórios na Tchecoslováquia, habitados predominantemente por falantes da língua germânica. Em sua política expansionista, Hitler reivindicou tais territórios, que lhe foram afinal cedidos pela

pulsam sem dó nem piedade de suas casas, onde alocam seu próprio pessoal. O agente da propriedade de Paul foi preso e sua esposa e filhos expulsos do país, sem que lhes fosse permitido levar qualquer coisa com eles. O couteiro-chefe de Plass, uma outra propriedade dos Metternich na Tchecoslováquia, foi morto junto com sua irmã, a governanta. Enquanto isso, os norte-americanos apenas observam, sem intervir.

Domingo, 9 de setembro. Meu pequeno rádio não sobreviveu às agruras da viagem. Eu o levei para consertar, mas enquanto isso fico inteiramente sem notícias do que está acontecendo pelo mundo. Tudo o que posso fazer é ler. E trabalhar no meu diário.

Segunda-feira, 10 de setembro. Passei o dia lendo, escrevendo, dormindo e caminhando pelos belos bosques. É um tanto assustador, pois nunca encontro ninguém.

Quinta-feira, 13 de setembro. Jantei na casa dos Ingelheim. Um jovem Stauffenberg também estava lá. Ele ficou preso em Dachau durante muitos meses e disse que um dos conspiradores do 20 de Julho, um certo Herr von Schlabrendorff, conseguiu sobreviver e tem muita documentação sobre a Resistência antinazista que pretende publicar. De fato é tempo para que a verdadeira história venha à luz, pois até agora o público em geral sabe muito pouco a respeito. A verdade sobre o suposto "suicídio" de Rommel só veio à luz recentemente. Lembro-me de Adam Trott, logo antes de ser preso, perguntando-se se o *Times* londrino não deveria receber a história verdadeira, agora que eles tinham fracassado, e do quanto eu me opus vigorosamente, temendo que isso só aumentasse o perigo para eles. Agora, porém, é diferente. Pelo menos isso seria um tributo ao seu sacrifício.

O Dr. Fabian von Schlabrendorff publicou Os oficiais contra Hitler *em 1946, o primeiro testemunho direto sobre a Resistência antinazista. Ainda é dos relatos mais confiáveis.*

Inglaterra e pela França, sem participação dos tchecos, em 1938-1939, antes da guerra. Hoje o termo "Sudeto" é proibido na República Tcheca.

442 Marie Vassiltchikov

Sexta-feira, 14 de setembro. Mais notícias de Königswart. Os Alberts estão presos, acusados de espionagem pelos tchecos. Por que motivo eles ficaram, afinal?

Sábado, 15 de setembro. Esta manhã tomei emprestada a bicicleta de Lucie Ingelheim e fui até Wiesbaden buscar meu rádio. Foi uma longa viagem – e também inútil. A válvula Phillips que se quebrou não pode ser substituída. Eu levara uma garrafa de vinho das de Paul Metternich para pagar pelo conserto, mas tive de trazê-la de volta. É triste não poder ouvir nenhum tipo de música.

Wiesbaden fervilha com soldados norte-americanos andando de jipe para lá e para cá; os uniformes militares dos Estados Unidos estão em toda parte, mas, ao contrário de Salzburg, não há russos à vista. A cidade é um monte de ruínas.

No caminho de volta parei em Eltville para visitar os Eltz. A mãe de Jakob ainda parece jovem e é muito bonita. A mãe dela, a velha Princesa Löwenstein, também está lá, junto com outras senhoras refugiadas. Lembro-me de seu retrato (que vi em Teplitz) com sua bela irmã Thérèse Clary, feito por Sargent; esta última é a mãe de Alfy. Que contraste com a situação atual – a Idade de Ouro dos tempos do Rei Edward frente ao que enfrentam hoje! Disseram-me que Alfy e Lidi estão com os Löwenstein em Bronnbach. Conseguiram sair sãos e salvos de Teplitz, depois de terem sido obrigados a cavar os campos atrás de batatas. Marcus, o único filho deles que sobreviveu, é prisioneiro de guerra na Rússia.

Domingo, 16 de setembro. O relógio foi atrasado em uma hora, o que me dá catorze horas de sono. Estou repondo as muitas noites maldormidas dos últimos meses. Hoje na igreja o padre local – um Savonarola de bolso[40] – fez um sermão inflamado com muitas tiradas contra os nazistas. Só agora!...

Fui de bicicleta para um almoço com os Matuschkas. Uma das criadas de Johannisberg nos interrompeu, vindo de bicicleta para dizer que um general norte-americano chegara de jipe e perguntava por mim.

---

[40] Menção ao frade revolucionário Girolamo Savonarola (1452-1498), que, desobedecendo ao Vaticano, assumiu o governo de Florença, pregando uma reforma radical dos costumes e da Igreja. Deposto e torturado, foi executado por enforcamento.

DIÁRIOS DE BERLIM 443

Era o General de Brigada Pierce[41], que até recentemente comandara as forças norte-americanas na região de Königswart. Ele viera especialmente para dar aos Metternich as últimas notícias sobre sua casa, antes de regressar aos Estados Unidos. Parece que as autoridades tchecas concordaram em permitir que o Embaixador Laurence Steinhardt, dos Estados Unidos[42], a ocupe como residência de verão; isso talvez garanta sua sobrevivência futura – pelo menos do que resta dela. O General Pierce também trouxe uma carta dos Alberts, que continuam presos.

Segunda-feira, 17 de setembro. Juntei-me aos Matuschkas, que rodaram todo o dia fazendo trabalho político. Está sendo formado um novo Partido Democrata-Cristão.

Este viria a ser a União Democrata-Cristã (CDU, na sigla em alemão), que, junto com a sua coirmã União Social-Cristã (CSU), da Baviera, ocupou várias vezes o poder na República Federal da Alemanha desde o fim da Segunda Guerra.

Voltei para Johannisberg por Bad Schwalbach, através dos belos bosques do Taunus. Lá o silêncio é total, e uma sensação de quietude e paz nos invade... Aqui termina meu diário.
(Por volta dessa época, conheci meu futuro marido, Peter Harnden).

FINIS

Marie Vassiltchikov-Harnden
Berlim, 1940-Londres, 1978

---

[41] General John Leonard Pierce (1895-1959), comandante das forças norte-americanas na Tchecoslováquia ao final da guerra.

[42] Laurence Adolph Steinhardt (1892-1950) foi, além de embaixador na Tchecoslováquia, embaixador na União Soviética, na Turquia, no Peru e no Canadá, onde morreu num acidente de avião quando ia para Washington.

Soldado soviético armado com metralhadora escolta uma coluna de prisioneiros de guerra alemães em maio de 1945.

EPÍLOGO[1]

Missie casou-se com *Peter G. Harnden* em Kitzbühel, na Áustria, em 28 de janeiro de 1946. Depois de um período no Serviço de Inteligência do Exército dos Estados Unidos durante a guerra, Peter serviu como capitão no governo militar norte-americano na Baviera. *Hans von Herwarth*, uma testemunha presente (que foi ele mesmo um dos primeiros membros da Resistência antinazista e que se tornaria um dos mais importantes diplomatas da Alemanha Ocidental), assim descreveu o episódio: "Como Missie pertencia à Igreja Ortodoxa, a cerimônia foi realizada numa capela católica gótica, por um padre russo que fugira da União Soviética. Num dia ensolarado fomos em procissão até a capela. De acordo com a tradição russa, meu filho ia na frente levando um ícone. A seguir vinham Missie e Peter, ele de uniforme norte-americano, seguidos pelos três padrinhos, o Capitão Conde de la Brosse, de uniforme francês, Paul Metternich e eu, que servíramos no Exército germânico. Nós três nos revezamos para segurar uma pesada coroa sobre a cabeça do jovem casal. Estávamos conscientes do significado da cerimônia, que unia pessoas de quatro países que, não fazia muito tempo, tinham lutado uma guerra amarga uns contra os outros" (*Against two Evils* [Contra dois males], Londres, Collins, 1981)[2].

---

[1]   Este epílogo foi escrito pelo irmão da autora em 1986, para a primeira edição do livro, publicada em Londres em 1988. A leitura de afirmações como "agora fulano de tal vive aqui ou ali" deve levar em conta essa circunstância.

[2]   Hans-Heinrich Herwarth von Bittenfield (1904-1999) serviu como diplomata em Moscou, sob as ordens do Embaixador von der Schulenburg, de 1931 a 1939. Nessa condição passou informações continuamente para a Embaixada Britânica, inclusive sobre o pacto Molotov-Ribbentrop,

Depois que Peter deixou o Exército, ele e Missie foram morar em Paris, onde, depois de uma breve ligação com o Plano Marshall, Peter montou seu próprio escritório de arquitetura, que granjeou uma reputação internacional. Ele morreu em Barcelona, em 1971[3]; a seguir, Missie mudou-se para Londres, onde viveu até o fim de seus dias[4]. Eles tiveram quatro filhos, dois dos quais têm hoje suas próprias famílias.

Muitos meses se passaram antes que os membros da família Vassiltchikov, espalhados pelo mundo, pudessem se visitar novamente.

A mãe de Missie morreu em Paris, atropelada por um carro, em novembro de 1948. Seu pai morreu em Baden-Baden, em junho de 1969.

Sua irmã *Irena* passou os anos do pós-guerra na Itália. Desde 1980 vive na Alemanha.

Depois que a maior parte do Castelo de Johannisberg foi reconstruída, *Tatiana* e *Paul Metternich* fixaram nele sua residência. Até pouco tempo atrás, Paul tinha papel de destaque no esporte automobilístico internacional. Tatiana trabalha na Cruz Vermelha.

Depois da guerra, Georgie, irmão de Missie, tornou-se intérprete profissional para conferências internacionais; primeiro, no Julgamento de Nuremberg; depois, na ONU. Ele se casou e tem dois filhos. Ainda está na ativa.

Como todos os outros "membros de famílias reais", *Konstantin da Baviera* fora afastado das Forças Armadas no começo da guerra. Graças a isso ele não só sobreviveu, como pôde, assim como muitos outros, completar um curso superior. Quando a guerra terminou, ele esteve entre os primeiros a notabilizar-se como jornalista na recém-criada imprensa livre na Alemanha e

---

dias antes de ele ser firmado. Suspeita-se que o próprio von der Schulenburg estava envolvido nesse fornecimento de informações secretas. Depois do começo da guerra, passou a servir no quartel-general do Exército nazista, de onde continuou a passar informações para os Aliados ocidentais (certamente) e talvez também para os soviéticos. Consta que foi o primeiro a alertar os Aliados sobre a Operação Barbarossa (ou seja, a invasão da União Soviética em 1941), bem como sobre o extermínio dos judeus em campos de concentração. Em parte descendente ele mesmo de judeus, era casado com uma prima de Claus von Stauffenberg. Escapando à repressão após 20 de julho de 1944, continuou a carreira diplomática, tendo sido embaixador em Londres e Roma. De 1971 a 1977 foi diretor-presidente do Instituto Goethe.

[3] Outras fontes dizem que Harnden, nascido em Londres em 1913, morreu na cidade catalá de Cadaqués, perto de Barcelona.

[4] Em 1978.

também como conferencista nos Estados Unidos. Entrou para a política e foi eleito deputado para o Parlamento Federal em Bonn. Morreu num desastre aéreo em 1969.

Depois de sua prisão, *Peter Bielenberg* passou meses sendo interrogado pelo infame inspetor Lange da Gestapo; não revelou nada. Passou muito tempo numa cela solitária no campo de concentração de Ravensbrück. Vive com a família na Irlanda.

Apesar de ter sido continuamente espancado e torturado, *Gottfried von Bismarck* sobreviveu. Seus advogados conseguiram adiar seu julgamento várias vezes. Afinal, em 4 de julho de 1944 ele compareceu ao "Tribunal Popular" do juiz Freisler, no qual, para espanto geral, foi absolvido – conforme depois foi divulgado, graças a uma ordem direta de Hitler. Preso novamente pela Gestapo, ficou num campo de concentração até a primavera de 1945, quando foi solto. Nessa altura, Himmler estava tentando discretamente fazer contato com os Aliados através da Suécia, onde a cunhada de Gottfried, Ann Mari, sueca de nascimento, tinha contatos influentes. No começo do pós-guerra, Gottfried e sua mulher, Melanie, viveram numa propriedade da família perto de Hamburgo. Morreram num acidente de carro em 1949, quando iam a Johannisberg visitar os Metternich.

Uma vez terminada a guerra, *Herbert Blankenhorn* foi um dos fundadores e chegou a secretário-geral da CDU. Muito próximo do Chanceler Konrad Adenauer, teve papel-chave na criação do Estado da Alemanha Ocidental, e também na organização da Comunidade Europeia do Carvão e do Aço. Voltou para o serviço diplomático e foi embaixador de Bonn na Otan (1955), na França (1958) e na Grã-Bretanha (1965). Hoje está aposentado.

Depois da guerra, *Gottfried von Cramm* voltou ao proscênio do tênis mundial. Teve um casamento breve com Barbara Hutton. Durante muitos anos foi o presidente do Tênis Clube Internacional de Quadra Gramada da Alemanha Ocidental. Morreu em 1976 no Egito, num acidente de carro.

Albert e *Dicky Eltz* sobreviveram à guerra sem qualquer arranhão. Vivem hoje na Áustria.

Hasso von Etzdorf deve sua sobrevivência provavelmente ao fato de que nos meses finais da guerra ele era cônsul-geral em Gênova. Com a criação da República Federal da Alemanha, voltou ao serviço diplomático, tendo desempenhado funções de relevância, como embaixador no Canadá (1956), vice-subsecretário para assuntos externos (1958) e embaixador na Grã-Bretanha (1961-1965). Atualmente vive em Munique, tendo se aposentado.

No dia 3 de fevereiro de 1945, com os soviéticos apenas a algumas centenas de quilômetros de Berlim, a cidade foi alvo do maior ataque da aviação norte-americana feito à luz do dia durante toda a guerra. Acontecendo depois de dois meses de "trégua" – devido ao mau tempo reinante durante o inverno –, ele surpreendeu completamente a cidade. Morreram cerca de 2 mil pessoas (mais ou menos uma para cada tonelada de bombas despejadas), enquanto outras 120 mil perderam suas casas. Uma das bombas fez arder o prédio do QG da Gestapo, na Prinz Albrechtstrasse. Outra caiu no prédio do "Tribunal Popular", onde o "juiz enforcador" de Hitler, *Roland Freisler*, interrogava um dos membros proeminentes da Resistência, o Dr. Fabian von Schlabrendorff. Os juízes, os guardas, os prisioneiros e os espectadores foram levados às pressas para o porão do prédio. Depois da suspensão do alerta, encontraram Freisler morto, esmagado por uma viga, e abraçado ao dossiê do réu. Embora tenha passado o resto do tempo num campo de concentração, Schlabrendorff teve a vida salva por esse ataque[5].

Depois da execução do comandante de Berlim, General von Hase (em cujo pessoal servira durante muito tempo), *Heinz von Gersdorff* foi arrastado pelo redemoinho do *Volkssturm*. Até meses depois do fim da guerra, sua esposa, *Maria*, que ficara em Berlim, não teve notícias dele. No inverno de 1945 disseram-lhe que ele fora morto durante a batalha final por Berlim. Seus nervos cederam e ela se suicidou. Ele conseguiu sobreviver e só veio a morrer em 1955.

Apesar da destruição da casa de campo dos *Horstmann* pelas bombas dos Aliados, *Freddie* recusou-se a abandonar o que restava de suas coleções, e a chegada do Exército soviético encontrou-o com a esposa, *Lally*, escondidos nos bosques próximos. Ainda assim ele se recusou a fugir e os dois acabaram

---

[5] Informações mais atuais dizem que Schlabrendorff (1907-1980) participou de vários dos atentados armados contra Hitler, tendo sido ele, inclusive, quem armou uma garrafa de *brandy* ou licor posta a bordo de um avião que conduzia o *Gauleiter*. Entretanto a bomba não detonou, talvez devido ao frio no compartimento de bagagens, onde ela estava. Schlabrendorff foi preso no dia 20 de julho e severamente torturado. Sobrevivendo ao bombardeio e ao juiz Freisler, foi levado pela SS para vários campos de concentração. No último deles, no Tirol, foi libertado por forças norte-americanas. Escreveu um dos primeiros depoimentos sobre as conspirações contra Hitler, *Offiziere gegen Hitler* [Oficiais contra Hitler], publicado em 1946.

sendo presos. Ele morreu de inanição num campo de concentração na Alemanha Oriental, em 1947. As memórias de Lally, *Nothing for Tears* (Londres, Weidenfeld e Nicolson, 1953), tornaram-se um *best-seller*. Ela morreu algum tempo depois, no Brasil.

Após se separarem de Missie, em agosto de 1945, os *Pejacsevich* conseguiram ir para a América do Sul, através da Suíça, onde Geza vive até hoje.

Depois de passar um tempo como prisioneiro num campo de concentração norte-americano, e outro tanto como funcionário de governos locais na Alemanha, *"C. C." von Pfuel* foi, durante três décadas, representante do Parlamento Europeu junto ao governo de Bonn. Agora vive em semiaposentadoria nessa cidade.

Carl Friedrich von Pückler-Burghaus, que em 1941 denunciara a mãe de Missie para a Gestapo, transferira-se do Exército para a SS, chegando a ser promovido a *Brigadeführer* e chefe da polícia de Himmler em Praga. Com a libertação da cidade nos primeiros dias de maio de 1945, ele suicidou-se.

Quando Bucareste caiu diante dos russos em 31 de agosto de 1944, os diplomatas alemães e suas famílias foram imediatamente confinados em campos de concentração. As mulheres e crianças puderam, com o tempo, voltar para casa. Mas os homens foram todos deportados para a URSS; consta que *Josias von Rantzau* morreu na prisão de Lubyanka, em Moscou.

No fim da guerra, *Judgie Richter* e sua família estavam na Vestfália. Lá ele e a esposa abriram um escritório de tradução que prosperou. Em 1949 ele se juntou ao bureau do Major-General[6] Gehlen, que se transformaria no *Bundesnachrichten Dienst* (BND), o novo serviço de inteligência da Alemanha Ocidental. Ele morreu em 1972.

Tony Saurma sobreviveu ao terror do pós-20 de Julho graças à decência de seu comandante, que conseguiu adiar sua corte marcial, "à espera de mais evidências". Quando o tribunal finalmente se reuniu, muitas dessas "evidências" tinham se tornado demasiadamente circunstanciais para justificar uma condenação e, em consideração a seus ferimentos de guerra, ele foi apenas demitido. Nos últimos dias da guerra, ele conseguiu fugir da propriedade familiar na Silésia para o Ocidente, onde encontrou emprego com as autoridades norte-americanas de ocupação, como chofer de caminhão. Com o passar do

---

[6] Da SS.

tempo, ele conseguiu adquirir um veículo próprio e depois outros, fundando uma empresa de transportes. No momento vive com sua família na Baviera.

O *Embaixador von der Schulenburg* nunca pertencera de fato à Resistência. Mas, à medida que a guerra com a Rússia mergulhava mais e mais a Alemanha num redemoinho catastrófico, ele ofereceu seus préstimos com um possível mediador junto a Stalin. Essa parece ter sido a razão de ele ter sido chamado ao QG de Hitler, no começo de julho de 1944 (o que Missie registra). Mas ele também estivera em contato, através do Embaixador von Hassell, com alguns dos conspiradores que, sem que ele soubesse, o listaram, com Hassell, como um dos possíveis ministros de Relações Exteriores. A descoberta dessas listas levou-o à prisão de Lehrterstrasse. Finalmente, em 4 de outubro de 1944, ele foi levado a julgamento perante o juiz Freisler, junto com Gottfried von Bismarck. Menos afortunado do que este último, foi condenado à morte e enforcado em 10 de novembro.

Loremarie Schönburg foi mais uma das miraculosas sobreviventes da Conspiração de 20 de Julho. Depois de sua partida precipitada de Berlim em agosto de 1944, ela ficou quieta na propriedade da família na Saxônia até que fugissem para o Ocidente, com a aproximação dos soviéticos. Quando a guerra terminou, ela encontrou trabalho na Central de Inteligência do Exército dos Estados Unidos. Casou-se com um oficial norte-americano e viveu durante algum tempo nos Estados Unidos. Nos últimos anos de sua vida tornou-se obcecada por questões do meio ambiente, a que se dedicou com aquele afã obsessivo que mostrara durante sua luta contra o nazismo. Morreu em Viena, em julho de 1986.

Apesar de toda a sua ficha suja, o *Brigadeführer* da SS *Six* conseguiu tornar--se, por razões e caminhos diferentes, um outro sobrevivente. Mal terminada a guerra, ele foi "resgatado" pela Central de Inteligência do Exército dos Estados Unidos, junto com Klaus Barbie e outros antigos SS. Mas logo seu passado alcançou-o. Preso na primavera de 1946, foi levado a julgamento pelos assassinatos em massa cometidos pelos *Einsatzkommandos* [comandos de intervenção][7] e, apesar de todas as suas assertivas de que ele "fora sempre um cientista, nunca um policial", foi condenado em 1948 a vinte anos de prisão.

---

[7] Os *Einsatzkommandos* eram esquadrões e tropas de choque que acompanhavam as forças alemãs de ocupação e eram encarregados de operações de "limpeza" étnica, sobretudo no leste da Europa, e de execução de comunistas e dissidentes.

Mas, graças a alguma proteção poderosa, sua sentença foi comutada para dez anos em 1951 e ele foi anistiado em 1952. Logo depois foi de novo "resgatado" pelo novo Serviço Secreto da Alemanha Ocidental, chefiado pelo General Gehlen, onde encontrou vários ex-colegas das SS e da Gestapo, escolhidos por Gehlen como "experts" em alguma coisa. A "expertise" própria de Six foi a de criar grupos de agentes recrutados entre antigos prisioneiros de guerra dos soviéticos ou agentes de polícia para infiltração na URSS, uma função que ele combinou com a de "manager" de publicidade da Porsche-Diesel, uma subsidiária do poderoso grupo Mannesmann. Durante seu julgamento em 1962, Adolf Eichmann descreveu Six como o homem que mais baixo descera do pedestal do autoproclamado intelectual ao nível do assassino em massa, apenas para ser conduzido de volta ao pedestal como confidente e conselheiro dos governos da Alemanha e dos Estados Unidos.

Tino Soldati fez uma carreira brilhante, cujo pináculo foi tornar-se observador da Suíça junto à ONU e embaixador na França.

Apesar das ameaças ominosas de Himmler depois do 20 de Julho, apenas dois membros da família *Stauffenberg* morreram: *Claus* e seu irmão *Berchtold*, um jurista da Marinha, ambos ativos na conspiração. O resto da família foi primeiro para o campo de Dachau, sendo as crianças separadas de seus pais e levadas para outro campo sob o nome de "Meister". Com o avanço dos Aliados, todos foram removidos de campo para campo e mais de uma vez estiveram sob a ameaça de execução. Afinal, foram libertados por tropas norte-americanas em 4 de maio de 1945, quatro dias antes do fim da guerra.

Junto com vários outros alemães mortos na última guerra, *Adam von Trott zu Solz* é homenageado por uma placa no Balliol College, em Oxford. Sua viúva, Clarita, foi libertada já em setembro de 1944 e pôde reunir-se às filhas logo em seguida. Ela se tornou uma psiquiatra de renome e vive hoje[8], com as duas filhas, na Alemanha Ocidental.

Quando a França foi libertada, *Henri de Vendreuve* se juntou ao Exército francês, que avançava em direção à Alemanha. Foi morto na Alsácia, com 23 anos, em janeiro de 1945. Seu irmão *Philippe* tornou-se um dos ajudantes de ordens do General De Gaulle.

---

[8] Clarita von Trott zu Solz morreu em 2013. Fontes mais recentes afirmam que ela só reencontrou as filhas em 1945.

O fim da guerra encontrou *Alex Werth* na zona de ocupação soviética, onde acabou sendo preso, ficando por muitos anos em cárceres da Alemanha Oriental. Embora fosse solto e pudesse escapar para o Ocidente, onde se tornou um empresário de sucesso, as vicissitudes por que passara minaram-lhe a saúde, e ele morreu em meados dos anos 70.

Sisi Wilczek também quebrou logo a promessa que fizera com Missie ao saírem da Áustria em agosto de 1945. Ela casou-se com *Geza Andrassy* e vive com ele em Liechtenstein, na cidade de Vaduz.

Sita Wrede e sua irmã gêmea, *Dickie*, passaram os primeiros anos do pós-guerra com a família de sua mãe, na Argentina. Tempos depois ela casou-se com um diplomata alemão, o *Príncipe Alexander zu Solms-Braunfels*, que Missie menciona de passagem em suas reminiscências de Viena em 1945. Durante muitos anos ele exerceu vários postos diplomáticos na América Latina. De momento vivem entre Monte Carlo e Munique.

POSFÁCIO
PERSCRUTANDO OS
DIÁRIOS DE BERLIM

A primeira vez em que ouvi falar da existência do diário de minha irmã, escrito durante a guerra, foi numa noite tempestuosa, ao findar o ano de 1945, numa *Autobahn* entre Munique e Nuremberg. Meu jipe quebrara, eu precisava estar de volta a Nuremberg antes do amanhecer e pedia carona, ensopado, tremendo de frio, dedão em riste. Finalmente, um carro grande, do comando norte-americano, freou até parar, e seu ocupante, um major gorducho de bochechas rosadas, fez sinal para eu entrar.

Depois de algum tempo, ele pediu de repente que eu lhe mostrasse meu cartão de identificação, examinou-o cuidadosamente e, ao ler meu nome, ligou o motor, olhou-me desconfiado e soltou: "Vassiltchikov? Algo a ver com Missie Vassiltchikov?". "Claro, ela é minha irmã. Por quê?" "Então o que *você* faz usando um uniforme dos Estados Unidos?" Eu vestia o uniforme de cor verde, com a insígnia triangular própria dos funcionários civis do Exército norte-americano, então expliquei que estava trabalhando no Tribunal Militar Internacional em Nuremberg. "Como assim? Sua irmã não trabalhava para o Serviço Exterior dos nazistas?" "Sim. E daí? Mas como é que *você* sabe dela?" "Porque eu li seu diário, um dos mais supervalorizados livros sobre a guerra que conheço." Daí, de modo ainda mais agressivo: "O que eu queria saber é como alguém como *você*, com esse seu pano de fundo familiar, conseguiu usar nosso uniforme, e isso é algo que eu vou investigar assim que chegarmos a Nuremberg". Ele se virou e não trocamos mais palavras até ele me deixar, com visíveis maus modos, no lendário Grand Hotel, onde eu tinha reserva.

Logo de manhã, a primeira coisa que fiz foi relatar o caso ao Major Tom Hodges, um veterano e condecorado combatente que chefiava nosso Centro de Informações (CIC) local. Eu já o conhecia muito bem, e ele fora colega do Capitão Peter Harnden, meu futuro cunhado. Nenhum Exército – ainda mais no setor de inteligência – preza que algum estranho venha esquadrinhar suas atividades, de modo que logo aquele major gorducho (que claramente "nunca ouvira um tiro disparado com fúria"[1]) recebeu ordens de cuidar do seu nariz e não voltei mais a ouvir falar dele. Mas o fato de ele mencionar o diário de Missie despertou minha curiosidade. Claro está que na ocasião não me dei conta do quanto eu me envolveria com o assunto nos anos que se seguiram.

Aqui e ali, durante o ano que passei em Berlim, durante a guerra, compartilhando o apartamento de Missie, eu a vira dedilhando o teclado de sua máquina de escrever e mastigando murmúrios entre os dentes. Vez por outra ela se virava para mim e comentava o que estava datilografando. Parecia interessante, até mesmo divertido de vez em quando, outras vezes assustador, sempre muito vívido. Então troquei Berlim por Paris – onde Missie me visitou por um breve período. Depois disso, seguimos rumos diferentes – até aquele encontro fortuito com o major gorducho na *Autobahn* varrida pela chuva, na Alemanha recém-ocupada. Na primeira vez em que a visitei – e a Peter – em Munique, ela me deu seu diário para ler. Embora ainda fosse um rascunho, fui desde logo fisgado por ele. Mas foram necessários muitos anos para que eu a convencesse de que um documento tão original como aquele *tinha* de ser publicado.

Antes que ela morresse, quase meio século depois, já muito debilitada pela doença, ela me pediu para descrever o pano de fundo histórico e adicionar algumas notas explicativas indispensáveis.

Na tentativa de descobrir o que acontecera durante e depois da guerra com os vários "heróis" e "vilões" que Missie menciona em seu diário, fiz circular um breve questionário. Algumas das reações foram surpreendentes. Uma testemunha crucial era a (Condessa) "Sisi" Wilczek, que fugira de Viena e passara as últimas semanas da guerra com Missie naquele hospital perto de

---

[1] Em inglês, *"never heard a shot fired in anger"*, expressão idiomática do inglês britânico que significa "nunca ouviu um tiro disparado com a intenção de matar", ou seja, nunca entrou em combate.

Gmunden. Doente e faminta, Missie parara de escrever o diário, que ela retomaria apenas quatro meses depois. Sisi era a única pessoa que poderia me contar o que acontecera. Esperei semanas por sua resposta. Nada! Então um amigo comum comentou comigo que a pobre Sisi estava num dilema: "É claro, eu gostaria muito de ajudar, mas o Georgie não se dá conta de que eu nunca escrevo *nada*, nem mesmo cartas!". Eu escrevi para ela dizendo que o mais breve esboço serviria. Logo depois recebi páginas e mais páginas com exatamente tudo aquilo de que eu precisava e que, quase sem edição, figuram em transcrição literal neste livro.

Por muitos meses nada recebi do (Barão) "Tony" Saurma, que eu encontrara brevemente em Berlim durante a guerra e que fora um destemido amigo para Missie naquele verão crucial de 1944. Eu ouvira falar que ele sobrevivera, que casara com a irmã de "Kika" von Stumm (mais uma do círculo de relações de Missie) e que vivia numa fazenda, na Áustria. Ele também não me respondeu durante meses. Então, como um raio em céu azul, ele me telefonou – da Escócia, onde ele e sua esposa estavam caçando tetrazes[2]. Marcamos um encontro em Londres, quando de seu retorno. Pedindo desculpas por seu silêncio, ele acrescentou: "Veja, Georgie, sua carta me incomodou muito, e eu nem ia responder...". "Mas por quê? Missie escrevia sobre você sempre com muito carinho. Na verdade, você é um dos heróis do episódio do 20 de Julho!" "Obrigado, mas aquilo nada tem a ver com isto aqui. Veja, quando passou o horror, eu tinha um único desejo – deixar tudo para trás, nunca mais pensar naquilo e ir adiante para reconstruir a minha vida. E lá vem você revolvendo tudo de novo! Mas então eu disse a mim mesmo: 'Se Missie tivesse me pedido isso, como eu poderia recusar?' E, com ela já falecida, eu não posso recusar de jeito nenhum. Então, Georgie, mande bala!" O seu relato consta no epílogo deste livro.

Por outro lado, alguém que me ajudou desde sempre, e de todas as maneiras possíveis, foi o Embaixador Barão "Hasso" von Etzdorf. Veterano calejado da Primeira Guerra Mundial, ele se juntara ao Ministério do Exterior e, quando do início da Segunda Guerra, era um oficial de ligação adjunto do General Franz Halder, chefe de pessoal do próprio gabinete de Hitler e também

---

[2] O tetraz é uma ave do hemisfério norte, quase extinta na Europa continental, de uma família entre os galináceos e os faisões. Sua imagem aparece no rótulo do uísque The Famous Grouse.

completamente contrário aos planos de guerra do *Führer*. Missie o menciona como alguém "considerado confiável". Depois do fracasso da conspiração, ele a encontrou um dia na rua, levou-a até as ruínas de um prédio bombardeado e advertiu-a de que deveria ser "extremamente cautelosa", por que "a temporada de caça estava aberta" em busca de todos aqueles que tivessem a menor ligação com os conspiradores. Ele mesmo sobrevivera por milagre. Tendo sido designado cônsul em Gênova, apressara-se a ir para lá e fora, por assim dizer, "esquecido". Depois da guerra, ele se tornou um alto funcionário do Ministério e, quando o reencontrei, era o embaixador de Bonn no Reino Unido. Ele me ajudou generosamente, inclusive com conselhos e apresentando-me a outras pessoas. Também me convidou para visitá-lo em seu belo chalé nos arredores de Munique. Lá, enquanto tomávamos um delicioso vinho, ele me contou coisas muito interessantes sobre a Resistência antinazista e sobre os militantes que ele conhecera. Lembro-me de algo que ele contou sobre seu ex-chefe, o General Halder. Ficou claro que eles eram muito próximos, e ele pressionava o general para tomar o assunto em suas mãos: "Você está convencido de que ele [Hitler] vai terminar destruindo a Alemanha. Você vê o homem todos os dias. Nunca é revistado. Por que não saca a sua arma e atira nele?" "Eu sei", respondeu Halder, "mas veja, *mein lieber Freund* [meu caro amigo], nós, oficiais alemães da velha guarda, não fomos treinados para assassinar nossos líderes!" E Hasso acrescentou: "É verdade, e isso vale para todos os exércitos do mundo. Nós somos treinados para matar milhões lutando numa guerra. *Isso* não é um crime. Mas tentar livrar-se de um assassino em massa que sói ser nosso *Führer*, isso é um crime". Ele sorriu amargamente. Nunca mais o vi, mas lhe enviei o livro de Missie, o que muito o agradou.

Na Alemanha, onde os *Diários de Berlim* ainda estão no catálogo de W. J. Siedler e Bertelsmann[3], tive uma experiência bem interessante. Eles designaram um certo Dr. Karlauf – alguém muito erudito e capacitado, quase na casa dos quarenta anos – para editar a versão germânica.

Apesar de todo o seu liberalismo, entrei num conflito inesperado com ele. Missie escreve sobre o Tribunal de Honra que, depois do 20 de Julho,

---

[3] A Siedler é a casa editora que publicou o livro em alemão. E a Bertelsmann é uma das maiores empresas de mídia da Europa.

apressou-se a expurgar o Conde de Stauffenberg e outros militares envolvidos no complô, entregando-os ao "Tribunal do Povo" do Juiz Freisler e à forca[4]. E, nos meus comentários, eu identificara o Marechal de Campo von Rundstedt como seu presidente. Karlauf eliminara o seu nome. "Por quê?", eu perguntei. Ele me explicou que Rundstedt era uma figura respeitável na Alemanha de hoje [1987] e que tal observação poderia chocar muitos leitores. Aí eu explodi: "Isso é uma censura política, que eu nunca aceitarei! O nome fica ou eu retiro o manuscrito!". Desnecessário dizer que o nome do Marechal ficou – e assim marcado para sempre.

Em Paris houve outro problema – tipicamente francês. A tradução não era má, mas eles ficavam reclamando que *"ce n'est pas du bon Français"* ["isso não é um bom francês"], querendo dizer que o estilo de Missie não era suficientemente "literário". Tive de explicar que seu estilo não seria "literário" em nenhuma língua, nem mesmo em inglês, mas que esse era o modo como ela pensava, falava e escrevia, e que tal espontaneidade era parte do charme do livro. Ao fim e ao cabo, outro editor assumiu a tarefa e tudo deu certo.

Na Rússia, vi-me diante de outro tipo de problema – característico de uma época "pós-soviética". Para mim, a edição russa, que acabou saindo no outono de 1994, era a mais importante de todas. O modo como o povo russo lutara e ganhara a guerra talvez fosse seu feito mais glorioso depois da Revolução. Como eles reagiriam diante dessa jovem, também russa, que trabalhara no Ministério de Relações Exteriores do inimigo durante todos aqueles anos de sofrimento? Eu até reescrevera a introdução para a edição russa, a fim de explicar o dilema de Missie. Escrevi que ela era a favor, sobretudo, da *decência humana*, independentemente da nacionalidade. Por isso, o nazismo fora inaceitável para ela, assim como o Comunismo. E foi isso que levou os membros da Resistência antinazista a confiar tanto nela a ponto de lhe porem a par dos planos para assassinar Hitler. Isso é o que ainda atrai os leitores para seu livro, mais de meio século depois.

Tais preocupações revelaram-se desnecessárias. Visivelmente marcados por suas próprias experiências desgastantes sob o comunismo, os resenhistas russos revelaram-se bastante objetivos, compreensivos e em alguns casos

---

[4]   Militares podiam ser julgados apenas por tribunais corporativos e, no caso de uma condenação à morte, deveriam ser fuzilados, o que era considerado "mais honroso" do que o enforcamento.

até entusiásticos. Mais ainda: o tratamento simpático que dispensaram aos *Diários de Berlim* estendeu-se aos colegas e amigos alemães de Missie que compartilharam da sua decência, cuja rememoração foi um dos fatores que a levaram a concordar com sua publicação em livro.

Quando em 1987, junto com os filhos de Missie e os meus, fui a Berlim para o lançamento da versão alemã do livro, visitamos "os dois lados" – a cidade ainda era dividida – para dar uma olhada nos vários lugares sobre os quais ela escrevera. Começamos pelos "terríveis" – o QG do Exército na Bendlerstrasse[5], que os conspiradores tomaram durante algumas horas; a Wilhelmstrasse, de onde o *Kaiser* e o *Führer* tinham arrastado o país à catástrofe; a prisão na Lehrterstrasse, onde os resistentes esperavam antes de ser conduzidos ao "Tribunal do Povo" do Juiz Freisler; e à prisão de Plötzensee, onde foram enforcados. Embora os bombardeios dos Aliados e depois a invasão pelo Exército Vermelho tivessem destruído bastante coisa, muitos dos lugares onde Missie vivera e trabalhara tinham sido reconstruídos. Usando seu diário como guia, conseguimos contemplar com nossos próprios olhos algo do que ela vira cinquenta anos antes.

O QG na Bendlerstrasse era agora um moderno prédio de escritórios[6]. Mas, no pátio, uma placa lembrava que ali, iluminados pelos faróis de caminhões, o Conde de Stauffenberg, já gravemente ferido, e seus companheiros tinham sido fuzilados.

Do outro lado do rio, na pequena praça ao lado da Woyrschstrasse[7], a casa dos Gersdorff ainda estava de pé. Era agora um albergue para estudantes dos Bálcãs. Eu mesmo vivera ali por algum tempo, entre 1941 e 1942, antes de escapar para Paris.

A maior parte dos arredores fora demolida e reconstruída, mas a estação de *S-Bahn* do Zoo, que Missie menciona várias vezes, ainda estava lá, tão movimentada como sempre. Também mais adiante, ao longo da avenida, o prédio onde ela compartilhara um apartamento térreo com Tatiana havia sobrevivido – no qual ela me acomodara e depois recebera papai. Mas a casa adorável dos Horstmann, dobrando a esquina na Steinplatz, onde

---

[5] Hoje Claus von Stauffenberg Strasse.

[6] Hoje ele abriga o Museu da Resistência Alemã.

[7] Hoje Genthinerstrasse, com prédios inteiramente novos ou de fachada reformada.

tantas vezes jantei e dancei, desaparecera. Também tinham desaparecido os prédios perto do Tiergarten, onde tantas vezes nos divertimos nas recepções oferecidas pelo e para o mundo diplomático. O próprio Tiergarten era um recanto devastado, e ao longo dele estava o infame Muro de Berlim, com suas torres de vigia e as cruzes lembrando os que morreram baleados tentando atravessá-lo. O "Checkpoint Charlie", que ficou famoso por causa de muitos *thrillers*, ainda estava em operação, e por ele passamos umas duas vezes para Berlim Oriental, a fim de sondar a atmosfera. Dali caminhamos pela devastada Wilhelmstrasse, onde ficavam os principais ministérios nazistas. À esquerda, na Prinz Albrechtstrasse, demos uma olhada no antigo QG da Gestapo, com suas celas de tortura no porão. Mais adiante, uma cerca de arame farpado impedia o acesso às ruínas da antigamente monumental *Reichskanzlei* [chancelaria][8], onde fora tramada a conquista da Europa, que terminara em tamanho desastre. Dali passamos à Unter den Linden, a Champs Elysées de Berlim, em frente ao famoso Portão de Brandemburgo. Ali ficava o Hotel Adlon, que Missie menciona tantas vezes como o último bastião da "*society*" berlinense. Tentei fotografá-lo, mas fui impedido por um intrometido *Vopo* (policial da Alemanha Oriental)[9].

A medonha prisão de Lehrterstrasse, com seus tijolos aparentes e vermelhos (antes conhecida como *Zellegefängnis Moabit*) também sobrevivera. Trepado numa saliência atrás do prédio, olhei os seus três pátios, tentando identificar aquele em que Missie e Loremarie Schönburg ficavam com suas preciosas marmitas de comida. Mas a prisão tinha três alas, cujos portões, pintados de verde, eram idênticos. Missie não especificara em qual deles elas esperavam[10].

A prisão de Plötzensee, mais para o norte, foi transformada num memorial[11]. Passando pelos portões trabalhados da entrada, à esquerda viam-se os

---

[8] Toda a antiga chancelaria foi demolida, bem como o que restou do *Bunker* de Hitler. Os subterrâneos deste foram inundados e fechados. Dos QGs da Gestapo e da SS, que ficavam ao lado, restaram vestígios das celas no porão, que hoje integram o Museu Topografia do Terror, aberto à visitação. A Prinz Albrecht Strasse chama-se hoje Niederkirchnerstrasse.

[9] O hotel Adlon original, um dos mais famosos da Europa, inaugurado em 1907, foi quase inteiramente destruído em 1945. No local, há hoje um novo prédio, também hotel, que guardou o nome do antigo e cujo *design* reproduz o deste.

[10] Essa prisão também foi demolida, mas hoje há uma prisão Moabit, com os mesmos tijolos vermelhos à mostra, em outro local. No lugar da antiga, há um memorial.

[11] Assim permanece até hoje.

prédios gêmeos e baixos do antigo ginásio, que servira como lugar das execuções. As paredes da primeira sala estavam cobertas por fotografias do local no tempo da guerra, e das centenas de vítimas que ali esperavam antes de serem guilhotinadas ou enforcadas na sala seguinte. Hitler, que nunca perdia a oportunidade de aumentar o sofrimento daqueles que ousassem se opor a ele, fizera questão de diversificar os modos de execução. Ordenara que alguns fossem decapitados com um machado, como nos tempos medievais; outros, através de uma miniguilhotina. Mas aqueles que ele mais odiava – os conspiradores do 20 de Julho – foram vagarosamente estrangulados com cordas de piano presas a um gancho de açougueiro, com uma câmera cinematográfica registrando a sua agonia. Na câmara de execução, ao lado da primeira sala, ainda havia o gancho em que, penduradas e balançando, as vítimas tinham sido sufocadas até morrer. Para mim, esse foi o mais pungente memorial de todos; as grinaldas de flores ao redor pareciam fora de lugar. Aqueles que ali tinham perecido faziam parte do que de melhor a Alemanha jamais conhecera em matéria de seres humanos.

Voltando ao lado oriental, seguimos pela Unter den Linden. Arrasada pelos bombardeios, como o resto da cidade, ela fora recomposta e as raras lojas abertas tentavam mostrar vitrines de estilo ocidental. O fato de que a Embaixada Russa – depois Soviética – ficava ali deve ter contribuído para apressar a reconstrução de toda a vizinhança, que abrigava também os melhores hotéis e restaurantes do lado oriental. De acordo com o costume comunista, os soberbos museus mais adiante foram dos primeiros prédios a serem reabertos e estavam repletos por uma multidão de visitantes. Em frente, uma das mais belas igrejas de Berlim acabara de reabrir, e nela assistimos a um extraordinário concerto de órgão. Dobrando a esquina, num anexo da Universidade de Berlim[12] onde eu estudara por um curto período entre 1941 e 1942, eu assistira a uma conferência fascinante pela ambiguidade, proferida por Albrecht Haushofer, íntimo do vice de Hitler, Rudof Hess, mas também membro clandestino da Resistência, cujos *Moabiter Sonette*, escritos enquanto ele esperava a execução naquela mesma prisão da Lehrterstrasse, tornaram-se um clássico do antinazismo[13].

---

[12] Trata-se da Universidade Humboldt, do antigo lado oriental.

[13] Autor de uma das epígrafes deste livro, Albrecht Haushofer foi retirado da prisão de Moabit, com outros prisioneiros, e levado para a sede da SS na Prinz-Albrechtstrasse, na noite de 22

Ao final da Unter den Linden, à esquerda, adiante dos museus, ficava o maciço casco, de cor castanho-escura, do *Polizeipräsidium*[14] de Berlim, onde Missie costumava ir visitar o chefe de polícia, Conde Helldorf. Veterano *Obergruppenführer* dos SA que se juntara aos conspiradores, ele era um amigo muito próximo do Conde Gottfried von Bismarck e quis que Missie fosse sua secretária pessoal, provavelmente por saber que ela era uma pessoa de confiança. Sabiamente, Missie evitou tal compromisso. Depois veio o 20 de Julho, a prisão e a execução de Helldorf.

Quando estourou a guerra em setembro de 1939 e o leste da Polônia foi ocupado pelo Exército Vermelho, a legação britânica em Kaunas[15] (onde vivíamos) hospedou uma corrente contínua de refugiados poloneses. O *chargé d'affaires* [encarregado de negócios] Thomas Preston e sua família eram amigos muito próximos da nossa, e ele pediu que ajudássemos a tomar conta dos refugiados. Um dia, enquanto eu servia algumas bebidas, observei uma recém-chegada – uma jovem senhora, muito bonita e elegante, vestida de branco, que parecia ter dificuldades para segurar o copo e acender um cigarro, pois suas duas mãos estavam envoltas em ataduras. Ela me disse que acabara de chegar, com os três filhos pequenos, vinda de sua propriedade no leste da Polônia, fazendo todo o percurso numa carreta puxada por cavalos, e as rédeas tinham aberto feridas entre seus dedos. Ela parecia muito tímida e algo perdida, de modo que dali por diante não saí de seu lado. Eu a vi mais um par de vezes na casa dos Preston e depois ouvi dizer que ela fora para a Inglaterra através da Suécia.

Quase cinquenta anos mais tarde, num coquetel em Londres oferecido por um cidadão polonês a que compareceram vários de seus compatriotas, um casal simpático e elegante, ambos idosos, foi apresentado como o Príncipe e a Princesa Sapieha. Os dois começaram a cumprimentar os demais convidados. Quando a senhora passou por mim, tive uma intuição: "Já não nos encontra-

---

para 23 de abril de 1945. De lá, o grupo foi levado para a Invalidenstrasse (onde há um dos mais famosos cemitérios da cidade) e todos foram executados. Faltavam sete dias para o suicídio de Hitler e quinze para o fim oficial da guerra na Europa.

[14] Não se trata do "presídio", mas sim da sede da polícia, que hoje fica em outro local. No lugar, próximo a Alexanderplatz, há uma placa em memória das vítimas do nazismo.

[15] A segunda maior cidade da Lituânia.

mos antes?" "Não... penso que não..." "Em Kaunas, em setembro de 1939?" "Sim, mas como poderíamos ter nos encontrado?" "Na Legação Britânica, a senhora escapara havia pouco da Polônia com seus filhos!" "Mas como *você* pode ter se lembrado depois de tantos anos?" "Porque a senhora era muito bonita, e eu nunca esqueci que suas mãos estavam cobertas por ataduras." A sua face se iluminou, mas estranhou aquilo de "mãos cobertas por ataduras". Ela se lembrava de todos os detalhes "daquela primeira festa depois que ela saiu", exceto desse que tanto me chamara a atenção. "Ataduras nas mãos? *Disso* eu não me lembro." Com o passar do tempo, ela me contou sua história.

Da Inglaterra, ela fora para a França, onde se juntara às forças da Polônia Livre. Quando a França caiu, ela fugiu para a Riviera. Lá, juntou-se à Resistência Francesa e fora capturada pelos italianos (que invadiram aquela parte do país). Foi deportada para a Itália e ficou num campo de prisioneiros de guerra. Em 1943, a Itália juntou-se aos Aliados, mas o norte do país estava ocupado por tropas alemãs, e os prisioneiros de lá foram enviados para prisões na Alemanha. Provavelmente devido a seu nome, Marish terminou numa cela no porão do *Polizeipräsidium*, em Berlim, ao mesmo tempo que Missie visitava ali o Conde Helldorf! Eu lhe dei os *Diários de Berlim* para que lesse, e ela adorou, com exceção dos trechos em que Missie tinha conversas civilizadas com o Conde Helldorf enquanto ela, nas celas, esperava ser enforcada ou decapitada a qualquer momento! Mas ela sobreviveu à guerra, reuniu-se à sua família e mudou-se para Londres. Quando caiu o comunismo, retornou à Polônia e vive lá desde então.

Para minha surpresa, o problema mais inesperado surgiu quando tentei esclarecer uma das afirmações de Missie logo após o 20 de Julho, em que ela se queixava de que a BBC estava nomeando como participantes da conspiração pessoas que nem sequer estavam na lista de suspeitos da Gestapo. Christabel Bielenberg dissera o mesmo no seu livro *The Past is Myself*. A viúva de Adam von Trott, Clarita, sugeriu que eu checasse isso com David Astor, um amigo muito próximo de Adam nos tempos em que este frequentou Oxford. Ele era editor do *The Observer* e gentilmente marcou um encontro meu com *Sir* Hugh Greene, alguém chave nas transmissões de rádio para a Alemanha durante a guerra. Greene negou peremptoriamente que a BBC tivesse feito qualquer coisa parecida, mas acrescentou que outros departamentos também estavam envolvidos com o que, na época, era chamado de "propaganda suja" (isto é, adversa[16]). Em suas memórias, Sefton Delmer, um jornalista veterano e especializado em assuntos da Alemanha, que tinha sua própria "propaganda suja", admite muitas coisas, mas quanto a esse tema específico (a denúncia deliberada de membros da Resistência ainda insuspeitos) ele guarda silêncio. Michael Balfour, no seu livro *Propaganda in War*, chega mais perto da verdade, mas mesmo ele recalcitra em admitir tudo. Somente anos mais tarde recebi uma carta de alguém que tinha feito exatamente aquilo, ou seja, escolher a dedo proeminentes militares alemães de quem os britânicos queriam se livrar. Mas não foi o próprio Churchill que provocou isso tudo dizendo que "quanto mais os alemães se matarem entre si, melhor"?

O único porém é que o fracasso do atentado contra Hitler prolongou a guerra durante quase um ano, em que não apenas milhões de alemães pereceram, mas também milhões de pessoas de outros países, inclusive da Inglaterra.

George H. Vassiltchikov
Junho de 1999

---

[16] No original, "*black propaganda*" e "*disruptive*".

Ruínas do Reichstag, em Berlim, 3 de junho de 1945.

ÍNDICE REMISSIVO

Abetz, Otto, 118, 286-7

Adamovich de Csepin, Conde Capestan, 406, 414-5, 425

Adamovich de Csepin, Condessa Stephanie ("Steff"), 415-6, 425

Adelman von Adelmansfelden, Conde Rüdiger, 90

Adenauer, Konrad, 130, 218, 223, 449

Agnes, Schwester, 380, 388, 392, 418

Agostino, *ver* Benazzo

Ahlefeldt-Laurwig, Conde Claus, 92-3, 106

Alba y Berwick, Don Jacobo Stewart Fitzjames y Falco, Duque de, 27

Albert, Irene, 190-2, 195, 197-9, 200, 202-3, 213, 444-5

Albert, Sra., 190-1, 192, 195, 197-9, 202-3, 213, 444-5

Albert, *ver* Eltz

Alexander I, Rei da Iugoslávia, 217

Alexander, *ver* Vassiltchikov

Alfieri, Dino, 47, 119

Alfonso XIII, 91

Alfy, *ver* Clary und Aldringen

Altenburg, Dr. Günther, 89

Andrassy, Conde Geza von, 388-9, 427, 432, 453

Andrassy, Condessa Elisabeth, *ver* Wilczek

Andrassy, Condessa Ilona von, 388

Andronikov, Príncipe, 195, 198-9, 202

Anfuso, Filippo, 164, 217-8, 335

Antoinette, *ver* Croy

Apponyi, Conde Alfred, 431-3

Apponyi, Condessa Zenka, 431-3

Arenberg, Princesa Valerie von, 122-4, 240

Arenberg, Príncipe Enkar von, 122-4

Arrivabene Valenti Gonzaga, Conde Leonardo ("Lony"), 115

Attnang-Pucheim, 412-3, 421-2

Attolico, Bernardo, 45, 47

Auer, Capitão, 424

Auersperg, Príncipe Alfred von, 387, 393

B..., Claus, 280, 357-8

Badoglio, Marechal Pietro, 52, 78-9, 145, 158, 168

Bagge af Boo, Barão e Baronesa, 274

Baillet-Latour, Condessa Elisalex de, 48-9, 285

Balbo, Marechal do Ar Ítalo, 58-9

Balfour, Michael, 344

Ballie-Stewart, Capitão Norman, 59

Barbie, Klaus, 452

Barthou, Louis, 217

Bauer, Capitão, 392

Baviera, Duque Luitpold, 127-8

Baviera, Princesa Maria Adelgunde, 12, 131

Baviera, Príncipe Adalberto da, 130

Baviera, Príncipe Alexander ("Sasha") da, 127, 130

Baviera, Príncipe Konstantin da, 12, 15, 73-4, 78, 121, 123, 125-6, 128-9, 130-1, 448

Beam, Jacob ("Jake"), 26

Beck, General-Coronel Ludwig, 312, 314-6, 339

Bennazzo, Agostino, 35, 50, 53, 58

Bennazzo, Elena, 34, 50, 58

Berchem, Conde Johannes ("Hans") von, 286

Berchtold, Conde Sigismund ("Gigha") von, 407

Berchtold, Condessa Maria ("Etti"), 385

Beria, Lavrenti P., 171

Bernadotte, Conde Folke, 371

Bernhard, Príncipe da Holanda, 33, 52

Betz (Ministério de Relações Exteriores, funcionário), 218-9, 221, 261, 263

Bibikoff, Valerian, 166-7

Bielenberg, Christabel, 61, 343

Bielenberg, Peter, 59, 61, 218, 338, 356-7, 449

Biron von Curland, Princesa Helen, 35, 58, 72, 99, 101

Biron von Curland, Príncipe Gustav ("Gusti"), 72

Bismarck, Conde Gottfried von, 13, 15, 58, 94-7, 99, 119, 150-1, 154-9, 162, 164, 173-5, 180-1, 184-8, 190-1, 195-6, 202, 213, 215-6, 225-6, 228-9, 266, 269, 270-1, 277, 288, 293, 306-12, 315, 317, 321-3, 328,-30, 332-6, 336, 339, 350, 352, 356, 358-9, 365, 369-70, 389, 424, 449, 452

Bismarck, Condessa Melanie von, 94, 99, 150, 154, 158-9, 173, 186, 190-1, 196, 202, 214, 225-7, 269, 288, 308-9, 312, 321, 323, 330, 333, 334-5, 351, 358, 411, 449

Bismarck, Princesa Ann Mari von, 296, 336, 360, 449

Bismarck, Príncipe Otto von, 58, 115, 162, 164, 295-6, 330, 332, 333-6, 350-2, 360, 365, 369

Blahnt (Ministério de Relações Exteriores, funcionário), 261-2

Blankenhorn, Herbert, 22, 218, 223, 225, 234-5, 274, 284, 290-1, 362, 449

Blasco d'Ayeta, Marquês, 58-9

Blücher, Conde Nikolaus-Karl ("Charlie") von, 213

Blücher, Condessa Louise ("Wanda") von, 150

Blum, Ilse ("Madonna"), 219, 221, 231-2, 237, 239, 259-60, 262, 265-6, 287, 297, 300, 303

Böhm (Ministério de Relações Exteriores, funcionário), 261-2

Boris III, Czar da Bulgária, 92

Borkowska, Condessa Marisia, 120

Bormann, Martin, 102, 342, 346, 348

Bose, Subhas Chandra, 82-3

Bossy, Raoul, 126, 129

Boutenev, ver Kreptovich-Boutenev

Boyd, Sr. e Sra., 136

Bracken, Brendan, 345

Brandt, Coronel Heinz, 312-3, 360-1

Brauchitsch, Manfred von, 173

Bredow, Alexandra von, 267

Bredow, Diana von, 351

Bredow, Hanna von, 99, 277, 323-4, 350

Bredow, Herbert von, 277

Bredow, Marguerite von, 351

Bredow, Philippa von, 277, 323, 350, 359

Brosse, Conde de la, 477

Bruns (cartunista), 259, 261-3

Bübchen, ver Hatzfeldt

Büttner (Ministério de Relações Exteriores, funcionário), 174, 178, 209-10, 216-7, 219, 221, 224-5, 227-9, 231, 234, 239, 260-1, 288

Canaris, Almirante Wilhelm, 55, 87, 94, 228, 371

Cantacuzene, Conde Michael ("Micha"), 63

Carnap, Frau von (Ministério de Relações Exteriores, funcionária), 274

Cartier de Machienne, Jean de, 28, 76

Cavagnari, Almirante, 78

DIÁRIOS DE BERLIM   467

Chamberlain, Neville, 35, 43, 45, 60, 265, 345

Chavchavadze, Princesa Elisabeth, 276

Chiappe, Jean, 78

Christel, Major (Exército dos Estados Unidos), 428-9

Churchill, Winston S., 15, 45, 60, 66, 87, 100, 102, 104, 140, 211, 233, 235, 273, 304-5, 343, 345, 383-4

Ciano de Cortellazzo, Conde Galeazzo, 58, 164, 217-8

Ciano de Cortellazzo, Condessa Edda, 35, 217

Cini, Conde (Senior), 295

Cini, Conde Giorgio, 295-7, 332

Clark, General Mark, 431

Clary und Aldringen, Conde Carl ("Charlie") von, 48, 285

Clary und Aldringen, Conde Hieronymous ("Ronnie") von, 27, 49, 74, 116, 285

Clary und Aldringen, Conde Marcus von, 87, 285, 444

Clary und Aldringen, Condessa Thérèse von, 48, 444

Clary und Aldringen, Princesa Ludine ("Lidi") von, 48, 441, 444

Clary und Aldringen, Príncipe Alfons ("Alfy") von, 48-9, 87, 285, 441, 444

Cliveden, Sir, 320

Collalto, Orlando, 163

Cramm, Barão Gottfried von, 159, 195-6, 268, 274, 276, 279, 360-1, 364, 449

Cross, Sir Ronald, 32

Croy, Duque Karl-Rudolf von, 121

Croy, Princesa Antoinette (depois von Görne), 69, 118, 121-2, 236, 281, 289, 347, 374, 423,

Croy, Princesa Marie-Louise ("Loulou") von, 46, 88

Czernin von und zu Chudenitz, Conde Johannes ("Hako"), 96, 99, 109

Daladier, Édouard, 35-6, 265

Derfelden, Sr. & Sra. von, 195

Dietrich, General da SS Sepp, 371

Diez y Deisasi, Federico, 275

Dirksen, Victoria von, 31, 353

Dittmar, General Kurt, 238

Dollfuss, Engelbert, 394-5

Dörnberg, Barão Friedrich ("Fritz") von, 124

Drahtloser, Dienst (D. D.), 30

Early, Stephen, 169

Eden, Sir Anthony, 304

Eichmann, Adolf, 89, 211, 452

Eigruber, Gauleiter, 417, 420, 422

Elias, Dr. Fritz, 352

Eltz, Conde Albert zu, 54, 64, 92, 101, 108-9, 162-3, 345, 368, 416, 430, 433, 449

Eltz, Conde Jakob zu, 425, 444

Eltz, Conde Johannes ("Dicky") zu, 43, 77, 94, 96-7, 109, 425, 430, 449

Eltz, Condessa Johanna zu, 415, 430, 444

Eppinger, Professor Hans, 373, 381

Erbach, Princesa Erzebeth von, 416

Erbach, Príncipe Victor von, 416

Espinosa de los Monteros y Bermejillo, Eugenio, 94

Essen, Barão Rudger von, 176, 185, 190-1, 196, 214, 216, 218, 229, 269, 271-2

Essen, Baronesa Hermine von, 22, 176, 185-7

Esterházy von Galantha, Conde Thomas ("Tommy"), 88

Etzdorf, Dr. Hasso von, 21, 103, 228, 230, 319, 341, 449

Fellgiebel, General Erich, 313

Ferdl, ver Kyburg

Fischer (gerente do hotel Bristol), 381-2

Fleming, Peter, 95, 107

Flotow, Barão Johannes ("Hans") von, 38, 118, 155, 161, 212, 226, 272, 442

Freddie, ver Horstmann

Freisler, Dr. Roland, 109, 168, 268, 334, 339-40, 342-3, 345-8, 363, 449-50, 452

Frey, Dr. Hans Peter ("Percy"), 271, 276, 280, 286, 306, 317, 322, 327, 330-1, 335, 355-6, 360-1, 364-5, 367-8

468 MARIE VASSILTCHIKOV

Fritsch, Willy, 305

Fromm, General-Coronel Friedrich, 229, 281, 310, 312, 314-6, 329

Fugger-Babenhausen, Condessa Eleanore ("Nora") von, 394, 403

Fugger-Babenhausen, General Conde Leopold ("Poldi") von, 390-1, 394-5, 403

Führer, ver Hitler

Fürstenberg-Hendringen, Barão Franz-Egon von, 270

Fürstenberg-Hendringen, Barão Gottfried ("Gofi") von 51, 52, 116

Fürstenberg-Herdringen, Baronesa Agathe ("Aga") von, 35, 44, 51, 92, 104, 108, 156, 161-3, 172, 181, 195, 305, 312, 319, 324, 330, 332, 341, 361, 368, 372

Furtwängler, Wilhelm, 79, 80, 173-4

Gabrielle, *ver* Kesselstatt

Gafencu, Grigore, 298-9

Gaillard, Jean, 165-7

Galitzine, Princesa Catherine ("Katia"), 73,

Gaspar, Dr. Tido, 265-6

Gasperi, Major Mario, 38-9

Gavin, Major (do Exército dos EUA), 440

Gehlen, General Reinhard, 164, 343, 363, 451-2

Gehrbrandt, Professor 226, 298

Georgie, *ver* Vassiltchicov

Gersdorff, Barão Heinz von, 156, 159, 173, 175, 182, 187-9, 194-6, 199, 205, 215-6, 225-6, 266, 268, 279, 288, 293-4, 303, 312, 325-6, 330, 358, 368, 450

Gersdorff, Baronesa Maria von, 156, 159, 169, 173-5, 178-84, 187-8, 194-7, 199, 203-5, 210, 215-6, 225-6, 266-8, 270, 274, 276, 279-80, 288, 293-4, 298, 303-4, 312, 317-8, 323-7, 330, 333-4, 347-8, 358, 361, 364, 366, 368-9, 371-2, 450

Gersdorff, General-Major Barão Rudolf-Christoph von, 156, 189

Girardet, Abbé (Abade), 167

Goebbels, Dr. Joseph, 27, 30-1, 36, 53, 79, 91, 103-4, 117-8, 139, 156, 200, 271, 310, 313, 315, 325, 327-9, 331, 347, 352-4, 421

Goerdeler, Dr. Carl, 317, 352, 362,

Gomulka, Wladyslaw, 171

Göring, Hermann (Marechal do Reich), 35, 91, 101, 103-4, 189, 298, 311, 319, 330, 343, 351, 375, 400, 437

Görne, Antoinette von, *ver* Croy

Görne, Jürgen von, 289, 375, 381, 423-4

Gortchakov, Princesa Daria ("Daroussia"), 63

Görtz, Condessa Sigrdi ("Siggi") Schlitz von, 22, 167, 197, 226, 267, 290,

Gramsci, Antonio, 295

Groeben-Schwansfeld, Condessa Ursula ("Usch") von der, 209, 331,

Gründgens, Gustaf, 53

Haakon VII, Rei da Noruega, 39, 40

Habig, Peter, 395, 398, 404

Haeften, Hans-Bernd von, 61, 160, 210, 229, 235, 260, 286, 317-8, 326, 331-2, 348, 351, 360

Haeften, Werner von, 61, 229, 281, 306, 312-4, 316-7, 323, 326, 342

Halder, General-Coronel Franz, 41

Halifax, Edward Frederick Lindley Wood, primeiro Lord ("Earl") de, 60

Hamilton, Douglas Douglas-Hamilton, Duque de, 102,

Hamlin, Major Joseph ("Joe", Exército dos EUA), 441-2

Hannover, Princesa Olga de, 414

Hannover, Príncipe Christian de, 381, 389, 391, 414

Hannover, Príncipe Georg-Wilhelm de, 134, 151

Hannover, Príncipe Welf ("Welfy") de, 151

Hardenberg-Neuhardenberg, Príncipe Carl--Hans von, 325-6

Harnden, Peter G., 445, 447-8

Harrach, Condessa Stephanie von, 430

Harris, Arthur, Marechal do Ar , 138, 176, 201, 383-4

Hartdegen, Lutz von, 40

Hase, General Paul von, 152, 315, 325, 342, 345, 361, 450

DIÁRIOS DE BERLIM 469

Hassell, Ulrich von, 108, 126 , 128, 150, 165, 267, 307, 337-8, 452

Hastings, Max, 201

Hatzfeldt, Princesa Barbara ("Bally") von, 68, 70-1, 85

Hatzfeldt, Princesa Maria von, 68, 71

Hatzfeldt, Princesa Úrsula ("Lalla") von, 68, 70-1

Hatzfeldt, Príncipe Franz-Hermann ("Bübchen") von, 68, 70, 71, 73, 85-6, 116

Hatzfeldt, Príncipe Hermann von, 68, 71

Helgow, von (diplomata sueco), 58

Helldorf, General, S. A. Conde Wolf-Heinrich von, 150-1, 159, 162-3, 203, 214, 266, 270-1, 307, 309-10, 312, 315, 319, 322-4, 328-9, 348-9, 353, 368

Henschel, Felicita ("Fia"), 159,

Herwarth, Hans von, 447

Heryz, Frau, 388

Hess, Rudolf, 7 , 101-4

Hewel, Walther, 76

Heydrich, Reinhard, 89, 144, 165, 211, 328, 340

Hildebrandt, Johann-Lukas von, 376

Himmler, Heinrich, 30, 189, 267-8, 281, 289, 298, 316, 318-9, 329, 331-2, 336, 339, 343, 371, 449, 451, 453

Hitler, Adolf, 7, 9, 11, 14-5, 18, 22. 26, 30, 33, 35-7, 39, 41-2, 45, 47, 49, 53-5, 58, 60-1, 63-4, 66, 72, 75-7, 79, 80-1, 83, 87, 89, 92, 94-5, 100-2, 105, 108-9, 112-3, 116, 125-6, 130, 138, 140, 143-4, 147-9, 151-2, 154, 156-7, 160, 163, 168, 170, 173, 175, 177, 184, 189-90, 192, 204, 211, 222, 227, 229, 240, 257-8, 265, 267-9, 281, 287, 296, 298-9, 300, 303-16, 319-21, 323-5, 327-9, 332, 334-5, 337, 339-40, 342-6, 348-50, 352-5, 358, 360-4, 370-1, 374, 378, 394-5, 402-3, 408, 412, 421, 423, 426, 437, 440, 442-3, 449-50, 452

Hoepner, General Erich, 315, 342

Hoffman, Heinrich, 84, 408

Högler, Professor, 404

Hohenberg, Príncipe Ernest von, 411

Hohenlohe, Princesa Ursula von, 186

Hohenlohe, Príncipe Friedrich ("Fritzi") von, 378 , 405

Hohenzollern, Príncipe Albrecht von, 127

Hohenzollern-Sigmaringen, Príncipe Franz-Joseph von, 49, 127, 131

Hohenzollern-Sigmaringen, Príncipe Meinrad von, 128

Holinko (músico), 231

Holland, Vice-Almirante Lancelot, 106

Horn, Frau Dr. (Ministério de Relações Exteriores, funcionária), 294

Horstmann, Friedrich ("Freddie"), 63-4, 85, 88, 90, 158-9, 175, 275, 331, 440, 450

Horstmann, Lally, 69, 88, 90, 158-9, 175, 275, 276, 331

Horthy von Nagybánya, Almirante Miklós, Governador-Regente da Hungria, 124, 240, 377

Hoyos, Condessa Alice von, 335

Hoyos, Vonde Jean-Georges von, 99, 155, 195, 269, 358

Hube, General-Coronel, 270

Ignatiev, Conde André, 64

Illion, Sr., 44

Ines, ver Welczeck

Ingelheim, Condessa Leopoldine ("Lucie") von, 440

Jan III Sobieski, ver Sobieski

Jay, John, 60

Jenisch, Barão Johann-Christian ("Hanni") von, 157, 264

Josias, ver Rantzau

Jugo, Jenny, 117-8, 173, 195, 353

Kageneck, Conde Clemens von, 212

Karaghiorghievich, Príncipe Paul, Governador-Regente da Iugoslávia, ver Paul, Príncipe

Karajan, Herbert von, 79, 85, 196

Keitel, Marechal de Campo Wilhelm, 314

Kennan, George, 105-6

Kent, George, Duque de, 124

Kent, Princesa Marina, Duquesa de, 124

Keppler, Dr. Wilhelm, 82, 325

Kersten, Dr. Felix, 371

Kesselring, Marechal de Campo Albert, 337

Kesselstatt, Condessa Gabrielle von, 377, 379, 391, 397, 401, 433

Khevenhüller-Metsch, Condessa Helene ("Meli") von, 285, 387-8, 390, 394, 407, 426

Kieckbusch, Barão Claus von, 212

Kieckbusch, Barão Maximilien ("Mäxchen") von, 67, 73, 212

Kinsky, Condessa Katalin, 407, 416

Kiril Vladmirovitch, ver Rússia

Kleinmichel, Condessa Catherine ("Katia"), 30-1, 36-8, 44, 59, 74, 168, 211

Klodt, Barão von, 62

Kluge, Marechal de Campo Hans-Günther von, 339-40, 354

Kollontai, Alexandra, 299

Kordt, Erich, 61

Kordt, Theodor, 61

Korff, Barão de, 266

Korff, Baronesa Maria von, 266

Kowa (Kowarzik), Viktor de, 117-8, 157-8

Kowa, Michi de ("Michiko"), 117, 157

Kreptovich-Boutenev, Conde Michael ("Misha"), 62

Kruschev, Nikita S., 173, 286, 301

Kyburg, Ferdinand ("Ferdl") von Habsburg--Lothringen, Conde von, 227, 375, 376-8, 391

Laffert, Sigrid ("Sigi") von, ver Welczeck

Langbehn, Dr. Carl, 267-8

Lange (Inspetor da Gestapo), 449

Larisch, Herr von, 383

Lehn, Herr von, 401

Lehndorf-Steinort, Conde Heinrich von, 325-6

Leipoldt, Herr (Funcionário do Ministério de Relações Exteriores), 185, 326

Leopold III, Rei dos Belgas, 49

Lerchenfeld, Baronesa von, ver Schenk von Stauffenberg, Condessa Nina, 317

Liechtenstein, Princesa Gabrielle von, ver Keselstatt

Liechtenstein, Princesa Georgina ("Gina") von und zu, 406, 432-3

Liechtenstein, Príncipe Franz-Joseph von und zu, 377, 442

Liechtenstein, Príncipe Wilhelm von, 430

Lippe-Biesterfeld, Príncipe Ernst-Aschwin zur, 33, 52

Lipski, Josef, 209

Lisette (governanta dos Metternich), 204, 373, 438-9

List, Marechal de Campo Siegmund--Wilhelm, 92

Lobkowitz, Príncipe, 440

Loremarie, ver Schönburg

Lorenz (Irmãs), 271

Lorenz, General da SS Werner, 337

Lothian, Príncipe Philip Kerr, Marquês de, 60, 320

Louis-Ferdinand, 41, 126, 128, 131

Löwenstein-Wertheim-Rosenberg, Princesa Josephine, 444

Lubomirski, Príncipe Sebastian, 397-8

Luisa, ver Welczeck

Luther, Martin (Funcionário do Ministério de Relações Exteriores), 161

Lutjens, Almirante Günther, 106-7

Lutzi, Irmã, 380, 389

Mackeben, Theodor ("Theo"), 158

Madeksha, Pan, 91

Malinowski, Leo, 271

Mandelsloh, "Ditti" von, 69

Mannerheim, Marechal de Campo Barão Karl Gustav Emil von, 148-9

Marti, Dr. R., 148, 164

Matuschka-Griefenclau, Conde Richard von, 441, 444-5

Matuschka-Griefenclau, Condessa Eleanora von, 441, 444-5

Mäxchen, ver Kieckenbusch

DIÁRIOS DE BERLIM   471

Mecklenburg, Princesa Helene ("Lella") zu, 126

Mecklenburg, Príncipe George ("Georgie") zu, 126, 131

Menzel, Roderick, 31

Mertz von Quirnheim, Coronel Ritter Albrecht, 316

Mertz, Paul, 62

Metaxas, General Ioannis, 75

Metternich-Winneburg, Princesa Isabel, 120

Metternich-Winneburg, Princesa Tatiana, ver Vassiltchikov

Metternich-Winneburg, Príncipe Paul Alfons von, 64-5, 76-9, 80, 83, 87, 90-2, 94, 97-9, 103-4, 108, 113, 117, 119-20, 190, 200, 202-3, 205, 207, 215-6, 218, 221, 224, 227-30, 233-6, 239, 263-4, 285-6, 292, 294-6, 298, 332, 334, 336, 341, 345, 353, 370, 373, 382, 389, 406, 412, 420, 424, 430, 438-9, 441-4, 447-8

Metz, Richard ("Dick"), 69, 88

Michael, Padre, 278

Michel , Professor (Funcionário do Ministério de Relações Exteriores), 261-2

Mihajlovic, General Draza, 100

Mittrowski von Mitrovitz, Conde Vladimir ("Vladshi"), 391, 401, 432-3

Mittrowski von Mitrovitz, Condessa Christina ("Christl"), 433

Mohnke, Dr. Hans, 332

Molotov, Vyacheslav, 46

Moltke, Conde Helmuth James von, 61, 160

Morgenthau Jr., Henry, 169

Morla (Embaixador do Chile na Alemanha), 26

Moscardó Ituarte, General, 34

Moyano y Aboin (Adido Militar da Espanha), 194

Mühlbacher, Herr, 391

Mumm von Schwarzestein, Bernd, 161, 180, 272

Mumm, Barão Geoffrey ("Brat") von, 440-1

Mumm, Baronesa ("Olili") von, 120, 440

Mumm, Baronesa Madeleine von, 440

Münster, Condessa Sylvia von, 394

Mussolini, Benito, 47, 52, 59, 60, 75, 79, 145, 150, 158, 163-4, 217, 220, 335, 395, 423

Myrdal, Gunnar, 299, 300

Nagy, von (diplomata húngaro), 158

Nebe, General da SS Dr. Arthur, 371

Nehring, Helga, 270

Nehru, Jawaharlal, 82

Noël, Hubert, 165

Northcliffe, Alfred Harmsworth, Visconde de, 62

Oberg, General-Tenente da SS Dr. Carl--Albrecht, 339-40, 371,

Ogouze, 177

Olbricht, General-Coronel Friedrich, 55, 307, 310, 312-4, 316, 329

Oppersdorff, Conde Johannes ("Hansi") von, 390, 396

Oyarzabal y Velarde, Ignacio, 257, 275

Oyarzabal y Velarde, Maria del Pilar, 145, 194, 257, 275

Pálffy von Erdörd, Conde Pal ("Pali"), 407

Pallavicini, Marquês ("Markgraf") Friedrich ("Freddy"), 407

Panin, Condessa Sophie, 148

Pannwitz, General-Major Helmuth von, 300-1

Papagos, General Alexander, 79

Papen, Franz von, 169-70

Pappenheim, Conde Georg zu, 305, 319, 330, 341, 372

Patton, General George (Exército dos Estados Unidos), 420

Paulus, Marechal de Campo Friedrich, 134, 137, 144

Pejacsevich von Verocze, Conde Geza, 384-96, 398-402, 404, 408-9, 414-7, 435

Perfall, Baronesa Edith von, 331

Petacci, Clara, 423

Pétain, Marechal Henri Philippe, 36, 46, 54, 78, 94, 132-3, 140

Pfuel, Blance von, 274, 329-30

472 Marie Vassiltchikov

Pfuel, Curt-Christoph ("C.C") von, 22, 44, 53-4, 56, 65, 74, 80, 90, 275, 330, 451

Philby, Kim, 344

Pieck, Wilhelm, 143

Pierce, General-Brigadeiro (do Exército dos Estados Unidos), 444-5

Pio XII, Papa, 129, 337

Popitz, Dr. Johannes, 267-8

Potocki, Princesa Beatrice ("Betka"), 374, 385, 388, 397, 399, 400

Potocki, Príncipe Alfred, 374-5, 377, 385, 388, 397, 399, 400

Preetorius, Professor, 95

Preston, Sir Thomas, 56

Pronai, Baronesa Martha von, 385

Prússia, Princesa Kira da, 41-2, 126, 131

Prússia, Príncipe August-Wilhelm ("Auwi") da, 37, 303

Prússia, Príncipe Burchard da, 43, 46, 52, 54, 56, 65, 92, 111, 134, 144

Prússia, Príncipe Louis-Ferdinand da, 41, 126, 128, 131

Prússia, Príncipe Oscar da, 43

Prússia, Príncipe Wilhelm da, 49-50, 144

Prússia, Príncipe-Herdeiro ("Kronprinz") Friedrich-Wilhelm da, 49-50, 144

Prússia, Rei Wilhelm II da, Imperador ("Kaiser") da Alemanha, 37, 43, 52, 67, 108, 330

Pückler-Burghaus, Conde Carl-Friedrich von, 35, 146, 147, 215, 451

Pückler-Burghaus, Condessa Elisabeth ("Ella"), 34

Pückler-Burghaus, Condessa Olga, 17, 25-6, 32-3, 146

Quadt-Wykradt-Isny, Condessa Louise ("Louisette"), 88, 103, 108, 235

Rahn, Dr. Rudolph, 209

Rantzau, Josias von, 57, 60, 64-6, 76, 88, 90-1, 95, 101, 103, 108, 147, 165, 235, 259, 262, 286-7, 330, 451

Rasputin, Grigori, 276

Reinhard, ver Spitzy

Remer, Coronel (depois General-Major) Otto Ernst, 315, 329

Reynaud, Paul, 36

Ribbentrop, Joachim von, 160-1, 175, 188, 232, 287, 298, 418

Richter, Dr. Johannes ("Judgie"), 88, 98, 209, 212, 260-4, 269, 280, 286, 288-9, 292-4, 318, 325-7, 330-1, 349, 357, 451

Richthofen, Barão von, 224

Robilant, Conde Carlo di, 135

Rocamora, J. L., Roca de Tojores, Visconde de, 87, 227

Rohan, Princesa Marguerite ("Gretl") von, 168, 204, 282-3, 442

Rohan, Princesa Marie-Jeanne von, 283

Rohan, Príncipe Karl-Alain von, 283, 442

Rommel, Marechal de Campo Erwin, 80-1, 137, 307, 315, 339-40, 363, 443

Roosevelt, Franklin Delano, 15, 42, 102, 140, 169-70, 273, 305, 383, 418

Rosenfeld, Josephine ("Josy") von, 394, 396, 411-2

Rundstedt, Marechal de Campo Gerd von, 342-3

Rusch, Herr, 415

Rússia, Grão-Duque Kiril Vladimirovich da, 42, 131

Saldern-Ahlimb-Ringenwalde, Conde Axel ("Wolly") von, 74

Saurma von der Jeltsch, Barão Anton ("Tony"), 22, 176-7, 196-8, 216, 267-8, 275, 294, 319, 329, 332, 341, 348-50, 354-5, 364-5, 367-9, , 372, 451

Saxônia (Saxony) Príncipe Maria-Emmanuel da, 130

Sayn-Wittgenstein-Sayn, Príncipe Heinrich zu, 154, 222

Scapini, Georges, 162

Schaffgotsch, Conde Franz-Felix ("Vetti") von, 40, 124

Schaumburg-Lippe, Princesa Helga-Lee von, 37, 52, 65, 135

Schaumburg-Lippe, Príncipe Maximilian ("Max") von, 37, 47, 65, 135

Schellenberg, Coronel Walter, 371

DIÁRIOS DE BERLIM 473

Schenck von Stauffenberg, Condessa Nina, 317

Schenk von Stauffenberg, Conde Claus, 18, 281, 306

Schenk von Stauffenberg, Condessa Nina, *ver* Lerchenfeld, Baronesa von

Schilling, Fräulein, 363

Schirach, Baldur von, 403, 405, 407-8

Schlabrendorff, Dr. Fabian von, 443, 450

Schleier, Dr. Rudolf, 286-7, 296-7, 352, 357

Schmidt, Dr. Paul O., 265-6, 269, 272

Schmitz, Dr., 332

Schneider, Fräulein, 414, 427

Schnitzler, George von, 126

Schönborn-Buchheim, Conde Erwein von, 404-5

Schönburg-Hartenstein, Princesa Eleanore--Marie ("Loremarie"), 13, 22, 94, 98, 109, 124, 150-1, 154-7, 159, 161-3, 166-7, 169, 173, 175, 180, 185, 187, 191, 196, 203-4, 208-11, 215-7, 227-8, 235-6, 238, 265-6, 268-9, 282, 284-6, 288, 290, 294, 297, 304, 306, 312, 319, 321, 323, 328-36, 336, 348, 351, 354, 356, 360, 364, 368, 376, 404, 431, 442, 452

Schönburg-Hartenstein, Príncipe Karl von

Schörner, Marechal de Campo Ferdinand, 423

Schulenburg, Conde Friedrich Werner von der, 168, 218-22, 224, 227, 230-35, 239, 257, 264-5, 271, 282-4, 286, 297-9, 307, 322, 326, 338, 348, 352, 359, 362-6, 369, 447-8, 451

Schulenburg, Conde Fritz-Dietlof von der, 271, 341

Schulenburg, Condessa von der, 184

Schuschnigg, Dr. Kurt von, 394-5

Schwarzenberg, Príncipe Josef zu, 96

Seefried aus Buttenheim, Conde Franz ("Franzi") von, 129, 131

Serignano, Príncipe Francesco ("Pipetto") Caravita, 115

Seuster, Frau (Funcionária do Ministério de Relações Exteriores), 261-2

Seversky, Alexander de, 148

Seybel, Wolfgang ("Wolly") von, 404

Seydlitz-Kurzbach, General von, 144

Shakhovskoy, Padre (Príncipe) John, 93, 323-4,

Shcherbatov, Princesa Marie ("Mara"), 63-4

Shcherbatov, Príncipe George ("Gherghi"), 63, 440

Siemens, Frau Bertha ("Pütze"), 371

Siggi *ver* Welczeck

Six, Coronel da SS, Dr. Franz, 210-2, 214, 225, 228, 231, 233, 260-5, 270, 272, 288-9, 291, 293-4, 318-20, 325, 327-8, 331-2, 351, 358, 368, 371, 452

Skorzeny, Otto (Tenente-Coronel da SS), 163

Smetona, Antanas, 54

Sobieski, Jan III, Rei da Polônia, 408

Soldati, Dr. Agostino ("Tino"), 47, 56, 62, 74, 83-4, 158-9, 330, 453

Solms-Braunfels, Princesa Carmen ("Sita"), *ver* Wrede

Solms-Braunfels, Príncipe Alexander ("Sandro") von, 405, 453

Soloviov, Vladimir, 73

Sonntag, Dr., 104, 136

Speer, Dr. Albert, 91, 192

Spitzy, Reinhard, 28

Spitzy, Reinhard, 28

Stahlecker, Dr. Franz W. (Coronel da SS), 89, 90, 93, 160

Stalin, Josef, 15, 102, 104-5, 112-3, 147-8, 171, 257-8, 301, 345-6, 374, 383, 452

Starhemberg, Conde Ferdinand ("Veichtl") von, 385

Stauffenberg, *ver* Schenck von Stauffenberg

Steenson (diplomata dinamarquês *chargé d'affaires* em Berlim), 100, 325

Steiner, General da SS Felix, 371

Steinhardt, Laurence, 445

Stieff, General-Major Helmuth, 307-8, 342

Stinnes, Frau ("Reni"), 342

Stracke, Herr, 424, 427

Strempel, Dr. Heribert von, 183

Studnitz, Hans-Georg von, 161, 220, 265-6, 272, 274, 285,

Studnitz, Marietti von, 285-6

474 Marie Vassiltchikov

Stülpnagel, General Karl-Heinrich von, 339-40, 354

Stumm, Friedrich von, 47

Stumm, Kicker von, 226, 267

Stumm, Wilhelm ("Tütü") Braun von, 270

Szalasi, Ferenc, 378

Szapary, Conde Ladislau ("Laszlo") von, 404-5

Sztojay, Marechal de Campo Doem, 240

Tabouis, Geneviève, 273-4

Tasnady, Nelly, 335

Tatishchev, Alexis ("Aliosha"), 63

Teleki, Conde Paul, 95-6

Thierack, Dr. Otto Georg, 346

Thun von Hohenstein, Condessa Marianne ("Anni"), 405

Thurn-und-Taxis, Príncipe Franz von Assisi ("Franzl"), 374, 376, 382, 388, 391, 396, 399, 401, 406, 409

Thurn-und-Taxis, Príncipe Wilhelm ("Willy"), 374, 388, 393, 396, 401, 406

Tiefenbach, Clarita von, ver Trott zu Solz

Tillich, Dr., 380, 385-7

Tinti, Barão Heinz von, 382, 396

Tito, Marechal Josip Broz, 100, 301

Tolstoy, Conde Michael ("Didi"), 126, 129, 131

Trott zu Solz, Clarita von, 21, 76, 349-50, 359, 453

Trott zu Solz, Dr. Adam von, 7, 13-4, 22, 60-1, 65, 76, 81-2, 86-8, 93, 95, 98, 107, 109, 160, 169, 174-5, 185, 203, 210, 215-6, 218, 224-5, 227, 229, 269, 272, 277-8, 281, 288, 291, 293-4, 297-9, 300, 303-5, 317-29, 331-2, 335-8, 341, 343, 345, 347-52, 356-7, 359-60, 362, 364-6, 368-70, 372, 443, 453

Ulbricht, Walther, 143

Ungelter, "Hannele" von, 274

Üxküll, Barão Edgar von, 103, 196

Valeanu, Cajus, 183

Vassiltchikov, Princesa Irena, 17, 29, 114-5, 134-5, 162-3, 202, 238, 287, 392, 433, 448,

Vassiltchikov, Princesa Lydia ("Mamãe"), 17, 25, 28-9, 32-4, 37, 42, 48, 114, 119, 121, 134, 145-52, 164-5, 172, 186, 202-3, 207, 215, 231, 238, 263-4, 285, 286, 292, 297, 300, 317, 345, 374, 390, 392, 413, 439

Vassiltchikov, Princesa Tatiana (depois Princesa Metternich-Winneburg), 17, 25-7, 29, 31-3, 35-6, 38, 40, 44-8, 50, 54, 57-8, 62, 64-8, 71, 74, 76-9, 80-1, 85-8, 90-1, 93, 97, 99, 101, 103, 108, 11, 113-4, 117, 119-21, 133, 139, 145-7, 150-4, 157, 162, 165, 168, 173, 178, 183-6, 194, 200, 202-4, 207, 209, 212-3, 221-2, 224, 227, 229-36, 257, 260, 285-6, 291-5, 298, 330, 332-3, 335-6, 341-2, 353, 370, 373-5, 382, 389, 398, 406-7, 412-3, 421, 424, 430, 438-9, 441-2, 448

Vassiltchikov, Príncipe Alexander, 17, 29, 86

Vassiltchikov, Príncipe George ("Georgie"), 10, 17, 23, 25, 28, 30, 32-3, 37, 41, 45. 86, 114, 117-9, 135-6, 164, 166-7, 178, 236, 280, 285, 289, 337, 347, 361, 392, 398, 448

Vassiltchikov, Príncipe Illarion ("Papai"), 17, 28-9, 53-4, 56, 62, 65-6, 68-9, 71, 73, 86, 90, 92, 98, 104, 108, 131, 169, 174-6, 179-82, 184-5, 187-91, 195-6, 198-9, 200-2, 221, 224, 236, 266, 268, 285-6, 364, 439

Vendeuvre, Barão Henri ("Doudou") de, 145, 168, 172, 273

Vendeuvre, Barão Philippe de, 23, 165-8, 172, 273

Viazemsky, Príncipe Ivan ("Jim"), 63, 66, 71, 152-3, 325, 430-1, 439,

Vidal y Saura, Ginés (Embaixador da Espanha na Alemanha), 275

Vilmorin, "Loulou" de, 88

Vittorio Emanuele III, Rei da Itália, 45, 145

Vlassov, General Andrei, 258, 300

"Vog" (Fotógrafo), 341

Vyshinsky, Andrei, 346

Wagner, General-de-Esquadrão Eduard, 312, 328

Watzdorf, Barão Vollrat von, 272

Wavell, Marechal de Campo *Sir* Archibald (*depois* Senhor de – "Earl"), 80-1

Welczeck, Conde Johannes ("Hansi") von, 27-8, 341, 399, 401, 405, 409, 415, 426

Welczeck, Condessa Inès von, 27, 98-9

Welczeck, Condessa Luisa von (*depois* Princesa Aldobrandini), 27, 56-8, 64-5, 74, 76-7, 88, 185, 330

Welczeck, Condessa Sigrid ("Sigi") von, 27-8, 53, 173, 341-2

Welfy, *ver* Hannover

Werth, Dr. Alexander, 82-3, 87-8, 98, 157, 225, 227-8, 269, 272, 279, 289, 294, 317, 320, 325-6, 328, 335, 337-8, 349-51, 357, 359, 361, 453

Wieshofer (Ajudante-de-Campo de Schirach), 407-8

Wilczek, Conde Ferdinand von, 432

Wilczek, Conde Johann ("Hansi") von, 27-8, 341, 399, 401, 405, 409, 415, 426

Wilczek, Conde Karl von ("Tio Cary"), 396, 399, 400-1, 405-6, 409

Wilczek, Condessa Elisabeth von ("Sisi", *depois* Condessa Andrassy), 21, 388-91, 393, 396, 398-9, 400-1, 403-4, 406-7, 409-10, 413-7, 421-2, 424-7, 430-3, 453

Wilczek, Condessa Renée von, 426

Wilhelm II (Hohenzollern), Imperador (Kaiser) da Alemanha, 37, 43, 52, 67; morte, 108; 330

Wilhelmina, Rainha da Holanda, 52

Windisch-Graetz, Princesa Leontine ("Lotti") zu, 124, 135

Windisch-Graetz, Príncipe Hugo zu, 115, 124, 134-5

Windisch-Graetz, Príncipe Maximilian ("Mucki") zu, 124, 135

Windisch-Graetz, Príncipe Vinzenz ("Vinzi") zu, 106, 385

Witt, Nini de, 44-5

Wittgenstein, *ver* Sayn-Wittgenstein-Sayn

Witzleben, Herr von, 47

Witzleben, Marechal de Campo Erwin von, 315, 342, 371

Wodehouse, P. G., 51

Wolf, Herr (Wölfchen), 88

Wolf, Lora, 23, 88, 330

Wolff, General da SS Karl-Friedrich Otto, 336-7

Wrede, Princesa Carmen ("Sita") von, 31, 34, 47, 112, 118, 134, 140, 143, 173, 376, 379-80, 384-6, 392, 390, 392, 396-7, 400-4, 407-11, 413, 419, 422-3, 425, 453

Wrede, Princesa Edda ("Dickie") von, 23, 31, 34, 47, 112, 118, 134, 140, 143, 169, 173, 190, 195, 408, 453

Wrede, Príncipe Edmund ("Eddie") Von, 27, 116

Yagüe y Blanco, General Juan, 34

Yorck von Wartenburg, Conde Peter, 326-7, 342, 345, 371

Zechlin, Dr. (Embaixador Alemão na Lituânia), 56

Zichy, Ivan von, 74

CRÉDITOS DAS IMAGENS

Acervo da família VASSILTCHIKOV: 2, 241-2, 256

Acervo da família VON TROTT: 244, 245 (em cima)

BUNDESARCHIV (Arquivo Federal da Alemanha): 142, 250 (à esquerda, em cima e embaixo), 251, 252, 253, 444

HISTORIC WINGS (fly.historicwings.com): 250 (embaixo)

LIBRARY OF CONGRESS: 243 (no alto)

US ARMY AIR FORCES: 246

US DEPARTMENT OF DEFENSE: 247 (embaixo)

WIKIMEDIA COMMONS: p. 206 (fotografia de Ondřej Žváček), 243 (embaixo), 245 (embaixo), 247 (embaixo), 254 (no alto; fotografia de Yevgeny Khaldei), 254 (no centro), 464 (fotografia do acervo do Imperial War Museum)

WORLD WAR II DATABASE (ww2db.com): 248 (embaixo), 250 (no alto, à direita), 254 (embaixo), 255

Foram feitos todos os esforços para encontrar os autores das imagens, mas em alguns casos isso não foi possível. Se forem localizados, a editora se dispõe a creditá-los nas próximas edições.

OUTROS LIVROS DA BOITEMPO

O ano I da Revolução Russa
VICTOR SERGE
Tradução de **Lólio Lourenço de Oliveira**
Apresentação de **David Renton**
Orelha de **Daniel Bensaïd**

Às portas da revolução: escritos de Lenin de 1917
SLAVOJ ŽIŽEK E VLADIMIR LENIN
Tradução de **Daniela Jinkings, Fabrizio Rigout** e **Luiz Bernardo Pericás**
Orelha de **Emir Sader**

O homem que amava os cachorros
LEONARDO PADURA
Tradução de **Helena Pitta**
Prefácio de **Gilberto Maringoni**
Orelha de **Frei Betto**

Memórias
GREGÓRIO BEZERRA
Orelha de **Roberto Arrais**
Apresentação de **Anita Prestes**

Mulher, Estado e revolução: política da família Soviética e da vida social entre 1917 e 1936
WENDY GOLDMAN
Prefácio de **Diana Assunção**
Orelha de **Liliana Segnini**
Coedição Iskra

A Revolução de Outubro
LEON TROTSKI
Tradução de **Daniela Jinkings**
Posfácio de **John Reed**
Apresentação de **Edison Salles**
Orelha de **Emir Sader**
Coedição Iskra

O velho Graça: uma biografia de Graciliano Ramos
DÊNIS DE MORAES
Prefácio de **Carlos Nelson Coutinho**
Orelha de **Alfredo Bosi**
Quarta capa de **Wander Melo Miranda**

BARRICADA

Último aviso
FRANZISKA BECKER
Tradução de **Nélio Schneider**
Quarta capa de **Laerte**

CLÁSSICOS BOITEMPO

Eu vi um novo mundo nascer
JOHN REED
Tradução e prefácio de **Luiz Bernardo Pericás**

Tempos difíceis
CHARLES DICKENS
Tradução de **José Baltazar Pereira Júnior**
Orelha de **Bruno Gomide**

COLEÇÃO MARX/ENGELS

Lutas de classes na Alemanha
FRIEDRICH ENGELS E KARL MARX
Tradução de **Nélio Schneider**
Prefácio de **Michael Löwy**
Orelha de **Ivo Tonet**

Lutas de classes na Rússia
FRIEDRICH ENGELS E KARL MARX
Organização e introdução de **Michael Löwy**
Tradução de **Nélio Schneider**
Orelha de **Milton Pinheiro**

Selo soviético de 1939 com a imagem da aviadora Marina Raskova (1912-1943), criadora do esquadrão feminino conhecido como *Nachthexen* [Bruxas da Noite] e uma das mulheres combatentes mais importantes da Segunda Guerra Mundial, tendo sido condecorada como heroína da URSS.

Esta edição brasileira, publicada em janeiro de 2015, ano que marca as sete décadas do fim da Segunda Guerra Mundial, foi composta em Adobe Garamond Pro, corpo 11,5/14,95, e reimpressa em papel Avena 70 g/m² na Intergraf para a Boitempo, em julho de 2016, com tiragem de 1 mil exemplares.